西宁府新志

上册

青海地方史志文献丛书

[清] 杨应琚 撰
崔永红 校注

青海人民出版社

图书在版编目（CIP）数据

西宁府新志：全2册/(清)杨应琚撰；崔永红校注. -- 西宁：青海人民出版社，2015.12（2020.11重印）
（青海地方史志文献丛书/王昱主编）
ISBN 978-7-225-05109-3

Ⅰ.①西… Ⅱ.①杨… ②崔… Ⅲ.①西宁市-地方志-清代 Ⅳ.①K294.41

中国版本图书馆CIP数据核字(2015)第314617号

1988年版，李文实校注

青海地方史志文献丛书
王昱 主编

西宁府新志

[清] 杨应琚 撰

崔永红 标注

出 版 人 樊原成
出版发行 青海人民出版社有限责任公司
西宁市五四西路71号 邮政编码：810023 电话：（0971）6143426（总编室）
发行热线 （0971）6143516 / 6137730
网 址 http://www.qhrmcbs.com
印 刷 陕西龙山海天艺术印务有限公司
经 销 新华书店
开 本 890 mm × 1240 mm 1/32
印 张 29.5
字 数 250千
版 次 2016年7月第1版 2020年11月第2次印刷
书 号 ISBN 978-7-225-05109-3
定 价 126.00元（全2册）

总　　序

青海地方史志文献是宝贵的历史文化资源

青海人民出版社策划出版的《青海地方史志文献丛书》，收录了青海古代、近代最为重要的一些地方志等文献典籍。把这些弥足珍贵的文化遗产，用出版丛书的形式保存和利用起来，是一件有益当今、惠及后世的文化建设工作，是十分必要和及时的。

中国有编修地方志的优秀传统，清代方志学家章学诚谓“方志乃一方全史”。地方志是记载一个地区自然和社会历史的综合性著作，对当地的疆域山川、建置沿革、历史事件、物产、资源、天文、气候、水利、交通、户籍、财赋、职官、选举、人物、民族、民俗风情、文化教育、名胜古迹等，都做了较详细的记述和考证。因其内容广博，包罗万有，后来又被人们誉为“地方之百科全书”。

地方志书不仅内容全面，而且有较强的科学性、可靠性。地方志资料除取材于正史外，还取材于当时当地的公文档案、谱牒家传、金石碑刻、笔记信札等原始材料，有些资料还来源于野老口说和实地调查采访。许多不被正史编纂者所重视的有用资料，往往在地方志书中得以保存。章学诚说：“修志有二便，地近易核，时近迹真。”由于纂修方志的主持者一般系当时当地的最高行政官员，执笔编纂者一般系本地的缙绅文人，所以在调查研究、征集资料、考证核实等方面是有其方便之处的。如[乾隆]《西宁府新志》的作者杨应琚，就是当时出任西宁道的地方行政官员，他把修志作为自己的责任，调查、编纂、校对等咸出自一人之手。这种当代人写当地事的地方文献资料，接近实际，取材翔实，其可靠程度往往在其他文献之上。

周恩来总理曾于1958年在《关于整理善本的指示》中指出：“我国是一个文化悠久的大国，各县都编有县志，县志中就保存了不少关于各地经济建设的有关资料，我们除了编印全国所藏方志目录外，还要有系统地整理县志中及其他书籍中的有关科学技术资料，做到古为今用。”周总理于1959年4月在邀集60岁以上全国政协委员的茶话会上讲道:“……现在当然首先要研究现实问题，反映新的情况，但对过去的东西也需要研究，新的东西总是从旧的基础上发展起来的。过去编的府志、县志，保存了许多有用的史料。”古旧方志中有许多对现代社会经济发展和科学研究事业十分有用的资料，如关于本地物产、土特产、土地、田赋、税役、农业、手工业、商业等经济史料；关于矿产资源、水利资源、天文星野、江河水文、气候变迁、水旱灾害、地震、水利、交通、医药等科学史料；关于疆域山川、地形地貌、江河湖海、城池关隘等地理史料；关于阶级斗争、农民起义、历史沿革、兵制兵防、历史事件、历史人物等军政史料；关于户籍人口、民俗民情、民族宗教、方言俗语等社会史料；关于地方艺文、金石碑刻、古城遗址、文物古迹等文化史料……这些珍贵的资料，既有历史价值，又有现实科学研究价值。随着岁月的流转，许多事物已发生了很大的变化，地方上很久以前的事现代人难以知晓，当时当地的情况却在地方志中用文字保留下来了。

早在20世纪30年代，著名历史学家顾颉刚先生曾经为地方志这一丰富而珍贵的文化遗产未被重视和利用而感叹曰:“如此缜密系统之记载，顾无人焉能充分应用之，岂非学术界一大憾事耶！”(《中国地方志综录·序》)新中国成立后，在党和政府的重视下，许多科研部门和史志工作者通过对旧方志资料的整理研究，在历史、地理、经济、文化、天文、地震、水利等方面，撰写了许多专著和其他科研成果，在古为今用方面做出了有益的贡献。20世纪80年代以来，全国大规模地编修社会主义新方志，一大批新方志成果在各地陆续出版，不断丰富了地方历史文化宝库。在这些重要的历史文化建设工程中，古旧地方文献起到了奠基性的作用。

今天的历史，是过去历史的延续。整理出版古旧的地方史志文献资料，有利于我们了解地方历史，熟悉各方面的情况，这是一件十分重要的工作。从事地方工作的人们，从阅读地方史志文献资料入手，了解地方各方面的情况，则是一个便捷的渠道。古代许多有头脑的封建官吏，走马上任，下马观志，把地方志书作为“辅治之鉴”。唐朝韩愈南行，路过梅岭，先借《韶州图经》；宋朝朱熹赴南康军任职，下车伊始，便找《南康军志》。这些大学问家看重地方志的故事，至今还为人们所称道。新中国成立后，许多有见地的领导干部也常利用地方志来了解本地区的历史和现状，熟悉省情、地情和县情。阅读和研究地方史志文献资料，可为我们在从事地方建设时，如何从实际出发，发挥地方优势，进行科学决策，提供历史依据，从地方社会历史发展中寻找事物发展的规律，从而使我们少走弯路。

青海地处西北，东接秦陇，西通西域，南交蜀藏，北护甘凉，战略地位十分重要，自古以来就是许多政权和民族争夺之地，所以历代战事频繁。青海高原自然条件严酷，古代交通闭塞，文化相对落后，历史文献本身留存较少，加上历代战乱频仍、兵燹水浸和其他原因，青海历史上最早的一些史志文献早已散失佚尽。明代中叶以前，青海无地方志。明代中叶以后，各地修志之风盛行，青海地区曾出现明嘉靖间邑人张芝草创《西宁卫志》，万历间刘敏宽、龙膺纂修《西宁卫志》。可惜这两部明代志书不久便非佚即残。清顺治十二年（公元1655年），曾任西宁通判的张伟绩为清初方志《西宁志》作序，说他在莅位之时曾寻访地方典籍，“欲辑一代之书，然博访旧闻，旁咨故老，皆无有存者。嗟乎，杞宋无征，文献澌灭也！”清苏铣在纂修[顺治]《西宁志》时，明代两部方志全本已佚。清杨应琚纂修[乾隆]《西宁府新志》时称“湟中旧志久失，而见存者荒谬不雅驯……而边垂质野，文献无征，是西宁郡志作者为尤难也。”（《西宁府新志》杨应琚序）。清《四库全书·存目提要》谓：“西宁在国初为军民指挥使司，本临边之地，文献罕征。”古代官员均以青海地处边陲，流传下来的地方史志资料稀少而感叹，所以流传至今的地方历史文献显得弥足珍贵。

青海古旧地方志总体上处于数量小、流传少、使用不便的状况。20世纪80年代以来，青海人民出版社已印行了一些地方志书，现在又经过了二三十年的时间，社会需求仍然十分广泛。用丛书的形式整理出版青海地方史志文献，便于系统地保存流传这一珍贵的历史文化资源。这套丛书由青海人民出版社戴发望副总编辑等人精心策划，逐一选定入选图书，奔波于省内专家学者之间，落实校勘任务，精心编审，做了大量的工作。丛书中所收录的志书，大多是在原出版物的基础上，再一次做了标点、核对、校订、注释等工作，对部分误字、衍字、脱文等做了纠正，对断句标点做了进一步的斟酌修改，对重要的历史事件、人名、地名等做了必要的核查，对记述失实和疑误之处加了注释和说明。这种必要的校勘整理工作，提高了这批古籍文献的使用价值，有利于今人和后人更好地利用，有利于长久地流传和保存。这套丛书的出版，实为一项不朽的业绩，是一件抢救和保存地方文化的幸事！这套丛书的存史和资政作用，将会在青海历史上长久地展现出来。

这套丛书付梓前，出版社的同仁约我作序，我虽从事文史研究工作多年，但各类知识尚属浅薄，曾一再推辞，但仍难辞雅命。为不负重托，又出于对青海地方史志文献的偏爱，谨作以上文字，以为丛书序言。

王昱

2015年9月

目　录

上　册

目　录

目　　录

目　录

目　录

目　　录

目　录

目　　录

目　录

目　录

目　录

目　　录

重印《西宁府新志》弁言

（原载青海人民出版社1988年版，这次收入时文字有删节）

今青海省所在地区，从西汉初建西平亭到清初置西宁府，时间长达两千年。这块地方，由于地处偏远、文化落后，一直没有一部较为完整的地方志可资查看。至今留传下来的有关本地区记载，仅有南朝刘宋时段国的《沙州记》，北魏郦道元《水经注》，唐刘元鼎《吐蕃黄河录》，宋李远、汪藻等的《青唐录》及清初佚名的《秦边纪略》等寥寥数种。而相传明嘉靖间邑人张莱所草创的《西宁卫志》（见《西宁府新志》卷二十七《献征志·人物》），万历间西宁兵备道刘敏宽、同知龙膺所修《西宁卫志》（见《西宁府新志》卷三十一《纲领志》)和清顺治间苏铣所修《西宁志》(见《清文献通考·经籍考》)等旧志,到乾隆初杨应琚修新志时,有的早已散失,有的也仅存残卷。疆土开拓,文献无征,这是与当时大一统国家发展的形势和要求不相应的。早在康熙时已通令全国普修省志,雍正时复诏各省纂修通志,旋又颁布各省、府、州、县志每六十年一修的命令,为《大清一统志》的修纂鸣锣开道。而康、雍、乾三朝又是文治武功、经济文化的又一高涨时期,修志成风,名家辈出。在这种时代风气和政治形势的影响、要求下,西宁府虽偏居一隅,也自不能不有所行动,恰好于乾隆元年(公元1736年)再来任西宁道按察使司佥事的杨应琚是一个兼资文武的地方官,于是由他亲自着手在乾隆十一年至十二年的一年时间内,编成一部与当时时代相消息的《西宁府新志》,弥补了西陲文献无征的缺点,为《大清一统志》的纂修,提供了丰富核实的资料,在清初众多的方志中,不愧为名作之选。

新志共四十卷。其体例不因袭故常,颇多创见。这可简举数例来加以阐明:

首先,他依照明康海《武功志》对地方官褒贬兼施之例(前此则均有褒无贬),“间有论断,使是非判然,以成一家之言。”(见《凡例》)这就是唐人徐坚“方志直文”的实践,也是康海对官师善恶并书,以寓劝惩传统的发扬。因此,他在《官师志》小序中说:

“吁！姓氏具在，某也无闻，某也贤，览斯志者，可以知所勉矣！”

对一般无显绩的文武职，只列姓名职任。而在《职官》目中，引录明人吕新吾《明职篇》，在篇末加按语说：“呜呼！居官者必如此，斯可谓尽其职矣！”颇寓褒贬惕励之意。他的祖父杨宗仁是康雍时有名的清官，他在名宦传中，也只录旧文，不赞一词。即是雍正旌表的话，他也没有引用。

其次，他在《武备志》中，列入明塞外四卫、青海、西藏三目，统括西陲边塞，山川路径，藉以突出西宁府当时在国防上所居的战略地位。依据他在《自序》中所说的“余承乏兹土，十有余季，常登土楼之巅，穷浩门之源，俯仰今古，斯地诚戎马之郊，关河之冲矣”的观点，详列番族远近，塞外四卫存废始末，青海源流，通准噶尔路径，西藏的山川道里，俾使守土握兵的后来人，知地利，严防范。方志的作用，益发显然。而以区区西宁府统括万里边陲，因地因时自立名目，切合边情，为一般方志所未有。

第三，他在方志中，特立一《纲领志》，也为前所未有，是现代大事记的权舆。他在凡例中说：

“新志内纲领一志，余之创例也。盖因湟中郡邑，自汉魏以来，兴废靡常，非依编年法特书分注，则不能通贯明晰。”

他以编年方式把两千年来本地区大事叙列成篇，若网在纲，有条不紊，可谓独具前识。而且他还采用《晋书·载记》的体例，将历史上活动在本地区的部族和少数民族所建立的独立或割据政权，诸如西羌、吐谷浑、南凉、西秦、吐蕃、唃厮啰，分别编为《载记》六篇，作为《纲领志》的附录，这很符合青海地区过去历史中的特殊情况。而旧志均不僭列帝王，即使皇帝出自本地，也不纳入，以免僭越。《晋书》以十六国别为《载记》，乃是史法，杨氏援之以入地方志，应用得体，也是他的独创。他援用史志旧例，以包纳一般地方鲜见之事，曲尽其微，这是他的史裁，给后人以启发，而更重要的是他的史识，他在《纲领志》后附论云：

"湟中本西羌地，逼介青海，屏藩五郡，而青海周回千七百里，水草丰美，宜牧畜，素号羌戎乐土。故自汉魏立郡以来，先零、秃发、吐浑、吐蕃，叛服迭见，收弃承碁。干戈兴而学校废，礼义衰而人材稀，固其理也。今以载记纪其始末，编年著其事功，民亦劳止，然观所以失之之由，则知所以得之之术，用人而已。"他摒除了一般的民族成见，认为这样一块好国土，其所以叛服收弃无常，原因在于文化落后，而治理文化落后地区，主要在于用人得宜。他随着就举例说：

"汉用赵充国、邓训诸公，则内有亡费之利，外有守御之备，舍乘危之势，获坐胜之道，羌胡闻训死，至以刀自割，尚何有侵犯之事乎？隋用慕容三藏、梁毗，则百姓爱悦，襁负日至，蛮夷感悟，遂不相攻。唐用黑齿常之、杜希望，则食衍士精，戍逻有备，吐蕃惮畏，不敢盗边。宋用王韶、赵隆、何灌，则湟、鄯复得良田数万顷。明用耿炳文、史昭辈，则宁境开拓，规模可观。后用人乖舛，羌戎勾结，丧师误国，民不聊生。万历时幸用经略郑洛，继用巡抚田乐、兵备刘敏宽、参将达云等，文武协心，三捷海寇，功为一时之最。嗣国政日非，官无善绩，西陲不复振矣！"

作为一个亲民的地方长官，杨氏悉心总结了历史上经营青海的成败得失经验教训。于得人一点再三致意，更值得我们注意的是如慕容三藏、黑齿常之等都是少数民族人物；高永年、祁秉忠、马进良、王承恩等都是本地各族历史人物。由于他们都能巩固边防，安定地方，一律给予高度评价，并不存在华夷之见，而且引为成功的经验。最后他还强调为官必须有善绩，以立郡县、兴学校、育人材三项为治理边疆的当务之急。这种意见，即就是对现在来说，也都是有借鉴意义的。

杨应琚的民族观点，是以巩固国防，团结内外为重的，因此他能化除畛域，着眼现实，高屋建瓴，能见其大。他重视武备、倡办学校，创建《纲领志》以著事功，另附《载记》，以明本末，一一见诸行事，并不徒托空言。如此则地方志的为用，岂不更为彰明较著了吗？

第四，新志的另一特点和贡献是他认真从事实地调查的方法所取得的实际效果，他走遍湟水、浩门水、黄河三流域，细心观察山川形势、农田水利、风俗人情，然后议建黑古城、札什巴、摆羊戎、甘都堂等城堡，设官分治，对安定地方，保障生产，巩固清廷统治，取得了积极效果。他到处考沿革，询掌故，使新志成为有关本地区最为详审的著述。

新志成书于乾隆初年，而“方志乃一方全史”“志属信史”“志心乃史裁”等方志学理论，竟先于章学诚而为杨应琚所实践，不能不说是康乾时代在这方面所促成的丰硕成果。一种专门学科的建立，既需要人的努力，也与时代潮流及历史条件密不可分。这就是学术的隆盛，人才的蔚起，所以都与世运紧密相关的一条真理。因此新志不仅反映了中国方志学的新成果，而且也反映了康乾时代大一统国家的精神面貌。指出这一点，对我们今天的继续修志事业很关重要。

新志虽然反映了一时代方志发展的新成果，在清朝一代所修的将近六千种方志中，居有比较突出的地位，但就现在来看，其有关时代局限，如称明末农民军贺锦部为“流贼”，特崇文庙祀典和其它一些坛壝等神道设教，都遵清廷尊尚和功令，都应扬弃。在编写方面尚存在的一大缺点是对有些历史资料的摘抄，核查不细，如《载记》摘抄《晋书》，在原则上只以有关青海者为限，因而有时截取失检，致前后互不衔接或张冠李戴。我设想新志成于杨氏一人之手，而为时也只有一年，一些专篇的摘抄，自不能不假手于书吏，这就是致误之由，而杨氏也不免偶尔失检了。

对有关地理沿革的考证，是本志一大特点，杨氏也特别慎重，有的还存疑，但也尚有失误或未考之处。

另外，杨氏虽然对边地少数民族，并不歧视，而囿于历来旧章，对宗喀巴、章嘉、固始汗等历史宗教人物，不列专传以彰其事迹，也是一大缺陷，因为这些人物，在本地区历史上的地位是突出的，影响也是深远的。

我这次点校的本子，是解放后就青海省图书馆所藏旧版翻印的本子，墨色淡漠，纸张粗糙，字迹模糊，印刷质量十分低劣。加上原版字体坏损，缺笔短画，有时真的不堪寓目。一般认为这就是当年初刻原版。我从青海民族学院图书馆及本市魏明章君处，各借了一套早期刊印的本子，仔细查对了一下，发现新志就现在流行的而言，共有三个本子：一是乾隆十一二年间由杨应琚初刻的本子，卷首有杨氏本人自序一篇，署的时间是乾隆十二年丁卯夏五月既望（即十六日）。这个初刻版印行按一般印刷常例，当在作序后的约一年时间内，因为卷末尚有当时知西宁县事海昌陈铦的跋文一篇，署写的时间是乾隆十二年丁卯冬十一月，已到那年年底了。杨应琚于乾隆十四年迁甘肃按察使，这部书当在他去职之前刊印出来了。原版全文分用大小正楷字刻出，字体饱满圆润，笔划完整，印刷墨色匀称，清晰爽朗。民院藏本,即属这种,当系初刻原版无疑。

一是乾隆二十七年改订补刊本。卷首有影印仁和杭大宗序言一篇,对杨志颇致推崇之意,评价不低。大宗先生于乾隆元年召试鸿词,授编修,校勘武英殿《十三经》《二十四史》,纂修《三礼义疏》,博闻强记,口若悬河,是当时负有盛名的学者。他一般不轻许可,从他给新志写的序言中,我们可以看出新志的学术水平来。大宗罢官后,先后主讲粤秀、安定两书院,以《通典》《通志》《通考》《通鉴》课士,著述宏富。在此间一时找不到《道古堂文集》,因此查不出他写这序的时间和因缘,不免是一件憾事!

其次,还有西宁府知府刘弘绪序一篇,序题为《大通卫改大通县归德所改西宁县县丞序》,署时为乾隆二十七年(公元1762年)壬午夏五月。这个本子的印行,是为了当时地方建置有所改变,因而改版重印的。雍正三年(公元1725年)改西宁卫为西宁府;又分青海蒙古部落,筑大通、永安、白塔三城,置大通卫,属西宁府。乾隆三年(公元1738年),划临洮府所属贵德所隶西宁府。杨应琚便以"湟中旧志久失,而见存者荒谬不雅驯,且大通本系新疆(即新隶西宁府),贵德又属改隶,皆应汇入郡志"。于是编写了新志,具体反映了当时新的建置和区划。等到乾隆二十六年,大通又由卫改县,而贵德所则改设西宁县丞,刘弘绪遂又依据这种新区划改版刊行杨著新志,并因夹改不易,便在序中备述改置经过。

另在“大通卫”、“归德所”标题下分别加注“乾隆二十六年改设县治”及“乾隆二十六年改设西宁县县丞”字样(“归德”改为贵德,也是在这时间的事),即利用原版在原标题下以双行增刻,而上引有关教育资料,则用重新刻版而缩小字号加密行数的办法,因此这等地方,版式就与全书不一致。

这个补刊本,还有两大改动:一是在《艺文志》内原所收诗中,删去了一部分,其中有好多首是杨应琚作和有些对杨酬答之作。这可能是出于杨应琚本人的意见。他原来就嫌内地方志收诗文“常苦其多,是以抉择宜精”。但因为边地这类作品偏少,就他所见除了鄙陋冗长之作外,尽量多收了一些。这次改版时,便把一些他自己所作和有关酬应往来的东西删汰了,这一方面是严守体例,一方面也是为了避免互相标榜、吹捧之嫌吧?诗文是最后一卷,毁版重刻,影响不大。这时杨氏已是陕甘总督,还能注意及此,可见仍具有一定的谦德。

另一大改动是严重避讳。古人有临文不讳之例,杨氏初刻版并不避讳,而刘弘绪改版时则严避庙讳,如康熙玄烨的“玄”,雍正胤禛的“胤”、乾隆弘历的“弘”,均一律用同音字改代(实际上两字都避讳,本书中较少遇到),如改唐玄宗为“元宗”,李敬玄为“敬元”;以弘光为“宏光”、刘弘绪为“洪绪”(唯序文署名漏改)等等皆是。中国自周秦以来，即有在文字上避讳的成例，就是不得直书当代君主及其所尊的名讳。其常用的办法是或改字、或空字、或缺笔，此风至唐宋而更盛，连古书上的字都要改，如汉代改“邦”为“国”(避刘邦讳)，唐朝改治为“理”(避李治讳)，甚至为了避李渊的讳，把刘渊改称“元海”(以字代名)，而为了避李渊父亲李昞的讳，把所有“炳”“丙”“秉”等字都改为“景”，以致丙午成了“景午”，使人莫知所以。避讳改史实，更产生混乱和讹异。清代不避嫌名，用同音字代替，影响尚较小，但就新志来说，牵涉的地方也不少。除了为避本朝帝王名讳而改字外，还避政治上的忌讳，如明朝著述称蒙古为“北虏”，因为双方对立，视为敌体，称海上蒙古为“海虏”，称藏族为“番夷”。而同时称满洲为“建虏”，清入关后改“虏”为“卤”或“夷”，刘弘绪补刻本一律改“虏”为“夷”。这样以来，蒙、藏二族碰到一起时，便不好区别；同时以“夷”代“虏”，殊失时代面貌。刘刊本所以出现这个问题，是由清代在编《四库全书》时，欲从明人著述中消除反满思想这一政策密切相关联的。这时一连出现的文字狱和收毁禁书浪潮的冲击，使载笔者都噤若寒蝉，深恐被累。于是刘弘绪便不得不将新志有关此方面的字眼，统统改过。但急忙中又改之不尽，时有遗漏，因此仍形混乱。我这次援隔代校书回改例，一律以初刻本为准，而另用〔〕标出原字，借复原貌(因为不用这种回改法，则和原来“夷”字难以区别）。

这个刘刊本，当即印行于乾隆二十七年夏秋之间，因为改版费工不大，不需要过长时间。一般流传最广的就是这个本子，而初刻本却绝少见。

最后一个流行本是一九五四年，就青海省图书馆藏刘刻本翻印的，只在卷首写了几行翻印的说明。出版社交给我的点校底本，就是这个翻印本。我也同意用这个后出的本子，因为它是增订本，较初刻为完备。只是在点校时，将内文中因避讳避嫌而改的字眼，则都依初刻本予以回改罢了。

以上三种刊本，实际上自始就存在着一处疏失，即是卷三十二《艺文志·诏谕》目中雍正六年（公元1527年），因甘肃地方遭灾蠲免当年应征各项银粮的上谕一通，又重见于雍正十年（公元1531年）项下，实系一谕两载。经查《清史稿·世宗本纪》，雍正七年有“是岁，免江南、江西、浙江、福建、湖南、云南、甘肃等省二十四州一县灾赋有差”的记载，盖上年遭灾，次年免赋，诏谕发于六年，免赋见于七年。而十年全国无灾，十一年免赋无甘肃，则当以系于六年的时间为是，而十年者系重出，因此我把它删去。这显系初刻之误，而刘弘绪补刻时，也未检校出来。解放后翻印本，则没有校阅过，所以更无从发现，使这个错误延续了将近二百四十年。

这次我对新志、续志的点校，标点略以中华书局校印《二十四史》为标准，校勘则根据我个人的时间、条件和能力随文加以校订，不每卷附校勘记，必要的地方，也间作些注释。这约可分为以下几项：

一、对长篇记述，在标点时酌分段落，以清眉目，未必尽当，期便翻读。

二、史事及地理有误或缺疑处，辄以己意略加考定或是正。有些为自己所尚不知或知而不审的，一仍原著，不另妄说。

三、刻印或原稿错字，视具体情况，或迳加改正，不再注明；或用〔〕添注拟改正之字，取便对照。至于漏字缺文，则用()形式加补所遗漏的字或句。

四、在正文中有些必须加以解释和说明的，也用()号方式略加说明或按语。

五、较为生僻的用语和典故，酌加注释；羌语音义，略同此例。

我的版本知识，极为浅薄，而标点亦非所习，所以点校义例，不能自成体统，这篇弁言，也既似序录校证，又像导论引言。诚所谓画虎不成，反而类犬，知我谅我，是所望于大雅！

最后，这次点校新志与续志的工作能草草完成，除了人民出版社有关同志的大力支持与鼓励外，青海民族学院图书馆热情地给予查阅资料的方便，并允借珍藏初刻本；旧友魏明章君亦惠借所藏新志补刻本及续志初印本供参考，使我免去了到处奔波之劳，特在此一并表示感谢！

一九八二年十一月化隆李得贤文实
于青海民族学院中文系

西宁府新志序

杭世骏

西宁为湟中地，武帝筑令居之塞，以隔绝羌人。历代以来，屡收屡弃。唐陷吐蕃，宋没西夏，其隶中国之版宇者，十曾不得二三焉。

皇帝混一函夏[1]，薄海内外，罔不率俾[2]。世宗宪皇帝策勋青海，卧鼓销锋，古所称不臣不贡之区，悉示包荒之度，收而登之衽席。割大通以实其后，设贵德以屹于前，金城千里，所以壮西服而柔远夷者，至矣，尽矣！黠羌草旅距之心，蠕蠕蟫蟫[3]，稽首蛾伏，遁迹荒远之外。圣天子惘然念反侧之不易安，新邑之不易治，寤寐谋略不世出之臣，策之以长驾远驭之术，久任而不迁，以裕其施设，则辽海杨公实膺斯寄焉。

公兼资文武，世袭忠孝，有古尹吉甫[4]、樊仲山之才。其于沿边之要害，战争之陈迹，蕃帐之强弱，若聚米于山而筹沙于海，短长攻守，指掌可示。经营此土，岁逾一纪，举平昔所蕴负者，从容而措之。增营坞，列兵戍，折羌氐之逆萌，广圣主之德意，兵食优裕，民物浩穰，隐然张西极之一臂，而忘其孤悬万里之外也。

西宁文献寥略，志故不足征，公以筹边之暇，提铅握椠，诹土宜，问风俗，因以周知塞下之险要。发凡起例，勒有成书。远道邮书，嘱予序其简首。夫公之懋绩在边境，绵之尸祝[5]，著之旂常[6]，业可恢廓自信矣。一编削之任，闾巷之儒所龂龂[7]以为不朽之业者，公犹且专之而不肯多让，何也？予观凉州三明[8]，前后皆著平羌之绩，迹其见誉于前史者，讨伐之力为多。所为善后之策，长治之道，犹未暇以及焉。

公遭际圣明，涵濡庭训，深谋硕画，措四境于磐石之安。优游命笔，洞夷情而固民气，虽老于边事者，犹噤不敢出一语以相难，况沾沾持目睫之论者乎？故以文字之役窥公，精笔削，密鉴裁，所以论公似矣，其所以知公也浅。若夫纾庙堂之忧，筹定远之策，斯一编也，则公精神之所存，而经世之大业出其中。固非尠见谫闻[9]之士所能参其末议也已。

旧史仁和杭世骏[10]拜手撰。

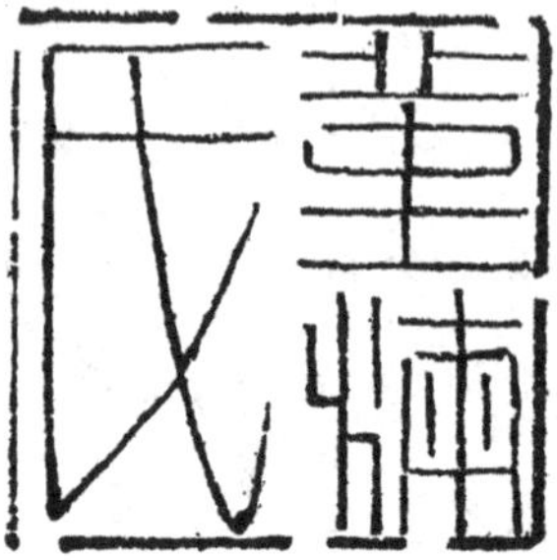

注释：

[1]函夏：函，包含，容纳；夏，华夏，中国的别称。函夏，指全中国。

[2]率俾：服从、遵循之意。《尚书·君奭》："罔不率俾。"

[3]蠕(rú)蠕蟫(tán)蟫：蠕，虫爬行貌，微动；蟫，行动貌。《后汉书》卷六十上《马融传·广成颂》云："蠕蠕蟫蟫，充衢塞隧。"

[4]尹吉甫：周宣王时重臣。姓兮名甲，也称兮伯吉父。甫，本作父；尹为官名。周宣王中兴，修文武大业，时玁狁(王国维等学者认为即匈奴)南侵，逼近京邑，宣王命尹吉甫北伐，逐之太原而归。

[5]尸祝：古代祭祀时的主祭人，这里是祭祀的意思。明宋濂《题傅氏诰敕后》："(金昌年)尝浚慈湖，溉田千顷，民至今尸祝之。"这里"绵之尸祝"句是作者称赞杨应琚治边修志功绩卓著。

[6]旂常：旗名。古代王用太常，诸侯用旂，以作纪功授勋的仪制。旂是上面画有龙形、竿头系有铃的旗帜。

[7]龂，同龈。(一)读yīn，牙根的肉。(二)读kěn，同啃，用牙一点一点咬下来。这里是(二)的用法，执着之意。

[8] 凉州三明：指东汉末期同属凉州的三位杰出军事将领皇甫规、张奂、段颎。皇甫规字威明，张奂字然明，段颎字纪明。因这三人

的表字中都有个“明”字，又都几乎同时在治羌之战中立功扬名，故当时即被京师称为“凉州三明”。这三人中，皇甫规、张奂主张对羌人以抚为主，段颎则主张只剿不抚。

[9]尠见逖闻：尠，同鲜；逖读tì，远处之意。此即孤陋寡闻之意。

[10]旧史仁和杭世骏：旧史，指官职，在此指原御史。仁和，地名，今浙江杭州。杭世骏，清代著名学者，字大宗，号堇浦，室号道古堂。雍正二年（公元1724年）举人，乾隆元年（公元1736年）考取博学鸿词科，授翰林院编修，校勘《十三经》《二十四史》，纂修《三礼义疏》后，改任御史。乾隆八年（公元1743年）因上疏言事，遭帝诘问，革职后以攻读著述为事。此序写于罢御史官后，故自称“旧史”。乾隆十六年（公元1757年）得以平反，官复原职。晚年主讲广东粤秀、江苏扬州两书院。生平勤力学术，工书善画，著述颇丰，有《道古堂集》《两浙经籍志》《榕桂堂集》等。

西宁府新志序

杨应琚

国有史，郡有志。志者，一郡之史；史者，天下之志也。然志为史之先资，贵详而有体，非具史才而得史法者，曷以胜其任哉？志之难其人久矣！前人云："文人之才，在善用虚；史官之才，在善用实。虚者，可以意创；实者，不得不因。湟中旧志久失，而见存者荒谬不雅驯。且大通本系新疆，贵德又属改隶，皆应汇入郡志。而边垂〔陲〕质野，文献无征，是西宁郡志作者为尤难也。余承乏兹土十有余季，常登土楼之巅，穷浩门之源，俯仰今古，斯地诚戎马之郊，关河之冲矣。矧自汉、魏以来，屡兴屡废，往迹殊多。我朝圣圣相承，平青海，收番族，设郡邑，广学校，可谓万世一遇矣。若使闇而不章，郁而不发，此有司之罪也，余滋惧焉。幸岁又连熟，郡以无事，遂忘其固陋，于乾隆丙寅秋七月握管，至丁卯夏五，历十一月而脱稿。举典，期可征诸事；载言，期可施诸用。不敢以易心乘之，不敢以浮词间之。至於措置得失、闾阎疾苦，亦备论其故。凡为总志十，分目得百有五，计两函，四十卷。撰次校对，咸出余一人之手。嘻，惫矣！虽然，余自总角[1]受书，矻矻[2]诸史，继困场屋，未能登玉堂，秉史笔。今于一郡之志，得以上下数千年讨论排纂，上扬国家之休光，下阐忠臣、烈妇之潜德，亦一时之遭。此新志之所为作也。

乾隆十二年丁卯夏五月既望陕西分巡抚治西宁道按察使司佥事辽海杨应琚撰。

注释：

[1]总角：古代男女未成年前束发为两结，形状如角，故称总角。

[2]矻(kū)矻：勤奋不懈。

大通卫改大通县、贵德所改西宁县县丞序

刘弘绪

湟中自汉、晋、唐、宋、元、明来兴废无常，命名各异。改为郡，隶二县、一卫、一所，则我世宗宪皇帝平定青海时制也。而卫改县，所归县，则又自今上乾隆二十六年五月日始。余承乏兹土，十有余年，间尝按部巡行，北出闇门，抵大通，临浩门，望金娥；南至贵德，登驻马，眺黄河，纵览山川之体势，可谓壮哉！察民间情状，则见土屋穹庐，番汉交处，各擅五谷、材木、毡毳、旄罽、湩酪之利，安贴咸若。其子弟虽素朴鲁，尚气力，亦复知诗书，讲礼让，敦古处，所在辄闻弦诵声不辍。予为之俯仰流连，喜动眉宇。仰见圣圣相承，

休养生息，虽在边荒番族，莫不柔服于礼乐，庠序之化，媲美于内地。考之往古，质之近代，盖未有如今日之盛者也。顾惟是地号卫所，官设武弁，吏治非所夙娴。一切化民成俗、鼓舞振作之规，未免缺如，盖不能无遗憾云。

先是，今制府辽海杨公，两任西宁观察，阅十七八年。凡训农、通商、惠工、敬教、授方、任能诸政，靡不殚心力为之，而于劝学尤加之意。设书院、招诸生、延师傅、立课程，勤勤恳恳，真如贤父保母之于其子者。以故我湟士民感激于中，发愤于外，风气为之丕变。公则究以卫、所武员，终非专为民牧。乾隆十四年(公元1749年)间，适逢部议量裁各省卫缺。予时为郡守，亲承公指授，改设归并之处，由县缮详，请公达之方伯、中丞。会以公帑不敷各项经费，其事遂寝。今天子怀柔河岳，辑宁边陲，勤思巩国固民，以康中外，敕部议裁各省无漕政之卫，以专责成，诚所谓圣谟洋洋者矣。而又适值我公总制陕甘，檄议改设、归并二条。予与守世君、令舒君乃援前所区划，割西宁之北川十八堡，益之大通，设知县、训导、典史各一员，以为县。改贵德所，设县丞一员驻扎，隶之西宁。大通旧户口三千五百有奇，征粮四千一百有奇，益以西宁北川之十八堡一千一百九十一户，则至四千七百余户，征粮亦至六千二百余石。与县体制符。贵德县丞驻扎三百五十里外，惟命盗大案，仍归西宁承审，其余征屯、巡缉、词讼诸责，悉属自理。以次申请，亦与县丞体制符。自公具题，奉诏俞允。是公昔与属僚筹诸方略者，今乃见之实政也。其议建设大通县署，仍卫署。贵德向无署，赁民居为署。今改县丞，与大通添设教职、典史，各建衙署一。大通养廉如碾伯例，为要缺，贵德亦为要缺。五年论俸升转，仍如所千总例。大通坛庙、仓廒、监狱、驿递等制悉如旧。贵德隶县，无需坛庙、仓廒、监狱、驿递，马匹亦悉如旧。大通兴修先师庙如制，岁科考额取文武童生六，廪、增二，贡六年一，俟渐次增如小学例。贵德属西宁，固俱无与于此。夫我国家承平百余年矣，四海之内，学校如林，类皆蹈德咏仁，含和吐气。兼数年来，天威远播，回部归心，伊犁画内，寸天尺地，悉入版图。矧兹区区卫所，仁渐义摩，沦肌浃髓[1]，而县治之，而县隶之，则是取诸其怀而与之也，岂不盛哉。于戏！我大通、贵德民迄于今，有县官为之父母，则政治有专责；有学官为之师，则文教无旁诿；有县丞、典史为之平讼防奸，则理烦治剧，亦可以分邑令之劳，而大有便于民。虽然，损益随时，理有常然。正其末当端其本，善其后须慎其先。及是时而为之民者，诚益勉之以善，勿抗粮，勿喜讼，勿作奸宄，而为子孙法守；为之官者，诚始之以实心，继之以无倦，务进己于循良，而为后来者导以先路。将见风俗日益厚，政治日益古，文教士气日益新，庶有以仰答圣天子设官分职，为民保障之至意，并且慰制府前观察公十余年教养之苦心矣。于是略述颠末，以备梗概。谨附诸志，以俟后人。若夫所谓星野山川、城池阨塞、田里贡赋、官师体制、武备兵权、人伦风俗、物采声谣，则公前观察时手编之郡志新书，详哉其言之也。余老且陋，固无能赘一辞。

时乾隆二十七年（公元1762年）壬午夏五月，陕西分巡抚治西宁道刘弘绪谨撰。

注释：

[1]仁渐义摩，沦肌浃髓：指接触以仁义道德为代表的中国传统文化，渐渐深入肌肉骨髓。摩，接触、摩擦。

凡　例

一、志与史体例虽有不同，而皆为实录，乃所以信今而传后。郡志又与省志不同，邑乘又与郡志稍异。按旧《西镇志》仅寥寥二本，重刊于顺治丁酉。而宁郡四属，皆无邑乘，不但记事讹舛，国家升平百年，瑰德殊功，咸未纪载。今广为搜缉，严加考订，另成新志。立为十纲，条目类附于内，经纬联贯其中，以求详而有体而已。

一、陕甘诸志，推武功、秦安，以其出一人之手，言简事赅，间有论断。使是非判然，以成一家之言，非若他志聚东西南北之人，各出己见，如列肆市货也。今新志撰次、校阅，皆余一人。十纲有论，诸目亦间有断，其体例有不同者。郡邑之大小，边垂腹里之互异，势使然也。其不同者，乃所以为同也，览者自悉。

一、历代史志，为法不同：唐史志则悉以事实组织成篇，宋元史志条分件列，成篇者难窥，分列者易见。史犹如此，况志乎？今撰新志，如地理、建置等类，皆粲如列眉，以便于游目。

一、唐孙樵云：史家纪职官、山川、地理、礼乐、衣服，亦宜直书。一时制度，使后人知某时如此，某时如彼。今新志凡山川、古迹、关隘、寺观，有俗名者，皆附于下。职官咸存历代之名，增减之数，以备考察。

一、水渠堡寨，他郡志多仅存其名。今水渠必载距县若干里，支渠若干，各长若干里，溉地若干，下子粒若干。盖水利，边民之大命也。余不过经岁勤劳，而留心抚字者，便寓目瞭如，而争溉壅滞之弊，可据册而稽矣。其堡寨亦必载距县东、西、南、北若干里，附若干庄。盖边垂〔陲〕遇有军需，则小庄附大堡办运，谚谓之合堡当差。有此可以均徭役，行保甲，以及歉年振〔赈〕济，按里而考，亦得以知所处矣。

一、学校为造士之本，而庙祀乃崇圣之意，已详后学校论。故新志文庙列于祠祀，学校载于建置。我国家崇道右文，超越前代，以及坛壝、祭典，于兹为盛。今博采仪文度数，详附不遗，亦因边郡学礼者鲜，藉以诱掖也。

一、《春秋》记异不记祥，而《洪范》休征，实为皇极之应。故并列附《祠祀志》后，以见天人有相感之理云。

一、兵可百年不用，不可一日不备，况西宁为极边之郡乎！逼介青海，环拱诸番，径通准夷，南达三藏，自古为用武之地。我朝平海收番，措置之善，为前代所未有。俾边民得安耕凿之乐，故特纂武备一志。凡兵制、戎器、驼马，以及番族，无不具载。并青海之始末，防范准夷之要隘，西藏之疆域、山川、风俗、户口、天时、人事，亦附列焉，使守土握兵者，知肯綮云。

一、凡功德在民，仪型足式者，始得列入名宦。其余宦绩武功，遗之固不可，叙入则不伦。今咸载于《纲领志》内，班班可考焉。

一、史法条序人物，宜存警训，不当徒以官大宠浓，讲文张字。宁郡人物无多，凡才德超卓，暨瑕不掩瑜者，皆应选入。然亦宜是是非非，不没其实，方可信后。博采直书，谅知苦心。

一、查前代史书体例，凡官未至大臣，止有殉难死事一节，入《忠烈传》。如系王公大臣别有功业者，虽殉难死事，仍各自立传。如《唐书》永安王孝基等，虽阵亡，仍入《诸王传》。太尉段秀实等殉难，仍自立列传，俱不入《忠烈传》。今新志亦照此例，分别立传。

一、节妇烈女，风化攸关。其题请旌表、建坊者，自应载入。而穷乡僻壤，未经呈报者尚多。凡公论相同，访闻既确，今皆备登。且择其苦节，叙为行实。岂可但书姓氏，何以鼓励。

一、选举各志俱另列。今独载于《献征志》后者，湟中边地，前明成进士者止二人，至今寂然，不能另列一志。然有人材而后有选举，其附于此，亦比类相从耳。今国家立贤无方，应袭戎行，亦选举中之分途。数年以来，文职有至郡守，武职有终总戎者。绅士各勉旃！鹿鸣鹰扬[1]，将骎骎乎[2]日盛矣。

一、新志内《纲领》一志，余之创例也。盖因湟中郡邑，自汉、魏以来，兴废靡常，非依编年法特书分注，则不能通贯明晰。于是尽猎历代诸史，以至圣朝典章暨文集、家乘，凡关大事者，汹为一志。翻阅之际，上下数千年，其得失利害，如指诸掌。非故为矜博，实便于后人。

一、艺文，内郡常苦其多，是以决〔抉〕择宜精。湟中边地，每苦其少，欲备诸体，搜罗宜广。然诗文鄙冗者，亦不滥登。

一、采谚征谣，遗言琐事，可资博洽，古人不废也。今列《杂记》一卷，或择之史乘，或得之见闻，亦《酉阳》《新语》之类耳。杨用修[3]曰："虽取大方之笑，且为小道之观。"

一、边地文献无征，且屡经兵火，典籍云亡。余撰次此志，矻矻经年，且一官在身，秉笔伸纸，公余灯下为多。虽悉心考核，稿经再易，然一人之精力有限，恐尚有蒙杂挂漏之讥。续而正之，以俟后之大雅君子！

杨应琚佩之氏谨识

注释：

[1]鹿鸣：《诗经》中《小雅》的篇名，为宴会宾客时奏的乐歌。鹰扬：雄鹰奋扬，喻威武或大展雄才的样子。此处指希望文化快速传播，习文者前程远大。

[2]骎（qīn）骎乎：快速、急迫的样子。南朝《梁简文帝集》二《如影》诗："朝光照晈晈，夕漏转骎骎。"

[3]杨用修：明代文学家杨慎（1488–1559 年），字用修，号升庵。著作达四百余种，后人辑为《升庵集》。

西宁府新志·卷一

舆图

司空府
輿地圖

河州保安界
河州循化界
東家寨
甘都堂
積石山
東
巴燕戎廳
蘭州皋蘭縣界
黄河
下川口
上川口
湟水
大峽
平戎
碾伯縣
老鴉
凉州平番界
冰溝
棊子山
平番西大通界

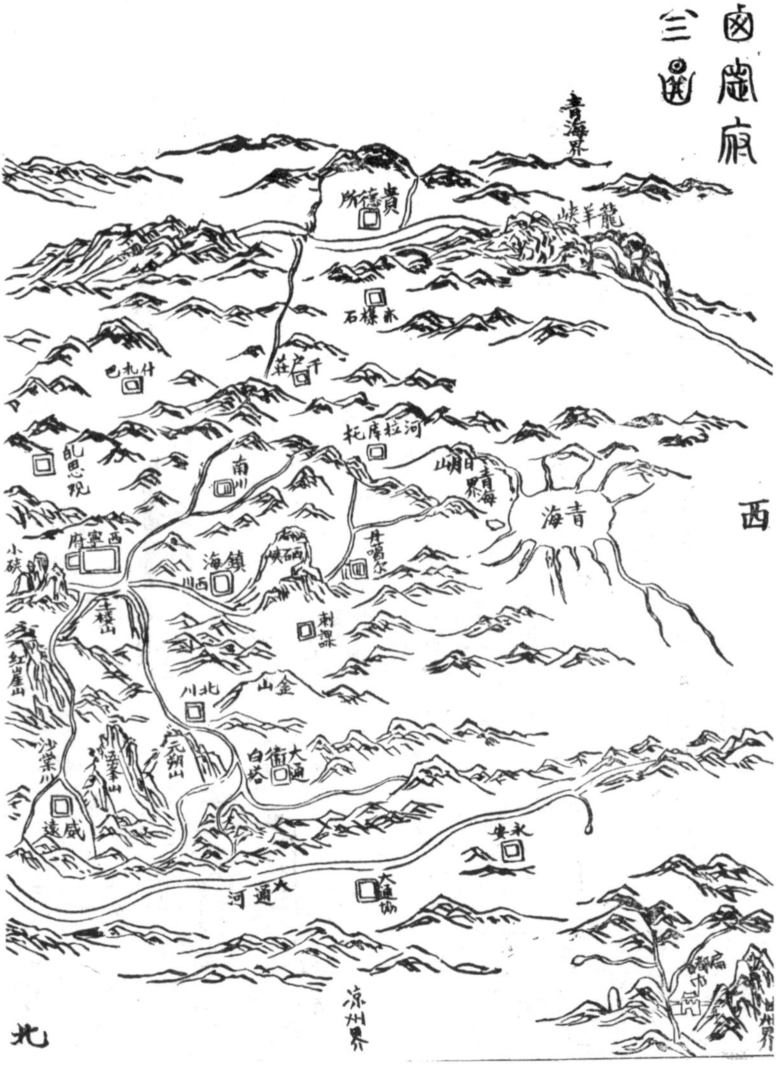
西寧府全圖
青海界
貴德所
龍羊峡
什扎巴
南川
西寧府
鎮海
西川
丹噶爾
日月山
青海界
青海
剌課
北川
金山
大通衛
白塔
元朔山
五峰山
土樓山
紅崖山
小峽
沙棠川
威遠
永安
大通河
大通協
涼州界
甘州界
西
北

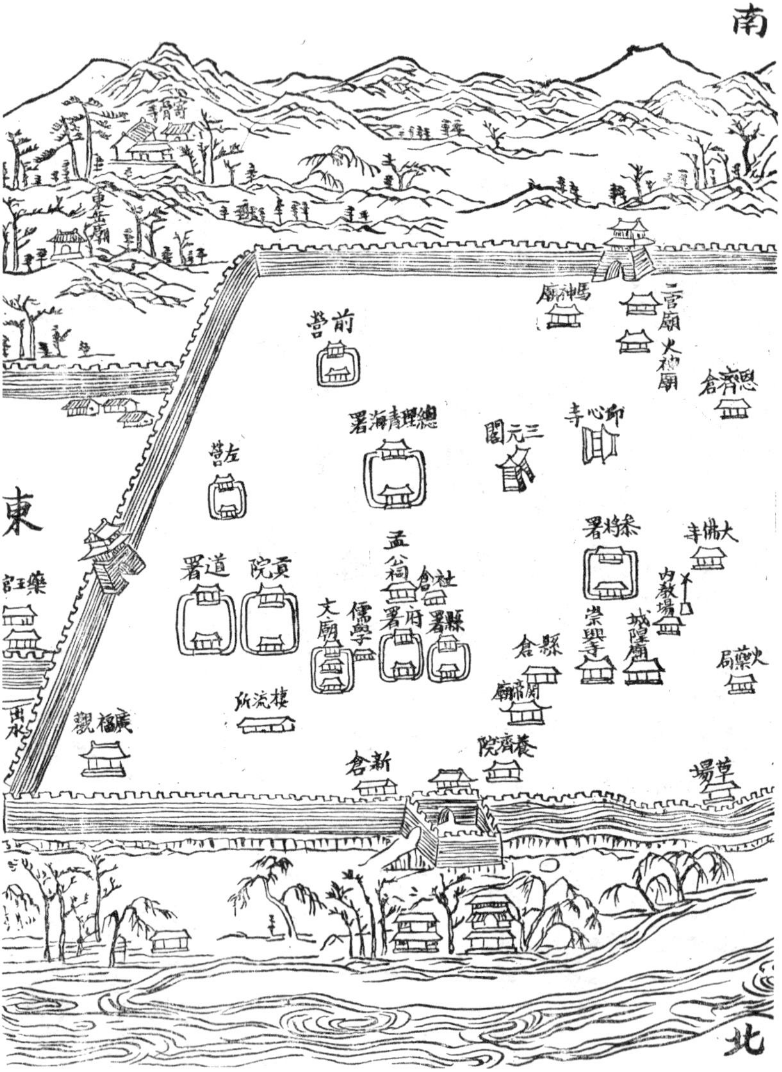
南
東
北
前營
總理青海署
三元閣
馬神廟
三官廟
火神廟
左營
參將署
大佛寺
內教場
城隍廟
道署
貢院
孟公祠
社倉
儒學
文廟
府署
縣署
縣倉
關帝廟
棲流所
廣福觀
養濟院
新倉
草場
東岳廟

西寧府城圖
鳳凰山
南禪寺
南川河
入水洞
中營
右營
後營
南川河橋
看河樓
虎臺
西
西川河
惠民橋
北川河

南
黄河
巴燕戎厅界
东关门
西关门
碾伯县界
东
附府西宁县
平戎
威远
柏木峡关门
西石峡关门
东关门
北川
西关门
北

西寧縣圖
貴德所界
白塔寺
大班沙闇門
小班沙闇門
大東城闇門
小東城闇門
塔兒寺
鎮海
西石峽闇門
丹噶爾
西
青海界
喇課闇門
小峽闇門
大通衛界

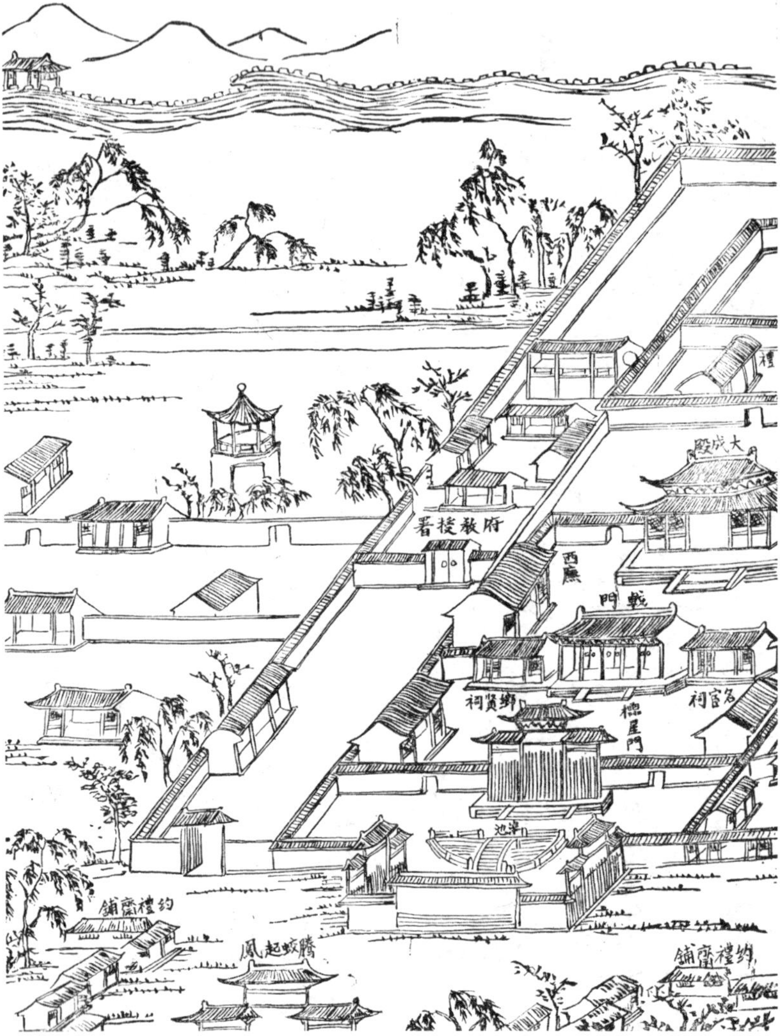
大成殿
府教授署
西廡
戟門
鄉賢祠
名官祠
櫺星門
泮池
約禮齋舖
騰蛟起鳳
納禮齋舖

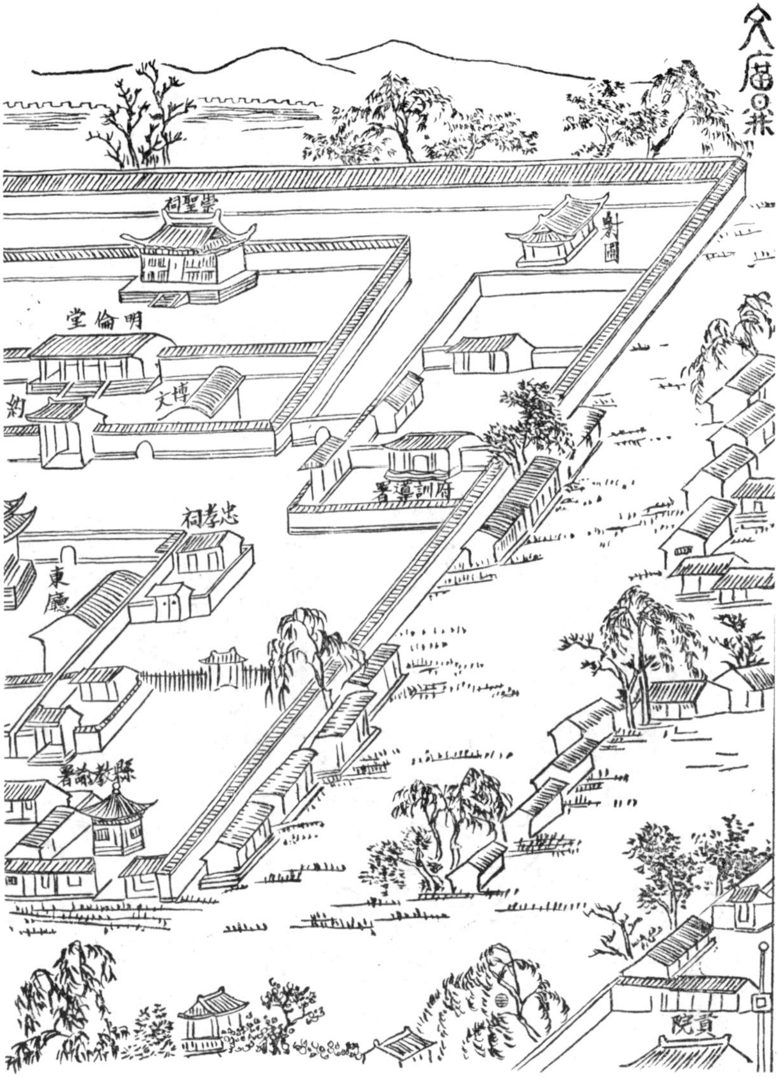

文廟圖
崇聖祠
射圃
明倫堂
博文
約
府訓導署
忠孝祠
東廳
縣教諭署
貢院

西洞
寒泉精舍
潜華泉
裂石泉
枕流亭
王德昭画

五峯山圖
北洞
隱泉
東洞
五峯寺

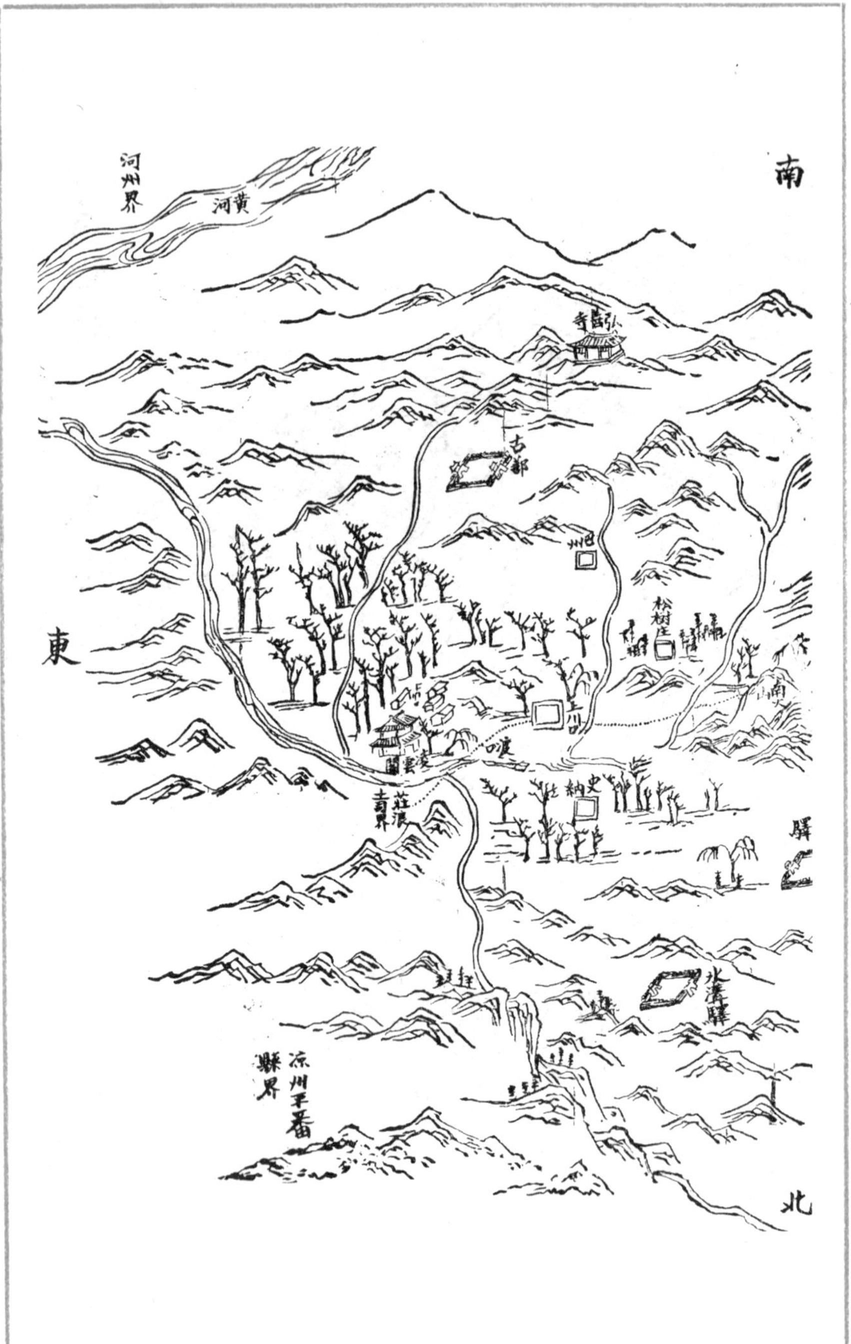
南
河州界
黄河
古鄯
巴州
松樹庄
東
史納
莊浪
驛
涼州平番縣界
北

碾伯縣圖
巴燕戎廳界
藥草臺
南山
七里店
碾伯縣
湟水
古城
四望山
高店
西
西寧縣界
龍泉山
雷鳴山
老鴉

南
河州保安界
河州循化界
黃河
甘都堂
東
隆藏林山
北
碾伯縣界

巴燕戎厅图
贵德所界
沙冲寺
西
石碌峡
千户庄
西宁县界

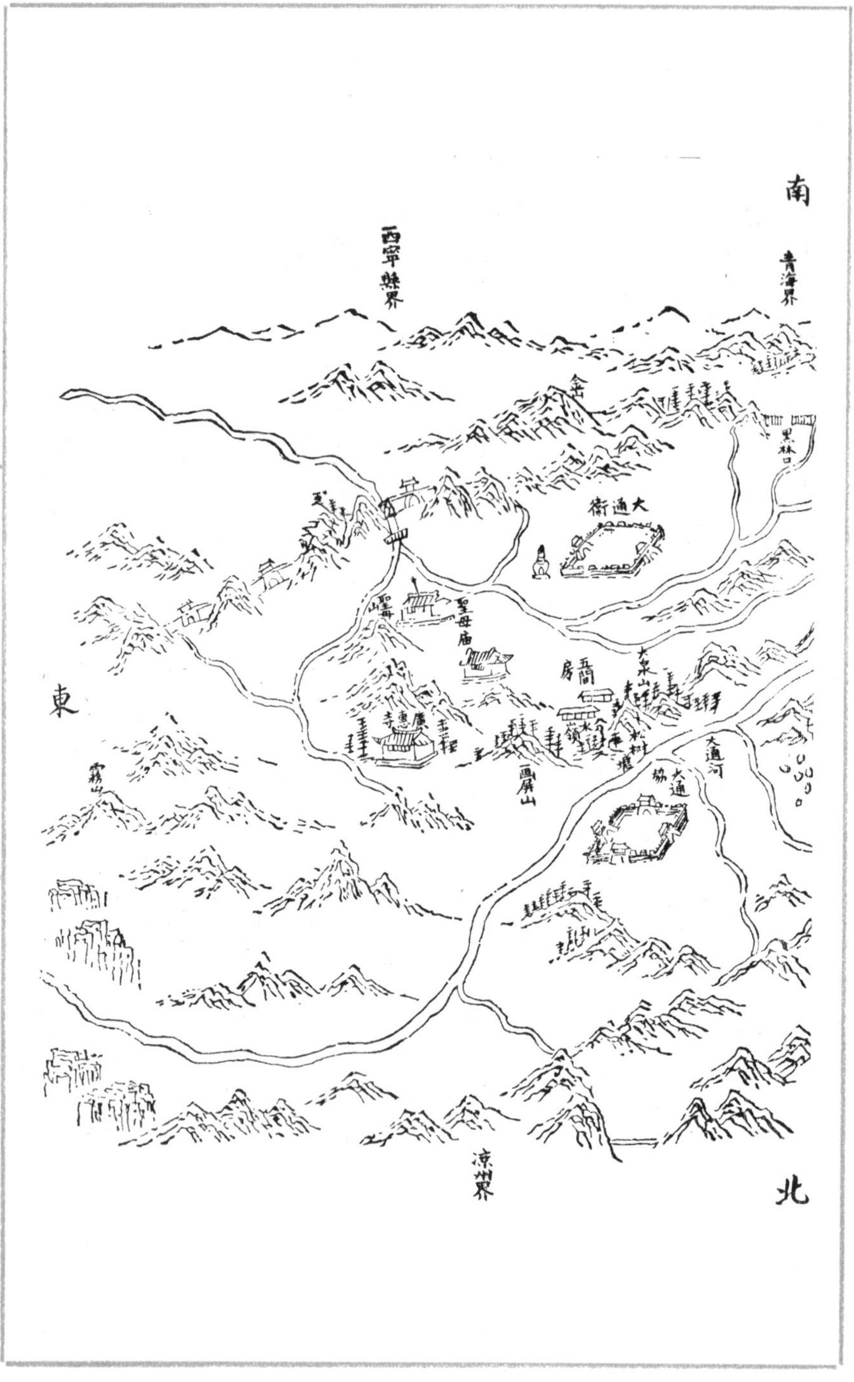
南
西寧縣界
青海界
黑林口
大通衛
聖母廟
五間房
廣惠寺
東
大通河
大通協
畫屏山
涼州界
北

大通衞圖
青海界
西
二佛寺
古佛寺
永安營
山神廟
三角城
涼州界
甘州界
扁都口

南
東
北
龍王池
康家寨
楊家寨
李家寨

貴德所圖
巴什塘
上熱水
周屯寨
王屯寨
黑城
西
下熱水
南海殿
畢家寺
沙加山
寨
下工巴寺
四十八户
貴德所
下閘門
文昌廟
龍羊峽
滅納寺
黄河

南
東
北
貴德所
黃河
河州循化界
甘都堂
河州界
積石關
禹王廟
西寧府
湟水
碾伯縣
莊浪土司界
蘭州皋蘭縣界
涼州平番縣界

黄河图
星宿海即黄河源
阿令海
且令海
昆仑山
西
盐池
青海
日月山
大通卫
大通河
凉州界
甘州界

昔戴安道就范宣学，视范所为，惟独好画，范以为无用，不宜劳思于此。戴乃画《南都赋图》，范看毕咨嗟甚，以为有益。盖古人左图右书，不可偏废也。西平舆地，今绘为十图。其高山大河，层城峻宇，居然有中原气势。洁己爱民，亦可以为治。边陲内郡，又何择焉！

松门杨应琚题

西宁府新志·卷二　星野志

地有分界，星有分野，昉于《尚书》，本于《周礼》，顾可忽哉？然七政列宿，虽丽于天，其精气则通于地，其感召则由于人，三才一气也。是故政事修而泰阶平景星见，固其理也。《晋〔书〕·天文志》：金城入东壁四度，西宁亦古金城郡地。而《文献通考》云：河湟入壁三度，有以哉。图列如下

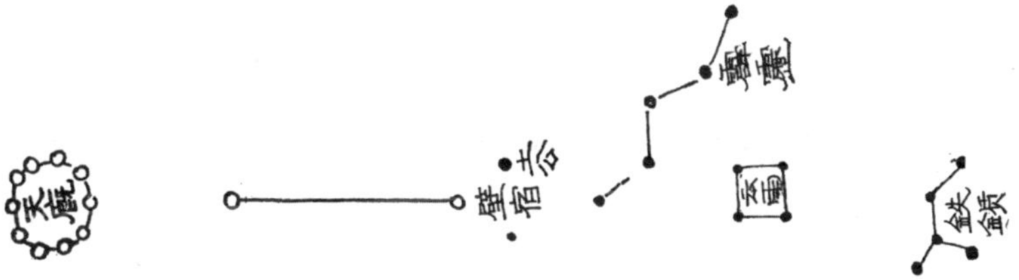

步天歌

壁宿

两星下头是霹雳　霹雳五星横著行
云雨之次曰四方　壁上天厩十圆黄
铁锧五星羽林旁　土公两黑壁下藏

松门杨氏曰：西宁、碾伯二邑，古金城郡地。至大通卫，旧为青海地界；贵德所，旧为临洮地界。按临洮古陇西郡地，入营室四度。今并隶府属，应归何宿？闻之昔人云：星野之分，有因天运而易者，有因地势而易者，有因人事而易者。夫天运之宿度，分于黄道。黄道迁于岁差，如宿属斗末者，渐变而为牛初。则分野之隶于斗末者，亦当更而为牛初矣。此非天运之易乎？川有开塞，河有迁移，如汴城或徙于河之北，复更于河之南。渭城或更于河之南，又徙于河之北。当随其迁徙而判其分野矣。此非地势之易乎？魏徙大梁，则西河合于东井；秦拔宜阳，则上党入于舆鬼。朝为零桂之士，夕为庐九之民，此非人事之易乎？然则分野之说，亦微矣哉。

西宁府新志·卷三　地理志（一）

由边卫而郡县，自畜牧而农田，势相因也。西宁逼近青海，历代或弃或置。圣朝开辟既远，教化亦浃，是以风气渐燠，物力滋丰，骎骎乎内郡矣。今考其沿革，画其郊圻，纪其山川，搜其往迹，稽其俗尚，程其土宜，皆地理所具。《书》曰："帝光天之下，至于海隅苍生。"于今伏睹其盛矣。

沿　革　表

西宁府	
秦	湟中地,羌无弋爰剑所居
汉	金城郡,西平亭
三国	西平郡,魏置
晋	西平郡
南北朝	鄯州,北魏置
隋	西平郡,大业初复
唐	鄯州,武德二年复置,仪凤二年置都督府。天宝初改西平郡,乾元初更名,属陇右道,宝应元年陷吐蕃,废
五代	青唐城,吐蕃据
宋	西宁州,崇宁三年改故鄯州置,属熙河路
金	西宁州
元	西宁州,属甘肃行省
明	西宁卫,洪武十九年置[1],属陕西行都司
西宁县	
汉	令居县[2],元鼎二年置
	临羌县,属金城郡,又分置西都县
	安夷县,属金城郡

三国	西都县
	临羌县
	安夷县
晋	西都县
	临羌县
	长宁县,分置属西平郡
	安夷县
南北朝	鄯善镇,后魏改县为镇
	临羌县,废
	长宁县,废
	安夷县,废
隋	西平郡地
唐	鄯城县,仪凤三年置,属鄯州。州陷,属河州,后亦陷吐蕃,废
五代	青唐城地
宋	州治
金	州治
元	州治
明	卫治

碾伯县

汉	破羌县,属金城郡

汉	浩门县，属金城郡
	白土县
三国	破羌县
	浩门县
	白土县
晋	破羌县，废。乐都郡，后凉置，南凉都此
	浩门县
	白土县
	晋兴郡，永嘉中前凉置，领晋兴、左南等县
南北朝	魏孝昌三年改为西都县，废，属鄯州，后周复置乐都郡
	浩门县，后周废
	白土县，废
	晋兴郡人废
	龙支县，后魏初置，属金城，西魏改名浇河郡
	广威县
	达化县，后周置
隋	明〔开〕皇十八年改县曰湟水，属西平郡
	龙支县，属枹罕郡
	化隆县，改名，属西平郡
	达化县，郡废，属浇河郡

唐	湟州
	龙支县,属鄯州,后陷吐蕃废
	廓州,武德中改置,乾元中陷吐蕃
	化隆县,州治
	米川县,永徽中徙置,属廓州复陷
	达化县,属廓州,后陷吐蕃,废
五代	邈川城
宋	乐州,元符初收复,置湟州。宣和初改名乐州
	廓州,崇宁三年收复,寻陷。崇宁三年重修米川城,寻废
元	西宁州境
明	右千户所
大通卫	
汉	西羌地,乾隆二十六年裁卫改县
三国	西羌地
南北朝	吐谷浑
隋	吐谷浑
唐	吐蕃
五代	吐蕃
宋	唃厮啰地
元	吐蕃

明	海夷麦力干所据
贵德所	
汉	西羌地,乾隆二十六年改设西宁县县丞
南北朝	吐谷浑
隋	吐谷浑
唐	吐蕃
五代	吐蕃
金	吐蕃
元	贵德州,至元年(间)置设吐蕃宣慰司,后废
明	贵德所,洪武三年置守御千户[3],属河州卫,隶陕西行都司

西宁府

古西羌所居,谓之湟中。汉武帝逐诸羌,筑令居寨〔塞〕。宣帝时,赵充国伐先零诸羌,以其地开屯田,置破羌县,属金城郡。后汉建安中,分置西平郡,治西都县。晋初因之。东晋末,西〔南〕凉秃发乌孤据为国都。后魏孝昌二年,置鄯州,改破羌县为西都。后周置乐都郡。隋开皇初郡废。十八年,改县曰湟水。大业初复为西平郡。唐武德二年，复曰鄯州。仪凤二年，置都督府。开元二十一年，置陇右节度使。天宝初曰西平郡，乾元初复曰鄯州，属陇右道。宝应元年没入吐蕃。宋初属西夏，后为吐蕃所据，号青唐城。元符二年收复，复置鄯州陇右节度，三年弃之。崇宁三年收复，建陇右都护府，改鄯州为西宁州，后复属西夏。元至元中，仍曰西宁州，属甘肃行省。明洪武十九年，改为西宁卫，隶陕西行都司。皇清初因之。雍正三年，改卫为府，领县二、卫一。乾隆三年，增领所一。

西宁县 附郭

东汉置西都县，为西平郡治。魏、晋因之，后魏废，为鄯善镇。周为乐都郡地，隋为湟水县地。唐仪凤三年，分置鄯城县，后陷，废。宋、元皆为西宁州治，明为卫治。皇清雍正三年，设西宁府，置西宁县。

碾伯县

古湟中地。汉神爵二年置破羌县，属金城郡。魏因之。晋废为乐都郡地。后魏孝昌二年，改曰西都县，后废，属鄯州。周复属乐都郡。隋开皇十八年，置县曰湟水，属西平郡。唐复改属鄯州，宝应初陷吐蕃。宋元符初收复，置湟州。大观三年升为飨德军节度使。宣和元年，改为乐州。明初立碾伯卫，洪武十九年，移卫于西宁州，碾伯为右所[4]。皇清初设所，雍正三年，置碾伯县，属西宁府。

大通卫　乾隆二十六年改设县治

古西羌地，后属吐谷浑、吐蕃。明时为海夷麦力干所据。皇清初为青海蒙古部落。在西宁北川营闇门外三十里，地有塔，蜃灰垩之，故谚谓之白塔儿。雍正元年，逆酋罗卜藏丹津等迫胁番羌，犯我边城。世宗宪皇帝命大将声罪致讨，应时摧败，永定西陲。以此地路通甘、凉，逼近西平，三年，筑大通、永安、白塔三城，设官兵分守。置大通卫，属西宁府。

贵德所　乾隆二十六年改设西宁县县丞

古西羌地，后属吐谷浑、吐蕃。元至元年间，设贵德州，属吐蕃宣慰司，后废。明洪武三年，征西将军邓愈统兵至。八年，置贵德所，属河州卫，隶陕西行都司。皇清初因之，雍正四年，裁河州卫隶临洮府。乾隆三年，改隶西宁府。

松门杨氏曰：西宁以弱系而悬极塞，由汉以来已内属，而屡为羌戎所没。因革屡易，或前大而后小，或古狭而今阔。旧志歧讹，牌版零落，考古者憾焉！余两任湟中一十三载，旁搜远剔，略识梗概。起视四境，疆隅广轮，声教远讫，土宇版章，亦孔之厚矣。惟仰体圣天子加惠边陲至意，进用文治，不忘武备，为久长之术。故多年劝课，不遗余力。迩来山陬海澨，亦有弦诵声。所望继来者，毋忘武城之章；居此者，常慕菁莪之什。予纵不能观其成，古人有言曰："请自隗始。"

疆　域 附形势，暨新设巴燕戎抚番厅界址

西宁府

治在甘肃布政司西六百二十里。东至凉州府平番县界二百四十里。西至河拉库托营日月山青海界一百七十里。南至贵德所管都受番族界三百七十里。北至大雪山二百三十里，系荒山，后接连凉州府界。东南至三川黄河沿界四百七十里。西南至上郭密番族界二百三十里。东北至冰沟山写尔定番族界二百七十里。西北至扁都口张掖县界四百九十五里。距京师四千五百一十里。

其隘则水抱西北，其险则山阻东南。《行都司志》北依山以作镇，南跨河而为疆。地接青海、西域之冲，治介三军万马之会，金城屏障，玉塞咽喉。

西宁县 附郭

治在府城内。东至东营堡碾伯县界七十里。西至河拉库托营日月山青海界一百七十里。南至黄河沿贵德所界二百一十八里。北至永安堡大通卫界七十五里。东南至南山后掩达赤哈新设巴燕戎抚番厅属巴燕戎界二百四十里。西南至上郭密番族界二百三十里。东北至祐〔佑〕宁寺番族界一百二十里。西北至喇课营汛乩迭沟脑金山大通卫界九十

里。

万山环抱，三峡重围，红崖峙左，青海潴右。《明一统志》四川外控，一径内通，三水绕城，万峰排闼。

碾伯县

治在府东北一百三十里。东至凉州府平番县界一百二十里。西至羊起铺西宁县界四十五里。南至河州界三百五十里。北至胜番沟脑仓家番族界一百六十里。东南至三川黄河沿河州界三百五十里。西南至高店沟脑雪山根八十里。东北至冰沟山写尔定番族界一百五十里。西北至上水磨沟脑钮作番族界一百七十里。

湟水抱城而流，雪峰环境以峙。周道中通若线，峡关分锁如门。

大通卫 乾隆二十六年改设县治

治在府西北一百一十里。东至燕麦川西宁县界一百二十里。西至黑林口暗门六十里外，系扎萨克罗藏插汉公蒙古住牧，接连青海地界。南至北川暗门西宁县界三十里。北至大通协城大雪山一百二十五里。其山通大草滩，接连凉州府界。东南至威远营暗门西宁县界九十里。西南至西川拉课暗门西宁县界七十里。东北至大雪山二百二十里，接连凉州府界。西北至扁都口大石碑甘州张掖县界三百九十里。

大河绕其外，高山介於中。联络甘、凉，隔阂羌、狄。

贵德所 乾隆二十六年改设西宁县县丞

治在府南二百二十里。东过尔刚哇沙思定至河州循化营界三百二十里。西至沙沟扎萨克剌麻插汉诺木汉青海界一百三十里。南至都受番族界一百五十里。北至黄河十里。东南至上、下笼布河州界三百七十里。西南至草地扎萨克剌麻插汉诺木汉青海界一百一十里。东北至西宁县所管阿失工番族界四十里。西北至黄河笼〔龙〕羊峡果密番族界七十里。

背倚黄河,面临青海。河湟夹辅,松潘后屏。

新设巴燕戎抚番厅

治在府东南一百八十里。东至杏儿沟碾伯县界一百三十里。西至郭密西宁县界二百六十里。南至黄河沿乩什扎贵德所界六十里。北至克欠山顶碾伯县界三十里。东南过甘都堂黄河沿河州界八十五里。东北至青沙山顶碾伯县界五十里。西南至亦杂石黄河沿贵德所界二百二十里。西北至乩思观林牙壑西宁县界八十五里。

雪岭北环,大河南界。锁钥诸邑,弹压群番。

松门杨氏曰:按西宁表里山河,为得形势。而历代得失,每在五郡之先,其故何哉?盖兹郡一线东通,三面外暴,如以孤絙[5]悬弹丸,掷之羌戎掌中。而又设有市口,诸货辐辏,不特五方杂厝,有不远数万里而至者。城中牝牡骊黄,冬日伏枥,常以数千计。乃堂皇篱落,自为中外。吁,危矣!

自蒙世宗宪皇帝平定青海,隔绝诸羌,销烽灌燧,以讫于今。又割大通卫以为后障,嗣增贵德所以作前屏,俨然一大郡也。余待罪于兹十有三载,于沿边要隘如黑古城、河拉库托、巴燕戎诸处,申请转奏筑堡增兵,设文武官,又屈指有九。星罗棋布,栉次鳞比,有苞桑磐石之安。昔宋王韶谓欲取西夏,当先复河湟。明海夷火落赤云:“留一部於海西以为牵制,潜渡精兵,直捣洮河,破其临巩,则五郡皆囊中物。”由此观之,西宁为重于河东、西可知矣。且西宁兵精而民朴,惟在任文武者,视国事如家事,加之意而已。

注释:

[1]据《明史》卷四十二《地理志三》、《明太祖实录》卷七十八等记载,西宁卫设于明洪武八年(公元1373年)正月,此处有误。

[2]令居县,治今甘肃永登,与西宁县无关。不过,设令居县时,汉设护羌校尉,西宁地应隶护羌校尉。

[3]据《明史》卷四十二《地理志三》等记载,归德守御千户所始设于明洪武八年(公元1375年)正月。

[4]即西宁卫所辖右千户所。

[5]絙(gēng),粗绳索。

西宁府新志·卷四　地理志（二）

山　川

西宁府

西宁县

昆仑山　在县治西北，故临羌县境。《汉书·地理志》注云："昆仑在临羌西北，有王母祠、石室、仙海、盐池，西有弱水、昆仑山祠。"唐长庆中，刘元鼎使吐蕃云："三山中高四下，曰紫山，古所谓昆仑，夷曰闷摩黎山。"元潘昂霄《黄河志》云："吐蕃朵甘思东北鄙，有大雪山，即昆仑。自山腹至顶皆雪，炎夏不消，远年成冰。"洪武间，西平侯沐英、征西将军邓愈追羌俱至此山。非古所谓昆仑也。自酒泉太守马岌傅会立西王母祠，故得是名，见《昆仑积石二山辨》。

土楼山　在县治北。郦道元《水经注》云："上有土楼，北倚山原。峰高三百尺，又若削成。楼下有神祠，彫墙故壁存焉。”阚骃《十三州志》曰:“西平亭北有土楼神祠,今在亭东北五里,湟水迳其南。”《元和郡志》云:“在县西百三十里。”按《元和志》所指之湟水县乃碾伯县也。此山为郡城后屏。

雪　山　西去县治百余里。上有积雪,四候不消,望之若银屏。西宁四面皆山,常有雪积。西去则山更辽远耳。

金　山　西去县治七十里。上有湫池,雨多则内有积水。能出云雨,居民遇旱祷之。隋炀帝征吐谷浑,晏〔宴〕群臣其上。后围吐谷浑于覆袁川,命元寿南屯金山是也。居民以上有飞蛾,谓之金蛾山。因山麓立有圣母祠,俗又谓之金娥云。

热水山　西南去县治五百里。旧志载山南出热水,流入青海。山北出冷水,即西宁河源,古所谓湟水也。按湟水发源不一,详下《水志》。

拔延山　在县治西(按:此当作“东南”。)故化隆县境。隋炀帝征吐谷浑大猎此山。长围周亘二千里。《隋(书)·地理志》云:“湟水即其地。”按化隆县因化隆谷而名,属旧廓州,有扶延山。《元和志》所载先天年改为化城县者是也。似在今碾伯南界。姑依旧志,存以备考。(按:即今乐都南山。)

连云山　在县治西吐谷浑界。隋开皇间,山响称“万年”者三,诏颁郡国,仍遣使醮于山所。其日,景云浮于上,雉兔驯坛侧。

大非山　近青海，吐谷浑尝逾山入寇。

旱坪山　在县治北十里，土司李氏祖茔在焉。

都曼山　在县治西蓬孤。吴仁以轻骑破吐谷浑处。

库　山　在县治西。任城王道宗破吐谷浑伏允于此。

騩　山　在县治西。按《山海经》云："騩山去太华二千八（按：当作"九"见《西山经》。）百五十七里，是錞（按：汪绂云"錞犹蹲也"。）于[1]西海，淒水出焉，西流注于海。"则是山在西海之东，而为西宁境内之山也。

戎峡山　在县治西，湟水所经也。《水经注》："湟水经戎峡口。"

白象山　西去县治三十里，以形似名。

凤凰山　去县治西南二里许，上有寺阁，可以眺远。西有岩洞，下临大川，又名南禅山。

唐述山　南去县治二百八十里。郦道元云："山甚灵秀。山峰之上立石数百丈，亭亭桀竖，競势争高。远度参参[2]，若攒图之托霄上。其下层岩峭举，壁岸无阶。悬岩之中，多石室焉。室中若有积卷，名积书岩，世士鲜有津逮者。每见神人往还，彼羌目鬼为唐述，因名其山。指其堂密之居，谓之唐述窟。其怀道宗元〔玄〕之士，皮冠净发之徒，亦往栖托焉。"按此山亦载《河州志》，今仍旧，以俟博雅君子。

石城山　西南去县治二百八十里，即石堡城。崖壁峭立，三面险绝，惟一径可上。隋史万岁《石城山诗》曰"石城门峻谁开辟，更鼓误闻风落石”是也。（按：史诗别指，此误。）

麻宗山　在县治东南。

松　山　在县治西北。《水经注》曰：“湟水又东，长宁川水注之。水出松山，东南流。”

车我真山　在覆袁山西。炀帝征吐谷浑，伏允遁去，遣其名王诈称伏允，保此山。

北禅山　在县治北五里，有崖立如浮图状，即土楼山。北禅寺即古神祠，今人但知此名，而不知土楼，故存以备考。

骆驼山　在县治东北三十五里。明天顺中，宣城伯卫颖击叛番巴沙部，进次此山。

元朔山　北去县治七十里。石峰林立，下绕河流。北有巨石，高二丈余，甚奇伟。监司龙膺题曰“海藏”。又北有洞，昔为虎窟，有游僧来居之，虎乃徙去。俞安期题曰“慈藏”，太元宫据其上。夏间野芍药花甚多，六月六日，士民倾城往游，俗谓之北武当云。

翠　山　在县西八十里西石峡外。湟中诸山类皆童阜，此山连延至日月山，苍翠可爱。秋时上有红叶。与騩山相距不远，余名之曰翠山。按《山经》有翠山，西距騩山二百五十里。其阳多黄玉，其阴多旄牛羚麝。此山诚多旄牛羚麝，黄玉则未之见也。

红崖山　东北去县治八十里。其土赤，因名。山腰有石洞，中有佛阁，志称“红崖峙其左”是也。

峡口山　在县东二十里。石山对峙，河水中穿，为湟、鄯往来咽喉。汉时名湟峡。赵充国屯田金城，奏治湟峡以西道桥。《水经注》“湟水迳东亭，北出漆峡”即此，（按：原文应作“水又东迳东亭北，东出漆峡”。）唐人常修阁道。宋筑省章城，控制要害，又名绥远关。（按：《宋史·地理志》谓绥远关东至湟州二十里。其地当在今大峡。峡口堡又在湟州东，则其地当在今老鸦城。此误以小峡为大峡也。）

西元山　在县西南八十里康缠沟脑。巨石崇竦，黛色侵云。即《道藏》之第四太元极真洞天是也。俗呼为佛山。

养女山　在县东北。《水经注》：“养女川水出养女北山。”阚骃曰：“长宁亭北有养女岭，即浩门之西山，西平之北山也。”

灵华山　在县南二十里。嘉靖年间，邑民建集福观。

五峰山　在县北八十里。五峰林立，形如举掌，山胁左右有大泉二，余泉不计焉。林壑之美，最为湟中胜地。而旧志不载，居人不游，何哉？山素无名，余以数名。上有古寺，已颓废，亦无名，余以山名。爰廓而新之。又于西泉厓侧建书屋三楹。颜曰：“寒泉精舍”，以为栖托之所。详后《五峰山寺记》。

清江山　在宋德固故砦北二十五里。

腊鸡山　在县南一百里。往时赴贵德所者，由穷家番族绕道数十里。今文武官捐俸开修此山，路直而捷，为南北要道。

日月山　在县西一百七十里。东北五里，即新设河拉库托营。西宁县与青海以此山分界。

隆藏林山　在县东南一百四十里，产松木。

顺善林山　在县东南一百七十里，产松桦木。以上二山在新设巴燕戎抚番厅所辖界内。

文笔峰　在县城南里许。

勒姐岭　在县西。(按：当为东。)汉时有勒姐羌居之。晋义熙十一年北凉主蒙逊败西秦兵于浩门。西秦主炽磐遣将折斐等据勒姐岭，邀其还路，蒙逊击擒之。《水经注》："勒姐〔且〕溪径安夷县东，而北入湟水。"《后汉书·耿恭传》亦作勒姐，姐音紫。

承风岭　在县治西塞外。唐李元敬〔敬玄〕与吐蕃战青海败绩，还走屯此。黑齿常之率死士袭击吐蕃处。

赤　岭　在县治西，临吐蕃界。开元中分立界牌。

大非岭　在县治西南。薛仁贵征吐谷浑，置重栅于此岭。

扁道岭　在牛心川。

赤沙岭　在宋安陇故砦东三十里。

巩藏岭　在安陇砦南三十五里。

半　岭　在县西。

九苞岭　在县东南二里许。

渴驴岭　在德固寨南十里。

秣牟岭　在宋临宗故砦北七十里，县东北也。

三诺巩哥岭　在临宗砦东五十里。

南宗岭　在县治东北宋宣威故城北九十里。

星　岭　在长宁谷。隋炀帝征吐谷浑，过此。

龙门岭　在县东北八十五里五峰山东，通燕麦川。侧有泉水流出，今名龙门口，北川营置兵守焉。

乩毡岭　宋属西宁州，政和中置制羌寨。

黄　坂　在长宁州〔川〕。晋西平太守曹祛遣麹晁拒张实〔寔〕处。

五里坂　宋都护张严与金人战死处。

青唐峗　苗履与金人战死处。

牛心堆　在县治西南。李靖征吐谷浑，败其兵于此。

风　岩　在小峡口山。山半有岩，下临湟水，每起大风，居民祷之。

观音洞　在元朔山阴。深二丈，高八尺，阔二丈余。面临东峡水，相对有慈藏洞。又山阳有朝阳洞，深八尺，高丈许，阔九尺。

北　洞　在五峰山阳。深三丈，高一丈，阔丈余。东、西各有洞。东洞深二丈五尺，高九尺，阔一丈二尺；西洞深二丈，高七尺，阔丈余。前有平厓，大树覆焉。

荔　谷　在故临羌县西。

木乘谷　在故临羌县西。

雁　谷　在故临羌县西。汉护羌校尉邓训掩击羌迷唐处。

龙泉谷　在县西八里。有龙泉，疑即西川，称龙泉谷也。唐刘元鼎使吐蕃，逾湟水至龙泉谷，谓哥舒翰故壁多在湟水。

蒙　谷　刘元鼎使吐蕃出蒙谷，抵龙泉。则蒙谷在龙泉东也。

青丹谷　在宋来宾故城西三十里。

湟　谷　在县治西南。段颎率义从戎破羌处。

历　谷　在邯川城北。

大允谷　在黄河北，烧当居处。曹凤言：西戎数犯法，常从烧当种起。

保敦谷　在县治南一百八十里。宋王瞻〔赡〕遣李实逾南山，入保敦谷，讨荡叛羌。崇宁三年，筑绥平堡于此。

大小榆谷　在县西南二百里。地肥饶，汉西羌居此。缘山滨水，以广田畜。隋、唐以后，屡为吐蕃所据。天宝十二载，陇右节度哥舒翰击取之。

北　谷　在县治西北。《水经》云："河水东径石城南，左合北谷水。"

长宁谷　在县治西北，今谓之北川。有长宁堡。隋炀帝征吐谷浑入此。

平　谷　在县北八十里五峰山下。两溪交流，草木畅茂。

葱　谷　在县治东。水有四源，各出一溪，乱流注于湟水，见《水经注》。

漆　谷　在小峡口之右。《水经注》云："湟水东流，右则漆谷、常溪注之，左则甘夷川水入焉。"

宗　谷　在大峡口西三十里，今在县界。宋王厚征溪赊罗撒，右军出宗谷口，即此。

金　谷　在故宁西城北四十里。

贵德峡　县南八十里。两山相对，水出其间，赴贵德所之孔道也。

琵琶峡　在覆袁川东。隋太仆卿杨义臣屯兵于此，围吐谷浑。

西石峡　在县治西七十里。两山陡削相对，河流其中，为西路要隘。

东西邯　南临黄河，汉马武破羌于此。即邯川之东西。侯霸请置东西邯，屯田五部，列屯夹河是也。

苕　藋　地名，在县治西北。晋义熙中，南凉以北凉兵至此，大掠五千余户而还。

西　海　在县西二百七十余里。周围海面有七百余里，东西长亘而南北狭焉。今按《水经注》云："(东去)西平二百五十里”者,新旧郡地有远近耳。又谓之青海。夏秋远观,碧波拍岸,势欲倾泻。南岸一堤,阔仅百步。北亘数十里,直奔海腹而没,名为海带。陟此隐隐见人物楼阁之状。《十三州志》云:“青海在临羌县西。”阚骃所谓“卑禾羌海,有鱼无鳞,背负黑点。亦多鸟兽。中央有山突起,形如螺壳。稍西又出一山,若驼峰,无舟楫可渡,望之如积雪。”余有诗云:“一片绿波浮白雪,无人知是海心山。”至冬水〔冰〕合,似万顷琉璃,好事者往游焉。汉平帝时,王莽讽卑禾羌,献西海地置郡,莽败郡废。按《集览》云:“游牝马于上,得龙种,日行千里,称青海骢。”隋炀帝置马牧于此,求龙种。吁!愚矣。余任西平十数载,阅青海马多矣,日行数百里者亦未见,况千里乎!

苦拔海　在尉迟川西。景沈海(按:西宁西川海子沟有景沈堡。所谓海子,当即指此。)县西周一里,极深。

黄　河　南去县治二百二十里。按《水经》:河径西海郡南,又东北流入西平郡界,径黄河城南。郦道元注云:西北去西平二百一十七里,又东界白土城南,又东与湟水合。”按白土城今在碾伯县南境,有白土岭,故昔年以此名县。

湟　水　其源出西塞外,流入县治。古湟中之名,由是水也。《汉志》:“临羌县西北塞外,有(西王母石室、仙)海、盐池,北则湟水所出,东至允吾入河。”《元和志》:“湟水一名〔亦谓之〕乐都水，出青海东北乱山中。”按乐都即今碾伯，故《行都司志》以湟水为碾伯河，非是。盖湟水自西塞入境，又加西、碾二邑诸水汇入，皆谓之湟水，非独碾伯河也。《一统志》云：“城北北山之阴，有苏木莲河，疑即湟水。”尤非。按苏木莲河，今北川河也，亦入湟水，非即湟水也。余核各水志，惟《水经注》考订最确，此古人精细胜今人处。《水经注》云：“湟水流径龙夷城，故西零地〔故西零之地也〕。《十三州志》曰：城在临羌新县西。”注又云：“东入经戎峡口……又(东)径西平城北。”是湟水自塞外而至，径西平城北，咸无南注之文，安得以北川河为湟水？余按今名以合前水，盖湟水发源不一，西北拨洛充克之乌兰哈达暨莫挥兔泉水会流，约百余里至丹噶尔东〔西〕南河拉库托尔及图尔根，众泉会流约七十余里，亦至丹噶尔统汇成河。由西石峡进口，名为西川河，此湟水也。又正北拨科峡山泉及黑林口泉水分流，约百里至白塔尔峡门堡会为一水，约四十里至北川闇门。又阿尔探打坂泉流由东峡约八十余里，亦至北川闇门。三水总汇，从水洞而入，名为北川河，此苏木莲河也。二川之水统于临城之刘家河湾汇成一河，由城北东流。又正南之马鸡沟山泉，约三十余里至申中闇门，由南川直入湟水，此南川河也。经小石峡、大石峡，径碾伯县东南行一百里至李土司享堂，与大通河会。又行一百一十里，至皋兰县张家河湾，入黄河。大通河，即古浩门水也。

羌　水　出县治西南径临羌故县，东北流入湟水。

卢溪水　出县治西南卢川，东北流注湟水。

临羌溪水　发故临羌新县西北，径其县北，东南入湟水。

常溪水　在县治东，水注湟。

宜春水　在县东北。《水经注》云："水出宜春溪西，南流至安夷，南入湟河。"

勒且水　其源出平戎东南勒且溪，昔勒且羌种所居也。北流至安夷城东，而北入湟水。按《水经注》云："湟水有勒且之名，即此号也。"阚骃云："金城河与勒且河合"，是已。

安夷川水　在县东。《水经注》："水发远山西北，东入于湟。"

唐述水　径唐述山，南注湟河。

宗　水　在县治东。（按：宗水之名始于宋时，指西宁以东湟水而言，即藏语"宗曲"之汉译也。）

牛心川　在县治南。旧志指为那孩川。按那孩川在县治南五十里捏尔朵峡西，水流注牛心川，其实一川也。今谓之南川。按郦道元《水经注》云：牛心川水出其南远山中，东北流径牛心堆东，又北径西平亭西，东北入湟水。又径西平城北。则南川为牛心川无疑矣。

长宁川　在县治北。《一统志》谓伯颜川，非是。按伯颜渠所溉皆西川之田，则伯颜川非北川可知。旧志谓车卜鲁川，一名干尔朵川，今呼为北川。晋置长宁县于此，今有长宁堡。郦道元《水经注》云：水出松山，合养女川南入湟水，即隋炀帝所入长宁谷也。《隋炀帝纪》云："四月，帝巡河右，至西平。五月庚辰，帝入长宁谷。"

甘夷川　在县治东北。古川名，见《水经注》。后谓之沙棠川。永乐中，置牧马苑，更名广牧川。今仍呼为沙棠川。

安夷川　在县治东，今谓之东川。按《水经注》：湟水经安夷县故城北，城有东西门，去西平亭七十里。今平戎驿也。

伯颜川　在县治西，今谓之西川。

右西宁之五川也。河西以两山相夹，平地为川。宁邑水田多在五路，余皆旱坪耳。故每岁望雨甚殷。

养女川　在县治北。水径养女山，注长宁川。

景羊川　西北去县治五十里。水东注长宁川。

晋昌川　在县治西北。《水经注》："长宁川水流径晋昌川，晋昌水注之。"

伏溜川　在临羌县东北，流注湟水。阚骃曰："临羌新县在郡西百八十里。"

石杜川　在伏溜川东。东北流注湟水。

蠡　川　在石杜川东。东北流注湟水。

龙驹川　水出县治西南山下。北流注湟水。

大非川　在王孝杰米栅西。临吐谷浑界。

良非川　在西塞外。黑齿常之败吐蕃于此。

尉迟川　在石堡城,故振武军西。

燕麦川　在县西北百一十里。与大通卫燕麦川相通,仅隔一边墙耳。昔止产燕麦饲马,故名。今生齿日繁,渐犁锄矣。

卢　川　在县西。《水经注》:卢溪水出西南卢川,东北注于湟水。

控众川　合安夷川,东入湟水。

宗哥川　在古宗哥城北,即湟水也。至宗哥城,遂名宗哥川,随地异名耳。

伏罗川　未详所在。吐谷浑伏罗来居之。(按:据余今考,伏罗川盖缘北魏晋王伏罗西征吐谷浑至此而得名,即唐之大非川也。吐谷浑王无伏罗之名,此当为伏允之误。)

工凹滩川　在县东南一百七十五里。

囊思多川　在县东南一百六十五里。

科莱工凹川　在县东南二百二十里。

右三川今隶新设巴燕戎抚番厅。经余亲勘,详请准汉番各民开垦为业。

南川河　在县治南,北入湟,又谓之麒麟河。按《晋书》南凉王秃发乌孤时,麒麟游于绥戎,故名。《宋史·地理志》云:"绥戎城在西平郡鄯城县西一百里。"旧卫志谓非今南川。并存以备考。

北川河　在县治北。南入湟水，即苏木莲河，又谓之长宁川水。按《水经注》：水出松山东南，晋昌川水注之。又东南养女川水注之，东南入湟。

沙棠川河　在县东北。源从威远堡西北燕麦川流出，一从威远堡东之东沟流出，至威远堡南五里之董家寨会合，至沙棠川口韵家庄入湟水。韵家口与罗家湾相对。

西川河　在县西。已详湟水条内。

乳骆河　在临宗砦东。

溜　溪　在县治西临羌新县故城西南。又东北流入湟水。

长　溪　在漆峡之右。按《水经注》止有常溪，无长溪。旧志载此，姑存以备考。

龙　池　在县治西三里。澄渟不减。左有龙王庙，遇旱祷之。按旧龙池在池西十二里，广袤百余丈，亦名杏园池。明末泉竭。

青盐池　在县治西五百余里青海西南。今邻蒙古郡王额尔得尼额尔克托克托奈、贝勒达什策令地界。周围有二百数十里。盐系天成，取之无尽。蒙古用铁勺捞取，贩至市口贸易，郡民赖之。

南湫池　在县治东南五十里南川起塔坪落马庄。池周二丈，深三丈。渟洄荡漾，渊然而留。每岁四月初八日，左右十八堡居民祭之。

黑龙池　县北三十五里,在上孙堡西孙家沟。深九尺,宽四丈八尺,居民遇旱祷之。

拂鹈〔鸊〕泉　一名鸊鹈〔鸊〕[3]泉,在县西南古石堡城。吐蕃以五万骑入振武拂鹈〔鸊〕泉,钞回鹘还国者是也。

五　泉　在县北。《水经注》云:“发西平亭北,雁次相缀,东北流,至土楼南,北入湟水。”按旧志未详。余问诸士民,皆不知其处,因亲勘焉。郡城北门外里许,有鱼翅滩泉五孔:第一泉水深一尺二寸,宽五尺;第二泉水深九寸,宽四尺,去第一泉十步;第三泉水深三寸,宽一尺七寸,去第二泉十五步;第四泉水深四寸,宽二尺,去第三泉二十步;第五泉水深二寸,宽四尺,去第四泉三步。五泉水俱东北乱流,至土楼南合为一水,北注于湟。不特方向与《水经注》符,即“鱼翅”与“雁次”形亦相似,正在土搂之南,湟水之北,(按:北当作阴。)其为《水经注》所载之五泉无疑矣。

龙　泉　一名湫池,在县西八里苏家河湾庄西南。有山如覆釜,高十余丈。泉自顶出,其眼径尺,而深不可测,水泛出,沤起如杯盂。上有龙王、药王庙宇,邑民遇旱,辄祷之。

龙门泉　在县东北八十五里龙门。口径二尺,水涌雷奔,西南流,右合五峰山诸泉水,出临水堡,溉上鲍堡民田。余水注于长宁川。

金　泉　在县东五里曹家寨。北与二泉合，东北流溉田。水清澈，围一丈八尺。

二　泉　在金泉左十数武。围一丈五尺，俗又总谓之金家泉。

香水泉　在县治北门外二十余步。水从石下流出。经佥事杨应琚、县令陈铦浚池构亭，名香水园。

北门泉　在县治北门外城下。水清味甘，体重诸泉。居民多汲饮。

小　泉　在县治东北。出东郭门八十步，水少浑。

崖　泉　在县治东北一里。有石崖，高一丈，泉坌然自腰而出，谚谓之周家泉。

北　泉　在县治北一里郭家庄。水绀洁。

双温泉　县西二百四十余里。今在青海地界，名哈尔吉。泉有二，从地涌出，甃石为池，可沐浴。

汤　泉　在县西南七百里。今为青海地界，名登努尔泰，温腻如云浆。

澄华泉　县北八十里，在五峰山半。清池，毛发可鉴。细泉上出如喷珠。凉州道署有澄华井，乃汉张芝所题。此泉色味与井无二，余故以澄华名。

隐　泉　县北八十里，在五峰山半。澄华泉在西，此泉在东。二水分流至山麓合而南注，上鲍堡引以溉田。每岁六月六日，各堡居民以香花祭澄华泉，无一人至此泉者。盖此泉隐于山隅，蔽以蓬蒿，虽利泽及人，而人不知焉。余独至泉侧，徘徊久之，故名以隐。

圣水泉　在县东南六十里吉彦才沟，又名药水。出高阜上。大小泉三，水俱北流，中又有泉四，水西流。南有泉四，水西南隅流。诸泉之水，居民饮之，云能医杂证〔症〕。其水不流入大河，有流四五步或七八步，即结羊脑石。其石无味，为末服之，亦可治积聚，故谚谓之冰淋山。

裂石泉　县北八十里，在五峰山寺门外十数武。自山崖流出，石破一线，涓涓不竭，汩汩有声。余名为裂石，以见工夫积久，可以至柔而克至刚也。

清　泉　在县东五里。池围七尺，味甘腴，俗名陈家泉。去金泉二十步。

水　泉　在县南十八里。泉甚夥，味甘，民多汲饮，堡名以此。

石版泉　在县南二十里宁远堡北三里。泉多水甘，居民汲饮。

大　泉　在县南二十里谢家寨东草滩。周丈余，深不可测，中有无鳞鱼。居民遇旱祷之。

鸣玉泉　在县南三十里伏羌堡西南十里东沟滩，从地涌出。又下多乱泉，民间引以溉田。

注释：

[1]錞(chún)于：也叫錞，古代乐器。青铜制，形如圆筒，上圆下

虚，顶有钮可悬挂，以棰敲击发出声音。多用于战争中指挥进退。

[2]嵾(cēn)嵾：山峰不齐貌。嵾，又作㠁，㠁嵯(cī)，意同。

[3]鹛鹈〔鷉〕(pì tī)：鸟纲，鹛鷉科各种类的通称。形体似鸭而小，栖息河流或湖泊中，极善潜水。

西宁府新志·卷五　地理志（三）

山　　川

西宁府

碾伯县

积石山　去县治东南二百余里，故龙支县南境。两山夹峙，多巨斧痕，河出其中。相传即古积石，恐非。按张守节《史记正义》云："河州有小积石山，河出大昆仑，经于阗入盐泽，潜行入吐谷浑界大积石山，又东北流至小积石山。"详后《昆仑积石二山辨》。因龙支县系今碾伯南境，隋时属枹罕郡，按枹罕今河州也，故并载此山。

阿剌古山　在县东一百里。有林木，山顶平坦，可以耕牧。西连老鸦峡，东俯享堂桥，南临湟水，北接大通。

连云山　在旧廓州。隋明〔开〕皇三年称"万年"者三是也。

南　山　在县南六十里。与宁邑南山相连，延长数百里，各番族耕牧其间。冬夏积雪不消，耸出万山之上，俨若银屏。又谓之雪山，俗称“南山积雪”，为十二景之一也。

雷鸣山　在县东关外。延袤六七里，上建雷祖庙，又名凤凰山。

龙泉山　在县西北四十里。与大石峡北山相连，因下有龙泉，故名。

四望山　在县西三十里。湟水经其阳。汉赵充国自金城渡河，遣骑候四望峡中无寇。喜曰：“吾知羌不能为军矣。使发数千人守杜四望峡中，兵岂能入哉？”（按：四望峡在乐都以东，别详下“四望关”条。）

毡帽山　在县西南三十里。以形似名，土人呼马哈剌山。遇旱，云锁即雨，延袤与南雪山相连。

萝卜山　在县西北五十里。石崖巉岩，若萝卜之状，故名。

岘　山　又名掌吉儿壑岘，在县西。两山壁立千仞，每风起，则岘山水六月可冰。东北由他共石可达西大通焉。

朝阳山　在县北五里。两翼张拱，俗名瞭高顶。

武当山　在县北十五里。石壁耸立，绝顶有真武庙。每岁三六九月，邑人祀之。

鲍家山　在县南百九十里古鄯南，黄河北。

回龙山　在县南七里。迤逞曲折，俗名墩坡。

南大山　在县东南。过河六十里，山路崎岖陡峻，上下二十里，系赴皋兰县小径，商旅多由此，较大路近二日。自七里店东南行，则不过碾伯河矣。

北大山　在县东五十里。系赴皋兰大路，较南大山路平。二山之间即老鸦峡。

黄草山　在县南一百八十里。

砍圪塔山　在县南一百九十里，后有林木。

羊戎山　在县南一百二十里。即新设巴燕戎城之镇山也。

奇峰山　在县东北冰沟驿。北脉与凉州棋、桌二山相连。上有林泉怪石，最为碾邑胜地，即“冰沟奇峰”，俗谓十二景之一也。

小文山　在县治南。《秦边纪略》所云“巴暖、三川、黄河堧[1]限于东，小文山阻乎西”者是也。

青沙山　在县东南一百八十里。

克欠山　在县南九十里。石骨峻嶒，产芍药、川芎。

拉咱山　在县东南一百八十里。

朵家山　（按：“朵”疑为“尕”之误。朵家在黄河南，尕家在今化隆城南。续志或作尕加。）在县南一百二十五里。

右四山在新设巴燕戎抚番厅所辖界内。

分水岭　在县南巴州。《秦边纪略》云“岭水东南径美都沟而溉三川，岭北水则径巴川、暖川”是也。

白土岭　在县治南白土城北，后汉置白土县。

鸡顶岭　在县南白土岭南。

巴金岭　在县南八十里。

艾湾岭　在县东南，巴州堡。上下一十五里，半山有水自沙中出。

赊兀岭　在县北一百一十里。

丁令谷　在县南。宋清平故砦南。崇宁中置，隶积石军。

允吾谷　在县东南。汉允吾故县西。

唐翼谷　在县东南允吾谷西。汉马伏波[2]追破西羌处。

和罗谷　在县东故湟水县西。汉陇西太守遣李睦击羌处。

唐　谷　在县东故湟水县。谒者张鸿、长史田飒击烧当，战于此。

雒都谷　在县东故浩门县西。汉马武与羌人战处。

承流谷　在县西。按郦道元云："湟水东，左合承流谷水南入，右会达扶东西二溪水，参差北注。"今按地界，自宁邑平戎驿东去十里即县界，是承流谷应在碾邑也。

鸡　谷　在县西。按《水经注》："湟水东流，期顿、鸡谷二水北流注之。"

来　谷　在县东。《水经注》"湟水东径乐都城南东流，又合来谷、乞斤流水"是也。

细　谷　在县东。《水经注》："湟水左会阳非、流溪、细谷三水,东径破羌县故城南。”

丁羊谷　在县治内古湟州境。出金。宋政和间,金坑得矿成金。

化隆谷　在县南。化隆县因此而名。

龙支谷　在县南旧龙支县西南。县因谷为名。

大石峡　在县西三十里。较小石峡尤雄峙,即赵营平所遣骑候四望峡。今人但知大石峡而不知四望山。并存以备考。

犛牛峡　在县南白土岭北。

老鸦峡　在县东南五十里。即南北二大山之峡。湟水流其中,亦系赴皋兰捷径。傍崖行,随湟水出峡,逾享堂桥,与南大山旧路合矣。内有大小石崖,极峻折,俗谓之大小鹦哥嘴。碾邑徐令志丙捐俸开修大石崖,已平坦。小石崖人力难施,少觉艰阻。然不过数十武,较之南大山俗名王家大山者,省二十里高下挥汗之劳矣。

鲁班峡　在县东北六十里,即阿剌古山之峡。

文笔峰　在县北三里。色青。

南高峰　在县南过河七里。与朝阳山相对,今俗呼峰堆顶。

画　峡　在县东一百里冰沟驿东。两山相夹,小桥流水,石壁湾环,皴劈如画。前监司刘公殿衡题曰“大痴笔意”,隔溪可见。余名以画峡。

黑　峡　在县治南。《元和志》云“曜武军在廓州南二百里黑峡川”是也。

丁星原　在县西大峡口四十里。

朴水原　在县东大通城南。

马鸡原　在县东南一百三十里。距上川口二十里。

莲花台　在县东南七十里。湟水径其下。数十年前有异僧至,缚茅而居。今寺僧有二百余众矣。余有诗云:“三面临流五瓣开。”亦实录也。俗谓之“莲台夕照”,十二景之一也。

红崖洞　县北二里许。有空洞,可以栖止,人迹罕到。以其山赤,因名。十二景之一所谓“红崖飞石”者是也。

瞿昙三洞　在县西三十二里山半。俗谓之马圈沟山。绝壁无阶,瞿昙寺僧凿石盘折而上,下临瞿昙河,北流注于湟水。沿河有高柳四十余株,鸟声断续。炎夏至此,冷然善也。

黄　河　在县治东南百七十五里。过河即兰州府河州界。

湟　水　在县南门外。邑民谓之碾伯河。《水经注》曰“湟水又东径乐都城南东流”是也。

期顼水　在县北。注湟水。

乞斤水　在县东南山中。与来谷水合,至石嘴关地入湟水。

六谷水　在县东南。《十三州志》云："湟水河在破羌县南门前东过，六谷水自南，破羌川自北，左右翼，注湟水。"

阳非水　在县境会流溪、细谷三水入湟水，径破羌县故城南。

浩门水　一曰閤门。东南去县治九十里，上川口西北五里，今谓之大通河。按范晔《地志》云："浩门水东至允吾入湟水。"郦道元《水经注》云："浩门河出西北塞外，径敦煌、酒泉、张掖，南径西平鲜谷塞尉故城南。又东南与湛水合。又东径养女山北，又东径浩门县故城南。又东流注于湟水。又东径允吾县北。"由今考之，河出青海界内，名乌兰木隆河，在安西、甘、肃之南。湛水，今在大通卫界。养女山在西宁县北。浩门故城在碾伯县界。今河自大通卫西北径宁邑北而至碾邑东南李土司享堂峡，而出与湟水（今谓之碾伯河）合而东南流，五里，径上川口。大通河非浩门乎？大通河起于宋筑大通城于河上，亦犹改鄯州为西宁州，遂呼湟水为西宁河；改乐州为碾伯，遂呼湟水为碾伯河也。《秦边纪略》云："河源北接凉州，东连白塔，南通青海，西界甘州。其地可耕可牧，水草大善，夏凉冬温。顺治十六年，麦力干于此伐木陶瓦，大营室宫，使其长子南力木居之。招纳流亡，溉种深耕，为根本地。余莅任时，曾经查询，自雍正元年惩创青海诸部落之后，此地已内属矣。（按：浩门故县城即在今河桥驿。此浩门水即指大通河下游而言。其上游别见后大通县节。）

大谷水　在县南浇河故城北。

卢　水　在县南。按《隋(书)·地理志》:“在故化隆县境。”

吐那孤川　在县治西湟水北。《水经注》云:“吐那孤、长门两川,南流入湟水。”

长门川　在县治西湟水北。

白土川　在县南白土城东。

廉　川　在县治东北。按杨统云:“浩门镇北据廉川,秃发乌孤所都。”《乌孤传》云:“尝登廉川大山而泣,”即此。

破羌川　在故破羌县东,左入湟水。

邈　川　即县治东西川,今谓之碾伯川。宋唃厮啰都时称邈川城。

上　川　在县东南百里,即上川口之也川。东达皋兰,西通碾邑,南连巴、古巴州古鄯,北枕湟河。汉土杂厝,商贾往来。

下　川　在县东南百四十里。距上川口东四十里,即下川口之川也。北界湟水,南连河州。居民田畔皆植果木,春来万树梨花,水光映带,行人驻马举鞭,指为异景。

三　川　在县治东南二百三十里。东通皋兰,西连积石,南临黄河,北依古鄯。碾邑节气早于宁邑,而三川早于县城,故杏花先开。十二景之一所谓“三川杏雨”者是也。

巴　川　在县南一百四十里,即今之巴州川也。

暖　川　在巴州南，巴暖之名由此。按巴暖、三川延袤二百余里。平原筑堡，临壑附岩则置寨。水草繁茂，可牧可耕。前明设宗水监四院：曰永州，曰黑城，曰清水，曰美都，后渐为番夷侵据。自国朝平定青海，番人皆内附输粮。今又于巴燕戎、古鄯诸要地置官设兵，广行开垦，番人不能出没剽窃。而西、碾两邑近南山一带居民，牛羊满野，一童子牧之矣。

巴燕戎川　在县南一百二十里。新设抚番通判，改设游击，俱驻扎于此。自余请筑城设官之后，田土日辟，冠盖往还。数年以来，生番渐知王化，衣冠庐室，亦有仿佛汉民者，非复昔日之比。盖南山一带，延袤数百里，距两邑穹远，凡番民输粮结讼，苦于跋涉，今悉归于通判县官，无鞭长不及之虞矣。

达扶溪　在县南。按《水经注》"湟水东，右会达扶东西二水，参差北注，乱流东出"是也。

流　溪　在县治东。

东　溪　在县治东北二里。春时小桥流水，花发鸟鸣，亦可游赏。邑人谓之"东溪春色"，十二景之一也。

菊花河　在县东。

夏家河　在县治南，距古鄯后二里许。出南山，东流径下川口，入湟水。

瞿昙河　在县南四十里。从南雪山流出，盖冰雪冬积，炎天消溶。至夏,兼之雨水地泉,故长流无断,北注于湟水。

冰　沟　在县东北九十里老鸦城北。两山壁立,鸟道中通,赴皋兰大路必由之径。泉水出山阴,冬夏不涸,常凝为冰。

美都沟　在南三川。前明设美都监以此。

胜番沟　在县东北,有土司祁氏园林在焉。东路桥圮,每绕道出此。树木阴翳,溪流湍激,虽炎天暑月,凉爽如秋。

石城津　在县东南,南临黄河。

郑伯津　在县东,今下川口。

雷　泉　在县治东北一里雷祖庙下。

柳树湾泉　在县东北三十里长里堡山根下。

冰沟泉　在县治东北九十里,出冰沟山。

翠　泉　在县治东南九十里上川口西门外。

药水泉　在县治西二十里大峡口药水沟。

红　泉　在县治东南三十里红水堡草滩。居民遇旱祷之。

妙　泉　在县治东南百一十里万泉堡,又名庙泉。

黑　泉　在县治东南一百三十五里祁家堡,下流溉田。

古鄯泉　在县治东南古鄯西门外担水沟。

中　泉　在县治南三十里洛巴沟中庄。

药草泉　在县南五十五里药草台,瞿昙寺下院也。雪飞云泄，绀洁清凉。十二景中所谓“药草流泉”是也。

双龙泉　在县东三十里高庙堡。

七圣泉　在上川口南。大小七孔，水分为东西二坝，灌田甚多。

龙　池　在县北松花顶。有湫池三，水清泓如鉴。邑民遇旱取水祷之，谓之“龙池甘露”，亦十二景之一也。

大通卫　乾隆二十六年改设县治

覆袁山　在卫治北。隋炀帝征吐谷浑至此。旧志云：“在宁邑西北，临凉州界。”今卫地是也。

金　山　在卫治南二十里。起于宁邑，止于卫地黑林口。首尾百里，山麓稍平处，民间多开垦种植，俗谓之金娥山。

西　山　在卫西三十五里。南连宁境，西蟠无际。乱峰壁立，人迹罕至。

大寒山　在卫北四十五里。奋于东南，迄于西北，首尾二百余里，高数千仞。卫地划然为二，故有山南山北之称。石骨峥嵘，鸟道盘错，为行旅之所必由。而茂林流泉，亦有可观。又谓之打坂山。

雪　山　在卫东北百五十里。自南而北，计三百余里。峰峦突兀，积雪不消。其东则甘、凉地界焉。

拨科山　在卫北五十里。群山环绕，中多溪涧。民间以为畜牧之地，巅多林木。

圣姥山　在卫北三十里。发脉于东峡，折而北，直至峡门，计五六十里。中多沟涧，卫民多耕种于此。山腰有圣姥庙，故名。俗谓之娘娘山。

雾　山　在卫治北。《水经注》云：湛水东南流，至雾山，注浩门河。按浩门河自西北塞外入卫境，折而东南，经宁、碾两邑界，入于湟水。按旧志云："雾山在宁邑西北三百里"。今在卫境无疑。

峡门山　在卫治北二十里。两山对峙，望之如门。树木扶疏，水声激沸。

古娄山　在卫北五里，即大寒山之支庶也。土原可垦。

东　山　在卫治大寒山东。凡东峡居民暨广惠寺僧赴大通城者，多由东山，俗谓之上打坂。

涌翠山　在卫东北百六十里。其下有寺，番名加尔多。又谓之加尔多山。隔河之南，其上多产林木，夏秋望之蔚然。

沙金山　在卫西北百八十里永安城北。奇峰剑列，其色尽赤，相传其下产金。

燕麦山　在卫治东六十里燕麦川，与西宁接界。其山长亘五六十里，其上多松。

红　山　在卫治大通城东。其下皆牧地。今劝民垦种已成田矣。

画屏山　在卫北四十里。有地名五间房者，因初辟卫地,此系南北通道,起屋五间,以为行旅栖止之所。今亦寥寥十数家耳。山在五间房前,野花啼鸟,如画屏焉。

插汉山　在卫治永安城西北。俗谓之插汉阿坝。

松树塘　在卫北大寒山根,青松茂草,怪石流泉,雪后雨前,望如图画。

狮子崖　在卫北永安城西北。余有诗云:"两崖怪石多,中挂瀑布水。岩雨阴忽晴,涧雪低复起。"见者深以为然。

白　岭　在卫治雾山北。

景阳岭　在卫治西北,距永安城四十里。

分水岭　在卫治北,即大寒山岭。诸泉水北流者入浩门河,南流者入拨科河。

黑石头湾　在卫治大通城西北四十里。

柏树峡　在卫治永安城西北二道沟,两山如门,遍生柏林,与松树塘之松堪并匹焉。

拨科峡　去卫城百里。在拨科山之东,径通青海。

东　峡　在卫东,近宁邑北川闇门。多雉。

黑林峡　在卫西六十里山中,断而若门,水双流而似带。青海蒙古入内,取道于此。常置重捍以防焉。

白岸谷　在卫治雾山西北。《水经注》云:"湛水有二源:西水出白岭下,东源发于白岸谷,合为一川。东南流至雾山,注閤门河"。阚骃曰:"浩,读閤也。故亦曰閤门水,两兼其称矣。”

三兜谷　在卫治北，临凉州境。汉护羌校尉傅育战处。

浩门水　在卫治大通城南三里，今谓之大通河。《水经注》云：浩门出西北塞外。又云：径西平鲜谷塞尉故城南。又东径养女山北。今按此水发源青海地界，正在卫之西北，绕过永安、大通城东南，径宁、碾二邑，注于湟水。按养女山，今在宁邑界。其鲜谷塞尉故城，应在卫治。余巡历其地，见故城基址亦多，因沦没青海岁久，不能辨其何处也。

湛　水　在卫西北。《水经注》云：湛水“东南流，至雾山注浩门河”。

卧牛河　在卫治永安城西北景羊岭之西。流注浩门水。

拨科河　在卫东北七十里。发源于拨科山，自北而南约百里，入宁邑水(按：“水”字衍。)闇门，注于北川河，南趋湟水。凡大寒山以北诸水，俱入浩门河，以南诸水俱入此河。民间多资以灌溉。

东峡河　在卫治东三十五里。出雪山，自东而西约六七十里。右会拨科河注宁邑北川，民间资以溉田。

黑林河　在卫西六十里。源出塞外青海，从黑林峡闇门而入，其流虽细，而四时不涸。民间引以为渠。以上三水，皆两山相夹，中系平野，引水灌溉，渐成良田，又谓之三川。

插汉溪　在卫治永安城西北。出插汉山，径甘州扁渡口入于黑水。

躲龙沟　在卫治红山东，俗谓之红山嘴。旧系牧地，亦劝民垦植成田矣。

直　沟　在卫治红山东，与上同。

雪　沟　在卫治东，卫地尤寒于宁邑。每冬积雪盈沟，故名。兼有泉水东注拨科河内，有居民，谓之雪沟堡。

老河沟　在卫治大通城西北。北通凉州界，水南注于浩门河。

花 海　在卫治西北百三十里永安城北。一片波光，有黄鸳鸯两两游戏于中，边荒得此，令人有濠濮间想。

环　涧　在卫北五间房画屏山下。曲折如环，水声盈耳。

燕麦川　在卫东六十里。卫民耕种其间。路通宁邑威远营阊门。水径威远营水关。

覆袁川　在卫治。隋炀帝西征困吐谷(浑)于此。

野马川　在卫西北，距永安城一百四十里。草荐水甘，地宜畜牧。

星　泉　在卫治永安城北，与花海相近。地多穴，大小星聚，各有甘泉溢出，四时不竭。俗谓之乱泉子。

黑　泉　在卫治东三十里向阳堡。源出马莲滩，味甘。

峡门泉　在卫治北二十里，出纳林沟。味甘，又名曰山布拉泉。

古娄泉　在卫治北五里，出林家滩，又名曰林家泉。味甘。

半山泉　在卫治北六里。出古娄半山。

甘　泉　在卫治北四里。俗名寺嘴泉。

泛水泉　在卫城东门外一里。出北城根。味甘。

极乐泉　在卫治南十里。出极乐沟,俗名曰诺尔布泉,味甘。

广成泉　在卫治东北五十里东峡内。又名曰药水泉。居民有疾饮之。

天　泉　在卫治东四十里,出大河滩。味甘。

卧马泉　在卫治西二十三里卧马庄前。

白石泉　在卫治西六十里白石山巅。

多士泉　在卫治西北十里阳化堡。

毛女泉　在卫治西南五里。俗谓之毛洞泉。

南山泉　在卫治西南五里。

白崖泉　在卫治南七里。

阳坡泉　在卫治南三里。

雪　泉　在卫治东南十里雪沟堡。

双　泉　在卫治东南八里雪沟堡,二源奇发,同泻一渠。

鼎足泉　在卫治东南二十里良教堡，三孔各宽尺五,竞泻争流。

煤洞泉　在卫治东南三十里樵渔堡,味甘。上即煤洞。

樵　泉　在卫治樵渔堡东沟脑。

渔　泉　在卫治樵渔堡直沟脑。

松林泉　在卫治东南二十五里樵渔堡。

大　泉　在卫治东十五里旧庄堡。

红石泉　在卫治东七里红石厓。

科科泉　在卫治西北二十里古娄堡。

上　泉　在卫治西北十四里古娄堡，味甘，居民多汲取焉。

青　泉　在卫治西北十七里。

兔　泉　在卫治西北十六里古娄堡。

鄯　泉　在卫治西北十四里，又谓之达鄯尔山泉。

柳树泉　在卫治东一里祁家堡。

东　泉　在卫治北三里祁家堡。

石　泉　在卫治西北五里石崖下。

素　泉　在卫治西北七里，又呼为其汉木素泉。

扁　泉　在卫治东北十里。

花豹泉　在卫治东北四十二里阿家堡。

祁家泉　在卫治东北四十三里。

林　泉　在卫治东北四十五里多隆堡。

燕　泉　在卫治东北六十里燕麦川。

广惠泉　在卫治东北五十里广惠寺。

寺前泉　在卫治广惠寺前。

贵德所 乾隆二十六年改设西宁县县丞

东　山　在所东二十里。

郭兔山　在所东二十里。

驻马山　在所东五十里,临黄河,东通康家寨新城,俗谓之扎麻山。

仙迹山　在所东七十里,俗呼为俺即山。

六娃山　在所东二百五十里。

五柞山　在所东南六十里。

果卜扎山　在所东南百里。

圆柱山　在所东南二百里。下即渊住番族所居,又名渊住山。后即青海界。

寒塘山　在所东南七里。又谓之安塘山。

氿迦山　在所西十里,暖水河径其下。

西　山　在所西四十里,土人呼为西把切山。

尔多拉山　在所西二十里。

三泉山　在所西三十里,山根有三泉涌出,清澈可鉴人发。土人呼为尔纳拉山。

郎缠山　在所西百里。后即青海界。

南　山　在所南,即石门大山口,明总兵官尤继先破海寇卜列宗塔尔处。

莫却山　在所南二百里,番族住牧。

刚咱山　在所南百八十里,番族住牧。

龙池山　在所南百里。山高崄绝，上有湫池，能吐纳云雾。苍松夹岸，白水澄渟，所治称胜地焉。因都受番族牧其下，又谓之都受山。

涧　山　在所北二里许。黄河径其南，又谓之哈尔涧山。

白石崖　在所东四十里。

龙羊峡　在所西六十里。两峰云举，望若阙焉。黄河贯流其中，涛涌波襄，震天动地，不异吕梁之巨观也。

九　曲　在所西南。唐天宝中，哥舒翰收复其地。

黄　河　在所城北一里，不能引灌。元翰林侍读学士潘昂霄记曰："河至贵德州，地名必赤里，始有州官，隶河州。"又云："世言河九折，彼地有二，自乞马儿及贵德州必赤里也。"乞马儿今在塞外，贵德州，即所治也。

清水河　在所治东南百六十里。清流见底，东北注于黄河。清水河即河州界。

暖泉河　在所西十五里。源出粗麻、莫却二泉，北注于黄河。

三岔河　在所东南百六十里。源出深山，流数十里分为二水，一水西北注于东河；一水东北注于黄河。

东　河　在所东五里，引溉民田。余流注于黄河。

西　河　在所西六里，引溉民田，余流注于黄河。以上二河，向未筑有渠道，民间决口漫浇，未尽其利。余率同守弁，开筑支干渠二十道，至今暵潦有备焉。

羔楞河　在所西四十里，出西南山中，北入黄河。

奴隆河　在所东南二百五十里，界连河州。

康家河　在所东一百七十里，北注黄河。河东二十里，即余所请设之康家寨新城，详后《艺文》。

北流河　在所东南二百九十里。康、杨二寨，引以溉田，北流注于黄河。俗呼为唵重河。

思古河　在所治东二百三十里。思古六寺资以灌田，东北流入黄河。

莽剌川　在所西南，今为青海扎萨喇嘛插汉诺木汉地界。明洪武三年，征西将军邓愈统兵至此。

龙　池　在所南都受山中，池周回有三十余丈，其深莫测。泉口尺余，浑浑泡泡，水流入渠溉田。暵则致祷。

莫却泉　在所城南莫却山下。

粗麻泉　在所城西南。东北流注于黄河。

揽角泉　在所城南三十里揽角沟。水流入渠，溉田。

热水泉　在所西南三十里，自地涌出如沸汤。

石坡泉　在所西四里。平地县[3]出，北注黄河。

大　泉　在所西十里。平地穴出，流入西河。

赵家泉　在所东三十里东山麓。水行三里，伏流。

东山泉　在所东山中。水行四里，伏流。

下马泉　在所东二十里，水流二里，北入黄河。

工巴泉　在所东五里山下，水行一里，伏流。

姜家泉　在所西五里，平地涌出。水流二里入黄河。

岭岔泉　在所东二十五里，水流十里，入东河。

郭纳泉　在所南百里西河之源。

清水泉　在所南八十里。柔滑甘寒，可烹可瀹[4]。

驻马泉　在所城东。出驻马山，引以溉田，余流北注黄河。

松门杨氏曰：《禹贡》奠高山大川，表识疆理，而体国经野者，所宜讲求，顾不重哉！惟是宁郡，僻在海隅，山则崔巍，水则泙〔浃〕渫[5]，且屡为羌人所没。山川之号，非译不明。其莅兹土者，又以武备为亟，而登高能赋，盛事阙焉。故旧志所载，寥寥若晨星。求其名如岘首一拳石，惠泉一勺水，渺不可得。然黄河为水之伯，上应天汉，今贵德隶于宁郡，河径其北，为入中国之始。兼之三峡锁护，二水湟水、浩门扬奔，亦形胜之处。故在昔豪雄伺巇[6]，皆乘不戒之会。而扼易守之险，俾穹窿之颠，具为燃烽举燧之地，澄泓之上，咸成洗兵饮马之场。嘻！任事者不能辞其责矣。我朝御宇，稜震西遐。关门以外，讫于西域，不烦亭障候尉，而贶琛者相望于路，盖视汉加隆。余忝列监司，公余之暇，巡历之时，问水寻山，研经考牒，稽疑明辨，补阙正讹，较旧志增十之七八。山水有灵，或不笑平章之无人矣。

注释：

[1]堧(ruán)，又作壖，此指河边地。

[2]马伏波：即东汉伏波将军马援。本志卷二十五《官师志》有传。

[3]县：此处借用为“悬”，指猛然流下。

[4]瀹(yuè)：此处指以汤煮物，如瀹茗。与烹同义。

[5]浃渫(jiá diě)：水波连续貌。

[6]巇(xī)：危险。此处指孔隙。

西宁府新志·卷六　地理志（四）

水　　利

西宁府

西宁县

西川黑嘴渠　县西四十里。渠三:第一渠长五里;第二渠长十里;第三渠长三里。共溉地二十九段,下籽五石零九升。

巴浪渠　县西三十八里。渠三:第一渠长三里,第二渠长八里,第三渠长四里。共溉地三百九十五段,下籽五十五石一斗三升五合。

一其堡渠　县西三十五里。自巴浪堡前起,至柴墩子止,长三里。共溉地九十六段,下籽九石九斗四升。

汪家渠　县西三十五里。渠二:一长五里,一长十里。共溉地一百七十三段,下籽一十六石七斗一升。

吴忠渠　县西三十二里。渠三：一长二里，一长十里，一长三里。共溉地一百三十七段，下籽二十二石四斗六升。

朱家渠　县西三十二里。渠二：一长九里，一长十五里。共溉地三百八十三段，下籽四十七石二升。

陶小堡渠　县西三十里。渠三：一长十里，一长十五里，一长十二里。共溉地四百二十六段，下籽七十一石九斗三升。

董万堡渠　县西四十里。自柳树庄奔杭起至红崖止，长十里。共溉地九十八段，下籽九石九斗零五合。

马鲍渠　县西三十五里。渠二：一长五里，一长四里。共溉地三百八十八段，下籽四十四石四斗五升。

严小庄渠　县西三十里。自陈家磨起至庄南西番路止，长三里。共溉地一百二十四段，下籽一十七石二斗九升。

陶大堡渠　县西三十里。渠二：一长十里，一长十五里。共溉地五百三十九段，下籽七十五石四斗五升。

靳家渠　县西三十里。自马家磨前起至堡东柳林儿止，长五里。共溉地五十三段，下籽四石八斗九升。

宋家渠　县西二十五里。自马家磨起至堡东咸水沟止，长十里。共溉地一百五十九段，下籽一十五石五斗一升。

三其堡渠　县西二十里。自马家磨前起至堡东杨家沟口止，长一十七里。共溉地八百一段，下籽一百一石二斗三合。

西杏园渠　县西十五里。渠六：第一渠长十五里，第二渠长一里半，第三渠长五里，第四、五、六渠各长一里半。共溉地四百八十六段，下籽四十七石。

马房庄渠　县西十里。渠五：第一渠长二里，第二渠长一里半，分支渠一；第三渠长一里；第四、五渠各长半里。共溉地二百零九段，下籽三十石二斗八合。

马盐庄渠　县西十里。渠三：一长三里，一长四里，一长二里。共溉地二百二十五段，下籽二十四石四斗二升七合。

镇海渠　县西五十里。渠四：第一渠长二里；第二渠长二里半；第三、四渠各长三里。共溉地四百二十七段，下籽六十六石九斗四升。

康城渠　县西五十里。渠三：第一、二渠各长五里，第三渠长二里。共溉地二百六十三段，下籽四十二石。

甘河渠　县西五十里。渠四：第一渠长三里，第二渠长四里，第三渠长一里，第四渠长二里。共溉地一百七十六段，下籽二十九石八升五合。

徐家渠　县西四十里。渠四：一长五里，一长八里，一长三里，一长八里。共溉地四百四十六段，下籽八十九石三斗五升。

韦家渠　县西三十五里。渠二:一长十二里,一长二里。共溉地三百一十五段,下籽四十九石七斗一升一合。

小泉渠　县西三十里。渠二:一长二十里,一长二十五里。共溉地四百二十四段,下籽四十石四斗三升一合。

葛家渠　县西五十里。自庄南河湾起,至庄北庙湾止,长十里。共溉地二百六十三段,下籽二十四石五斗八升。

两其堡渠　县西五十里。渠二:每渠各长三里。共溉地三百九十一段,下籽四十四石一升九合。

新东渠　县西三十五里。渠三:一长二里,一长五里,一长三里。共溉地四百六十段,下籽四十八石八斗。

西山渠　县西五十里。渠三:一长三里,一长二里,一长一里。共溉地五百六十二段,下籽四十五石五斗七升九合。

寺儿堡渠　县西四十里。渠二:一长三里,一长二里。共溉地一百五十八段,下籽二十三石五斗。

羊圈渠　县西三十五里。渠三:一长八里,一长三里,一长四里。共溉地四百一十段,下籽四十八石一斗六升。

花园渠　县西二十里。渠二:一长五里,一长十二里。共溉地六百一十段,下籽四十一石二斗七合。

左暑渠　县西三十里。渠三:一长二十里,一长二里,一长一里。共溉地二百八十一段,下籽三十四石九斗一升五合。

吴思巴堡渠　县西三十里。渠二:一长二十里,一长五里。共溉地三百五十七段,下籽三十四石七斗四升。

谈小庄渠　县西十二里。自石灰沟口起,至庄东侯家水沟上,长七里。共溉地一百八十二段,下籽三十一石二斗。

彭刘渠　县西十里。自石灰沟口起,至堡东担水路止,长十五里。共溉地三百五段,下籽六十七石三斗二升五合。

刘家渠　县西八里。自石灰沟口起,至庄东泉湾止,长二十里。共溉地四百九段,下籽八十六石八斗二升。

苏家河湾渠　县西五里。渠二:一长二十五里,一长五里。共溉地三百五十五段,下籽四十石五斗三升二合。

北川永安平路渠　县北七十里。渠三:一长十里,一长五里,一长七里。共溉地二千一百四十七段,下籽一百九十九石一斗四升六合。

庙沟渠　县北七十里。自金娥山坡根起,至堡东大河沿止,长五里。共溉地三百五十八段,下籽四十三石三斗五升。

东流渠　县北六十里。渠二:一长三里,一长二里半。共溉地一千零二十九段,下籽八十七石八斗五升五合。

黄家渠　县北五十里。渠四:一长五里,一长一里,一长五里,一长十里。共溉地九百一十四段,下籽七十七石。

杨家渠　县北五十里。自平路堡王家磨起,至堡南斜沟沿止，长一十三里。共溉地九百五十四段，下籽八十七石八斗六升三合。

长宁渠　县北四十里。渠二：一长十五里，一长三十里。共溉地二千四百二十五段，下籽二百二十七石三斗七升。

杨小庄渠　县北五十里。自金娥山根起，至堡东官地根止，长二十里。共溉地七十八段，下籽六石五斗一升五合。

大寨渠　县北五十里。自金娥山根起，至堡东小寨儿台子止，长二十五里。共溉地三百五十五段，下籽三十石七斗八升三合。

陈家渠　县北四十里。渠二：一长十五里，一长三十里。共溉地一千一百零二段，下籽一百零一石三斗八升二合。

后河庄渠　县北三十五里。自黄家寨李家磨起，至堡东寺沟河湾止，长二十里。共溉地四百五十六段，下籽五十三石一斗三升九合。

上孙堡渠　县北三十里。渠二：一长二里，一长一里。共溉地五百一十四段，下籽三十五石八斗七升五合。

下孙堡渠　县北三十里。渠五：第一渠长四十里，第二渠长四里，第三渠长三里，第四、五渠各长一里半。共溉地八百一十七段，下籽五十五石七斗五升七合。

上刘堡渠　县北二十里。上孙堡严家磨坝起，至堡南头分地止，长一十五里。共溉地七百二十二段，下籽二十八石一斗六升九合。

下刘堡渠　县北十五里。自上孙堡严家磨坝起，至堡北马家崖止，长二里。共溉地六百一十四段，下籽二十二石一斗六升九合。

陶家渠　县北十里。渠二：一长二十里，一长五里。共溉地四百四十七段，下籽二十三石八斗五升五合。

北杏园渠　县北十里。自陶家、宋家磨河起，至堡东崖头旱台止，长二里。共溉地一百三十六段，下籽七石六斗六开五合。

马盐庄渠　县北五里。渠二：一长十里，一长三里。共溉地二百一十一段，下籽二十七石六斗。

毛家渠　县北六十里。渠三：一长三里，一长七里，一长四里。共溉地七百二十五段，下籽六十九石六斗三升。

贺家渠　县北六十里。渠三：一长五里，一长二里，一长一里。共溉地二百三十八段，下籽二十一石二斗一升三合。

新添堡渠　县北六十里。自毛家堡权家磨起，至堡南高桥儿止，长七里。共溉地五百九十八段，下籽四十二石七斗二升。

上鲍渠　县北五十五里。自新添堡陈家磨起，至堡东黑泉弯止，长四里。共溉地四百九十三段，下籽三十石八斗三升。

下鲍渠　县北四十五里。渠二：一长五里，一长二里。共溉地六百零一段，下籽二十七石二斗三升七合。

宋韩渠　县北四十里。渠二：一长四里，一长十里。共溉地二百九十五段半，下籽二十一石七斗四升一合。

亢红堡（渠）　县北三十里。自张家磨起，至堡南田家庄山水沟岭止，长三里。共溉地四百八十二段，下籽三十二石三升四合。

双苏渠　县北二十里。渠三：一长五里，一长十里，一长二里。共溉地一千六百六十九段，下籽七十九石七升九合。

上朝阳渠　县北三里。渠三：每渠各长二十五里。共溉地九百四十六段，下籽一百一十七石三斗五升六合。

下朝阳渠　县北二里。自北川郭家塔儿起，至堡东寺台庄止，长六里。共溉地一百八十八段，下籽六十八石九斗五合。

寺台渠　县北二里。自北川郭家塔儿起，至庄东林路庄止，长七里。共溉地二百一十八段，下籽一十二石一斗九升七合。

林路庄渠　县北三里。自北川郭家塔儿起，至庄东中柴庄王、仝、韵家三庄止，长十里。共溉地二百六十七段，下籽二十三石八斗。

中柴渠　县东北十五里。渠二:一长二十五里,一长一十五里。共溉地一千一百八十七段,下籽八十五石五斗一升五合。

南川老幼渠　县南四十里。渠四:一长四里,一长六里,一长七里,一长十里。共溉地二百五十段,下籽五十一石五斗六升五合。

伏羌堡渠　县南三十五里。渠三:第一渠长十里,第二渠长二十里,第三渠长十里。共溉地三百八十八段,下籽八十三石二斗四升。

总堡渠　县南二十里。渠二:一长十五里,一长二里。共溉地四百七十段,下籽八十八石四升五合。

宁远渠　县南二十里。渠二:一长十八里,一长五里。共溉地二百五十段,下籽五十一石五斗三升。

水泉堡渠　县南十八里。渠二:一长二十里,一长十三里。共溉地二百零六段,下籽三十二石一斗四升五合。

新庄渠　县南十五里。自清水河起,至堡北加沟止,长十里。共溉地二百六十五段,下籽四十三石二斗一升。

逯水渠　县南十里。自张家庄前起,至堡北山根止,长十五里。共溉地四百七十一段,下籽七十石一斗一升五合。

王斌渠　县南三十里。自陈家滩红崖根起,至堡北张小庄止,长一十五里。共溉地八十五段,下籽一十九石八斗四升。

张家渠　县南二十五里。渠二:一长四里,一长五里。共溉地二百七十一段,下籽三十一石一斗九升。

谢家渠　县南二十里。渠二:一长十五里,一长五里。共溉地六百三十九段,下籽七十石九斗六升。

陈靳上堡渠　县南一十五里。渠二:一长十里,一长六里。共溉地三百三十五段,下籽二十八石五斗六升五合。

陈靳下堡渠　县南十二里。渠三:第一、二渠各长六里,第三渠长七里。共溉地一百五十七段,下籽二十石三斗三升。

沈家渠　县南五里。渠四:第一渠长十五里,第二渠长三里,第三渠长四里,第四渠长五里。共溉地六百零五段,下籽七十七石三斗三合。

杨杏渠　县西五里。渠二:一长十五里,一长十二里。共溉地七百零五段,下籽一百二十三石三斗四升。

殷刘渠　县西二里。渠二:一长十里,一长十五里。共溉地三百六十一段,下籽一百六十石七斗一升六合。

田家渠　县南四十五里。自高家河滩起,至堡东冶家崖止,长十五里。共溉地四百二十七段,下籽四十五石四升八合。

毛家渠　县南四十里。渠二:一长二十里,一长十五里。共溉地六百二十九段,下籽四十五石四斗六升。

新添堡渠　县南三十五里。渠二：一长三里，一长二里。共溉地一百九十八段，下籽一十三石四斗五升二合。

石沟渠　县南三十里。渠三：第一渠长五里，第二、三渠各长二里。共溉地二百七十三段，下籽二十三石八斗一升七合。

北古城渠　县东三里。渠二：一长五里，一长四里。共溉地六百三十八段，下籽九十六石九斗零五合。

曹家渠　县东五里。渠二：一长十里，一长八里。共溉地三百一十一段，下籽七十一石五斗四升。

十里铺渠　县东十里。渠二：一长二十里，一长十里。共溉地四百二十一段，下籽七十石六斗零四合。

罗家湾渠　县东一十五里。白石家庄起，至堡东小峡口止，长十五里。共溉地四百六十二段，下籽四十一石八斗八升。

沙塘川威凉渠　县东北九十里。渠二：一长四里，一长二里。共溉地二百七十一段，下籽六十二石五斗。

余鸾上堡渠　县东北八十五里。渠三：一长二里，一长六里，一长一里。共溉地二百三十八段，下籽三十五石三斗。

余鸾下堡渠　县东北八十五里。渠三：一长二里，一长四里，一长二里。共溉地二百六十五段，下籽二十五石二斗。

董家渠　县东北八十里。渠三:一长三里,一长六里,一长二里。共溉地六百七十段,下籽六十二石。

高墙渠　县东北七十里。自堡东董家寨起,至堡西泄山沟止,长八里。共溉地五百一十三段,下籽三十一石二斗六升。

总堡渠　县东北七十里。渠二:一长六里,一长七里。共溉地七百六十段,下籽四十二石四斗九升。

甘雷渠　县东北五十里。渠五:第一渠长十里,第二渠长五里,第三渠长二里,第四渠长十五里,第五渠长二里。共溉地一千零一十九段,下籽七十二石七斗七升。

薛家渠　县东北五十里。渠三:第一、二渠各长二里,第三渠长一里。共溉地二百八十四段,下籽一十七石四斗四升。

五其堡渠　县东北四十五里。渠三:一长二十里,一长十里,一长三里。共溉地三百六十四段,下籽八十二石五斗。

三其堡渠　县东北三十里。渠四:第一渠长十三里,第二渠长十五里,第三渠长十三里,第四渠长五里。共溉地一千一百二十段,下籽五十四石七斗七升。

刘小庄渠　县东北三十里。自薛家山城崖湾起,至庄东入河止,长二十里。共溉地一百二十段,下籽一十五石六斗九升。

汪小庄渠　县东北三十五里。自雷家堡起,至庄南园子地止,长二十里。共溉地九十六段,下籽一十二石八斗。

朱小庄渠　县东北二十五里。自河家沟起至庄西混沟止,长五里。共溉地七十四段,下籽三石一斗八升。

吉小庄渠　县东北八十五里。自叶家磨河起,至庄东山城河止,长一里。共溉地一十段,下籽六石七斗。

大通苑渠　县东北八十里。渠三:一长六里,一长三里,一长二里。共溉地七百九十八段,下籽五十九石三斗。

双树渠　县东北七十五里。自大通苑起,至堡东高圩止,长十里。共溉地八百七十段,下籽一百零七石。

新元堡渠　县东北六十五里。渠四:第一渠长二十里,第二、三渠各长六里,第四渠长三里。共溉地一千零六段,下籽七十五石八斗三升。

包王堡渠　县东北六十里。渠二:一长二里,一长七里。共溉地七十段,下籽六石六斗六升。

马家寺渠　县东北六十里。自新元堡起,至堡南深沟止,长二里。共溉地一百五十段,下籽七石九斗八升。

陶家渠　县东北四十里。自薛家山城崖河湾起,至水湾路壕止,长七里。共溉地三百四十段,下籽二十六石。

傅家渠　县东二十里。自朱小庄起,小峡口入大河止,长十里。共溉地八百一十段,下籽五十七石二斗。

红哈渠　县东北一百里。自什八洞沟口起,至堡南乱直沟门止，长一十五里。共溉地九百二十五段，下籽四十五石一升一合。

上寨渠　县东北九十里。渠二：一长十五里，一长十四里。共溉地二千二百五十段，下籽六十九石八斗八升五合。

下寨渠　县东北七十里。自站家河滩起，至堡南深沟沿止，长十二里。共溉地一千四十四段，下籽五十四石五斗五合。

林小庄渠　县东北六十里。自下寨堡蔡家磨坝起，至堡南白马寺崖止，长一十五里。共溉地九百零八段，下籽三十石三斗二升。

曹家渠　县东五十里。自高寨山河口前起，至堡东泉水湾止，长三十里。共溉地二千二百六十九段，下籽九十二石四斗五升。

张家渠　县东七十里。渠二：一长九里，一长十里。共溉地九百二十四段，下籽六十二石一斗一升。

汪湛庄渠　县东北八十二里。自写尔定崖前起，至庄南哈家庄前止，长五里。共溉地八十四段，下籽四石一斗四升。

新里渠　县东北八十里。渠三：一长七里，一长五里，一长二里。共溉地七十三段，下籽一十六石九斗五升八合。

毛何渠　县东北七十五里。渠二：一长二里，一长三里。共溉地六百一十段，下籽二十一石三斗八升二合。

魏家崖渠　县东北七十里。渠二：一长八里，一长一里。共溉地四百一十段，下籽一十六石五斗六升四合。

成白渠　县东北六十五里。渠四：第一渠长五里，第二、三渠各长三里，第四渠长五里。共溉地五百八十段，下籽三十二石七斗三升四合。

黑鼻渠　县东北六十里。渠五：第一渠长九里，第二渠长八里，第三渠长二里，第四渠长三里，第五渠长二里。共溉地九百五十三段，下籽三十三石九斗八合。

新议渠　县东北五十三里。渠六：第一渠长十二里，第二渠长七里；第三渠长四里，第四渠长三里，第五渠长五里，第六渠长二里。共溉地一千四百六十一段，下籽四十三石四斗八合。

马家渠　县东北五十里。渠五：第一渠长十里，第二渠长九里，第三渠长六里，第四渠长十一里，第五渠长五里。共溉地二千七百三十二段，下籽六十一石三斗九升四合二勺。

盐场渠　县东北四十五里。渠四：第一渠长十里，第二渠长九里，第三渠长五里，第四渠长三里。共溉地二千九百段，下籽六十九石八斗三升九合。

高寨渠　县东三十五里。渠七：第一渠长七里，第二渠长六里，第三、四渠各长一里，第五渠长六里，第六渠长三里，第七渠长二里。共溉地一千七百四十段，下籽一百零八石八斗八升九合。

西沟渠　县东三十里。渠二：一长三里，一长四里。共溉地八百四十六段，下籽七十一石二斗八升七合。

中红渠　县东三十五里。自截山门起，至堡东柳湾台止，长十五里。共溉地一千八百八十六段，下籽一百五十三石七斗四升五合。

张石上堡渠　县东五十里。渠五：第一渠长八里，第二渠长十里，第三渠长三里，第四渠长五里，第五渠长七里。共溉地五百四十八段，下籽五十四石二斗八升二合。

张石下堡渠　县东五十里。渠三：一长十二里，一长十三里，一长八里。共溉地九百九十四殴，下杆七十一石一斗九升五合。

西营渠　县东五十七里。渠四：第一、二渠各长十里，第三渠长五里，第四渠长二里。共溉地一千一百八十二段，下籽六十六石八升九合。

平戎堡渠　县东六十里。渠三：第一渠长十三里，第二渠长二十里，第三渠长十三里。共溉地一千九百六十段，下籽八十四石四斗三升六合。

东营渠　县东七十里。渠二：一长二十五里，一长十里。共溉地一千三百五十一段，下籽六十七石四斗七升二合。

樊沈渠　县东南七十里。渠三：一长十里，一长二里，一长六里。共溉地三百七十一段,下籽二十七石九斗。

白沈渠　县东南七十里。渠四:第一、二渠各长三里,第三渠长二里,第四渠长二里半。共溉地六百二十五段,下籽四十三石一斗九升八合。

庙嘴渠　县东南八十里。渠五:第一渠长四里,第二渠长五里,第三渠长二里,第四渠长三十里,第五渠长五里。共溉地一千二百九十五段,下籽一百三十二石三斗零七合。

碾伯县

归德渠　县西南七十里。渠二:一长四里,一长二里半。一自高店沟脑番僧洞下起,一至堡北平山坡下止。共溉地九十段,下籽四石四斗七升。

高店沟渠　县西南六十里。渠二:一长十里,一长四里。一自平山坝口起,一至堡北麦地凹门止。共溉地三百七十段,下籽一十八石五斗六升,

高店堡渠　县西南四十里。渠二:一长二十里,一长三十里。共溉地一千九百一十八段,下籽一百一十二石。

马哈喇渠　县西南三十里。渠三:一长八里,一长十里,一长二里。共溉地七百二十一段,下籽三十六石七斗四升。

深沟渠　县西南二十里。渠三:一长五里,一长二十里,一长五里。共溉地一千二百一十段,下籽五十九石四斗

五升。

峰堆渠　县西南三十里。渠四：一长十里，一长八里，一长九里，一长五里。共溉地九百八十八段，下籽三十九石一斗六升。

七里堡渠　县西南七里。渠三：一长二十里，一长七里，一长五里。共溉地二千一百四十二段，下籽一百三十八石三斗七升。

熊沈周林庄渠　县南一里。渠二：一长七里，一长三里。共溉地二百八十七段，下籽一十九石九斗五升。

冈子堡渠　县南五里。渠二：第一山河渠，自时家台庄起，至大河沿止，渠长十里，溉地四百六十段，下籽三十八石一斗七升；第二河东渠，自窦家前起至大河沿止，长八里，溉地四百三段，下籽三十石一斗四升。又一支渠自磨石桥起，至乱崖子止。溉地九段，下籽三斗五升。

冈子沟渠　县南十里。渠四：第一河西渠，自峡口山城根起，至红崖沟止，长五里，溉地一百一十段，下籽六石一斗；第二河东渠，自峡口石崖根起，至红崖坡根止，长三里，溉地五十段，下籽二石八斗四升；第三河东渠，自红儿〔崖〕坡根起，至九家庄止，长三里，溉地七十三段，下斗五籽三石九斗七升；第四河东渠，自九家庄门起，至哈家庄止，长里半，溉地四十八段，下籽二石五斗五升。

汤官渠　县南十里。自时家台起，至已官儿湾止。长十里。溉地六百四十段，下籽五十一石一斗三升。

双塔堡渠　县南二十里。渠七：第一大河渠，自汤官堡起，至红崖止，长十五里，溉地八十七段，下籽四十七石六斗；第二大河渠，自石沟门起，至墩湾止，长八里，溉地一百三十段，下籽十石二斗；第三山河东渠，自陈余庄起，至高家崖头止，长七里，溉地一百二十段，下籽八石四斗九升；第四东山河渠，自庙崖湾起，至白崖头止，长一里，溉地一十五段，下籽一石三升；第五西山河渠，自蒲家台起，至崖头磨止，长四里，溉地六十九段，下籽四石八斗；第六西山河渠，自曾家庄崖湾起至谢家河滩止，长五里，溉地一百七段，下籽五石七斗九升；第七西山河渠，自盛家门前起，至姜家山口门止，长五里，溉地二百三十段，下籽一十一石五斗。

双塔沟渠　县东南七十里。渠四：第一山河西渠，自昝杂台起，至下李家台止，长一十二里，溉地一百八十段，下籽八石七斗；第二西渠，自严家庄起，至蒲家龙王庙止，长八里，溉地一百一十段，下籽五石九斗；第三东渠，自谷官儿沟门起，至涧沟口止，长三里，溉地二十八段，下籽一石四斗六升；第四东渠，自红庄门起，至千户台对面止，长三里半，溉地三十三段，下籽一石六斗四升。

红水渠　县东南三十里。渠五：第一山河西渠，自集鸾堡土人庄起，至张家庄后止，长四里，溉地二百七十段，下籽一十八石；第二西渠，自张家庄起，至大河沿止，长二里半，溉地一百二十三段，下籽九石；第三东渠，自官场沟起，至吴家庄止，长一里半，溉地一百一十段，下籽八石四斗四升；第四东渠，自达子坝起，至堡南庄后止，长三里，溉地九十八段，下籽七石五斗；第五东渠，自李家庄大坝起，至大河沿止，长五里，溉地二百四十二段，下籽一十六石一斗五升。

集鸾渠　县东南四十里。渠二：第一山河西渠，自华尖崖起，至土人庄止，长九里，溉地四百五段，下籽二十三石二斗七升；第二东渠，自塌山下起，至官场沟止，长六里，溉地一百五十八段，下籽九石五斗二升。

阿蛮〔鸾〕渠　县东南五十里。自青石崖起，至堡东大山根止，长十里。溉地五百八十段，下籽三十五石九斗七升。

瞿昙渠　县南四十里。渠六：第一山河西渠，自石坡沟口起，至狼营庄止，长四里，溉地一百三十段下籽六石三斗八升；第二西渠，自觉营门前起，至乔家湾止，长四里，溉地九十七段，下籽四石九斗；第三东渠，自朵巴营起，至斜沟门止，长五里，溉地一百一十二段，下籽六石一斗五升；第四西渠，自官路湾起，至吴家旱台止，长十里，溉地四百六十段，下籽二十三石四升；第五东渠，自斜沟门起，至雷家沟门止，长五里，溉地二百九十段，下籽一十四石八斗五升;第六东渠,自青石崖起,至堡东转嘴止,长三里半,溉地一百五十段,下籽七石三斗二升。

洛巴渠　县南四十里。渠二,各长五里。一自营庄门前起,一至狼家沟门止。共溉地三百九十五段,下籽一十九石六斗五升。

那能沟渠　县南三十里。渠二:一长十里,一长五里。一自小林沟口起,一至峡口石崖根止。共溉地五百二十八段,下籽二十六石四斗。

峡口渠　县西四十里。自水磨沟石峡口起,至堡东大峡口止,长十里。共溉地一千二百四十段,下籽九十三石二斗。

旱庄渠　县西二十里。渠五:一长五里,一长十里,一长七里,一长一里,一长五里。共溉地一千四百九十九段,下籽九十五石。

迭尔沟渠　县西北三十里。渠二:一长十里,一长七里。共溉地六百五十二段,下籽三十四石八斗八升。

弩木只沟渠　县西北二十里。渠二:一长十里,一长九里。共溉地六百九十六段,下籽三十八石一斗三升。

大小古城渠　县西二里。渠四:第一渠长十二里;第二渠长十里,又分支渠一;第三渠长二里;第四渠长一里。共溉地一千八百五段,下籽一百二十五石一斗六升。

胜番沟渠　县北四十里。渠七:一长七里,一长十五里，一长三里，第四、五、六渠各长七里，第七渠长五里。共溉地一千七百二十一段，下籽一百一十一石三斗五升。

八里堡渠　县北八里。渠三：一长四里；一长五里；第三渠长七里，又分支渠三。共溉地一千一百七十八段，下籽七十石五斗二升。

保塔寺渠　县东北七里。渠二，各长五里。共溉地一百五段，下籽五石二升。

土官渠　县东北二十里。渠二：一长八里，一长五里。共溉地四百二十一段，下籽二十八石七斗一升。

水磨渠　县东三里。渠三：一长八里，一长五里，一长三里。自第一渠祁家桥起，至第三渠大河沿止，共溉地五百五十六段，下籽四十一石四斗。

羊官渠　县东十里。长六里，分支渠二。自龙王庙起，至胡麻沟止。共溉地三百七十三段，下籽一十五石五斗。

石嘴渠　县东十五里。渠二：一长十五里，一长三里。一自五里墩起。一至石峡儿沟沿止。共溉地九百二段，下籽五十四石八斗三升。

高庙渠　县东三十里。渠二：一长十五里，一长二里。一自石嘴南山起，一至堡东庙嘴止。共溉地一千零六段，下籽七十二石五斗。

长里渠　县东三十五里。渠三：两渠各长十里，一渠长一里。自第一渠高庙西河滩起，至第三渠阿家官沟止。共溉地七百五十八段，下籽四十四石六斗八升。

卯寨渠　县东北三十八里。渠二，各长三里。一自王和尚庄东坝起，一至堡南杨里沟止。共溉地七十段，下籽二十七石五斗。

旱地湾渠　县东四十里。渠三：一长十三里，一长五里，一长三里。自第一渠高庙西河滩起，至第三渠店子河滩西止。共溉地七百一十八段，下籽三十三石七斗。

白崖渠　县东北四十五里。渠三：一长八里，一长一里，一长五里。自第一渠石头嘴起，至第三渠马家沙沟东沿止。共溉地六百八十六段，下籽五十四石一斗。

老鸦渠　县东五十里。渠三：一长十一里，一长四里，一长十里。自一渠青崖起，至第三渠碾线沟口东止。共溉地一千零五段，下籽六十九石七斗五升。

上川口渠　县东南一百里。渠四：第一渠长十里，分支渠一；第二渠长六里，分支渠四；第三渠长五里，分支渠二；第四渠长三里，分支渠二。共溉地一千五百七段，下籽三十六石八斗四升一合。

吉家渠　县东南一百五里。渠二：第一渠长五里，分支渠五；第二渠长三里。共溉地八百零七段，下籽一十七石四斗四升。

万泉渠　县东南一百二十里。渠二：第一渠长十五里，分支渠六；第二渠长八里，分支渠七。共溉地一千四百二十七段，下籽四十石六斗七升八合。

祁家渠　县东南一百三十五里。自巴州堡河西寺后起，至万泉堡止，长八里，分支渠五。共溉地五百五十三段，下籽二十一石八斗。

巴州渠　县东南一百四十里。渠四，第一渠长二里；第二渠长三里，分支渠二；第三渠长八里，分支渠九；第四渠长三里，分支渠三。共溉地九百九十七段，下籽七十四石一斗。

细巷渠　县东南一百六十里。渠四：一长一里，一长半里，一长一里，一长半里。共溉地一百三十六段，下籽一十二石二斗六升五合。

南石嘴渠　县东南九十五里。渠四：第一渠长十里，分支渠二；第二渠长五里，分支渠二；第三渠长五里，分支渠四；第四渠长五里，分支渠二。共溉地一千二百七十段，下籽三十七石二升。

上川新添堡渠　县东南一百一十五里，渠三：第一渠长五里，分支渠二；第二渠长三里；第三渠长八里，分支渠七。共溉地九百三十七段，下籽二十四石九斗一升九合。

李二堡渠　县东南一百三十里。渠二：第一渠长一里；第二渠长二里，分支渠二。共溉地一百零二段，下籽二石五斗八升。

新顺渠　县东南一百四十五里。长半里，分支渠一。共溉地二十五段,下籽一石四升五合。

路家渠　县东南一百二十里。渠三:第一渠长五里,分支渠三;第二渠长一里;第三渠长五里。共溉地三百六十七段。下籽一十一石四斗六升。

李土司家人庄渠　县东南九十五里。自庄后沟门起,至贲南沟止,长一里。溉地四十段,下籽一石四斗七升。

史纳渠　县东一百里。自庄西小山峡起,至严家沟门止,长五里,分支渠三。共溉地一百五十一段,下籽一十六石九升。

百户渠　县东八十五里。自高崖下起,至破山止,长五里。共溉地九十二段,下籽一石九斗八升。

下川口渠　县东南一百五十里,渠二:第一渠长十里,分支渠二十三;第二渠长七里,分支渠一十七。共溉地四千二百八十段,下籽四十八石一斗八升。

高台渠　县东南八十里,自堡南龙沟起,至贲南沟止,长二里,分支渠二。共溉地四十段,下籽一石五斗。

古鄯慈利寺渠　县东南一百八十里。自堡南李家磨沟起,至旧寺庄门前止,长一里,分支渠二。共溉地一百一十八段,下籽七石四斗四合。

古鄯渠　县东南一百六十里。渠二:第一渠长二里,分支渠二;第二渠长里许,分支渠二。共溉地二百三十三段,下籽一十五石二升四合。

总堡渠　县东南一百六十五里。渠三:第一渠长一里,分支渠二;第二渠长半里;第三渠长二里半。共溉地二百二十五段,下籽一十九石二斗六升九合。

开化渠　县东南一百八十里。渠二:一长二里,一长一里。共溉地二百三十一段,下籽二十石三斗四升。

三家渠　县东南一百八十里。自红崖起,至石头滩止,长二里。共溉地一百三十段,下籽一十一石五斗五升三合。

李土司原坡庄渠　县东南一百八十里。渠二:各长一里。共溉地二十五段,下籽二石八斗四升五合。

红嘴渠　县东南一百八十里。渠三:第一渠长二里,第二渠长一里,第三渠长五里。共溉地四百零八段,下籽四十二石三斗五升二合。

铁家渠　县东南一百八十里。自红塔起至铁家沟止,长二里。共溉地二百八十九段,下籽三十石一斗三升。

撒麻渠　县东南二百五十里。自静觉寺沟口起,至黄河沿止,长一里。共溉地二百一十段,下籽九石一斗。

延寿族渠　县东南二百二十里。自对坡庄起,至山城坡止,长三里。共溉地二百一十七段,下籽八石七斗五升。

朱家渠　县东南二百二十里。自愁化沟起,至土怀止,长一里。共溉地一百二十三段,下籽二石四斗。

吕家渠　县东南二百二十里。自慈坡起,至鲍家庄止,长半里。共溉地一百九十段,下籽七石。

德化渠　县东南一百九十里。自祁家磨沟起，至龙不磨沟止，长一里。共溉地二百四段，下籽七石三斗九升。

赵防山渠　县东南二百九十里。自红庄儿起，至张家官地止，长三里。共溉地二百九十八段，下籽七石一斗。

赵木川渠　县东南二百四十里。渠二：第一渠长二里半，分支渠二；第二渠长一里，分支渠一。共溉地六百五十四段，下籽二十四石五斗。

大通卫　乾隆二十六年改设县治

河东渠　卫东十里。从峡口庄拨科峡大河内引流灌田，分支渠三：第一渠自峡门堡起，至新庄堡止，共十里，计溉峡门、新庄二堡地一千一百一十二段，下籽二百六十石九升二合；第二渠自旧庄堡起，至凉州堡止，共五里，计溉凉州、旧庄二堡地八百九十九段，下籽二百四十三石三斗六升二合；第三渠自凉州堡起，至向阳堡止，共十五里，计溉河〔凉〕州、向阳二堡地四百二十六段，下籽一百三十石一斗四升。

祁家渠　卫东北九里。从祁家寺脑山水磨河内引流灌田，自掘家寺大庄起，至古楼堡止，共十五里。计溉祁家、古楼二堡地八百四十八段，下籽二百五十石一斗二升一合。

河西渠　卫西二十里。从黑林山大河内引流灌田，分支渠五：第一渠自多洛堡起，至阳化堡止，共十五里，计溉多洛、阳化二堡地五百五十四段，下籽一百九十四石二斗七升二合;第二渠兼引松卜沟脑水,自逊让堡起,至百胜堡止,共五里,计溉逊让、百胜二堡地三百三十五段,下籽九十三石一斗五升六合;第三渠兼引山沟水,计溉极乐一堡地四百二十段,下籽九十石一斗四升九合;第四渠引雪沟水,溉雪沟一堡地一百三十一石,下籽二十四石九斗九合;第五渠自良教堡起至樵渔堡止,共二十里,计溉良教、樵渔二堡地三百七十四段,下籽七十五石七斗三升八合。

东峡渠　卫东北五十里。自广惠寺脑大河内引流灌田,分支渠三:第一渠自滥泥堡起,至元墩堡止,共十五里,计溉地一百七十一段,下籽二十九石六升七合;第二渠计溉李家堡地一百四十五段,下籽四十二石八斗七升四合;第三渠计溉阿家堡地三百三十二段,下籽八十二石一斗五升四合。

贵德所　所治地亩,向无渠道,皆决口漫浇。乾隆六年,经西宁道佥事杨应琚、知府申梦玺、所千总李滋宏捐俸创筑支干渠,就渠道远近,定引水庄堡,并设立渠长。每岁按地派夫浚筑,渐获水利焉。乾隆二十六年改设西宁县县丞。

周屯渠　所城东南五十里。分支渠十四:第一渠,自槽口起,至崖头止,计溉地一百段,下籽二十石;又自上吊崖起,至林尾止,计溉地五十段,下籽十一石;第二渠自台根起,至崖尾止,计溉地五十段,下籽十石;又自叉义〔叉〕起,至下崖头止,计溉地一百六十段,下籽二十二石三斗七升三合二勺；第三渠又名王屯渠，自揽角起，至大渠止，计溉地二百段，下籽三十石；又自上塔沟起，至河滩止，计溉地十段，下籽五石；第四渠，自莫地庄起，至河滩止，计溉地十段，下籽四石；第五渠，自吊岭起，至赏家庄止，计溉地二十段，下籽五石；第六渠，自庙儿起，至河滩止，计溉地五十段，下籽十石；又自高渠起，至下坪止，计溉地十段，下籽九石；第七渠自套花起，至头叉沟止，计溉地五十段，下籽十石；第八渠自下塔起，至麻莲滩止，计溉地二十段，下籽四石；第九渠，自沙沟起，至麻莲滩止，计溉地五十段，下籽七石；第十渠，自新坟起，至上沟止，计溉地五十段，下籽七石；第十一渠，自岭上起，至河滩止，计溉地五十段，下籽八石；第十二渠，自湾渠起，至下坪止，计溉地二十段，下籽三石；第十三渠，自煖泉起，至揽角止，计溉地三十一段，下籽五石五升二合；第十四渠，自揽角起，至河滩止，计溉地十段，下籽五石。

四十八户渠　所城东南四里。从周屯、王屯支渠内，各开小渠，引流灌田。分渠十二：第一渠，自要渠起，至教场止，计溉地二百一段，下籽三十石；第二渠，自中渠起，至李家庄止，计溉地八十段，下籽十二石；第三渠，自崖头起，至灭纳庄止，计溉地一百二十段，下籽十八石五斗；第四渠，自塔儿起，至黄河沿止，计溉地一百三十段，下籽二十石；第五渠，自灭纳庄起，至塘房止，计溉地一百八十段，下籽二十八石;第六渠,自宁家庄起,至冯家庄止。计溉地一百二十段,下籽十八石;第七渠,自聂家庄起,至西河边止,计溉地二百二十段,下籽三十五石;第八渠,自童家庄起,至石家庄止,计溉地三百二十段,下籽四十六石;第九渠,自张家庄起,至史家庄止,计溉地三百六十段,下籽五十石;第十渠,自郭喇庄起,至居家庄止,计溉地三百段,下籽二十九石;第十一渠,自石家槽起,至石坡止,计溉地七十段,下籽十六石;第十二渠,自孙家庄起,至西河边止。计溉地八十段,下籽十二石。

河东渠　所城东五里。分支渠八:第一渠,自杨家庄起,至河沿止,计溉地二百二十段,下籽二十九石;第二渠,自党家庄起,至下沟止,计溉地六十段,下籽九石;第三渠,自毕家渠起,至滴水崖止,计溉地八十段,下籽十三石;第四渠,自仓门口起,至王家墩止,计溉地九十段,下籽十五石;第五渠,自多尔哈起,至大路止,计溉地二十段,下籽三石;第六渠,自官渠起,至黄河沿止,计溉地一百二十段,下籽十五石;第七渠,自廖家渠起,至工麻庄止,计溉地三十段,下籽七石;第八渠,自深渠起,至黄河沿止,计溉地九十段,下籽十六石。

刘屯渠　所城西南三十里。分支渠六:第一渠,自罗家槽起,至陈家草滩止,计溉地四十段,下籽十四石;第二渠,自崔家树起,至沙沟止,计溉地三十段,下籽七石;第三渠,自新眼口起，至下排止，计溉地一百段，下籽十七石；第四渠，自高窑起，至边墙止，计溉地一百五十段，下籽三十三石；第五渠，自小桃起，至马家庄止，计溉地六十段，下籽十五石；第六渠，自上槐起，至大路止，计溉地四十段，下籽十三石五斗八升七合。

松门杨氏曰：《虞书》浚畎浍距川，《周礼》稻人以潴蓄水，以防止水，以沟荡水，以遂均水，以列舍水，以浍泄水。盖井田之制，本有沟、洫、浍、川，而又有浚之、蓄之、止之、均之、泄之之法也。自阡陌既开，封洫亦废，旱涝无备，饥馑频仍。尚赖有智士贤臣，因地之利以成天之功，而水利兴矣。故两汉以来，河渠有书，沟洫有志。膺民社之责者，岂得略焉弗讲欤？宁郡各属皆有灌溉之地，而亦多高仰之乡。昔年因边地苦寒，惟水田有赋，而以旱地益之。厥后生齿日繁，子孙分割，摊粮均草，旱地亦有额矣。然有旱田者，皆存弹丸水地，以为根本。今则兰、河、甘、凉暨山、陕之民，月增岁益，渐置产业，本地小民，有仅存数亩旱田，以养八口者。夫山脑旱田，夏间犹多雾露，至山坡旱地，五日不雨，则龟坼矣。所仰赖者，惟此区区，顾可忽诸？且宁郡山高水驶，七八月之间雨集，辄有冲漫之患。而土薄沙底，便成石田。幸湟中之水有黄河为之归宿，因势利导，无堤塍之累，害小利多，惟在长民者相其流泉，度其原隰，顺水之性，因上之宜，课浚渠之条，严争溉之弊。如宋刘贡父所云“毋以利为害”

而已。至边郡田土，计段下籽，历无顷亩，即《赋役全书》所载，亦系约略之词。今余不惮琐屑，凡县、卫、所计共渠若干，各若干里，地段若干，下籽若干，俱以本地市石计。罔不毕载，以为留心抚字者鉴。俾嗣后有增无减，且以见一郡之大，纤细罔遗。仅有渠如此，而又土瘠水清，收获无几，海隅之民，不得与饶沃齿，施惠宁厚毋薄云。

西宁府新志·卷七　地理志（五）

古　迹 冢墓附

西宁府

西宁县

西宁州故城　在郡城南。颓垣壁立，遗址犹在。《明一统志》："西宁废州在卫城西南。"《行都司志》云"自城西至南迤东，约八里余，乃西宁州故城"是也。

临羌故城　在县西。汉置，属金城郡。晋属西平郡。《水经注》："湟水东经临羌县故城北。"后魏县废。隋大业四年，吐谷浑为铁勒所破，走入西平界求救，诏宇文述出西平迎之。述至临羌，吐谷浑遁。即此。

临羌新县故城　在县治西。阚骃曰："临羌新县，在郡[1]西百八十里，湟水径其南。城有东西二门，西北隅有子城。"

安夷县故城　在县治东七十里。汉置是县，隶金城郡。章帝建初中，拜度辽将军吴棠领护羌校尉，居安夷。是又为都护治，即今之平戎城。按郦道元《水经注》云湟水又东经安夷故城，城有东西二门，去西平东七十里是也。

倚郭县故城　在县治南四十里。宋崇宁三年置。即今之南川伏羌城地也。

鄯城县故城　在县治内。唐仪凤三年置。按《元和志》云："北枕湟水，西即土楼山。"卫志云"即今之镇海堡"非是。

长宁县故城　在县治北四十里。晋《地理志》云："西平郡有长宁县。"《水经注》：长宁水，"南经长宁亭，东城有东西门。"今之北川长宁堡，即其地也。

西海郡故城　在县西。《十三州志》云"城在临羌新县西。王莽遣使讽卑禾羌献鲜水海、允谷、盐池，置西海郡"是也。今在青海地界。

龙夷城　在县西。故先零地。《十三州志》曰：城在临羌新县西三百(按：应作三百一十。)里。王莽置西海郡，治此城。魏郭淮与羌治无戴战于城北。

湟中城　故小月支地。《十三州志》曰："西平、张掖之间有小月氏国。"胡氏鉴注：湟水两岸之地，通为湟中。

护羌城　在县西南。故护羌校尉治，在临羌县故城西南。汉章帝建初二年，以武威太守傅育为护羌校尉，移居临羌，即是城也。

龙驹城　在县治西南。

宁西城　在倚郭故县西四十里。旧名林金城，崇宁二年改名。

宣威城　在倚郭故县北五十里。宋高永年战死处。

省章故城　在小峡口。宋筑之以控制要害。（按：省章峡即今大峡，此误。崔按：据《宋史》等相关记载，省章峡应即今老鸦峡。）

石堡城　在县治西南。本铁仞城。三面险绝，惟一径可上。唐开元十七年，吐蕃陷此城，留兵拒之，侵扰河右。命信安王祎与河西、陇右同议攻讨，诸将咸以石堡险远难攻。祎不听，引兵深入，急攻拔之。命曰振武军。二十九年，复为吐蕃所陷。董延(光)攻之不克。八年，哥舒翰复攻，吐蕃以数百人守之，唐兵死者数万，仅而克之。置神武军。

赤　城　在县治西。郦道元云："湟水径赤城北。"

德通城　在县治西南。本辖令古城。宋政和中，刘法解振〔震〕武军围，筑此。

神威城　在县西。唐天宝七年，哥舒翰筑于青海上，吐蕃攻破之，更筑于海中龙驹岛。有白龙见，因名曰应龙城。后陷吐蕃，废。

古骨龙城　在石堡城。宋政和中熙河经略刘法大破夏人于此。后赐名振〔震〕武城。

邯川城　南临黄河，在白土城。西汉建元初，以牛邯为护羌校尉，故川有邯名。

逢留河城　南临黄河。永元五年，贯友代聂尚为护羌校尉，攻迷唐，斩获八百余级。收其熟麦数万斛，放逢留河上，筑城以盛麦。作大船于河峡作桥。

临蕃城　在县西。《新唐志》：鄯城县有河源军，西六十里有临蕃城。又西六十里，有白水军、绥戎城。又西南六十里，有定戎城。

河源军故城　唐置。在故鄯城县西南，去县治一百二十里[2]。一云赵充国停〔亭〕候〔侯〕地。

白水军故城　在鄯城县西北。唐开元四年，郭知运、张怀亮置。

绥远〔戎〕故城　在鄯城县西一百二十里。南凉时麒麟游于绥戎，即此。

定戎故城　在绥戎城西南六十里。

绥和守捉故城　去县治西南二百五十里。

令州守捉故城　在县治南一百八十里。

树敦城、贺真城　二城在县西。为吐谷浑巢穴。元魏恭帝三年，凉州刺史史宁破吐谷浑南山，与突厥木杆分道拔之。

安人军故城　在县治西南。一曰安仁。《元和志》云：在星宿川。开元七年，郭知运置。

馒头城、赤水城　二城在县西。馒头一曰馒首。隋大业四年，裴矩以铁勒击吐谷浑，拔二城。其可汗伏允南奔雪山。

合川城　在县南。《元和志》:合川守捉在鄯州南一百八十里。贞观中,侯君集置。又绥和守捉在州西南二百五十里,开元二年,郭知运置。

析　支　在县西南徼外。《禹贡》雍州有昆仑、析支。应劭曰:析支在河关西南千余里,羌人所居,谓之河曲羌。

安川堡　在县东。旧湟州西南八十里。

宁川堡　在安川堡南四十里。

善治堡　在通济桥北。(按:此指震武城浮桥。)

大同堡　本古骨龙城,接应堡(按:《宋史·地理志》作应接堡。)宋政和八年赐名。

石门堡　在德通城北,旧名石门子。宋政和中赐名。

南宗堡　在临宗砦北一十五里。

德固砦　在绥远关西界二十里。

临宗砦　在宗谷。南去故湟州分界二十一里。

绥边砦　在县治东北。旧名宗谷是也。

保塞砦　在县治南保敦谷。

清平砦　在保敦谷西三十里。在故倚郭县南五十里。

王孝杰米栅　在尉迟川西。

西平亭　魏黄初中立西平郡。凭倚故亭,增筑南、西、北三城以为郡治。

长宁亭　在养女岭南。郦道元云:去西平亭西北四十里。《十二州志》曰六十里,远矣。晋建长宁县于此。

邯　亭　在邯州〔川〕城南，近黄河。

孔雀楼　在县治西南三里南禅寺。构楼初成，有孔雀来楼上。明夏瓒有诗。

唐公主佛堂　在大非川东。

虎　台　西去县治五里。有台九层，高九丈八尺。相传南凉王所筑。秃发傉檀子名虎台，或是其所筑也。或曰将台，亦传南凉所筑。（按：虎台《晋书》作武台，盖唐世避李虎讳也。）

风伯古祠　在北川。郦道元云：在长宁亭南山上。春秋祭之。

神祠故壁　在县北五里。《水经注》云：土楼下有神祠，雕墙故壁存焉。阚骃曰：西平亭北有土楼神祠者是也。

开元分界碑　在赤岭西。唐开元中，许吐谷浑互市。信安王祎、张守珪定分界于赤岭之西。

洪济梁　在积石山西一百八十里。有金天军。唐哥舒翰拔洪济城。长庆中，刘元鼎使吐蕃，由洪济梁南行寻河源是也。

通济桥　在湟河上。即振〔震〕武城浮桥也。

橐驼桥　在县西。唐张志亮与吐蕃战，焚橐驼桥是也。

莫离废驿　在王孝杰米栅西九十里。唐置。送公主经此。

汉将营　在县城东十五里。周围约三十余里，宽阔平坦，人传为汉将安营处。即今之罗家湾是也。

冢　墓

南凉康王墓　在县治东南山麓。按《晋书·载记》:秃发利鹿孤死,葬西平之东南是已。

明高阳伯李文墓　在县北十里旱坪山。下有祭碑。

张经墓　在县治东南一十五里山麓。父文、子莱,墓咸在焉。

李淳墓　在县治北五十里元觉寺沟。即遇害处。

直隶昌平兵备道张问仁墓　在县东南。即经之孙。

鸿胪寺卿李奈墓　在县北四十里长宁川。原墓碑存。

太子少保援辽总兵左都督祁秉忠墓　在县治南二里。

太子少保左都督总兵官柴国柱墓　在县治北六十五里清水沟子。副总兵时秀墓附焉。次子甘肃总兵官时华墓,今无考。或曰在甘州。(按:以上二墓,现已由省考古队发掘,正整理中。)

四川提督总兵宫张尔奇墓　在县西七十里懒龙沟(按:今称揽隆沟)。

延绥总兵官加太子少保王承恩墓　在县西五里。

宁夏总兵官谈世德墓　在县南三十里伏羌堡东。

京营都督府佥事马允昇墓　在县西三十里东堡。

副总兵祁德墓　在县南二十里曹家沟。

副总兵莫与京墓　在县东南五里曹家沟口。

国朝古北口提督马进良墓　在县东四里许曹家寨。有祭碑。其子副总兵龙墓附焉。

西宁总兵官包进忠墓　在县西八里。有祭碑。

赠荣禄大夫贵州大定副总兵杨馥墓　在县西四十五里。有祭碑。

广东盐课提举司李愈棠墓　在县东七十里白家堡。

金华副总兵祁仲豸墓　在县东北百十里汤巴堡。有碑。

潼关副总兵谈定邦墓　在县西五里将台湾。

大靖营参戎祁兴周墓　在县东南九十里寄彦才沟下庄父廷谏墓侧。弟肇周墓,在南川加牙滩。

贾烈女墓　在县治东五里道傍。有石碣存焉。

碾伯县

乐都城　即今之碾伯城。郦道元云“湟水经乐都城南”是已。南凉秃发傉檀都此。按《明史》云:碾伯所本碾北地。洪武年间置卫。成化中更名。注云:南有碾伯河。其碾北、碾伯命名之由无所考,并存以俟知者。(按:碾伯之名,始于明初置碾伯卫,其名义向不得其解。今考之,明时此为西番所居地,藏语称厉神为“年抱”,“碾伯”或即其译音也。)

古　城　在县城西二里。有二城若连环,约三里。未详所置。

破羌县故城　在县东五十里。汉宣帝神爵二年置。城省南门,《十三州志》云“湟水在破羌县南门东过”是已。隋改为湟水县。即今之老鸦城也。

龙支县故城　在县南一百七十里。一曰龙耆[3]，汉拜曹凤为西部都尉，治此。郦道元云："湟水又东南，径小晋兴城北，故都尉治。"又阚骃曰："允吾县西四十里有小晋兴"城，是在今之古鄯地矣。唐上元中，吐蕃攻没鄯州，以龙支城属河州。故与河州近也。宋《地理志》云："南至廓州分水岭四十里。"按《汉书》霍去病逐诸羌，及渡湟，筑令居塞。或云龙居寨。疑亦此也。及考《水经注》云：润水出允吾县北，令居县西北塞外，南流径令居县故城西。又南径永登亭，西历黑石谷南流，注郑伯津。是令居，又在湟水北矣。姑备列之。（按：龙支县在今民和古鄯驿，令居塞原在永登县境内。二者非一地。）

允吾县故城　在县治东南。《水经注》所载《地理志》曰："浩门水东至允吾，入湟水。"今按二水合处，尚在县上川口西，其允吾在县境无疑。乃今竞称允吾为平番县境，以隋改故广武郡都尉治为允吾县，而后平番始有允吾之名。汉允吾是在湟水南。按郦道元云："湟水又东径允吾县北，为郑伯津。"则允吾在湟水南。阚骃曰：允吾县西四十里，有小晋兴城，为今之古鄯地。而旧志云："计其里至与夫形势，允吾在今之下川口。"并存以备考。（按：应即以下川口为是。崔按：据实地考察，应在民和县西沟乡古城村。）

浩门县故城　在县治东。汉置。属金城郡。王莽更名兴武。《水经注》：浩门河东径浩门县故城南。《隋志》：“湟水县有旧浩门县，后周并入。”《元和志》：在广武县西南一百三十里。

湟河郡故城　在县东南。东晋置。《十六国春秋》：“咸康二年，张骏分河湟〔湟河〕郡属凉州。”按《水经注》：“河水北经黄河城南，西北去西平二百七十里。”或曰：“黄”即“湟”之讹也。

廓州故城　在县南，唐置。《旧唐志》：廓州，天宝初改宁塞郡，乾元初复曰廓州。属陇右道，治广威县。魏置石城县，后改化城。天宝元年，又改曰广威。《寰宇记》：州北至鄯州“一百八十里。东南至凤林县二百八十里。东北至龙支县二百九十里。西北至鄯城县二百八十里”。又引周地图云：“魏明帝三年置石城县也。”元废。

白土县故城　在县南。近黄河。晋永宁中置。《水经》云：“河水又东径临津城北，白土城南。”《十三州志》云：“左南津西六十里，有白土城。城在大河北，而为缘河济渡处。”魏凉州刺史郭淮破羌(蛾)遮塞于白土是也。

积石军故城　在县治东南。本汉金城郡河关县地。唐咸亨中置军，隶陇右节度府。后没吐蕃。宋收复，置溪哥城。元符中，为溪巴温所据。大观中，藏征朴哥以城降，即其地。置积石军。

宁塞军故城　在积石军西。唐为宁边军。

宛肃城　在积石军西八十里。

百谷城　在洪济桥东南八十里。

石　城　在县南。近黄河。昔段颎击羌于石城,投河坠坑而死者八百余人,即其地也。

左南县故城　在县南。临黄河。晋惠帝永宁中置。《水经注》:河水径左南城南。《十三州志》:石城西一百四十里有左南城。前凉张瑁从左南缘河而截赵麻秋军,即此地。

晋兴郡故城　在县治东南小晋兴城南。晋永宁中,分西平郡界置郡,统左南等县。按《通志》以此为小晋兴郡,非是。

小晋兴故城　在晋兴郡北。按《水经注》:"湟永东南径小晋兴城北,故都尉治。"阚骃曰:允吾县西四十里,有小晋兴是也。

达化县故城　在县南。东晋置,属浇河郡。唐属廓州。《元和志》:东至州三十里。后陷吐蕃,废。

米川县故城　在县南。唐贞观中置,属廓州。后改米州。《元和志》云:米川县西至州一百里。宋王厚云:沿河西至廓州,约六十里。元废。

化城县故城　在县南。本后魏石城县地。《元和志》曰:废帝二年,因境内有化隆谷,改为化隆县。本朝因之。先天年,改为化城县。(按:此盖避唐玄宗李隆基讳,改隆为城。)

肤公城　在故廓州城北二十里。旧名结罗城。宋崇宁中收复,改是名。

来宾城　在肤公城东一百三里。属乐州。

廉川城　在县东,近庄浪界。晋太元二十七年,鲜卑秃发乌弧击降乙弗、折掘等部,筑湟中廉川城都之。

宗哥城　在县南。《宋志》:“西宁州领龙支城,旧宗哥城。”按古龙支有二〔三〕:汉在今宁邑西,即西海郡;隋、唐龙支在今县西南,近黄河;宋龙支在县今南,乃旧宗哥城,或混为一,误。(按:隋、唐为龙支县,此为城名。崔按:西海郡治是龙夷,一作龙耆,并非龙支。)

同波堡　在肤公城南一百五十里。

同波北堡　在廓州西半里。

峡口堡　在故湟州界。宋王厚收复。

顺通堡　在积石军故城东八十里。

通湟砦　在故湟州东三十里。

瓦吹砦　在来宾城东北界一十七里。

安陇砦　在故湟州西四十五里。

宁塞砦　在廓州城东一十七里。南至黄河一十五里。

怀和砦　在肤公城西五十三里。

阵图堆　在县治北一里。高九丈,后列小堆六行,凡十二。始筑无考,又谓之振武台。

黄沙戍　在故达化县东。《元和志》云:在县东六十里。

浩门隘　在县治东故浩门县境。汉光武建元中,先零诸羌数万拒浩门隘，马武与马援击破之，即是处也。

鲁班井　在县城东六十里，地名鲁班峡。有井连环，三眼，高出三岩之上二十余丈。水冬夏不冻不竭。峡中有方石，高四丈，深入河底，周回八丈有余。上列石扁，（按：疑当作"匾"。）镌"米颠拜否"（按：疑当作"书"）四字。

龙跃门　在县城东门，即响洞门。旧传昔年上有伏龙，人、物经过，如瓮鸣之状。后因送丧，龙走。今响音少减，尚有龙瓜〔爪〕血迹存焉。

老鸦峡古石刻　在县东六十里。峡内有大石平面，下临湟水，上倚官道。石面刻字甚多，相传为开元时所镌。余曾亲至其地，抚摩久之。因字小年远，风雨侵蚀，已模糊不能辨矣。惜哉！

八卦绰楔　在县城东关庙前。八卦攒顶，极其工巧。创自何代无考。

会景楼　即县南门楼。四山圆〔围〕绕，湟水前流，雪月风花，皆宜寓目。楼侧有明人碑记，俗谓"南楼远景"是也。

罗　亭　在积石山北。后汉段颎破羌处。

四望关　在县西。旧名洒金坪，在湟州西。即今之大峡口也。（按：此或未确。《汉书·赵充国传》云："遣骑候四望峡中亡虏，夜引兵上至落都。"落都即今乐都，则四望峡在今乐都以东。或即今河口八盘峡也。大峡所在为绥远关。此谓大峡，显系误指。因由大峡引兵而上，则已入西宁界矣。）

定西门　在县冰沟南。明兵备范瑟置，以扼叛番。

冢　墓

明会宁伯李英墓　在县东南海石湾，有碑文。子昶墓附焉。

尚宝寺卿李巩墓　在县东南巴州原。

冶鸾墓　在县东南米剌沟。

贺有年墓　在县境内。

国朝銮仪使襄阳镇总兵官祁伯豸墓 在县治北四里胜番沟口。有碑。

大通卫　乾隆二十六年改设县治

鲜谷塞尉故城　在卫治西北，临甘州界。郦道元所谓皓门水东南径西平之鲜谷塞是也。

威戎军故城　在卫西北。唐开元杜希望收吐蕃置。按旧志云在宁城西北三百五十里，今正在卫境无疑。

古白塔　在卫治。有塔，蜃灰垩之，不知始自何时，故卫城又谓之白塔城。

古　城　在卫治北，大通城西南一里。遗垣高峙，不知何代建筑。

沙金城　在卫治西北永安城西。依山临河，基址犹在。久沦外境，不知所始云。

三角城　在卫治西北永安城西一百四十里。元时筑，今遗垣尚存。黑水径其南，今谓之额济奈水。其源出于金羊岭西，诸水趋会，至张掖，其势渐大。西南二十里，即系一思门青、骆驼、哈隆乌素、八步、哈拉戈伦五处隘口，毗联而峙，皆系通青海要路。西由把子墩、八宝山、古佛寺直达陶赖川，即系通透赤金之捷径。北由羊胸子墩至扁都口六十里进口，为肃州镇属之马营墩、永固、黑城、洪水等营。东北由鸾鸟口过山，即系甘、凉内地。北山即系甘肃凉州之南山，林木丛杂，最易藏奸。且升平日久，牧地渐稀，惟此一带名野马川，水草畅茂，地土平坦，可牧马甚多。但旧城依山难守，若择地另建，量设马步官兵，与大通、永安势成犄角，既能隔绝羌戎，留此牧地，更于甘、凉增一屏障，且可遥制赤金之来路，诚为联络四郡之要冲也。故详载，以备采择云耳。

鸾鸟口　在卫西北永安城北六十五里。路通凉州，汉置鸾鸟县，属武威郡。《寰宇记》：昌松县有鸾鸟城，前凉张轨时，有五色鸟见，因筑城以美之。后魏改为神鸟。

贵德所　乾隆二十六年改设西宁县县丞

宁河县故城　在所南，元属河州路。按《明史》，洪武三年废，六年复，十二年复废。

龙羊峡石刻　在所西。字已模糊，不知所始。

古边墙　在所西十里。黄水界其南，暖泉河绕于外。

松门杨氏曰：西宁自两汉逐羌设县以来，上下几千百年，凡伟士之所经营，名臣之所兴建，与夫规模形势，政治方略，虽世远年湮，《易》云："改邑不改井"，夫岂无征？惟是历代措置未善，屡陷羌戎，荒堞故墟，累然满目。而俗习高上气力，轻视《诗》、《书》，莅兹土者，又不广为搜访，碑版无存，故流风余韵蔑如也。及阅旧志所载，（按：此处原缺二字，经查初刻即已削去，盖系衍文。）不过禹穴指为巴蜀，小孤云嫁彭郎。徒供识者齿冷而已。余不惮烦望古遥集，即一名一物之奇，亦不忍遗，编纂如右，以广睹记。吁！古迹已多，要皆挥戈之薮，振武之名，求所谓草堂、金谷之胜，并无一焉。岂山川竟无可取乎？亦人事之得失，内外之侵轶为之耳。监司守令，能不心怦怦然，求诸古迹之外乎！

注释：

[1]此处的“郡”指隋唐西平郡，治所在今乐都，不在今西宁。

[2]唐河源军在今西宁市区，此处“县治”指隋唐湟水县，治在今乐都。

[3]据考，龙耆与龙支不是一个地方，而与龙夷则是一个地方，即王莽所设西海郡的治所，在今海晏县三角城。

西宁府新志·卷八　地理志（六）

风　俗

西宁府

迫近西戎，修习战备，高上气力，以射猎为先，以兵马为务。酒礼之会，上下通焉，吏民相亲。是以其俗：风雨时节，谷籴常贱。少盗贼，有和气之应。《汉书》

民俗质朴。汉窦融传（按："汉"指《汉书》，下同。）

风土壮猛，便习兵事。晋载记

勤于耕稼，多畜牧。无复寇盗，并有金方之气。《隋书》

猎野务农。《图经》

土本膏腴，民事耕植。《元一统志》

民俗质朴，风土壮猛，人性坚刚慷慨。穴居野处，采猎为生，以织毛毼为业。崇尚释教，荷戈执戟，防奸御侮之功居多。明志

西宁县

外戎内华，山阻地险。俗尚佛教，人习射猎。夏秋少暑，冬春多寒。毳皮为衣，酥湩煎茶。以皮马为礼，畜养为业。力农务学，不殊内地。旧志

衣被毳毛，饔飧湩酥。明人赋

风气渐燠，物力滋丰。力农务学，有衣冠文物之化。《西宁志》

碾伯县

民勤俭，士谨愿，得淳朴遗意。通志

大通卫 乾隆二十六年改设县治

人有汉、土、番、回之殊，俗以耕植孳牧为业。五月冻解，八月田熟。用褐为衣，以土为屋。崇尚黄教，不耻白丁。迩来子弟亦渐知读书，颇新旧染。

贵德所 乾隆二十六年改没西宁县县丞

粮无二价，家有恒产，力农习俭，犹存古风。惟丧尚佛事，人不读书，文物之化阙焉。今延师往教，冀其一变。若人力未施，诿诸地不产材，则吾岂敢。

松门杨氏曰：风俗二字，古人言之多矣，余独喜班令史《地理志》云："凡民刚柔缓急，音声不同，系水土之风气，故谓之风。好恶取舍，动静亡常，随君上之情欲，故谓之俗。"所言尽之矣。然记曰："移风易俗，天下皆宁。"是风俗又待于移易也。宁郡逼近青海，屡没羌戎，至今衣被毳毛，饔飧

湩酥，崇释尚武，犹有余习。然边方贵俭，物产有盈绌，气候有寒燠，衣食应适其宜。故宁郡士卒，每有调遣，远胜他镇。不携衣衾，不裹粳粟，数月之程，炒面一囊，羊裘一领，如是而已。为民上者，当相时而制，溯源以行，何必改作，以效内郡之侈靡，而妄谈文物之化哉？惟是力农不勤，刈获则招邻邑之民；务学不实，岁试仅保青衿之旧。爱礼不胜爱羊之心，重武逾于重文之念，是以百年清平，乡饮无闻，宾兴不举。偶有暵溢，便至流离。余待罪于兹，深以为虑。殚心擢肾，不遗余力，欲补其偏、救其弊，俾秀者有高冈之鸣，朴者安阜成之乐。孝弟力田，笃伦敦本，年来颇有起色。第迁风变俗，如水之渐、木之植，非中材所能，非岁月可必。详列屡陈，不得不望于后来之大雅君子。

物　　产　其合郡所同者，总列于郡首邑，他属惟记其异者

西宁府　附郭西宁县

谷之类：有小麦、大麦、荞麦、青稞、大豆、豌豆、藏豆、扁豆、糜、芒谷、胡麻、油菜子、燕麦。

蔬之类：有芹、芥、萝卜红白二种、茼蒿、木耳、白菜、甜菜、蕨菜、菠菜、苦苣、窝笋、王瓜、茄、蒜、胡荽、韭、苋、瓠子、蔓精〔菁〕、沙葱、野韭、蕨麻产于野，状如麻根而色紫，食之益人，又谓之延寿果。

花之类：有牡丹、芍药、菊、罂粟、虞美人、丁香、鹤定、石竹、金莲、金盏、龙柏、探春、玫瑰、真珠、葵萱、凤尾、鸡冠。

果之类：有杏、李、楸子、山樱桃、林檎、沙枣。

木之类：有柳尖叶、鸡爪二种。尖叶木坚细，可为器、白杨、青杨、檀、榆、楸、桦、柏、茅、竹、松二种、柽可为矢、循子木可为弓。

药之类：有大黄、益母草、赤芍、芒硝、茵陈、苍耳、麻黄、羌活、管仲、车前子、红花佳、大蓟、小蓟、骨碎补、荆芥、石膏、紫苏、茨、蒺莉、柴胡、升麻、白芥子、胡芦巴、石香、鹿茸多、麋麝香、甘草、青盐佳、青木香、五灵脂、夜明砂、恶实子、凝水石、艾、秦艽、蒲公英、马勃、扁蓄、地骨皮。

禽之类：恒畜外，有马鸡、山鸡、野鸭、鸳鸯、鹦鹉、雉、半翅、鸠、隼、鹘、鹞、鹊、鸽、鹰、燕、雀。

兽之类：恒畜外，有犏牛可任耕载、毛〔牦〕牛、野牛大者重数百斤，角可为弓面、野马、羱羊大角、青羊、獾、兔、黄羊、黄鼠、狐、猞猁狲皮俱不及远方者、鹿、麋、獐、狍、狼、獭、狸、豹、虎少。

鳞之类：止有鱼三四种，而俱无鳞。

虫之类：有蛇、蚓、蝶白者多、蜂、萤、蛾、蚰蜒、蜘蛛、蝎虎、蜗、蜣螂、螳宁郡虫族甚寡，有者亦无多，即蝇亦希见。

货之类：有酥、毲(粗)、羊皮、牛毛尾可作缨、野牲皮境外贩至者不载、石炭可代薪，非橐籥[1]不然，故不及大通之煤。宁邑小峡口、观音堂沟二处产之。

右合郡所同《唐书》暨《元和郡县志》载：西平府贡牸犀角，褐十四，羚羊角两只。今织褐粗甚，角系境外贩至，故新志不载角。

粟米、桃、金瓶梨各种、苹果、核桃壳薄者、椒少、桑、槐、椿、垂杨、牛绒为衣可御雨。

右出碾伯县内惟梨、核桃为佳，余亦不至于无而已。

苦麻菜生于野，春暮揠取其根。大者如指，白色，味佳、白蘑菇、野鹅、黄鸳鸯、野画眉、杉树、红柳产于溪涧，细如筋，长五六尺，性柔，可为筐筥诸器、石煤其黑如漆，其坚如石，遇火则然〔燃〕，不须橐籥。质细灰白，远胜他处，全湟赖之。

右出大通卫乾隆二十六年改设县治

鱼产黄河、椒、梨。

右出贵德所乾隆二十六年改设西宁县县丞

松门杨氏曰：西宁地瘠而气寒，不能具五谷，矧有一岁再收之望？且他产宁几，而余纤微必志者，匪以侈观美也。《禹贡》一书，凡铅松、怪石、箘簵[2]、菁茅之属，罔弗具载，是岂勤于小物哉，盖欲周知地利耳。兹郡近接青海，外达西域，遐荒诸国，靡不可通。有事则军马云屯，小民供亿维艰；承平亦因远处羌夷，诸货毕至，虽大利咸归他省之人，而宁民亦获房租代鬻之息。然经营手艺，多出回民，而汉民养生送死，惟赖于农。兼农事不勤，常苦于贫。今荷大中丞黄公颁耕耨之具，示培壅之法，谆谆告诫，余与守令又亲劝督焉。虽觉少胜于前，而终逊他处。是以织皮捆载，而小民短毼不完；药物远移，而小民疾病不用。诗云："民之质矣，日用饮食。”官斯土者，劝农广积，思过半矣。

注释：

[1]橐籥(tuó yuè)：古代通风鼓火器的构件，橐是袋子，籥是通风管。

[2]簬(lù)：竹名。

西宁府新志·卷九　建置志（一）

《周礼》设官展采，不特城郭、沟池颁其法，即闾塾、材器在士庶者，亦所不遗。何其密哉！诸葛忠武侯好治官府、次舍、桥梁、道路，良有以也。圣朝化被西垂〔陲〕，版图式廓，掌固司险，其于作新之功，因旧之意，两得之矣。凡所未备，年来兴作，俾民不知劳而用不匮，则在乎其有诚意恒心者。

城　池

西宁府 附郭西宁县

城因厓为基，池不能环，古湟中地。汉建西平亭，魏黄初三年为西平郡。凭倚西平亭，增筑南西北三城。晋因之。元魏、隋为鄯州，大业中复为西平，唐为鄯州西平郡、都督府。[1]没吐蕃，号青唐城。宋复建鄯州，崇宁中改西宁州，元因之。明洪武十九年，命长兴侯耿秉文率陕西诸卫军士筑之。基割元西宁州故城之半，周围九里一百八十步三尺；高、厚皆五丈。月城高四丈，壕深一丈八尺，阔二丈五尺。门四，角楼四，敌楼一十九，逻铺三十四，东门连关厢，商贾市肆皆集焉。嘉靖二十一年，兵备副使王昺重修，于稍门添月城。万历三年，总制兵部尚书石茂华、巡抚都御史侯东莱会题加修。兵备副使平康裕、董汝汉、分守参将萧文奎、凉庄游击吴钺，督率军民，庀材加修，腹土肤砖，始称巩固。二十二年，兵备副使余良枢、参将达云创建东城楼，又补筑城，广袤七百五十八丈，门楼二，敌台四，角楼二，逻铺六。二十四年，按察使刘敏宽委通判高第增置关城悬楼一十八座。皇清康熙四十八年，卫守备廖腾炜补修。雍正三年，改为郡治。十一年，办理噶斯军需散秩大臣兼署西宁总兵官印务范时捷以城堞多颓缺，奏请重修。委署北川营游击晏嗣汉，同原任西宁道杨汇经营督理。董其役者，为署城守营都司孙兰、西宁县知县沈予绩。修垣为丈者一千五百三十有六，内裒实土，外甃用砖，东西南北为门、为楼者四，增修者二，加甃如之。四隅增瞭望楼四，为睥睨者一百九十有八，为炮台者三十有一，为驰道、为榨门者各四。言言仡仡，金汤益固矣。

平戎城　东去府治七十里，汉安夷县故址。明洪武十九年置平戎马驿。嘉靖元年，置防守官。城高三丈，下厚二丈五尺，壕深一丈五尺，阔一丈五尺，门二。万历二十四年，兵备副使刘敏宽增敌楼十三座，并浚其壕。皇清康熙年，以郡城设镇，撤防守官，仍置马驿，设驿丞一员。

镇海城　西去府四十里。明嘉靖元年，置防守官。万历二十一年，改设游击。东西长九十六丈，南北长七十六丈。设东、西二门，东月城三面，长十五丈；西月城三面，长十八丈。高二丈五尺，根厚二丈，顶厚一丈。皇清改游击为参将。雍正五年，移参将于丹噶尔城。中军守备一员，驻扎于此。

永安城　北去府治七十里。周回长一百九十六丈，高三丈。根厚二丈五尺，顶厚一丈六尺。设东门一，瓮城一道，三面共长三十一丈，高二丈二尺，根厚一丈六尺，顶厚一丈。月城一道，三面长五十六丈，高一丈六尺，根厚一丈五尺，顶厚八尺。南距旧城五里，人谓之新城，明时移。今驻扎游击一员，千、把总各一员。

威远城　东北去府治九十里。东西各长一百二十五丈，南北各长一百一十八丈，高三丈，根厚二丈四尺，顶厚一丈。今驻扎都司一员，把总一员。

丹噶尔城　西去府治九十里。皇清雍正五年筑。周回长七百七十四丈，高二丈二尺，根厚二丈四尺，顶厚一丈三尺。设东、西二门，城楼二，腰楼二，角楼四，月城楼二，炮台八。壕宽三丈，深五尺。西宁府知府杨若楸、董廷扬、江洪督理。雍正五年前三月起，六年九月工竣。驻扎参将一员，千、把总共三员。乾隆九年，经西宁道佥事杨应琚以丹噶尔路通西藏，逼近青海，边隘声息关重，又为汉、土、蒙古、回民并远近番人交易之所，乃有武弁，并无文员，应添设县佐一员，详黄大中丞廷桂转奏，以高台县议裁主簿移驻。

喇课城　西北去府治八十里。皇清雍正十一年，署西宁镇印务散秩大臣范时捷以地通青海，议设千总一员，马、步兵一百名。筑城一座，高一丈三尺，根厚一丈，顶厚二尺余，周回一百八十余丈，设东西二门，城楼二座。

黑古城　新建。南去府治六十里，南有旧城基，不知创始。乾隆三年，经西宁道佥事杨应琚以贵德所改隶郡治，所由磨石沟一带，素为生番出没之地，议请移南川都司一员、把总一员，驻扎于此防范。筑土城一座，女墙用砖，设南、北二门，周回计长二百三十二丈八尺，高二丈二尺，根厚一丈八尺，顶厚九尺。饬西宁县知县靳梦麟巡督，委原任庄浪县知县汪自重、府学教授朱沂监工。于乾隆四年四月十五日始，至五年九月二十六日工竣。详佥事杨应琚碑记。

扁思观城　新建。东去府治一百二十里。乾隆三年经西宁道佥事杨应琚以地系要隘，请设把总一员，马、步兵四十名。筑城一座，设北门一，周回长一百六十八丈，高二丈，根宽一丈二尺。委西宁县知县靳梦麟督理。始作于乾隆四年七月初六日，迄工于五年六月初六日。

扎什巴城　新建。东南去府治一百六十里。乾隆三年，经西宁道佥事杨应琚以防范南山后诸番，议请设千总一员，马、步兵一百名。筑城一座，设南、北二门。周回长一百四十八丈，高二丈二尺，根宽一丈八尺，顶宽九尺。委西宁县知县靳梦麟督理。以乾隆四年七月初六始作，而以五年五月初六日成。

河拉库托城　新建。西去府治一百五十里。乾隆三年，经西宁道佥事杨应琚以地倚日月山，为行商往来之要区，议请设守备一员，把总一员，马、步兵各一百名。筑城一座，设东、西二门。周回二百二十八丈，高二丈二尺，根宽一丈八尺，顶宽九尺。委西宁县知县靳梦麟巡督，西宁府经历王勋监理。于乾隆四年四月十五日鸠工，至五年九月十五日竣事。

千户庄城　新建。南去府治一百二十里。乾隆三年，经西宁道佥事杨应琚以地系防番要口，议设把总一员，马、步兵四十名。筑城一座，设东门一。周回长一百丈，高二丈二尺，根宽一丈三尺，顶宽七尺。委西宁县知县靳梦麟巡督，府学训导成京监理。于乾隆四年四月二十五日兴功，五年九月十五日告竣。

亦杂石城　新建。南去府治一百六十里。乾隆三年，经西宁道佥事杨应琚以地控诸番，南通贵德，议请设守备一员，马、步兵一百名。筑城一座，设南北二门。周回长一百六十丈，高二丈二尺，根宽一丈八尺，顶宽九尺。委西宁县知县靳梦麟巡督,西宁县典史裴涛监工。起乾隆四年四月十五日,讫五年四月二十七日。

碾伯县

碾伯城　东去府治一百三十里，即南凉乐都城故地。在唐为湟〔鄯〕州,宋唃厮啰称邈川城。元符中改湟州,升飨德军制〔节〕度治,宣和中改乐州[2]。明洪武十九年置嘉顺马驿,又置右千户所。嘉靖三十三年,增置守备。万历十二年,改置游击。二十二年,游击达云修补加砖堞焉。兵备刘敏宽檄增敌楼。城高三丈五尺,下宽二丈七尺至三丈五尺,东西长一百五十丈,南北长一百一十二丈,门三,城楼三,月城二,池深二丈五尺,东关外城门三。皇清改设守备,嗣改都司。今南城一道,逼近湟水,久被侵啮颓坏。经西宁道佥事杨应琚、右营游击杨垣、西宁府知府申梦玺、碾伯县知县徐志丙同勘,请将城基向北移进一十五丈,另建新城。计长一百一十二丈,底宽三丈,顶宽一丈,并修女墙城楼。估定工料,俟歉岁承修,以工代赈。

老鸦城　东去县治五十里,汉破羌县故城地。隋改为湟水县。明洪武十九年置马驿。嘉靖元年置防守官。万历二十四年,兵备刘敏宽檄增敌楼。城高二丈五尺,周回长二百四十六丈,壕阔二丈。皇清设把总一员,老鸦马驿驿丞一员。

冰沟城　东去县治九十里。洪武十九年置冰沟驿,嘉靖中置防守官。城高二丈五尺，下厚二丈，壕深二丈，门一。皇清设把总一员，冰沟马驿驿丞一员。

古鄯城　南去县治一百六十里。西汉为龙支县故地，为西部都尉治。晋为小晋兴城。明洪武十九年置古鄯马驿。嘉靖四十一年置操守官，万历十二年改守备。二十四年，兵备刘敏宽檄增敌楼。周回长六百六十六丈，城高三丈四尺，下厚二丈八尺，壕深一丈五尺，阔二丈，门二，城楼二，角楼四。皇清设游击，乾隆三年改设守备。

巴燕戎城　新建。西南去县治一百二十里，东南去府治一百八十里。乾隆三年，经西宁道佥事杨应琚、巴暖游击杨普，以地系各营适中扼要之区，为四面番回杂处之境，水草丰广，地土宽平，议请设游击一员，千、把总三员，马、步兵四百名。筑土城一座，女墙用砖。周回计二里四分，长三百八十四丈，设东、西二门，高二丈五尺，根宽二丈五尺，顶宽一丈五尺。委碾伯县知县徐志丙督理。于乾隆四年四月初九日鸠工，至五年闰三月初九日竣役。四年，又经西宁道佥事杨应琚议请，以巴燕戎东有碾邑番民一十二族，西有宁邑番民一十六族，地方辽阔，内有羊戎沟、囊思多等处，可垦荒地四十余里，应添设西宁抚番通判一员，驻扎城内，管辖两邑南山后各番族案件，董率开垦，征收番粮。荷两台转奏，部覆“俟收成有效，另行议请”。嗣招谕番、汉陆续垦植，三年俱属有收。九年，再行陈请，以巩昌裁缺通判移驻。

甘都堂城　新建。西南去县治二百里。乾隆三年，经西宁道佥事杨应琚以地势宽衍，咫尺黄河，生番出没，议请设千总一员，马、步兵一百五十名，筑城一座。周回计长一百七十六丈，设东、西二门，高二丈二尺，根宽一丈八尺，顶宽九尺。委碾伯县知县徐志丙巡督，老鸦驿驿丞陈宏监工。起于乾隆四年四月初九日，迄事于五年五月初三日。

大通卫　乾隆二十六年改设县治

大通城　西北去府治二百四十里，旧青海地。皇清雍正三年，以地通西宁、甘、凉，设总兵官一员，统辖白塔、永安两营。筑城一座，高二丈二尺，根厚二丈六尺，顶厚一丈四尺，周回六里，计一千一百丈。设门四，城楼四，角楼四，月城四，月城楼四，炮台十六座，壕宽四丈，深六尺。嗣改副总兵，属西宁镇辖。卫署先设于此，乾隆九年，经西宁道佥事杨应琚、卫守备孙捷详请，移驻白塔城。

白塔城　北去府治一百二十里，南去大通城一百二十里，旧青海地。皇清雍正三年，以地邻西宁北川，设参将一员。筑城一座，高二丈，根厚一丈八尺，顶宽一丈二尺，周回五百五十八丈。设东、西二门，城楼二，角楼四，腰楼二，月城二，月城楼二，炮台八，壕宽三丈，深五尺。嗣改都司，今卫守备官署设于此，称卫治焉。

永安城　西北去卫治二百一十里。皇清雍正三年，以地通甘、凉，设游击一员，守备一员。筑城一座，高二丈二尺，根厚二丈，顶厚一丈三尺，周回长六百丈。设东、西二门，城楼二，腰楼二，炮台八，壕宽二丈，深五尺。

贵德所 乾隆二十六年改设西宁县县丞

贵德城 南去府治二百二十里，旧吐蕃地。元至元间，置贵德州，筑城，后废。明洪武三年，征西将军邓愈开复其地。七年，委河州左卫指挥筑修土城。八年，设守御千户所，至十三年工竣。万历十八年增修。周回三里八分，长六百八十三丈五尺，高三丈五尺，根宽二丈八尺，顶宽一丈二尺。设南、北二门，城楼一，上置守铺三十二间，壕深一丈五尺，阔三丈二尺。皇清设守御所千总一员。

康家寨城 新建。东去所治一百七十里。乾隆四年，经西宁道佥事杨应琚以所治既隶西宁府，议请设千总一员，马、步兵六十名，以资联络，以控番回。筑土城一座，设南门一，周回计长一百二十丈，高二丈二尺，根宽一丈四尺，顶宽七尺。委所千总李滋宏监理。于乾隆四年六月二十七日兴工，至五年五月十五日告竣。

街　市

西宁府 附郭西宁县

东门大街　石坡街　观门街　驿　街　莫家街　饮马街　黉学街　旧仓门街　小教场街　后　街　南门人

街　三官庙街　红〔宏〕觉寺街　雷鸣寺街　旧府街　心寺街旧名布政司街　兵部街

西门大街　水眼洞街　石巷子街　官井尔街　新教场街　北斗宫街

北门大街　葆宁寺街　城隍庙街　驿军巷街　右营营房街　县门街

东关通衢大街　南古城街　北古城街　北关厢街

城中粮面市　在黉学街。东至学街口，南至学街牌坊止，西至县门街口止。宁郡向无粮面市，各藏于家，一城之中，价值互异。买者固被抑勒，而自乡负粮面来售者，亦受要截，帷窝囤者专其利焉。乾隆四年，经西宁道佥事杨应琚、知县靳梦麟因学街空阔，捐俸建铺数十楹，以为储粮、贮面、交易之所。自此粜价不二，买者、售者称便焉。

菜果市在道署西　骡马驴市在石坡街　柴草市在本城大什字　石煤市在本城大什字土地祠前　石炭市在驿街口

东关粮面上市　自史家大店起，至柴家牌楼止。

粮面下市　自东稍门起，至西纳牌楼止。按：宁郡不产粳粟，米皆贩自他邑，而宁人亦多不食此，惟以豆稞杂面为日需之要。余设诸市，只粮面市必严分界址者，以粮面牙行利于私籴、私粜，置诸定市，则一目了然，百弊屏绝。故屡经禀恳，巧诉诡辩，求开展地势，意欲日远日疏，官不能稽，庶便舞其故智。余坚持数年，不为所动，仍以界址刊木悬诸市，今始画定。且粮面聚于一处，则四时多寡，望而悉知。长民者可藉以调剂，少则平粜，多则采买。家无乏食之虞，民鲜熟荒之怨。事虽小而所关甚巨，故附叙于兹，俾后来之君子，庶不为贱丈夫所惑云。

缨毛市在祁家牌坊西　牛羊市在湟中牌楼东　骡马驴市柴草市俱在小街口　石煤市在小街口东　石炭市在小街口西　硬柴市在北古城街

碾伯县

城中鼓楼什字街　东大街　西大街

东关长街　米粮市在县署前三官庙门口

巴燕戎城

城中东大街　西大街　米粮市集在厅署西　马牛羊煤炭市集在厅署东

大通卫

城中东大街　西大街　鼓楼南街　鼓楼北街　义学街　官井街　仓门街　日　市在西关厢吊桥西

贵德所

城中南门街　北向街　仓门街　卫门街　蒋家街北门街　达子街　何家街　鼓楼街

粮食市在城隍庙前　牛羊市在卫门街　驴马市在鼓楼街

所治向无市集，不使银钱，军民商贾，咸称不便。经佥事杨应琚、知府刘洪绪、所千总彭韫创设。每旬以三、八为期，一月六集。青蚨白选，始有识者。

注释：

[1]据历代地理志记载，北魏至唐的鄯州、西平郡治所在今乐都，不在今西宁，到北宋时才在青唐城（今西宁）设鄯州，不久改为西宁州。

[2]据相关地理志记载，宋邈川城、湟州（乐州）治所均在今民和县境。当时碾伯为宗哥城地。

西宁府新志·卷十　建置志（二）

公　　署　库场所狱坊厂暨杂置附

西宁府　附郭西宁县

钦差总理青海番子等事务大臣　在府城中道署南。乾隆九年创建。署西笔帖式厅三所。西宁县知县应际盛监修。

分巡抚治西宁道　在城东中街北。明兵备副使万世德即旧道署东察院改为之。皇清乾隆七年，佥事杨应琚详请重修，有壁记。西宁县知县王镐监理。

西宁总镇　在城西中街北。明旧镇守府，嗣为参将署。天顺间改北向，嘉靖三十二年改南向，万历十九年改北向，嗣仍改南向。皇清顺治十三年移巩昌总兵官于此，为镇署，总镇柏永馥重修。

办理青海事务理藩院司官　在道署西。乾隆九年创建。西宁县知县应际盛监修。

西宁府知府　在后街北，道署西。旧为通判署，明隆庆元年建。皇清雍正三年改为府署。乾隆八年，知府申梦玺捐俸重修。银库在大堂侧　茶库在署西　府狱在署北，乾隆十一年新建　税局在府署大门内西　经历司在府西，旧茶马司署，雍正三年改置

西宁县知县　在府署西。明初为长兴侯耿炳文府。今前街孟忠毅公祠一带，即其辕门也。嗣为卫衙，雍正三年改为县署。县库在大堂侧　县狱在县署北。雍正十年，知县沈子绩重建　草场在县署西北　典史在县署西，旧为茶司地。乾隆四年新建，典史裴涛、张齐瀚估请接修　主簿在丹噶尔城西中街北，系旧守备署　中营游击在西街水眼洞，南向　中营守备在南门西三官庙街，南向　左营游击在驿街子，东向　左营守备在水眼洞街，南向　右营游击在西街石巷子，东向　右营守备在右营营房门，南向　前营游击在南街小教场口，南向　前营守备在南街小教场口，南向　后营游击在新教场西街，南向　后营守备在饮马街，东向　城守营都司在新教场西街，南向。以上武职各署内，旧有中、右营守备二厅，皆年久倾颓。其余并无衙署，均多不便。乾隆八、九两年，经西宁总镇张世伟筹理，买置建设　大演武场在城东郭外一里　小演武厅在城内西北隅

镇海营参将在丹噶尔城北中街　中军守备在镇海城西中街　北川营游击在永安城东街　威远营都司在威远城中街　南川营都司在黑古城东街　河拉库托营守备在河拉库托城北街　亦杂石营守备在亦杂石城　喇课营千总在喇课城　千户庄营

把总在千户庄城　扎什巴营千总在扎什巴城　乩思观营把总在乩思观城

府县医学、阴阳学、僧纲会司、道纪会司俱在府城内　火药局在郡城西北隅　养济院在郡城北街　新养济院在养济院后，共十六楹。佥事杨应琚、知府申梦玺捐建　栖流所在城中东北，向南。乾隆十一年十月，佥事杨应琚、知府刘洪绪、知县陈铦捐建。

铁厂在北山五十里。万历二十四年，都御史田乐檄兵备按察使刘敏宽募铁师采矿烧铁，置炉二。每炉官一，铁师一，学烧铁军四，认矿军二，铁匠二，石匠一，木匠一，运铁矿军二，采柴军二十，烧炭军二十八，扇鞴军八。每月一炉出铁二次，约共得生铁三千斤。昔局铁输自汉中，疲于转运，复且后时不给。自敏宽设场之后，省役夫之劳，而铁倍其用，大称便利。今虽封闭，然极边之地，安不忘危，故详载以备考云。

彰善亭三楹在学街口南。乾隆十一年佥事杨应琚、知府刘洪绪、知县陈铦创建。

行　署　按旧志宁郡各城，昔年俱有察院，以为冠盖巡历驻扎之所，今俱荡然无遗矣。宁邑地方宽阔，连年陆续整理，巡历之时，尚有栖止之处。惟碾邑皆僦民居，未善。经徐令志丙于县城，老鸦、冰沟二驿创置行署三所，往来冠盖称便焉。　青云坊在东门大街。明隆庆二年，兵备副使周国卿、通判郭志学，为进士李玑、张问仁，乡试卢清、姚进、李完题名建。　柱国元勋坊在大街彰善亭东，为四川提督张尔奇建。　节镇朔方坊在大街孟忠毅公祠西。明天启十年，为宁夏总兵官谈世德建。　荣膺天宠坊在西门大街。明万历四十年，副总兵祁德建。　姑媳双贞坊在南门大街。明天启五年，为总兵官王承恩祖母白氏、母陈氏敕建。　贞节坊五一在东门大街，顺治十七年为生员郭荣祖妻邹氏建；一在大什字街，乾隆四年，为民人甄芝会妻马氏建；一在北古城街，乾隆四年，为民人杜承时妻贾氏建；一在新教场街，乾隆八年，为民人陆大爵妻赵氏建；一在驿街口，乾隆十一年，为民人牛呈胄妻张氏建。　烈女坊在石坡街口，顺治十七年，为烈女贾氏建。　腾蛟起凤坊在学街口。乾隆十一年，文武士商创建。　三峡朝宗坊在东关大街。康熙四年，文武官民建。　父子元戎坊在东关大街。崇正〔祯〕十一年为总兵官柴国柱暨子时华建。　报国输忠坊在东关大街。为少保左都督祁秉忠建。　阐扬圣化坊在东关大街。崇祯十四年建　襟河带海坊在东郭门外。乾隆六年，佥事杨应琚、知府申梦玺、知县王镐创建。

碾伯县

碾伯县知县　在城东中街北。雍正九年，知县张登高详请新建。　县库在大堂侧　县狱在县署西。乾隆五年，知县徐志（丙）重修。　草场在县署西北隅　典史在县署西。乾隆五年，典史稽士藻详请新建。　老鸦驿丞在老鸦城内　冰沟驿丞在冰沟城外。

碾伯营都司　在县署西中街北。演武场在城西南三里

老鸦营把总在老鸦城内　冰沟营把总在冰沟城外

医学、阴阳学、僧会司、道会司俱在县城内

察院三一在东关，乾隆九年，知县徐志丙以驿丞废厅重建；一

在老鸦大街后；一在冰沟把总厅东。二所皆知县徐志丙于乾隆十年创建。

养济院在县署西。乾隆十一年，佥事杨应琚、知府刘洪绪、知县荆峻详请新建。

巴燕戎通判　在巴燕戎城中街。

巴燕戎营游击　在厅署西中街。

巴暖营守备在古鄯城内　甘都堂营千总在甘都堂城内。

大通卫　乾隆二十六年改设县治

大通卫守备　在白塔城中街北，系裁缺营守备旧署。乾隆九年，守备孙捷详请改建，佥事杨应琚有碑记。卫库在大堂侧　卫狱在卫署西。乾隆九年，守备孙捷详请新建。

白塔营都司在卫署西中街北　演武场城西里许

大通协副总兵在大通城中街北　中军都司在协署东　演武场城东一里。

永安营游击在永安城中街北　中军守备在游击署东

贵德所　乾隆二十六年改设西宁县县丞

贵德所千总旧无署，已详请估建　所狱在北街。乾隆十年，所千总朱炯奉文新建。

贵德营都司在城东街，南向　演武场在城南八十余步　康家寨营千总在康家寨新城内

驿　　传 铺递附

西宁县在城驿西宁县知县管理　马四十四匹，夫三十二名。岁支工料,外备站价等银一千六百二十六两五钱八分四毫,本色粮一百九十二石每年准二分,倒马每匹领马价银八两,缴皮脏变价银五钱,后放此。

平戎驿去郡城七十里,驿丞管理　马四十四匹,夫三十一名。岁支工料、外备站价等银一千六百二十两五钱八分四毫,本色粮一百八十六石。

碾伯县在城嘉顺驿东去郡城一百三十里，碾伯县知县管理　马四十四匹,夫三十一名。岁支工料、外备站价等银一千六百二十两五钱八分四毫,本色粮一百八十六石。

老鸦驿东去郡城一百八十里，驿丞管理　马四十四匹,夫三十一名。岁支工料、外备站价等银一千六百二十两五钱八分四毫,本色粮一百八十六石。

冰沟驿东去郡城二百二十里，驿丞管理　马四十四匹,夫三十一名。岁支工料、外备站价等银一千六百二十两五钱八分四毫,本色粮一百八十六石。

申中驿南去郡城五十里，贵德所千总管理　所治向无驿，系派民分递。乾隆七年,经佥事杨应琚、知府申梦玺议请，将碾伯县巴、古二驿不通大路,裁汰所有夫马,分拨贵德一带暨新设巴燕戎抚番厅二处安设。马三匹，夫二名，岁支工料，外备站价等银一百二十一两八钱一分八厘三毫。

朝天堂驿南去郡城一百三十里，贵德所千总管理　马三匹，夫二名。岁支工料、外备站价等银一百二十一两八钱一分八厘三毫。

贵德驿南去郡城二百二十里，贵德所千总管理　马三匹，夫二名。岁支工料、外备站价等银一百二十一两八钱一分八厘三毫。

镇海驿西去郡城五十里，丹噶尔主簿管理　乾隆十一年，经佥事杨应琚、知府刘洪绪详请，于各驿拨夫一名、马一匹添设。惟西宁首邑止拨马一匹。马二匹，夫二名。岁支工粘〔料〕、外备站价等名〔银〕七十七两二钱八厘二毫，本色粮一十二石，在冰沟、老鸦二驿支领。

丹噶尔驿西去郡城九十里，丹噶尔主簿管理。乾隆十一年新设　马三匹，夫二名。岁支工料、外备站价等银一百九两八钱一分二厘三毫，本色粮一十二石。在嘉顺、平戎、西宁在城三驿支领。

长宁驿北去郡城四十里，大通卫守备管理　乾隆元年，经佥事杨应琚、知府杨汝楩详请新设。马三匹，夫二名。岁支工料、外备站价等银一百八两七钱四分九厘六毫四丝。本色粮一十二石。

大通卫在城驿北去郡城一百一十里，大通卫守备管理。乾隆

元年新设　马三匹，夫一名。岁支工料、外备站价等银一百二两七钱四分九厘六毫四丝，本色粮六石。

碾伯县应付巴燕戎在城驿系从巴、古二驿拨留，碾伯县知县管理　马三匹，夫二名。岁支本色料三十二石四斗，草二千一百六十束，外备站价、夫工等银二十二两四钱一分八厘三毫，本色粮一十二石。

巴燕戎在城驿南去县城一百二十里，碾伯县知县管理　马三匹，夫二名。岁支本色料二十三石四斗，草二千一百六十束，外备站价、夫工等银二十三两四钱一分八厘三毫，本色粮一十二石。

铺　递　昔年马驿递紧要公文，铺舍传寻常事件。嗣因驿马足用，皆由马递。今惟在城铺役设有工食，仍投送各衙文书。余铺久废，且帮铺地亩，已难根究，复则徒劳民力。第旧制犹在，存其名以备考耳。

在城铺　旧在卫前，今新设于孟忠毅公祠后。出城东十里为洪水铺，二十里为峡口铺，又二十里为土山子湾铺，又二十里为平戎铺，又二十里为杨其铺，又二十里为马哈喇铺，又二十里为碾伯铺，又二十里为弩木只沟铺，又二十里为白崖子铺，又二十里为甜水铺，又二十里为山岭铺，又二十里为冰沟铺。

西宁府新志·卷十一　建置志（三）

学　　校 社学附

西宁府儒学　在府署东。雍正三年改卫学为府学。旧署教授居之，训导无署，知府申梦玺捐建于学宫旁。学生一年一贡，廪四十缺，增四十缺。每岁考取文生，于西宁县学、碾伯县学拨入十二名，大通卫拨入一名。岁考取武生如文生数。科考文生，西、碾二邑，大通卫所拨入之数，如岁考例。

明伦堂　在学宫后。康熙五十五年副使赵世锡、总镇王以谦、同知摄西宁厅事沈廷正、卫守备廖腾炜加修。内立顺治九年二月御制《晓示生员教条》卧碑一。康熙四十一年正月，御制《训饬士子文》碑一。堂之东为博文斋五楹，西为约礼斋五楹，前为仪门，渐就倾颓。乾隆四年，佥事杨应琚、知县靳梦麟重葺。远延江浙之士施帐，选两邑秀才肄业，供其脯脩焉。有碑记。

射　圃　在崇圣祠后。

西宁县儒学 教谕无署，佥事杨应琚、知府刘洪绪、知县陈铦，今于文昌祠前勘定捐建。学生三年一贡，廪二十缺，增二十缺。每岁考取文、武生各八名，科考取文生八名。

学 田 在城西杨家寨。计一顷三十七亩，租粮十三石七斗五升，分给两学廪生贫士。

书 籍 《周易折衷》六部，计六十本。《书经传说汇纂》六部，计一百四十四本。《诗经传说汇纂》六部，计一百四十四本。《春秋传说汇纂》六部，计一百四十四本。《性理精义》六部，计三十本。《朱子全书》六部，计一百九十二本。《日讲四书解义》六部，计七十二本。右书皆钦定。《十三经注疏》各一部，《史记》一部，《前汉书》一部，《后汉书》一部，《三国志》一部，《晋书》一部，《宋书》一部，《南齐书》一部，《梁书》一部，《陈书》一部，《后魏书》一部，《北齐书》一部，《后周书》一部，《南史》一部，《北史》一部，《隋书》一部，《唐书》一部，《五代史》一部，《宋史》一部，《辽史》一部，《金史》一部，《元史》一部，国朝纂修《明史》一部，计一百一十二本。《大清律》一部，计二十本。《祭器图》一本。《乐章》一本。佥事杨应琚纂《文庙祭礼仪节》二本。《乐舞源流考》屏二，在明伦堂侧。府、县学书籍同。

贡 院 在中街北。昔年府学暨西、碾二县学文、武生童，因无贡院，皆就宗师于临洮或凉州应试，苦于跋涉，故赴考者渐少。雍正十二年八月，经署临巩布政司印务、西宁道杨应琚、署西宁道副使高梦龙、知府杨汝楩、西宁县知县沈予绩、碾伯县知县张登高暨阖学生员捐资创建，申请文宗来郡考拔。迩来每岁应试者，数有增益焉。

社学三　一在城中小演武厅东，一在北川永安城，一在西川镇海城。

新社学　在丹噶尔城。地系新辟，读书者鲜。乾隆十一年，佥事杨应琚、署参将杨垣、知府刘洪绪、知县陈铦、主簿顾宗预捐俸创设。

回民社学　在东关大街北。郡东关回民甚众，多习回经而不读书。乾隆十一年，佥事杨应琚、知府刘洪绪、知县陈铦创设学舍，延师教读焉。

碾伯县儒学

训导署　在明伦堂后。乾隆九年，知县徐志丙捐建。学生三年一贡，廪二十缺，增二十缺。每岁考取文、武生各八名。科考取文生八名。

明伦堂　在学宫侧。乾隆十年，知县徐志丙新建。堂左右设学舍，前为仪门。

书　籍　与西宁县学书籍同。

社　学　在城北。雍正六年，知县张登高置。

新社学　在老鸦察院东，一在冰沟察院侧。乾隆十年，知县徐志丙置。

川口社学　在上川口堡。乾隆十一年，知县荆峻置。新建义学一所,在城隍庙左侧。乾隆二十四年,知县何泽著捐俸创设。正房楼五间,左右各三楹,中建讲堂三间,前门房一间,牌坊一座,周围筑墙。延师教授,供其脯脩,生童肄业焉。

新置义学田租　乾隆二十四年,知县何泽著捐俸创置。

一置民人郑友柱水地大小三段,下籽市斗二斗四升,计二十亩。

一置民人郑友柱水地五段,下籽市升四斗,计三十三亩。

一置民人李林水地一段,下籽市升八升,计七亩。

一置民人朱芹水地一段,下籽市升八升,计七亩。

一置民人杨国友水地大小二段,下籽市斗一斗八升,计一十三亩。

以上地亩,俱坐落小古城,佃人承耕认纳,岁交租粮小麦一色市斗四石九斗,作膏火之用。

大通卫　系新辟戎疆,番、回厝杂,以前并未设立学校。乾隆二年,经佥事杨应琚、署守备李恩荣、孙捷捐俸,于卫城及卫属之向阳堡创建义学二处,延浙士周兆白教课,令民间及兵家子弟入学读书。因人文未广,详请题准,每科岁考取文、武生员三名,暂附入府学。俟文风广盛,再为请设教授一员,专司训迪。现在文生八名、武生四名内,已于乾隆辛酉科中式武举一名王洪祚系未改县治记载。

乾隆二十六年，大通卫改设县治，又拨西宁县北川一十八庄堡居民一千一百九十余户，俱隶大通县版籍。其文、武童生，照甘省小学之例，岁科试取文、武童六名，廪、增二缺。学生六年一贡。设训导一员，专司课士，建修文庙如制。训导署随泮宫，一并兴修。

贵德所 僻处境外，诸羌环居。历来民不读书，未设学校。今升平日久，生齿渐繁。乾隆十二年，佥事杨应琚、知府刘洪绪、所千总彭韫创设义学，延宁邑生员严大伦赴所训课，选俊秀子弟数十人，资以膏火，优以礼仪。举欣欣然，始知读书之荣矣。俟人文渐盛，详请照大通卫入学之例，以示鼓励焉。

松门杨氏曰：《记》云“建国君民，教学为先”。盖自虞、夏、商、周四代以来，所以成人材，厚风俗，皆本于此。固未有舍是而能治国者，抑岂有舍是而能治郡治邑者哉？今圣天子棫朴作人，加意学校，士生其间，能无鼓舞而振兴乎？惟是宁郡自汉时设县而来，已属内地。自后屡为羌戎所没，且逼近青海，习俗颇异。高上气力，轻视诗书，尚鬼信巫，乡饮不举。而莅兹土者，文武虽代不乏人，或开疆拓地，或积粟屯田，厥功茂矣。然多以战备为急，故泽宫卑隘，士气委靡，百年之久，杳无乡荐。不知文武并用，乃为久长之术。《汉书》云：“文之所加者深，则武之所服者大。”顾可忽诸？

且学校之设，非仅为诸生弦诵地也。古人习射于斯，献馘于斯，取士于斯，论政于斯。苏氏曰："有学而不论政，不取士，犹无学也。"余初莅兹郡，即以学校为首务，重建泽宫，广立社学，延远方博雅之士，供诸生膏火之资。修四礼乡饮之仪，布乐舞源流之制，举宾兴之典，严考课之法，多年陶染，不惜心力。凡此乃以齐鲁之人待吾士民也，而吾士民可不以齐鲁之人，自待其身哉？昔汉景帝时，文翁守蜀，招下县子弟为学宫子弟，蜀士大化，比隆齐鲁。余与守令，虽愧无文翁之德，而孜孜翘望，实有其心。语曰：何所独无芳草？况宁郡上应东壁之墟，乃图书之府，精气下注，人杰生焉。物产既不逊于中原，岂独于人而有阙[1]？诸生勉乎哉！按隋、唐之际，天下州县皆立学，置学官生员，而释奠之礼遂以著令。其后州县学废，无所从祭，则皆庙而祭之。欧阳文忠公曰："后之人不推所谓释奠者，徒见官为立祠，而州县莫不祭之，则以为夫子之尊，虽尧、舜莫若，何其谬论者欤！"故余以文庙列于祠祀，以彰后人崇圣之意，而学校之要，在此不在彼。

新增府学约礼斋田租 乾隆十二年

一田坐落临城沈家寨张家沟，水地大小二段，下子市斗一斗五升。东止官沟南，西止皆马姓，北止罗世俊。又寺尔沟水地一段，下子市升八升，东南止皆崖头，西止官沟，北止官路。每年应输屯粮仓斗四斗一升二合，草四束五分。

又杏园渠水地一段，下子市斗二斗，东、西止皆马顺，南止刘丙廷，北止罗世习。每年应输屯粮仓斗二斗五升，草二束八分。俱该堡佃人袁杰承耕认纳，岁交膏火麦豆二色租粮市斗四斗三升。

一田坐落临城中红堡变家，水地一段，东止陈学，南、西、北止皆水沟。又羊路桥水地一段，东止羊路，南止官路，西、北止皆水沟。又庄前水地一段，东止任姓，南止文养现，西、北止皆水沟。共地一段，下子市斗三斗九升，每年应输屯粮仓斗六斗，草八束。俱该堡佃人陈分泰承耕认纳，岁交膏火麦豆二色租粮市斗三斗九升。

注释：

[1]闷(bì)：关闭、闭门拒绝之意。

西宁府新志·卷十二

建置志（四）

堡　寨

西宁府

西宁县

临城曹家寨城东五里，附北里许五里铺　十里铺城东十里　罗(按：今作乐。)家湾堡城东十五里，附东五里羊沟湾庄　西沟堡城东二十五里，附东五里三十里铺　中红堡城东四十五里中寨，与东五里红庄合　张石堡城东五十里，观音堂沟、张旗寨与东南一里石家营合，附南一里土山铺　南有山庄城南五里　沈家寨城南十里　殷刘堡城西百步，与西三里刘家河湾合，附南百步纸房庄，二里圆树尔庄　杨家寨城西五里，附南十五里鸳鸯沟井儿庄，又河北八里北杏园庄　马盐庄城西五里马家庄，与西二里盐庄合　苏家河湾庄城西八里　西杏园庄城西十五里，附南里余张小庄，南二里祁家庄，东一里宋小庄，西一里韩小庄　彭刘堡城西二十里彭家寨，与东五里刘家寨合，附南十里鸳鸯沟，火烧沟。窑庄，

狼沟窑庄　谈小庄城西二十里，附南百步旱台庄　张家湾庄城西二十三里　郭家庄城北里许，附东一里小泉儿庄　关李山庄城北十里关家庄，与西一里李家庄合　上朝阳图城北八里，附北里许魏家庄，五里郭家塔儿庄　下朝阳图城北三里，附东一里寺台庄，二里林家庄　陶家寨城北十三里　大有山庄城北十五里　下刘堡城北十七里　上刘堡城北二十里　中柴庄城北五里中庄，与东五里柴家庄合，附西一里林路庄　王同堡城北十里，附东五里韵家庄，十里傅家寨　白崖堡城北二十七里　李土司四门庄城南门外　六门庄城北一里　九门庄城北八里　纳土司山庄城南六里

东川西营堡城东六十里　平戎堡城东七十里　东营堡城东八十里　观音堂沟白沈堡城东南六十里白家庄，与北一里沈家庄合　庙嘴堡城东南八十里，一名大寨　寄彦才沟祁土司高墙堡城东南九十里　冰林山庄城东南七十里　沙卡儿庄城东南九十里

沙塘川河东三其堡城东北三十里，附南五里朱小庄，又河西一里郭小庄，四里刘小庄　汪家庄城东北三十三里　五其堡城东北四十里，附河西二里水湾庄　甘雷堡城东北五十里甘家庄，与南里余雷家庄合　总堡城东北六十里　高墙堡城东北七十里　董家寨城东北八十里　余鸾堡城东北八十五里余家庄，与东里许鸾家庄合　威凉堡城东北九十里威远堡，与东三里凉州营合，附河西一里班家湾庄　李土司东沟门庄城东北九十里　姚家庄城东北九十一里　东沟大庄城东北九十三里　窝洛善庄城东北

九十五里　李尔加庄城东北一百五里　觉扎庄城东北一百五里　祁土司多思代庄城东北九十五里　长受庄城东北一百里　纳土司小寺庄城东北九十五里　纳家庄城东北九十六里　新归附白嘴堡城东北九十七里　斜扎庄城东北一百五里，附河西二里阿思吉、格隆二庄　昝扎庄城东北一百一十里　新城堡城东北一百一十里　河西陶家寨城东北四十九里　薛家山城城东北五十三里，附西四里东家沟庄　包王堡城东北六十里包家庄与西三里王家庄合　新元堡城东北六十五里西宁苑，与南二里马家寺、破寨子三庄合　双树堡城东北七十里，附北四里黄家湾　魏湾堡城东北七十三里　大通苑城东北七十九里，附北一里周家庄　吉小庄城东北八十五里　祁土司唐巴堡城东北九十五里

哈剌只沟窑庄堡城东三十里，附南二里马营庄　高寨城东三十五里　盐场堡城东北四十里，附北二里孙家庄　马家寨城东北四十五里，附南一里红山城，北二里费家庄　新议堡城东北四十八里，附甫一里马家庄，二里莫家庄，西一里师家庄，北刘家庄　黑鼻堡城东北五十里，附东一里张毛庄，南一里蒋家庄　成白堡城东北五十三里，附西一里曹家庄，北二里破寨子　魏家堡城东北六十里，附东一里莫家庄、马家庄　毛何堡城东北六十五里毛家寨，与西一里何家寨合　新里堡城东北七十里　李土司石头山城城东七十七里　新归附汪湛庄城东七十五里　写尔定崖庄城东北八十里　温加库托庄城东北八十五里　华林庄　城东北九十里，附北三里贞布寺庄　柳家庄城东北一百里　丹麻庄　城

东北一百里　着课庄城东北一百二十里　红崖子沟曹家堡城东四十五里，附北一里贺家庄　张家寨城东八十里　林小庄城东北七十五里　下寨城东北九十里　星家庄城东北九十二里　上寨城东北九十五里　老幼堡城东北九十八里　下马圈庄城北一百里　上马圈庄城东北一百里　新归附班彦庄城东北一百里　北庄城东北一百二里　花零庄城东北一百三里　下土官庄城东北一百五里　合保庄城东北一百一十里　郭隆寺庄城东北一百二十里　东丹麻庄城东北一百二十里

南川河南逯水堡城南十里逯家寨，与东二里水磨庄合，附东三里赵家庄，南三里王家山庄，西一里张家庄　新庄堡城南十五里　水泉堡城南十八里　宁远堡城南二十里，附南五里细沟庄　总堡城南二十二里，附南面祁家庄，西二里李家庄　伏羌堡城南三十里　老幼堡城南四十里　石嘴山城城南二十里，一名野牛沟　孙家山城城南三十里，一名秋子沟　靖边堡城南三十里。一名莫家沟，附西二里巴沟庄　河北陈靳堡城南十五里，一名圆堡子，附东二里星家庄，西三里享堂庄　谢家寨城南二十二里，附南三里张家庄　王斌堡城南三十里　祁土司祁家庄城南四十五里　纳土司庄城南十二里　新归附申中台庄城南四十五里　加牙庄城南四十五里　陈家滩庄城南四十里　东沟峡门庄城南五十里　窑庄城南四十里　红庄城南四十里　红牙壑庄城南三十里　羊毛沟马家庄城南二十里　年家庄城南三十五里　蛮巴庄城南二十六里　小沟尔庄城南三十里　回回庄城南三十里　山

庄城南三十五里　加闰尔庄城南三十里。以上申中新归各庄　乞塔坪石沟堡城南二十五里，附南一里梁家庄　新添堡城南三十里，附东二里河湾庄　毛家寨城南三十五里，附东二里中寨子　田家寨城南四十里，附西二里业隆台庄　曹家沟甘冢庄城南四十里，附东二里景家庄　桑家庄城南二十五里，附东一里史家庄　李土司李家台庄城南三十里　韭菜岭庄城南六十里　红水泉庄城南五十里　新归附申中阿尔吉庄城南五十里，附东四里井儿沟庄　沙尔湾庄城南六十里，附东六里出出儿沟庄　贠尔加庄城南五十里　洛麻庄城南四十五里，附东一里马家庄，河西一里丹麻庄　傻尔加庄城南六十里，附东三里安官庄　什张加庄城南六十里，附西四里黄蒿台庄　群他尔庄城南六十里　加尔藏庄城南四十里，附东一里红岭庄，南一里土门关庄　牙加庄城南四十里，附西五里阿看庄

西川河南小泉堡城西三十二里　韦家堡城西三十七里　徐家堡城西四十里，其堡南北相对，一名双寨　甘河堡城西四十七里，附东三里朱家庄，四里马家庄，南四里坡家营　镇海堡城西五十里　康城寨城西五十里　土司李家庄城西五十三里　石灰沟乌思巴堡城西三十里　左署堡城西三十一里　花园堡城西三十五里　羊圈堡城西三十七里　寺儿寨城西四十里　西山堡城西四十三里，附西五里风台窑庄、羊圈窑庄　新东堡城西四十四里新元堡，与西一里东堡合。附南三里鸳鸯沟李家窑庄，五里水滩窑庄　两其堡城西四十四里，附南二里鸳鸯沟，井家窑庄

葛家寨城西四十七里，附西二里窦家窑庄　赵家庄城西四十八里，附南三里鸳鸯沟、何家窑庄　土司李九庄城西五十里，附南二里上，下河湾两庄　新归附昂藏庄城西五十里　六沙儿庄城西五十五里　班沙儿庄城西五十里　第四沟闇门外西台庄城西七十三里，附东三里东台庄，南七里葱湾庄，十里木厂庄，十五里直沟，十七里直湾下庄　鸾巴庄城西六十八里　速磨石庄城西六十五里　三家庄城西六十五里　苏尔吉庄城西六十五里，附东三里花利庄　转嘴庄城西六十里，附北一里哈住庄　小康城闇门外牙毕庄城西六十五里　新庄城西六十里　大康城闇门外白崖扎庄城西七十里，附东北二里白崖庄　大磨石沟庄城西七十五里　后沟庄城西七十里　中沟庄城西七十里　小磨石沟庄城西八十里　占林庄城西七十里，附东北一里马家庄　犁欠沟庄城西七十一里，附西二里干沟庄　上错隆庄城西七十二里　孙家窑庄城西七十三里，附东一里马家庄　下甘家庄城西七十里，附西三里渠渠庄　歪菜沟庄城西六十里　半截沟庄城西六十六里，附北一里羊毛庄，三里净房庄　上沙麻尔庄城西六十四里，附北三里下沙麻庄　罕东堡城西六十三里，附南三里梁家庄，西四里黎家庄　田家庄城西六十三里　冰沟庄城西六十三里　下错隆庄城西六十里　上扎扎庄城西六十里　拉布尔庄城西五十七里　加尔沟庄城西五十六里　下扎扎庄城西五十五里　干河闇门外上重台庄城西八十里，附东五里下重台庄　青石坡庄城西八十里　朱家庄城西七十五里　何家庄城西七十里　干

河沿庄城西七十里　阿家庄城西七十里　鸾庄子城西六十七里　石嘴庄城西六十五里,附南一里业隆窑庄　拉尔干庄城西六十五里　地窑庄城西六十五里　元山尔庄城西六十里　下中沟城西六十四里　东湾庄城西六十四里　隆思噶庄城西六十里　国师营城西五十八里　石头沟庄城西五十八里，附东一里大沟庄，西一里噶住庄　马申庄城西五十三里　河北三其堡城西二里,东半(里)魏小庄,西半里杨小庄、新庄　宋家寨城西二十五里,附东一里魏家庄　陶大堡城西三十(里)附,北一里晋家庄　陶小堡城西三十里　汪家寨城西三十(里),附南一里一其庄　吴忠堡城西三十里　八郎堡城西三十五里　新归附黑嘴堡城西四十里　新增堡城西五十里,旧名多巴　奔巴尔庄城西六十里,附西二里拉噶山庄,八里扎麻庄,十里商什加营　骆驼膊项城西六十里，附北沟口魏小庄　阿哈吊缠头庄城西八十里　高陵庄城西一百里,附东六里蒙古托亥庄,西二里上高陵庄,五里纳隆庄、下胡思洞庄,六里甘沟庄、上胡思洞庄,九里崖湾庄,十里纳隆口庄、药水庄，十一里中加庄，十二里开思尔庄　丹噶尔城西九十里　拉拉庄城西一百里,附河东二里李大庄、甘沟口庄、马家庄,十里中沙尔庄、瓦窑儿庄、河拉庄、占林庄、蒙古托洛亥庄,河西一里角业庄,二里毛布拉庄、上净房庄、阿博兔庄,五里赤罕托亥庄,十里董家庄,十五里占林庄,十六里石崖庄,二十里小黑沟庄　申中庄城西一百三十里　扎藏寺庄城西一百三十里,附周三里宗加庄、纳隆庄、他尔湾庄、阿加兔庄、缠头庄、拉拉口庄、河滩庄、头蓝卜刺庄,羊羔庄、官角达什庄、甘沟口庄、胡担杜庄、白彦陀亥庄　乩迭沟朱家堡城西三十里，附东一里严小庄　马包堡城西二十里马家庄与东里许包家寨合　董万堡城西三十五里董家寨与东北一里万家泄山合　李土司柳树庄城西四十里　李五堡城西六十里　李家山庄城西六十里，附东六里河湾庄　土司纳家庄城西六十里　土司吉家庄　城西六十里　新归附新添堡城西五十里，附东二里张家坪庄、下坪庄。三里杨家庄，南三里何家庄，四里包家庄，十里王家庄。北二里下西河庄，三里上西河庄，十里马营庄。右属多巴族。北七里刚扎庄，九里林小庄。右二庄属隆奔族　孝忠族庄城西六十里　西纳新庄城西六十五里，附西三里甘家庄，四里刚岔庄，六里呵约庄　隆奔白杨沟庄城西七十里，附白世营头巴庄、合儿庄，东三里朔麻庄，北五里加尔吉庄　海子沟景沈堡城西三十里，附南三里王小庄，二里景家庄，七里下海庄，十里上海庄，十五里陶家沟庄　汪土司总堡城西四十五里，附西三里灰条沟庄，东二里东沟庄，北二里甘沟庄　新归附会宁寺普洞沟庄城西四十八里　阿旦族庄城西五十里，附西一里境尔庄　西纳川上寺庄城西七十里，附东十里奔巴尔庄，南五里丹麻庄、哈尔麻庄，六里铁家营，西十五里河尔可庄　汤巴营庄城西七十里，附东一里鲁尔加庄、千户营　扎什庄城西七十里。附东一里巴尔大庄、及仓庄、上班仲庄，南一里下巴尔大庄，二里出凹儿庄，三里东沙窝尔庄，西一里班仲庄、西查尔庄　达子营城西七十里。附五里东懒龙庄、西懒龙庄　拉沙庄城西八十里，附五里东回回庄，南阴坡庄，西上庄　隆奔拉课庄城西九十里，附西闇门外二里小寺沟庄　大寺沟庄城西一百二十里，附河东五里邦巴庄，七里化科庄，八里大寺沟脑庄，十里拉尔宁庄、安卜藏庄、trusted拉庄。

北川河东双苏堡城北二十五里双庙堡与南四里苏家堡合。附北六里田家庄，东七里杨家湾庄　蔡家堡城北二十五里。附南六里薛家庄、姚崖庄，西五里山山儿湾庄，北二里鲍家庄，四里郑家湾庄　杭红堡城北三十里杭家庄，与北五里红崖庄合，附南三里汪家庄　西沟坪马莲滩庄城北三十五里。附东三里西阳坡庄，南二里西沟庄、五沟旧阳坡庄，北四里西沟坪小庄　宋韩堡城北四十里宋家庄，与南三里韩家山城合　靳家堡城北四十五里。附东三里马莲滩庄，西三里西王家沟庄　朱尔总堡城北四十五里。附东三里薛家山城，六里王家山城，七里郑家山庄。南三里李八堡，五里回回山庄。西二里朱家庄，三里戴家庄，四里郭家堡，五里邵家庄。北二里雷大庄，四里雷小庄　下鲍堡城北四十五里，附南一里干沟门回回庄　铁家堡城北六十里。附西六里前沟庄，北二里小沟庄　上鲍堡城北五十里。附南二里赵家庄　新添堡城北五十里　毛家寨城北六十里，附东三里赵小庄，南三里贺家寨，北二里老营庄　临水堡城北六十里。附北四里转嘴庄　依山堡城北六十里，附南二里海子庄，北五里新庄　石山堡城北六十里。附西六里前沟庄，北二里小沟庄　土司陈小庄城北五十五里　新归附七塔尔庄城北六十五(里)。附东五里豆儿庄，南六里仓家庄，西二里李新庄，北三里陈家庄　巴哇族城北七十里，附东三里上牙加庄，四里升路庄。南一里下牙加庄，五里尔哥庄。西四里白多脑庄。北三里六古岔

庄　河西下孙堡城北二十五里。附南一里小寨，西五里孙家沟小庄　上孙堡城北二十七里　长宁堡城北四十二里，附东五里赵北庄。南十里后子河庄。西三里景羊川小寨。北五里许赵庄　杨小庄城北四十六里　大寨城北四十五里　杨家寨城北四十五里　黄家寨城北四十七里　东流堡城北五十里　平路堡城北六十里，附南三里清水沟门陶家寨　永安堡城北六十里　庙沟堡城北六十五里　清水沟柴家堡城北七十里　新归附宝贝寺阿家庄城北六十七里　浑水沟陈小庄城北六十里　李土司庄城北六十里　新归附圆觉寺施达洞城北六十五里　景阳川苏家堡城北六十里　杨小庄城北五十里　李土司十门庄城北五十里　金冲沟庄城北六十五里　甘树湾庄城北六十二里　姚家堡城北五十五里　新归附峡门阳坡庄城北七十里　蓝重台庄城北六十五里　圆觉大寺庄城北四十五里　会宁寺土官庄城北五十里

碾伯县

河北本城堡附河南里余沈家庄，二里周家庄。西半里小古城，里许大古城。北一里邓家庄　水磨堡城东二里，附西黄沈庄　羊官堡城东十里　石嘴堡城东十五里　高庙堡城东三十里　长里堡城东三十五里　老鸦堡城东五十里　冰沟堡城东北九十里　旱庄堡城西十五里，附东二里羊圈庄，三里余杏园庄　峡口堡城西四十里，附西二里红庄，北二里杨家庄　弩木只沟庄城西北三十里　李土司下水磨沟庄城东北四十里　碾线沟庄城东北

六十里　旱地湾庄城东四十里　卯寨沟庄城东北三十五里　迭尔沟庄城西北三十里　上水磨沟庄城西北五十里　阿土司白崖子庄城东四十五里　祁土司祁家堡城西北二十五里　达子湾庄城西十里　胜番沟下祁庄城北六里　上祁庄城北八里　赵土司胜番沟小河儿族庄城北二里　赵家湾庄城北四十里　赵家寺庄城北四十里　迭尔沟族庄城西北二十五里

河南冈子堡城南五里,附南一里高家庄,二里谢家庄,十里晁家庄　汤官堡城南十五里,附西一里贯湾庄　双塔堡城南二十里,附南三十里双塔沟庄　洪水堡城东南四十里　阿蛮集鸾堡城东南五十里　瞿昙堡城南四十里,附东一里周家庄,五里唐尹庄;西三里官路庄;南二里佘赵家庄　七里堡城西南七里,附东一里熊家庄,二里李家庄;西三里峰堆墩庄　深沟堡城西南二十里,附南六里赵马庄、山城庄;西二里马哈刺铺　高店堡城西南四十里,附南七里祝家庄、杨家庄,西五里许家庄、杨其铺　赵土司双塔沟赵家庄城南四十里　瞿昙那能沟族城南四十里　李土司双塔沟族城南三十里　冶土司瞿昙族城南四十里　辛土司双塔沟辛家庄城南三十里。

山南上川口堡城东一百二十里,附东三十里马家庄,西四十里千户庄　下川口堡城东一百六十里,附南十里武家庄、白家庄　吉家堡城东南一百二十六里,附南一里张家台,二里罗家庄、果园庄,三里巴彦庄　万泉堡城东一百四十里。附东张马庄,南李家庄　祁家堡城东南一百四十五里　巴州堡城东南一百五十里,附东三里漫湾庄，五里林柯庄，六里刘家庄，七里武家庄；南五里驼骨岭庄，六里户家庄、页河庄，七里范家庄，八里全家庄，十五里张家庄，十二里裁缝庄；西十五里侯家庄，十六里安、张二庄，十二(里)康者庄，八里官地庄　**细巷堡**城东南一百七十里，附东二里官庄、红庄，三里南红庄、南方庄　**李二堡**城东南一百六十里，附东一里孙巴庄，西二里周家庄　**新添堡**城东南一百五十里，附东八里高崖庄、核桃庄，七里黄安庄，五里马牌庄；西二十五里赵家庄，二十里韩家庄、马家庄　**石嘴堡**城东南一百一十五里，附东二里米喇湾庄，南三里里长庄，西二里钟家庄　**路家堡**城东南一百二十里，附东六里金家庄、李家庄，西二里泉儿庄　**古鄯堡**城东南一百八十里，附东四里太尔凹庄；西五里纪家庄；南六里范刘庄，十里郭家庄，四里六角庄　**鲍家堡**城东南一百九十五里　**镇宁堡**城东南一百九十五里，附东一里李家庄；西里许李家庄，二里孙家庄，十里李宋庄　**三家堡**城东南二百里，附东十里三家湾庄，西一里王家庄　**红嘴堡**城东南一百六十里，附西一里李家庄，二里晁家庄，六里赵家庄　**铁家堡**城东南二百三十里，附西铁家庄、寇家庄，南金家庄　**北乡堡**城东南一百八十五里，附东六里白崖王家庄，四里余、来二庄，二里申巴庄；南二里马家庄；西一里童家庄，二里边家庄，三里刘家庄；北五里严、赵二庄，来家庄　**柴沟堡**城东南一百七十五里，附东一里张家庄；西二里何家庄，六里艾湾岭庄；北一里夔家庄　**总堡**城东南一百八十五里，附南十里马家山庄，十五里李家庄　**德化堡**城东南二百一十里，附东五里敖拉庄、田家庄；西里许漫平庄，三里插牌庄赵防山城城东南二百六十里，附西三里红庄　赵木川堡城东南三百里，附东五里杜家庄，北五里安家庄　吕家堡城东南二百八十里，附东二里何家庄，南二里鲍、喇二庄　朱家堡城东南二百七十里，附东三里马家庄，南二里白家庄　王家堡城东南二百八十里，附东三里田家庄、何家庄；南三里王马庄；北十里王家庄　白水峡堡城东南二百三十里　祁家山城城东南二百六十里，附东三里马家庄，西一里吴家庄　撒尔麻堡城东南三百里　鄂家堡城东南二百九里　祁土司草滩黄河北庄城东南二百八十里　草滩黄河南庄城东南三百一十里　甘沟祁家庄城东南二百六十里　巴旦山庄城东南二百七十里　巴州族城东南一百四十八里　煖州族城东南一百八十七里　柴沟族城东南一百七十五里　石纳脑族城东南一百六十里　牛角山城城东南一百三十里　李土司上川口旧城城东一百二十里　新户匠役户族城东南一百二十里东原大庄城东一百二十五里　祁家岭庄城东南一百六十里　古纳原庄城东一百五十五里　马鸡原庄城东一百四十里　原坡庄城东南二百五里　双泉堡城东南二百五里，附东一里徐家庄三川族城东南二百七十里　莫尔多沟庄城东南二百一十里　杏儿沟族城东南三百一十里　史纳族城东一百一十七里　享堂族城东一百二十五里　工巴庄城东南一百四十里　旱台庄城东一百五里　高台堡城东南一百四十里，附南二里舍人庄　家人庄城东南一百三十里　松树庄城东一百里　虎喇海庄城东九十里冶土司米喇沟族城东南一百二十里　巴州族城东南二百五十里朱土司三川朱家堡城东南二百八十里　吾树沟族城东南二百六十里　胡浪欠庄城东南二百四十里　宝佛寺庄城东南二百八十里　甘土司庙尔庄城东南二百五里　官地沟族城东南二百三十里　甘家山庄城东南二百四十里　铁公庄城东南二百四十里　辛土司泉儿庄城东南二百八十里　窝铁沟辛家庄城东南二百六十里　剌土司泉里剌家庄城东南二百八十里　上剌庄城东南二百八十里

巴燕戎厅

东堡城东二里,新筑　赵家窑城东一里,系汉民,新设　铁尔干台城东三十五里,系汉民　河尔俊庄城东南五里,系番民　专杭庄城南二里,系番民　哈细沟庄城西一里,系番民　加河儿庄城西五里,系回民,新设　西堡城西五里,新筑　朱家窑庄城西北六里,系汉民,新设　吴家庄城北二里,系番民　哈尔洞庄城北三里,系番民　阿尔加胡拉庄城北五里,系番民　金家庄城北五里,系回民,新设　阿尔加不扎庄城北六里,系番民　韩家窑庄城东北五里,系回民,新设　冶什扎庄城东北十里,系番民

山南甘都堂官巴不具庄在戎城东南甘都堂城东二里,系番民　阿哈旦庄甘都堂城东四里。原系河州厅撒喇回民,乾隆五年拨归碾伯县管辖,十年分隶巴燕戎厅管理　倘思刚庄甘都堂城东南一里,系番民　苏只工苏胡家庄甘都堂城东南二里　阿路庄甘都堂城东南五里,合上二庄系河州厅撒喇回民,拨归碾伯县管辖,十年分隶巴燕戎厅管理　阿化庄甘都堂城西南三里,系番民　吉

祥庄甘都堂城北，系番民

大通卫 卫系新设，汉、土、番、回杂处，故于各堡独分载，以备新莅斯土者察考焉

临城百胜堡即卫治，凡近城各民居俱以百胜堡称焉。土、汉民各半，间有回民

河西逊让堡城西南五里，尽属土人，汉人间有焉 扬化堡城西北五里，俱系土人 多洛堡城西二十里，系土人 极乐堡城东四里，多系回民，汉人间有焉 良教堡城东十里，回民居六，汉人居四 雪沟堡城东二十里，俱系汉人，间有一二番回 樵渔堡城东三十里，汉人、土人各半焉

河东古娄堡城北五里，多系土人，汉人不过什之一 祁家堡城北五里，皆土人 峡门堡城北十里，汉土什之三，回民什之四 新庄堡城北十五里，土人什之六，回民什之三，汉人什之一 旧庄堡城北十七里，回民什之六，汉土各什之二 凉州堡城东北十八里，俱属回民，汉人间有之 河州堡城东北二十五里，回民、汉人间有焉 向阳堡城东北三十里，汉人什之六，番民什之四。

东峡李家堡城东三十里，俱汉人 阿家堡城东三十五里，俱汉人 元墩堡城东北四十里，俱番人 多隆堡城东北五十里，俱番人 燕麦川庄城东六十里，汉回各半 滥泥沟堡城东北五十五里，汉回各半。

贵德所 城北一里即黄河，故无庄堡。附近所城者为中庄，余分东、南、西三乡焉

中庄谈家堡距城一里　马家堡陈家堡距城各二里　多〔夕〕出儿堡距城三里　刘家堡　石家堡距城各四里　赵家堡寺角嘴堡距城各五里　王屯寨距城二十里　周屯堡距城四十里

东乡灭纳堡距城半里　马家堡　罗家堡距城各三里　党家堡　工麻力堡距城各四里　李家寨距城一百三十里　康家寨　杨家寨距城各一百七十里

南乡童家堡　邓家堡　毕家堡　聂家堡距城各五里

西乡居家堡距城四里　来家堡距城六里　刘家堡距城八里　史家堡　长家堡　保家堡　下排堡　赵家堡距城各十里　刘屯寨距城十五里

西宁府新志·卷十三

建置志（五）

仓　　廪 社仓附

西宁府

西宁县

在城旧仓　在府城仓门街北。计一百间。

新　仓　在县署西北。计三十六间。乾隆十一年建。

镇海旧仓　在镇海城中。计一十二间。

新　仓　在旧仓东。计三间。乾隆十一年建。

威远旧仓　在威远城中。计五间。

新　仓　在旧仓东。计三间。乾隆十一年建。

北川仓　在永安城中。计八间。

丹噶尔仓　在丹噶尔城中。计二十间。雍正五年建。

恩济仓贮粮接济兵食　在水眼洞街南。计二十五间。雍正十二年，经散秩大臣署西宁总镇印务范时捷新建。

新　仓　在小演武场南。大小屋计七十七间。乾隆九年，经西宁总镇张世伟新建。

碾伯县

本城旧仓　在县署西北。计三十间。

新　仓　在旧仓侧。乾隆十年建，三十五间。十一年添建五间。

古鄯旧仓在　古鄯城内。计十三间。

新　仓　乾隆十年建十间，十一年添建十间。

上川口旧仓　在本堡新城内街东，计十间。

新　仓　计十间。乾隆十年建。

大通卫　乾隆二十六年改设县治

在城仓　在卫城西南隅。计十三间。乾隆七年九月移建。

新　仓　在城西南隅。计二十间。乾隆十一年建。

大通仓　在大通城。计四十间。雍正三年建。

永安仓　在永安城。计二十间。雍正三年建。

向阳仓　在向阳堡。计十二间。雍正九年，卫守备蒋南波捐建。

贵德所　乾隆二十六年改设西宁县丞

在城旧仓　在所城仓门街。计十一间。雍正六年经所千总柴瑞捐俸修葺。

新　仓　在旧仓西。计六间。乾隆十一年建。

社　仓

西宁县

在城社仓　在孟忠毅公祠后。乾隆十年佥事杨应琚、知府刘洪绪、知县张渡、陈铦创建。

四乡社仓　一在川北永安堡，一在毛家寨，一在长宁堡，一在西川镇海堡，一在丹噶尔，一在东科尔，一在康城河东庄，一在西纳上寺庄，一在南川总堡，一在申中台，一在平戎本堡，一在威远堡，一在红哈上寨，一在成白堡。

碾伯县

在城社仓　在城中城隍庙西。乾隆九年知县徐志丙创建。

四乡社仓　一在老鸦堡，一在冰沟堡，一在瞿昙堡，一在洪水堡，一在上川口，一在下川口，一在新添堡，一在古鄯堡，一在三川堡。

大通卫　乾隆二十六年改设县治

四乡社仓　一在河西极乐堡，一在河东新庄堡，一在东峡阿家堡，一在大通红山嘴。

贵德所　乾隆二十六年改设西宁县县丞

在城社仓　在城中卫署旧基。乾隆六年，所千总李滋宏以旧卫堂改建。

松门杨氏曰：管子云："仓廪实则知礼节。"贾太傅云："积贮者，天下之大命也。"况宁郡历代岩疆，羌戎环绕，路通淮夷，南达西域。凡吊伐之师，多由西南一线，而往故积贮，尤亟于他郡焉。余承乏之始，仓粮仅四千石，而社谷无颗粒。数年以来，岁获连熟。朝廷不惜帑项之多，大府日筹虑远之计，故余得与守令广籴征贮。今四属仓粮几二十万，而城乡皆有社谷。宁郡地气高凉，无郁攸蒸变之虞，多多益善，所谓畜积足而人乐其所矣。粮有出纳消息之数，故不载而志囷廪，观囷廪增益，而粮数可知矣。其社仓始末，详于记，录诸左方：

《社仓碑记曰》：宜民之政，有不可不遵古者，有不可尽遵古者。遵古之制者，其精在意；不尽遵古者，其权在法。曾南丰先生曰："古今之变不同，而俗之更习亦异。则亦屡变其法以宜之，能合乎先王之意而已。"此不易之理也。夫以四海之大，金穰水毁，木饥火暵，从古所不免也。故成周之制，县都皆有委积，以待凶荒。隋时义仓之设，即《诗》所云："我取其陈，食我农人"之意，乃近古良法，且命输之当社，则已居然一社仓矣。而朱子社仓，则又善变其法，而补其未逮者也。然宋时之人，已有议此法为未便者。盖法立弊生，则又存乎其人，旨哉！真西山先生之言曰："古今之法，曷尝无弊？姑以常平义仓论之，侵渔移易，其害亦不一矣。然卒不可废者，以其害不能揜利故也。"何独社仓，必欲举而废之哉？

西宁，古西平郡也。逼介青海，岁仅一收。春耕之时，多借官仓子粒；既借之后，或刈获歉薄，或民力维艰，征还既有未能，次岁又需称贷。是以官粜常年请行，而仓贮每苦不足。筹思至再，欲官仓裕而民困苏，非力行社仓不可。遂与太守申君梦玺、宁邑王令镐、碾邑徐令志丙、大通卫孙备捷谋协，决意为之。是岁，乾隆五年也。官捐倡始，劝民量输，仿朱子社仓法而消息之。至七年，规模粗定，岁有所增。适大中丞襄平黄公巡抚两河，闻而嘉之，示谕士庶，恳至周详，并允所请。即有军需，亦不夺颗粒，官民益踊跃输将。嗣太守刘君洪绪，宁邑应令际盛，张令渡、陈令铦，碾邑荆令峻，贵德所李弁滋宏、朱弁炯、彭弁韫继至，皆不懈如初。至十一年岁终，宁邑社粮以石计，凡四千六百有九，分贮诸乡一十五所；碾邑社粮六千四百五十有六，分贮诸乡十所；大通卫社粮二千八十有四，诸乡以四所分贮；贵德所社粮五百一十有五，地狭而咸贮于城。故数年以来，小民春耕，子粒皆取之社仓，而官庾积贮，方得充裕。官庾充裕，因时平粜，而民困益苏矣。

夫事虽创于余，然上赖贤大府，下藉良有司力行，五年贮粮万三千六百六十四石。后之君子，积累而益之，宁有既耶？孰谓古人之制，不可施于今日哉？特贵变通其法，而不失其意焉耳。盖余之条约，与朱子社仓不同者有四焉：社仓支给常平米斛，今则劝输谷本也一；社仓敛散，申府差官同土居官监视，今则尽委社长、副，官吏不与二；社仓先编甲首、社首，其应入甲者，又问其愿与不愿，愿者置籍以贷之，今则只于告借时详查三；社仓官米，故无赏罚，今则劝谕，应有奖励四。且朱子社仓之疏亦云："乡土风俗不同者，更许随宜立约。"此举不敢谓善学古人，亦因地制宜而已矣。

呜呼！民病而后图之，与夫先事而筹计者为何如？舍古而趋便，与夫效成法以宜今者为何如？虽然，不有君子，何以善其后？是用勒石，以告来者。乾隆十一年十月朔，西宁道佥事杨应琚记。

津　　梁

西宁府　附郭西宁县

玉带河桥　在东关外。

柴家桥　在城东北二里。

南川河桥　在城西二十余步。雍正十年，提督管西宁总镇冯允中、副使杨汇、知府黄澍、知县陆经谟重修。

西川河桥　在城西三里。

惠民桥　在城西北里许。河宽水驶，底皆乱石。桥梁岁岁冲没，边民苦之。乾隆十一年，佥事杨应琚、知府刘洪绪、知县陈铦捐俸创建，委经历司王勋监工。两岸垒石作基陛，节节相次。大木从横，更镇压，两边俱来〔平〕，相去四丈，并大材，以板横次之，外施钩栏，即段国《沙州记》所谓"河厉"

者是也。详《佥事杨应琚碑记》。

小峡口河厉桥　在城东小峡口外二十五里。乾隆三年,佥事杨应琚、知县沈予绩重修,有碑记。

暖泉桥　在南门外。

多巴桥　在城西五十里镇海城东北里许。

扎麻隆桥　在城西六十里。

晶龙宫桥　在城北七十里之永安堡东半里。

坤多洛桥　在城西七十里暗门外。乾隆五年,佥事杨应琚、参将王大章、知府申梦玺、知县任乃楫重修。

丹噶尔桥　在城西九十里丹噶尔城南二十余步。

碾伯县

通济桥　在县西门外,即十二景之一“长桥夜月”是也。

石龙桥　在城南。

水磨桥　在城(南)二里许。

虎剌海桥　在城东七十五里。

上川口桥　在城东一百里。

享堂桥　在城东一百五里。

杏园口渡　在上川口东二十五里,西即湟水与浩门水会合处也。为小路通津,李土司所辖土人备筏以济。冬月则中结为冰,傍犹流水,谓之冰桥。

大通卫　乾隆二十六年改设县治

永安桥　在卫城东三十五里暗门滩。

东峡桥　在城东三十五里。

峡门河厉桥　在城东北十里峡门山左，俗谓之窝桥。（按：或称卧桥。）

大通渡　在卫北大通城南，即浩门河也。每岁冰解，备官船以济往来。

贵德所　乾隆二十六年改设西宁县县丞

滴水崖渡　在所城北，即黄河也。旧系私船，多有勒索。乾隆四年，经西宁道佥事杨应琚、知府申梦玺、署所千总丁国正详请，设官船二只，每船水手八名，应需工食，按年从司库请领。又设救生船一只，水手四名。

康家寨渡　在康家寨新城北。乾隆五年，经佥事杨应琚、知府申梦玺、康家寨千总柴玉隆、贵德所千总李滋宏详请，设官船一只，以济往来。工食按年从司库请领。

关　隘　各营有极要塘汛附载，余不列

西宁县

绥远关　在县东二十五里。宋崇宁二年修筑，赐名。即小峡口河南、河北关。（按：据《宋史·地理志》："绥远关，旧名洒金坪。东至湟州二十里。"则其地在今大峡。崔按：应在今乐都老鸦峡。

此误。)

黑松林山口　在县东北二百五十里。

哈剌只山口　在县东四十里。

红崖子山口　在县东北五十里。

西石峡口　在县东北一百二十里。

北石峡口　在县北一百里。有边墙一道,延二十里。

插把峡、黑松林峡　俱在县北一百里。两峡悬距,中多孔道。海寇常从此入。明嘉靖年,副使周妥、王继芳缮治垣堑,延五十余里。

经纳峡　在县西九十里。

剌撒儿峡　在县西一百五十里。

且思贡峡　在县南一百四十里。

捏耳朵峡　在县南一百里。

王沟儿峡　在县南八十里。

贵德峡　在县南八十里。

木恰儿峡　在县南一百里。以上峡口,自明正德十年防御海寇由此入境,遂为要害。

哈剌只沟　在县东北七十里。边墙一道,长五百丈。明隆庆元年,巡抚石茂华议筑。

郡西丹噶尔营所管:十里有纳陆〔隆〕卡汛,二里有茶汉素卡汛,十五里有申中口卡汛,十五里有阿加兔卡汛,十七里有高陆〔陵〕卡汛,十八里有喇拉卡汛,二十里有申中脑卡汛，二十里有白水河儿卡汛，俱系极要。

镇海营所管：七里有小康缠闇门，十里有等寺沟闇门，（按：“等”或作“第”，似以“第”为是。盖形近而讹。“寺”当作“四”，音同而讹。）十里有大康缠闇门，十里有干河闇门，十二里有页峡子闇门，三十五里有大班沙儿闇门，四十里有小班沙儿闇门，俱系极要。

喇课营所管：临城有喇课闇门，十二里有红土沟闇门，二十里有加隆沟闇门，五十里有西石峡闇门，俱系极要。

河拉库托营所管：十一里有日月山塘，十里有窝卜兔卡汛，二十里有铗〔铁〕勉库卡汛，俱系极要。

郡北北川营所管：三里有西闇门，六里有东闇门，俱系极要。

郡东北威远营所管：二十五里有西石峡闇门，极要。

郡南南川营所管：一里有虾蟆沟西闇门，五里有红山嘴东闇门，十五里有石塘门水榨，俱系极要。

亦杂石营所管：五十里有白塔寺塘汛，系极要。

千户营所管：十里有西柏木台塘汛，十里有拉脊山山顶塘，二十里有押加沟塘汛，三十里有群家沟塘汛，俱系极要。

扎什巴营所管：十里有天冲卡汛，十五里有川藏牙壑塘，七十里有东彭塘，俱系极要。

乩思观营所管：二十里有乩思观山顶塘，系极要。

碾伯县

河南、河北关　在县西三十里大峡口，即四望关也。

石嘴儿关　在县东十里许。

定西关　在县东九十里冰沟谷口，即定西门也。明时羌戎相结，北入冰沟，南达古鄯，居民苦之。故于此设关以控扼云。

西番沟山口　在县南一百三十里。

撒儿山口　在县东北六十里，有塞垣一道。

巴燕戎营所管：东北路十里有达尔加原塘，又十里有插住沟塘，又十里有宗加不具庄塘，又达尔加原塘北二十里有青沙山塘，俱系极要。北路十里有克欠鸦〔牙〕壑塘，极要。

巴暖营所管：西二十里有艾湾岭塘，又十里有巴州塘，又二十里有阎王匾塘，又五里有大山根塘，又五里有玛瑙山塘，俱系极要。西路四十里有要险塘，又十里有思打岔峡塘，又三十里有列尔干塘，沿山十五里有高嘴塘，又西二十里有红崖塘，又南二十里有清水峡塘，又十五里有浪塘墩，又一百里有三川塘、黄草榨、打莺山榨、思打岔峡榨、清水峡榨、白水峡榨、杏儿沟峡榨，俱系极要。

甘都堂营所管：西北路十五里有工思加塘，又十里有列不加塘，又二十里有龙塘，又二十里有下拉扎塘，又五里有红土鸦〔牙〕壑塘。东路二十里有掌教房塘，又十里有加如儿塘，又三十里有科巴堂塘，又十里有秃哇仓塘，俱系极要。

大通卫 乾隆二十六年改设县治

黑林关 在卫西六十里。两山如门，青海蒙古出入由此，即黑林边榨是也。

永安关 在大通城南十五里，为南北孔道。

聂儿坝口 在卫西南十里，通青海路，但狭侧耳。

伍什沟口 在卫西南四十五里，径通青海。

拨科峡口 在拨科山之东，亦可达青海焉。

白塔营所管：西路六十里至黑林边，极要。西北四十五里，有哈麻尔打坂卡汛，又九十里有拨科峡卡汛，极要。

大通营所管：东南四十里有阿尔炭山卡汛，又二十里有阿尔炭山顶卡汛，又十五里有小阿尔炭卡汛。迤东五十里有木龙沟口卡汛，又东北二十五里有木龙沟脑卡汛，俱系极要。

永安营所管：西北四十里有二道沟口塘。正西三十里有测尔兔卡汛。西南三十里有哆啰打坂卡汛。正南三十里有黑沟口卡汛，俱系极要。

贵德所 乾隆二十六年改设西宁县县丞

上闇门 在所西十五里。

下闇门 在所西十里。二门以外，俱系番戎住牧，界连青海，有戍楼防兵焉。

贵德营所管：东十里有下河墩塘，又十里有下马厂墩塘，迤西十七里有暖泉塘，俱系极要。

康家营所管：东十里有革初墩塘，迤西三十里有李家峡墩塘，迤北五里有洞口墩塘，俱系极要。

塞　垣 （漏泽园附）

按：宁郡塞垣，自明嘉靖丙午兵备副使王继芳、周京等缮治，厥后迤逦修整。至万历二十四年，兵备按察使刘敏宽、副将达云、同知龙膺、通判高第遍历荒度，增筑广堑，于是大备。国朝雍正十年，署西宁总兵官印务范散秩大臣时捷奏请动项重修。乾隆十年应琚率同知县张渡于残缺处复捐俸葺理。虽垣堑时有损益，而规模仍旧。今海宇晏清，羌戎归化。边墙之外，多有良田。百年之间，村落相连，牛羊满野。故有者，量加修葺，不可废前人之功；无者，不必增加，以重劳民力。盖防边之道，贵乎得人，其他皆末务也。

漏泽园

西宁县

郡城南门外一处，南北宽八丈，东西长一十一丈。迤东又一处，东西宽三丈，南北三十丈。乾隆四年，佥事杨应琚、知府申梦玺、知县靳梦麟买民地创设，以葬民之死而无归者。又异乡人义冢在南郊文笔峰麓，浙人马垣募设。

平戎城一处，东西长三十丈，南北宽二十五丈。

西川镇海城一处，东西长二十二丈，南北宽一十九丈。

丹噶尔城一处，东西长十五丈，南北宽一十二丈。

南川黑古城一处，东西长一十二丈，南北宽十三丈。

北川永安城一处，东西长一十二丈，南北宽十三丈。

威远城一处，东西长一十六丈，南北宽九丈。

碾伯县

县城东郭外雷鸣山下一处，周回三里。

老鸦城北山下一处，东西宽二十五丈，南北长三十六丈。

冰沟城东山坡一处，东西宽二十丈，南北长十丈。

深沟堡路北一处，东西长八丈，南北宽十丈。

岗子堡西官场台一处，东西长三十丈，南北如之。

红水堡东路一处，东西长十丈，南北宽八丈。

阿蛮堡东山下一处，东西长五丈，南北宽四丈。

长里堡东旱台一处，东西宽六丈，南北长八丈。

上川口李土司舍人李大华施地一处，东西长四十丈，南北宽二十一丈。

古鄯城南一处，南北长三十丈，东西宽二十七丈。

红嘴堡南一处，东西长三十五丈，南北宽三十丈。

鲍家堡一处，东西长三十丈，南北宽五十丈。

三家堡一处，东西宽三十丈，南北长四十丈。

慈利族一处,东西长四十丈,南北如之。

总堡南一处,东西二十九丈,南北如东西之数。

小西纳堡东一处,东西长二十三丈,南北宽二十一丈。

浪塘族堡南一处,东西宽三十丈,南北长五十丈。

广教族堡东一处,东西宽五丈,南北长六丈。

开化族堡东一处,东西长十丈,南北宽八丈。

柴沟堡一处,东西宽一十五丈,南北长二十五丈。

大通卫

卫城外东南一处,南北长一百丈,东西宽四十丈。

向阳堡南一处,南北长一里,东西宽三十丈。

贵德所

临城毕家庄一处,计地三亩四分。

西宁府新志·卷十四　祠祀志（一）

《书》曰："肇称殷礼。"又曰："至治馨香，感于神明。"《易》曰："圣人以神道设教。"郡邑有民人，则有社稷山川百神，暨凡有功德于民者，皆宜祟祀，所以合幽叨而抒诚敬也。至洪范休咎有徵，乃天人相感之理。俾司牧者用以迓天庥儆人事而已。二氏之淫祠亦附见者，欧阳文忠公本论言之尽矣。惟望有司弗倡于民，使有减无增云。

坛　壝

西宁府　附郭西宁县

先农坛　在东郭门外二里。耤田四亩九分。国朝雍正四年八月，诏直隶各省府州县卫所设立，行耕耤[1]礼，祭期每年十月初一日，颁时宪书。后钦天监选择奏请颁行各省，同日举行。

社稷坛　在城南三里。祭以春秋二仲。

风云雷雨山川坛　在城西一里。春秋二仲祭，奉迁城隍神主共坛合祭。

厉坛　在城北一里。每岁春清明日，秋七月十五日，冬十月一日，奉城隍神以主厉祭，设无祀鬼神之位于坛下。

耕耤礼仪：雍正五年，奉旨颁行耤田坛位之规制。按《礼记·祭统》云："天子亲耕于南郊，诸侯耕于东郊。"今各省宜择东郊官地之洁净丰腴者，立为耤田。如无官地，照九卿原议，动支正项钱粮置民田，以四亩九分为耤田外，即于耤田后建立先农坛。又按《春秋文义》云："天子之社广五丈，诸侯半之。"今京师先农坛高四尺二寸，宽五丈。其各省坛制应高二尺一寸，宽二丈五尺。京师先农神牌高二尺四寸，宽六寸，座高五寸，宽九寸五分。红牌金字填写"先农之神"。其各省神牌应照京师式样恭造。其坛后建正房三间，配房各一间。正房中间供奉先农神牌，东间存贮祭器农具，西间收贮耤田米谷。配房东间置办祭品，西间令看守农民居住。坛庙耤田之外，周围筑土为墙，开门南向。祭祀陈设之品物。查雍正三年二月内礼部奏定，直隶、各省府州县，每岁祭社稷坛祭品羊一，豕一，铏[2]一，笾四，豆四，簠二，簋二，[3]刊图通行在案。今先农坛祭品亦应照此例。致祭前期致斋二日。祭日主祭官及各官俱穿朝服，齐集先农坛行礼。其一切礼仪，悉照社稷坛之例举行。耕耤礼仪之次第，查九卿耕耤俱穿蟒袍补服，各用耆老一人牵牛，农夫二人扶犁。顺天府厅官及大宛两县各官，俱穿蟒袍补服，捧箱播种。今各省耕耤，祭先农坛礼毕，各官俱换蟒袍补服。省城督抚秉耒，知县执青箱，知府播种；府城知府秉耒，佐贰执青箱，知县播种；州、县则正印官秉耒，佐贰执青箱播种。专城卫所亦同，正印官秉耒。如无所属之员，即选择耆老执青箱播种。行耕时，用耆老一人牵牛，农夫二人扶犁，俱照九卿之例，九推九返。农夫终亩。耕毕，各官率耆老农夫望阙行三跪九叩礼。仍将耕耤日期奏闻。农具牛只籽种灌溉之成规：查九卿农具赤色，牛黑色，子种箱青色。今各省耕耤农具，俱用赤色，牛只用黑色，箱用青色。所用子种，悉照各处土宜。选择勤谨农夫二名，免其差役，酌给口粮。令看守坛宇，灌溉耤田。地方官不时看视，查其力作收获。将每岁所收米谷数目，用过粢盛数目，造册报布政司送户部查核。

各坛礼仪：凡遇祭期，随处俱长官一员，行三献礼，余官止陪祭。其斋戒、省牲、更衣、签祝、瘗毛血、降神、迎神、盥洗、奠帛、初献、读祝、亚献、终献、饮福、受胙、谢神、撤馔、辞神、望瘗、送神等礼，俱与文庙丁祭同。惟厉坛止行一跪三叩礼。

先农坛祭品：香、烛、酒、羊一、豕一、铏一、笾豆各四、簠簋各二。

各坛祭品：香、烛、酒、羊一、豕一、铏一、笾豆各四、簠篚各二。

碾伯县

先农坛　在东郭门外二里。雍正五年奉文建立坛宇，并置耤田四亩九分。

社稷坛　在城南二里。

风云雷雨山川坛　在东郭门一里。

厉　坛　在西门外。

大通卫　乾隆二十六年改设县治

先农坛　在东门外里许,耤田四亩九分。

社稷坛　在东门外东南一里。

风云雷雨山川坛　在东门外东南。

厉　坛　在西门外半里。

右坛壝昔年奉文建于大通城外,后卫官移驻白塔城,经守备孙捷捐俸新建。

贵德所　乾隆二十六年改设西宁县县丞

先农坛　在城东南二里。雍正五年奉文建立坛宇,并置耤田四亩九分。

社稷坛　在城东南二里。

风云雷雨山川坛　在城东一里。

厉　坛　在城西二里。

祠　　庙

西宁府　附郭西宁县

文　庙　在府署东。明宣德三年都督史昭创建。历年修缮，见诸碑记。皇清康熙四十六年，教授梁景岱倡阖学(按:“阖”字疑当作“闱”,闱即试院所谓“棘闱”者是也。此因形近而讹,致不可读),捐赀重修。五十二年,西宁道副使杨宗仁捐俸加葺。乾隆六年佥事杨应琚、知府申梦玺、知县王镐以泽宫庳狭,不能改为,于六月吉日鸠工庀材,自大成殿、两庑戟门、棂星门、泮池,恢拓另建,又置斋房各三楹。赀繁力费。嗣知县应际盛、张渡,知府刘洪绪,知县陈铦继至,共襄功役,至十一年闰三月辛酉告成。佥事杨应琚有碑记。

历朝祀典:

汉高帝十二年,诏祀孔子以太牢,诸侯王卿相至郡,先谒庙而后从政。

魏文帝初祀孔子于辟雍,改谥“文圣尼父”,以颜子回配享。

北魏献文帝诏郡县立学,祀孔子与周公并享。太和中,乃诏宣尼庙别敕有司享荐。

隋文帝诏国子寺,每岁四仲月上丁释奠,州县仲春、仲秋释奠[4]。

唐高祖诏立孔子专庙。太宗又诏天下州县皆立专庙塑像,出内庭衣衮冕,正南面之位。

宋太宗诏文庙立戟十六。徽宗时又增门戟二十四。

明洪武十四年首建大学。十七年敕每月朔望,祭酒以下行释菜[5]礼。郡礼长以下,诣学行香。嘉靖九年,厘正祀典,始为木主,称"至圣先师孔子"。国朝顺治二年定文庙谥号,称"大成至圣先师孔子"。每岁仲春秋上丁日致祭。直省各府、州、县、卫一体遵行。康熙二十三年,钦颁御书"万世师表"扁额,雍正四年钦颁御书"生民未有"扁额。乾隆三年钦颁御书"与天地参"扁额。特命国学文庙易盖黄瓦。

国朝康熙五十一年,圣祖仁皇帝上谕,以朱子熹发明圣道,轨于至正,使六经之旨大明,圣学之传有继。旧在东庑先贤之列,升配大成殿十哲之次。康熙五十五年江南学臣余正健疏请宋儒范仲淹从祀,奉旨准入两庑。雍正三年,奉旨复入从祀者二人:郑康成、范宁;增入从祀者十有四人:诸葛亮、尹焞、陈淳、魏了翁、黄干、何基、王柏、赵复、吴澄、金履祥、许谦、陈澔、罗钦顺、蔡清、陆陇其。乾隆三年,经尚书衔徐元梦请,以有子若智足知圣,升为十二哲。部覆奉旨准升入殿内东旁卜子之下, 移朱子于西旁颛孙子之下。又奉旨复入从祀者四贤:蘧瑗、林放、秦冉、颜何。增入从祀者六贤:县亶、牧皮、乐正克、公都子、万章、公孙丑。乾隆六年,颁定太学从祀诸贤诸儒,并续经从祀诸儒神位及书写字样，东西先后位次于左。

文庙四配：

东配西向：复圣颜子、述圣子思子。

西配东向：宗圣曾子、亚圣孟子。

十二哲：

东哲西向：先贤闵子、冉子耕、端木子、仲子、卜子、有子。

西哲东向：先贤冉子雍、宰子、冉子求、言子、颛孙子、朱子。

东庑先贤：

蘧瑗、澹台灭明、原宪、南宫适、商瞿、漆雕开、司马耕、梁鳣、冉孺、伯虔、冉季、漆雕徒父、漆雕哆、公西赤、任不齐、公良孺、公肩定、鄡单、罕父黑、荣旗、左人郢、郑国、原亢、廉洁、叔仲会、公西舆如、邽巽、陈亢琴张、步叔乘、秦非、颜哙、颜何、县亶、乐正克、万章、周敦颐、程颢、邵雍。

先儒：谷梁赤、伏胜、后苍、董仲舒、杜子春、范宁、韩愈、范仲淹、胡瑗、杨时、罗从彦、李侗、张栻、黄干、真德秀、何基、赵复、吴澄、许谦、王守仁、薛瑄、罗钦顺、陆陇其。

西庑先贤：林放、宓不齐、公冶长、公皙哀、高柴、樊须、商泽、巫马施、颜辛、曹邺、公孙龙、秦商、颜高、壤驷赤、石作蜀、公夏首、后处、奚容蒧、颜祖、句井疆、秦祖、县成、公祖、句兹、燕伋、乐咳、狄黑、孔忠、公四蒧、颜之仆、施之常、申枨、左邱明、秦冉、牧皮、公都子、公孙丑、张载、程颐。

先儒：公羊高、孔安国、毛苌、高堂生、郑康成、诸葛亮、王通、司马光、欧阳修、胡安国、尹焞、吕祖谦、蔡沈、陆九渊、陈淳、魏了翁、王柏、许衡、金履祥、陈澔、陈献章、胡居仁、蔡清。

文庙祭器：宋徽宗定礼品一副，内十笾、十豆。明初国子监用笾、豆各十，天下府州县各八。成化十三年，以礼部尚书周洪谟奏，加笾豆为各十二，外府州县各十。嘉靖九年，遵照初制，国子监用十笾十豆，天下府州县八笾八豆。国朝因之。

祭　品：香、烛、酒、牛用纯黑羊、豕、鹿、兔，帛正位用绫，余用绢练，白色，长一丈八尺太羹实于登，和羹实于铏，黍稷实于簠，稻粱实于簋。形盐、藁鱼、枣、栗、榛、菱、芡、鹿脯，以上实于笾。韭菹、菁菹、芹菹、笋菹、醓醢、鹿醢、兔醢、鱼醢，以上实于豆。

佾舞数：唐乐用宫，县舞用六佾。明初用六佾，成化十三年增为八佾。嘉靖九年，更定祀典，仍为六佾。国朝因之。

祭器数：白篚二十，白磁爵三十九，登一，铏一十八，簠一百六十四，簋如簠之数，笾五百八十六，豆如笾之数，樽三，爵一百四十七，牲俎二十。

乐器数：麾旛二，琴八，瑟二，搏拊[6]二。柷[7]一。敔[8]一，龙笛二，凤箫二，笙四，篪二，埙二，金钟一十六，玉磬如金钟之数，应鼓一，排箫二。

舞器数：节二穗二，翟十六，籥[9]十六，干十六，戚十六。

崇圣祠　在文庙北。乾隆七年，知府申梦玺重建。

历朝祀典：

明以前无祠，自明世宗嘉靖九年始敕建祠，启圣公祠题称“启圣公孔氏之位”。以先贤颜无繇、曾点、孔鲤、孟孙氏配；先儒程珦、张迪、朱松、蔡元定从祀。万历二十三年，诏增周辅成从祀。每岁春秋上丁日继文庙而祭之。崇正〔祯〕元年，诏分官同时祭。陈设祭品同至圣前，惟不设太羹、一登。各配陈设同十哲，从祀陈设同两庑。

国朝雍正元年追封先师孔子五代，以五世祖为肇圣王，高祖为裕圣王，曾祖为诒圣王，祖为昌圣王，父为启圣王，改“启圣祠”为“崇圣祠”。

祠内四贤：

东贤西向：颜无繇、孔伋。

西贤东向：曾点、孟孙氏。

五　儒：

东儒西向：周辅成、张迪、蔡元定。

西儒东向：程珦、朱松。

名宦祠　在泽宫戟门东。乾隆五年，佥事杨应琚、知府申梦玺重建。

乡贤祠　在戟门西。乾隆六年，佥事杨应琚、知府申梦玺重建。

忠孝祠　在泽宫东。

节义祠　在东郭门外。

关帝祠　在城北大街。一在西门瓮城，一在东关大街，祀汉关侯。宋崇宁元年，进封忠惠公。大观二年，加封武安王。南渡建炎、淳熙间，复累加王号。明万历十八年，封三界伏魔大帝。国朝雍正三年四月，敕封关帝三代公爵：曾祖光昭公，祖裕昌公，父成忠公，其礼仪俱照先师庙。每岁春秋并五月十三日致祭，祀以太牢。各府、州、县、卫、所俱如制。

城隍庙　在城西庙街北。康熙三年，总镇柏永馥加葺。六十年，西宁道副使赵世锡、监督通判阎纕玺、卫守备廖腾炜、把总张世贤、邑民陈必显、住持释广智重建，至雍正元年工竣。

松门杨氏曰：祀典皆本于经传，舍是无据也。城隍之祀，古制所无，今遍天下焉，竟莫知所始。按唐李阳冰《缙云城隍记》谓：惟吴越有之，然杜牧之有《祭城隍文》。成都城隍祠乃李德裕所建，而张说亦有《祭城隍文》。岂特吴越为然哉？且高齐慕容俨、梁武陵王祀城隍神，皆书于史。又芜湖城隍建于吴赤乌二年，是不独唐、不独前五代南北朝而已然也。至宋以后，或赐封爵，或赐庙额，则指不胜屈矣。明洪武元年，加之以爵，府曰公、州曰侯、县曰伯。至三年春，革之。是年夏六月，诏各处城隍庙，屏去杂神，寻又定庙制如公廨，以泥涂壁，绘以云山，在两庑者亦如之。又诏守令之官，俾与神誓，故有监察司民之封。而住持之徒，遂增设寝室，云有眷口，备冬夏之衣冠，建诸侯之仪仗，按期出巡，俨然官府。朔望年节，民间油烛纸钱，供献之费，不可胜计。与有司分阴阳，而有司亦随而和之。年来开示边氓，悗密[10]亦觉稍悟。故附载于斯，以志梗概。呜呼！边氓动曰，民穷不能仰事朔望、年节，何不以献神之物以献父母？岂不足三餐之费，而徒利其皮冠净发之徒乎？虽然，下之尚鬼，为民上者，有以导之也。

水土祠　在大什字街。

孟忠毅公祠　在城东大街北，祀国朝少保川陕总督孟乔芳。旧祠已废，乾隆十一年，佥事杨应琚，知府申梦玺、刘洪绪，知县张渡、陈铦新建。杨应琚《孟公祠碑记》：夫功之所积者大，则上之所报者隆；德之所施者深，则下之所感者久。鼓之应桴，景之表形，无二致也。我朝定鼎之初，孟公以重臣而仔肩总督秦、蜀要任，时闯贼根株窜伏，随斩随蔓。而巴、蜀献贼犹在，凡吊伐之师必由山南一线而往。公以戡定之奇才，遇拨乱之圣主。计从言听，遂并贺珍，败张献忠。以奇兵平龙安，以正兵复固原、兴安诸州，以胜兵破蒲、解、运城之晋贼，以余兵除延、庆、保安之逋寇。然后积粟厉兵，选擢才俊，以为规取全蜀之策，其有功于国家甚大。斯时两河转运，城多空虚，而逆回乘隙，犯我五郡。上遣禁旅，公虑小民供亿维艰，密疏止之，而身当其冲。不二年，荡平。兵灾后两河故田，荒芜不治。公发骑就草，设官督耕，结茅而居，内有亡费之利，外有守御之备。夫然后徐图招徕，则哀鸿渐集，生齿日多。他如省冗兵以舒民困，裁田赋以益民生，其有德于百姓甚深，岂特湟中一郡哉。

公没，谥忠毅，褒恤甚优。又崇祀京师贤良祠，春秋血食。是上之所以报之者隆矣。公生祠遍雍、凉，今未百年，多陊剥废坠，且为豪强侵据，表忠扬善之谓何？此皆有司之过也。公湟中旧祠亦芜没。余与太守申君梦玺、宁邑张令渡，清厘其基址，建堂三楹，周以缭垣。肖公之像祠之，从民志也。始于乾隆乙丑季秋，因湟中苦寒，冬春辍工。明年丙寅仲夏，与太守刘君洪绪、宁邑陈令铦共落成之。

公讳乔芳，字心亭，奉天汉军。其机智明决，气量绝人，识者方之唐李懿公、宋张忠定公云。

八蜡祠　在东郭门外，乾隆八年，佥事杨应琚、知县王镐改建。

刘参政祠　在东郭门外，祀国朝巡抚、都御史、前西宁道参政刘殿衡。

杨公碑祠　在东郭门外参政祠北，祀国朝少保、湖广总督、前西宁道副使杨宗仁。公在任时，民请留像，不允。爰树碑起屋以祀。

殷公祠　在参政祠东，祀国朝川陕总督、前西宁总兵官殷泰。

马军门祠　在殷公祠东。祀国朝四川提督、前西宁总兵官马际伯。

碾伯县

文　庙　在鼓楼北。明成化十四年，都御史刘廷璋建。

国朝顺治十二年,西宁兵备道冯如京重修。康熙四十三年,西宁教授梁景岱、碾伯所千总李天祥率诸生加葺。乾隆七年,碾伯县知县徐志丙以泽宫卑隘,自内至外展拓重建。至乾隆十一年工竣。西宁道佥事杨应琚有碑记。

文庙祭器、乐器、舞器,各数与宁邑同。

崇圣祠　在文庙后。乾隆七年,知县徐志丙新建。

名宦祠　在泽宫戟门左。乾隆七年,知县徐志丙新建。

乡贤祠　在戟门右。乾隆七年,知县徐志丙新建。

忠孝祠　在泽宫侧。

节义祠　在城东隅。

关帝庙　在东关街北。

城隍庙　在城西北隅。明洪武十九年创建。

八蜡祠　在城东郊二里。知县徐志丙创建。

水神祠　在东门外石嘴。乾隆六年因祈祷有应,典史嵇士藻创建。

大通卫　乾隆二十六年改设县治

文　庙　已勘有地基,俟文风盛时,详请修建。

关帝庙　在城北。一在大通,一在永安。系筑城时新建。

城隍庙　在西门外,新建。

贵德所　乾隆二十六年改设西宁县丞

文　庙　与大通卫同。

关帝庙　在城中，东向。

城隍庙　在城中，南向。

注释：

[1]耤(jí)：古代藉田的本字。藉田，古天子亲耕之田。历代举行耕藉仪式是重视农业的表示。

[2]铏(xíng)：古代盛菜羹的器皿。

[3]笾(biān)：古代祭祀宴享时用以盛果脯等的竹编食器，形状与豆一样，都是高脚碟。豆：也是祭祀时用的食器，竹做的叫笾，木做的叫豆，豆也有用陶、铜制的。簠(fǔ)：古代祭祀宴享时用于盛稻粱的器皿，形状长方，口向外侈，有四个短足，先是用竹木制作，后改用铜。簋(guǐ)：古代祭祀宴享时盛黍稷的器皿，《诗·秦风·权舆》释文："内方外圆曰簋，以盛黍稷；内圆外方曰簠，用贮稻粱，皆容一斗二升。"

[4]释奠：古代学校的一种典礼，陈设酒食以祭奠先圣先师。

[5]释菜：亦作"舍采，"古代读书人入学时以苹蒿、白蒿之类祭祀先圣先师的一种典礼。

[6]搏拊(bó fù)：古代乐器名，又叫"拊搏"或"拊"。形似腰鼓，挂在脖子上用手拍击。

[7]柷(zhù)：古代的一种打击乐器，又名椌。形状像(方形)漆桶。奏乐开始时先击柷，结束时刷敔。

[8]敔(yǔ)：古代乐器名，在雅乐结束时击奏，一名楬(jié)，木质，形状似卧虎，用木棍鼓击。

[9]籥(yǔ)：古代的一种管乐器名，据甲骨文所示形象似为排箫的前身。传说禹时乐舞《大夏》即是用籥伴奏的。

[10]悗(mèn)密：无动于衷、安静糊涂的意思。《朝非子·忠孝》："古者黔首悗密蠢愚，故可以虚名取也。"

西宁府新志·卷十五

祠祀志（二）

寺　　观

（番寺附）汉明帝时，沙门摩腾至京师，置于鸿胪寺。数年来者益多，因作寺以处其徒。凡僧居称寺本此。唐以前六朝时，凡今道观，皆谓之某馆，至唐始定谓之观也。《东观余论》说甚明，故道士所居皆称观。

西宁府　附郭西宁县

雷鸣寺　在南门内，康熙六年建。

印心寺　在南街，康熙三十八年建。

三师殿　在雷鸣寺西，明万历二十年建。

马祖庙　在南门内。

火神庙　在南门内。

南　寺　在马祖庙东。

三官庙　在南门内。

葆宁寺　在北门内。

崇兴寺　在西北城隍庙街。

大佛寺　在西大街，元故刹也。明洪武时赐名宁番。

北斗宫　在官井街西。

百子宫　在县门街。

报恩堂　在观门街。

广福观　在城东北隅。明宣德年会宁伯李英建，翰林侍读学士曾棨有碑记。

药王宫　在东关街北。

洪通寺　在东关街南。明洪武二十三年建。

真武庙　在北古城。

东岳庙　在南郭门外一里。

文昌阁　在岳庙南。

南禅寺　在南门外二里许。寺成，有孔雀一双来楼上。

寄骨寺　在南门外里许。

都龙王庙　在城西三里许，侧有湫泉。岁暵，邑民祷雨于此。总镇殷泰有碑记。

北禅寺　在北门外五里土楼山下，又名永兴寺。湟中古寺第一，即阚骃所谓"西平亭北有土楼神祠"者是也。

龙王庙　在北门外西北隅。

白衣寺　在北郭门外郭家庄。

真武庙　在东郭门外小泉儿庄。

塔　院　在东郊三里，印心寺下院。有松、杉、花草。

普现寺　在城东三十里。庭中有牡丹一株，百余年物也，余犹及见之。土人不知惜，为雪所伤。

金山祠　在城北八十里。负山面溪，殊有幽致。

铁佛寺　在城北五里余。昔传有钟，高大不可知，半入地下，半在地上，不能掘取。明夏瓒有诗。

兴龙寺　在城东小峡口，有阁焉。下临大溪，秋水方至，云泄雷涛。夏日为往来冠盖小憩之所。

真武庙　在哈剌只沟马家寨东。一在林小庄，一在长宁堡，一在甘雷堡东岭，一在镇海堡。

紫霄宫　在元朔山巅。可以眺远。

温家寺　在成白堡北。

文昌庙　在盐场堡南。

集福观　在南川宁远堡南灵华山。

四郎庙　在田家寨北。

正觉寺　在平戎张石堡南。

西佛寺　在庙嘴堡西。

万寿观　在西川镇海堡。

福宁寺　在董万堡。

伽蓝寺　在北川下孙堡西。

集福堂　在于鲍堡。

五峰寺　在依山堡五峰山。擅林壑之美。

番寺　皆番僧所居，今之剌麻也

佑宁寺　在城东北一百三十里，原名格隆寺。雍正元年，随青海逆谋，被官兵焚毁。雍正十年奉旨重建，赐额“佑宁寺”，敕赐碑文。

洪〔弘〕觉寺　在城南门内。

金塔寺　在城南门内。

毛家寺　在驿街脑。

汪家寺　在饮马街。

藏经寺　在水眼洞街。

塔儿寺　在郡西南四十里。一名佛山，经纳峡之北也。剌麻有红教、黄教之分。此为黄教祖亭。倡黄教者名宗喀巴，产时胞衣埋此地，上生菩提树一株。往在塞外，明万历二十四年议大修边榨，创筑新垣，周其南，入塞内矣。有银塔一殿，瓦皆流〔鎏〕金，宏厂〔敞〕壮丽，兹寺为特。又有飞泉。前山奇秀，若罘罳[1]焉。

觉化寺　在城北七十里景羊川。

红庆寺　在城东北七十里红崖沟。

华严寺　在城东九十里。

西域寺　在城东北九十五里。

小演教寺　在城东一百二十里。

隆化寺　在城东北一百二十里。

下昝扎寺　在城东北一百三十里。

开佛寺　在城东北威远堡北一十五里。

倚宁寺　在城东北一百里。

弥陀寺　在城东北一百一十里。

甘禅寺　在城东北二百二十里。

仙密寺　在城东北三百一十里。

温诸古寺　在城东北五百里。

麻家寺　在城西四十五里。

哈住寺　在城西五十里。

隆奔寺　在城西五十里。

贡峡子寺　在城西五十里。

奔巴尔寺　在城西六十里。

西纳大寺　在城西六十五里。

羊巴林寺　在城西八十里。

白羊沟寺　在城西八十里。

剌暮寺　在城西九十里。

那勒寺　在城西九十里。

普崖寺　在城西一百里。

扎藏寺　在城西一百二十里。

上拉暮寺　在城西一百二十里。

下拉暮寺　在城西一百二十里。

白塔寺　在城南九十里。

沙冲寺　在城南一百四十里。山高林密,下临黄河。

圆觉寺　在城北三十五里景羊川。

宝贝寺　在城北六十里清水沟。

碾伯县

西来寺　在东关街。结构皆雅洁。

古佛寺　在城东二十五里。

兴国寺　在城东九十里冰沟。近山，雨晨月夕，宛有幽致。

越圣寺　在城东南百十里上川口。寺内有梨花数十株，牡丹十数本。

浮杯寺　在城东南百五十里下川口。背山面河，地势垲爽。

瑞云寺　在古鄯城北门外。

玉皇阁　在古鄯城东一里。

大佛寺　在古鄯城西南隅。

石佛寺　在古鄯城南门外。

龙泉寺　在古鄯城东八里。

积庆寺　在古鄯城北五里。

赐福观　在城南七里堡。

番　寺

瞿昙寺　在城南四十里。明永乐初敕建。授国师二，禅师三。赐地甚广。又金印一，银印一，围各一尺二寸。玉章一，牙章二。殿宇雄丽，有御制碑文。洪熙、宣德中，复赐御制二碑文。瓶、炉、香案，皆宣德佳制也。

药草台寺　在城南五十里，瞿昙寺下院也。依山临流，多产药草,因为寺名云。

洪善寺　在城东南一百七十里。国朝每年赐银五百两。

普化寺　在城南八十里。

打不受寺　在城南八十五里。

冶尔吉寺　在城南九十里。

工巴寺　在城南一百二十里。

古迭寺　在城南一百二十里。

汤尔源寺　在城南一百四十里。

慈利寺　在城南一百八十里。

宝刚寺　在城东南一百八十里。

广惠寺　在城南二百里。

洛巴寺　在城南二百里。

洪通寺　在城南二百里。

鹫峰寺　在城东南二百一十里。

莲华台寺　在城东八十里。三面临流,山分五瓣,隔河遥望,宛若青莲。

延寿寺　在城南二百二十里。

开化寺　在城东南二百二十里。

如来寺　在城南二百三十里。

广教寺　在城东南二百三十里。

宝佛寺　在城东南二百四十里。

吉祥寺　在城南二百四十里。

祁康哥寺　在城东南二百四十里。

小西纳寺　在城东南二百五十里。

静宁寺　在城东南二百六十里。

卧佛寺　在城东南二百七十里。

静觉寺　在城南二百八十里。

兴宁寺　在城南一百四十里。

龙沟寺　在城北四十里。

羊官寺　在城北四十里。

大通卫　乾隆二十六年改设县治

圣姥庙　在向阳堡圣姥山。宁属各堡俱有此庙,而在向阳者独著。

番　寺

广惠寺　在城东七十里,原名郭莽寺。雍正元年随青海谋逆,被官兵焚毁。雍正十年,奉旨重建。赐额广惠寺,敕赐碑文。

窝尔错寺　在城东十五里。

静房寺　在城东南十五里。

老佛寺　在城东三十五里东峡口。倚峭壁为楼,下临深溪,即宁邑元朔山之副山也。

朝藏寺　在城东六十里。

加尔多寺　在城东一百五十里。

班固寺　在城东一百六十里大通河南。有十里松林。

奴木气寺　在城西南五里。

祁家寺　在城西北八里。

张家寺　在城北二十里。

贵德所　乾隆二十六年改设西宁县县丞

大寺、马祖庙、三官庙、三清殿、雷祖殿、观音殿，俱在城中。

珍珠寺　在城东五里。

南海殿　在城南五里。

龙王庙　在城南二十里。

二郎庙　在城南四十里。

史家庙　在城西五里。

文昌庙　在城西十二里。

番　寺

下工巴寺　在城东五里。

白佛寺　在城东二十里。

上工巴寺　在城东三十里。

国巴寺　在城东二百里。

坛东寺　在城东二百里。

南尊寺　在城东二(按：当作"一"。)百五十里。

思得六寺　在城东南三十里。

恩古鲁寺　在城东南二百一十里。

迭缠寺　在城东南二百五十里。

结思丁寺　在城东南二百五十里。

阿哇寺　在城东南二百六十里。

石家寺　在城南四里。

庆善寺　在城南五里。

加卜咱寺　在城南四十里。

扎木寺　在城西南一十五里。

木干寺　在城西南二十里。

剌安寺　在城西南二十五里。

思宁额寺　在城西南三十里。

瓦家寺　在城西南三十五里。

弥陀寺　在城西一里。

松门杨氏曰：按《汉武故事》："昆邪王杀休屠王，以其众降，得金人之神。上置之甘泉宫。金人皆长丈余。"又"元狩之年，穿昆明池底，得黑灰。帝问东方朔，朔曰：'可问西域道人。'"晋宋间佛学已行，其徒犹未有僧称，通曰道人。至道安，始言佛氏。释迦佛子皆请姓释，于是释、道始分称矣。然则佛法自前汉武帝时，已至中原，而傅奕、韩昌黎，皆言佛自后汉明帝时始入中国，此盖论其作寺之始耳。湟中本小月氏之地，且屡没羌戎，无怪释氏多而道士少，而番僧尤众。番汉诸僧，虽服制不同，而经教则一。今则又分道而扬镳焉。一以涅槃为大，一以转生为奇，是边方释氏又分为二矣。明初西宁番僧三剌为书招降罕东诸部，建佛刹于碾伯南，以居其众。赴朝贡马，请敕护持、赐寺额，太祖从所请，赐额曰“瞿昙”。立西宁僧纲司，以剌为都纲，司纪以符契。自是其徒争建寺，帝辄锡以嘉名，且赐敕护持。由是形域势区，尽为番僧所据。永乐时，渐授“剌麻禅师”“灌顶国师”之号，有加至“大国师”“西天佛子”者。悉给以印诰，许之世袭。且令岁一朝贡。盖以番僧为羌戎所重，藉以羁縻之意。而边人见其车服赫奕，殊以为荣。故番人、土人有二子，必命一子为僧。且有宁绝嗣而愿令出家者。汉人亦有为番僧者。番、土人死，则以产业布施于寺，求其诵经，子孙不能有。故番、土益穷，而僧寺益富。其各番族，各有归附，寺院俨同部落。而官府以茶中马，亦责之于番僧。国朝雍正元年，青海蒙古亲王罗卜藏丹津谋逆，勾通番族，密联番寺。蒙我世宗宪皇帝神谋远略，简将出师，内外应时平定。四年，命散秩大臣达鼐、西宁总兵官周开捷清查，将各番族归于县官，按地输粮，不受番寺约束。而又不利其有，将所输之粮，每岁按寺给发，以为口粮衣单之资。其印诰缴于礼部，不准世袭。边方数百年之患，一朝永息。乾隆元年，奉上谕：僧道剌麻，颁给度牒。其僧道素守清规者，止准招受生徒一人，见在钦遵。凡守土之官，诚能实心承办，亲身稽核，不委之胥役，不视为泛常，其二氏滋蔓之弊，亦可渐除矣。

祥　异 西宁县、碾伯县、大通卫、贵德所同载

汉安帝永初二年，湟中饥。湟中诸县粟石万钱，百姓死亡不可胜数。

顺帝永和三年二月，地震。

桓帝元嘉二年，黄龙见。

晋元帝永和（按：元帝无"永和"年号，此或为"永昌"或为"大兴"之误。《晋书·五行志》有"大兴三年二月辛未，雨，木冰"之记载。）三年四月乙酉西平地震，涌出水。

穆帝永和三年二月乙亥，地震，裂城郭，室屋多坏，压杀人。冬十月地震，涌出水。

升平五年夏六月，地震。

海西公太和元年春二月，地震。四月丁丑，浩门山崩。

简文帝咸安元年，地震。

孝武帝宁康二年七月，地震。

安帝隆安五年，龙见长宁川。麒麟游绥戎。

隋文帝开皇十三年，廓州连云山称"万年"者三。

唐武宗会昌元年，鄯、廓间夜闻鼙鼓声，人相惊。

宋徽宗政和五年，湟州丁羊谷坑得矿成金。

元武宗至大元年六月，雨雹。

明穆宗隆庆元年十二月，西宁卫星陨有光，从正北起，

往西南坠地。

神宗万历十六年，演武场将旗折。伏羌堡东南，夜闻甲马声。南川，云中闻犬吠声。六月大旱，八月地震。

十八年六月，地大震，冰沟城崩。

三十年三月，贵德所黄河水竭至河州，凡二十七日。

国朝康熙四年，西宁卫大稔。

六年旱饥。十一月二十五日，沙塘川河冰夜忽两分，人咸谓麒麟行。

三十四年六月，西宁、碾伯大雨，水溢。

四十年，西宁民贾文举妻一产三男。

四十八年九月十二日，西宁、碾伯地震。

雍正七年，西宁、碾伯谷穗两岐。

乾隆四年，西宁、碾伯因久晴后积雨，稞豆皆秕细不收。

七、八、九、十一年，西宁、碾伯、大通、贵德岁连熟。

注释：

[1]罘罳(fú sī)：设在宫阙上疏朗透孔的木雕窗棂。

西宁府新志·卷十六

田赋志（一）

夏后氏任土作贡，今古不易。虽西垂〔陲〕田制不同，而则壤成赋之规一焉。《周礼》版图之入天府藏之康乐之书，小行人献之，重民数也。宁郡山高气寒，民贫赋啬。我朝休养生息，宽恤之政，度越前古。故田野日辟，生齿岁增，宜乎哉！茶马之制，盐钱之法，亦附列焉。有土斯有财，有财斯有用。其曰田赋，则取其重者而冠之。

贡　赋　番粮　（番贡）附

西宁府　附郭西宁县

原额屯、科、秋、站、垦地[1]六千六百九十顷七十九亩六分九厘二毫。各征不等。共征本色正粮三万二百三十七石四斗五升二合三勺，内秋站垦粮一千八百六十九石六斗二升四合八勺九抄，例不征收马粮。屯、科正粮二万八千三百六十七石八斗二升七合四勺一抄，每石随征马粮五升，应征马粮一千四百一十八石三斗九升一合三勺七抄五圭，应征旧例十八斤大草三十八万三千九百九十六束六分八厘，合小草[2]九十八万七千四百二十束三厘。

国朝康熙年，四驿牛夫首报地一百八十三顷二十九亩向不征收马粮。内山旱地九十八顷二十九亩。例不征草。水旱地亩实征正粮一千二百四十三石一斗。旧例大草八千五百束，合小草二万一千八百五十七束一分四厘。

康熙四十三年，四驿牛夫首报垦荒地一十八顷六十四亩。共征正粮三十七石二斗八升，随征马粮一石八斗六升四合。共征大草五百七十二束八分，合小草九百五十八束六分二厘。

额外清丈自首地一十二顷九十三亩。各征不等。共征正粮三十六石四斗七升，随征马粮一石八斗二升三合五勺。共征大草三百六十四束七分，合小草九百三十七束八分。

康熙五十七年，招民开垦荒地八顷三十九亩。共征正粮一十六石七斗八升，随征马粮八斗三升九合。大草一百六十七束八分，合小草四百三十一束四分八厘。

共屯、科、秋、站、开垦、首报地六千九百一十四顷四亩六分九厘二毫。共征正粮三万一千五百七十一石一斗四升二合三勺，随征马粮一千四百二十二石九斗一升七合八勺七抄五圭。旧例大草三十九万三千四百一束九分八厘，合小草一百一万一千六百五束三分四厘。内除荒免征地四百六十五顷五十亩九分八厘二毫。免征正粮二千七十五石六斗七升三合一勺一抄。旧例大草六万五千五百五十四束九分七厘，合小草一十六万八千五百六十九束九分三厘。

雍正三年，一于河西各厅请改郡县等事案内，拨归碾伯县经征旧额屯、科、秋、站熟地一千四百九顷三十二亩五分一厘七毫四丝二忽九微五纤。各征不等，共征本色正粮七千二百一石五升九勺九抄。旧例大草七万五千四百四十六束六分，合小草一十九万四千五束五分五厘。

拨归碾伯县四驿牛夫原报垦荒地一百八十三顷二十九亩。例不征草。实征正粮一千一百四十三石一斗六升。旧例大草八千五百束，合小草二万一千八百五十七束一分四厘。

拨归碾伯县康熙四十三年四驿牛夫首报垦荒地一十八顷六十四亩。各征不等。实征正粮三十七石二斗八升。旧例大草三百七十二束八分，合小草九百五十八束六分二厘。

乾隆二年在遵旨密议事案内，经户部议复，升任甘肃巡抚德沛，以河西厅、州、县、卫、所于正粮之外，每石加收五升，名曰马粮。于民实多苦累，奏请自戊午年为始，照数豁除免征。于乾隆二年九月二十八日奉旨依议钦遵在案。

乾隆三年，查出水冲地三百九十顷六十六亩六分九厘五毫。奉文停征正粮一千五百三十石一斗四升二勺。旧例大草一万九千二百八十八束二分三厘，合小草四万九千五百九十八束三分一厘。

乾隆十一年，续查出水冲、沙压地四顷八十九亩九厘三毫五丝五忽。停征正粮三十五石一斗六升二合五勺。旧例大草三百七十三束八厘，合小草九百五十九束三分五厘。

实在应征地四千四百四十一顷七十二亩四分二忽五

纤。

实在应征正粮一万九千四百四十八石六斗七升五合五勺。

实在应征旧例十八斤大草二十二万三千八百六十六束二分九厘，合小草五十七万五千六百五十六束一分七厘。按宁郡地土,俱系计段下种,以下种之多寡为亩数之赢绌,并无顷亩之可凭。今照《赋役全书》所载,又加详考,然顷亩亦皆约略之词耳。盖边地土瘠气寒,地须更歇,不能岁岁常种,故难分顷亩也。

前明粮草额数附：

原额屯粮一万八千八百一十石二十六升四合,科粮八千七百二十七石一斗一升二合七勺;续增土官李世显等下秋科粮一千三百一十五石五升;新增开垦教场地科粮一百五十三石。

原额屯草一十八万八千四百四十八束一厘五毫,科草一十一万八千五百三十七束九分九厘二毫;续增李世显等下科草六百六十束；新增开垦教场地科草四百八十束,秋青草七十五万二千二百二十束。各营司军士采古鄯、碾伯俱在其内。

番　粮

国朝雍正四年,新归番民耕种水地一万二千四百七十一段。每段大小不等。共下子粒仓石六千五百四十四石七斗五升八合。每下子粒一仓石,征收仓斗番粮二斗五升,共征仓斗粮一千六百三十六石一斗八升九合五勺。

新归番民耕种旱地六万九千二百三十六段。每段大小不等。共下子粒仓石四万三千四百三十石七斗九升一合九勺。每下子粒一仓石征收仓斗番粮一斗，共征仓斗粮四千三百四十三石七升九合一勺九抄。

雍正二年，劝民开垦水地六十一段。每段大小不等。共下子粒仓石三十一石五斗。每下子粒一仓石，征收仓斗番粮二斗五升，共征仓斗粮七石八斗七升五合。

雍正七年，劝民开垦旱地六十八段。每段大小不等。共下子粒仓石六十三石七斗。每下子粒一仓石，征收仓斗番粮一斗，共征仓斗粮六石三斗七升。

共水旱地八万一千八百六十三段。共下子粒仓石五万七十石七斗四升九合九勺。共应征仓斗番粮五千九百九十三石五斗一升三合六勺九抄。内除报明统入水冲、沙压案内雷城山倒压水地一十八段。共下子粒仓石一十石七斗一升三合，每下子粒一仓石，征仓斗番粮二斗五升，共停征粮二石六斗七升八合二勺五抄。

实在水旱地八万一千八百四十五段。下子粒仓石五万六十石三升六合九勺。

实在应征仓斗番粮五千九百九十石八斗三升五合四勺四抄。内支西纳上、下寺，麻家寺，沙冲寺，宝贝寺，红觉寺，扎藏寺，上拉暮寺，下拉(暮)寺，那勒寺，普崖奔巴尔寺，羊巴林寺，白杨沟寺，隆卜寺，页峡子寺，喇暮寺，哈住寺，塔尔寺，小演教寺，佑宁寺，弥陀寺，圆觉寺，白塔寺，倚宁寺，觉化寺，下昝扎寺，红庆寺，华筵寺，隆化禅寺，藏经寺，西域寺，隆化国寺，开佛寺，仙密寺，甘禅寺，温朱古寺，共喇麻二千六百一十一名，每名岁支衣单口粮一石六斗，共岁支衣单口粮四千一百七十七石六斗。

碾伯县

原额屯、科、秋、站、起科垦地一千四百九顷三十二亩五分一厘七毫四丝二忽九微五纤。征正粮七千二百一石五升九勺九抄；旧例大草七万五千四百四十六束六分，合小草一十九万四千五束五分五厘。

奉文查拨四驿牛夫首报地一百八十三顷二十九亩。征粮一千二百四十三石一斗六升。内山旱地九十八顷二十九亩，例不征草，止征大草八千五百束，合小草二万一千八百五十七束一分四厘。

康熙四十三年四驿牛夫首报垦荒地一十八顷六十四亩。征正粮三十七石二斗八升。大草三百七十二束八分，合小草九百五十八束六分二厘。

雍正十二年报垦荒地三顷五亩。征正粮六石一斗；大草六十一束，合小草一百五十六束八分五厘。

共屯、科、秋、站、起科开垦首报地一千六百一十四顷三十亩五分一厘七毫四丝二忽九微五纤。共征正粮八千四百八十七石五斗九升九勺九抄，小草二十一万六千九百七十八束一分七厘。内除乾隆三年查出水冲、沙压地五十五顷七十二田八分二厘六毫五丝五忽。奉文停征正粮三百三十九石二升五合五勺一抄九撮，小草八千九百六十八束四分三厘。

实在应征地一千五百五十八顷五十八亩六分九厘八丝七忽九微五纤。

实在应征正粮八千一百四十八石五斗六升五合四勺七抄一撮。

实在应征旧例大草八万八百九十二束二分九厘，合小草二十万八千八束七分四厘。

番　粮

国朝新归番民耕种水地八千六百八十三段。每段大小不等。共下子粒仓石一千五百九十二石四斗三升六合。每下子粒一仓石，征收仓斗番粮二斗五升，共征仓斗粮三百九十八石一斗九合。

新归番民耕种旱地二万六千三百九十三段。每段大小不等。共下子粒仓石六千三百八十五石八斗六合。每下子粒一仓石，征收仓斗番粮一斗，共征仓斗粮六百六十八石五斗八升六勺。

雍正十三年，续报开垦旱地一百九十段。每段大小不等。共下子粒仓石一百八十石。每下子粒一仓石，征收仓斗粮一斗，共征粮一十八石。

雍正十三年，续报开垦水地一百八十八段。每段大小不等。共下子粒仓石四十九石二斗。每下子粒一仓石，征仓斗粮二斗五升，共征粮一十二石三斗。

乾隆四年，续报开垦旱地二百八十九段。每段大小不等。共下子粒仓石一百八十九石七斗。每下子粒一仓石，征收仓斗粮一斗，共征粮一十八石九斗七升。

乾隆四年，河州厅拨归入额水地一百七十段。每段大小不等。共下子粒仓石一十四石八斗。每下子粒一仓石，征收仓斗粮一斗五升，共征粮二石二斗二升。

乾隆五年，续报开垦旱地五十四段。每段大小不等。共下子粒仓石八十五石五斗。每下子粒一仓石，征收仓斗粮一斗，共征粮八石五斗五升。

实征水旱地三万五千九百六十七段。下子粒八千四百九十七石四斗四升二合。

实在应征仓斗番粮一千九十六石七斗二升九合六勺。内支瞿昙寺、药草台普化寺、打不受寺、冶尔吉寺、工巴寺、古迭寺、如来寺、鹫峰寺、广惠寺、洛巴寺、弘通寺、慈利寺、延寿寺、开化寺、静宁寺、祁康哥寺、静觉寺、宝刚寺、宝佛寺、广教寺、上西纳寺、下西纳寺、吉祥寺剌麻九百六十一名。每名岁支衣单口粮一石七升二合五勺五撮，共支衣单口粮一千三十石六斗七升七合三勺五撮。

大通卫 旧青海地，雍正三年始入版图，乾隆二十六年裁卫改县，故止有番粮一项。

国朝雍正三年，新归番民耕种水地六千二百四十三段。每段大小不等。共下子粒仓石五千五百七十七石一斗二升。每下子粒一仓石，征收仓斗粮二斗五升，共征仓石粮一千三百九十四石二斗八升。

新归番民耕种旱地二万四千五百一十六段。每段大小不等，共下子粒仓石二万五千四百四十五石三斗四升。每下子粒一仓石，征收仓斗粮一斗，共征仓石粮二千五百四十四石五斗三升四合。

乾隆九年续报开垦旱地六十二段。每段大小不一。共下子粒仓石一百九十石五斗。每下子粒一仓石，征收仓斗粮一斗，共征仓石粮一十九石五升。

实在水旱地三万八百二十一段。下子粒三万一千二百一十二石九斗六升。

实在应征仓斗番粮三千九百五十七石八斗六升四合。内支广惠寺、朝藏寺、老佛寺、祁家寺、张家寺、奴木气寺、窝尔错寺、班固寺、加尔多寺、静房寺剌麻一千三百三十一名。每名岁支衣单口粮二石七斗五升，共支衣单口粮三千六百六十石二斗五升。

番贡附

番民六族：曰隆旺族、兴马族、那楞族、向化族、归化族、新顺族。系雍正三年归化，安置于大通川及燕麦川等附边一带驻牧。

贡马二十四匹，每匹折贡银八两，共折起运银一百九十二两。

贵德所 乾隆二十六年改设西宁县县丞

原额屯田五百七十一顷四毫。每亩起科不等。共征本色仓石粮三千七百一十九石四斗三升。

内除国朝顺治七年额免过荒地三百五十二顷八十五亩四分九厘一毫二丝。应免本色粮二千三百三十一石四斗三升。

拨归保安营管辖番民耕种地一百二十八顷一十六亩八分一厘一毫九丝。应征本色粮八百一十五石五斗。

乾隆元年详报水冲、沙压地二十三顷一十三亩一分。应免粮一百五十石六斗四升八合五勺。

共地六十六顷八十四亩六分九丝。应征本色粮四百二十一石七斗五升一合四勺八抄六撮八圭九粟六粒九颗。

乾隆四年，新垦升科地八顷三十七亩六分二厘五毫。每亩起科仓升粮八升九合五勺三抄八撮八圭七粟四粒九颗，共征粮七十五石一粟七粒五颗。

实在地七十五顷二十二亩二分二厘五毫九丝。

实在应征仓石本色粮四百九十六石七斗五升一合四勺八抄六撮九圭六粟四粒四颗。

番　粮

国朝雍正四年，新归番民耕种水地四千五百三段。每段大小不等。共下子粒仓石三百八十一石九斗。每下子粒一仓石，征收仓斗粮二斗五升，共征粮九十五石四斗七升五合。

番民耕种旱地五千九百六十九段。每段大小不等，共下子粒六百七十七石六斗八升。每下子粒一仓石，征收仓斗粮一斗，共征粮六十七石七斗六升八合。

实在水旱地共一万四百七十二段。共下子粒仓石一千五十九石五斗八升。

实在应征仓斗番粮一百六十三石二斗四升二合。内支迭缠寺、恩古六寺、结思丁寺、阿哇寺，石家寺、工巴寺、国巴寺剌麻六百四十名。每名岁支衣单口粮二斗四升七合七勺，共岁支衣单口粮一百八十石五斗二升八合。

塞外番贡

国朝雍正十年，大学士等于遵旨议奏事案内议复："总理青海番子事务散秩大臣达鼐，安插玉书、纳克书、南城、巴喀等处番子委员外郎武世齐等，公同四川及自藏派出官员，将各番族部落查办。已详细查明，内有南城、巴喀地方，系在西宁、西藏、四川三处之中，自此处可以分为疆界。惟阿赖克所一部落，先经分隶川属，但此地在归并西宁之苏拉莽、吹灵多尔朵、东巴等部落之中，距川甚远，附近西宁。若仍归四川，恐番子等互相生起事端，难以弹压，应归并西宁管辖。共分归西宁番子大小四十族，内有剌麻觉巴拉、喇布二族七十余户，一在南城边界，一在木鲁乌素河边，原不曾纳差，嗣后令附近河边居住者，承当济渡之差；附近南城者，于差官会盟之时，听差送文，免其纳马之差外，尚有三十八族，共计八千三百六十九户。又，暂行分归驻藏大臣等管辖番族共三十九族，计四千八百八十九户。该番族从前交纳钱粮，虽与苦苦脑儿即青海人等纳差，因并无定数，任其增减，索取无休，以致众心不服。又查四川纳粮番子系按地输纳，或有户少而输纳者多，或有户多而输纳者少，因不均匀，难以遵行。今此番族嗣后不计其地之所产，止按部落之大小，每部落一百户为限，共纳马一匹，折银十两。如不及百户之部落，亦照马匹折价，每户纳银一钱。其暂归西藏番子输纳银两，赴藏交纳，充作正项报销，俟驻藏大臣撤回之时，令赴西宁交纳。其归隶西宁番族，每岁应纳贡银，令办理青海番子事务衙门，会同西宁总兵官，行令各该头目传谕该管番子，于六月间定为限期，解赴西宁。即再委员公同交贮西宁道库，充作正饷，年底造册报销。其前项番族所管千人以上之部落，设千户一名；百人以上之部落设百户一名。再千户之下酌放百长五六人，百户之下酌放百长三四人，其不及百户之部落设立百长一名。每十户设一什长，照依四川之例给与各头目号纸，以资管束。并将《律例》依唐古特字迹译出，同蒙古字《律例》一并各给一套。令散秩大臣达鼐处将番子等传至，预先明白传谕。如有犯罪者，再照《律例》治罪等因。于本年十一月二十六日奏奉此事。'依议。尔等将各番子等所纳马匹价银以一十两尚多，再减二两，钦此。'"于雍正十一年经征起按百户每年贡马一匹，折征银八两。不足百户者按户递算，每户征银八分，共额征银六百六十九两五钱二分。内除乾隆三年蒙古尔津族被郭罗克贼番抢掳，开除番民九户。又玉树尼牙木错、固察、称多、南兔、典巴、除布、下扎武族，因地震有番民全户伤亡无存，及止存妇女幼子，不堪成户者五十六户，其应纳贡马银两，自乾隆三年为始，永行豁除。

实在应征番贡银六百六十四两三钱二分。

户　　口

西宁府　附郭西宁县

明季原额：洪武中官军户七千二百，口一万五千八百五十四。永乐中官军户七千二百，口一万二千九十二。嘉靖中官军户三千五百七十八，口四万五千六百一十三。又番民户旧二百六十九，安置户三十口。编户四里：曰巴州，曰红崖，曰老鸦，曰三川。户口不等，前户亦在其内。属经历司专管应当各项杂差，而各处流移及商贾之寄入里籍者，并谓之民户。万历六年，官军户二千五百六十，民户四百四十，口三万八千八百九十二。

皇清顺治二年，原额编审人丁一万三千六百八十六丁。历朝休养生息。乾隆十一年察审，户一万八千九百二十五，口七万四百七十。按宁郡旧系边远卫所，不纳丁银。于康熙五十二年钦奉恩诏，盛世滋生人丁，永不加赋。

碾伯县

皇清顺治二年，原额人丁六千五百三十八丁，编审内除老亡丁三百九十四丁，实在丁六千一百四十四丁。历朝休养生息。乾隆十一年察审，户九千七百三十一，口五万八千七百二十。旧例不纳丁银，又奉恩诏滋生人丁永不加赋。

大通卫 乾隆二十六年裁卫改县

皇清雍正三年，原额编审人丁五千八百六十二丁。二十年来，盛世滋生暨他处移寓。乾隆十一年察审，丁一万一千八百三，例不征收丁银。

贵德所 乾隆二十六年改设西宁县县丞

明季(按：此当作“初”。)洪武十三年，于河州拨民四十八户来贵德开垦守城，自耕自食，不纳丁粮。又于河州卫拨世袭百户王猷、周失名、刘失名三人，各携眷口赴贵德守御城池。又东乡康、杨、李三屯百姓，原系土人，编入民籍完粮。

皇清顺治二年，原额编审人丁二千六十八丁。历朝休养生息。乾隆十一年查审，河州四十八户见在人丁九千八百三十五；王、周、刘三屯百姓人丁四百六十二；东乡康、杨、李三屯百姓人丁一千二百九六，屯四十八户。共人丁一万一千五百六。前属临洮府辖原额人丁三等九则不等，共折下下丁一百二十五丁。每丁征银一钱九分五厘八毫五丝四忽八微五纤六尘，该征银二十四两四钱八分一厘八毫五丝七忽。于雍正五年奉旨通省以粮载丁，此项丁银，停其征收。应照实征地亩粮银均载。但此项人丁，原系河州卫拨入贵德所，应仍归河州，按地亩粮银均载。贵德所是以并无丁银。又奉恩诏滋生人丁，永不加赋。

番民户口 西宁、碾伯、大通同载

国朝雍正三年，新归投诚纳粮番民二万二百七户，男妇子女八万六千一百六十六名口。

贵德所

国朝雍正二年，新归投诚纳粮番民二千八百二十五户，男妇子女一万一千五百七十二名口。

岁 榷

西宁府 附郭西宁县知府〔县〕经征

商货每岁正额银一千四百一十九两三钱九分一厘。

畜税每岁正额银一百三十四两三钱七分九厘七毫。

当税银无额。乾隆十年，征收银五百八十五两。

牙税每岁额征银三十七两七钱。

盈余银无额。乾隆十年征收银五千一百六十五两九钱四分九厘二毫三丝，内除每岁解部硇砂银三两五钱；春秋丁祭银一十六两八钱八分；武举盘费银二十七两六钱二分三毫；总理青海番子事务衙门纸硃银六十两；解费银九十五两；书巡工食纸张银二百七十四两。

实在解司银七千三百四十五两九钱一分九厘九毫三

丝。按：宁郡商、畜税每岁多寡不能预。今以收乾隆十年所征尽收尽解，其数目亦难定额，此其大略也。各县、卫仿此。

西宁县知县经征

山水磨原额一千二百八十一盘，油梁原额一百八十九条。共一千四百七十盘、条。每盘、条每年征正额银二钱五分，赢余银五分。共征正额银三百六十七两五钱，赢余银七十三两五钱。

新首山水磨二百八十八盘，油梁一百五十二条，共四百四十盘、条。每盘、条每年征银三钱，共征正余银一百三十二两。实在共征解司磨、油正余银五百七十三两。

田房契税银无额。乾隆十年，解司银七十八两七钱五分六厘三毫。

碾伯县

水磨原额四百一十三盘，每盘征银三钱。

新增旱磨八百五十七盘，每盘征银一钱五分。

又新增水磨一盘。

乾隆十一年，新增旱磨二盘。共征银二百五十三两五钱。

大油梁原额五十三条，每条征银三钱。

新增小油梁六十条，每条征银一钱五分，共征银二十四两九钱。

实在共征解司磨油银二百七十八两四钱。

田房契税银无额。乾隆十年解司银三两三钱四分一厘一毫。

大通卫 乾隆二十六年裁卫改县

山水磨原额一百九十三盘,每盘征银二钱五分。

旱磨六十三盘,每盘征银一钱二分。

雍正十二年,新增旱磨四盘,每盘征银一钱二分五厘。

十三年,新增山水磨二十三盘,旱磨一十四盘。

乾隆二年,新增山水磨一盘,旱磨两盘。

三年又新增山水磨六盘,旱磨一十四盘,共征银六十七两五钱六分。

油梁原额三十七条,每条征银二钱五分。

雍正十三年,新增油梁一十二条。

乾隆三年,又新增油梁四条,共征银一十三两二钱五分。

实在共征解司磨油银八十两八钱一分。

田房契税银无额。乾隆十年解司银三十一两八钱五分四厘。

松门杨氏曰:余叙宁郡田赋,不禁惧然有介于怀也。湟中一郡之地,不特不及江南一县之赋,犹上入司农,下济边省,今且不足自供。粮草之数,未敷驼马之食,况兵饩乎?故十之九皆取给于内郡,而国家不惜帑廪以任用者,盖宁郡远通强虏,近逼羌戎,为河西之障。河西为河东之障,河东又为关中之障也。宁郡无重兵则河西孤，河西孤则河东虚，河东虚则关中势弱。所谓唇齿相依，何其要哉！是以圣朝定鼎之初，湟中惟水田有赋，大都下子粒一市斗，纳仓斗粮二斗五升，上则至三斗而止。大草三束，或三束五分。按市石每石合仓石三石五斗七升一合有余，凡所以恤边民也。及岁月既久，稍稍为奸。鬻田者迫于事，欲价多而速售，则少入其赋，不暇计他日之利害；富厚者利其地多而粮轻，为子孙之计，恃其有余而取之。如苏文忠公所云"富者地日以益而赋不加多，贫者地日以削而赋不加少"是也。又有奸民而计免赋役，则少其直而加其赋，以惑贪心者。是以田赋淆乱，而莫能均焉。年来奉文清查，余躬率守令，不假手胥役。其赋存而其地亡者，并人亡而赋尚存者，俱已设法豁除。其轻重轩轾者，亦为之通触平理。究不能按其地之广狭瘠腴，而更制其赋之多寡，盖非丈量不能也。茅鹿门曰：丈量之法甚难，余目睹之，非得廉明公直之吏，则不可行。然又须假以岁月，不能不翘首于后之君子接续以行之，宽缓以厘之，庶小民亦可以渐苏矣。呜呼！此一郡也，民赋入者少，而国帑出者多，又加以班禄之费，既禀之耗，君子敬事而后食，古人誓灭贼而后朝食。然则任文武食其食者，可不思所以事其事哉！

注释：

[1]屯、科、秋、站、垦地：指赋役负担不同的多种田地类型。“屯田”指明以来曾是国家所有、开展过军屯的土地，后虽转化为私田，仍沿旧称，其负担的钱赋重于其他土地；“科田”是“升科田土”的简称，又称民田，是祖上留传下来的私田。私田中有“永不升科”者，凡被官府登记并按一定的科则征收钱粮的私田叫科田；“秋田”指原只能种秋禾的瘠薄之地；“站田”指旧曾为驿站之地；“垦田”即新近开垦上报官府开始升科之地。后面提到的“番地”是雍正三年（公元1725年）以后开始清查入册的原属藏、土、撒拉等少数民族人民耕种的土地。

[2]大草每束18斤，小草每束7斤。

西宁府新志·卷十七

田赋志（二）

茶　马 茶不产于宁郡，而边垂〔陲〕赖茶以易马，故并叙其始末焉

西宁府

唐肃宗时，回纥有功于唐，许其入贡，以马易茶。德宗纳户部侍郎赵赞议，税天下茶、漆、竹、木，十取其一，以为常平本钱。后悼悔，下诏亟罢之。茶之有税，始此。贞元九年，从盐铁使张滂奏，令出茶州、县若山及商人要路，以三等定估，十税其一。自是岁得钱四十万缗。穆宗从王播奏，增天下茶税，率百钱增五十。其后王涯判三使，置榷茶，徙民茶树于官场，焚其旧植者，天下大怨。令狐楚代为盐钱使后，令纳榷加价而已。李石为相，以茶税皆归盐铁，复贞元之制。武宗增茶税，时诸道置邸以收税。大中初，盐铁转运使裴休著条约，其法益峻，同于私盐、私商，给自首之帖，天

下税茶增倍。

宋置榷茶务，官自为场，置吏，总之曰山场。凡园户岁课作茶输其租，余则官悉市之。先受钱而后入茶，曰本钱。又民岁输茶折税赋者曰折税，此收茶之法。凡民鬻茶者，皆受于官，官给其日用曰受茶。商贾之欲贸易者，入钱若金帛于京师，榷货务以射六务十三场茶给券，随所射予之，谓之交引。此鬻茶之法。雍熙后用兵乏饷，令商入刍粟塞下，酌地远近，增其虚估，给券以茶偿之。天圣初，行见钱法，商人入刍粟塞下者，度地里远近，使茶与边籴各以实钱，禁纳色虚估之弊。豪商大贾不能为重轻，而烦费顿省。嘉祐中，弛旧禁，通商茶法弊，园户困于征取。何鬲、王应麟俱言其不便。时韩琦、富弼主行之。岁收租三十三万八千有奇，与诸路本钱悉储以给边。神宗熙宁七年，干当公事李杞入蜀经画，买茶于秦、凤、熙河博马。王韶又言："西人颇以善马至边，所嗜惟茶。"置提举熙河路买马，命知熙州王韶为之，而以提点刑狱为同提举。八年，提举茶场李杞言："卖茶买马，固为一事，乞同提举买马。"诏如其请。十年，又置群牧行司，以往来督市马者，此茶马所由始也。元丰三年，复罢为提举买马监牧司。四年，群牧判官郭茂恂言："承诏专以茶市马，以物帛市谷，而并茶马为一司。臣闻顷时以茶易马，兼用金帛，以听其便。近岁司局既分，专用银绢钱钞，非羌部所欲。且茶马二者，事实相须，请如诏便。"奏可。六年，买马司复罢兼茶事者。七年，更诏以买马隶经制熙河财用司，经制司罢，乃复故。自李杞建议，始于提举茶事兼买马，其后二职分合不一。元丰八年，陕西卖茶为场三百三十二，金州为场六。元祐二年，熙河、秦、凤三路茶仍官为计，置永兴、鄜延、环庆，许通商。崇宁四年，诏令茶马司总运茶博马之职，复元丰成法，自是职任始一。

元世祖至元五年，用运使白赓言，榷成都茶于京兆、巩昌置局发卖。私自采卖者，其罪于〔与〕私盐法同。

明洪武九年，始于秦州开设茶司，收四川巴茶，易买西宁、洮岷等处番马。后因安定等卫隔远不便，置茶马司四：西宁、河州、洮州、甘州。各府并赴徽州茶引所批验，令商人于产茶地买茶，纳钱请引。不及引者，畸零别置，由帖给之。上引五千斤，中引四千斤，下引三千斤。每七斤蒸晒一篦，运至茶司，官商对分。官茶易马，间征课钞。商茶给卖，每上引仍给附茶七百斤，中引五百六十斤，下引四百二十斤，名曰酬劳。经过地方，责令掌印官盘验，佐贰官催运。凡中茶有引由，出茶地方有税，贮放有茶仓，巡茶有御史，分理有茶马司、茶课司，验茶有批验所。岁遣行人赍榜文于行茶所在，悬示禁约。私茶出境，拨官军把守巡视，但有私茶，即拿解治罪。茶课初二万六千八百六十二斤零。至洪〔弘〕治十八年，新增二万四千一百六十四斤，并旧五万一千二十六斤，又增至茶课五万一千三百八十四斤零。系汉中府属西乡、石泉、汉阴及兴安、紫阳五州县岁办，分解各茶马司。又设陕西行太仆寺，寺有卿，有少卿，及寺丞、主簿各一人。甘肃行太仆寺亦如之。又设陕西苑马寺卿、少卿、主簿各一人，后裁少卿。寺丞领监二：长乐、灵武，监有正。置苑七：广宁、开城、黑水、安定、清平、万安、武安。苑有圉长，二监易七苑为七监，圉长为监正。甘肃苑马司设官如陕西，领监六，苑二十四。

洪武初，令西宁、河州、洮州各设茶马司。每三年一次，差在京官选调边军，赍捧金牌四十一面，降此三卫附近羌族，令纳马万有三千八百五匹。上号藏内府，下号降各番族，比验收马给茶，名内差发。西宁共金牌一十六面，易安定四卫，并申中十三族番马。先期于四川征茶一百万斤，官军转运各茶司分贮给用。二十三年定易马茶数，上等每匹一百二十斤，中等七十斤，下驹五十斤。洪武四年，奏准陕西汉中府金州、石泉、汉阴、平利、西乡县民，茶十株官取一分；民所收茶，官给价买；无主者，令官军薅培，及时采取，官取八分、军收二分。每五十斤为一包，二包为一引，令有司收贮，与西番易马。永乐初，遣御史巡督西宁、洮河等处茶马，停止金牌信符。宣德时复给金牌。未几，番人为北狄所侵掠，金牌散失，听其以马入贡而已。正统八年，奏准金州芽茶一斤，收叶茶二斤，运西宁易马。罢运茶支盐例，令官运如故。

先是，洪武初年置成都等处茶仓四所，令商人运茶赴西宁、甘州，而支盐于淮、浙以偿费，因都御史罗亨信言其弊，乃罢。十四年，每岁或遣行人一员，或间差御史巡察潼关以西至甘肃等处私贩。景泰二年，令陕西布政司委官巡视，罢遣行人。四年，复遣行人。成化三年，以岁饥待振〔赈〕，复令商纳粟中茶，又定粗茶每百斤收银五钱，芽茶三十五斤亦量收五钱。无银，收丝绢等项，俱解本省有司。买茶支用商课折色自此始。十四年，都御史项忠题照巡盐例，乃专差御史领敕，专理茶马。每岁一代，遂为定例。定制易马，自四岁至六岁，高大中度者方准收买。牡、骟马给各边兵；牝马送苑马寺孳牧。十五年，令巡茶御史招羌易马，不拘年例。弘治三年，令陕西布政司招商给引，赴产茶地方买茶，运赴茶马司，六分听其货卖，四分验收入官。十二年，御史王宪言："自中茶禁开，私茶莫遏，请停粮茶之例。"从之。又因永乐以后番马悉由陕西道，川茶多浥烂。乃令以三分为率，一分收本色，二分折银粮。十六年，取回巡茶御史，凡茶法听马政都御史兼理。十七年，令陕西每年拣宪臣驻扎临洮府，巡禁私茶，一年满日交代。

正德元年，马政都御史杨一清及巡按李玑言：国初金牌佥发之功，请复其制，以查检不出，事寝。一清建议商人不愿领价者，对分官茶贮库，商茶令自卖，遂为例永行焉。二年，仍差巡查御史一员，请敕兼理马政、茶法二事。十年，巡查御史王汝舟以每年羌人市马，不辨秤衡，止订篦中马，篦大则官亏，小则商病。酌为中制，每一千斤定三百三十篦，以六斤四两为准，作正茶三斤，篦绳三斤。嘉靖三年，御史陈讲以商茶低伪，悉征黑茶，地产有限，乃第茶为上、中二品，印烙篦上，书商名。十五年，题准西宁三茶马司积茶止留二年之用，每年易马，计该正茶外，分毫不许夹带，茶法稍饬矣。四十三年题准以后，每年开茶仍止五六十万斤，商人以一百五十名为止，勒限买茶报中。又定买茶中马事宜，各商自备资本，执引前去，收买真细好茶，正、附一例蒸晒。每篦重七斤，巩昌府查验篦数，稽考夹带。每正茶一千斤，许照散茶一千五百斤，数外若有多余，方准抽税。各照格填注，印钤截角，依限运赴茶司，照例对分贮库，取实收赴院销缴。如有夹带数多，伪造低假，正、附篦斤不同，即从重问罪。夹带与斤重者入官，低假者砍焚。引过五年不销者究问。三十年以年例马完，羌有余马，司有余茶，许其增中解牧。西宁增至二千五百三十匹。隆庆三年，以四川课茶改征折色，解苑马寺，易买中马。万历十九年，西宁收蕃僧所中马九百二匹。二十年，参将祁德增中马六百二十五匹，连前旧额共马四千五十七匹，内儿、骒马五百匹，苑马寺拨军领赴该厂，牧养孳种，其余俱听巡抚酌拨西宁各营及甘州等营军士骑操。其中马旧规，每年巡茶御史坐委西宁参将招中茶马，大约上马茶三十篦，中马二十余篦，下马十五六篦。黑茶止三四篦，余俱黄茶。事完，候御史按临，验马赏番。二十一年，因庄浪中马不堪，巡抚暨巡茶御史会题各道，中马府佐给茶，将官调番，以为定规。是年，巡茶御史禁中湖茶，以多假造。既而御史徐侨言汉中茶少而直高，湖南茶多而直下。湖茶之行，无防汉中。汉茶味甘而薄，湖茶味苦，于酥酪为宜，亦利番也。部议以汉茶为主，湖茶助之。

按羌戎俱嗜乳酪，不得茶则困以病。故唐、宋以来，以茶博马法制御羌戎。而明初制度尤密。久而奸弊日生，不遵前令，洎乎末造，商人多给赏由票于正引之外，故得私行。于是茶司所市者，乃番人中下之马，而上驷尽入商人之厩，以获重利。而将吏又以私马窜易番马，冒支上茶。是番易得茶而叛服自由，兵无良骑而驰驱多怯。茶法、马政、军伍、边防俱不可问矣！

皇清陕西差茶马御史一员，辖西宁、洮岷、河州、庄浪、甘州五茶马司各厅员。苑马司卿一员，领监七。每岁御史招商领引，纳课报部。所中马牡者给各边兵，牝者发苑马寺喂养孳息。岁额茶课折色银六千二百六十六两二钱二分六厘，本色茶十三万六千四百八十篦。旧额新增共茶引二万八千七百六十六道。内甘省五司旧额新增共引二万七千二百九十六道。茶商领引赴产茶地方办运，每引征茶五篦，每篦二封五斤，共征茶一十三万六千四百八十篦。今商人所领引张，每年无定，西司只在五千上下。

顺治年易马例：每茶一篦重一十斤。上马给茶一十二篦，中马给茶九篦，下马给茶六篦。凡通接西番关隘处所，拨官军巡守，遇有夹带私茶出境者，拿解治罪。其番僧夹带奸人并私茶，许沿途官司盘验，茶货入官，伴送夹带人送官治罪。若番僧所到处，该衙门官纵容私买茶货及私受馈送、增改关文者，听巡按查究。又进贡番僧，应赏食茶，须给勘合，付四川布政司拨发，有〔由〕茶仓所照数支放，不许于湖、广等处买私茶。甘镇以茶易马各番，许于开市处所互市，不容滥入边内。四年，差满汉巡察御史、笔帖式、通事各一员。五年议准，茶篦止供中马，不许开销赏番。七年题准，旧例大引茶篦官商均分，大引采茶九千三百斤，为九百三十篦。商领部引输价买茶，交茶马司，一半入官易马，一半给商发卖，例不抽税。小引包茶税分差等，每五斤为一包，每二百包为一引，发卖民用。每引汉中税银九两四钱，西安、风翔税银一十四两。今定大小引一例平分。十年覆准，茶商旧例，大引附茶六十篦，小引附茶六十七斤零。今定每茶一千斤，概准附茶一百四十斤，如有夹带私茶，严查治罪。茶篦先由潼关、汉中二处盘查，运至巩昌，再经通判察验，然后分赴各司，交纳官茶贮库。商茶听商人在本司贸易。凡于寺院番族中获之马，拨解京营西安八旗督标以及提镇各营。延、宁二处商税，每引百斤量入官茶，三十斤折银一钱三分，交库汇报。凡镇将发银市马，查核的确，准令购买。若有载茶易马者，概行禁止。各番交易茶马，量给烟酒，以示抚绥。十三年覆准，新茶中马既足，陈茶变价充饷。如新茶不足，陈茶两篦折一中马。十四年覆准，私茶、私马变价及赎罪银，原留中马支用，今七监马匹蕃庶，改解充饷。

康熙四年，裁陕西苑马各监。七年，裁茶马御史，归甘肃巡抚兼理。十四年题准，茶马事宜，每年八月攒造汇报。三十二年题准，西宁五司收贮茶篦，年久难免浥烂，每篦十斤变价银六钱。三十六年，仍差部员管理茶马事务。四十二年题准，陕西茶引，共额二万七百九十六道，拨西、庄、洮、河四司通番中马，内有小引八百余道，售西、凤、汉中三府民人供食。今止留小引一百道，三府地方人民不足食用，以致私贩横行。今于小引原额内颁茶引五百道，给商行茶，每引征茶五篦，每篦折银四钱，共征银一千两。四十三年覆准，嗣后陕境交界处，盘查茶斤。行人携带十斤以下者，停其搜捕。如有驴驮车载无官引者，即系私茶，照私盐律治罪。失察官员，俱照私盐例议处。四十四年，茶马事务停止差官，仍归甘肃巡抚兼管料理。西宁等处所征茶篦，停止易马，将茶变价折银。每新茶一篦折银四钱，陈茶一篦折银六钱充饷。巡察私茶十斤以下，停其搜捕。恐沿途行人分带零运，仍照旧例缉拿处分。五十七年，议准陕西、西宁地方为通番大路,原额茶引,不敷民番食用,今加增茶引二千道。每引照例征茶五篦,折银四钱,共征银四千两。六十一年,议准西宁、庄浪、岷州、河州界连口外,增茶引四千道,交与总督办理。一年定例之后,仍照旧交与巡抚办理。又议准西宁等处行茶,原照例换马驼牛羊,并易粟谷。今将旧茶悉行变卖,以作兵饷。又于兰州设立茶司,令兰厅管理,名曰甘司。

雍正三年,河西厅改为卫,所改为州、县案内,西宁厅改为西宁府,西司茶务归西宁府管理。又覆准西宁四司茶篦,自康熙六十一年为始,五年之内总收本色;五年之后,即将五年以前之茶发出变价,挨次出陈易新,将变价银两按年题报。嗣后总以五年为率。又覆准陕省茶改令产茶地方官给发船票,照依该商引目茶数,一一开明,不得另给印票。其应行盘查之处,照依引目及正茶、附茶斤两盘查验放,不得勒掯留难。如于部引之外,有搭行印票及附茶,不依所定斤数,多带私茶者,查拿照私盐律治罪。如查验官故纵失察者,照依失察私盐例处分。如有地僻引多,茶斤壅滞不能行销者,该商具呈该司。该司详报甘抚,行令往别司分通融发卖办课,自是别司改发西宁者居多。雍正八年,题准五司茶价:西司每封九钱五分,庄司七钱五分,洮司七钱五分,河司九钱四分,甘司七钱二分。各司总在前议价值以上发卖,按季具结报部。因价昂,西司是年并未发变。九年,奏准令五司复行中马之法。每上马一匹给茶十二篦，中马一匹给茶九篦，下马一匹给茶七篦。十年，奏准中马之法，应见马给茶，并于收喂之第一个月支料二京升，草一束；第二个月再加料一京升，草半束；至第三个月支料四京升，草二束。仍于五月初一日出厂，九月初一日收槽。其槽铡喂夫棚厂灯油等项，俱照例开销。又咨准，茶商船票仍由甘肃巡抚衙门给发。雍正十三年，军需告竣，番民以中马为累，详请奉文停止。又奏准五司积贮茶二百六十余万之多，价昂难以速销，恐致霉变。令将五司库茶以次年为始，减价出售。西司每封原定价银九钱五分，减银二钱，以七钱五分销变。令商人停交官茶，每封改折银二钱五分。

乾隆三年，又奉文每封改折增银五分，以三钱征收。又奉准，以五司库茶，虽经减价，然销变无几。分别年分远近，递相减价。西司茶封，康熙六十一年至雍正五年止，每封定价银三钱。雍正六年至十年，每封定价银四钱五分。雍正十一年起，至十三年止，每封定价银五钱五分，按年销变。乾隆七年奏准，令商人于是年为始，停交改折，仍交本色官茶。八年，奏准令将五司库茶发给各州、县、卫、所，易换粮石，以裕边仓积贮。自八年起至十一年止，西司共发茶四万六千封，宁郡各属共易贮各色仓石粮二万七千一百八十二石七斗一升八合零。乾隆十一年，奉准部文，令将乾隆七年以后征贮新茶，照依雍正八年奏准之例，西司每封定价九钱五分。

盐　　法 西宁、碾伯、大通、贵德同载

宁郡所属各县、卫、所，向俱易买青海之盐，并无行引课税。国朝雍正二年平定青海之后，于钦奉上谕事案内，经前抚远大将军、川陕总督年羹尧以西海盐池，自古皆属内地，且蒙古往来必由之道，疏请收复盐池。设副将一员，都司二员，兵一千六百名。西宁改设同知，移西宁通判经理盐池课税等因，经议政大臣议准。嗣于雍正二年复经议政大臣议请，额驸阿宝移驻博罗充克，若盐池驻扎官兵，恐生事端，应停其驻扎盐池。仍照前例，任蒙古人等入口贩卖等因，奉旨“依议。钦此。”又于乾隆七年，盐政慢〔漫〕无章程等事案内，奉文饬查，经西宁道佥事杨应琚行据府、县议称：“民间所食青盐，出于青海地方，距宁五百余里，内地民人不能前往。惟蒙古驮载至县属之丹噶尔地方，与汉、番民人易换布匹、炒面等物，转运赴城，分卖与小贩，转发各处货卖。其价因蒙古去来之多寡为长〔涨〕落，贱时每盐一升易青稞一升，遇贵即须升半、二升。小贩转卖，亦因以为加减。宁地番、回杂处，日食熬茶，非盐不可。偶值蒙古少出，即苦淡食，实非巩、兰、高台各处，产有土盐盐池，本地民人煎熬运卖，价有一定者可比。故向来并无额设引课及行运

商人。今若议请设商行运，而青海处在口外，原为蒙古所有；若坐税于食盐之民人，又系辗转购买；若于番、汉、蒙古易换之际征收，而口外各处番戎，凡驮皮张、硇砂等物至丹噶尔地方交易，向俱无税，今独于食盐征税，则盐价益贵，于民未便。他如大通卫、贵德所，地皆近边，其价与宁邑大略相等。碾邑则离口已远，价有加增。然总在宁郡界内，以体重而脚价贵，不能外行，似应仍请照旧，听其易换买食，免其征税，于内外实多裨益”等因，详覆具题矣。

钱　　法 西宁、碾伯、大通、贵德同载

上古自太昊氏有钱，谓之金。高辛氏谓之货，陶唐氏谓之泉，商、周谓之布，齐、莒谓之刀。禹五年水，汤七年旱。禹以历山之金，汤以庄山之金，并铸币以救人困。《管子》：先王用珠玉为上币，黄金为中币，刀布为下币。周太公立九府圜法：黄金方寸而重一斤；钱圜函方，轻重以铢司；布帛广二尺二寸为幅，长四尺为匹。

按九府者：太府、王府、内府、外府、泉府、天府、职内、职币、职金也。圜谓均而通也。周景王将铸大钱，单穆公谏，王弗听，卒铸大钱，文曰“宝货”。钱有文始此。

秦兼天下，币为二等：黄金以镒，名为上币；铜钱质如周钱，文曰“半两”，重如其文，为下币。

按二十四两为镒，改周一斤之制，半两则八铢也。

汉兴，以为秦钱重难用，更令民铸荚钱。至孝文五年，为钱益多而轻，乃更铸四铢钱，其文为“半两”。令民纵得自铸钱。故吴诸侯也以即山铸钱，（按：此句原版错乱。《汉书·食货志》云：“是时吴以诸侯即山铸钱。”据此则句当作“故吴以诸侯即山铸钱”。“也”字疑衍。）富埒天下。邓通，大夫也，以铸钱财过王者。故吴、邓钱布天下，而铸钱之禁生焉。自孝文更造四铢钱，至是岁，四十余年，县官往往即多铜山而铸钱，民亦盗铸，不可胜数。奸或盗磨钱质而取熔，钱益轻薄而物贵。令县官销半两钱，更造三铢钱。孝武元狩五年，有司言三铢钱轻，轻钱易作奸诈，乃更请郡国铸五铢钱。周郭其质，令不可得磨取熔。天凤元年，罢大小钱，改作货布。长二寸五分，广一寸，首长八分有奇，广八分。其圜好径二分半，足枝长八分，间广二分，其文右曰“货”，左曰“布”，重二十五铢，直货泉二十五。

唐高祖武德四年，铸“开元通宝”钱，径八分，重二铢四参，积十钱重一两，得轻重大小之中。乾封元年，铸“乾封泉宝”钱，径寸重二铢六分，以一当旧钱之十。逾年而旧钱多废。开元初，宰相宋璟请禁恶钱，行二铢四参钱。十一年，禁卖铜锡及造铜器者。二十年，千钱以重六斤四两为率。

宋太祖初铸钱，文曰“宋通元宝”，凡轻小恶钱悉禁之。太宗改元太平兴国，更铸“太平通宝”。自后改元必更铸，以年号为文。后至王安石为政，始罢铜禁。奸民日销钱为器，边关船不复讥钱之出，国用日耗。

按历来铸铜钱，用剂八十八两，得钱千，重八十两十分，其剂铜居六分，铅、铁居三分，皆有奇。凡铸大铁钱，用铁二百四十两，得钱千，重百九十二两，此其大法也。后度支判官许申建议，以药化铁与铜杂铸，重如铜钱法，铜居三分，铁居六分。皆有奇赢，亦得钱千，费省而利厚。然铁涩多不就，工人苦之。

明洪武初，置宝泉局于应天，铸“大中通宝”钱，与历代钱兼行。已敕户部及各行省铸“洪武通宝”钱。太宗九年，铸“永乐通宝”钱。宣宗九年，铸“宣德通宝”钱。洪〔弘〕治十六年，铸“洪治通宝”钱。嘉靖六年，铸“嘉靖通宝”钱。是后每改元必更铸钱。

皇清康熙六年，各省开炉铸钱。甘肃于巩昌府开局鼓铸。所铸钱文，一面铸“康熙通宝”四字，一面铸“巩”字，商贾有运至西宁者，后停。雍正四年，抚院石文焯摺奏暂开鼓铸，以清钱法。于五年四月内设宝巩局于兰州，按察司经铸，河桥同知监铸。动用藩库银二万两，收买各属暨宁郡户厘工字小钱，并古旧废钱铜斤入局鼓铸，开炉一十二座。七年三月内，奉文停止。

按宁郡系边远之区，而甘省又无鼓铸之局，则泉货岂易至此？故兹地用钱最杂，亦势使然也。闻之父老云：昔年钱价尚贱，自收买工字户厘小钱暨古旧钱之后，钱价顿长，至今未落。盖边远之区，道路艰阻，商旅无多。俾国宝与古钱听其兼行，则军民受益，不可与内郡较也。

西宁府新志·卷十八

武备志（一）

《易》象：地水为师。而《箕畴》八政，亦以师终之。盖有文事者，必有武备也。宁郡素号岩疆，西邻青海，南达三藏，环以诸番。且西北径通准噶尔，尤为用武之地哉。昔楚子论武有七德曰："夫武，禁暴、戢兵、保大、定功、安民、和众、丰财者也。"呜呼，尽之矣！

兵　制　戎器、驼马〔土兵〕附，西宁、碾伯、大通、贵德同载

汉武帝元狩三年，遣骠骑将军霍去病击破匈奴右地，遂略湟中，筑令居寨〔塞〕。六年，设护羌校尉。

宣帝神爵元年，遣后将军赵充国击西羌，疏留田便宜十二事。罢骑兵，屯要害，西羌平。

明帝永平三年，省护羌校尉官。

章帝建初元年，复拜度辽将军吴棠领护羌校尉，居安夷，后移居临羌。

和帝永元中，护羌校尉邓训以月氏胡为义从羌，每从征，得其死力。十四年，置西部都尉，屯龙支。

晋惠帝永宁元年，以张轨为凉州刺史，领护羌校尉。

孝武帝太元十九年，吕光以秃发乌孤为河西都统。

后魏孝文帝延兴三年，诏平西将军皮怀喜为前锋，长孙观为大都督，讨吐谷浑拾寅，降之。太和四年，拜吐谷浑伏连筹为西海郡公。

西魏文帝大统四年，以柳桧为都督，镇鄯州。

隋炀帝大业五年，诏安德王观为浇河道总管。四月，炀帝巡河右，至西平，陈兵讲武。

唐高宗武德二年，置鄯州西平郡都督府。

元（按：当作"玄"，此避清圣祖讳。）宗开元二年，以郭知运为节度大使，领鄯、廓等州。天宝十三年，哥舒翰奏置宁远、威胜、金天、武宁、曜武五军。

宋哲宗元符二年，诏以青唐为鄯州、陇右节度，邈川今碾邑为湟州。进王厚上阁门副使，统兵知湟州。

徽宗崇宁三年，改鄯州为西宁州，建陇右都护府。

大观三年正月，升湟州为飨德军节度。

政和五年，以王渊总理湟州蕃兵将。

元世祖至元十二年九月，赐西平王奥鲁赤所部鸡城戍兵人马三匹。

明太祖洪武十九年，命长兴侯耿炳文城西宁，始置演武场。

成祖永乐十一年，置镇守西宁将领官。十二年，以鹰扬将军史昭为都督佥事，镇守西宁。

宪宗成化八年，改西宁镇守官为守备。

孝宗洪（按："洪"本作"弘"，此避清高宗讳。）治元年，置西宁道兵备官。

世宗嘉靖八年，举人李完奏革庄浪参将带管西宁兵马事，许之。三十二年，改西宁守备为参将。三十五年，都御史傅凤翔奏置碾伯钦依操守。

神宗万历十二年，改碾伯操守官为游击。改古鄯操守为守备，置北川守备官。十八年，诏遣兵部尚书郑洛经略西海。十九年，郑洛奏置西川游击。二十三年，巡抚田乐以兵备副使刘敏宽议，奏加参将达云副总兵，节制庄浪、西宁各营兵马及选家丁千名，鼓舞土兵番人，报可。二十四年，核定：

营　官　参将下中军一，千总三，哨把总六，管火器把总二。游击下中军一，千总二，把总二。守备下中军一，把总一。

防守官　南川一，石灰沟一，沙棠川一，哈剌只沟一，平戎驿一，胜番沟一，冰沟一，老鸦城一，上川口一，下川口一，上三川一，下三川一，新增乩迭沟一。或指挥千百户，各以地方缓急大小，酌要拨军带领防范，年终更替。

营　兵　实在马、步军九千七百一十名。西宁营参将统领三千一百五十二名，碾伯营游击统领一千四百四十二名，镇海营游击统领一千六百五十六名，北川营守备统领九百八名，古鄯营守备统领一千四十名，南川堡防守统领二百六名，石灰沟防守统领一百五十二名，乩迭沟防守统领二百名，沙棠川防守统领三百六十一各，哈剌只沟防守统领八十名，平戎堡防守统领一百四十一名，胜番沟防守统领六十六名，老鸦堡防守统领二百二十一名，冰沟防守统领一百四名。

李家土兵　四百一十名，食粮。

祁家土兵　五百名，不食粮。或番夷大举，族长率领策应。

车　营　按察使刘敏宽、副将达云议列营之制：大小车相间，拒马枪与车相间。大车横排，小车相向，前后左右随便，行营微在转移，不得变乱。方圆斜长，因于地势；大小疏尔，称乎兵马。神炮列车外十步，涌珠炮列车外五步，三眼枪车外稍近，弓箭间之，更番射打。刘敏宽议曰："夫虏之以为长技者，马冲无前，人悍无畏，矢发无虚也。我军所以弗能当也。盖车营所谓立于不败之地，御夷有十二利焉：夷马虽疾，弗能逾也；夷众虽勇，无能及也；夷矢虽利，无能施也；我兵有所恃而胆气雄也；有所冯而射打闲也；有所依而畜力裕也；进可以攻，而莫之御也，退可以守，而不能乱也；

辎重随赍，而骑可轻也；观变出奇，而可不失其正也；列营不必下壕堑也；雨夜可以息士卒也。我之长技无以逾此。以我之长，当夷之长，而夷之长将无所用矣。”

神炮车制　高四尺，阔三尺五寸，长一丈二尺。两端任驾，速进退也，每车用骡一头，御车、施炮步军六人。木板一片，随敌挂辕，仿偏厢焉。

独轮车　计三百辆。高三尺九寸，前阔二尺五寸，后阔三尺，长五尺五寸。平端岐后，前施木板。横阔五尺，中设独轮。上置弩弓一张，次安伏槨机二具。左右各安火箭二枝，装盛弩箭、火药、铅子木匣三。每车三人推挽，弓箭、火具并此三人运用。

拒马枪制　长七尺六，锋尖锐，旁植木桩，贯以铁索，间于车阵。如遇险无车联络，单施每队五架，军持散行。

大神炮　长三尺五寸，围一尺五寸，重三百五十斤。每炮一出，用火药三十八两。装毕摇者三，上槌九，用土三罐，复槌十。内装大熟铁子四：一重四斤，一重一斤半，一重一斤，一重半斤；小生铁子一百五十，各重一两；铅子五十，各重八钱。掩口用铁子一，重七斤。每炮共备五出，每二队备一位。按察使刘敏宽增置八十七具。

涌珠炮　长一尺七寸，围八寸，重四十五斤。每炮一出，用火药八两。装毕摇者三，上槌九，用土一罐，复槌十。内装生铁子四十，各重一两；铅子十，各重一两。掩口大铁子一，重一斤二两。每队一位，共备十出。每炮驮马一匹，马军四人。

三眼枪　每杆重七斤，柄长三尺五寸。每眼一出，用火药三钱五分，铅子二，各重三钱五分，通备二十出。每队用枪二十五杆，按察使刘敏宽增置七百具。

伏榔机　每具重五斤，备子炮三，各重一斤半。每子炮一出，用火药五钱，铅子二，各重四钱。每具共备二十出。按察使刘敏宽增置四十二具。

火龙箭　筒长五寸，杆长四尺九寸，箭镞出筒二寸。装药须以铁筒合锤，锭实方为通利。用锤钻者浅而不决，多致中俯。此惟利于攻营射密，漫用无当。每独轮车一辆，备四十枝。

单矢弩　弩有一发二三矢者，发远中多，未尝不善。但发多则力分，矢轻则力寡，遇甲多跃，纵入不深。其惟单矢弩乎？长四尺三寸，箭长一尺九寸，一发止于一矢。镞后四钩，易入难出，稍短无彀，射无返还。每独轮车一辆，设弩弓一张弩，箭一枝。

马　匹　原额军士骑操马三千九百五十九匹，内京运桩朋银买给八百余匹，茶易马三千七百余匹。万历二十二年，实在马六千九百余匹，银买少而茶易多。至二十三年以来，颇多增置。西宁营马二千五百一十九匹，镇海营一千二百八匹，碾伯营一千二百一十二匹，北川营七百八十六匹，古鄯营七百九十五匹，南川一百三十四匹，石灰沟一百三十七匹，亂迭沟九十四匹，沙棠川三百一十八匹，哈剌只沟八十匹，平戎七十匹，胜番沟四十八匹，老鸦一百三十七匹，冰沟六十一匹。共马七千五百九十九匹。

明景泰中，以贵德为中左所守御，设马军五百员名，卫守此土。设五百屯军，以供粮饷。委河州卫指挥及世袭千百户防御。

皇清设西宁副总兵一员，管理将弁兵马。顺治十三年[1]，移临巩总兵官驻扎西宁城。原统辖标路河、洮等营旧额马、步、战、守兵共一万二千四百二十五名，内镇标五营旧额马、步兵四千五百名。内马战兵二千四百名，步战兵二千一百名。协路各营旧额马、步、守兵七千九百二十五名，内马战兵二千二百五十八名，步战兵一千五百三十一名，守兵四千一百三十六名。

康熙五十八年，总镇王以谦奏请标营增添火器步兵一千名。

雍正六年，奉文在于标营裁拨新设大通镇、永安、白塔及永固、永昌等营步兵二千五百名。

雍正七年，奉文标路增添马、步、守兵二千名，内马战兵八百名，步战兵六百名，守兵六百名。

雍正九年，奉文标营增添马、步兵二千名，内马战兵一千二百名，步战兵八百名。

雍正十二年，署镇范散秩大臣时捷奏请设立喇课千总营，于本标增添兵内抽拨马、步、守兵一百九十名，内马战兵六十名，步战兵六十五名，守兵六十五名，赴彼驻扎，仍属西宁镇管辖。

雍正十三年，奉文将标路七、九两年增添新兵陆续裁汰停补。又于本年奉文河州设镇，大通改协案内，将西宁镇原辖属之河东洮、岷、临、兰、巩、秦、阶、文等十六营统归河州镇管辖，将大通、永安、白塔三营归隶西宁镇管辖。

乾隆五年，管川陕总督查大学士郎阿据议奏请添设巴燕戎、河拉库托、亦杂石、扎什巴、康家寨、甘都堂、乩思观、千户庄八营堡，共设马、步兵一千九十名，内马战兵四百五十名，步战兵六百四十名。其所添兵丁在于标路七、九两年增添新兵内拨往驻扎。将巴暖营游击、千总移驻巴燕戎，巴暖营改设守备三员、把总一员，留兵二百名。内马战兵六十名，守兵一百四十名。

见在西宁镇属标路各营，除应裁新兵外，实在额兵共九千六百五十六名。

镇标五营额兵四千名。内：马战兵二千四百名，步战兵一千六百名。内：

中营　马战兵四百八十名，步战兵三百二十名。

左营　马战兵四百八十名，步战兵三百二十名。

右营　马战兵四百八十名，步战兵三百二十名。

前营　马战兵四百八十名，步战兵三百二十名。

后营　马战兵四百八十名，步战兵三百二十名。

协路各营额设马、步、守兵共五千六百五十六名。内马战兵二千二百二十名，步战兵一千八百六十一名，守兵一千五百七十五名。内：

城守营　步战兵五十四名，守兵二百名。

大通协营驻扎大通卫所属之大通城　马战兵四百八十名，步战兵三百二十名。

永安营　马战兵二百四十名，步战兵三百六十名。

白塔营驻扎大通卫城　马战兵一百六十名，步战兵二百四十名。

按大通卫乾隆二十六年裁卫改县　国朝雍正三年设大通总兵官一员，左右两营。白塔设参将一员，永安设游击一员，各统马、步战兵防卫，自成一镇。雍正十三年，河州设镇，大通改为协，裁左、右两营游击二员，守备二员，把总四员，马、步战兵一千二百名。设中军都司一员，留千总二员，把总四员，马六步四，兵八百名。白塔亦改设都司佥书，裁参将一员，守备一员，千总一员，把总二员，马、步战兵四百名，留千总一员，把总二员，马四步六，兵四百名。永安仍旧，裁千总一员，把总二员，马、步战兵二百名，留马、步战兵六百名。

丹噶营　马战兵二百五十名，步战兵一百二十五名，守兵一百二十五名。

镇海营　马战兵一百三十九名，步战兵五十七名，守兵八十五名。

河拉库托营　马战兵一百名，步战兵一百名。

喇课营　马战兵六十名，步战兵六十五名，守兵六十五名。

南川营　马战兵五十八名，守兵一百四十名。

贵德营驻扎贵德所城　马战兵三十名，守兵一百五十名。

按贵德所乾隆二十六年改设西宁县县丞　国朝顺治六年设守备一员，守兵一百五十名防守。雍正七年，增添经制外委把总一员。十一年，改设都司。乾隆五年，添拨西宁标营马战兵三十名。

北川营　马战兵一百四十六名，守兵二百一十名。

威远营　马战兵五十八名，守兵二百二十名。

碾伯营驻扎碾伯县城　马战兵四十九名，守兵一百一十名。

老鸦营　马战兵一十名，守兵四十名。

冰沟营　马战兵一十名，守兵五十名。

按碾伯县国朝设守备一员防御。雍正十一年，改设都司佥书。

西大通营凉州平番县属　马战兵二十名，守兵四十名。

巴燕戎营驻扎巴燕戎厅城　马战兵二百名，步战兵二百名。

巴暖营　马战兵六十名，守兵一百四十名。

亦杂石营　马战兵三十名，步战兵七十名。

千户庄营　马战兵一十名，步战兵三十名。

甘都堂营　马战兵五十名，步战兵一百名。

康家寨营　马战兵二十名，步战兵四十名。

扎什巴营　马战兵三十名，步战兵七十名。

癿思观营　马战兵一十名，步战兵三十名。

西宁县、碾伯县各土司土兵附

西宁县土司土司所出土兵数目，俱照镇册开载，其余土司暨住址详《官师志·职官》末

世袭指挥使祁宪邦所管入兵册马土兵一百五十名。

世袭指挥使陈帝范所管入兵册马土兵五名，步土兵二十名。

世袭指挥同知李承唐所管入兵册马土兵五十名，步土兵五十名。

世袭指挥佥事注〔汪〕于昆所管入兵册马土兵五名，步土兵二十名。

世袭指挥佥事纳世绩所管入兵册马土兵五名，步土兵二十名。

世袭指挥佥事吉应魁所管入兵册马士兵五名，步土兵二十名。

碾伯县土司

世袭指挥同知李国栋所管入兵册马土兵三百名。

世袭指挥同知祁在玑所管入兵册马土兵一百名。

世袭指挥同知赵尔良所管入兵册马土兵五名，步土兵二十名。

世袭指挥佥事冶俊祥所管入兵册马土兵二十五名。

世袭指挥佥事阿珍所管入兵册马土兵二名，步土兵十四名。

戎器、驼马

威远炮，子母炮，弓箭，鸟枪，矛，镗，藤牌，挑刀，双手带，棍。

镇属标路甲胄、旗帜、军装俱全，按年巡查。本标五营，每营额设马战兵四百八十名。内除官员养廉名粮四十一名，俱按品级支食不等。

实存营马兵四百三十九名，内弓箭手一百名，鸟枪手三百三名，镗手三十六名兼射箭。

每营步战兵三百二十名，内除官员养廉三十二名，公费一十六名。

实存营步兵二百七十二名，内鸟枪手一百名，炮手三十四名兼舞双手带，矛子手六十名兼射箭，藤牌手六十名兼舞棍，挑刀手一十八名，协路官员养廉暨兵丁所习兵器仿此。

镇属各营兵丁额马四千六百二十匹，内标营马二千四百匹，协路各营马二千二百二十匹，备战驼五百只，又配炮驼一百只。

额设孳生驼二百只。

额设孳生马一千二百匹。

备　兵

宁郡塞外正西二千二十余里有哈吉尔，西北二千一百余里有色尔滕，二处径通准噶尔地方，故于镇属标路马、步战兵内，挑选精健者为战兵，共五千名以备用。内马战兵三千一百六十名，步战兵一千七百四十名。内：

中营派备马、步战兵六百二十名，内马战兵四百二十名，步战兵二百名。

左营派备马、步战兵六百二十名，内马战兵四百二十名，步战兵二百名。

右营派备马、步战兵六百二十名，内马战兵四百二十名，步战兵二百名。

前营派备马、步战兵六百二十名，内马战兵四百二十名，步战兵二百名。

后营派备马、步战兵六百二十名，内马战兵四百二十名，步战兵二百名。

大通协派备马、步战兵五百一十五名，内马战兵三百名，步战兵二百一十五名。

永安营派备马、步战兵三百五十四名，内马战兵一百五十名，步战兵二百四名。

白塔营派备马、步战兵二百一十一名，内马战兵一百一十名，步战兵一百一名。

丹噶、镇海、喇课三营派备马、步战兵二百八十名，内马战兵三百名，步战兵八十名。

河拉库托营派备马、步战兵一百一十名，内马战兵七十名，步战兵四十名。

北川营派备马战兵八十名。

巴燕戎营派备马、步战兵二百五十名，内马战兵一百五十名，步战兵一百名。

戍　兵

防范宁郡塞外正西德布特尔、哈吉尔，西北依克柴达木、色尔滕等处边隘声息。西宁镇营千、把总四员，马兵一百名；总理青海番子事务衙门派拨青海各旗佐领、骁骑校各二员，蒙古兵二百名，俱一年一换；庄浪满营派拨巡查德布特尔、柴达木等处边隘佐领、防御各一员，骁骑校二员，满兵二十名。于九月内出口，至次年二月内回汛。

按宁郡出日月山隘口，即青海蒙古地界。正南由青海达四川松潘；西南系入西藏之途；惟正西地方辽阔，径通准噶尔；西北过山即属安西、沙州；正北则有通甘肃、赤金之路。其应防准噶尔窥伺紧要之处，则现安台卡之两路。一路系自哈什汉水头台起，至木克胡芦素十台；自十台由希席、额色尔津、乌木汉至德布特尔底卡；自底卡由插汉哈吉尔、噶顺刚乂戈壁塞外无水草处、噶斯哈吗尔打坂，直通准噶尔伊里。又自木克胡芦素十台分路，由西北之皂哈哈必尔、哈巴汉柴达木至依克柴达木底卡，由色尔滕、衣逊、插汉齐老兔、马海戈壁径通伊里。于雍正十三年撤兵之后，在西宁镇营派拨千、把四员，马兵一百名，青海各王扎萨派佐领、骁骑校各二员，蒙古兵二百名。自哈什汉水起至额色尔津共安十三台，以备传递文报。于德布特尔设一卡伦，驻千、把二员，蒙古佐领、骁骑校二员，绿旗兵十一名，蒙古兵四十二名，轮流瞭探。每半月至哈吉尔地方换牌子一次，以为证据。于依克柴达木设一卡伦，驻把总一员，蒙古佐领一员。绿旗兵十八名，蒙古兵三十三名，亦半月轮流哨探，至色尔滕地方换牌子一次。又于额色尔津乌木汉城内设一总卡，驻千总一员，绿旗兵三十名，蒙古兵二名，以备守城，并接应德布特尔、依克柴达木两路卡伦之用。

查额色尔津在西宁之正西，离西宁约一千二百余里。额色尔津迤西三百七十余里，即系德布特尔卡伦。德布特尔至哈吉尔换牌子地方约四百五十余里。依克柴达木底卡在西宁之西北，离西宁约一千七百余里。依克柴达木到色尔滕换牌子地方约四百余里。又有庄浪满营派拨佐领、骁骑校四员，满兵二十名。每遇临冬之际，出口分查两路卡伦。入春之后，仍进口回庄。以上官兵听总理青海番子衙门调遣。此年来设汛安兵瞭探之缘由也。

贵德民兵

明季洪武十三年，修筑贵德土城，工竣，因所地土著多系羌戎，故拨河州民四十八户，处之临城近地，给与田亩，免其税粮，责以城守，乃寓兵于农之意。国朝因之。雍正元年，青海蒙古谋逆，勾通贵德生番。其防守城池，堵御贼众，大得民兵之力。统兵大将军曾颁花红茶布，以奖励之。今复露生息，生齿繁衍。历年所官多欲将田亩升科，裁去民兵。自乾隆四年归隶宁郡，经西宁道佥事杨应琚率同知府申梦玺亲至其地，见官兵数少，生番甚众，岂可贪弹丸黑子之赋税，而毁数百年已效之章程？爰三选其一，胜兵得一千二百九十四名，捐给旗帜，详请两台奏明，仍循旧制，以绝后官希冀。并将民兵分为三哨，设民千、把总十一员以统领之。缺监司选补。其戎器，拨镇营所余。农隙，所官与营员公同训练，不得琐屑,致误其业,制曰“可”。

中、左、右三哨,民千总三员,民把总八员,民兵一千二百八十三名。

注释:

[1]本志卷三十一《纲领下》记,顺治“十六年六月移临巩镇总兵官驻西宁城”,与此处所记顺治十三年矛盾。据《皇朝文献通考》《光绪大清会典事例》等,应以顺治十五年(公元 1658 年)为准。

西宁府新志·卷十九

武备志（二）

番　族

西宁府

西番即西羌，族种甚多。自甘肃历四川、云南西徼外皆有，而散处河、湟间者，为中国患尤剧。汉赵充国、张奂、马贤、段颎，魏郭淮，晋马隆，隋刘权，唐娄师德、哥舒翰，宋王韶、王厚之所经营，皆此地也。元遣驸马章古〔吉〕镇西宁，于河州设吐蕃宣慰司，统制番众。明洪武二年，太祖定陕西，即遣官来河、湟招谕，其酋长皆观望。复遣员外郎许允德招之，乃多听命。又遣归附元甘肃右丞朵尔只失结、西宁州同知李南哥，招抚其酋长，至者亦悉授官，以茶马互市。山后贵德等州西番诸部落，亦皆以马来市。是时，西宁共十三族耳。至正德四年，蒙古部酋亦不剌、阿尔秃厮获罪其主，拥众西奔，瞰知青海饶富，袭而据之，大肆焚掠。番人失其地，多远徙，其留者不能自存，反为所役属。自是西、碾始有海寇之患。后真相移驻莽剌川，火落赤移驻捏工川，逼近西宁，日蚕食番族，番不能支，则折为寇用。扯力克又西行助之，势益炽，经尚书郑洛、中丞田乐、兵备副使刘敏宽、参将达云，剿抚悉合机宜，番人渐复归业，为中国用。崇正〔祯〕十一年，李自成屡为官军所败，自洮州轶出番地，诸将穷追，复奔入塞内，番族亦遭蹂躏。十五年，西宁番族作乱，总兵官马炉督诸将进剿，斩首七百有奇，余招抚而还。番人已分三十八族矣。然终为青海所逼，私馈皮币曰“手信”，岁时加馈曰“添巴”。或反为乡导，交通无忌，其时之所患，仍在寇而不在番也。明万历时，番人分为二十五族，尚可稽考。列于左方，并志其户口、服制、风俗，以备观览云。

万历中番人二十五族：

申中族　一名申冲。洪武三十年招抚，居牧贵德峡，后徙塞内孤山滩，古牛心堆西也。去卫治四十余里，有城郭庐室，田畜为业。户三百，口六百有奇。授指挥一，岁输马三百五十有奇。其俗多毛布，男子衣二截，上修倍下，下多纵缝。冬衣兽皮，贵贱有异。女子椎发，被颊而下，贵者首项饰珍珠、珊瑚、琥珀、阵璖、玛瑙、腊珀、海螺之属。饮食恒牛、羊、戎(按：初划作“胡”，此恐因触忌讳改。)饼，重茗酪。间猎黄羊、黄鼠、獐鹿、野牛马、雉、兔食之。岁以麝香、犏牛、绒尾、马尾、土豹、狐皮出市。婚礼以马为聘，贵者十余匹，下亦二三。每岁元旦及至日、万寿节，十三族受爵大酋，咸赴卫城，随班朝贺。次日晏于卫堂，颁赉而去。

隆卜族　居牧塞外，去申中南百余里。有上、下二族，西邻思果迷，东接占咂，南至黄河，东西二百里。无城郭，多毳帐，间有庐室。户二千，口四千有奇。国师二。风俗略与申中同。往往不率国章。先是，乌思巴尔诸酋叛掠，千户李淳捣其庐帐，诸部恚憾。正德十四年冬十月，复入大掠，淳追击出塞，中伏被执，寸莝[1]其尸。自是叛乱靡定，不内属也。其后顾受大明寺藏僧锁南坚错要约。万历十八年，松夷(按：原作“虏”，指蒙古族，以下“海夷”均同。)宰僧、阿赤兔入掠其部。十九年，经略尚书郑洛因其挫衄，遣使致锁南坚错收抚之。开族八十有奇，各立族名。合输马五百五十有奇。

占咂族　一曰章咂。洪武十三年招抚，居塞外。西接下隆卜，东邻革咂，居处服食皆同。往往接连二族，叛服靡定。嘉靖四十年，出掠马哈剌沟，输马久绝。万历十九年，经略尚书郑洛遣使招谕之，互开其族，立二十九族。总计输马三百匹有奇，中多兵备刘敏宽复招来者焉。

革咂族　一曰哈咂。洪武十三年招抚，居塞外。在占咂东，古鄯之西南也。无庐室，多罽帐，户四百，口九百余。其俗略与占咂同，驯犷靡常。正德十四年，番酋锁南温古六失加侵掠洪〔弘〕化寺，守备杨佑袭破之。嘉靖四十年，由南川掠马哈剌沟。万历九年，入掠思打岔峡，百户郭承勋、刘世爵追出塞外，中伏而死。十三年，兵备副使燕好爵帅兵捣其巢穴，斩馘一百三十有奇，获生畜二千有奇。有牛一身二头。十七年，入犯三川，防守百户刘存仁追战，死之，输马遂绝。十九年，经略尚书郑洛招收不至。二十三年，兵备刘敏宽遣人慰谕，并其属族，有掩官科元族、答加族。岁总输马四十有奇。

打不受族　居牧塞内古鄯西北之松树湾，会宁伯李氏族也。口一百有奇。岁输马一十五。

洛巴族　居牧塞内，在古鄯西。户一百，口二百五十。岁输马二十有奇。

古迭族　在古鄯西，与打不受邻，指挥东祁族也。口一百有奇。岁输马二十。

珍珠族　居牧贵德峡。兵备刘敏宽招抚之。户一百有奇，口五百。岁输马一百余匹。

那尔卜族　居牧古鄯西，鹫峰寺属族也。输马二十有奇。

思果迷族　一曰果迷卜咂，洪武十三年招抚，在上隆卜。西去卫治一百五十余里，盖古浇河郡地。有上、下二族。其饮食居处不异隆卜。又有哈沙族，向弗效顺，万历十九年，经略尚书郑洛遣使招抚，二族来归。岁输马约五十匹。盈缩不齐，时或不至。二十三年，兵备刘敏宽招谕焉，复归顺。用为西海耳目，有斩获功。

申藏族　洪武十三年招抚，十三族之一也。居牧上思果迷，西近青海，汉西海郡地。其种族久已散亡。

日觉剌麻族　往居牧仰华寺，寺焚东徙。岁输马三十有奇。

隆奔族　洪武十三年招抚，居牧塞内，外周西纳，南、西、北三隅有城郭庐室。塞外者列帐。有夷警，徙塞内。俗同申中、西纳也。有国师、指挥。岁输马一百三十有奇。其支属有奔巴尔族，居西石峡。户一百有奇，口二百五十。岁输马一百五十。

西纳族　洪武十三年招抚，居牧塞内湟水北。西去卫治六十里。有城郭庐室，田畜为业。有寺，授国师一，赐银印一，牙章一。户五百，口一千五百有奇。俗与申中、隆奔同。岁输马三百有奇。其支属有小西纳，居牧古鄯北。原岁输马三十有奇。又有思打剌麻族写尔金刚寺，亦输马五十有奇。

思冬思哥族　居牧塞外，与西纳邻接。居处服食皆同。户一百，口二百有奇。岁输马一百有奇。

加尔即族　洪武十三年招抚，居牧塞内西纳北之金娥山南。国师一，指挥一，赐银印、牙章各一。户三百，口千七百余。有城堡，居处服食与申中同。岁输马八十有奇。

红帽儿族　沙州番也。一云即安定王部落，正德中为海敌残破，流沙州。后徙西宁塞外。善射，海敌(按：初刻作“虏”，后改，于此可见乾隆时文网之严。)畏之。时亦梗内地。万历十九年，经略尚书郑洛招抚之。后却尔失加与瞿昙寺有姻戚，复徙牧其境，居庐室，效顺焉。一支为剌卜尔族。

剌卜尔族　初居塞外，为火落赤所掠。万历十九年，经略尚书郑洛招抚。二十三年，前后助两川之捷，有功，敕授国师、指挥以下有差。今徙内，居庐室。户三百，口七百有奇。岁输马一百有奇。侦探御敌，数得其力焉。

巴沙族　洪武十三年招抚，居牧塞外。去卫治北一百余里。北至大通河，西至北川塞外，东接大通城。广袤五百余里。无庐舍，多罽帐。其俗与诸番酋无大异。所属有昝咂、思俄思哥等小族。恃险阻，数出掠。正统十三年，番酋瓦落叛，遣指挥祁贤捕获之。天顺元年，四出侵犯凉、永、庄浪、西宁，攻破城堡，戕杀官军，劫掠牲畜无算。镇抚会请击之，总兵官卫颖、副总兵毛忠帅兵由骆驼山讨之，俘斩七千七百有奇。至正德十一年，又入掠水磨沟，百户佛元战死之。是年总兵官徐谦率兵袭击，破之，其族遂散。而昝咂族渐强盛。

昝咂族　巴沙小族也。巴沙散弱，全有其地。南北百余里，东西三百里。支属散处，各自为族，无统摄。有大昝咂族、小昝咂族、上昝咂族、中昝咂族、下昝咂族、六古咂族、薛咂族、札尔的族、巴咂族、巴的族、设加（按：此恐与下文“舍加”相重。）族、思冬沙族、阿洛受族、思哥迷族、剌咂族、亚思革族、仓阿思加族、冲咂族、马其沙族、马其冲杓族、思蛮咂族、诸贡族、奔阿族、思加济族、阿洛朵只族、北俺官族、哈尔麻族、工巴族、舍加族、写尔定族、茶住族、麻尔日族、麻居族、而思各迷族。有国师、金印。小札尔的族其婿也。鲜迷族居大通川者,则输马于庄浪。大咎哑户一千五百,口四千。刀群(按:疑当作“犀”。)利善使。巴哑户三百,口八百有奇,带甲胜兵三百。海夷云:“红帽善箭,咎哑善刀。”恒畏之。嘉靖九年,掠碾伯;四月掠土官沟,指挥彭杲击败之。二十二年,酋长却星吉出掠,守备许世爵追败之。二十九年,尔加定族(按:此似应作写尔定族。)攻掠碾伯,守备唐勇间道捣其巢,颇多杀获。及兵还,番贼邀于道,我兵拒险力战,勇额中矢,兵遂败绩,指挥陈龙、赵威死之。杀伤百余人,所获俘馘、牲畜尽亡。三十年,聚众攻掠红崖堡,守备俞京帅兵往救,怯不敢进,麾下指挥赵芳、百户刘清、总旗孙瑞先、舍人李继志,率勇敢三十人出营,先进与战,势孤,为贼所围。清与瑞先三十余人皆死之,芳中三刀,继志中七刀。京闻败,遂弃营遁,军士大乱,丧亡不可胜计。官军二千,未遇贼而溃,京止遣戍。是年又犯碾伯,操守指挥贺有年追击,死之。三十二年,设加和尚尔加定聚诸族攻掠堡寨,兵备副使范瑟破其众。三十四年闰十一月,入掠,参将张廷辅败之于沙棠川。三十六年六月,尔加定又掠潘其营,操守指挥彭汝为战死。八月,掠红崖沟,十月,掠水磨沟,复掠钟家庄。三十七年十月,掠杨官沟。十二月,掠驽木只沟,操守指挥严威击走之。是月,复掠西水磨沟。三十八年正月,剌哑族出掠土官沟，二月，复掠黑松峡于家寨。四十年三月，部人掠颜只沟，操守严威击走之。至万历十八年正月，入掠沙棠川，防守百户刘世臣遇害。其蹂躏我二地，荼毒人民，不可屈指计，官兵不能一大创，种类日繁，负险为固。十九年，经略尚书郑洛鼓番族以逐海夷，遣使招抚之，得工巴以下七族，而大咎哑始归焉。二十三年，兵备按察使刘敏宽、参将达云御夷两川，出胜兵三百五十助战，破夷。之后，颇畏威力，令诸族岁输马六百五十有奇。

思俄思哥族　亦巴沙族属也。居卫城北塞外咎哑部中。天顺七年，巴沙纠犯沙棠川。隆庆三年，出掠平戎道上，参将陈恺掩击之。至其帐，贼罔知也，诛其首恶，不敢复出。后肃州南山僧来居其族，凡咎哑族属，咸师事之，习其教焉。岁输马三十有奇。

巴哇族　洪武十三年招抚。初居牧北塞外，与巴沙邻。巴沙屡纠其族及其族所属阿尔加仓叛。天顺七年，入掠沙棠川，大破之，其众寝弱。正德十一年，总兵徐谦袭巴沙，而巴哇亦散亡，流处沙棠川、北川哈剌只沟。居庐室。岁输马三十。

小札尔的族　居牧红崖沟脑。有城堡，处庐室。盖肃州西山僧乌思藏所遣来居塞内开族。中马五十有奇。

麻加族　居牧塞内碾伯北胜番沟。有城堡，居庐室。户八十余，口二百。岁输马一十有奇。

奔刺族　在塞内红崖沟。居庐室。有僧自南来居此，遂开族输马。户才二十，口五十有奇。

皇清雍正元年，平定青海，编为佐领，将内外番人入我版图，或输粮，或贡马，断其右臂，真可谓得捍外卫内之道矣。宁郡四属俱有番民，其西、碾二邑番族近南山者，又特设巴燕戎抚厅以化导羁縻云。

巴燕戎抚番厅（按：初刻作“摆羊戎”。）

迭柞族　郡城东南一百九十里，相连囊思多族。共五百六十六户。百户存住。百户之下，设有乡约。

囊思多族　郡城东南一百六十里，相连多巴族。共二百四十三户。百户官卜刺夫旦。设有乡约。

多巴族　郡城东南一百六十里，相连舍人不具族。（按：今为舍仁、文卜吾具两庄。）共一百三十九户，百长隆住。设有乡约。

舍人不具族　郡城东南一百八十里，相连安达池哈族。共一百三十四户。百长班的。设有乡约。

安达池哈族　郡城东南一百八十里，相连思那加族。共一十九户。百长郭爱。设有乡约。

思那加族　郡城东南二百二十里，相连喀咱工凹族。共一百三十六户。百长桑吉。设有乡约。

喀咱工凹族　郡城东南一百九十里，相连沙卜楞、加贺尔散（按：“散”字疑衍。）庄。共一百二十七户。百长噶卜藏。

设有乡约。

黑城子加贺尔庄族　郡城东南一百八十里，相连巴燕戎。共一百九十二户。乡约马三。

群家族　郡城南七十里。共五十一户。设有乡约。

水乃亥族　郡城东南一百九十里，相连实达仓族。共一百四十九户。百长角巴。下有乡约。

实达仓族　郡城东南二百一十里，相连喇咱族。共一十八户。乡约班第。

喇咱族　郡城东南二百一十里，相连千户族。共二百九十九户。百长官卜。下有乡约。

千户族　郡城东南二百二十里，相连奔加不尔具族。共四百九十六户。百长郭尼。下有乡约。

奔加不尔具族　郡城东南二百七十里，相连科巴尔堂族。共二百七户。百长楞乃。下有乡约。

科巴尔堂族　郡城东南二百九十里，相连羊尔贯族。共六十五户。乡约洛卜藏。

羊尔贯族　郡城东南二百九十里，相连科巴尔堂族。共八十户。乡约麻尼吉。

西宁县

上各密族　百户说合多尔。共管四族。内：

上各密族　郡城西南二百二十里，相连竹革族。共七十七户。乡约拉木赖。

竹革族　郡城西南二百里，相连提哇族。共七十六户。乡约沙克都尔多勒。

提哇族　郡城西南一百八十里，相连果米宛里族。共五十一户。乡约格隆。

果米宛里族　郡城西一百九十里，相连管家族。共五十户。乡约依卖现。

下各密族　百户噶然儿。共管五族。内：

管家族　郡城西南一百一十里，相连提哇族。共一百二户。百长贲南达尔吉。

亦石杂族　郡城南一百四十里，相连火力家族。共六十三户。乡约才旦尖木错。

火力家族　郡城南二日五十里，相连多利仓族。共八十户。乡约阿刚。

多利仓族　郡城南一百六十里，相连火力家族。共五十户。百长噶卜藏，乡约哈卜藏。

噶然尔族　郡城南一百三十里，相连群家族。共二百四十三户。乡约多尔吉且夫旦。

申中族　郡城南五十里，相连塔尔寺。计一十三庄。内除群家一庄，计五十一户，因住居南山后，归巴燕戎厅管辖。止计一十二庄：申中台、加牙陈家滩、羊毛沟、加牙阿看庄、加尔藏、群他尔、什张加、傻尔加、贲尔加、沙尔湾、阿尔计、丹洛麻。共一千二百七十九户。

喇卜尔族　郡城西南六十五里，相连隆奔族。住居大康城。共二百八十户。

隆奔族　郡城西六十里，相连西纳族。住居国师营。共八百七十二户。

西纳族　郡城西北六十里，相连圆觉寺。住居西纳上寺庄。共一千三百七十九户。

思冬思哥族　郡城北五十里。相连巴哇族。住居景羊川。共三百五十六户。

巴哇族　郡城北五十里，相连昝咂族。住居七塔尔脑。共九十八户。

巴沙族、昝咂族并思俄思哥族　郡城东北一百二十里，相连安定族。住居昝咂，总名昝咂族。共一百四户。

安定族　郡城东北九十五里，即昔之红帽儿族，相连珍珠族。住居威远堡东。共一百四十三户。

珍珠族　郡城东北一百里，相连白札尔的族。住居威远堡东。共一百五十三户。

白札尔的族　郡城东北九十里，即昔之卜札尔的族。住居红崖子沟脑。共一百五十二户。

塔尔寺族　郡城西南五十里。共二百六十七户。

碾伯县

上札尔的族　县城西北八十里，相连拉杂族。共四户。设有头目且令善。

拉杂族　县城西北六十里，相连麻家族。共三十户。设有头目札什且尔旦。

麻家族　县城北四十里，相连小巴的族。共一十七户。设有头目班麻尔加。

小巴的族　县城北五十里，相连旧仓家族。共三十户。设有头目官卓。

旧仓家族　县城〔北〕四十里，相连新仓家族。共二十户。设有头目化树加。

新仓家族　县城东北一百里，相连大巴的族。共九户。设有头目且令札什。

大巴的族　县城东北四十里，相连普尔杂族。共四十一户。设有头目班麻且令。

普尔杂族、哈尔加族、格写尔族、阿喇族、卓尔格族　县城东北六十里。共六十四户。设有头目且尔加山安古尔。

阿他族、赊家族、补牙族、素古族、班塘族　县城东北九十里。共八十一户。设有头目巴麻山巴麻。

麻其族、庵观族、阿南族　县城东北一百四十里。共七十五户。设有头目拉可山那卜应。

写尔定族　县城东北一百六十里。共三十户。设有头目拉尔思本。

以上俱系北山番民。

普化族　县城东南八十里，相连工巴族。共三十四户，设有头目南加多吉。

工巴族　县城东南一百二十里，相连千户族。共一十六户。设有头目羊尔加。

千户族　县城东南一百三十里，相连古迭族。共二十八户。设有头目巴噶且令。

古迭族　县城东南一百三十五里，相连冶尔吉族。共三十三户。设有头目巴麻扎什。

冶尔吉族　县城东南一百四十里，相连如来族。共三十三户。设有头目巴麻扎什。

如来族　县城东南二百三十里，相连鹫峰族。共二十七户。设有头目多尔吉且令。

鹫峰族、广会族　县城东南二百一十里，相连洛巴族。共四十三户。设有头目严物尔件。

洛巴族　县城东南二百一十五里，相连红山族。共一十五户。设有头目落格尔念。

红山族　县城东南二百二十里，相连小西纳族。共九户。设有头目吒唏喷。

小西纳族　县城东南二百二十里，相连祁康哥族。共二十六户。设有头目辛志增。

祁康哥族　县城东南二百三十五里，相连静宁族。共一十三户。设有头目隆有让。

静宁族　县城东南二百四十里，相连吕家堡。共七户。

设有头目乔贲南先格。

郭尔庄、河尔洞庄、李家庄、西营庄、上下阴阳庄　县城西南六十里,俱系相连。共七十六户。设有头目且巷拉夫旦。

新庄、噶喇日台子庄、喇尔干庄　县城西南五十里,俱系相连。共三十五户。设有头目他娃旦。

上帐房庄、下帐房庄、上营庄、下营庄　县城西南五十里,俱系相连。共五十三户。设有头目阿窝牙。

狼营庄、斜营庄、垛巴营庄、上下角营庄、马圈庄　城南四十里,俱系相连。共四十七户。设有头目许之英。

新庄、老官庄、聂家庄　县城南三十里,俱系相连。共三十九户。设有头目梅成且令。

都古营　县城南四十里,相连洛巴庄。共二十一户。设有头目扎什盆错。

洛巴沟、洒都营庄、中巴龙庄　县城南三十五里,俱系相连。共五十一户。设有头目公娃。

上阴阳坡庄、下阴阳坡庄　县城东南三十里,相连。共二十一户。设有头目巴麻古六。

大麦沟庄、谷代庄、吉藏庄、化家庄　县城东南四十里,相连。共一百一十三户。设有头目盆错拉尔旦。

虎狼沟、青沿沟庄、麻尼庄、官家庄、写经台、古城台、红岭庄、缺树湾、何家山、山丹坡、上下大湾庄　县城东南五十里,俱系相连。共五十一户。设有头目禅师完卜。

以上俱系南山番民。

大通卫 乾隆二十六年裁卫改县

大通川千户曹通温布所管六族。内:

隆旺族 卫城东八十里。共八十户。相连多隆族。头目罗藏。

兴马族 卫城东九十里,共九十八户。相连隆旺族。头目加尔多。

那楞族 卫城东北一百二十里。共二十户。相连向化族。头目汗索南。

向化族 卫城北一百二十里。共一百户。相连归化族。头目化尔尼。

归化族 卫城东北三十里。共七十九户。相连新顺族。头目阿里班固。

新顺族 卫城北一百四十里,共一百户。相连大通城。头目达尔汗卡。

贵德所 郡属各番族,唯贵德所插帐番人内有不甚驯良者,今独详载,以备考察。乾隆二十六年改设西宁县县丞

东车族 所城正西五十里。百户昂哇所管。番庄一十五处,内:

下排庄 五十九户,二百二十口。张仓麻庄 四十三户,二百一十四口。加仓庄 二十七户,一百一十七口。扎

木庄　六十一户，二百八十六口。索贺拉庄　三十六户，一百九十六口。木揹庄　一百二十五户，四百六十口。瓦家　六十二户，一百六十五口。尔加仓　三十户，一百口。尔线庄　三十八户，一百六十五口。思噶尔加　四十六户，二百三十二口。白牙噶　六十七户，三百二十七口。思宁额　七十九户，三百一十六口。格尔加　十户，三十七口。沙沟系黑帐房番人，二十八口。他受番族，不甚驯良，所城正南一百里，黑帐房二十五座，番人共九十一名。山路险峻，东至都受三十里，南至石山二十里，西至完受三十里，北至他思迭四十里。东、西、南、北各三十里。乡约麻只格所管。

揣咱族　所城正东八十里。百户额尔克所管。番族四处，内：

上、下揣咱　三十四户，一百四十七口。都受族　不甚驯良，所城正南一百二十里，黑帐房四十座，番人共二百二十三名。山路险峻。东至刚咱五十里，南至石山十里，西至他受三十里，北至他思迭六十里。东西长三十里，南北长四十里。乡约多只他儿所管。渊住族　不甚驯良，所城东南一百三十里，黑帐房八十座，番人共四百八十名。石山深林，东至保安三十里，南至清水河保安地界四十里，西至刚咱多尔麻六十里，北至三岔塘五十里。东西长六十里，南北长五十里。乡约因灭所管。刚咱族　不甚驯良，所城东南一百一十里，黑帐房八十座，番人共二百五十口。东至渊住六十里，南至石山四十里，西至都受五十里，北至三岔塘三十里。东西长六十里，南北长四十里。乡约多尔麻所管。刚咱有完的哈者一族，尤悍，所城东南一百四十里，黑帐房三十五座，番人共一百一十二口。深山大林，极其险隘。东至渊住二十五里，南至保安地界，西、北至刚咱、多尔麻各三十里，周回二十余里。

三岔塘族　所城东南九十里。系黑帐房，番人共九十五名。相连刚咱、揣咱二族。百长年克善所管。

拉安族　所城西南一百里。百长巴力干所管。番族三处，内：上拉安族　系黑帐房。相连下拉安族。番人共六十一户，四百五十口。上拉安内有卓色一族，不甚驯良，所城西南一百里，黑帐房二十五座，番人共五十名。相连完受、他思迭、他受三族。东西长十里，南北长二十五里。下拉安族，所城正西六十里。系黑帐房，相连东车、上拉安二族。番人共二百六十名。完受族，不甚驯良。所城西南一百一十里。系黑帐房。番人共一百八十九名。相连他受、拉安二族。自南至北长二十里，自东至西长二十五里。乡约他尔巴尚所管。

堪卜拉族　所城东一百一十里。外委百户策旺敦住所管。番庄八处，内：尔见　共二十八户，七十口。俺即　共二十五户，八十口。实济力　共三十八户，一百一十三口。色克　共二十五户，七十五口。完加哥　十八户，五十五口。

邦左　十六户，四十五口。奴布　共四十一户，一百二十四口。完列　十户，三十一口。

尔刚哇族　所城东南一百八十里。百户揣只格所管。番庄六处，内：尔刚哇　共九十户，四百一十二口。什家加　共七十一户，二百一十五口。安仲　共五十二户，二百四十口。沙思定　共四十二户，一百六十五口。思我加　共十五户，五十九口。尔多泠　共一十七户，六十五口。

揽角族　所城东南二十里至七八十里不等。系揣咱百户额尔克所管。番庄十处，内：阿什工　共八户，二十九口。思达六　共三十四户，一百五十一口。尔捐　共二十八户，一百三口。米家　共二十户，九十口。革咱　共十三户，四十一口。以上系上揽角地方。沙加庄　共四十户，一百五十三口。喇咱　共十五户，六十三口。哈加　共二十户，六十九口。阿泠　共十七户，五十八口。且泠庄　共十三户，五十口。以上系下揽角地方。

思囊拉族　所城东南二百八十里。旧系百户额尔克所管。因与百长年克善等仇杀，思囊拉族不服约束。经西宁道杨应琚、总镇李如柏饬委外委百户纳刚南木加暂管。番庄七处，内：思囊拉　共六十四户，二百二十七口。别咱庄　共二十一户，七十七口。洛课庄　共二百（按：百疑为“十”之误。）七户，一百八口。必波车　共十五户，七十七口。波寨：共十五户，五十六口。牙莫　共四十五户，一百六十三口。

阿哥勒　共十二户，六十口。

上工巴族　所城东南四十里。百户敦住所管。番庄六处，内：工麻庄　共三十三户，一百一十七口。阿失贡　共三十二户，一百七口。龙卧庄　共三十三户，一百六十口。巴宗庄　共二十九户，一百二日。纳受　共八户，三十三口。隆藏　共四十四户，一百五十四口。

下工巴族　所城东南二十里至七八十里不等。百户阿旺扎什所管。番庄一十七处，内：思哈哇庄　共四十三户，二百三十五口。答他儿　共十三户，一百七口。莫尔地　共八户，四十二口。牙喀雄　共十户，六十二口。巴尔古　共十户，五十九口。巴色尔　共十一户，七十五口。甘巴　共十一户，七十九口。黎傻布　共五户，三十一口。克家布　共七户，五十一口。翟璞　共二十五户，一百七十九口。郭巴六　共二十一户，一百四十一口。莫约　共十三户，九十八口。尔角　共十七户，一百一十九口。扎切拉　共十户，六十九口。傻尔加工麻　共十三户，六十六口。色尔加舒麻　共十二户，六十七口。色尔古　共十三户，六十八口。

思哈哇有他思迭一族，不甚驯良，所城正南六十里，系黑帐房，番人共九十名。相连都受、上拉安卓色二族。自东至西，自南至北各二十里。乡约拉卜旦所管。

国巳寺族　所城正东二百二十里。共二十八户，七十一口。百长蓝占巴所管。

塞外贡马番族

玉树纳克书等处番人三十八族，共八千三百四户。

住牧东提地方阿里克族：郡城南七百余里。百户二名，百长九名。番人九百一十九户。

住牧扎苦地方雍熙叶布族：距阿里克四百余里。百户一名，百长二名。番人一百二十二户。

住牧蒙古尔津地方蒙古尔津族：距雍熙叶布族五百余里。百户一名，百长四名。番人三百八十户。

住牧楚贡地方多洛尼托克南兔族：百户一名，百长一名。番人一百二十二户。

住牧多洛尼托克地方阿萨克族：百长一名。番人三十九户。

住牧多洛尼托克地方列玉族：百长一名。番人四十六户。

住牧多洛尼〔托〕克地方阿永族：百长一名。番人七十八户。

住牧多洛尼〔托〕克地方叶尔吉族：百长一名。番人四十四户。

住牧多洛尼〔托〕克地方拉尔吉族：百长一名。番人三十三户。

住牧多洛尼〔托〕克地方典巴族：百长一名。番人三十户。

以上七族，距蒙古尔津族三百余里。

住牧蒲肚克地方尼牙木错族：距多洛尼托克七族三百余里。百户一名，百长四名。番人二百八十七户。

住牧苦苦乌素地方玉树族：距尼牙木错族三百余里。百户一名，百长十一名。番人五百四户。

住牧途胡尔托罗海地方噶尔布族：即在玉树族界内。百长一名。番人二十一户。

住牧乌哈那哈地方白利族：距玉树族四百余里。百长一名。番人五十五户。

住牧登破地方格尔吉三族：距白利族四百余里。百户三名，百长六名。番人八百三十户。

住牧角木丹莫多地方洞巴族：距格尔吉族三百余里。百户一名，百长二名。番人八十户。

住牧三木冲地方苏鲁克族：距洞巴族一百余里。百户一名，百长一名。番人一百三户。

住牧鲁尔扎地方固察族：距蒙古尔津族二百余里。百户一名，百长一名。番人一百六十二户。

住牧阿拉尼克地方隆布族：距固察族一百六十余里。百长三名。番人二百一十三户。

住牧上隆布族：距阿拉尼克隆布族三百余里。百长一名。番人七十六户。

住牧伦多布领地方扎武族：百户一名，百长三名。番人三百四户。

住牧扎尔通地方扎武族：百户一名，百长二名。番人一百五十二户。

住牧下扎武族：百户一名，百长二名。番人一百四十七户。

以上三族，俱距上隆布族一百余里。

住牧扎武班石族：即在扎武族界内。百长一名。番人一十三户。

住牧达尔熊地方上阿拉克硕族：百长三名。番人一百三十三户。

住牧接聚地方下阿拉克硕族：百户一名，百长三名。番人三百五户。

以上二族，俱距扎武族一百余里。

住牧吉独忒地方下隆坝族：距扎武族二百余里。百户一名，百长一名。番人一百四十九户。

住牧吉戎地方上隆坝族：距下隆坝族一百余里。百户一名，百长二名。番人一百五十四户。

住牧苏尔奔〔莽〕地方苏尔奔〔莽〕族：距阿拉克硕族一百余里。百户一名，百长三名。番人三百五十户。

住牧奇可地方巴彦南称七族：距苏尔奔〔莽〕五百余

里。千户一名,百长二十名。番人二千五十户。

住牧匣乌地方称多族:百户一名,百长四名。番人三百七十三户。

住牧柬勒孙何地方哈尔受族:百长一名。番人三十户。

暂隶西藏管辖纳克书、贡巴族等三十九族,共四千八百八十九户。原议俟驻藏大臣撤回之时,所有该族贡马银两,令赴西宁交纳。

注释:

[1]莝(cuò):铡草,铡碎的草。

西宁府新志·卷二十　武备志（三）

明塞外四卫

安定卫　在西宁西北，甘州西南。汉为婼羌，唐为吐蕃地。元封宗室卜烟帖木儿为宁王，镇之。其地本名撒里畏兀儿，广袤千里。东近罕东，北迩沙州，南接西番。居无城郭，以毯帐为庐舍，产驼、马、牛、羊。洪武三年，遣使持诏招谕。七年六月，卜烟帖木儿使其府尉麻答儿等来朝，贡铠甲刀剑诸物。太祖喜，晏〔宴〕赉其使者，遣官厚赉其王，而分其地为阿端、阿真、若〔苦〕先、帖里四部，各锡以印。明年正月，其王遣傅卜颜不花来贡，上元所授金银字牌，请置安定、阿端二卫，从之。乃封卜烟帖木儿为安定王，以其部人沙剌等为指挥。

儿年，命前广东参政郑九成等使其地，赉王及其部人衣币。明年，王为沙剌所弑，王子板咱失里复仇，诛沙剌。沙剌部将复杀王子，部内大乱。番将多儿只巴叛走沙漠，经安定，大肆杀掠，夺其印去，其众益衰。二十五年，蓝玉西征，徇阿真川。土酋司徒哈昝等惧，逃匿山谷不敢出。及肃王之国甘州，遣僧谒王，乞授官以安部众。王为奏请，帝许之。二十九年，命行人陈诚至其地，复立安定卫。其酋长哈孩虎都鲁等五十八人悉授指挥、千百户等官。诚还，酋长随之入朝，贡马谢恩。帝厚赉之，复命中官赍银币往赐。

永乐元年，遣官赍敕抚谕撒里诸部。明年，安定头目多来朝，擢千户三即等三人为指挥佥事，余授官有差，并赐本卫指挥同知哈三等银币。未几，指挥朵儿只束来朝，愿纳差发马五百匹，命河州卫指挥康寿往受之。寿言："罕东、必里诸卫纳马，其直皆河州军民运茶与之。今安定辽远，运茶甚难，乞给以布帛。"帝曰："诸番市马用茶，已著为例。今姑从所请，后仍给茶。"于是定制，上马给布帛各二匹，以下递减。三年，哈三等遣使来贡，奏举头目撒力加藏卜等为指挥等官，且请岁纳孳畜什一，并从之。四年，徙驻苦儿丁之地。初，安定王之被杀也，其子撒儿只失加为其兄所杀，部众溃散，子亦攀丹流寓灵藏。十一年五月，率众入朝，自陈家难，乞授职。帝念其祖率先归附，令袭封安定王，赐印诰。自是朝贡不辍。二十二年，中官乔来喜、邓诚使乌斯藏，次毕力术江黄羊川。安定指挥哈三孙散哥及曲先指挥散即思等率众邀劫之，杀朝使，尽夺驼马币物而去。仁宗大怒，敕都指挥李英偕康寿等讨之。英等率西宁诸卫军及隆奔国师贾失儿蓝〔监〕藏等十二番族之众，深入追贼，贼远遁。英等逾昆仑山西行数百里，抵雅令阔之地，遇安定贼，击败之，斩首四百八十余级，生擒七十余人，获驼马牛十四万有奇。曲先闻风远窜，追之不及而还。英以此封会宁伯，寿等皆进秩。大军既旋，指挥哈三等惧罪，不敢还故地。

宣德元年，帝遣官招谕之，复业者七百余人。帝并赐彩币表里，以安其反侧。三年春，赐安定及曲先卫指挥等官五十三人诰命。初，大军之讨贼也，安定指挥桑哥与罕东卫军同奉调从征。罕东违令不至，其所辖板纳族瞰桑哥军远出，尽掠其部内庐帐畜产。事闻，降敕切责，令速归所掠，违命则发兵进讨。已，进桑哥都指挥佥事。

正统元年，遣官赍敕谕安定王及桑哥曰："我祖宗时，尔等顺天命，尊朝廷，输诚效力，始终不替，朝廷恩赉亦久而弗渝。肆朕嗣位，尔等复遵朝命，约束部下，良用尔嘉。兹特遣官往谕朕意，赐以币帛。宜益顺天心，笃忠诚，保境睦邻，永享太平之福。"三年，桑哥卒，其子那南奔嗣职。九年，那南奔率众掠曲先人畜，朝廷遣官谕还之，不奉命，反劫其行李。帝怒，敕责安定王追理。王即奉命，又陈词乞怜。帝乃宥之，谕以保国睦邻之义。十一年冬，亦攀丹卒，子领占幹〔斡〕些儿[1]袭。时王年幼，叔父指挥同知辍思泰巴佐理国事，其同侪多不相下。王遣之入朝，奏请量加一秩，乃擢都指挥佥事。历景泰、天顺、成化三朝，频入贡。洪〔弘〕治三年，领占斡〔韩〕些儿卒，子千奔袭。赐斋粮、麻布、谕祭其父。先是，哈密忠顺王卒，无子。廷议安定王与之同祖，遣官择一人为其后。安定王不许。至是访求陕巴于安定，册为忠顺王，命千奔追〔遣〕送家属。千奔怒曰："陕巴不应嗣王爵，爵应归绰尔加。"绰尔加者，千奔弟也。且邀厚赏。兵部言："陕巴实忠顺王之孙，素为国人所服。前哈密无主，遣使取应立者，绰尔加自知力弱不肯往。今事定之后，乃尔反覆，所言不可从。"陕巴迄得立。然千奔以立非已意，后哈密数被寇，竟不应援。十七年，率众侵沙州，大掠而去。正德时，蒙古大酋亦不剌、阿尔秃斯侵据西海，纵掠邻境，安定遂残破，部众散亡。仅存余孽江缠尔加等僧俗四十有奇，居徙西宁沙棠川威远城东。岁输马一十有奇。

阿端卫　在撒里畏兀儿之地。洪武八年置。后为朵儿只巴残破，其卫遂废。永乐四年冬，酋长小薛忽鲁札等来朝，贡方物，请复置卫设官，从之，即授小薛等为指挥佥事。

洪熙时，曲先酋散即思邀劫朝使，胁阿端指挥锁鲁丹偕行。已，大军出征，锁鲁丹惧，率部众远窜，失其印。宣德初遣使招抚，锁鲁丹犹不敢归，依曲先杂处。六年春，西宁都督史昭言："曲先卫真只罕等本别一部，因其父助散即思为逆，窜处毕力术江。其地当乌斯藏孔道，恐复为乱，宜讨之。”帝敕昭曰：“残寇穷迫，无地自容，宜遣人宥其罪，令复故业。”于是真只罕率所部还居帖儿谷旧地。明年正月，入朝，天子喜，授指挥同知，令掌卫事，以指挥佥事卜答兀副之。真只罕因言：“阿端故城在回回境，去帖儿谷尚一月程，朝贡艰，乞移本土为便。”天子从其请，仍给以印，赐玺书抚慰之。迄正统朝，数入贡，后不知所终。其时，西域地亦有名阿端者，贡道从哈密入，与此为两地云。

曲先卫　在西宁西北，肃州西南，东接安定。古西戎，汉西羌，唐吐蕃，元设曲先答林元帅府。洪武时，酋长入贡。命设曲先卫，官其人为指挥。后遭朵儿只巴之乱，部众窜亡，并入安定卫，居阿真之地。永乐四年，安定指挥哈三、散即思、三即等奏：“安定、曲先本二卫，后合为一。比遭土番把秃侵扰，不获宁居。乞仍分为二，复先朝旧制。”从之。即令三即为指挥使，掌卫事，散即思副之。又从其请，徙治药王准之地。自是屡入贡。

洪熙时，散即思偕安定部酋劫杀朝使。已，大军往讨，散即思率众远遁，不敢还故土。宣德初，天子赦其罪，遣都指挥陈通等往招抚，复业者四万二千余帐。乃遣指挥失剌罕等入朝谢罪，贡驼马，待之如初。寻擢散即思都指挥同知，其僚属悉进官，给以诰命。

五年六月，朝使自西域还，言散即思数率部众邀劫往来贡使，梗塞道途。天子怒，命都督史昭为大将，率左右参将赵安、王彧及中官王安、王瑾,督西宁诸卫军及安定、罕东之众,往征之。昭等兵至其地,散即思先遁,其党脱脱不花等迎敌。诸将纵兵击之,杀伤甚众,生禽脱脱不花及男妇三百四十余人,获驼马牛羊三十四万有奇。自是西番震慑。散即思素狡悍,天子宥其罪,仍怙恶不悛。至是人畜多损失,乃悔惧。明年四月,遣其弟副千户坚都等四人贡马请罪,复待之如初,令还居故地并归其俘。

七年,其指挥那那罕言:“往者安定之兵从讨曲先,臣二女、四弟及指挥桑哥等家属被掠者五百人。今散即思已蒙赦宥,而臣等亲属犹未还,望圣明垂怜。”天子得奏,恻然语大臣曰:“朕常以用兵为戒,正恐滥及无辜。彼不自言,何由知之?”即敕安定王亦攀丹等,悉归所掠。其年,散即思卒,命其子都力〔立〕嗣职,赐敕勉之。十年,擢那那罕都指挥佥事,其僚属进职者八十九人。正统七年,遣使贡玉石。成化时,土鲁番强,被其侵掠。

洪〔弘〕治中,安定王子陕巴居曲先,廷议哈密无主,迎为忠顺王。正德七年,蒙古酋阿尔秃厮、亦不剌窜居青海,曲先为所蹂躏,部族窜徙,其卫遂亡。

松门杨氏曰:按明初设安定、阿端、曲先、罕东、赤斤、沙州诸卫,给之金牌,令岁以马易茶,谓之差发。沙州、赤斤隶肃州,余悉隶西宁,称塞外四卫。第查罕东卫在赤斤南,汉敦煌郡地也,即今之安西。应入《安西志》,宁郡不得攘而有也，故不载。时甘州西南、西宁西北尽皆番族，受边臣羁络，惟北面防寇。后诸卫尽亡，亦不剌等据青海，土鲁番复据哈密，逼处关外。诸卫迁徙之众环列肘腋，犷悍难驯。于是河西外防大寇，内防诸番，兵事日亟矣！我朝拓境直至伊吾，凡此一带羌戎，悉有分地。诸番皆内附，诸戎皆守土，莫不率俾，内外乂安，可谓得制御之要道也。

青　海

青海即西海，在湟中西。海面有七百余里，为众水会归之所。故海岸东、西、南、北，皆有水泉。厥草丰美，宜畜牧，素号乐土。汉武帝元狩六年，先零与封养、牢姐种解仇结盟，与匈奴通，合兵攻令居塞。帝遣将军李息、郎中(令)徐自为击平之，羌乃去湟中，依西海、盐池左右，始为羌所据。

平帝元始四年，时王莽秉政，讽羌献西海之地，置西海郡而筑五县，徙天下犯禁者处之，周海亭燧相望。莽篡政纷乱，郡亦废弃。和帝永元十四年，时西海无复羌寇，隃麋相曹凤上言："烧当诸种衰困，远依发羌，宜及此时建复西海郡。"从之。嗣复为羌所据。

晋时，吕光徙西海郡人于诸郡，寻徙乐都。南北朝隶吐谷浑。后魏孝文帝太和四年，拜吐谷浑伏连筹为西海郡公。孝明帝正光三年，以高车国主覆罗伊匐为西海郡公。

隋炀帝大业五年至西平，陈兵讲武。命内史元寿等围吐谷浑于覆袁川，伏允远遁，置西海、河源等郡。秋七月，置马牧于青海，求龙种。

唐太宗贞观八年，鄯州刺史李玄运表："吐谷浑牧马青海，轻兵掩之，可尽致。"乃命段志元〔玄〕等击之，夷觉，驱马走，止得牛羊二万而还。九年，以李靖为青海道行军大总管，率侯君集等伐吐谷浑，大破之。高宗龙朔三年，吐蕃攻吐谷浑，诏郑仁泰救之。乾封元年，吐谷浑慕容贤〔顺〕为青海国王，时吐蕃渐强，青海为其所有。鄯州都督李敬元〔玄〕与吐蕃战于青海，败绩。永隆二年，吐蕃赞婆屯青海，河源道经略大使黑齿常之袭破之。元〔玄〕宗时，节度使王君㚟、王忠嗣等屡破吐蕃于青海。后五代以至宋、元，为唃厮啰等所据，号为西番。故有西番都护之官焉。

明正德四年，蒙古部酋亦不剌、阿尔秃斯拥众西奔，瞰知青海饶富，袭而据之。破安定四卫，番人多远徙，其留者反为所役属。自是西宁有海寇之患。九年，总制彭泽集诸道军，将捣其巢。寇诇知之，由河州渡黄河，奔四川，出松潘、茂州境，直走乌斯藏。及大军引还，则仍返海上，惟阿尔秃斯遁去。

嘉靖二年，尚书金献民西征，议遣官招抚，许为藩臣，如先朝设安定、曲先诸卫故事。兵部行总制杨一清计度，一清意在征讨，言寇精骑不过二三千，余皆胁从番人，然怨之入骨，时欲报仇，可用为间谍，大举剿绝。议未定，王宪、王琼相继来代，皆以兵寡饷诎，议竟不行。

八年，洮、岷诸番数犯内地，枢臣李承勋言："番为海寇所侵，日益内徙。倘二寇交通，何以善后？昔赵充国不战而服羌，段颎杀羌百万而内地虚耗，两者相去远矣。乞广先帝之明，专充国之任，制置方略，悉听琼便宜从事。"琼乃集众议，且剿且抚。先遣总兵官刘文、游击彭棫分布士马。明年二月，自固原进至洮、岷，遣人开示祸福。洮、岷各番族皆听抚，惟岷州东路若笼族、西路板尔等十五族及岷州剌即等五族，恃险不服。乃分兵先攻若笼、板尔二族，覆其巢。剌即〔即剌〕诸族震慑乞降。凡斩首三百六十余级，抚定七十余族，乃班师。自是洮、岷获宁，而西宁仍苦寇患。

十一年，甘肃巡抚赵载等言："亦不剌据海上已二十余年，其党卜儿孩独倾心向化，求帖木哥等属番来纳款。宜因而抚之，或俾之纳马，或令其遣质，或授官给印，建立卫所，为我藩篱，于计为便。"疏甫上，会河套酋吉囊引众西掠，大破亦不剌营，收其部落大半而去，惟卜儿孩一支敛众自保。由是西宁亦获休息，而纳款之议竟寝。及唐龙为总制，寇南掠松潘。龙虑其回巢与诸番及他部勾通为患，奏行甘肃守臣，缮兵积粟，为殄灭计。及龙去，事亦不行。

二十年正月，卜儿孩献金牌、良马求款。兵部言："果寇输诚通贡，诚西陲大利。乃止献马及金牌，未有如往岁遣子入侍、酋长入朝之请，未可遽许。宜令督抚臣侦察情实，并条制驭之策以闻。”报可。会寇势渐衰，番人亦渐复业，其议复寝。

时北部俺答猖獗，岁掠宣、大诸镇。又羡青海富饶。三十八年，携子宾兔、丙兔等数万众，袭据其地。卜儿孩窜走，遂纵掠诸番。至四十年，以中湿肿足而归，留宾兔据松山，丙兔据青海，西宁亦被其患。隆庆中，俺答受封顺义王，修贡惟谨，二子亦敛戢。

时乌思藏僧有称活佛者，诸部多奉其教。丙兔乃以焚修为名，请建寺青海及嘉峪关外，为久居计。廷臣多言不可许，礼官言：“彼已采木兴工，而令改建于他所，势所不能，莫若因而许之，以鼓其善心，而杜其关外之请。况中国之御戎，惟在边关之有备。戎之顺逆，亦不在一寺之远近。”帝许之。丙兔既得请，又近胁番人，使通道松潘以迎活佛。四川守臣惧逼，乞令俺答约束其子，毋扰邻境。俺答言：“丙兔止因甘肃不许开市，宁夏又道远艰难，虽有禁令，不能尽制。”宣大总督方逢时亦言开市为便。帝以责陕西督抚，督抚不敢违。

万历二年冬，许丙兔市于甘肃，宾兔市于庄浪，岁一次。既而寺成，赐额仰华。

先是，亦不剌之据青海，边臣犹以外寇视之。至是，以俺答故，竟觇若属番。诸酋亦以父受王封，尚不敢大为边患。

自丙兔据青海，有切尽台吉者，河套吉能从子，俺答从孙也，从之而西。屡掠番人不得志，邀俺答往助。俺答雅欲侵瓦剌，乃假迎活佛名，拥众西行。疏请授丙兔都督，赐金印，且开茶市。部议不许，但稍给以茶。俺答既抵瓦剌，战败而还。乃移书甘肃守臣，乞假道赴乌思藏。守臣不能拒，遂越甘肃而南，会诸酋于海上。番人益遭蹂躏，多窜徙。八年春，始以活佛言东还，而切尽弟火落赤及俺答庶兄子永邵卜遂留居青海不去。八月，丙兔率众掠番，并内地人畜，诏绝其市赏。俺答闻之，驰书切责。乃尽还所掠，执献为恶者六人，自罚牛羊七百。帝嘉其父恭顺，赉之银币，即以牛羊赐其部人，为恶者付之自治，仍许贡市，俺答益感德。而火落赤侵掠番族不休，守臣檄切尽台吉约束之，亦引罪输服。

及俺答卒，传至孙拉〔扯〕力克，势轻不能制诸酋。十六年九月，瓦剌他卜囊部众有阑入西宁者，（崔按：《明史》卷330作“永邵卜部众有阑入西宁者”。）副总兵李奎方被酒，跃马而前。部众控鞍欲诉，奎拔刀斫之，众遂射奎死。及千把总指挥八员，领兵官四十余员，全军覆没。守臣不能讨，遣使诘责，但献首恶，还人畜而止。以故无所惮，愈肆侵盗。时丙兔及切尽台吉亦皆死。丙兔子真相移驻莽剌川，火落赤移驻捏工川，逼近西宁，日蚕食番族，（崔按：《明史》卷330此处有“番不能支，则”5字。）折而为寇用。拉〔扯〕力克又西行助之。十八年六月，入旧洮州，副总兵李联芳率三千人御之，尽覆。七月复深入，大掠河州、临洮、渭源。总兵官刘承嗣与游击孟孝臣各将一军御之，皆败绩，游击李芳等死焉，西陲大震。

事闻，命尚书郑洛出经略。洛前督宣大军，抚顺义王及忠顺夫人有恩。遣使趣拉〔扯〕力克东归，而大布招番之令，来者率善遇之，自是归附者不绝。火、真二酋自知罪重，又闻套酋卜失兔来助，大败于水泉口，拉〔扯〕力克复将还巢，始惧。徙帐去，留其党可卜兔等于莽剌川。明年，总兵官尤继先破走之。洛更进兵青海，焚仰华寺，逐其余众而还。番人复业者至八万余人，西陲暂获休息。已，复聚于青海。其种类有火落赤、真相台吉、纳剌台吉、沙剌台吉、哈坛把都儿、南把兔儿台吉、著力兔等，与永邵卜、瓦剌他卜囊部落蟠聚杂处。二十三年，增设临洮总兵官，以刘綎任之。

未几，瓦剌他卜囊（崔按：《明史》卷330作“永邵卜”。）犯南川，兵备副使刘敏宽、参将达云大破之。已，连纳剌诸酋犯西川，巡抚田乐率敏宽、达云又击破之。明年，诸酋复掠番族，将窥内地。綎部将周国柱御之莽剌川，又大破之。自是屡入钞掠，因兵备副使刘敏宽、参将达云、同知龙膺、通判高弟，文武协衷，有智有勇，恤兵筹饷，不遗余力，故不能大得志。崇正〔祯〕十六年冬，李自成遣将陷甘州，独西宁不下，贼将辛恩忠攻破之，遂进掠青海，诸酋多降附，而明室亦亡。

皇清定鼎燕京，有厄鲁忒固始汗者，青海沿边，直抵西藏皆为其所有。闻天威赫奕，遂稽首归命。其余喀尔喀、图尔古忒(按：今称土尔扈特。)准噶尔、灰忒(按：今称辉特。)俱系流居。青海共蒙古五种，后支派渐分，总名十八家。其白塔、贵德、郭密、拉科及玉树纳克书远近各番，俱属青海分辖，岁纳添巴，居杂诸羌，密迩甘凉。圣祖仁皇帝每廑于怀，既亲统六师，平定朔漠，青海部落扎什巴兔尔等震慑。康熙四十一年，因沛殊恩，命刺麻商南多尔智招抚内附，封固始汗子孙罗布藏丹津为亲王，其余亦授以贝勒、贝子、公、台吉等职。岁支俸银，赴京关领。即以刺麻商南多尔智住宁抚理夷情。后郎中二郎保、员外郎马尔汉、侍郎常寿相继办理。至雍正元年，罗布藏丹津以青海蒙古有拂其意者，辄自征伐，侍郎常寿奉命解和，而罗布藏丹津违背。是时，郡王代青和硕气见其锋锐难御，奔赴河州。特命头等侍卫达鼐迎赴河州，招抚其贝勒额尔得尼厄尔克托克奈、贝子索诺木达什、公噶尔旦达什奔赴甘州。罗布藏丹津与同党阿拉克诺木齐、阿尔布坦温布、藏巴扎布等益肆猖狂。

是年九月，世宗宪皇帝命川陕总督年羹尧来宁，以观形势。十月，罗布藏丹津迫胁各蒙古暨内外诸番侵犯南、北、西三川，焚虏村堡。是时，各族番人大寺刺麻亦有蠢动者，遂授羹尧为抚远大将军，征调川陕官兵声罪致讨。以是年十月师始出塞，自冬涉春，屡破其众。凡同叛之部落，戈铤所指，应时摧败，招降数十万众。又降其贝勒、贝子、公、台吉等二十余人。上犹怜其蠢愚，若悔祸思愆，束手来归，许其全宥。乃怙恶不悛，负险抗违，故始决翦灭之计，以方略密付大将军羹尧，调度军谋，简稽将士。用四川提督岳钟琪为奋威将军，令头等侍卫达鼐自河至宁，委以随征兵部兼议政大臣，率西宁总兵官黄喜林，于仲春初旬祃牙徂征[2]，分道深入，捣其窟穴，电扫风驱，搜剔岩阻。贼徒苍黄靡溃，穷蹙失据，直至哈马尔打坂汉，罗布藏丹津之母及逆谋渠魁丹津红台吉等悉就俘执擒。获贼众累万。招徕三十三家台吉策令那木扎尔等，所得牲畜军械，不可数计。贼首罗布藏丹津逃遁准噶尔地方，我师逾险穷追，获其辎重人口殆尽。自二月八日至二十有二日，仅旬有五日，永清西徼。三月之朔，奏凯旋旅。四月十有二日，以倡逆之吹拉克诺木齐等三人献俘庙社。于是内外羌戎，咸以手加额，诚服我世宗宪皇帝之神谋远略也。又经羹尧条奏，青海蒙古宜照喀尔喀之例，分其旗分，编为佐领，各管各属，定有分界。而原属番人，勿许管辖，另行安插，使权不归一，去其羽翼。因命理藩院侍郎鄂赉公同副都统达鼐于雍正三年出口。振〔赈〕赏穷乏，分编佐领。查明青海蒙古乃二十九家，即分为二十九旗。每旗设协理台吉一员，管旗章京、副章京、参领各一员。按户口之多寡，以百五十户为一佐领，共佐领一百一十四个半。每佐领设佐领一员，骁骑校一员。二十九旗扎萨克、王、贝勒、贝子、公、台吉俱系世职，颁授印信册诰。其协理台吉一职，引见补授。又经副都统达鼐奏准，各扎萨克宪书、俸缎，由京解宁支散；俸银在宁支领。各扎萨克分为四班，每年元旦朝觐，周而复始。并定以总理青海大臣每年出口，会集各扎萨克会盟一次，不得自相会集。

是年，副都统达鼐加衔散秩大臣，岁给养廉银一千五百两，办理青海诸务。雍正四年，会同西宁总兵官周开捷安插西宁、河、洮各番族，每族委一百户，归地方文武管辖，田亩升科。雍正五年，会同总兵官周开捷条议，以沿边各寺族剌麻有名国师、禅师者，名目不合，宜收前明各敕印，换给僧纲、都纲职衔，议给衣单口粮。其原管番族，归州县管理；原征香粮，归作正赋。

雍正六年，准噶尔贼夷侵犯噶斯卡伦，散秩大臣达鼐即于除日出口，统绿旗蒙古官兵追剿，直抵噶斯，擒获准噶尔遗贼盆素克，收其阵亡官兵骨殖。尚欲进追，旋奉命不必深入，遵即撤回。嗣筑乌木汉城(于)西宁正西一千二百余里，驻兵远斥堠。雍正九年，准噶尔侵犯西北两路军营。命侍郎众佛保统兵万人，防范青海。佛保以供支费繁，奏用三千人可以堵御。时青海扎萨克镇国公拉插布、扎萨克台吉插罕阿拉布坦，各带部属潜逃。散秩大臣达鼐轻骑追至木鲁乌素，捐备粮饷，调集彼地番人招抚，而插罕阿拉布坦之子拒捕被杀。其拉插布、插罕阿拉布坦就抚解部，蒙圣慈宽其罪愆，追夺公诰，降为庶人，交伊叔亲王代青和硕气管束。伊子降袭扎萨克台吉。台吉插罕阿拉布坦在京病故，遗职(由)族侄袭替。散秩大臣达鼐蒙恩奖励，赏三千金。

是年六月，扎萨克台吉诺尔布派住滕盖里卡伦，自彼谋叛，带属下蒙古抢劫满兵马匹，杀伤马厂满兵及筑城夫役。青海扎萨克内亦有惑动者，沿途各台兵惊散，亦有被伤者。侍郎众佛保驰至扎海苏台，安抚各蒙古，整理台站，文报始通。诺尔布闻知散秩大臣达鼐擒获拉插布，将抵青海，遂弃戈潜遁。经副都统格梅尔派兵擒获，送京讯明，解宁正法。遗职(由)伊弟色特尔布木袭替。国家恩威并济，迩来恭顺安静。每旗编佐领不等，共设佐领一百四个半，每佐领一个，设有壮丁一百五十名，不计户口。共壮丁一万五千六百七十五名。其扎萨克、王公、台吉，或远或近，皆在青海之四面联络住牧。如公巴且令、台吉达克、扎萨克剌麻吹达克三旗，住牧青海之正东；亲王汪楚克、公贡格、达什纳木扎尔、台吉吉克吉扎布、汪楚克阿里布坦、达尔吉、色特尔布木等七旗，俱住牧青海之东南；郡王策令阿拉布坦、额尔得尼厄尔克托克托鼐、贝勒达什且令、台吉小策令、达什敦多布、沙拉、额尔德尼吉浓丹仲等七旗，皆住牧青海之正南；公丹尽一旗，住牧青海之西南；贝子索诺木达什、公策令纳木扎尔、台吉哈尔噶斯、策令多尔吉、巴尔当、恭布等六旗，皆住牧青海之正西；郡王滚楚克达什、台吉达麻林色卜滕二旗，住牧青海之西北；贝子丹巴、公罗卜藏插汉、滚楚克扎布三旗，俱住牧青海之正北。盖汉时谓之西海，唐时谓之青海，蒙古谓之苦苦诺儿。此青海古今沿革、我朝措置之大略也。

注释：

[1]《明史》卷330《西域二》作领占斡些儿，《明英宗实录》卷147、卷155等作领占斡些儿。"斡""斡"形近，易混。今从《实录》正之。

[2]祃牙徂征：祃（mà），古代军中祭名。祃牙，古时出兵前一日所行祭牙旗（军前大旗）之礼。一般要到郊外，献上少牢举行祭祀仪式。徂（cú）征，出征。徂，往。

西宁府新志·卷二十一

武备志（四）

西　藏（附国　赴藏路程附）北与青海接壤，有事则用宁兵。故余按款详识，庶后来者有考焉

藏地于天官，井鬼之分野也，历为图伯特国，（崔按：即“吐蕃国”的异译。）诸史多未及载，考其地即西吐蕃也。唐孝德皇帝于大诏寺立有《甥舅联姻碑记》。元世祖以其地之大剌麻八思巴为大宝法王，赐玉印。前明为乌斯藏，又称为康、卫、藏。康即今之叉木多，（崔按：叉作察木多，即今昌都。）卫即今之西藏，藏即今之后藏扎什隆布，总谓之唐古忒[1]。其唐公主所下嫁者为苏隆藏干布，其祖为纳礼布，乃额勒特莽固礼之后，马克扎巴之子。传数世至苏隆藏干布，其势始大，并西番地内附于唐。又纳白布国王之女为妾。唐公主好善，修大小二诏藏寺也。筑城于布达拉，为宫室藏地五里。世有

剌麻宗持黄教，为羌戎康巴、藏、卫崇奉之至尊。

至我朝太宗文皇帝崇德七年，后藏班禅剌麻、前藏达赖剌麻、藏王固始汗谓东土有圣人出，遣使达盛京。绕路潜行，数年始至。谚云二剌麻能世世转生。圣朝定鼎，第五辈达赖剌麻入觐，颁给达赖剌麻册宝、固始汗子孙拉藏汗方印一颗其印系“翊法恭顺汗之印”清字、蒙古字、汉字三样篆文，管理唐古忒地方事务。后被准噶尔泽旺阿拉布坦妄生事端，遣车令敦多布率领人众灭坏达赖剌麻黄教，拆毁寺庙，屠戮生灵，侵据西藏地方。将拉藏汗之印，夺与附逆之达则碟巴掌理，亦呼为汗。迨达赖剌麻转生里塘，移驻西宁塔儿寺后，仰蒙圣祖仁皇帝命抚远大将军王〔允禵〕、平逆将军延信来宁，统领陕西满汉官兵，护送达赖剌麻，自塔儿寺起程，进藏征讨。又命定西将军噶尔弼等统领荆州满兵、四川绿旗官兵，由巴、里二塘一路招抚进藏。又命副都统伍格带江、浙满兵至滇，会合云南鹤丽总兵官赵坤援剿。副将郝玉麟等官兵，由中甸一路进藏。准噶尔贼众闻我军远至，心胆堕地，遁回巢穴。西藏各酋长咸凛天威，分迎师旅，俱于五十九年八月内抵藏地。九月初六日，送达赖剌麻上布达拉山大殿坐床，重兴法教，藏、卫人民，始得咸登衽席。随擒附逆之达则碟巴等正法。议留川、滇官兵镇守，两路将军凯奏赴川，回京复命。封西藏噶隆等官爵。

雍正元年，敕封阿里康吉鼐为贝子，颇罗鼐等二名为台吉。二年，钦颁达赖剌麻金册金宝印系“西天自在佛总理天下释教普通日赤拉坦喇达赖剌麻之印”清字、蒙古字、汉字、唐古忒字四样篆文，镌立圣祖仁皇帝《御制平定西藏碑记》。五年，西藏公隆布奈等谋逆，杀死管藏之贝子康吉鼐。六年，世宗宪皇帝命左都御史查郎阿，护军统领迈禄、西宁镇总兵官周开捷副之，统领陕西官兵由西宁一路进讨。銮仪使周瑛统领川省官兵由霍耳一路进讨。鹤丽镇总兵官南天祥率领云南官兵由昌都一路进讨。军声远震。于是台吉颇罗鼐纠合后藏阿里扎什隆布等地番戎兵二千余众，直捣前藏，擒获阿尔布巴等。钦差公同审实，于九月之晦诛于布达拉之前，西藏复安。即以台吉颇罗鼐为扎萨克台吉，管理前、后藏事务。十一月，自藏迁达赖剌麻于里塘，自是命大臣统兵在藏镇守。七年，敕封颇罗鼐为固山贝子。八年正月，又自里塘迁达赖剌麻于噶达，敕建惠远庙，坐床。九年，加封颇罗鼐为贝勒，伊长子扎什朗结为公爵，后为剌麻。次子珠弥纳木札号达赖巴兔儿为台吉，准其朝贡。十三年，送达赖剌麻回藏坐床。乾隆五年，钦差护军统领殷扎纳赍印晋封颇罗鼐为郡王。十一年，封珠弥纳木札为长（崔按：疑“长”为“贝”之误。）子。

疆　域　在西宁南三千六百七十里，成都西南六千四百七十五里。东至宁静、夕松工二山交巴塘界；西至阿里交拉丹界，三千二百里，通准噶尔要隘；南至奕尔交洛坝生番界；北至木鲁乌苏噶尔藏胡叉交青海番族界。

形　势　环山拱合为势，百源积流成江。

山　川　布达拉山在藏西，约高百余丈，详“古迹”。　甲里必洞与布达拉山相连，约高九十余丈。详“古迹”。　牛魔山在西藏南，约高三百余丈。每岁正月，达赖刺麻下山诣大诏寺谒佛，登台集各寺大小刺麻三万六千众，或三千六百众，讽经二十日。事竣，迎神逐鬼，点放大炮，与内地驱疫相似。其炮围约二尺五寸，高约四尺，上铸“威剿除叛贼”五字。诸炮各装大子，于琉璃桥下河滩打过牛魔山，以宁地方人民。番俗相传如此。　东噶尔山布达拉山西二十里。峻耸连霄，约高四百丈。山下设官。西藏要隘。　浪党山在西藏北十里塞喇寺后，上下约三十里，平峻参半。　甘丹山在西藏东甘丹寺后，上下一十五里。禄马岭在藏东七日，不高。绵长百里，四时积雪，烟瘴难行。过岭二日，至工布达拉，北有敌工隘，以拒准噶尔。倚山为势，设桥为防，无他径可通。乃西藏咽喉之地。　瓦合一柱刺山在藏东，离洛隆宗四日。险峻难行，四山相接，绵长百六十里。四时积雪不消，有数十丈之雪窖。行其上，愁云瘴雾，日色惨淡，鸟兽藏迹。康熙五十九年，云南官兵三百余人至此山下营，一夜风雪，人马尽僵。　过脚山离瓦合山三日。路陡，绵长五十里。有烟瘴，过山至昌都二日。昌都乃川、滇、西藏三界之中为最重之地。两河环抱，左右有大木桥，东走四川，南达云南，西走西藏，北通青海，乃屏藩之区也。　阿里山在藏西。高峻多瘴，途长八百余里。四时积雪，奇寒不可行。　克里野山在藏北。径过千余里，淤沙积雪，烟瘴逼人，冬夏皆不可行。过山即准噶尔叶尔根地方。自藏至杨八景出口入草地，由哈拉乌苏至余树、白兔河等处，皆系大山。其平川俱为旱海。　乳牛山在西藏东北。番名乌捏乌苏，即金沙江之源。其水名乌鲁乌苏。东南流入喀木地，又东南流径中甸，入云南塔城关，名金沙江。　大河其源有三：一出自三坝，经流至势镇寺，历汤家古索，合流白楮河；一出自金刚喇山巢，经流至竹贡寺哈定，合三坝水，会于白楮河；一出自禄马岭，经流入乌苏，过仁进里，合三坝、刚喇水会于白楮河。三江之水聚为汇，过大则得庆至西藏门首，有木船皮船为渡。　怒江西藏南界。至此江水不知其源。阔数里，两岸绝壁，中流急湍，人莫能渡。迤南一带，名曰工布，地土颇广。工布之南即络狳，中隔一河。络狳乃野人，名"老卡止"，唇割数缺，涂以五色。性喜食盐。其地产茜草、水竹、紫苹、茸〔茸〕。人不耕不织，石穴为巢，猎牲为食。藏内有犯重罪，番人即解送过河，群"老卡止"便分而啖之，与豺狼无异。

古　迹　布达拉寺塔在藏五里。平地突起两峰，一为布达拉山，内修金顶宝刹，乃达赖剌麻坐禅处；一为甲里必洞山，上修楼房二座，系有行剌麻静修处。于两山贯脉中建一塔，僧俗人等往来其间，盖西方胜境也。　玻璃桥在藏堡外。上布达拉山大道，水洞三，上建桥楼，覆以玻璃瓦，故名。水阁凉亭在布达拉山寺北，有池，中建楼阁，壮丽高爽，登览者必乘舟以济。风景殊佳。　花园在布达拉山西北。环植柳树，亭中多奇石、名花，堪供玩赏。　宠斯冈在藏堡内大街。昔为达赖剌麻游幸之所，继为拉藏汗住所。楼阁壮丽，约二百余间，今为驻防衙署。　经园在疏目冈。布达拉西七里许。茂林流泉，薛萝掩映，为达赖剌麻、班禅剌麻往来停骖小憩之所。　海中寺在藏西，行半月。海中有山，寺建于上，极其宏丽，望之有蓬莱、方丈之胜。番名“多尔吉拔母宫”，乃女剌麻多尔吉拔母所居云。　**唐公主遗像**在大诏内，曰老木廊，建自唐时。有唐公主、吐蕃赞普并白布国王女塑像，并贮有古戎器。其剑长五六尺，鸟枪至丈余，弓矢较今式亦倍。**唐碑**在大诏门外，高一丈五尺，宽四尺，厚二尺。唐文武孝德皇帝撰。

（大唐文武孝德皇帝与）大蕃神圣赞普，舅甥二主商议：社稷如一，统〔结〕立太和盟约，永无沦替。神人皆（按：《荒外奇书》《西藏记》作“俱”。）以证知，世世代代，使其称赞。是以盟文即日缺四字之缺二字（按：“盟文”之下或作“大节留传知于后也”。或作“节目题之于碑也”。）文武孝德皇帝与大蕃神圣（赞）普绮〔德〕之黎赞陛下（按：《卫藏通志》与《西藏记》均无大蕃二字，此或为杨应琚所增。又新志缺“赞”字。）二圣，舅甥睿哲，（按：“绮”《西藏记》作“德”，亦无“舅甥”二字。）鸿被晓今永之屯亨，（按：《西藏记》作“鸿被晓之今永化亨”。）矜悯之情恩覆，其无内外，商议叶同。务令万姓安缺二字，（按：《卫藏通志》《西藏记》均作“泰”。）恩如一（按：上二书均作“所思如一”，“泰”下佚“所”字，“思”讹为“恩”。）成又缺一字（按：《西藏记》“又”字作“久”）大缺十八字（按：上书作“成久远大治之绩，兹观同心，以伸邻好之义，共成厥美）燕义。（按：此当即“厥美”之讹文。）二国所守，（按：上书作“今番汉二国”。）见管封疆缺二字，（按：上书作“洮岷之东”。）属大唐国界，其实（按：上书作“塞”。）以西，方（按：上书作“尽”。）是大蕃境土。彼此不为杀（按：此或当作“寇”或“仇”。）敌，不举兵革，不相侵谋缺二字。(按:上书作"封疆"。)或有猜(按:上书作"积"。)阻,挺(按:上书作"捉"。)生问事讫,给以衣粮放归。今(按:上书作"令"。)社缺十一字(按:上书作"稷山川无扰,各敬人神,然"。)舅甥相安(按:上书作"好"。)之义,不朽每须通传。(按:上书"不朽"作"苦难"。)彼此相倚,一任缺七字,(按:上书作"二国常相往来",似"一"当作"二","任"为"国"之讹。)路蕃、汉臣,以(按:上书作"两路所差,唐差蕃使并于"。)将军缺三字(按:上书作"谷交马"。)其绥氐栅已东(按:上书作洮岷之东,"氐"或为"戎"之讹。)大唐祇(按:上书作"供")应;清水县以〔之〕西,大蕃供应。舅甥(按:上书作"须令甥舅",当以舅甥为合。)亲近之稷,(按:上书作"体"。)使其两界烟尘不扬缺四字(按:上书无"其"字,"扬"字作"闻",缺字为"同扬盛德"。)之名,须(按:上书作"频")无惊恐之患(按:上书作"虑"。)缺一字人情缺一字(按:上书作"行人撤备,乡土"。)乡缺二字俱安。如斯乐业之缺一字(按:上书作"礼无相扰之犯,垂"。)恩万代。或有缺一字(按:上书作"则称"。)美(按:上书作"美"。)之声,遍于日月所照矣。蕃于蕃国受安,汉亦汉国受乐,(按:上书"亦"下有"于"字。)兹乃合其大业耳,(按:上书无"乃"字。)缺一字(按:上书为"各"字。)依此盟誓,永久不得私易,(按:上书作"永不移易"。)然(按:上书作"当"。)三宝诸贤,并日月星辰缺十二字约缺二字于陈刑之此大缺三字,(按:上书无"并"字;缺字依次为"之下","且陈形俱为盟,设此大誓约"。)倘不依此誓,(按:上书"倘"作"如有"。)蕃汉缺八字(按:上书只"背约"二字。)破盟者,来其殃祸也。仍须缺五字(按:上书作"倘倾覆以及动"。)尽为阴谋者,不在破盟之限,蕃汉君臣,并稽古立誓,周细为文缺八字。(按:上书作"并稽首告立,周细为文。二君之德,万载称扬,内外蒙庥,人民咸颂矣"。)

(得贤按:唐碑碑文,《西藏记》称"日久剥蚀,字多脱落不存"。魏英邦君初以《卫藏通志》所录相校补,而尽去杨氏新志之旧,喧宾夺主,殊乖校注义例。兹仍就新志原录,更益以石门马氏《龙威秘书》九辑所辑《荒外奇书》中《西藏记》加以比校,差可成读。然《卫藏通志》、《西藏记》似亦并非全据原唐文本补正,而系依藏文文义译补,故文字仍互有出入。盖当时唐蕃两方,各有自己文本,唐本以唐为首衔,故首孝德皇帝;蕃本以蕃列首衔,故先神圣赞普,因之舅甥、甥舅之称,亦互有异,此古今盟书之通例,自无须强求一致。今拉萨所存唐碑,汉藏各以本族文字刻碑,今多漫漶莫辨。而余又不识藏文,故所校亦自未能尽当,然差可补杨志之缺也。

又据近人王忠依理查德森所译引藏文《长庆会盟碑文》转译之什,其首段措词略与此同。如"大蕃神圣赞普可黎可足与大唐文武惠德皇帝,商量社稷如一统,立大和盟约",则"统"不作"结","大"不作"太"。两相比较,则杨氏新志,似并不无根据,而《西藏记》尤较完整,足资参证也。)

古纪功碑在大卜喇岩前,朝代年号未详。上刻"云山为剑,风树为旗,用彰我武,永靖边夷"。(按:此为古碑铭词。)

土则水利　乌斯藏田有水、旱,土地平衍。达赖剌麻所居为布达拉,藏王所居为诏。南北袤长四十里,东西延广四五百里。陆可驰马，中贯河道，水流东南，不甚驶急，清波涟漪，澄澈见底。诏内夹河两聚部落，临白水江，为藏地之中央。番戎僧俗商贾杂处其地，广二里许。诏中楼殿、衙署、街衢、马市，井井可观。周回无城郭，就人所居，碉楼环绕，相联以为藩篱，似中华一大村镇。其余村庄，星罗棋布。外则崇山围绕，隘口险峻，诚有一夫当关，万夫莫开之势。东通四川；东南达云南界；东北向潘州暨湟中达中华；正南千里通后藏；西北由后套穿衣里直达准噶尔部落；西抵后套西南，向大西洋海边。土人云：藏地有万里之远。

诏之北，畜水为圩，土人种稻其中。故诏中多白米。诏中河名白水江，江面随水阔狭，澄澈见游鱼。中多绿松儿石，顶如盆盎，然淘泥下掘，身大如象。惟他河中有小绿石，易取适用。藏人往来此江，俱用船筏济渡，江水入冬结冰不厚，日出则消。藏中山石多巉岩，而田土肥美，泉多足用。

风　俗　信佛崇僧，生子半为剌麻。沈面〔沉缅〕于酒，淫渎于色，婚嫁无礼，至不忍言。死丧或付鹰犬，或投水火，其习俗也。

物　产　松蕊石、青金石、玛瑙石、密蜡、琥珀、硇砂、阿魏、黄连、茜草、紫草茸、胡连、石青、桂皮、河梨勒、藏枣、藏杏、藏香、藏红花、藏核桃、椰子、氆氇、偏单、藏茧、藏绸、花绸、花布、紫檀、青盐、青稞、小麦、犏牛、牦牛、嫠牛、青羊、羚羊、细鳞鱼、天鹅蛋、黄鸭、六畜皆有，独犬大，余俱小、奇松西藏山多松，虬蟠偃盖，上有百鸟巢焉。

关　隘　汤家古索在西藏东一百八十里。有铁索桥，番民呼为扎桑巴。　东噶尔关在藏西三十里。南凭大河，北倚峻岭，颇称险要。　曲暑关在布达拉西一百五十里。有铁索桥，为前、后藏往来要道。　哈喇乌苏河口在藏东北一千四百里。皮船为渡，居民俱属西藏。　木鲁乌苏河口在藏东北二千九百里，与西宁番属交界。拨民人四十户于河口住牧，盘诘往来，具报。

户　口　藏王颇罗鼐所管前藏部落六十八处，人民计一十二万一千四百三十八口。寺庙三千一百五十座，剌麻计三十万二千五百六十众。后藏部落十三处，人民计六千七百五十二口。寺庙三百二十七座，剌麻计一万三千六百七十一众。雍正十年，分归西藏管辖番民共四十族，计四千八百八十五户，一万七千六百九十八口。又赏给达赖剌麻自汉人寺起至竭磋止，共二十三处，大小头人一百七十八名，番民一万一千八百五十七户。

贡　赋　西藏辖下每年共认纳贡马九十二匹，牦牛一千五百九只，犏牛七十二只，羊一千三百七十只。赏给达赖剌麻辖下每年共认纳粮银一千五百二十二两，米一百刻，青稞九百刻，麦二百五刻，豌豆三百三十刻。马二十匹，骡三十四匹，犏牛三十五只，犇牛三百九十只，羊一千三百四十九只。盐五百五十三支。豹皮三张，猞猁狲皮一张。酥油一百八十刻，茶三十五甑。

人　事　官多世袭治事。藏王之下设噶隆数人总理事务。设高觉一名，察核境内事宜；昌诸数名，专司钱粮；浪子沙数名，管理刑名并承办差务。其料理家务头人名业尔巴，其各处大头人曰碟巴，次曰热敖。其统兵之人名代奔，皆取读经典、善书、能干事而家道殷实者为之。人不薙[2]发，耳饰大环，项挂念珠，视耳环大小以分等威。

农遇春和水至，耕耘锄耨，水田、旱地，各乘时力作。农事差似中华，惟牛微小，有五头作一具者。

工匠各色皆备。木、石工玲珑细腻，丹青累丝，尤属奇巧。

商有本地及西洋、缠头、鄂罗厄勒素、回回各色目人。货物辐辏，交易街市，妇人充牙侩经纪其间。

医药卜筮俱有。诏中人病，俱服药延医诊治。诸药大半与中华异，皆出藏地及西洋远方购易者，多系丸散。小疾则以清油、酥油遍身擦之，暴于日中，或刺血。卜筮遇事则翻检其经，以数目推测休咎。其经典中每事务注明吉凶，观玩以告占者，似乎中国神签之词。又有刺麻以纸画八卦，书番字而占者；有以青稞排卦、抽五色毛索而占者；或数素珠而占者；或画地而占者；或看水碗而占者。妇人中亦有能者。

交接礼仪　自噶隆、碟巴下至小番，见藏王暨长子，祗卸帽于手，伸舌打半躬，垂手曲腰，各自就坐。凡进见必递哈达，如绫绢手帕，长短不一，亦如中华投刺之意。即平行，亦彼此交换为礼。

居　室　皆系平顶碉房，砌石为墙，层累而上，覆以土石，有二三层至五七层者。

衣　冠　男衣大领衫，红绿彩色不一。腰缠白缎，头戴白巾，以极细帛布为之，仿唐进士巾。妇人衣偏衫，裙长摺，细发覆珠帽，甚有费至数千金者。若百余金，中人以下之饰矣。凡见刺麻，妇女皆用红糖涂其腮，不然则谓其呈妍献媚，罚征不宥。

刑　法　有律例三本，共四十一条。所载刑法甚酷，内有枪打、箭射者；有送曲水蝎子洞，令蝎子食者；有凿眼、砍手者；有解送络貐，令野人分啖者；有用滚油滴其胸者。是以禽兽视其民，无怪乎杀夺相寻也。

天　时　自木鲁乌苏西一路至乌斯藏，每晚日落见星，仰观经星及象星，觉光芒闪烁，较中土为更大。历夏、秋、冬三季，并不见北斗七星。乌斯藏恭奉正朔，遵时宪书，行岁以建寅孟春为首。亦有闰月，但其闰月不同时耳。如壬子年闰五月，其地闰正月；乙卯年闰四月，其地甲寅年闰七月。更有闰日之异，月无小尽，如闰初一，则无初二，即至初三日矣。或于月内摘去二三日，如二十六日，次日即二十八日。推日月之蚀，亦毫发不爽。四时气多温和，夏亦暑。虽秋分后经冬至春分，鲜严寒，颇似中华二、八月也。日月明晦，雷电震作，较中华无异。少晴霁，多阴雨，夜亦有露。秋终有薄霜，雪不厚积，秋末春初，各处有薄雪、冰雹，平时稀见。但行军之时，随路水围山猎，则雷雨冰雹顿至不旋踵。平时间作，达赖剌麻咒祝即止，然亦有不应者。

兵　防　西藏计有马兵六万四千余名。拉撒马兵三千名；后藏马兵二千名；阿里马兵五千名；裸坝马兵一千名；党子、拉藏、浪木错等处地方毳帐蒙古马兵三千名。阿里并前、后藏各处步兵共五万名。至临阵，惟蒙古有马兵八百名，颇勇；其次阿里、裸坝、工布之兵尚健，其余之兵具名而已。兵无营制，有事于部落中抽派壮勇者，出人不出马，出马不出人。亦有甲胄，其甲有柳叶者，有连环者，有锁子者。马兵盔上插红缨一撮，孔雀尾一支。步兵盔上插雄鸡尾一束。所用之矢，皆竹为之。雕翎镞如锥，长三四寸。其弓，木胎角面，身稍〔梢〕俱短而小，亦有用竹为弓者。旗帜以黄、红、白、黑、蓝五色绸缎或布为之，其制长有八九尺至一丈一二者。旗缨各如旗之色。对垒，马兵在前，步兵在后。事毕，仍归本业。每年四月内，则派兵出驻各隘口，一以牧放，一以防边。

寺　庙　大诏寺在西藏堡内。坐东向西，周回建楼阁，瓦盖饰以黄金。内设诸佛像、幢幡、宝盖，供奉万岁御座。香花盏玉，四季长新，为西藏巨观。堪布大剌麻一名，小剌麻数千众。另设僧官二名钤束。　小诏寺在西藏堡内，坐东向西。规模壮丽，唐时建。相传为唐公主肉身塑像。　甘丹寺在西藏东九十里甘丹山上。番民相传为宗噶〔喀〕巴修行之地，即俗所称宝贝佛是也。剌麻甚众。　别蚌寺在藏西十五里。筑土为城，前临大道，后倚山岩，有金殿大寺三座，为中外各处剌麻习学藏经之所。剌麻约有万众，俱于大寺旁石屋居住。　塞喇寺在藏北十里。依山成势，筑土为城，留门三，建金殿大寺二座。内多系甘肃杨、鲁等土司及河州一带剌麻在此受戒传经。木辘寺在西藏堡内，坐北向南。经堂佛像、宝器，俱极精巧。　桑鸢寺在西藏南，与甘丹寺相近，土城内建大寺一座。经堂佛像俱装金，与大、小诏相类。内并有唐时供奉关帝云。　仍仲宁翁结巴寺在大诏西八日，即后藏扎什隆布地。其寺负山襟河，院宇厂丽，佛像庄严，仍班禅剌麻坐床之所。各处朝礼之西番、蒙古人众，不绝于途。凡学番经成，必至此受戒取名，熬茶施众。　撒家寺在扎什隆布境内。有撒家班禅剌麻，乃系红帽剌麻之祖师。其教剌麻年少时娶妻生子，俟其有子后，不复再近家室，始登法座，接背相传云。　执正寺在大诏东北二日，其寺在角子纳山上。殿阁巍峨，剌麻众多。其山径曲折，禽兽之属，目无所见。剌麻摇铃唤之，俄倾之间，鹰、麂、雉、兔，各物毕集，诚一异观也。　按西藏寺庙甚夥，不能尽载，择其名尤著者录于右。

剌　麻　即中国之释子。其僧家内典，皆自番经译出。然惟西藏为甚多。凡出家者不娶妻，著红、黄衣。佛书甚多，《楞伽经》至万卷。元世祖尊西藏剌麻八思巴为大宝法王，锡玉印。既没，赐号“皇天之下一人之上宣文辅治大圣至德普觉真智佐国如意大宝法王西天佛子大元帝师”。自是其徒嗣者，咸称帝师。

明洪武初，太祖惩唐世吐蕃之乱，思制御之，因其俗尚用剌麻，化导为善，乃遣使广行招谕。又遣陕西行省员外郎许允德使其地，于是乌斯藏摄帝师喃加巴藏卜先遣使朝贡。五年十二月至京，帝喜，赐红绮禅衣及鞋帽钱物。明年二月，躬自入朝，上所举故官六十人，帝悉授以职，改摄帝师为炽盛佛宝国师，仍锡玉印及采币表里各二十。玉人制印成，帝视玉未美，令更制。暨辞还，命河州卫遣官赍敕偕行，招谕诸蕃之未附者。冬，元帝师之后锁南坚巴藏卜、元国公哥列思监藏巴藏卜并遣使乞玉印。廷臣言已尝给赐，不宜复予，乃以文绮赐之。

七年夏，佛宝国师遣其徒来贡。秋，元帝师八思巴之后公哥监藏巴藏卜及乌斯（藏）僧答力麻八剌遣使来朝，请封号。诰授帝师后人为圆智妙觉洪〔弘〕教大国师，乌斯藏剌麻为灌顶国师，并赐玉印。佛宝国师复遣其徒来贡，上所举土官五十八人，亦皆授职。九年，答力麻八剌遣使来贡。十一年复贡，奉〔奏〕举故官十六人为宣慰、招讨等官，亦皆报允。十四年复贡。

其时喃加巴藏卜已卒，有剌麻哈力麻者，国人以其有道术，称之为尚师。成祖为王时，知其名。永乐元年，命司礼少监侯显、僧智光赍书币往征。其先遣人来贡，而躬随使者入朝。四年冬，将至，命驸马都尉沐昕往迎之。既至，帝延见于奉天殿，明日晏〔宴〕华盖殿，赐黄金百，白金千，钞二万，采币四十五表里；法器、裀褥、鞍马、香果、茶米诸物毕备。其从者亦有赐。明年春，赐仪仗、银瓜、牙仗，骨朵、魫灯[3]、纱灯、香合、拂子各二，手炉六，伞盖一。银交椅、银足踏、银兀〔杌〕、银盆、银罐、青圆扇、红圆扇、拜褥、帐幄各一。幡幢四十有八。鞍马二，散马四。

帝将荐福于高帝、后，命建普度大斋于灵谷寺七日。帝躬自行香。于是卿云、甘露、青鸟、白象之属，连日毕见。帝大悦，侍臣多献赋颂。事竣，复赐黄金百，白金千，宝钞二千，采币表里百二十，马九。其徒灌顶圆通善慧大国师答师巴啰噶罗思等，亦加优赐。遂封哈立麻为"万行具足十方最胜圆觉妙智慧善普应佑国演教如来大宝法王西天大善自在佛"，领天下释教，赐印诰及金、银、钞、采币、织金珠袈裟、金银器、鞍马。命其徒孛隆逋瓦桑儿加领真等为大国师，并赐印诰、银钞、采币。已，命哈立麻赴五台山建大斋，再为高帝、后荐福，赐予优厚。六年四月辞归，复赐金币、佛像，命中官护行。自是，迄正统末，入贡者八。已，法王卒，久不奉贡。洪〔弘〕治八年，王葛哩麻巴始遣使来贡。十二年两贡，礼官以一岁再贡非制，请裁其赐赉，从之。正德元年，来贡。十年，复来贡。时帝惑近习言，谓乌斯藏僧有能知三生者，国人称之为活佛。欣然欲见之。考永、宣间陈诚、侯显入番故事，命中官刘允乘传往迎。阁臣梁储等言："西番之教，邪妄不经。我祖宗朝虽尝遣使，盖因天下初定，藉以化导愚顽，镇抚荒服，非信其教而崇奉之也。承平之后，累朝列圣止因其来朝而赏赉之，未尝轻辱命使，远涉其地。今忽遣近侍往送幢幡，朝野闻之，莫不骇愕。而允奏乞盐引至数万，动拨马船至百艘，又许其便宜处置钱物，势必携带私盐，骚扰邮传，为官民患。今蜀中大盗初平，疮痍未起。在官已无余积，必至苛敛军民，挺而走险，盗将复发。况自天全六番出境，涉数万之程，历数岁之久，道途绝无邮置，人马安从供顿？脱中途遇寇，何以御之？亏中国之体，纳外番之侮，无一可者。所赍敕书，臣等不敢撰拟。”帝不听。礼部尚书毛纪、六科给事中叶相、十三道御史周伦等并切谏，亦不听。

允行，以珠琲为幡幢，黄金为供具，赐其僧金印，犒赏以巨万计，内库黄金为之罄尽。敕允往返以十年为期，所携茶、盐以数十万计。允至临清，漕艘为之阻滞。入峡江，舟大难进，易以艒艒[4]，相连二百余里。及抵成都，日支官廪百石，蔬菜银百两。锦官驿不足，取傍近数十驿供之。治入番器物，估值二十万。守臣力争，减至十三万。工人杂造，夜以继日。居岁余，始率将校十人、士千人以行，越两月入其地。所谓“活佛”者，恐中国诱害之，匿不出见。将士怒，欲胁以威。番人夜袭之，夺宝货、器械以去。将校死者二人，卒数百人，伤者半之。允乘善马疾走，仅免。返成都，戒部下弗言，而以空函驰奏，至则武宗已崩。世宗召允还，下吏治罪。

嘉靖中，法王犹数入贡，迄神宗朝不绝。时有剌麻锁南坚错者，云知已往未来事，称活佛，顺义王俺答亦崇信之。万历七年，以迎活佛为名，西侵瓦剌，为所败。锁南坚错戒以好杀，劝之东还。俺答亦劝剌麻通中国，乃自甘州遗书张居正，自称释迦摩尼比邱，求通贡，馈以仪物。居正不敢受，闻之于帝。帝命受之，而许其贡。由是，中国亦知有活佛。此剌麻有异术，能服人，诸番莫不从其教，即大宝法王及阐化诸王，亦皆俯首称弟子。自是西藏止知奉此剌麻，诸番王徒拥虚位，不复能施其号令矣。

今藏内剌麻，番人最崇信敬礼者，前藏达赖剌麻，后藏班禅剌麻、西都楞布气、多尔吉拔姆、扎什楞布气、三巴呼图兔、噶尔吗呼图兔、阿吗记仲呼图兔、阿里竹孙呼图兔、阿噶仲吉、地母呼图兔，云俱能转生，不迷本性，然无可考。

其教始有黑帽、红帽剌麻，能役鬼驱神，吞刀吐火，招水呼风，柔金隐身诸法。至今藏内剌麻，能之者尚多。自西宁剌麻宗噶〔喀〕巴抵藏甘丹寺坐床，设教戴黄帽，禁其徒妄作，以静坐修禅为本，谓之黄教。其教今大盛云。

附　国

后　套　在大诏西边，相距五百余里。属藏王管辖。土沃产枣。

后　藏　在诏之南将千里，近云南界，班禅剌麻主之。土宜美饶。

巴尔布国　在藏西南，行两月。其民分为三部：一曰布颜罕，一曰叶楞罕，一曰库库木罕。地产犀牛、孔雀、珊瑚、琥珀，于雍正十一年遣使奉表入都。

布鲁克巴国　在藏西南，约行月余。天气炎热，产大豕、稻、黍、豆、麦、瓜、果，与中华相类，南行月余，即天竺国界。唐时归附于内，赐给剌麻印册尚存，其文曰：“唐师国宝之印”。于雍正十一年遣使奉表入都。

自西宁至藏路程附

西宁府一百五十里至　河拉库托营过日月山，即系青海地方。二十里至　哈什哈水有草无柴，烧粪。青海蒙古住牧。自此分南北两路：北路走六程，南路走五程即会合。六十里至　北路侃布滩有草无柴。青海蒙古住牧。七十里至　阿拉乌兔有草无柴。青海蒙古住牧。七十里至　哈套有草无柴。青海蒙古住牧。五十里至　西哈套峡有草无柴。青海蒙古住牧。七十里至　木户儿有草无柴。青海蒙古住牧。六十里至　牛哥兔有草无柴。青海蒙古住牧。又自哈什哈水起，五十里至　南路白彦脑儿有草无柴，青海蒙古住牧。五十里至　恰不恰有草无柴。青海蒙古住牧。四十里至　西泥脑儿有草无柴。青海蒙古住牧。六十里至　公噶脑儿有草无柴。青海蒙古住牧。六十里至牛哥兔，与北路合为一处。五十里至　沙拉兔有草无柴。青海蒙古住牧。六十里至　衣麻兔有草无柴。青海蒙古住牧。五十里至　登努儿特有草无柴，阿力克番子住牧。六十里至　哈隆乌素有草无柴，阿力克番子住牧。有瘴。七十里至　埅列脑儿有草有柴，阿力克番子住牧。有瘴。七十里至　埅利卜拉有草有柴，端住格隆番子住牧。有瘴。六十里至　必留兔沟有草无柴，端住格隆百户番子住牧。六十里至　阿隆阿他拉川有药草，水窄草微，有瘴。南各垒番子住牧，北达赖刺麻商上人住牧。七十里至　贠力麻川黄河源有草无柴，有瘴。南北达赖刺麻商上人住牧。六十里至　噶顺阿坝兔有草无柴，永沙豹百户番子住牧。六十里至　且克脑儿有草无柴，有瘴。蒙古尔津番子住牧。五十里至　哈麻胡六太有草无柴，蒙古尔津番子住牧。有瘴。五十里至　哈拉河有草无柴。南年木错番子，北即星宿海。有瘴。五十里至　乌兰伙哩草微无柴。南别利番子住牧，北星宿海。有瘴。六十里至　阿拉台奇草微无柴。南别利番子住牧，北星宿海脑。有瘴。六十里至　刺麻托洛海有草无柴。南别利番子住牧，北星宿海脑。有瘴。五十里至　一克白彦哈拉有草无柴。多洛奴图番子住牧。六十里至　乌河那峡草微无柴。多洛奴图番子住牧。六十里至　巴汗白彦哈拉底有草无柴。那哈学番子住牧。六十里至　哈拉河洛有草无柴。那哈学番子住牧，有瘴。六十里至　柯柯赛渡口有草无柴。由受番子住牧。自此赴藏有三路，惟柯柯赛有渡河皮船。上为七叉河，再上为摆图，水不发时，驼马可涉。然官兵入藏，皆由柯柯赛，故纪此一路。

自西宁起至穆鲁乌素河，计三十程，共一千七百一十里。有瘴气。地方一十三处自柯柯赛起，五十里至　柯柯托尔有草有瘴。地方狭。由受番子住牧。六十里至　大湖滩有草，有瘴。南北由受百户尔克台奇番子住牧。五十里至　托伙六托洛海有草，有瘴。南阿尔台奇番子住牧，北至七叉河沿。五十里至　插汉哈达有草，有瘴。南阿尔台奇番子住牧，北至穆鲁乌素河沿。四十里至　东卜拉有草，有瘴。南格里吉番子住牧，北至穆鲁乌素河。七十里至　塞柯奔有草。格里吉番子住牧。六十里至　胡蓝你伙有草，格里吉番子住牧。六十里至　多蓝巴兔儿有草。格里吉番子住牧。五十里至　卜汉你赛尔有草，有瘴。格里吉番子住牧。六十里至　胡角尔兔草缺。格里吉番子住牧。五十里至　阿河但有草，有瘴。奔巴番子住牧。四十里至　因大木有草，有瘴。奔巴番子住牧。六十里至　铁兔托洛有草，有瘴。奔巴番子住牧。六十里至　一克奴木汗有草，有瘴。奔巴番子住牧。七十里至　索胡有草，有瘴。奔巴番子住牧。五十里至　巴汗奴木汗有草，有瘴。说立站且功番子住牧。五十里至　拨湖沙有草，有瘴。说立站且功番子住牧。五十里至　查汉哈达坡伙有草，有瘴。说立站且功番子住牧。五十里至尺汗哈达有草，有瘴。说立站且功番子住牧。四十里至　沙各有草，有瘴。说立站且功番子住牧。五十里至　瞒扎希里有草，有瘴。南北通摆图西路。五十里至　却那你伙六有草，有瘴。哈拉乌素堪布蒙古住牧。西藏所管。六十里至　哈拉乌素有草。哈拉乌素堪布蒙古住牧。四十里至　班的奔第有草，有瘴。堪布蒙古住牧。五十里至　哈拉火洛有草。西堪布蒙古住牧。六十里至　魁田希拉有草，有瘴。堪布蒙古住牧，六十里至　巴卜隆有草，有瘴。南有河叉巴叉番子住牧，西至天盖脑儿，四十里至　乃满素不拉哈有草。河叉巴叉番子住牧。西藏所管。五十里至　达目有草。南河叉巴叉番子住牧，西达目番子住牧，亦西藏所管。五十里至　羊阿拉有草，有瘴。达目番子住牧。六十里至 来顶寺草微地狭。达目番子住牧。四十里至 铁锁桥草微。南至大江。五十里至 恰哈拉草微。南至两河口。五十里至 孙冬卜宗草微。四十里至 浪唐草微。南浪唐番子住牧，东的巴达河采番子住牧，皆西藏所管。八十里至西藏东至四川大路，南至洛华番子住牧处，西至后藏，北至羊巴景

自穆鲁乌素河起，至西藏止，计三十七程，共一千九百六十里。有瘴地方二十三处一路俱有水，故不分载。其无柴处，皆属烧粪。右自西宁至西藏大诏止，共计六十七程路，三千六百七十里。

松门杨氏曰：古昔弓矢之艺与礼乐之艺，同列于学；干戈之舞与羽籥之舞，并隶于教。盖兵者，圣人所以讨强暴，救危殆，何可一日不讲也。子朱子云："为守令，第一便是民事为重，其次便是军政。今人都不理会。"然则武备者，世儒、文吏多存而不论，奚可哉？吾甚不取，故纂斯志。凡兵制、备兵、戍兵、民兵、土兵，下至戎器、驼马，无不详载。至番族远近，塞外四卫始末，并青海源流，所通准噶尔径路，乌斯藏疆域、山川、古迹、关隘、户口、兵防、天时、人事，亦备细附列焉。欲莅兹土者，知地利而为之防范也。古今战阵之法，亦因时制宜，要不外阴阳五行而已。黄帝五阵，分木、火、土、金、水，即直阵、锐阵、圆阵、方阵、曲阵是也。太公天阵、地阵、人阵，乃星宿孤虚，山川向背，偏伍弥缝是也。天、地、风、云、虎翼、蛇蟠、龙飞、鸟翔，此风后八阵也。方、圆、

牝、牡、冲直、方宜、车轮、雁行，此孙子八阵也。吴起八阵，又有曲、直、锐、封、车厢、车釭、鹅鹳、冲陋之殊；武侯八阵，则又有洞当中黄、龙腾鸟翔、连冲握奇之异[5]。李靖之六花阵，则中军、外军、左虞候、右虞候、左二厢、右二厢，乃善变九军之法耳。所谓八阵，即九军。九军者，以八包一方阵也。六花即七军，以六包一圆阵也。方为阴，圆为阳。然汉霍骠骑、唐张睢阳、宋岳忠武，皆立功当时，垂名后世，未尝用古阵法。神而明之，又存乎其人也。宁郡卒伍，耐劳而敢战，兵以气为主，第养其锋锐，周其空乏，精其骑射，西陲之劲旅矣。其步伐止齐，演阵修饰，抑末也，良将帅自握其要焉。

注释：

[1]唐古特：清代文献对西藏及当地藏族的称谓，又译作唐古忒。元时蒙古人称西夏为唐兀或唐兀惕，后渐用以泛称藏族诸部。清初沿用此称，译作唐古特。今蒙古语仍称青藏地区及当地藏族为唐古特。

[2]薙(tì)：除草，又是“剃”的异体字。

[3]魫(shěn)灯：用鱼脑骨为架制作的灯。明代亲王仪仗有魫灯。

[4]艕艫(gōu lù)：古代一种船的名称。三国时吴国将军吕蒙曾在艕艫中藏兵，打过胜仗。

[5]“武侯八阵”即相传诸葛亮在继承前人兵法基础上使用过的一种军事阵法，一般认为八阵，是天覆、地载、风扬、云垂、龙飞、虎翼、鸟翔、蛇蟠，其中天、地、风、云四阵为正，龙、虎、鸟、蛇四阵为奇，总为八阵，大将居阵中掌握机动兵力(即所谓“余奇”之兵)，称为“握奇”。本志所云武侯八阵内容与传统说法有异，表述深奥，不知所据。

西宁府新志·卷二十二

官师志（一）

夫官师者，政教之所从出也。然政必志于王，教必本于圣，岂古人之好难哉？舍此皆非也。故武城（按：子游为武城宰，见《论语·雍也》。其地为鲁国小邑，在今山东。）之修政，安定之立教，（按：宋胡瑗，人称安定先生，在湖州授徒有声。此处举子游与胡瑗为能发现与培养人才之著例。）为千古矜式。合乎此者，则树德建功，光昭竹帛，有名宦焉，有封爵焉。后世文武分途，干城之寄，有武职焉。况宁郡临边，百责攸萃，沟壑系念，烽火关心，良不易也。因系郡志，上自监司总镇而止。吁！姓氏具在，某也无闻，某也贤，览斯志者，可以知所勉矣。

官　　制

西宁府　西宁县、碾伯县、大通卫、贵德所同载

《尚书·周官》："唐虞稽古，建官惟百，外有州牧、侯

伯。”

《周礼》:“太宰乃施典于邦国,而建其牧,立其监,设其参,傅其五,陈其殷,置其辅。”注:侯伯,有功德者,加命作州长,谓之牧。监,谓公、侯、伯、子、男,各监一国。参,谓卿三人。伍,谓大夫五人。殷,众也,谓众士也。辅,府史,庶人在官者。

监 御史

秦分天下为三十六郡,郡置守、尉、监。

《汉书·百官表》:“监、御史,秦官,掌监郡。”

郡守 尉丞

《汉书·百官表》:“郡守:秦官,掌治其郡,秩二千石。有丞,秩六百石。郡尉:秦官,掌佐守,典武职甲卒,秩比二千石。有丞,秩六百石。”《景帝纪》:中二年,更郡守为太守。东汉建武十八年,凉州部郡十二,西平、西海居其二。

别 驾

《唐六典》:“元帝时,条州大小为设吏员,别驾、治中从事、诸郡从事,秩六百石。后汉改曰别驾从事史。”

县令 丞 尉

《汉书·百官表》:“县令、长,掌治其县。万户以上为令,秩千石至六百石;减万户为长,秩五百石至三百石。皆有丞、尉,秩四百石至二百石,是为长吏。百名(按:当作“石”。)以下有斗食、佐史之秩,皆秦官也。”

《后汉书·百官志》:丞一人。尉,大县二人,小县一人。

丞署文书，典知仓狱；尉主盗贼。县大者置令一人，千石。其次置长，四百石。小者置长，三百石。皆掌治民。显善劝义，禁奸罚恶，理讼平贼，恤民时务，秋冬集讼，上计于所属郡国。

学　官

《汉书·循吏传》：武帝时，天下郡国皆立学校官，自文翁为之始。《汉书·平帝纪》：元始三年，立学官。郡国曰学，县、道、侯、邑国曰校。校学置经师一人。乡曰庠，聚曰序。庠、序置《孝经》师一人。

县　主簿

《晋书·职官志》：县大者置令，小者置长。有主薄、录事史，主记室史。

晋边远滨近羌夷之州，置弓马从事五十余人。隋分天下州、郡、县品九等。

将　副

《隋书·百官志》：镇置将副，戍置主副。其制官属各立三等之差。

《隋书·百官志》：旧有兵处则刺史带诸军事以统之，至是，别置都尉、副都尉领兵，与郡不相知。

诸　道

《通典》：唐分天下州县制为诸道，每道置使，治于所部即采访等使。其边地加以旌节。

《旧唐书·职官志》:至德后,大郡要害之地,置防御使以治军事。刺史兼之,不赐旌节。上元后,改防御使为团练守提〔促〕使,有副使判官。

郡　州

《旧唐书·职官志》:武德改郡为州,州置刺史。天宝改州为郡,郡置太守。乾元元年改郡为州、州置刺史。

《通典》:州郡史守,更相为名,其实一也。开元中定天下州府为雄、望、上、中、下之差。至德之后,诸州始有兵镇刺史,皆加团练使,其任重矣。

县

《旧唐书·职官志》:诸县令之职,皆掌导扬风化,抚字黎甿。

诸　镇

《旧唐书·职官志》:诸镇隋始置镇将、镇副之名。上镇将一人,镇副一人,仓曹、兵曹二参军。中镇、下镇将一人,镇副一人,录事一人,兵曹参军一人。诸戍屯兵守境处为戍。上戍主一人,戍副一人,佐一人,史二人;中戍主一人;下戍主一人。

通　判

宋罢藩镇,事务悉归于本州,知州通判兼总之。

元置河西、陇北道肃政廉访司,以统甘州、永昌、肃州、沙州、亦集乃、宁夏府六路;山丹、西宁二州。每州置达鲁花赤一员，州尹一员。中州、下州俱曰知州，同知、判官各一员。其佐上州知事、提控、案牍各一员；中州吏目、提控、案牍各一员；下州吏目一员或二员。

明置西宁卫，遥听治于分守、分巡西宁道。洪〔弘〕治初，专设抚治西宁兵备道一员，驻扎西宁。

监收厅、屯兵厅各一员。

西宁参将一员。镇海、碾伯游击各一员。北川、古鄯守备各一员。贵德分防游击一员属河州。

西宁卫都指挥佥事一员，指挥使一员，指挥同知七员，指挥佥事七员，卫儒学教授三员，卫经历一员。碾伯右所正千户一员，副千户九员，实授百户九员，试百户二十九员，所镇抚三员。西宁仓、西宁草场、税课局、茶马司大使四员，驿丞七员。贵德守御千户一员隶河州卫。

皇清文职官制

抚治西宁道一员初系兵备，嗣改分巡。

西宁府知府一员雍正三年新设。经历一员，儒学教授一员俱卫改。训导一员新设。

旧设西宁同知、监收通判、茶马司各一员裁。

巴燕戎抚番通判一员乾隆十年新设。

西宁县知县一员，典史一员，儒学教谕一员俱新设。

丹噶尔分驻主簿一员乾隆九年新设。平戎驿丞一员。

旧设卫守备、在城驿丞各一员裁。

碾伯县知县一员，典史一员，儒学训导一员俱雍正三年新设。老鸦、冰沟驿丞各一员。

旧设所千总、嘉顺、古鄯驿丞各一员裁。

大通卫守备一员雍正三年新设。

贵德所千总一员乾隆三年改隶。

皇清武职官制初设副总兵，嗣设镇。镇海初设游击，后改参将。威远、北川、南川、碾伯、古鄯，初设守备，后北川、古鄯改游击，余改都司。城守都司自康熙十三年始设。

镇守陕西西宁临巩等处地方统辖汉土番回挂印总兵官一员。

镇标中军中营游击一员，中军守备一员，千总二员，把总四员。

镇标左营游击一员，中军守备一员，千总二员，把总四员。

镇标右营游击一员，中军守备一员，千总二员，把总四员。

镇标前营游击一员，中军守备一员，千总二员，把总四员。

镇标后营游击一员，中军守备一员，千总二员，把总四员。

西宁城守营都司一员，把总二员。

大通协副将一员前系镇缺改设。中军都司一员，千总二员，把总四员。

永安营游击一员，中军守备一员，千总一员，把总三员。

白塔营都司一员，千总一员，把总二员。

镇海营参将一员，中军守备一员，千总一员，把总二员。喇课营千总一员，河拉库托营守备一员，把总一员。

南川营都司一员，把总一员。

贵德营都司一员。

北川营游击一员，千总一员，把总一员。

威远营都司一员，把总一员。

碾伯营都司一员，老鸦堡把总一员，冰沟堡把总一员，西大通堡千总一员地系凉州平番县属。

巴燕戎营游击一员，千总一员，把总二员。亦杂石营守备一员。甘都堂堡千总一员。扎什巴堡千总一员。康家寨千总一员。千户庄把总一员。乩思观把总一员。巴暖营守备一员，把总一员。

西宁府新志·卷二十三

官师志（二）

职　官

守土领军而外，历代以将军或他官来郡，逐羌开疆复土者亦同载。

西宁府　西宁县、碾伯县、大通卫、贵德所同载

汉

霍去病骠骑将军。击破匈奴右地，遂略湟中。　李息将军。平西羌。　徐自为郎中。副李息平羌。　义渠光禄大夫。遣行视诸羌。　赵充国后将军。平羌屯田。　赵卬右曹中郎将，充国子。将支兵至令居。　许延寿强弩将军。击西羌。　辛武贤破羌将军。击先零。　张鸿谒者。击烧当羌。　田飒陇西长史。副张鸿击烧当羌。　窦固中郎将。监诸将讨烧当羌。　马武捕虏将军。讨烧当羌。　王丰中郎将。讨烧当羌　陈䜣右辅都尉。讨烧当羌。　马援陇西太守。破诸羌，定议不弃湟中。　任尚长史。击迷唐羌。　曹凤西部都尉。屯龙支。　上官鸿金城长史。开置归义、建威屯田。　张既雍州刺史。西平鞠演叛，进兵为苏则声援。

护羌校尉

窦林　吴棠　傅育　张纡　邓训　聂尚　贯友　史充　吴祉　周鲔　侯霸　段禧　马贤　庞参　吴咏　韩皓　马续　赵冲　卫琚　张贡　第五访　段颎　胡闲　皇甫规　伶〔泠〕徵　苏则

魏

郭淮前将军。讨西平、饿何、烧戈羌。

张郃平河关，渡河入小湟中。

晋

马隆西平太守。　张轨凉州刺史，领护羌校尉。　曹祛西平太守。　张实中郎将。领护羌校尉。　张肃西海太守。

北　魏

新成征西大将军、阳平王。讨吐谷浑至西平。　长孙观征西大将军、上党王。破吐谷浑拾寅。　皮怀喜平西将军。为先锋，降拾寅。　伏罗太武帝次子。讨吐谷浑至乐都。(按：实至今共和县境。)

西　魏

柳桧都督。镇鄯州。　田洪讨西平羌。　史宁大将军破吐谷浑树敦、贺真二城。

隋

元谐乐安公。击吐谷浑，出鄯州。　梁远行军总管。破吐谷浑。　梁毗鄯州刺史。善化羌戎。　宇文述左翊卫大将。破吐谷浑于曼头、赤水。　元寿内史。围吐谷浑于覆袁山。　段文振以兵部尚书从征。败吐谷浑于覆袁山。　刘权卫尉卿。镇河源，大开屯田。　慕容三藏廓州刺史。

唐

安兴贵执凉王李轨，西平等郡悉平。　段志元〔玄〕西海道行军总管。　樊兴赤水道行军总管。　李靖西海道行军大总管。大破吐谷浑。　侯君集西海道行军总管。　李道宗西海道行军总管。　李道彦西海道行军总管。　李大亮西海道行军总管。薛万均以副总管讨吐谷浑。　契苾何力以左领军将军讨吐谷浑于赤水川。　高既〔甑〕生西海道行军总管。　郑仁泰青海道行军大总管。　薛仁贵逻娑道行军大总管。与吐蕃战于大非川。令狐智通左监门卫中郎将。伐吐蕃，时寇鄯、廓二州。　黑齿常之将军。败吐蕃于良非川。　娄师德河源积石军及鄯、廓二州营田大使。　郭知运节度大使。领鄯、廓等州。　王君㚟陇右节度使。追击吐蕃至青海。　崔希逸河西节度使。袭吐蕃于青海，破之。皇甫惟明陇右节度使。破吐蕃，献俘。　王忠嗣与吐蕃战于青海积石，大破之。　哥舒翰败吐蕃。复河源、九曲。　尚婢婢鄯州节度使。

鄯州都督

李敬元〔玄〕　杨矩　张志亮　杜希望　薛讷

宋

王韶知通远军事。复河湟。　王瞻〔赡〕安抚使。复邈川城。　种谊行营将。执鬼章、青宜结，槛送京师。　苗授从王韶为先锋，复河、湟地。 孙路知熙州。建取青唐之策。 刘舜卿知熙州。俘西羌鬼章。 姚兕熙河将。断黄河飞梁，青唐众不得渡。游师雄军器监丞。与刘舜卿谋破吐蕃。 姚雄领鄯州。与羌四战皆捷，通湟水漕运。 苗履熙河、兰、会都钤辖。同王瞻〔赡〕取青唐。 刘拾河、湟转运使。 何灌鄯州安抚使。引邈川水溉湟闲田。 赵遹熙州、兰、湟经略安抚使。 刘法熙河经略。出湟州与夏人战。 王渊总领湟州蕃步将。

知西宁州

王厚　高永年　赵隆　刘仲武　刘锜

元

奥鲁赤西平王。征吐蕃。 章吉驸马、宁濮郡王。镇西宁。钦察台吐蕃宣慰使。 著吉思巴吐蕃宣慰使。

明

邓愈征西将军。讨吐蕃，追至昆仑山。 沐英副将军。讨吐蕃。 耿炳文长兴侯。城西宁。 许德允礼部郎中。安抚西宁诸番。 史昭都督佥事。镇守西宁。

抚治西宁兵备道

柯忠怀宁县人。 李纪江都县人。 潘楷锦衣卫人。周琰直隶阜城县人。 宋礼顺天府宛平县人。 萧翀四川内江人。以上洪〔弘〕治间任。 胡经山东滨州人。 傅习江西进贤人。 郭韶山西霍州人。 高显山东濮州人。以上正德间任。贾运直隶束鹿人。 陈鼎山东登州人。 宋琏直隶清宛人。

易瓒直隶肃宁人。　鲁教河南罗山人。　李经河南真阳人。及宦直隶交河人。　纪纯河南磁州人。　王世爵直隶开州人。王昺山东章邱人。　路珠河南新乡人。　刘珂直隶开州人。王继芳直隶固安人。　郭朝宾山东汶上人。　范瑟山东历城人。　孟怀河南祥符人。　李临阳四川江津人。　李懿直隶吴桥人。　蔡用艾锦衣卫人。　王本固直隶邢台人。　张国珍四川永川人。　周京直隶永年人。以上嘉靖间任。　周国清锦衣卫人。　侯东莱山东掖县人。　刘行素直隶高阳人。　李克德直隶永年人。　姜廷瑶山东掖县人。　平康裕直隶新城人。　董汝汉山西万泉人。　郭堵山东曹州人。　任彬山西蒲州人。　张孔修直隶大名人。　张登云山东宁阳人。　燕好爵山西翼城人。　万世德山西偏关人。　余良枢江西奉新人。刘敏宽山西安邑人。　李有实山东黄县人。　马朝阳山西太原人。　龙膺湖广武陵人。　李作舟四川合州人。　王佐方山东临朐人。以上隆庆、万历间任。　梁廷栋河南新陵人。　宋祖舜山东东平州人。以上天启间任。　王维章湖广彝陵人。　蒲秉权湖广永明人。　孔闻籍山东曲阜人。　王裕心山西孝义人。　杨彤庭直隶盐山人。　陈达四川奉节人。　李豫河南偃城人。以上崇祯间任。

按:前明有分守、分巡西宁道二员。今查阅明敕,分守西宁道驻扎凉州,所辖地方广阔;分巡西宁道驻扎甘州,管理甘肃等处六仓粮储,及庄浪一带水利,并提督陕西行都司官库钱粮，及所属卫所屯种。是以历任各官，郡志不应阙入。自洪〔弘〕治初，专设抚治西宁兵备道，驻扎城中，为宁郡大员。故爵里备载焉。

监收厅、屯兵厅　隆庆时，改监收州判官为府通判。

王国栋　郭志学　杨于庭　龙膺　高第

西宁卫指挥

李南哥元西宁州同知。洪武四年归附，授本卫指挥佥事。朵尔只失结元甘肃右丞，归附，授本卫指挥。　祁贤　李文　哈剌卜花　祁赟　甘俊　陈治　彭杲　祁凤　纳政　罗松　李世显　刘诏　阿承印　李愈茂　孙秉乾　张云汉　陈三奇　滑熙皋　范廷谏　莫负时

西宁分防守备　嘉靖三十年以前俱守备，三十一年巡抚王诰奏改参将。

金玉　刘昭　穆肃　史昭　湛清　汪清　孙鉴永昌人。　赵英庄浪人。　陈琏甘州人。　王义直隶人。　哈振平凉人。　颜玉　鲁铎北京人。　蒋琛西安人。　徐廉凉州人。　赵承序北京人。　汪淮甘州人。　金冕河州人。　杭雄榆林人。　武振山丹人。　神楫榆林人。　杨佑凉州人。　彭浚兰州人。　冯政榆林人。　彭杲绥德人。　崔麒肃州人。　吴纶甘州人。　吉象庄浪人。　许世爵榆林人。　薛卿庄浪人。　朱勋凉州人。　唐勇凉州人。

西宁分守参将　万历时改设副总兵

贺桂　金鉴　张廷辅甘州人。　张世俊　崔麒　鲁光祖　陈恺　萧文奎　祁德西宁土人。　卯隆宁夏人。　杜洪域　达云凉州人。

西宁协守副总兵

达云　祁德　杜洪域　鲁行昌

碾伯操守都指挥　后改为游击

吉庆西宁人。嘉靖二十六年任，自庆始。　罗福镇番人。彭汝为镇番人。　严威　贺有年西宁人。　杨真庄浪人。

碾伯分防游击

达云凉州人。

贵德守御千户

蒋承禄　史应佐　杨雷　史载功

贵德所分守游击

陈淳　长略河州人。

皇　清

抚治西宁道

齐之宸直隶沧州人。顺治元年任，迁江西驿传道。　蒋三捷汉军奉天人。顺治二年任，迁平凉苑马寺卿。　冯如京山西代州人。顺治四年任，赴部另推。　孙启贤河南安阳人。顺治七年任，致仕。　崔升汉军奉天人。顺治十一年任。　郑龙光浙江平湖人。顺治十三年任，致仕。　郭亮江南上元人。顺治十五年任，迁湖广上荆南道。　董奎武汉军镶黄旗人。顺治十六年任，迁广西苍梧道。　鲍开茂山东长山人。顺治十八年任，丁忧回籍。　张安茂江南华亭人。康熙二年任。　高文芳汉军奉天人。康熙五年任，迁湖广上荆南道。　王添贵汉军奉天人。康熙六年任。　栾元魁汉军奉天人。康熙九年任。　赵振河南新野人。康熙十四年任，迁山西雁平道。　潘世晋江南凤阳人。康熙二十三年任，致仕。　成祖慎直隶大名人。康熙二十六年任，迁浙江督粮道。　刘殿衡汉军宝坻人。康熙二十九年任，迁江苏布政司，后升湖广巡抚。　张信汉军正黄旗人。康熙三十八年任，致仕。　迟炘汉军奉天正白旗人。康熙四十四年任，迁湖北按察司。　张绥远汉军奉天镶黄旗人。康熙四十八年任，告病休致。　杨宗仁汉军奉天正白旗人。康熙五十二年任，迁浙江按察司，后升湖广总督。　赵世锡汉军奉天镶红旗人。康熙五十四年任。　王国相汉军镶黄旗人。雍正四年任。　刘之顼汉军镶蓝旗人。雍正六年任。　杨汇汉军奉天正红旗人。雍正七年任。　杨应琚汉军奉天正白旗人。雍正十一年任。　高梦龙江南山阳人。雍正十二年任。　杨应琚乾隆元年再任。

西宁同知监收通判　后裁同知

臧储粹直隶人。顺治二年任。　张继孔汉军奉天人。顺治四年任。　顾言山西人。顺治八年任。　王缵曾河南人。顺治九年任。　张伟绩江南人。顺治十二年任。　张来正四川遵义人。康熙十四年任，迁大理寺寺丞。　沈洪图汉军正白旗人，康熙二十五年任。　孙念绪河南安阳人。康熙二十九年任。　谈吐蕃汉军奉天人。康熙三十二年任。　葛玉浙江钱塘人。康熙三十五年任。侯封公山东阳信人。康熙三十七年任。　苏心逸福建莆田人。康熙四十年任。　孙式敬江南通州人。康熙五十三年任。　阎纕玺汉军镶黄旗人。康熙五十六年任,裁缺离任。

西宁府知府　雍正三年设

杨若楙山西蒲州人。雍正三年任。　董廷扬汉军镶白旗人。雍正四年任。　江洪江南扬州人。雍正五任。　黄澍顺天大兴人。雍正六年任。　杨汝楩浙江仁和人。雍正十一年任。　岳礼满洲正白旗人。乾隆二年任,迁汉兴道。　臧珊山东诸城人。乾隆三年任。　申梦玺山西阳曲人。乾隆四年任,调任巩昌府。　刘洪〔弘〕绪汉军镶红旗人。乾隆十年任。

巴燕戎抚番通判　乾隆十年新设

刘炆河南祥符人。乾隆十年任,调柳林湖通判。

沈予绩汉军正白旗人。乾隆十一年任。

西宁卫守备

朱圣武顺治四年任。　李友沆直隶真定人。　杨自曦顺治十四年任。　翁泰康熙五年任。　正失名。康熙八年任。　傅以箕浙江会稽人。康熙二十九年任。　冯俊康熙三十四年任。吴兆龙康熙三十六年任。　宋谷康熙三十八年任。　廖腾炜福建闽县人。康熙四十二年任。

西宁县知县　雍正三年裁卫设县

仇为枋顺天宛平人。雍正三年任。　王式淳河南睢州人。雍正五年任。何得麟汉军镶蓝旗人。雍正六年任。沈予绩汉军正白旗人。雍正七年任,十年再任。迁柳林湖通判,复调巴燕戎通判。陆经谟江苏泰兴人。雍正十年任。靳梦麟直隶天津人。乾隆二年任。王镐浙江会稽人。乾隆五年任。应际盛浙江仁和人。乾隆八年任。张渡江南桐城人,乾隆九年任。陈铦浙江海盐人。乾隆十年任。

碾伯所千总

马渭生山西绛州人。康熙二十八年任。吕节音山西人。康熙三十三年任。杨壁江西人。康熙三十六年任。徐廷超河南人。康熙四十年任。李天祥山东临青人。康熙四十六年任。杨世荣江南常熟人。康熙五十一年任。谭行义四川成都人。康熙五十五年任,后迁广西提督。

碾伯县知县　雍正三年裁所设县

张芝馥直隶景州人。雍正三年任。张恩山西平定人。雍正六年任。刘增河南祥符人。雍正六年任。王之枚浙江海盐人。雍正七年任。郭懋荣浙江海宁人。雍正七年任。张登高江西鄱阳人。雍正八年任,迁直隶肃州知州。徐志丙浙江德清人。乾隆二年任,迁岷州知州。荆峻山西猗氏人。乾隆十年任。

大通卫掌印守备　雍正三年新设,乾隆二十六年裁卫改县

李亩成都人。二年权署守备事,一切皆其区画。殷维宁江南江阴人。雍正三年任。寇仪直隶宁津人。雍正四年任。蒋南波四川阆中人。雍正六年任。孙捷江南六安人。乾隆二年任

贵德所守御千总　乾隆四年改隶，乾隆二十六年改设西宁县县丞

邵元勋永昌人。　范时济浙江绍兴人。　范锐山西太原人。　徐汉美河南人。　马失名。直隶通州人。　陈飞福建人。　何滢直隶通州人。雍正元年任。　柴瑞山西太平人。雍正四年任，迁广东提标守备。　李滋宏山西汾阳人。雍正十一年任，迁山东临清卫守备。　朱炯浙江钱塘人。乾隆九年任，以亲老告改近省。　彭韫江南六安人。乾隆十一年任。

西宁卫儒学教授

王琳陕西西安人。　高希曾陕西延安人。　许肇业陕西西安人。康熙二十二年任。　徐鎏陕西富平人。康熙三十二年任。　梁景岱陕西三原人。康熙三十九年任。　朱奇宁夏人。康熙五十一年任。

西宁府学教授　雍正三年改设

李士杞陕西泾阳人。雍正三年任。　陈洪陕西韩城人。雍正六年任。　朱沂陕西肤施人。雍正十年任，迁广东灵山县令。　张琦陕西盩厔人。乾隆十年任，科选届期赴选。　甘棠荫陕西汉中府南郑县人。乾隆十二年任。

西宁府学训导　雍正三年新设

徐诚彝庆阳人。雍正六年任。　成京徽县人。雍正十二年任　巫安世中卫人。乾隆九年任。

西宁县学教谕　雍正三年新设

田渐陕西长安人。雍正四年任。　王孙琬陕西醴泉人。雍正六年任。　王同嘉陕西扶风人。雍正九年任。　周武光徽县人。雍正十二年任。　杜肯堂陕西华州人。乾隆七年任。　赵滢陕西同官人。乾隆十年任。

碾伯县学训导　雍正三年新设

廖宽陕西乾州人。雍正四年任。　鱼鲔陕西长武人。雍正十一年任。　王功濯陕西长武人。乾隆四年任。　合兆元平凉人。乾隆六年任。　康甲相巩昌人。乾隆十年任。

西宁府经历司经历　雍正三年新设

李恩荣浙江会稽人。雍正三年任，迁高台县知县。　王勋山西绛州人。乾隆二年任。

西宁县丹噶尔分驻主簿　乾隆九年新设

顾宗预江南元和人。乾隆九年任。

西宁县典史　雍正三年新设

裴涛直隶束鹿人。雍正三年任。　张齐瀚江南太湖人。乾隆三年任。　江藩江西南城人。乾隆八年任。

碾伯县典史　雍正三年新设

吴宗仁顺天宛平人。雍正三年任。　夏升浙江人。雍正八年任。　张齐瀚江南太湖人。乾隆元年任。　嵇士藻浙江慈溪人。乾隆三年任。

松门杨氏曰：官师之说，余于小序大略言之。盖明君不能独治，小民不能自牧，所赖者二三外吏而已。古今官职不同，三五迭隆，历代承棋，然无非欲以安内攘外，体上爱民，此《南山有台》之诗所以作也。

国朝设官，多仍明制而损益之。今一郡之中，上自巡道，下至史丞，官因事而设，事待官而理，若笑(按：此疑为“等”之误。)与秩终，甚无谓也。

尝读明吕新吾先生《明职篇》，最为详确。其言守巡道之职，非止为理词讼设也。凡一路之官吏不职，士民不法，冤枉不伸，奸蠹不除，废坠不举，地粮不均，差役偏累，衣食不足，寇盗不息，邪教不衰，土地不辟，流移不复，树蓄不蕃，武备不修，城池不饬，积贮不丰，讼狱不息，教化不行，风俗不美，游民不业，鳏寡孤独疲癃残疾之人不得其所。凡接于目者，皆得举行；听于耳者，皆得便宜。应呈请者，呈请两院施行；应牌札者，牌札各州县条议。督责守令详密如主婆，守令奉法恐惧如严师，务使一路风清弊绝，所部事理民安，然后尽守巡之职。

知府之职，或奉院司之科条董督寮属，或酌郡邑之利病细与兴除，所属州县掌印正官及佐领，合属一切大小官员，有用刑不当者，持己不廉者，政不宜民者，怠不修政者，昏不察奸者，涂饰耳目者，虚文搪塞者，前件废格者，阿徇权势者，差粮不均者，催科无法者，收解累民者，窃劫公行者，奸暴为害者，风俗无良者，教化不行者，仓库不慎者，狱囚失所者，老幼残疾失养者，听讼淹滥者，桥梁道路不修者，荒芜不治、流移不招者，衙役纵横不禁者，属官如是，知府皆得以师帅之。师帅不从，知府得以让责之；让责不改，知府得以提问其首领吏书；提问不警，知府得以指事申呈于两院。该道循良者，署以上考，无论卑微；不肖者，署以下考，无附炎热。使属吏知有府之可畏，不敢不守。官知有府之可服，不患不共命。知府之职，不当如是乎？

知州、知县之职，人称之曰父母。父母云者，生我养我者也。故土地不均，我为均之；差粮不明，我为明之；树木不植，我为植之；荒芜不垦，我为垦之；逃亡不复，我为复之；山林川泽，果否有利，我为兴之；讼狱不平，我为平之；凶豪肆逞，良善含冤，我为除之；狡诈百端，愚朴受害，我为剪之；嫖风赌博，扛帮痴幼，我为刑之；寡妇孤儿，族属侮夺，我为镇之；盗贼劫窃，民生不安，我为弭之；老幼残疾，鳏寡孤独，我为收之；教化不行，风俗不美，我为正之；远里无师，贫儿失学，我为教之；仓廪不实，民命所关，我为积之；狱中囚犯，果否得所，我为恤之；斛斗秤尺，市镇为奸，我为一之；贫民交易，税课滥征，我为省之；衙门积蠹，狼虎舞民，我为逐之；吏书需索，刁勒吾民，我为禁之；征收无法，起解困民，我为处之；游手闲民，荡产废业，我为惩之；异端邪教，乱俗惑民，我为驱之；庸医乱行，民命枉死，我为训之；士风学政，颓败废弛，我为兴之；豪市集霸，专利虐民，我为治之；捏空造虚，起祸诬人，我为杜之；聚众党恶，主谋唆讼，我为殄之；火甲负累，乡夫骚扰，我为安之；某事久废当举，我为举之；某事及时当修，我为修之；民情所好，如己之欲，我为聚之；民情所恶，如己之仇，我为去之。使四境之内，无一事不得其宜，无一民不得其所。深山穷谷之中，无隐弗达；妇人孺子之情，无微不照。是谓知此州，是谓知此县。

教官之职，正其心术，端其趣向，教以立身行己之法，迪以济世安民之要，使居乡则为端人正士，出仕则为良吏忠臣。一言而乡党相传，一行而家邦取法，不愧俊秀之才，堪为社稷之重。一学得此数人，翘然出色，其余皆小心谨良，不辱其身。教官如此，可谓称职矣。岂区区索贽，见勒节规，遂足尽教训之职哉？呜呼！居官者必如此，斯可谓尽其职矣！

西宁府新志·卷二十四

官师志（三）

命　使

西宁府

钦差办理青海蒙古番子事务大臣官员自雍正元年以前，俱选派理藩院司员。自二年平定青海之后，皆简大臣驻扎郡城以总理之。间遣部郎协理。

鄂赉侍郎。蒙古正蓝旗人。　达鼐散秩大臣，蒙古正白旗人。雍正三年任。　鼐满岱吏部郎中，蒙古正蓝旗人。　福宁刑部郎中。满洲正黄旗人。　德成正都统，满洲镶红旗人。　众佛保理藩院侍郎。蒙古镶蓝旗人。　马尔泰工部侍郎。满州镶黄旗人。三达礼吏部郎中。蒙古正红旗人。　德龄湖北巡抚，满洲镶黄旗人。嗣后三年更换。　色楞散秩大臣。蒙古镶黄旗人。以上雍正年间任。　保祝副都统，满洲镶黄旗人。乾隆二年任。　巴凌阿副都统。满洲正黄旗人。乾隆三年任。　莽鹄赉副都统、宗室，正蓝旗人。五年任。三年任满，青海扎萨克各王公等爱戴情般，奏请留任三年。　众佛保蒙古镶蓝旗人。于十一年以副都统再任。

理藩院派往西宁随同办理青海蒙古番子事务司官

马尔汉员外郎，蒙古正红旗人。雍正三年到宁。　达色员外郎，蒙古正白旗人。雍正三年到宁。　五十七主事，嗣升员外郎，满洲正黄旗人。雍正四年到宁。　高亮员外郎，蒙古镶黄旗人。乾隆元年到宁。　阿睦胡郎员外郎，蒙古镶黄旗人。乾隆四年到宁。　克世忒员外郎，蒙古正红旗人。乾隆七年到宁。　索诺木主事，蒙古镶黄旗人。乾隆十年到宁。

钦差办理噶斯军需驻扎西宁

诺穆图甘肃布政司，满洲镶蓝旗人。雍正八年任。　鄂昌甘肃布政司，满洲镶蓝旗人。雍正十年任。　李世倬甘肃按察司，汉军正蓝旗人。雍正十年三月任。　徐札甘肃布政司衔右通政。浙江钱塘人，雍正十一年六月任，十三年撤兵。

武　　职（土司附）

皇清西宁协副总兵

张世耀直隶人。　补艾陕西榆林人。　狄应魁宁夏人。　喻道真汉军奉天人。

西宁总镇　顺治十三年自临巩移驻

柏永馥汉军奉天正黄旗人。顺治三年，补授临巩总兵官。顺治十六年六月移驻西宁，迁陕西提督。　王可臣陕西陇州人。康熙四年任，迁湖广提督。　王进宝靖远卫人。康熙十三年任，升授奋威将军，管平凉提督。　朱衣客汉军正蓝旗人。康熙十五年由凉庄道补授。　李芳述四川重庆府合州人。康熙二十年任，迁贵州提督。　韩弼陕西定边人。康熙三十一年任，迁銮仪使。　阿兰泰满洲镶蓝旗人。康熙三十七年任。　张岳陕西延川人。康熙三十八年任。　刘体义宁夏人。康熙四十一年任。　殷泰满洲镶红旗人。康熙四十四年任，迁甘肃提督，嗣迁川陕总督。　马际伯宁夏人。康熙四十六年任，迁四川提督。　王以谦汉军奉天正白旗人。康熙五十年任，迁镶白旗副都统。　杨尽信宁夏人。雍正元年任，迁陕西提督。　黄喜林陕西榆林人。雍正元年任，调补重庆镇。　周开捷浙江山阴人。雍正四年任，七年离任。乾隆三年复任。四年调补宁夏镇，迁固原提督。　冯允中陕西延安人。四川成都籍。雍正六年以湖广提督兼理西宁、大通二镇，十年告辞回籍。　包进忠西宁县人。雍正七年由湖广九溪副将，迁西宁镇。未经到任，驻防西藏。十年二月殁于藏。　范时捷汉军镶黄旗人。雍正十年由散秩大臣任西宁镇，乾隆二年仍回散秩大臣任。　王友询山东临淄人。乾隆二年署任，三年派往赤靖驻防，嗣迁贵州笼安镇。　卢度瑾宁夏人。三年署任。　李如柏宁夏人。乾隆四年署任，五年调署肃州镇，嗣补江西南昌镇。　周起凤陕西长安人。雍正十年由湖广宝庆副将迁西宁镇，未经到任，驻防西藏。乾隆五年从藏到任，六年调补延绥镇。　许仕盛宁夏人。乾隆六年由狼山镇调补，七年升署固原提督。　张世伟平番人。由永昌副将两署西宁镇，乾隆七年到任，乾隆八年实授西宁镇。

大通总镇　雍正三年设，十三年改设副将

冯允中陕西延安人。由湖广提督于雍正六年任，九年专管西宁镇。　管承泽汉军奉天镶红旗人。由副都统于雍正九年署任，十年赴宁管辖驻宁四川官兵。　德成满洲镶红旗人。由都统于雍正九年署任。　范时捷汉军奉天镶黄旗人。由散秩大臣于雍正九年署任。　杜森宁夏人。雍正十年任

大通协副将　雍正十三年以镇改设

高雄四川华阳县人。雍正十三年任。

镇海营参将　雍正三年，移驻丹噶尔营

汪溥汉军辽阳人。康熙十七年任。　王文魁陕西人。康熙二十三年任。　沈泽广东人。康熙二十七年任。　孟大志江南人。康熙三十一年任。　赵永吉山东人。康熙三十五年任。　刘泽寰汉军某旗人。康熙三十七年任。　冯君洗甘州人。康熙四十年任。　王世荣甘州人。康熙四十四年任。　马维品汉军某旗人。康熙五十二年任。　张嘉翰直隶保定人。康熙五十八年任，嗣升安西总镇。　马成伏西宁人。雍正四年任。　刘顺直隶文安人。雍正十二年任，升副将。　王大章顺天宛平人。雍正十三年任，升湖广副将。　马进荣固原人。乾隆七年任。　刘国佐四川华阳人。乾隆九年任。　袁士林直隶宣化人。乾隆九年任。

西宁镇标中营游击

李振龙福建人。康熙元年任。　高景松直隶涿州人。康熙五年任。　杜彪陕西汉中人。康熙八年任。　贺双龙四川人。康熙十二年任。　米国顺凉州人。康熙十七年任。　汪溥山东济南人。康熙二十一年任。　许士奇宁夏人。康熙二十二年任。　江光斗江南人。康熙二十九年任。　魏国玺宁夏人。康熙三十一年任。　刘维汉宁夏人。康熙三十六年任。　康海甘州人。康熙四十四年任。嗣升总镇。　佟宝汉军正蓝旗人。康熙四十七年任。　袁继荫宁夏人。康熙五十四年任。　李述泌靖远人。雍正三年任。　马柱甘州人。雍正六年任。　黄泽浩四川成都人。乾隆四年任。　冯寅直隶河间人。乾隆四年任。　伊灵阿满洲镶黄旗人。乾隆四年任。　冯珍凉州武威人。乾隆十一年任。

西宁镇标左营游击

高捷直隶人。顺治十八年任。　赵仕升湖广人。康熙六年任。　王朝海临洮人。康熙十一年任。　王珍临洮人。康熙十五年任。　屠存义汉军正蓝旗人。康熙十八年任。　刘虎榆林人。康熙二十二年任。　卫王建山西太原人。康熙三十五年任。　述明满洲镶黄旗人。康熙四十一年任。　金安民汉军正白旗人。康熙四十九年任。　岳超龙临洮人。康熙六十年任，后升湖广提督。　李述泌靖远人。雍正二年任。　赵显忠直隶人。雍正三年任。　张廷芝宁夏人。雍正四年任。　刘龙陕西西安人。乾隆十一年任。

西宁镇标右营游击

张汉相河南人。顺治十八年任。　季佺湖广人。康熙十一年任，改补临洮府知府。　赵元辅镇番人。康熙十五年任。　阮登云福建人。康熙二十三年任。　林桂福建人。康熙三十二年任。　钱万选甘州人。康熙三十三年任。　甘国兴汉军正蓝旗人。康熙四十年任。　杜明礼榆林人。康熙四十一年任。　崔日增山东人。康熙五十年任。　武绳谟直隶人。雍正三年任，嗣升四川提督。　陈弼肃州人。雍正六年任，后升署总镇。　杨普汉军正白旗人。雍正六年任。　侯袭禄定边人。雍正七年任。　孟飞熊顺天大兴人。乾隆二年任。　杨垣汉军正白旗人。乾隆五年任。

西宁镇标前营游击

楚名俊直隶人。康熙十三年任。　龚国柱浙江人。康熙二十一年任。　祁伯豸碾伯土人。康熙三十一年任，后升总镇、銮仪使。李琦福建人。康熙三十二年任。　刘汉业宁夏人。康熙三十四年任。　薛朝龙凉州人。康熙三十七年任。　柯鼎汉军镶红旗人。康熙三十九年任。　陈经纶固原人。康熙五十年任。　马有仁西宁人。雍正二年任。　张永贵湖广常德人。雍正四年任。　李有用四川重庆人。雍正六年任。　马天才西宁人。雍正十年任。　马耀林甘州人。雍正十二年任。

西宁镇标后营游击

柳新甲陕西榆林人。康熙十三年任。　白彬直隶顺天人。康熙二十二年任。　胡邦宰陕西定边人。康熙三十三年任。　董绍祖直隶顺天人。康熙四十一年任。　刘天宠汉军正白旗人。康熙四十八年任。　程梓兰州人。康熙五十年任。　范世雄镇番人。康熙五十七年任。　李崼山西大同人。雍正六年任。

北川营游击

陈起凰庄浪人。康熙三十四年任。　余奋腾陕西西安人。康熙三十七年任。　李大成福建台湾人。康熙三十九年任。　梁必选西宁人。康熙四十年任。　刘天宠汉军正白旗人。康熙四十一年任。　董绍祖直隶顺天人。康熙四十八年任。　吴赫汉军正黄旗人。康熙四十九年任。　马成伏西宁人。康熙五十一年任。　马麟四川松潘人。雍正五年任。　周福旺肃州人。雍正十三年任。

巴暖三川营游击

赵光荣靖远人。康熙十六年任。　孙国祥山西代州人。康熙三十一年任。　董锦临洮人。康熙三十三年任。　曾虎广东饶州人。康熙三十九年任。　胡毓秀定边人。康熙四十二年任。　王玉章直隶宛平人。康熙四十三年任。　邢凤鸣河南开封人。康熙四十五年任。　张嘉翰保定新安人。康熙四十八年任。　鲁汝汉直隶沧州人。康熙五十九年任。　张年魁兰州人。雍正元年任。杨怀亮四川龙安人。雍正五年任。　杨普汉军正白旗人。雍正六年任。乾隆五年移驻摆羊戎。

永安营游击

孙道林西宁人。雍正八年任。　武福陕西西安人。乾隆四年任。

土司附 西宁县、碾伯县土司自洪武时始授世职,故断自明代

明

祁贡哥星吉元甘肃省理问所官。明洪武元年归附,授副千户,世袭。 祁锁南贡哥星吉子。永乐四年袭职,以功升正千户。祁贤锁南子。永乐十八年袭正千户职,宣德元年以功升指挥使。祁英贤子。景泰六年袭指挥使职。 祁赟英子。洪〔弘〕治四年袭职。 祁凤赟子。正德三年袭职,以功升任守备洮州地方。 祁恩凤子。嘉靖二十九年袭指挥使职,无嗣。 祁德恩弟。隆庆六年袭职,以功历升西宁副总兵。

朵尔只失结元甘肃行省右丞。明洪武四年归附,授指挥佥事,世袭。 端竹失结子。洪武二十九年袭职,没于阵,赠骠骑将军。祁震竹子。洪武三十四年袭职,以功升指挥同知。 祁成震子。宣德五年袭指挥同知职。 祁纯成子。正统九年袭职。 祁鉴纯子。成化十一年袭职。 祁麟鉴子。洪〔弘〕治十三年袭职。以功升指挥使。 祁登麟孙。父祐早卒,未袭。登于嘉靖十八年袭职。 祁世勋登子。万历元年袭职。二年,因边情降指挥同知。 祁秉忠世勋子。万历十九年袭指挥同知职,以功提督蓟辽左都督。

李南哥元西宁州同知。明洪武四年归附,授都指挥,世袭。李英南哥子。永乐六年袭职,以功封会宁伯。 李昶英子。天顺元年袭职,升右军都督佥事。 李巩昶子。成化辛丑科进士。升尚宝寺卿。 李宁巩子。洪〔弘〕治十年袭职,无嗣。 李崇文宁从子。

嘉靖三十年袭职。　李光先崇文子。隆庆五年袭职，万历癸未科武进士，升锦衣卫正堂。　李化龙光先子。万历二十一年袭职，无嗣。

李文英从子。宣德时为指挥，后以功封高阳伯。　李镛文子。成化四年授百户，后升指挥佥事。　李璋镛子。洪〔弘〕治三年降袭百户，以功升副千户。　李正璋子。洪〔弘〕治十三年袭副千户职，以功历升指挥同知。　李继勋正子。嘉靖三年降袭正千户，以功升指挥佥事。　李世显继勋子。嘉靖四十二年袭指挥佥事职，因阵亡加指挥同知衔。　李愈茂世显子。万历十九年袭指挥同知职，调升援辽都司佥书。　李洪远愈茂子。天启元年袭职，崇正〔祯〕十七年遭变阵亡。

南木哥洪武四年领丁壮归附，以功授指挥佥事。调宁波副千户守御。　汪失加木哥子。洪武十八年袭副千户职，调西宁卫副千户，无嗣。　汪浛木哥弟。永乐元年袭职，以功升正千户。　汪福浛子。二十年袭职，以功升指挥使。　汪玺福子。景泰三年袭职。　汪勋玺弟。成化年袭职。　汪泽勋子。成化十四年袭职，以功升都指挥佥事。　汪朝泽子。嘉靖十一年袭指挥佥事。　汪镛朝子。嘉靖三十二年袭职，以罪谴，复叙功赦回。无嗣。　汪澄渊镛从子。万历三十四年袭职，升土门堡守备。

沙蜜洪武四年率部落投诚。授总旗。　纳速剌沙蜜子。永乐元年袭总旗，以功升副千户。　纳贵速剌子。正统元年袭职。　纳福贵子。成化十七年袭职。　纳启福子。洪〔弘〕治十二年袭职，以功升正千户。　纳荣启子。嘉靖十年袭职，以功升指挥佥事。　纳政荣子。嘉靖二十六年袭职。　纳惟量政子。隆庆六年袭职，嗣升河州参将。　纳如言惟量子。万历三十一年袭职，升固原提标游击。

吉保洪武四年归附，授百户。调锦衣卫前所镇抚。　吉朵尔只保子。洪武三十年袭职。调西宁卫中左所，以功授百户。　吉祥朵尔只子。永乐二十年袭职。以功历升指挥佥事。　吉安祥子。景泰元年袭职，无嗣。　吉荣安弟。天顺二年袭职。　吉永年荣子。洪〔弘〕治元年袭职。　吉清永年子。正德六年袭职，以功升指挥同知。　吉庆清子。嘉靖十八年袭职。　吉梦龙庆子。万历八年袭职，无嗣。　吉梦熊梦龙弟。万历十二年袭职。　吉兆梦熊子。万历三十五年袭职。

陈子名〔明〕江南山阳人。元淮安右丞，明吴元年归附，授指挥。陈义子名子。洪武十七年袭职，以功调升西宁卫指挥使。　陈斌义子。宣德三年袭职，后以功守备凉州，兼管卫事。　陈镛斌子。成化年袭职。嗣管营事。　陈策镛子。洪〔弘〕治年袭职，以功升上古城守备。　陈治策子。袭职，兼管营中军事，阵亡赠都指挥同知，无嗣。　陈凤治弟。袭职　陈忠凤子。正德年袭职，历升洮岷河参将。　陈辅忠子。隆庆年袭职，升红城子守备，无嗣。　陈畏辅从子。万历年袭职。　陈光先畏次子。万历年袭职，历升庄浪左参将。陈师尧光先子。因乱未袭职。

赵朵只木明洪武三年归附。以功授百户。　赵政朵只木子。永乐元年袭职。　赵胜政子。永乐十七年袭职，以功升都指挥佥事。赵斌胜子。天顺六年袭指挥职，以都指挥佥事系流衔也。　赵琛斌子。洪〔弘〕治十六年袭职。　赵威琛子。嘉靖十六年袭职。　赵荣威子。嘉靖四十二年袭职，无嗣。　赵坤威弟。万历九年，降袭指挥同知。　赵继勋坤子。万历二十八年袭职。　赵建鼎继勋子。万历四十七年袭职。

薛都尔西域缠头。元甘肃行省佥事，洪武四年归附，授职。　也里只都尔子。洪熙元年以功升所镇抚。　也陕捨里只子。宣德四年袭职。　也荣陕捨子。天顺四年袭职。　也详荣子。成化八年更姓冶，袭职，以功历升指挥佥事。　冶珍详子。正德十二年袭职，以功升甘肃左协副将。　冶鸾珍子。嘉靖二十年袭职，以功升镇羌守备，阵亡。　冶为鉴鸾子。隆庆五年袭职。　冶国器为鉴孙。万历四十八年袭职。以功升昌平副将，阵亡。

失喇元甘肃省郎中。洪武四年归附，于本地驻牧听调。　把尔加失喇子。授小旗随征。　阿吉把尔加子。以功授百户。　阿祥吉弟。因伊子阿贞南坚藏幼小，令祥袭职。　阿贞南坚藏因阿祥年老，景泰四年袭职。　阿雄坚藏子。成化年袭职，以功升副千户。　阿正雄子。正德二年袭职，以功升指挥司知。　阿清正子。嘉靖年袭指挥佥事职。　阿朝清子。隆庆年袭职。　阿承印朝子。袭职，因阵亡，复加指挥同知。　阿继勋承印子。万历二十年袭职。　阿镇继勋子。崇正〔祯〕七年袭职。

帖木录元百户。洪武四年归附，授职。　大都木录子。洪武二十年袭职，以功升千户。　甘肃都子。永乐十年袭职，以功升正千户。　甘林肃子。景泰六年袭职。　甘祥林子。成化二十年袭职。无嗣。　甘福祥弟。洪〔弘〕治四年袭职。　甘宗禹福子。洪〔弘〕治十年袭职。以功升指挥佥事。　甘正宗禹子。嘉靖十八年袭职。　甘文明正子。万历十四年袭职。

乩铁木明洪武四年投充小旗。　经刚保铁木子。替役，以功升千户。　朱荣保子。洪熙元年袭职，阵亡。　朱洪启荣子。宣德四年袭，加指挥佥事职。　朱尧义洪启子。天顺元年袭职。　朱鲜尧义子。未袭，病故。　朱臣鲜子。正德三年袭职。　朱子成臣子。嘉靖十年袭职。　朱清子成子。隆庆二年袭职。　朱秉权清子。未袭，遭闯贼之乱，嗣病故。

朵力乩洪武四年投充小旗。　七十狗力乩子。替役，以功授总旗。　辛庄奴七十狗子。替役，以功授百户。　辛荣庄奴子。天顺四年袭职。　辛政荣子。洪〔弘〕治四年袭职。　辛海政子。正德二年袭职，无嗣。　辛宝海弟。降袭试百户职，阵亡。　辛威宝子。嘉靖二十五年袭职。　辛世安威子。万历六年袭职。　辛方略世安子。万历四十五年袭职。赴西宁，行至古鄯遇贼番劫伤，身故。

哈剌反洪武四年投充总旗。　薛帖里加剌反子。替役，以功授百户。　剌苦里加子。宣德十年袭职，以功升副千户。　剌贵苦子。天顺三年袭职。　剌泉贵子。成化十一年袭职，以功升正千户。　剌成泉子。未袭病故。　剌珍成子。正德六年袭职。　剌宪珍子。嘉靖十八年袭职。　剌应诏宪子。未袭病故，无嗣。　剌应谊应诏弟。嘉靖三十年袭职。　剌登荣应谊子。嘉靖年袭职。

皇清

祁廷谏前明祁德子。顺治二年归附，五年授指挥使职。　祁兴周廷谏子。顺治七年以功授大靖参将；十年告辞，袭指挥使职。祁荆璞兴周子。康熙九年袭职。　祁大勋荆璞子。康熙三十七年袭职。　祁宪邦大勋子。乾隆五年袭职，今住西宁县南九十里寄彦才沟。

祁国屏前明祁秉忠子。顺治二年归附，九年袭指挥同知职，以功升庄浪参将。　祁伯豸国屏子。康熙九年袭职，以功历升銮仪使，无嗣。　祁在璿伯豸弟，金华协副将仲豸子。康熙六十一年袭职，无嗣。　祁在玑在璿弟。雍正十年袭职，今住碾伯县北四里胜番沟。

李珍品前明李洪远子。顺治二年归附，十年授指挥同知职。李凌霄珍品子。康熙八年袭职，以功加游击衔。　李问彭凌霄子。康熙三十年袭职，雍正元年出征阵亡。　李承唐问彭子。乾隆二年袭职。今住西宁县南三十里乞塔城。

李天俞前明李化龙亲侄。顺治二年归附，十三年授指挥同知职。李澍天俞子。康熙六年袭职，无嗣。　李洽澍弟。康熙二十二年袭职。　李师臣洽子。康熙四十八年袭职。　李大兴师臣子。雍正十一年袭，因事革职，无嗣。　李国栋大兴亲侄。乾隆十年袭职。今住碾伯县东南一百二十里上川口。

李化鳌前明李英子玙后。顺治二年投诚，十二年授百户职。李天伸化鳌子。以功授碾伯流官，未经袭职。　李尧臣天伸孙。因病久未袭职。李大集尧臣子。因病未袭职。李国鼎大集子。应袭，今住碾伯县东南一百里松树庄。

汪升龙前明汪澄渊子。顺治二年归附，四年袭指挥佥事职。汪鳞升龙子。康熙六年袭职，无嗣。汪鼎鳞堂弟。康熙三十六年袭职。汪基振鼎子。康熙四十二年袭职。汪于昆基振子。乾隆二年袭职，今住西宁县西四十里海子沟。

纳元标前明纳如言子。顺治二年归附，十年袭指挥佥事职。纳象天元标子。因患疾止以应袭钤束部落。纳正乾象天子。康熙四十年袭职。纳世绩正乾子。乾隆八年袭职。今住西宁县南十二里纳家庄。

吉天锡前明吉兆子。顺治二年归附，十二年袭指挥佥事职。吉象泰天锡子。因出征得疾，未袭。吉大永象泰子。康熙十九年袭职。吉承宗大永子。素疾，未袭。吉应魁承宗子。应袭。今住西宁县西六十里吉家庄。

陈师文前明陈师尧弟。顺治二年归附，九年袭指挥使职。以功升岔口守备。陈维新师文子。康熙九年袭职，以功升庄浪大松山守备。陈梦熊维新子。康熙三十九年袭职。陈宗璟梦熊子。患疾未袭。陈帝范宗璟子。应袭。今住西宁县北五十里陈家台

赵瑜前明赵建鼎子。顺治二年归附，十八年袭指挥同知职

赵文晖瑜子。康熙四十七年袭职。赵尔良文晖子。雍正七年袭职。今住碾伯县北四十里赵家庄。

冶鼐前明冶国器子。顺治二年归附，康熙十四年袭指挥佥事

职。 冶光斗鼐子。患疾,未袭。 冶体正光斗子。因疾,未袭。冶俊祥体正子。乾隆十年袭职。今住碾伯县东南一百二十里米喇沟。

阿世慈前明阿镇子。顺治二年归附，十二年袭指挥同知职阿维品世慈子。未袭职。 阿珍维品子。应袭。今住碾伯县东五十里老鸦堡。

甘继祖前明甘文明子。顺治二年归附,嗣病故。 甘廷建继祖子。康熙十七年授指挥佥事职。 甘国振廷建子。因病未袭职。 甘宰凤国振子。应袭。今住碾伯县东南二百里甘家庄。

朱廷章前明朱秉权子。顺治二年归附,又以军功于康熙四十一年授指挥佥事职。 朱宬廷章子。因病故未袭职。 朱永泰宬子。未袭职。 朱孙林永泰子。年幼,应袭。今住碾伯县东南二百八十里朱家堡。

辛伟鼎前明辛方略子。顺治二年投诚,十三年授试百户职。辛振邦伟鼎子。因患疾未袭职。 辛郎振邦子，患疾未袭职。辛必正郎子。应袭。今住碾伯县东南二百八十里泉儿堡。

剌光耀前明剌登荣子。顺治二年投诚,给与指挥佥事扎付。剌运昌光耀子。未袭职。 剌琭运昌子。因疾未袭职。 剌俊英琭子。应袭。今住碾伯县东南二百八十里剌家庄。

松门杨氏曰:按宁郡诸土司计十六家,皆自前明洪武时授以世职,安置于西、碾二属。是时地广人稀,城池左近水地给民树艺,边远旱地赐各土司,各领所部耕牧。内惟土司陈子明系南人，元淮南右丞归附。余俱系蒙古暨西域缠头，或以元时旧职投诚，或率领所部归命，嗣后李氏、祁氏、冶氏皆膺显爵而建忠勋矣。迨至圣朝，俱就招抚。孟总督乔芳奏请仍锡以原职世袭，今已百年，输粮供役，与民无异。俊秀读书，亦应文武试。如祁伯豸兄弟，已登科目，立功名，为国家大臣。惟是生息蕃庶，所分田土，多鬻民间，与民厝杂而居，联姻结社，并有不习土语者。故土官易制，绝不类蜀、黔诸土司桀骜难驯也。第彼官民多空乏，惟事耕耨，虽有额设军马，有名无实，调遣无济，不逮宁兵远矣。

西宁府新志

下册

青海地方史志文献丛书

[清] 杨应琚 撰
崔永红 校注

青海人民出版社

西宁府新志·卷二十五

官师志（四）

名　　宧　凡有功德于民者列为名宧，其余宧绩、武功，详《纲领志》内

西宁府　西宁县、碾伯县、贵德所同载

汉

霍去病　大将军青姊子也。善骑射。再从大将军斩捕首夷过当，封冠军侯。元狩三年，以骠骑将军将万骑出陇西有功，益封二千二百户。其夏，与合骑侯敖俱出北地，异道，去病深入，涉钧耆，济居延，（按：钧耆、居延，皆水名。居延水即今额济纳河。）臻小月氏，捕斩甚多，遂开湟中，益封五千四百户。日以亲贵比大将军。其后浑邪王与休屠王等谋欲降汉，乃令去病将兵往迎之。浑邪王裨将颇遁去，去病乃驰入，得与浑邪王相见，斩其欲亡者八千人。遂独遣浑邪王乘传先诣行在所，尽将其众渡河，降者数万人。天子嘉之，益封千七百户。元狩四年，上令青、去病各将五万骑出塞，所斩捕

功已多于青。封狼居胥山，登临瀚海，益封五千八百户。卒谥“景桓”。又《西域传》曰：“汉兴，至于孝武，事征四夷，广威德，而骠骑将军击破匈奴右地，降浑邪、休屠王，遂空其地，始筑令居以西。”

赵充国　字翁孙，陇西上邽人。为人沈勇有大略，通知四夷事，以功擢为后将军。与霍光定策立宣帝，封营平侯。神爵元年，湟中羌杨玉等背畔，充国年七十余，上老之。使御史大夫丙吉问谁可将者？对曰：“无逾于老臣者矣。”又问将军度羌夷何如，当用几人？曰：“百闻不如一见，愿驰至金城，图上方略。”充国至金城，曰：“击夷〔虏〕以殄灭为期，小利不足贪。”遂西至西部都尉府，日飨军士，坚守不战。时先零要罕幵以自固，而诸将皆主击罕幵。帝与廷臣并是诸将议，已发兵六万人矣。充国则谓宜捐罕幵暗昧之过，先行先零之诛。再上疏，玺书始报从。充国引兵至先零在所。夷久屯聚解弛，望见大军，弃车重渡湟水。充国以穷寇无迫，乃徐行驱之。夷且溺且降，至罕幵地，不烦兵而下。帝诏充国仍击先零，充国度其必坏，请罢骑兵屯田，以待其敝。遂上《屯田十二事》，留屯湟中。明年五月，充国奏言：“羌本可五万人，除斩降溺饥死者，定计遗脱与亡者，不过四千人。羌靡忘等自诡必得，请罢屯兵。”奏可。充国振旅而还。其秋，羌人共斩杨玉首以降，初置金城属国以处之。充国老乞骸骨，罢就第。朝廷每有四夷大议，常问筹策焉。甘露二年卒，年八十六。谥“壮侯”。

马　援　字文渊，扶风茂陵人也。少有大志，为人明须发，眉目如画。闲于进退，尤善述前世行事，又善兵策。从世祖，九年拜为大中大夫，因来歙奏言，拜为陇西太守，发步骑击降先零。羌诸种有数万，屯聚寇钞，拒浩门隘。复与扬武将军马成击之，羌因将其妻子辎重移阻于允吾谷。援乃潜行间道，掩赴其营。羌大惊溃，复远徙唐翼谷中。援复追讨之，羌引精兵聚北山上，援陈军向山，而分遣数百骑绕袭其后，乘夜放火，击鼓叫噪，夷遂大溃。凡斩首千余级，取其谷粮畜产而还。援中矢贯胫，帝以玺书劳之。是时朝臣以金城、破羌之西，涂远多寇，议欲弃之。援上言：“破羌以西城多完牢，易可依固。其田土肥壤，灌溉流通，如令羌在湟中，则为害不休，不可弃也。”帝然之。此建武十一年事也。后征入为虎贲中郎将。交阯女子征侧、征二反，拜援伏波将军。事平，封新息侯。征五溪蛮，卒于壶头。年六十三。至章帝，谥“忠成侯”。

邓　训　字平叔，高密元侯禹第六子也。少有大志，下士乐施。章帝章和二年，护羌校尉张纡诱诛烧当种羌迷吾等，由是诸羌大怒，谋欲报怨，朝廷忧之。公卿举训代纡为校尉。诸羌解仇交质，期冰合渡河攻训。先是，小月氏胡分居塞内，胜兵者二三千骑，勇健富强，每与羌战，常以少制多，虽首施两端，汉亦时收其用。时迷吾子迷唐兵至塞下，未敢攻训。先欲胁月氏胡，训拥卫稽故，令不得战。羌无所掠，又不敢逼诸胡，因即解去。由是湟中诸胡皆言："汉家常欲斗我曹，今邓使君待我以恩信，开门内我妻子，乃得父母。"咸欢喜叩头曰："唯使君所命。"训遂抚养其中少年勇者数百人，以为义从羌。又赏赂诸羌种，使相招诱，迷唐叔父迷吾将其母及种人八百户自塞外来降。训因发秦胡羌兵四千人，出塞掩击迷唐于雁谷，斩首夷六百余人，得马牛羊万余头。迷唐逃去，大、小榆谷众悉破散。其春，复欲归故地就田业，训乃发湟中六千人，令长史任尚掩击，多所斩获。会尚等夜为羌所攻，得义从羌并力破之，斩首一千八百余级，获生口三千人，马牛羊三万余头。一种殆尽，迷唐始远徙庐落，西行千余里。诸羌皆款塞纳质，威信大行，遂罢屯兵。训四年冬卒官，年五十三。吏人羌胡爱惜，旦夕临者日数千人，或以刀自割曰："邓使君(已)死，我曹亦俱死耳。"遂家家为训立祠。元兴元年，和帝赐策追封，谥曰"平寿敬侯"。

段　颎　字纪明，武威姑臧人也。少便习弓马，尚游侠，轻财贿，长乃折节好古学。初举孝廉，桓帝以司徒尹讼荐拜为中郎将，以破琅邪贼东郭窦等，封列侯。延熹二年，迁护羌校尉。会烧当等八种羌寇金城塞，颎将兵及湟中义从羌万二千骑，出湟谷击破之。追讨，南渡河，使军吏田婴、夏育募先登，悬索相引，复战于罗亭，大破之。明年春，又破烧何羌，割肉食雪，四十余日，追至河首积石山，出塞二千余里。又分兵击斩石城羌，烧当种来降。冬，勒姐、零吾种围允街，杀略吏民，颎排营败之。四年冬，颎以胡闳之谤，坐征下狱，输作左校，羌遂陆梁，唐突诸郡，于是吏人守阙讼颎以千数。朝廷知颎诬，召问状，颎但谢罪，不敢言枉，京师称为长者。六年冬，复以颎为护羌校尉乘驿之职。明年冬，击当煎、勒姐种，连大破之。凡斩西羌首二万三千级，获生口数万人，马牛羊八百万头。降者万余落。封都乡侯。永康元年，颎复追击当煎诸种于鸾鸟，大破之。西羌自此弭定。嗣平东羌，更封新丰县侯。颎行军仁爱，士卒疾病者躬自瞻省，手为裹创。在边十余年，未尝一日蓐寝，与将士同苦，故皆乐为死战。三年春，颎还京师，历拜太尉。坐王甫之党，饮鸩死狱中。

晋

马　隆　字孝兴，东平平陆人也。少而智勇，好立名节。初凉州刺史杨欣失羌戎之和，隆策其必败。俄而欣果没于夷，河西断绝。武帝忧之，隆请任其责，听其自任。帝许之。隆募三千五百壮士以行，至夷在所，依八阵图，作偏厢车，且战且前，转战千里，杀伤无算。太康初，朝廷以西平荒毁，宜时兴复，以隆为平夷护军、西平太守，将所领精兵。又给牙门一军，屯据西平。时南夷成奚每为边患，隆至，帅军讨之，夷据险距守。隆令军士皆负军〔农〕器，若将田者，夷以隆无征讨意，御众稍怠。隆因其无备，进兵破之。毕隆之政,不敢为寇。惠帝永熙初,奉封高县侯,加授东羌校尉。积十余年,威信著于陇右。坐谗召还。氐羌聚结,百姓惊惧。诏仍复职,竟卒于官。

隋

慕容三藏　燕人,齐尚书左仆射绍宗子也。幼聪敏,多武略,颇有父风。文帝开皇九年,诏持节凉州道黜陟大使。十二年,授廓州刺史。州极西界,与吐谷浑邻接,奸宄犯法者,皆迁配彼州,流人多有逃逸。及三藏至,招纳抚绥,百姓爱悦,襁负日至,吏民歌之。帝闻其能,屡有劳问。其年当州畜产繁孳,获醍醐奉献。十五年,受叠州总管,时讨平党项羌。炀帝大业中,改授金紫光禄大夫。七年卒。

梁　毗　字景和,安定乌氏人。文帝仁寿元年为鄯州刺史。先是蛮夷旧俗,酋长皆服金冠,以金多者为豪俊,递相陵夺,略无宁岁。毗患之。后因诸酋长相率以金遗毗。毗置金坐侧而谓之曰:“此物饥不可食,寒不可衣,汝等以此相灭,不可胜数。今将此来,欲杀我耶?”一无所纳。于是蛮夷感悟,遂不相攻。在州十一年,帝闻而喜之,征为大理寺卿。

唐

李　靖　字药师,京兆三原人也。姿貌魁秀,通书史。其舅韩擒虎以为可与语《孙吴兵法》。官尚书右仆射。吐谷浑寇边,以靖为青海道行军大总管,督任城王李道宗、侯君集、李大亮、李道彦、高既〔甑〕生五总管兵讨之。军次伏俟城，吐谷浑尽火其莽，退保大非川。诸将议春草未牙〔芽〕，马弱不可战。靖与君集决策分二军：靖与大亮、薛万均以一军趣北出其右；君集、道宗以一军趣南出其左；靖将薩孤、吴仁以轻骑战曼都山。斩名王，获五百级。诸将战牛心堆、赤水源，获夷将南昌王慕容孝俊。登汉哭山，战乌海，获名王梁屈葱。破天柱部落于赤海，收杂畜二十万。大亮俘名王二十，杂畜五万，次且禾〔末〕之西。伏允走图沦碛，万均、契苾何力追亡数百里，又破之。士乏水，刺马饮血。君集、道宗行空荒之地二千里，阅月次星宿海，望河源。执失思力驰破夷车重，两军会于大非川。践其国，国人多降，伏允愁感〔蹙〕自杀。靖更立其子大宁王慕容顺而还。封魏国公。太宗贞观二十三年卒，年七十九。谥“景武”。

娄师德　字宗仁，郑州原武人。第进士，高宗上元初为监察御史。会吐蕃盗边，刘审礼战殁，师德奉使吐蕃，谕国威信，开陈利害，夷为畏悦。后应诏假朝散大夫兼河源军司马，与吐蕃战白水涧，八战八克。武后复以为河源、积石、怀远军及河、兰、鄯、廓州检校营田大使。武后通天二年，入为凤阁侍郎同平章事。卒年七十。谥贞。师德长八尺，方口博唇，深沈有度量。能容人忤，不见容色。出将入相十三年，（崔按：据《新唐书》本传应为三十年。）恭谨朴忠，心无适莫。卒以功名终。

黑齿常之　百济西部人也。长七尺余，骁勇有谋略。高宗朝为左领军洋州刺史。仪凤三年，从李敬元〔玄〕、刘审礼击吐蕃，审礼败，敬元〔玄〕欲引还，阻泥沟，军不得出。贼屯高压官军阵，常之夜率敢死士五百人掩其营，杀掠数百人。擢武卫将军、检校(左)羽林军，进河源军副使。调露中，吐蕃使赞婆等入寇，屯良非川。李敬元〔玄〕既败，常之引精骑三千，夜袭其军，斩首二千级，赞婆等单骑去，即拜河源道经略大使。常之因建言河源当贼冲，宜增兵镇守，而运饷须广。乃斥地置烽七十所，开田五千顷，岁收粟斛百余万。由是食衍士精，戍逻有备。永隆二年，赞婆营青海，常之驰掩其屯，破之，悉烧粮庤，获牛马甲首不訾。凡莅军七年，吐蕃惮畏不敢盗边。封燕国公。为周兴等诬系诏狱，投缳死。常之御下有恩，前后赏赐悉分麾下无遗。及死，人皆冤之。

杜希望　万年人。开元间拜鄯州都督。拔吐蕃新城，更号威戎军。碎赤岭界碑，又发鄯州兵，夺吐蕃河桥，筑盐泉城，号镇西军。威震吐蕃。时军屡兴，府库虚寡，希望居数岁，刍粟金帛丰裕。

宋

王　韶　字子纯，江州德安人也。既第进士莅官，复试制科不中。客游陕西，采访边事。神宗熙宁元年，诣阙上平戎策，帝异其言，召问方略，以韶管秦凤经略司机宜文字。蕃部俞龙珂在青唐最大，韶因按边，引数骑直抵其帐，论以成败，遂留宿。明旦，渭源羌及夏人皆遣其豪随以东。久之，龙珂率属十二万口内附，赐名包顺焉。帝志复河湟，以韶知通远军事。时王安石主其事，为罢李师中、李若愚、窦舜卿异议者三人而专任韶。五年七月，引兵破蒙罗角、抹耳水巴等族。会瞎征为援，余党复集，韶又破之。复击走瞎征，降其部落二万。六年，取河州，连破瞎征与诸羌。军行五十四日，涉千八百里，得州五，斩获不訾。进左谏议大夫、端明殿大学士。七年入朝，又加资政殿学士。还至兴平，闻景思立败于瞎征，韶驰至，撤城守，选兵直扣定羌城，破结河族，断夏国通路，分命偏将入南山。瞎征知援绝，拔栅去。初思立之覆师也，羌势复炽，帝为之旰食。及是帝大喜。韶以兵循西山，绕出踏白后，焚八千帐。瞎征穷蹙丐降，俘以献。拜韶观文殿学士、礼部侍郎。元丰四年病疽，卒年五十二。谥“襄敏”。

王　厚　字处道，韶子也。少从父兵间，畅习羌事，官累通直郎。哲宗元祐中，(议)弃河湟，厚上疏陈不可，上不听。绍圣中，会羌酋瞎征争国，王瞻〔赡〕与厚同献议覆〔复〕故地。元符元年六月，师出塞，七月下邈川，降瞎征。九月次青唐，陇栘出迎，遂定湟郡〔鄯〕。诏赐龙〔陇〕栘姓名赵怀德，进厚东上阁门副使，知湟州。既而他种叛，合兵来攻，厚不能支。朝廷度二州不可守，乃以畀怀德，而贬厚贺州别驾。徽宗崇宁初，蔡京开边，还厚前职。于是羌人多罗巴奉溪赊罗撒谋复国，怀德畏逼，奔河南。种落更挟之以令诸部。朝廷患众羌扇结，命厚安抚洮西，多罗巴集众以拒。厚声言驻兵而阴戒行，羌备益弛。乃与偏将高永年异道出，进击破之。多罗巴遁，遂拔湟州。进厚威州团练使，熙河经略安抚。三年四月，厚帅大军次于湟，命永年将左军循宗水而北；别将张诫将右军，循宗谷而南；厚将中军趋绥远，期会宗哥川。羌置陈临宗水，倚北山，望中军〈中军〉(崔按：疑衍。)争赴之，厚麾游骑登山，攻其背，亲帅强(弩)迎射。羌退走，右军济水击之，羌遂大败。斩首四千三百余级，俘三千余人。罗撒以一骑驰遁，其母龟兹公主与诸酋开鄯州降。厚将军趣廓州，降其众，入据之。超拜厚武胜军节度、观察留后。明年，以永年之败坐降。已而以谕降怀德还旧官。入朝提举醴泉观。卒谥“庄敏”。

赵　隆　字子渐，秦州成纪人。以勇敢应募，从王韶有功。崇宁中，钤辖熙河兵，将前军出邈川，兴复鄯、廓。童贯与论燕云事，隆极言其不可。贯知不可夺，白以知西宁州，充陇右都护。羌豪信服，十二种户三万六千愿比内地。寻卒。命词臣制碑，帝篆额曰“旌忠”。

刘仲武　字子文，秦州成纪人。熙宁中为泾原将，夏人犯天圣砦，仲武以孤军却之，迁熙河都监。复湟州，进知州事。吐蕃赵怀德众数万叛，命仲武相持数日，潜遣二将挑之出，伏兵大败之，斩首二千级，复西宁州。未几，怀德降。累迁荣州防御使，副高永年西征。仲武欲持重固垒，永年易贼轻战，遂大败。仲武引咎自劾，坐流岭南。命未下，与夏人战，伤足。朝廷闵之，贷其罚，以为西宁都护。童贯招诱羌三〔王〕子臧征朴哥收积石军，邀仲武计事。仲武曰："王师入，羌必降，或退伏巢穴，可乘其便。但河桥功力大，非仓卒可成，缓急要预办耳。若禀命待报，虑失事机。"贯许以便宜。朴哥归约降，而索一子为质，仲武即遣子锡往，河桥亦成。仲武率师渡河，挈与归。贯掩其功，仲武亦不自言。徽宗遣使持戋至边，赐获王者，访得仲武。召对，帝劳之曰："高永年以不用卿言失律，朴哥之降，河南绥定，卿力也。"问几子？曰："九人。"悉命以官。仲武知西宁州，历拜泸州〔川〕军节度使。卒年七十三，谥威肃。子锜。

何　灌　字仲源，开封祥符人。有力善射，每发辄中。或著崖石，皆没镞。拜河东将，与夏人遇，铁骑来追，灌射皆彻甲，至洞胸出背，叠贯后骑，敌惧而引却。徙熙河都监，后知岷州。引邈川水溉湟闲田千顷，湟人号广利渠。徙河州，复守岷，提举熙河兰湟弓箭手。入言："汉金城、湟中，谷斛八钱。今西宁、湟、廓即其地也。汉、唐故渠尚可考，若开渠引水，使田不病旱，则人乐应募，而射士之额足矣。"从之。甫半岁，得善田二万六千顷，募士七千四百人，为他路最。加廓州防御使。金人围汴时，灌控守西隅，背城拒战。被创，殁于陈〔阵〕。年六十二。

明

邓　愈　凤阳虹县人。洪武三年为征虏左副将军，招谕朵甘思、乌思藏等部来归者甚众。九年，吐蕃所部州城邀沮乌思藏使者，掠其辎重。复以愈为征西将军，往讨之。愈分军为三，覆其巢穴，穷追至昆仑山，斩首无算，获马畜一千(崔按：据《明史》本传，"千"为"十"之讹。)余万。刻石记名。遂置归德所，留马军五百卫守此土，屯军五百以供刍粮。[1]上嘉其功，召还。后封卫国公。卒赠宁河王。谥武顺。

沐　英　字文英，凤阳定远县人。洪武三年以大都督副邓愈，总大兵征蕃部。西渡黄河，界川、藏。耀兵昆仑，转战千里，俘虏万计，论功封西平侯。寻拜征西将军，征叛蕃，降元万户乞失加、三副使；平朵甘纳邻七站地数千里。后封黔国公。卒赠黔宁王。谥"昭靖"。

耿炳文　濠人。洪武中，从大将军徐达走李思齐、张思道，以兵下河西。开拓宁境，筑城浚池，设卫所。置马驿七，递运所五，立演武场，建杂造神器局。今孟忠毅祠至县署一带，皆其旧府也。以功封长兴侯。

史　昭　庐州合肥县人。永乐三年，哈密司徒火者断等梗西域贡道，昭率兵征讨，擒逆者以归。八年北征，充鹰扬将军。十二年，由铁门关出剿夷有功，升都督佥事，镇守西宁。宣德三年，请建孔子庙，开学校。曲先蕃寇邀劫贡使，昭充总兵官，捣巢穴，生擒渠魁，俘获无算。寻改镇守宁夏，卒。

刘　钏〔钊〕　河州人。正统中为都督，奉命整饬贵德，自积石关抚有番人七十二族。开设诸屯，垦辟田土，立茶马司，易马一千七百匹。诸番感悦，而官厩充实。沿途广设番驿，与河州消息相通，规模粗备。盖贵德一所，创自前明。虽邓愈开于先，而经营守御，皆钏〔钊〕之力也。

柯　忠　江南安庆府怀宁县人，进士。洪〔弘〕治初，西宁新设兵备道，忠以监察御史升陕西按察司副使来任。励精勤政，开垦荒原，重修学校，劝课农务，增兵阅武。建碾伯右千户所，并递运所、惠民药局、养济院诸处，薰心鞅掌，不以为劳。后来者不能无权舆之思矣。

刘天和　字养和，湖广麻城人。正德戊辰进士。历官右佥都御史，督理河西屯政，乃条所当革者五：曰掊克，曰占役，曰湖荡，曰派拨，曰侵渔；所当兴者五：曰开垦，曰墩堡，曰牛种，曰治水，曰屯兵。疏上，以次报可。嘉靖十五年，以兵部左侍郎兼都察院右副都御史总督陕西三边军务。公至则申军令，丰储偫[2]，广埤堑，选锋锐，饬甲械，士气大振。檄西宁兵备副使及宦创筑巴暖、三川堡寨山城一十七所，延袤二百余里。迁兵部尚书、太子太保。予告。卒谥“庄襄”。

胡　经　山东历城县人，进士。正德元年，以陕西按察司副使兵备西宁。二年，刘瑾专政乱常，尽革天下兵备宪臣，惟固原独留。经乃自西宁革去，复调固原，寻亦为瑾废黜。五年，诛瑾，废者尽起，经复补西宁。除害剔奸，补偏救弊，旧贯新条，灿然毕举。诘戎御敌，屡有奇功。

易　瓒　直隶肃宁县人。嘉靖七年，以副使兵备西宁。兴水利，饬亭障，课士劝农，振厉戎行，拊循百姓，人畏爱之。在任四年，迁秩去，阖境人遮道涕泣，车为之枳。瓒性且刚直不阿，历官府尹，以忤中贵被逮。寻得释，善类皆欢然相贺。

及　宦　直隶交河县人。嘉靖十五年，任西宁兵备副使。十六年，总督刘天和檄创巴暖、三川等处堡寨边城，宦周行相度，随其险夷，宜创宜葺，为图为议，上陈报如指。宦不惜其身，在畚杵间，阅六月而告竣。凡创筑者一十七所，修葺者一十八所，可居可守，至今赖之。敦大明作，不避劳怨，其诸惠政甚多。宦与瓒皆河间人，十年之中，先后相望，人称为河间两贤云。

王　昺　山东济南人。方严内敏。嘉靖十九年来任。岁方大旱，昺涓涤肃将，草蔬饘粥，素服芒跻，彻盖行香，暴日中，百步十拜，汗发浃踝，民皆感泣。雨遂大注，岁竟不侵。诸如缮城隍，兴灌溉，躬亲督视，不避劳勚，民至今能言之。

范　瑟　字孔和，山东历城县人。由进士选馆历编修，有文名，而兼有干略胆决。嘉靖三十年来任，值属番横逆，数盗边，诸将葸无策。瑟昼夜焦劳，不惮征缮，储粟诘戎，增埤明候。且以劲辞震垒，诸将士气寝振。已而亲提锐杰，潜捣碾伯冰沟强番巢穴，斩馘不訾。夷遁出边寨，故窟一空。又下令悬格，斩虏一级，赏银十两，即以所获给之。境内肃清。瑟盖文武兼资矣。

王本固　直隶顺德人，进士。嘉靖四十一年，以陕西按察司副使兵备西宁。清廉寡欲，一毫不苟。甫下车，即革去旗甲供应，湟人德之，有青天之名。番族有不轨之谋，即行劓戮，无不畏服。寻升陕西按察使，至吏部尚书。

侯东莱　字儒宗，山东掖县人，嘉靖庚戌进士。隆庆二年，任兵备副使，修边隘，恤士卒。隆庆三年，思俄思哥番部狡狯，恃力出掠行旅。东莱督参将陈恺掩击，获其首恶，使十二族落各以其职来服。又尝招抚红帽儿之番，欲以降致海夷，当时人皆难之。东莱迁而事亦寝，后竟如所虑。性平易。遇士以礼，接下以恩，扶善良，表节行，抚孤寒。在郡甫期月，政通人和。去之日，民为立祠，郡人昌平监司张问仁为之记。

董汝汉　山西万泉县人，进士。万历七年，以陕西按察司副使兵备西宁。清介有风猷。开垦荒田数百顷，招抚流移百千余家。又于各堡创立社学，择其秀出者训之，夷风为之丕变。顺义王俺答将东归，尚稽固未发，汝汉执言抚之，感服而去。去任之日，湟人遮留。接任者为石槚，整饬边防，条议多可取。

郑　洛　字禹秀，安肃人，兵部尚书。万历十八年，经略陕西延、宁、甘肃边务。初，俺答迎佛，建寺于青海，奏赐名“仰华”，留别部把尔户守之。扯力克赴仰华，把尔户部卒阑入西宁，副总兵李奎醉斫之，遂噪射奎死。进围旧洮州，副总兵李联芳败殁。入临洮。诏洛经略七镇，以兵部员外梁云龙、佥事万世德随军赞画。洛至，入西宁，控扼青海。扯力克还所掠人口，输罪请归。洛陈收复番族有六利。会扯力克北归，乞复贡布，于是招回生熟番人一百六十五族部落，七万四千七百一十余口，给赏安插，事寡易从。自是夷既仇番，番亦叛夷，夷既难侵，番亦易制。又奏设镇海游击，保宁疆场。首议禁借路以伐奸谋，焚夷寺以绝祸本。乃养士秣马，集粮治器，又多方摇撼散其党。后李汶、田乐收两川之功，皆本洛谋。加少保，仍召理戎政。

田　乐　任邱人。万历初，任凉永兵备道。郑洛既还朝，海酋永邵卜劫掠番人，与其党潜居海上，计图复逞，乃命乐巡抚甘肃。乐选将治戎，会诸将议方略。乐曰：“青把都近窥甘泉，永邵卜逼穴湟中，首尾牵制，使我疲于奔命。青酋恃强无备，今出不意，势可必克。青既克，得专力青海，而永可擒也。”遂潜师捣青，覆其众，青单骑走。于是为三伏待永，密与西宁道刘敏宽授计参将达云，分布既定。永谓九月九日汉儿重阳节，必不设备，乃率众佯呼求款，伏其千余骑于后，欲俟既合而发。达云率精甲短兵，直接镇海游击，合诸番截其后。番兵剌卜尔击其左，隆卜、申中击其右。官军前后斩首七百有奇，番兵杀伤者，不在其数。余落皆徙海西，羊牛家帐多为诸番所获。诸番被劫者，相率而归。此捷，乃万历二十三年九月九日也。乐曰："永虽抢（按：疑当作"创"。）火落赤独完，真相、纳剌等全部犹盛，唇齿之虑，非诸将所能办也。"自率中坚，所过简其精锐，晨夜赴西宁，而各酋果至。纳剌、卜囊在前，真相、火酋后继，连络数十里，先攻剌卜尔番寨。乐曰："贼以忿来，本欲致死于我，而先图孤番，诱我也。"乃间语剌卜曰："若能坚守十日，我必破贼，否则勉图后绩。"剌卜急，遂佯合于贼，诸将哗焉。乐曰："剌卜非心背我者也，已约彼绐贼，贼若气骄，必直前簿我，我攻其外，剌卜应于内，破之必矣。"乃合诸军，令达云统之，营于康缠沟。贼又围堡，诱我曰："今日必无汉儿矣。"挥众齐攻，矢下如雨。达云鼓众，以兵器更代应之。自辰至申，夷死伤环垒，忿甚，以骁悍犯西宁，兵终不能入。乐度其将走，乃令间道设伏，命同知龙膺阵于后以迫之。又密谕剌卜尔收精壮斩夷，永虽逸去而诸落零散。真相、火筛[3]之骁壮，两捷歼之始尽。盖明代二百年海疆仅见之奇捷也。后以功封松山伯。

万世德　山西偏关人。由进士万历十四年任兵备佥事。时西陲多事，羌戎交结，为边氓害。是年，松夷入掠燕麦川，番部再犯北川，世德皆御走之。诏遣兵部尚书郑洛经略西海，以世德暨主事梁云龙赞画。洛纳其言，收复番族，以孤夷势。遂上议焚仰华寺。略曰:“青海多事,始自亦不剌窜居,破掠四卫,然彼犹敌国也。自俺答奉贡,比我外藩,遂请命而来,无复忌惮。乃阴为子孙图不拔之基,遂建寺海上,名为迎佛修善,其实树帜收番。故欲驱海夷而不先毁寺,是医者之急标症而忘病根也。职遂与总兵张臣统众出塞,四日夜至青海,淫祠既毁,振旅而还。”洛上其事,边人称快焉。

刘敏宽　山西安邑人。由进士万历二十二年任兵备副使。才猷挥霍,慨然以安内攘外为己任。是年九月戊寅,海夷瓦剌他卜囊寇南川,敏宽督参将达云御于捏尔朵峡,斩首捕夷六百八十级。置战车,修兵器,设铁厂于北山,开铁矿于大山峡,桥西宁城西、碾伯城南、老鸦城东。行乡约保甲之法,立兵备道题名之碑,内政斩然。与都御史田乐计委达云统诸营,御敌于康缠沟,大败之。与云置白旗数百竿,上书译语,分插边外数百里各水头,招回番族甚众。各给旗符,候调剿夷,外寇屏息。以功加按察使,嗣迁延绥巡抚。

萧文奎　陕西延安人。隆庆六年,以参将分守西宁。负材略,敢任事,驭下有恩威。甫莅任,即与副使董汝汉缮其城,革砖腹土,无瑕不坚。其诸塞垣,次第增创。番部却尔加众不满百,而暴悍特甚,居民苦之。文奎领奇兵捣巢,斩其大豪十余级,余遁海上,礼佛顶经,自誓愿为良民。后加副总兵,至都督同知。

达　云　凉州人。勇悍饶智略。万历中任碾伯游击，修其城。迁西宁参将，与兵备副使刘敏宽契合，以灭夷为志。永邵卜者，顺义王俺答从子也。以贡市在宣府，守臣遇己厚，不可逞。乃随俺答西迎活佛，留据青海，与瓦剌他卜囊岁为西宁患。边将不能御，益有轻中国心。二十三年九月七日丙子，侦告夷趋捏尔朵峡。八日丁丑，敏宽与云传檄布伏。九日，夷拥劲骑毁障塞，从南川已入强半，伏兵突起。云提精卒二千与战，寇首尾不相顾，腹背夹击，大败之。云手馘其魁，羌僧识其为把都尔恰（按：《明史》作“哈”。）前后斩首六百八十余级，获驼马戎器无算，为西陲战功第一。所馘把都尔恰〔哈〕，即前杀李魁（按：前作“奎”。）者，其地即魁〔奎〕阵亡处，时又皆九月也。边人以为快。中丞田乐度寇必复至，晨夕赴郡，厚集以待寇。果连诸部至，犯康缠沟，矢石如雨。云与游击张应学等自辰至申，战数十合，寇死伤无算，仇西宁军甚，四集而攻。云身先士卒，兵气百倍，腾跃迎敌，不动如山。夷酋有坐拥纛者，云亲提大炮击伤之，寇始遁。追奔数十里而还。捷闻，帝大喜。遣官告郊庙，宣捷。大学士赵志皋以下悉进官。云擢都督同知，荫本卫世袭指挥使。初，南川奏捷，云已进副总兵，至是命以总兵官镇守延绥。未几，镇甘肃。屡有边功，增勋荫，名震西陲，为一时边将之冠。卒赠太子太保。

郭志学　山西泽州人。由贡士隆庆二年以巩昌府通判监收西宁仓储。性刚正，人不敢干以私。且有才谞[4]，征敛不扰，出纳惟明。其所司军饷，令军人自于仓前照数兑发，无毫发牟削。自甘澹泊，人以为难。

龙　膺　湖广武陵人。由进士万历年任监收通判，嗣迁同知。殚心吏治、兴社学、修卫志。与屯兵通判高第议筑诸边。三十二年南川、西川之捷，膺飞挽军储，协谋克敌。兵部尚书石星疏曰："龙膺本雍容冠玉之才，负叱咤摧山之气，临阵不辞锋镝，挥戈足扫穹庐。"人以为实录。三十八年，迁西宁监司，布政敷猷，益驾轻就熟矣。

高　第　不详何所人及所以进。万历年任屯兵通判。当南川、西川之捷，第与龙膺协心齐力、挽运刍粮，备精戎器。虽武略逊于龙膺，而诚恳谦和，颇资其益。嗣夷退，诸番渐复，兵备副使刘敏宽请修城楼，屯堡边榨，厥工甚巨，委第巡督，悉心经营，郡民赖之。

长　略　号结峰，河州人。万历八年，以世袭指挥同知任贵德所分守游击。时套夷丙兔侵掠，边事孔亟。略抚番恤众，与士卒同甘苦，得保孤城。十七年，火落赤大肆猖狂，盘踞暖泉。略创筑民堡，修固三寨，设险浚池，振〔赈〕济贫乏。强夷咫尺而只镞无遗，人服其胆略，内外倚以为重。

汪　淮　甘州都指挥。正德七年西宁守备。猛鸷有胆决，能于马上运火枪。夷犯北川，淮追至旱坪山，夷望见淮军皆衣绛，俱有神状。淮奋击之，中其酋豪，夷众遂溃，斩馘无算。投崖坠堑者，不可胜计。

蒋承禄　万历初任贵德所守御千户。廉洁通敏，赏罚无私，推其至诚，汉番不忍欺绐。时套夷来青海，暗结诸番，承禄察其叛逆者，用计诛之，羌人震慄。

杨　果　山西太原人。由吏员隆庆三年任西宁卫经历。敦庞质直，不事外饰，誉来不喜，谤至不怒。而复明察善断，庭无留事，狱无冤民，阖境畏而爱之。且负清名，尽革陋例，有铮铮佼佼之风。惜乎职不称其材，力不遂其心。当时为之上官者，不能辞窃位之讥矣！

注释：

[1]据《明史》卷126《邓愈传》，洪武十年(公元1377年)，邓愈破吐蕃后，“道病，至寿春卒，年四十一”。而在归德守御千户所，驻军、屯田之事，据《明太宗实录》卷120永乐九年十月辛卯条记载，是永乐年间的事，而本志卷18《武备志(一)》又系之于景泰中。《明史》及康熙《陕西通志》、乾隆《甘肃通志》邓愈传均不提在归德驻军、屯田的事，故此处有笔误。

[2]偫(zhī)：储备。

[3]火筛：即前云“火酋”，蒙古族首领，名火落赤。

[4]谞(xǔ)：才智，计谋。

西宁府新志·卷二十六

官师志（五）

名　　宦

西宁府

皇　清

孟乔芳　字心亭，奉天汉军镶红旗人。顺治二年，总督陕西军务，节制文武，三边四镇八府官民，俱就招抚，帖然安堵。剿除逆贼贺珍、胡向宸、孙守法、马德等，余寇悉平。五年，逆回米剌印、丁国栋等攻陷城池，诱迫军民，鼓行而东，声焰孔炽，欲招致湟中回民，假窃名字，以恢虚势。回民冶掌教等不应，则拥众大通河岸，冀以威胁。乔芳选将调兵，密授方略，兵备副使冯如京等扼险设伏，张奇兵邀击之。贼奔北，湟中未受其害。又命副将补艾来宁，整理戎伍，郡赖以安。亲驰赴甘肃，擒贼斩首，恢复河西。疏除民累，善政殊多，详《通志》暨《祠堂碑记》。以老病乞休，加少保兼太子太保，驰驿回都。卒谥“忠毅”，崇祀京师贤良祠。

柏永馥　字雄兰，奉天汉军正黄旗人。由世袭顺治三年补授临巩总兵官。十六年六月，移驻西宁，为设镇之始。建威布恩，简士马，慎选举，重修衙署，整饬斥堠，展演武厅，缮军装库，恤兵爱民。陟陕西提督。去之日，兵民为立碑颂德焉。

蒋三捷　汉军奉天人。由恩贡顺治二年任西宁兵备副使。西宁当流寇、番戎肆掠之后，甫经平定，民困未苏。三捷创率属吏，修守备，招流亡，省差徭，薄税敛，百废聿兴，陟平凉苑马寺卿。兵民竖碑，以志不忘。

冯如京　字修隐，山西代州人。由恩贡顺治四年任西宁兵备副使。四年，逆回米剌印、丁国栋等欲招致湟中回民，不应，拥众大通河岸，冀以威胁。如京已先闻，率将校驰赴扼其险阻，以奇兵横击，败之。俾么麿[1]凶刃，弗加于湟，如京之力也。修学宫，治舆梁，凡所经画，悉有益于民。民砻石以纪其功焉。

孙启贤　河南安阳县人。由进士顺治七年任西宁兵备参议。知西宁地瘠民贫，捐冗费，禁苛取。延见诸生，考德问业，抚恤士卒，察其饥寒。以病致仕。

栾元魁　汉军奉天人。由贡生康熙九年任西宁副使。廉平乡正，勤以治事。洞悉番戎情性，御以恩威，咸输写心腹，牛羊满野，边垂〔陲〕晏然。民设木主以祀。

王进宝　字显吾，甘肃靖远人。由将材康熙十三年任西宁总兵官。训练士卒,咸成精锐,而又能察其饥饱,体其温寒。会逆藩吴三桂反,王辅臣亦叛,兰州已陷,即统宁兵直抵黄河。无船筏,夜用皮囊冒险暗度,大败贼兵,复兰州。乘雪夜破临洮,功晋平凉提督。又以功晋奋威将军。后进取四川,镇守巴蜀。卒加太子太保,谥"忠勇"。崇祀京师贤良祠。详《通志·人物传》。

刘殿衡　字玉伯,汉军镶白旗人。由荫生康熙二十九年任西宁参政。西宁设镇之后,兵马增多,粮草俱当年供支,故民有预征之苦,卒多庚癸之呼。殿衡力请粮草俱于秋后输纳,留为来年支用,遂为章程,兵民感颂。三十年,有包姓道人谋逆,合镇骚然,嗣擒获首从,而株连者无算。殿衡亲鞠,悉出胁从者,全活多人。三十二年,甘肃用兵,檄河西各卫挽运糗糒。湟中不产米粟,兼道路崎岖,殿衡陈其不便,独宁属免运。在任十年,惠政著闻。超迁江苏藩司,晋湖广巡抚。卒后吏民思之,为立祠堂。

殷　泰　满洲镶黄旗人。由西安副都统康熙四十四年任西宁总兵官。抵任,即矢志清白,一尘不染,澹泊自甘。绝馈献,核军实,选拔必当其材,纠劾必符其罪,随方樽节,事无不办。迁甘肃提督,再晋陕西总督。军民立祠祀之。

马际伯　字逸闻,甘肃宁夏人。由四川建昌总兵官康熙四十六年调补西宁镇。性宽和,有方略。恤兵惠商,羌人敛戢。凡士卒子弟,则延师以课之;士卒孤寡,则割俸以育之。文武和衷，不分畛域，军民相安。陟四川提督。卒，众肖像以祀。详《通志·人物传》。

杨宗仁　字天爵，奉天汉军正白旗人。由湖广蓝山知县卓异，擢知阶州。州近生羌出没，昼劫行旅。宗仁抵任，连堡寨，谨斥堠，严缉捕，诸羌敛迹，商贾安行。迁同知临洮府事，监收兰州镇远桥商税。时值岁歉，请发仓廪以赈饥民。减税额，恤商贾，招流亡，实户口。循吏之誉，著于远近。上官有疑狱，辄委治，发奸摘伏，民颂神明。雍、梁多盗，老瓜阴贼，尤为民害。因谳他狱，发案百余，皆为穷治。又虑有司失察被谴，取百余事汇为十案，悉置诸法。盗风顿息，而有司亦全迁。知临洮府，率属安民，政绩尤著。寻擢西宁道。宁，古湟中地，西陲要冲。振颓剔弊，贤声著闻。升浙江按察使，历仕至湖广总督。晋太子少傅。卒加少保，谥清端。崇祀京师贤良祠。按：清端公，余小子应琚之大父也。余至湟中，距先清端莅任时仅二十年，旧时奴仆，犹有存者。仰瞻祖武，故余守官十四年，竞竞如一日。今余小子秉笔作志，惟取《甘肃通志》所载先清端事实，浣手叙入，不敢增损一字。余详国史《名臣传》暨入名宦疏稿。

赵世锡　奉天汉军镶红旗人。由荫生康熙五十四年任西宁副使。嗣值贼夷准噶尔贼(策)旺阿拉布坦跳梁，遣车零敦多布入藏，拆毁寺庙，屠戮生灵，侵据西藏。圣祖仁皇帝命抚远大将军(恂勤亲)王、平逆将军延信统领满汉官兵护送达赖剌麻自西宁塔儿寺起营,进藏征讨。军马云集,供亿浩繁。世锡殚心调剂,刍饷不缺,而给直宽裕,民力无亏。雍正元年,青海蒙古亲王罗卜藏丹津等谋逆,侵犯各川,沿边剌麻番人亦勾连窥伺。世锡躬率民兵,内运军糈,外御强寇,日以继夜。时主将以青海叛戎有回民在内,欲将在城亲族捕剿,世锡以身家保护,全活者众。他如捐发社粮,修置田器,散贫民之衣,给饿莩之食,甚有恩惠。在任十二年,卒于官。后军需事竣,报销核减至百十万金,俱蒙恩豁免,至今军民思之不置。

张世耀　直隶人。由武进士顺治二年任西宁副总兵。修关隘,筑炮台,励精振刷,将士强勇。四年,逆回丁国栋等因湟中回民招之不来,遂拥众大通河口,以威迫之。世耀与兵备冯如京暨冶参戎据险设伏,大败之。是时河西城乡无不受逆回荼毒者,惟宁属独全。百姓感颂。

补　艾　陕西榆林人。顺治六年任西宁副总兵。勇敢饶智略。先是,河西逆回丁国栋等招湟中回民未应,为兵备冯如京、副总兵张世耀败走,当事者于凡回民之所聚,究不能无疑,属艾至宁廉访,得实还报,而旁犹有为谗说以冀动摇者。艾正色斥之,湟中回民赖以安全。及协镇是郡,坦直简易,得士卒心,番土畏怀。艾于顺治二年隶孟总督乔芳麾下,时贼贺珍攻围会城,艾以亲兵三十骑,启西门直前突战,贼披靡走。古昔亦有以少击众者,然以三十骑退万人,未之前闻也。

季　佺　字子双，直隶正定籍湖广人。康熙十一年任西宁镇标右营游击。爱恤士卒，凡于戎政有不便者，辄言于上，不少隐。与同官和而不同。逆藩吴三桂变，西宁总兵官王进宝恢复临洮，提督张勇与进宝会议，以军务孔亟，临洮适当其冲，佺有文武才，奏授临洮知府。招集难民，流移复业。余详《通志·临洮名宦传》。

苏心逸　福建莆田人。康熙四十年任西宁监收通判。廉明慈惠，政令皆缘人情，本土俗民皆以为便。乃更求闾阎疾苦，与祛洗之。恤商免额外之征，出茶绝纤毫之费。常曰："民犹鱼也，以清水养之，毋投以油肉使拂其性，仆仆不宁也。"性虽宽，约束胥役，不少假借。然亦不酷悍。青海蒙古王公出入境内，咸接以礼，故内外欣然无事。莅任十二年，卒于官。百姓刊碑感其德。

傅以箕　号紫雯，浙江会稽县人。康熙二十九年任西宁卫掌印守备。厘陋弊，均徭役，征收刍饷，体察民隐，不溢升勺尺寸。听讼明决，门外无立候者。先是，西宁人有冤不敢讼，惧胥役勾摄之苦，费不赀。以箕知其情，有所呼集，但以片纸榜其门，曰："卫追某人，期某日某时到。"追者即持所榜趋卫，毋后时。以箕叹曰："人言宁民不易追集，今何如耶？凡民拒官不至，皆胥役之过，长吏之罪也。"去之日，百姓纪其事于石，以为后来者之鉴。

梁景岱　陕西三原县人。康熙二十二年,任西宁卫儒学教授。率诸生修葺西宁、碾伯泽宫,振兴学校。甘澹泊,立崖岸,其为人礌礌[2]如也。存心既正,而文艺亦优。察诸生有可教者,必殚尽心力;敢后者,则痛挞之。其施教侃侃如也。是时士尚强重武,亦多畏惮不敢肆矣。

封　　爵

汉

临羌侯孙都　武帝元狩元年封。

西平侯于定国　东海郯人。宣帝时以丞相封,子永嗣。永卒,子恬嗣。更始元年绝。

西平王李通　南阳人。王莽时为五威将军从事。新市兵起,通劝光武起兵。更始立,以通为辅汉侯。至长安,封西平王。

晋

西平郡公张轨　本安定人。永兴初,为护羌校尉、凉州刺史。以破鲜卑功,封安乐卿〔乡〕候,进封西平郡公。立十三年薨,谥"武公"。子实〔寔〕嗣立,进位大都督、凉州牧、侍中、司空,承制行事。六年,为阎沙等所弑,谥"昭公"。弟茂嗣,五年薨,谥"成公"。兄子骏嗣。时群僚劝骏称凉王,骏不许。然自后境内皆称之为王。立二十二年薨,谥"文公"。子重华嗣，始自称持节大都督、太尉、护羌校尉、凉州牧、河西公、假凉王。立十一年薨，谥“昭公”。子曜灵嗣，为伯父长宁侯祚所弑，谥“哀公”。祚篡位，改元为和平元年。三年，为张瓘等所弑，曜灵庶弟元靓嗣。废和平之号，复称晋正朔。立九年薨，为天锡昕弑。谥“冲公”。天锡立十三年，秦王坚遣将苟苌伐之，天锡兵败降秦。自轨起凉州至天锡，凡九世，七十六年。

北　魏

西平公安颉　太武神䴥元年，以擒赫连昌功封。

西平公源贺　西平乐都人。太延五年，以功进侯为公。兴安二年，封为王。

西平公乙瓌　太平真君六年，以南征有功封。后晋爵为王。

西平公张彻　和平元年封。改封清水公宋繇子岩为西平公。

北　齐

西平伯平鉴　燕郡蓟人。以功封。

唐

西平侯哥舒翰　其先本突厥人。天宝中以功封。

西平侯李晟　洮州临潭人。为凤翔陇右节度使，德宗时以功封。

后　周

西平王李彝兴　世宗显德元年封。

元

西宁王速来蛮　文宗天历二年封。

西宁王忽答里迷失　天历三年封。

西宁王忻都　至顺三年追封。

明

西平侯沐英　定远人。洪武十年以功封。后徙镇云南。

西平侯宋晟　怀远人。永乐三年以功封。

松门杨氏曰:湟中在昔为西羌地,自汉始通内服。霍骠骑、傅护羌、段太尉、马氏诸将军,皆以犁穴穷捣,称雄武。盖以赅羌鷵戎,递帖递嚣,折冲御侮,利用威,非武健何以愉快胜任乎?然赵壮侯、邓敬侯诛零恕幵,保戎御羌,恩威并用,岂特擅两汉一时之勋,可垂为九边千古之法,厥功伟矣。晋、隋文武,或以战功,或以循吏,如马护军,慕容、梁氏两刺史,皆有足述者。唐李卫公率五道总管,行空荒之地二千里,次星宿海,诛寇而还,庶几有汉家勋。而娄公长者,与吐蕃八战八克,黑齿大使、杜都督既威震吐蕃,而能开田斥地,刍粟丰裕,咸为边庭良将。有宋积弱不振,独三用师于西平,差强人意。议者以荆公误国,童、蔡明奸,并以二王之功反归之罪,岂足以服其心?功罪自在,而湟中之功,何可没也。赵子渐、刘子文、何仲源,咸有功于湟,俱未竟其用,惜哉！明初邓、沐、耿、史诸公，招羌拓地，开设学校，快目爽心。万历中，郑尚书、田中丞、刘兵备、达参戎两川之捷，焚寺之举，可为后劲。其余文武，亦一时之选。我国家文德武功，因时昭布，且平定青海，收抚番族，故四境晏然，弦歌时起。其奉简而来，丰功骏烈，流风善政，凡传于名宦者，盖骎骎乎与古为徒矣。至封爵或以酬本勋，或用奖他绩，亦附列焉。语曰："后之视今，亦犹今之视昔。"又曰："不习为吏，视已成事。"其尚三复于斯言！

注释：

[1]么䯢(yāo mò)：细小、微小之意，也可写作"幺幺"。此处有贬抑之意。

[2]礌(lěi)礌：通"磊磊"，"礌落"即"磊落"，心地光明貌。

西宁府新志·卷二十七

献征志（一）

古语云:“人材生不择地,如桐不必产于龙门,而柏不必生于新甫。”盖有土斯有人矣。湟中自汉、魏开设郡县以来,已为中土。其人或行谊超卓,或才勇较著,或廉靖可风。与日月争光者,有忠孝焉;俾须眉抱愧者,有节烈焉。至选举,历代无多,有人材而后有选举,故附于末。旧志多阙,今逖(按:“逖”,远也。《史记·周本纪》作“远”。)采近搜,必于载籍有稽,考察不爽者,得若而人为之传。呜呼!闾里之荣,岂不以人哉!

人　物

西宁府　西宁县,碾伯县同载

汉

郭　宪　字幼简,西平人,为其郡右姓。建安中为郡功曹，州辟不就，以仁笃为一郡所归。至十七年，韩约失众，从羌中还依宪，众人多欲取约以微〔邀〕功，而宪皆责怒之。言："人穷求归我，云何欲危之？"遂拥护厚遇之。其后约病死，而田乐、阳逵等就斩约头，当送之。逵等欲条疏宪名，宪不肯在名中。言："我尚不忍生图之，岂忍取死人以要功乎？"逵等乃止。时曹操方攻汉中，在武都，而逵等送约首到。操宿闻宪名，及视条疏，怪不在中。以问逵等，逵具以情对，操叹其志义，乃并表列与逵等并赐爵关内侯，由是名震陇右。黄初元年，病亡。正始初，追嘉其事，复赐其子爵关内侯。入乡贤。

北　魏

源　贺　西平乐都人，秃发(傉)檀子也。傉檀国灭，贺奔魏。太武帝素闻其名，及见贺，伟容貌，善风仪，深仪器之。谓曰："朕与卿同源，今可为源氏。"赐爵西平侯。以战功进号西平将军。帝征凉州，以为向导，贺请宣喻其祖父旧人。帝乃遣贺招慰，下三万余落。及图姑臧，得无外虑。凉州平，进爵西平公。贺为人雄果，每先登陷阵，本名破羌，因赐名贺焉，深诫之也。宗爱构难，贺勒兵静遏内外，与尚书陆丽翼、戴文成以定策勋进爵西平王。及班赐百僚，敕贺任意取之，贺惟取戎马一匹。时断狱多滥，贺上书，帝纳之。出为冀州刺史，改封陇西王。既受除，又上书请减大辟，帝复嘉纳之。后入死者皆恕死徙边，自是所活甚众。征拜太尉。

及献文帝将传位于京兆王子推时，贺督军漠南，乃驰传征贺。贺至，正色固执不可，即诏持节奉玺绶以授孝文帝。是举也，非贺则孝文帝不得立矣。贺依古今兵法，采酌为《十二阵图》上之，献文览而嘉焉。后称病，乞骸骨，再三乃许。朝有大议，皆就询之。孝文帝太和元年，疾笃，遗令簿葬。三年薨。谥“宣王”。入乡贤。

源　延　贺子。性谨厚，少好学。位侍御中散，赐爵广武子。谥“简子”。子鳞袭。

源思礼　延弟。后赐名怀。谦恭宽雅，有大度。文成帝末为侍御中散。父贺辞老，诏受父爵。后持节都督诸屯于漠南，蠕蠕甚惮之。改为雍州刺史，清俭有惠政。拜殿中尚书，加侍中，迁尚书令。从驾南征，加卫大将军，以母忧去职。宣武帝景明二年，除尚书左仆射，加位特进。诏以奸吏犯罪，不问轻重，藏窜者悉皆远流。怀再上书，乃报可。其年除车骑大将军、凉州大中正，怀乃上表，援陆丽息封公例，诏授北冯翊郡开国公。又诏为使持节，加侍中、行台，巡行北边六镇，恒、燕、朔三州。怀衔命抚导有方，便宜运转，有无通济。时后父于劲势倾朝野，兄子祚与怀宿昔有连，怀入其镇，劾祚受纳免官。怀朔镇将元尼须与怀少有旧，贪甚。怀饮其酒而劾其贪，时人以比张镇周焉。所上事宜三十余条，皆见嘉纳。正始元年，蠕蠕率十二万骑六道并出。诏怀以本官加使持节，出据北蕃，指授规略。怀至云中，蠕蠕亡遁。乃案视诸镇筑城、储饷事宜，凡表五十八条。帝并从之。寻卒，年六十一。谥曰“惠怀”。性宽俭，不好烦碎，不喜饮酒，而喜以饮人。好接宾客，雅善音律，常自操丝竹，白首不厌。入乡贤。

源子邕　字灵和，思礼子。少好文雅，笃志于学，推诚待士，士多归之。累迁夏州刺史。时沃野镇人破六韩拔陵（按：《魏书》作“破落汗拔陵”，盖一名之异译。）首为反乱，子邕婴城自守，城中粮尽，煮马皮而食之，无有离贰。自出东夏求粮，留子延伯据守。延伯与将士送出城，哭而拜辞，三军莫不呜咽。子邕为朔方胡师邀执，乃密遣人赍书与城中云：“大兵在近，坚勿移操。”胡人雅敬。子邕为陈安危祸福之端，胡众竟随子邕降。时北海王颢为大行台，子邕具陈诸贼可灭状，颢给子邕兵，令先出。子邕转战而前，乃平东夏。运粮统万，二夏渐宁。萧宝寅为贼所败，关右骚扰，子邕率兵南出，大破之。出自西夏，至于东夏，转战千里。至是朝廷始得委问，除兼行台尚书，进封乐平县公。葛荣陷信都，除子邕冀州刺史，进攻葛荣，败殁。谥“庄穆”。

源子恭　字云顺，子邕弟。聪敏好学，稍迁尚书北主客郎，摄南主客事。时梁亡人许周自称梁给事黄门侍郎，朝士咸共信待。子恭奏以为真伪难辨，请下徐、扬二州密访，周果以罪归阙，诈假职位，如子恭所疑。河州羌反，诏子恭讨之，子恭谕降之。明帝正光元年，为起部郎中，奏建明堂、辟雍。元颢加车骑将军，子恭阳受之，而密遣间使参庄帝动静。未几，颢败，车驾还洛，录加侍中。节闵帝初，以预定策封临汝县子。又论余功，移封新城县子，子恭表请授弟五子文盛，许之。后为大丞相高欢军司。卒谥“文献”。

源 纂 字灵秀，子恭弟。位太府少卿。庄帝永安元年，太原王尔朱荣入洛，沈灵太后并王公卿士二千人于河套，纂遇(按：疑当作“与”。)焉。赠定州刺史。

源 彪 字文宗，子恭子。庄帝永安中以(父)功赐爵临颍县伯。孝静帝太平〔天平〕四年，为凉州大中正，及大丞相高澄摄选，沙汰台郎，以彪为尚书祠部郎。齐文宣帝皇建二年[1]，累迁泾州刺史，甚得边境之和。后主武平三年，授秘书监。陈将军吴明彻取淮南，赵彦深密访彪捍御之计，彪曰：“国家待遇淮南，失之同于蒿箭。宜以淮南委之王琳。”彦深曰：“第此良图，安得见从？时事遂至于此！”因相顾流涕。齐亡入周，授司成下大夫。周亡入隋，拜莒州刺史，卒。彪以贵胄升朝，才识敏赡，学涉机警，以干局称。然好贵游，取讥附会。

源 雄 字世略，纂子。少宽厚，伟姿仪。自魏归周，从武帝伐齐，以功授开府，封朔方郡公，拜冀州刺史，徙平州刺史。寻检校徐州总管。及隋文帝为丞相，将有禅图。蜀公尉迟迥相州举兵时，雄家累在相州，迥以书招之，雄竟不顾。迥遣其将下兰陵、昌虑，雄亦遣将复之。陈将军萧摩诃等取江北地，雄与扬州总管贺若弼等悉复之。进位大将军，拜徐州总管。后数岁，转怀州刺史，寻迁朔州总管。文帝大举伐陈，下册书命雄，于是从秦王俊出信州道。及陈平，以功进位上柱国，赐子崇爵端氏县伯、褒为安化县〔伯〕，复镇朔方。后二岁，乞骸骨，征还京师。卒年七十，子崇嗣见《忠节传》。

源　师　字践言，彪子。少以识悟知名。仕齐为尚书左外兵郎中，又摄祠部。后属孟夏，以龙见请雩，时录尚书事高阿那肱谓为真龙出见，大惊喜，问龙所在，云："作何颜色？"师整容云："此是龙星初见，在礼当雩祭郊坛，非谓真龙别有所降。"阿那肱忿然作色曰："汉儿多事，强知星宿。"祭事不行。师出窃叹曰："礼既废也，其能久乎？齐亡无日矣！"寻周武帝平齐，授司赋上士。周亡，为尚书考功侍郎。朝章国宪，多所参定。累迁尚书左丞，以明干著声。时蜀王秀颇不法，以师为益州总管司马。寻征秀，秀恐有不测，将谢病。师苦劝之，秀始从。后加仪同三司。炀帝即位，拜大理少卿。主帅私令卫士出外，帝付大理，师据法奏徒，帝令斩之。师奏曰："若陛下初便杀之，自可不关文墨，既付有司，义归恒典。脱更有此犯，何以加之？"帝乃止。朝论以比释之"犯跸"之对。(按：此借汉廷尉张释之对文帝事。)师强敏有口才，长于吏事，而无廉介之称。卒于刑部侍郎。

元

刘　容　字仲宽。其先西宁青海人。父海川，徙云京，故亦为云京人。容幼颖悟，稍长喜读书。虽从俗尚事骑射，然非其好也。世祖中统初，以国师荐入东宫侍皇太子。出直，即诣国子祭酒许衡，衡亦与进之。世祖至元七年，驻跸镇海，人有称容知吏事者，帝召至，命权中书省掾，事毕复前职，以忠直称。十五年，奉旨使江西抚慰新附之民，民皆感悦。或劝其勿却馈遗，可以为津地。容曰："奉命以抚民，奈何剥民以自利？"毕使，帷载书籍数车，献之皇太子。中忌者谗，稍见疏外，然容亦终不辨。会立詹事院，容上言曰："太子天下本，必得端人正士左右辅翼之，毋使倾侧之徒进。"俄命为太子司议，改秘书监。出为广平路总管。富民有同姓争财产者，讼久不决。容考正其籍，立断之，争者遂服。皇子云南王至汴，其达鲁花赤某欲厚敛以通贿于王，容自往，乃减其费。后以疾卒于官。年五十二。入乡贤。

明

朵尔只失结　仕元为甘肃行省右丞。洪武四年入贡归附，招抚叛亡暨诸蒙古，授宣武将军指挥佥事。六年，招安定王内附。十一年，哈剌鬼（按：《明史》哈密卫有哈剌灰，鬼、灰音近。）诸土番劫贵德州，失结至西海捕获之。十二年，招谕千户阿卜诸生番，收捕番目亦林真奔，诸有功于西宁贵德。十三年入朝。十六年授宣威将军，世袭西宁卫指挥佥事。自是从军北征金山寺、灰河、永平、蓟州，招元人金佥院，擒乃尔卜花。贵州指挥扳达叛，失结击破擒之。攻山寨者额曲、麻盘河、阿鲁诸处，获全胜。二十四年，调甘州前卫指挥。二十五年，诏征湟中西番阿立答哈思。共立大功一十有三。卒于官。子端竹嗣职，见《忠节传》。入乡贤。

李南哥　西宁土人，本沙陀李氏。元西宁州同知。洪武四年以州归附，授西宁镇抚指挥。招安番族，疏通道路，置邮递，广积贮，捕黑章咂番贼，累功加世袭。开创卫治，厥功居多。至宣德中，子英以功封会宁伯，并封南哥如子爵。嗣卒。今西、碾二邑世袭土官两李氏，皆其子孙焉。入乡贤。

李　英　袭父南哥官。永乐十年，番酋老的罕叛，英击之讨来川，俘斩三百六十人。夜雪，贼遁，追尽获之，进都指挥佥事。番僧张答里麻者，通译书，成祖授以左觉义，居西宁，恣甚。以计取西番贡使资，纳逋逃，交通外域，肆恶十余年。英发其事，磔死，籍其家，西陲快之。末年，(按：指永乐二十二年。)中官乔来喜、邓成〔诚〕等使西域，道安定、曲先，遇贼见杀，掠所赍金币。仁宗玺书谕四卫，诘贼主名，而敕英与土官指挥康寿等进讨。英诇知安定指挥哈三孙散哥、曲先指挥散即思实杀使者，遂率兵西入，贼惊走。追击，逾昆仑山，深入数百里，至雅令阔与安定贼遇，大败之。俘斩千一百余人，获马牛杂畜十四万。曲先贼闻风远遁，安定王桑尔加失夹等惧，诣阙谢罪。宣德嘉英功，褒谕令驰驿入朝，擢右府左都督，赐赉加等。宣德二年，封会宁伯，禄千一百石。英恃功而骄，所为多不法。宁夏总兵官史昭前曾镇守西宁，故得闻其事。奏英有异志。英家西宁，招逋逃七百余户，置庄垦田，豪夺人产。后为兵部及言官所劾，帝宥英，追逃者入官。七年，西宁指挥祁震子成当袭父职，庶兄监藏，英甥也，欲夺之。成从祖太平携成赴京辩，英遣人篡取太平及其义儿杖之，义儿竟死。言官交劾，并及前罪，遂下英诏狱，夺爵论死。正统二年始释。后稍给其禄。寻卒。子昶。

李　昶　袭指挥职。成化三年，授锦衣指挥同知。寻进都指挥使，用荐擢左都督佥事。屡分典营务，以严慎称。洪〔弘〕治六年卒于官。赐葬祭。子玑。

李　玑　将门子，而喜读书，不事华饰。成化辛丑成（崔按：“成”为衍字。）进士。历官尚宝司丞。

李　文　英从子。宣德间，为陕西行都司都指挥佥事。四年，曲先卫散即思叛，命文率军击之。时西戎思俄可尝盗他部善马，都指挥穆肃求不得。会思俄可以畜产鬻于边，肃诬以盗，收掠致死，番人惶骇思乱。文劾之，逮肃下吏，西陲得无事。累官都指挥使。天顺元年，以迎驾功进都督佥事。未几，以右都督出镇大同，寇二千余骑犯威远，文率师败之。封高阳伯。石亨败，革夺门冒功者官，文自首。帝以守边不问。四年秋，孛来大举入寇，文按兵不战，遂入雁门，大掠忻、代诸州，京师震恐。寇退，征文下诏狱，论死。帝宥文，

人物

降都督佥事，立功延、绥。既而进都督同知。成化中，哈密为土鲁番所并，求救于朝，诏文与右通政刘文往甘肃经略之，无功而还。宏〔弘〕治初卒。正德初，赠高阳伯。

祁　贤　西宁土人。祖祁贡哥星吉，元甘肃省理问所官，明洪武元年归附，授副千户职，累功世袭。守御碾伯，赴青海盐池收捕西番亦林真奔，招抚祁者孙诸番酋。三十五年，亦林真奔叛，寇归德暖泉，星吉战死之。父锁南嗣官，以功加正千户。寻卒，贤嗣。从李英北征，以功擢西宁卫世袭指挥佥事。从李英讨安定、曲先贼，逾昆仑山至雅令阔，先登，生得一人，有斩获功，加指挥同知。宣德元年，遣往罕东诸处招抚叛亡，密罗部诸酋入贡，加指挥使，命回卫与汉官同理事。正统七年，遣往阿端、曲先招抚指挥准者罕都立诸叛番。嗣又捕获安定卫邀杀旗军占麻力暨巴沙部、瓦洛牵咱部杀死总旗侯林男诸叛番，名闻西陲。会病卒，朝廷惜之。其子孙至今犹世袭西宁土官。

王　友　袭父职，为燕山护卫百户。以靖难定京师，论功当侯，因骄纵授世袭都指挥佥事。及邱福等议上，乃封清远伯。明年，充总兵官，帅舟师沿海捕倭。倭数掠海上，友无功，帝切责之。已，大破倭，帝喜，降敕褒劳。寻召还。四年，从张辅征交阯，与指挥柳琮合兵破筹江栅，困枚普赖诸山，斩首三万七千余级。六年七月，进侯，加禄五百石，与世券。明年再征交阯，为副总兵。八年还，从北征，督中军。别与刘才筑城饮马河上，会知院失乃干欲降，帝令友将士卒先行，谕以遇敌相机剿灭。友等至，与敌相距一程，迂道避之应昌，军中乏食，多死者，帝震怒，屡旨切责，夺其军属张辅。还，令群臣议罪，已而赦之。十二年，坐妾告友夫妇诽谤，有验，夺爵。未几卒。仁宗即位，官其子顺为世袭西宁卫指挥佥事，因家焉。本荆州人。

张　文　字元素，西宁人。学校初立，首应岁荐，工文而不工楷，遂下选。得山西隰州吏目，虽位不称资，而恬无愠薄意。当官清慎而勤，以俸俭，家人饔飧[2]皆啖枣柿，州人为之冰蘖[3]。寻解官归，居家长厚方退，不营数数，有古君子风。入乡贤。

张　经　字道器，文从子。正德间以岁荐丞固安典马，值岁俭民饥，公蒿目民而不问马。大冏吏[4]下檄如星火，公坚不应，百姓德之。既而闻母夫人讣，即挟衰行，百姓如孺子泣。居庭肃若朝典，跬步不苟。虽室徒四壁，或并日而炊，晏如也。子芝、莱。入乡贤。

张　莱　字黉东。性笃孝友，父母有疾，昼夜侍汤药，不一入私室。居常以宽处里闬，以恕持身，以恭俭教子孙。冠裳外，生平不蓄副服，而周恤鳏寡。弱冠补顺天弟子员，归家读书养性。后子问仁贵，屡封山东按察司佥事。卒年九十。兄芝，由贡士簿四川邻水县。草创西宁卫旧志。亦恬雅。湟中家风，以张氏为最矣。入乡贤。

卢　清　西宁人。有雅量，洪然入懿。正统辛酉赴省试，先期归。至渭阳，报者追呼，公不躁动，见录乃徐返。其恬镇如此。会试以乙榜分教陈留，寻归。居家野服郊游，常骑一牸[5]，与田夫牧竖校雨量晴，忻然忘返。家庭雍肃，而于公所一无造请。廪廪乎庶几德让之长者矣。入乡贤。

李　柰　西宁人。父惠楚，府长史。籍本河南彰德，谪湟中，遂聚族而居焉。柰奋自国学，为人勤慎。洪〔弘〕治、正德间，以荐历官鸿胪寺卿。嘉靖十年，致仕归，赐西宁卫城南隙地，筑舍以居。今旧府街是也。

李　完　会宁伯英后也。中嘉靖戊子科乡试，任直隶衡水县知县。甫释褐，即以家人产推于兄。生平衣不重采，食无兼味，清苦有水〔冰〕蘗声。居官萧然如水，寻亦解组而归。杜户读书，无间寒暑，闭影公门，人高其节。工古文词，会上书陈言，革庄浪参将带管西宁事，许之。境内称便。入乡贤。

张大玘　西宁人。由太学生嘉靖五年任镇番卫经历。生平正直不阿，而又一归于忠厚。常面折人过，人皆畏之，退无后言，故人终不怨。西宁昔为鲁将所辖，常苦其虐。公甫受官，即上疏极言其不便，许之。削去其权，人始帖席。盖有功于民者也。入乡贤。

张问仁　字以元。由嘉靖丙辰进士出宰阳城，兴学校，杜分争，谨身率先，而民从化，一邑称廉。平擢工部主事，受简书，榷江淮。期满，有羡万五千金，不入私囊。晋员外郎。问仁本家学而性颖悟，为人勤力，有方略，甘澹泊，复察廉。擢山东东兖佥事，再晋直隶昌平兵备参议，饬戎政，除豪猾，问遗无所授〔受〕，请寄无所听。以封部为陵寝重地，创建砖城，时奉肃宗灵梓安置，从官如云，肩摩毂击。问仁躬自酬应，不以累民。有忌之者，以飞语疑吏部，执政竟论去。问仁闻耗，即装候代，无愠色。百姓卧辙留。图书之外无长物。归家奉亲。万历己丑两川之捷，问仁预有功焉。父莱、母赵氏，年俱九十，偕兄弟色养，得其欢心。葬祭皆以礼，为乡人式。妻，李完女。年七十三而终。善诗文，有《闷子》《河右》诸集传于世。古之所谓乡先生，没而可祭于社者，非耶？入乡贤。

柴国柱　字擎霄。西宁人。万历中由世荫历西宁中军守备，壮勇足智，善骑射。从兵备刘敏宽、参将达云击寇两川，勇冠军，录功进都指挥佥事。寇盗边，辄为国柱所挫，晋甘肃游击，有红泉口诸捷。最著者石灰关之役，国柱以孤旅击猖狂之寇，既出塞，寇益众，而官兵甫半，至矢中国柱胫，带镞力战，斩首二十一级，寇大败，名闻京师。擢凉州副总兵。松山既复，方建堡置堠，寇数来扰，国柱频击却之。银定、歹成连兵寇镇番，国柱驰救，斩首二百有奇，获马驼甲仗无算。青海寇大掠镇羌、黑古城诸堡，守备杨国珍不能御，国柱急率游击王允中等击走之。银定、歹成复犯河西，国柱邀击，获首功百二十。擢署都督佥事、陕西总兵官。三十六年春，改镇甘肃。银定、歹成屡不得志，益寇钞永昌。国柱驰与大战，败之，追至麻山湖，斩首百六十有奇。其部落复入寇，守备郑崇雅等战殁，国柱坐夺俸一年。河套、松山诸部长合兵入寇，国柱檄诸将分道击，复斩首百六十。屡加右都督，世荫指挥佥事。三疏乞身，许之。四十六年夏，召佥书都督府事。无何，代杜松镇山海关。松败殁，虎墩兔乘机犯边，国柱等力遏之。寻移镇沈阳。谢病归。居家孝友，睦于乡邻。天启初，追录边功，加左都督。卒，赐恤如制。

子时秀、时华。时秀历官辽东副总兵，捐躯疆场。时华历官甘肃总兵。俱骁勇。《明史》所载崇正〔祯〕十二年，张献忠反谷城，征时华，中道还甘肃，不应。时论少之。入乡贤。

祁　德　贤四世孙。万历中袭兄指挥使职，以功历迁西宁参将。时尚书郑洛经略西海，檄德与副使石槚招收诸生番五万八千有奇，由是西海羽翼渐疏。授镇国将军、西宁副总兵，协守湟中，屡却海寇有功。以老疾乞身，终于家。

贺来献　字诚齐，西宁人。由弟子员于隆庆四年选拔入都。万历中任南城兵马司副指挥。来献为人有清操，外明察而内忠厚。又习文法，辇毂之下，处之裕如，御史甚任之。知不能大用，致仕归，以寿终。

陈光先　西宁人。嗣父畏西宁卫指挥职。万历中，以勤干任西宁兵备道标守备，复调西大通守备。嗣奉甘肃巡抚檄令，防剿流寇于阳庆〔庆阳〕。贼拥众数万，困十三日，光先设伏出奇，保固无虞。总督洪承畴亲率兵策应，见其壮勇，心甚重之，留标下，以功迁山西掌印都司，承畴具疏留军营。又以功擢大靖参将。数年，京师戒严，承畴檄光先率所将卒勤王。至兰州，流寇复炽，肃王疏留光先护卫，贼遁去。迁庄浪左参将，从承畴赴辽东，遴委至西宁诸处购战马，积劳成疾，卒。赠骠骑将军。光先始祖子名，本江南人，以元右丞归明，遂授为土官。今子孙犹世袭焉。

魏　寰　西宁人。始祖魏善，本泗州人，从明太祖起兵，攻克和州。从渡江，克采石、太平。从攻克平阳、太原功，授世袭千户，管西宁卫中左所副千户事，因家焉。父瑄以世袭副千户于嘉靖中同守备彭杲斩获海寇功，加正千户。又以战功加指挥佥事。寰嗣官，有勇，又习边情，历碾伯游击中军守备。把咱族生番怙恶，民受其害，寰从游击追剿之。严督所将卒，斩首十九级，夺获牛羊而还。生番复犯界，寰就阵斩首二级，夺获戎器无算，生番奔逸，亦一时之骁将也。

马允升　西宁人。父健，擢武科，为岩疆将领二十年。允升幼习戎行，长，蹻捷精悍，御边有功。历官至五军营右副将、后军都督府都督佥事。

谈世德　字克修，西宁人。天启四年，积劳历官宁夏镇标游击。谋勇兼资，临事身先士卒。套寇犯兴武，世德率兵追至簷家沟，有进无退。寇惧，夜遁。称一镇之战将云。崇正〔祯〕中陟宁夏总兵官，谋勇如其前。卒葬本土。

王承恩　西宁人。年十八，膺祖职，以勇敢授三岔守备，累迁大靖参将。崇正〔祯〕中，京师戒严，诏兵部议战将，以承恩勇冠军，有功，擢临洮总兵官。京师复戒严，承恩帅兵星驰抵都，有功。上赐金帛，加太子少保、镇西将军，改延绥总兵官。时流寇猖獗，承恩击宜川贼，降之。贼首上天龙、马老虎、独行狼复掠鄜州，承恩又击破之，上天龙降。承恩以亲未葬，乞归故里。久之，帝诏兵部遣官诏承恩入京擢用，行遇乱，没于途。年五十七。崇正〔祯〕甲申五月二十九日也。入乡贤。

祁秉忠　朵尔只失结后也。万历十九年袭指挥同知，以功迁洪水游击，改西宁镇海游击，迁甘肃参将。四十四年，又改补永昌。银定、歹青以千余骑入塞，秉忠提兵三百拒之，转战两昼夜，手刃三人，援军至，始遁。秉忠追还所掠人畜，边民颂之。为树碣"湟中将军手刃三虏孤军战胜处"，至今犹存焉。迁凉州副总兵，擢甘肃总兵官，以功加太子少保，经略。袁应泰荐其智勇，令率私卒守辽东蒲河，殁于疆场。赠少保、左都督，世荫三级。余详《明史·列传》。入乡贤。

郭子辅　字汝相，西宁人。少负气节，业《尚书》。游泮后，文辞恒冠多士，暨就试，连比不得志。嘉靖辛丑应贡入太学。久之，铨饶阳簿。值令缺，子辅摄焉。不以五日京兆自待，兴学校，理马政。湟水涌溢，啮饶田，子辅按形势高下，烈日之下，躬督民浚渠、筑堤，而民不为患，至今赖焉。嗣告归，以读书课子为乐。年六十一而终。

张尔奇　西宁人。魁梧善射，详究地利，宦游之处，举图所过山川形势。崇正〔祯〕中，累功至都督同知、四川提督、汉土官兵总兵官。

莫与京　西宁人。始祖得，本寿州籍，自元末归附前明，洪武中授西宁世袭指挥佥事。子云嗣，加指挥同知。与京父负时于万历二十三年在西宁大康缠沟斩海寇功，加指挥使。与京年十七，嗣父官。有勇略，累功至芦塘参将，陟西宁副总兵。时崇正〔祯〕十年六月也。未及旬，碾伯叛民黄登等聚结谋变，与京驰往安抚，擒其渠魁，众即解散。甫回宁，镇海叛民马安邦胁城中军民勾连海寇煽乱，与京率所将卒往剿。而所将卒与镇海军民皆亲故，无意恋战，以致四散。而与京正思别调兵以除民患，议者谓临阵炮口向天而不向敌，遂罢职。宁民惜之。

谈　诚　字则明，西宁人。卫学廪生，世居西川镇海城。淳朴敦厚，乐善好施。崇正〔祯〕十四年，岁连歉，诚有积粟五百余石，愿周贫乏。先及谈氏一族，嗣及镇海，再及西川，由亲及疏，多所全活。又施棺、施衣裤，镇海民呼为善人。呜呼！斯可谓一乡之善士矣。

注释：

[1]按北齐文宣帝高洋只有“天保”年号，无“皇建”年号，此处“文宣帝”当为“孝昭帝”之误，其皇建二年为公元561年。

[2]饔飧(yōng sūn)：《孟子·滕文公》上：“贤者与民并耕而食，饔飧而治。”注曰：“饔飧，熟食也。朝曰饔，夕曰飧。”也泛指熟食。

[3]冰蘖(niè)：饮冰食蘖、指生活清苦。蘖，树上新发的芽枝。

[4]大冏(jiǒng)吏：指管官马的官。《尚书·冏命序》：“穆王命伯冏为太仆正。”后来以冏卿作为太仆的别称。历代太仆寺是掌管舆马及牧畜的机构。

[5]牸，查无此字，疑为牸(zī)之误。牸，牝，本指牛，也泛指雌的牲畜。

西宁府新志·卷二十八

献征志（二）

人　物

西宁府　西宁县、碾伯县同载

皇　清

祁兴周　前明祁德孙也。袭父廷谏指挥使职。弟肇周，崇正〔祯〕末流贼破关中，电扫风靡，河西一带，咸为贼有。次及湟中，廷谏呼其二子密计，令生员胡琏器约庄浪土司鲁行昌、申中番目完冲及军民之效义者，歃血订盟，以厉气守城。贼侦伺之，不敢犯者月余。会旁孽鲁文彬率贼众至，平濠重围，曲示招来，奸党中变而城危矣。廷谏聚众泣告曰："事势至此，有死而已。"兴周曰："国家豢养之恩，报在此时，儿等当以死战求济。"遂合申中、完冲土官祁国屏等推琏器为参军，以兵趣攻。战疾，手斩文彬并其党。会贼伪将贺锦大拥蚁众旋自甘肃，琏器急策于兴周曰："贺贼骁勇，兼我寡彼众，可以智取，不可以力敌也。"时令番人诱贼入重地，绊以马索，或以陷阱，既仆，馘斩之。杀锦并贼党数千，湟中快之。然贺贼虽死，余党益炽，以灭贺之举由于祁氏，攻获廷谏，系累以去。兴周语其弟肇周曰："吾父子兄弟咸死无益，曷走青海乞兵，以图复仇？"肇周曰："兄适外乞兵，父及于难，我不可不奔也。"至长安，兴周乞兵而出。圣朝定鼎，英王、总督孟乔芳至，贼四溃，抚定三秦。廷谏归附，以功仍授世袭指挥使。兴周袭职。有功劳，顺治十年，历官大靖参将。

胡琏器　西宁人。边地无载记，遍访其事，他无考。并不知所终云。拟入乡贤。

李天俞　巩五世孙也。今子孙为碾伯土司。崇正〔祯〕甲申岁，流贼贺锦蹂躏湟中，天俞妻妾、二弟暨部落死者三百余人。助祁兴周杀锦，贼党挟兴周父廷谏并缚天俞去西安，得脱，归附我朝。英王命其安抚河西各土司暨番族存顺剿逆，擒叛番赵进忠等。顺治五年，从孟总督乔芳剿甘肃叛回，别与祁国屏攻贵德康家寨，身生虏伪都司马胡牙、伪守备黑尔定等十八人，斩首八十余级。顺治十年，授世袭指挥同知。天俞有胆识，习边情，西陲实倚藉焉。康熙三年。卒于官。拟入乡贤。

祁伯豸　前明秉忠孙也。嗣父国屏官。康熙十四年，逆藩吴三桂伪帅吴之茂陷河东，提督王辅臣亦叛。伯豸从西宁总兵官王进宝，统西、碾各土司兵，由上川口小径直抵黄河，夜以革囊暗渡，攻克新城，别击贼于皋兰山。从进宝恢复兰州、临巩、秦州。每先登陷阵，身负炮伤，几死，授兰州游击。二十六年，调山东寿张营游击。伯豸英资杰出，精骑射。二十八年，圣祖仁皇帝召见，亲验炮伤。擢甘肃提标参将，晋永昌副总兵，再晋襄阳总兵官。居官绝请寄，杜苞苴，所至皆有声。四十二年，陟銮仪使。未几，乞休归。凡诸生有困颠者力培之。里民妻子有流落者，多方为之计。林园自适。卒于家。拟入乡贤。

祁仲豸　伯豸弟也。碾邑历无科目，仲豸举康熙八年武乡试，九年进士。十四年，从总兵官王进宝恢复临巩、秦州，以功授西宁威远营守备。又驻防秦州，攻复西河、礼县功，上授西宁镇标游击。嗣改直隶张家口游击。三十四年，从征噶尔旦，至坤都鲁地方，疾战。三十五年，从圣祖仁皇帝亲征噶尔旦，至拜燕乌浪拖诺，力战。三十六年，随驾出塞，至鄂尔多斯。复运米塞外，至郭多里。又运米至刹刹兔，论功陟山西河保营参将，改任助马路。凡从征者四，别攻者二，运饷者二，晋浙江金华副总兵。久之，致仕归。五十二年，仍署世袭土指挥同知。以官寿终，蒙恩赐祭。仲豸性孝友，临事果决，而温良有让，乡人爱敬焉。拟入乡贤。

马进良　字栋宇，西宁人。甫弱冠从戎，技勇冠军。从征吴逆，以功累擢副总兵，古北口京北重镇，晋进良总兵官。从征噶尔旦，多著奇绩，加提督。进良居衷诚笃，绥缉有年。康熙五十三年，以老乞休。圣祖仁皇帝宠以宸章，赉之御衣，遣大臣致送，闾里以为荣。卒，谥“襄毅”。已入乡贤。

李愈棠　字荫南，西宁人。由拔贡顺治十年任太仓州同知。十七年，历广东盐课提举司。时禁网尚疏，射利窝占之徒，凭城舍肆私鬻，孔夺卮漏，有司未尝振理。其奸商窜名耿藩下尤繁，莫可如何。愈棠慨然以厘剔为己任，利期必兴，害期必去。启耿藩，略曰：“粤东设埠六十余处，内称藩下者实多，一任承催之役，频支敲扑，带征之官，连受参罚。各商且漠不关心，动以藩下名色影遮。窃惟各商侵其利以居己，总贻其名为藩欠，历相传述，习矣不察，殿下亦安容若辈为也？”康熙元年，以老乞休归里。好善乐施，不入公门，乡党咸敬焉。愈棠工诗词，苕华旨雅，有《诗集》《洽鹾要略》行于世。拟入乡贤。

沙　琥　西宁人。以壮勇隶总兵官王进宝麾下，委用塘马领旗。康熙十四年二月，随征逆藩，夜渡黄河，于新城杀贼，追至皋兰龙尾山，屡战有功。授抚标把总。十五年，从本标游击在普鲁川、十八盘山、马营监诸处败逆贼，恢复通渭县城。十八年九月，大将军图海调随征川，琥充前锋，恢复略阳、阳平关有功。十九年正月朔，至白水江，琥单骑率兵径渡杀贼，随大军恢复成都。功加守备。从勇略将军赵良栋克取小关山、大象岭，以功加署都司佥书，管千总事。二十八年，补甘肃镇标右营中军守备，以才能调补庄浪营中军守备。三十九年，加参将，擢四川川北镇标中军游击。从军克取打箭炉有功，加署都督同知。以年老致仕归里，卒。子国瑛，仕至守备。

郭守邦　字金瓯，子辅后也。顺治甲午贡考授县佐。康熙十四年，从军有功，授两当县令，改山西长子县令，数年有治绩。著《郭氏家谱》。余读是书，不禁喟然有感也。《周礼》大宗伯以饮食之礼，亲宗族兄弟，其属小史，则奠世系，辨昭穆。小宗伯则掌三族之籍，以别〔辨〕亲疏，法綦详矣。自宗法不明，遂凌竞成风，且不爱同气，何论宗支？《角弓》之刺，所以作也。边人历代不乏显爵，而有家谱者，百无二三。守邦斯举，可谓梓里之矩矱矣。

谈经世　西宁卫学生员。性朴实而急公好义。康熙十四年，逆贼吴之茂遣伪将据河东，兰州军营饷缺，示谕士民，经世将终身勤动所畜之资五百金输助。吴逆平，将军王进宝奏授经世子生员谈可溥州同知职，以酬经世。宁民谓善人有效也。

包进忠　西宁人。以才勇从戎，历官湖广九溪副将。雍正七年七月，世宗宪皇帝擢为西宁总兵官，前往西藏，代銮仪使周瑛协理诸务。赐帑金千两。十年二月，卒于西藏。恩恤有加，给全葬。进忠以西宁人而任西宁总兵官，乡人荣焉。

韩雯鹏　西宁人。以把总从军，至藏路哈喇乌素，与准噶尔贼夷遇。先登,股中鸟枪伤。授千总。雍正元年,青海罗卜藏丹津谋逆,从征为锋军。丹津遁,从追至插汉乌素,有斩虏功。俸满入都,世宗宪皇帝超擢贵州威宁镇标中军游击,改云南镇标游击。逆苗逞凶,令率所将兵为军锋,开路抵东川,斩首百余级。十年,从剿普思逆苗,用炮伤贼人无算。抵江,夺船渡军,至清水河,贼甚众,用炮轰白衣妖人,贼溃,直抵普洱。从剿猛先、桃园、主鲁屯、藤条江、腊纵,俱有功。加署副将衔。卒于官。恩准一子监生。

谈定邦　西宁人。弱冠从戎,以积劳授西宁镇标守备。雍正元年,青海罗卜藏丹津谋逆,从四川夔州副将宋可进抵贵德,剿思葛密逆番,先登,首夷数十人。从征青海暨棋、桌二山,所将卒有斩首、夺获牛羊功,授巩昌营游击。以甘肃巡抚荐,上擢为二等侍卫,旋授潼关副将。九年,从征巴里坤、木垒。十年,以疾乞休,寿终故里。

李　英　字子杰,西宁人。少年从戎,有气力。以从剿青海功,累官肃州镇标左营游击。雍正八年十二月,准噶尔贼夷侵犯西路大营,英将卒赴鲁固庆,遇贼。贼众我寡,全所将卒。嗣驻防鲁固庆。九年六月,贼围哈喇火州,率官兵进剿,从寅至未,有却敌功。九月,贼侵犯鲁固庆南湖;十年正月,贼围鲁固庆城,皆能全所将卒。五月,贼复围哈喇火州,英将卒解所围。十月,护送土鲁番回民移瓜州,行至白茨水,病卒。

徐行健　碾伯人。甫弱冠,即补卫学弟子员。每院试,辄列前茅。由拔贡任山东堂邑县令,有惠政。致仕归。我朝振兴文教,升平已百年,而碾邑任县令者,止此一人,以是知边垂〔陲〕尚武,而读书者犹未广也。碾邑诸生其勉旃!

王敬相　字枚卿,西宁人也。世以耕读为业,甫入泮,即有文名,苦志力学。为人孝友忠厚,无急言遽色,人争延为童子师。又精方药,合汤不过数种,舍去辄愈。常谓人曰:“上医医国,其次医人,我为其次者耳。”有贫者乞药,不取其直,士民爱敬焉。

贾怀德　字时修,西宁人。早失怙恃,事大父,能承欢,与诸弟友爱。弱冠补卫学弟子员,即食饩廪。壮课生徒,引经义,陈古训,娓娓无已。为人寡言,敦良谦让,不轻至县门,乡里称为长者。年七十而终。或问曰:“如怀德者,平平无奇,君何取焉?”呜呼!此正余之所以取也。世之为士者,读数卷书,便以霆坚禹、稷自命,试观其行,果何如哉?如贾生者,士类中有此数人,则士风亦可以渐纯矣。

忠　　节　凡宁产暨任宁土者同载

汉

傅　育　北地人也。勇决有气概,好将帅之节。明帝永平初为临羌长,与捕敌将军马武等击羌滇吾,功冠诸军。寻迁武威太守，威声闻于匈奴。章帝建初二年，羌迷吾欲叛出塞，金城太守郝崇追之，战于荔谷，崇兵大败。于是诸种及属国、卢水胡悉与相应，护羌校尉吴棠不能制，坐徵免，以育代之，移居临羌。章和元年，育上请发陇西、张掖、酒泉各五千人，诸郡太守将之；育自领汉阳、金城五千人，合击迷吾。诸军未会，育选精骑三千，独穷追之，至建威南三兜谷，去虏数里，须旦击之。迷吾伏兵，夜突育营，营军扰乱。育下马手战，杀十余人而死。事闻，章帝下诏褒美之。封其子为明进侯。

马　贤　雄拨敢战，不避锋端，为骑都尉。安帝元初元年，羌号多钞掠武都，还断陇道。贤与护羌校尉侯霸将湟中吏人及降羌胡击之，斩二百余级。二年，校尉庞参军败抵罪，以贤代领其事。时当煎种大豪饥五等以贤兵在张掖，乃乘虚寇金城，贤还军追之出塞，斩首数千级而还。烧当、烧何种闻贤军还，亦寇金城。初，饥五同种大豪卢忽、忍良等千余户，留允街观望。建光元年春，贤率兵召卢忽斩之，因放兵击其种人，首虏二千余人。忍良等皆亡出塞。玺书封贤安亭侯。羌麻奴等胁先零、沈氏诸种四千余户，缘山西走寇武威。贤追到鸾鸟招引之，诸羌降者数千。麻奴南还湟中。延光元年春，贤追到湟中击破之，羌众散遁。顺帝永建元年，贤进封都乡侯。冬，贤坐征免。以犀苦兄弟数背叛，因击质于令居。三年，诏拜贤为谒者，镇抚诸种。永和元年，复为校尉。三年冬，烧当种那离等寇金城塞，贤将兵赴击，斩首四百余级。那离等复西招羌胡，杀伤吏民。贤将湟中义从兵掩击斩之，获首夷千二百余级。征贤为洪〔弘〕农太守。五年夏，且冻、传难种羌等叛，攻西塞及湟中，复拜贤为征西将军。六年春，贤将五六千骑击之，到射姑山，军败，贤及二子皆战殁。帝愍之，封其孙光为舞阳亭侯。

隋

源　崇　西宁人。源雄之子，官仪同。炀帝大业中，自上党赞治入为尚书虞部郎。及海内兵起，将兵讨北海贼，力战而死。赠正议大夫。

宋

高永年　西宁人，为麟州都巡检。王瞻〔赡〕取青唐，永年总番兵为先锋。瞻〔赡〕入邈川而宗哥叛，永年以千骑直抵其城。复与李克入保敦谷，战于乾沟，单骑拔矛刺羌〈羌〉（按：疑衍。）酋彪鸡厮，万众之中斩其首，余众宵遁。已而陇栘自乾沟逼鄯州，永年佐瞻〔赡〕拒守。及姚雄弃湟鄯，皆以永年殿归师。崇宁初，蔡京议复两州，王厚使永年帅兵二万出京（玉）关。〈王〉（崔按：疑衍。）克安川堡，遂至湟即知州事、熙秦两路兵马都统制、前将军〔将前军〕，驻宗哥北。溪赊罗撒萃精勇，据高阜，欲冲官军，永年挥选锋突陈〔阵〕，师乘之，羌大败，遂平鄯州。迁贺州团练使，知其州。溪赊罗撒合夏国众逼宣威城，永年出御之，行三十里，逢羌帐下亲兵，皆永年昔所推纳熟户也。永年不之备,羌遽执永年以叛,遂为多罗巴所杀。

明

端　竹　袭父朵尔只失结甘州前卫指挥佥事,三十年,仍调西宁卫指挥佥事。三十二年,从征,殁于阵。上闻悼惜,赐姓祁,赐第于西宁城,赠骠骑将军。洪熙中,有朱荣,碾伯土人,从征安定贼,逾昆仑山,至雅令阔,战死之。

李　淳　西宁人。有胆略而性刚决。广额隆准,两眉斜横入鬓,目光闪闪如岩下电,人咸畏敬焉。先以事入都,过汤阴,谒岳忠武公祠,心慕之,为文以祭。乃自奋刺背,涅"尽忠报国"四字。居母丧,独寝啜粥,三年,袭职。以射杀海酋功,授后所副千户,剿迤北寇于昆仑,斩首甚众,加忠勇将军。奏罢屯民所供西宁剌麻寺之厮养军,乡人感颂。返宁追剿横番,直捣庐帐,必屠尽而后已,诸部股栗,数年帖然。然深恚憾,相与抱经为誓,必肉淳啖之。而剌麻亦怨,同事者复忌之。正德十五年冬,巴哇、隆卜等族谋掠北川,淳与诸千户约前后击之,以声炮为信。竟为同事所卖,独至番穴,值贼麇〔麋〕集,血战,所骑白马为赤,从者溃散。淳犹手刃数十人,贼稍却,臂中流矢,力尽被执,贼逼淳跪,淳骂不绝口。虏支解寸莝尸,极其酷烈。事闻,赠指挥佥事。嘉靖二年,立庙湟中东关。

其后正德中有死事者指挥使陈治,百户佛元、丁显、葛昶、葛镇。嘉靖中有：指挥陈龙、赵威、王汝翼，百户刘清、辛宝，总旗孙瑞先。隆庆中：千户钱世盈。万历中有：副总兵李魁，指挥李世显与弟世年、刘诏、阿承印。千户陈治纲、赵应武，百户李友悔、叶承恩、张一珍、刘存仁、刘世臣，土把总李世春。

冶　鸾　碾伯土人。西宁卫指挥佥事。仁心为质，而外温然，言貌不以造次而露疾厉。掌军政十五年，爱民下士，毫无润入。生平惟惧劳民，事非甚不得已，宁以身坐旷责，而不敢博任怨之名。谈者谓虽武弁，卓有古循吏风。嘉靖三十九年，守备镇羌，追火石沟夷，陷围，男妇无大小，皆持挺空城出救，其得人心如此。竟与子为钺并家丁十余人殁围中。事闻，赠其子百户世袭，家丁升小旗十名。直指王公好问建碑，表其死地为"忠烈山"。

贺有年　西宁人。以功历碾伯操守。时羌戎出没不常，有年悉心杆〔捍〕御。嘉靖三十年，熟番叛，勾结生番犯碾伯界，有年战却追击之，番人势众，力战而死。

彭汝为　镇番人。以功授碾伯操守官。嘉靖三十二年，尔加定番族联海寇劫军饷，汝为挺戈逐之，为番众所围，孤身力战，中伤二十七处，支解而死。事闻，恤赠致祭。

万历九年，哈咂番族复入掠思打岔峡，百户郭承勋、刘世爵追出塞外，中伏死之。

冶国器　鸾孙也。万历四十八年，袭指挥佥事。有威信，通于兵事，上官多重之者。以功历官昌平副总兵。崇正〔祯〕十一年，御寇力尽而死。

十三年，有土官李天俞弟天翕、天命，为闯贼伪将所拘，抗节不屈，遇害。

李洪远　文九代孙也。崇正〔祯〕末以土官指挥同知练兵守备，与流贼战，败，同妻祁氏被执，不屈而死。家人同难者百二十余人。圣朝赐额曰“忠臣烈妇”，宗族荣之。

鲁行昌　庄浪世袭土司，任西宁副总兵。崇正〔祯〕十四年，闯贼已陷西安，上疏欲请肃王据甘肃，以图恢复，不报。誓以死殉国，与西宁土司祁廷谏歃血守城。嗣流贼贺锦拥众旋自甘肃，遂诣连城，散家财，享士卒，提兵至西大通。遇贼挥兵奋战，部卒被伤殆尽，遂亡于阵。

王　猷　贵德人。本江南宜兴籍，从明太祖起兵，从克宜兴，攻庐州。从征鄱阳湖。吴元年，从克苏州。洪武年，从克汴梁。十二年，克洮州，以功除河州卫右所试百户。二十三年授昭信校尉，与世袭。四月调中左所。是年，从征罕东。二十八年，剿捕洮州西番上打力族。三十年，从征文县贼罗家沟，遇寇疾战，身负重伤，犹奋往杀贼。深入巢穴，伤重坠马，为贼所擒，犹夺刀格杀数人，为贼所害。子华袭官。永乐四年，拨贵德千户守御。今城西王屯，即其苗裔也。

赵　鉴　贵德人。本秦州籍，洪武十九年，以镇抚剿野麻谷贼番，亲提兵至界，察形势。密林内番贼猝至，迎敌，身著数矢，仍力疾战，右胁又负伤，为番贼所执，不屈，遂遇害。事闻，赠忠显将军，世袭千户。子镛袭。

杨速南巴　贵德人。洪武年从戎，十九年从征乌思藏，有功授副百户。二十一年，从征灵藏莽站番贼，身负重伤，全军而归。功加正百户。二十五年，从征阶、文贼，力战，左臂受伤；再战，左胁中流矢，坠马。又战，胸被枪而亡。帝闻，赠武略将军，世袭副千户。子杨哈剌章嗣。永乐十年，征三岔口，有首夷功，补贵德右所副千户。十三年，北征追寇，死于阵。

皇清

马金良　西宁人。任守备，从征准噶尔，与贼战，奋不顾身，被围。遂自刎死。

杨　馥　西宁人。由千总以才技荐入京，世宗宪皇帝擢为侍卫。性勤敏，历官贵州大定协副总兵。雍正九年，从剿台拱逆苗，奋勇先登，殁于阵。赐祭一坛，增荣禄大夫，荫一子官。

多尔吉　蒙古镶红旗人。雍正元年，青海蒙古亲王罗卜藏丹津有逆志，凡青海蒙古有拂其意者，辄自征伐。上命侍郎常寿出塞，与之解和，吉时从焉。至，丹津遇侍郎无礼，吉知其必叛，恐遭屈辱，遂投缳而死。事闻，恩恤有加，荫一子官。

甄　喜　西宁人。由戎行雍正元年十月从军于西川、北川、郭莽寺杀贼。二年二月,从军征西海逆夷。四月,从军征桌子山逆番,咸有功。十二月,进剿西海,擒贼首吹拉克诺木齐,恩赐白金四十两,补西宁镇标中营把总,调补凉州镇标。雍正七年,从军赴巴里坤。八年十二月,准噶尔逆夷侵犯,从副将徐宗仁追杀至科什图峨仑矶,身中五矛,犹力战,斩首三级。旋中鸟枪,伤,阵亡。赠武略将军。祠祀安西。子光彩以难荫外委。

李洪宗　西宁土千总。土司李问彭委领土兵。于雍正元年十一月从守备马友仁赴甫川大峡脑御寇,贼至出战,奋不顾身,遂死于阵。土兵死者十四人。

金　文　西宁人。以外委千总于乾隆十一年从剿四川瞻对逆番于纳洪多,贼用鸟枪伤其右肩,犹贾勇前进。又伤其右胁,遂殁于阵。备蒙赏恤。

孝　义

汉

吴　咏　张掖人。寓西宁,有烈概。初为护羌校尉马贤所荐,后为太尉庞参掾。参、贤相诬,罪应死,各引咏为证,咏计理无两直,遂自刎死。参、贤愧悔,自相和释。至晋,凉王张轨义之,祭其墓。

皇　清

祁肇周　西宁土人，兴周弟也。父廷谏，因计杀贼首贺锦，被流寇至宁系累而去。兴周尽破家财，买良马百匹，以图赎父。抵平戎驿哀丐，不允，欲反害廷谏。肇周授首贼锋，告曰："杀贺者肇周也，于父无涉。"贼曰："孝子也！且槛絷以行。"途中泣代如初，贼竟不加害。

柴自建　西宁人。年三十，妻邓氏故，遗子宗续，甫二岁，别无婢媵，誓不再娶。躬亲薪水茹蘖，训子历四十六载。

杨永华　西宁人。赋性仁厚，好施与，夏舍镰铲，冬舍衣裤。康熙四十一年岁饥，道有饿莩，华煮粥、制药无倦色。凡无主尸骸，施槥椟[1]收掩，流寓有贫不能葬者，捐资瘗于所置义冢。有婚嫁、乞贷者，应之并不取偿。寿七十一，无疾端坐而逝。其子太学生志达，亦克继父志。

马云龙　字御霄，宁邑太学生。性笃孝友，五世同居，相睦无闲言。且轻财重义，乐善好施，每春耕时散种于乡贫者，不取值。康熙四十一年岁饥，米价踊腾，龙尽出所积以济贫乏，赖以全活者不可数计。设家塾，延师以课宗族子弟。遇有差徭，龙独任之，不使累及乡邻。见人斗狠，谕以情理，晓以利害，排难解纷，必不使争讼。人以为矜式。

贺增寿　西宁人。豪侠好义。雍正元年，青海罗卜藏丹津谋逆，其部酋卜什兔寇北川，时天气严寒，增寿以羊裘数百领散守御兵。又谓北川游击马成伏曰："东城无女墙，何以御矢石，倘寇乘高下瞰而攻之，非我之利，愿施布为囊，满盛土，置之东城首，以蔽矢镞，兵有所恃。”后援兵至，贼始退。

张　达　字文通，西宁医学典科。性至孝，当孩提时，即知顺志承欢，家贫，常习医药以养亲。父患目疾，达刺臂取血以致愈，终不令父知。双亲殁，昼夜号泣，有孺子之慕。先是，达葬父后，庐于墓次，一夕大雨，有四白狼跑〔咆〕哮于庐侧。达不惧，狼亦掉尾而去，人以为孝思所格云。

李良吉　西宁人。幼入黉序，长拔明经，孝行素著闾里。父病危笃，尝粪甘苦以验。母死，庐墓三年，居丧一遵家礼，不延僧道，乡人有化之者。

祝得鼐　西宁人。早丧妻，遗子奉祖，仅六岁。得鼐义重同牢，不蓄婢妾，以严父而兼慈母之任。抚教四十余年如一日，乡人甚重之。

杨文义　碾伯人。品行方严，而和睦闾里，周济贫困。年二十一，娶妻李氏，相敬如宾。阅八年而妻亡，念妻贤淑，虽家资殷富，坚不再娶，亦无婢媵，终始不渝。年至七十七而卒。

隐　逸

汉

樊志张　本南郑人。尝游陇西，至湟中。博学多通，隐身不仕。桓帝延熹七年，湟中羌当煎、勒姐种屯结，护羌校尉段颎将万余人击破之。八年春，颎复击勒姐种，斩首四百余级，降者二千余人。夏进军击当煎种，颎兵败，被围三日，用志张策，潜师夜出，鸣鼓还战，大破之，首夷数千人。颎遂穷追，展转山谷间，无日不战，夷遂饥困败散。论功封颎都乡侯。于是以状表闻。又说其人既有梓慎、焦董[2]之识，宜翼圣朝，咨询奇异。有诏特征，会病终。

按志张见于《后汉(书)·段颎传》，而范蔚宗又列诸《方术传》。鸣呼！如志张者，岂方术之徒哉！余叙《隐逸传》，故表而出之。

皇　清

王老实　不知何许人也。康熙四十年来宁城，人问名不答，目不邪视，口无择言。宁人见其老实，因以为号焉。嗣赴紫峰观借屋栖止，手持一卷书，不言世事。是年之除日将晔，辞观中道士云："欲归家。"道士不能留而去。是日抵甘州之兴福观，其观主拒而不纳。老实急呼曰："五鼓即行。"观主始允，指水土祠以栖。索纸笔作书，托致西宁卫之紫峰观道士。元日，观主出，见水土祠有火，趋进，光渐渐敛，而留栖之人，正坐于祠而逝。观主持遗书诉于官，移询西宁，众皆以为仙去云。杨氏曰：此盖隐士，好事者因取奇怪附著之，皆非实也。

流　　寓

明

潘若水　自称西坡铁叟，江西人。宣德中，待诏翰林院，以事削官，充吏于西宁。善诗画，多著作。且性致和韵，殊无迁客意。人皆重之。

艾　穆　自称熙亭，湖广岳州府平江县人。少有骨鲠之志，由举人历刑部主事。万历六年，元辅夺情留国，一时言路俱喑。穆与同舍郎并起抨之，廷杖人十，谪戍西宁。十年，放还。历官都察院右佥都御史，巡抚四川，予告。一时六君子，穆其一也。

注释：

[1]槥椟(huì dú)：槥，粗陋而薄的小棺材；椟，木匣。合起来仍指小棺材。

[2]梓慎是鲁国的大夫，春秋时期有名的阴阳家，生活在鲁襄公、鲁昭公时期，曾根据某年鲁国春天未结冰的现象预测宋、郑二国会发生饥荒，果然应验。“焦”指焦延寿，西汉时梁郡(今河南商丘)人，字赣，专治《易》学，将学问传于京房(后发展为京氏之学)，专言灾异。著有《焦氏易林》。“董”指董仲舒(公元前179–前104年)，西汉哲学家，今文经学大师，广川(今河北枣强东)人，专治《春秋公羊传》。曾提出“天人感应”说，著有《春秋繁露》等。

西宁府新志·卷二十九

献征志（三）

列〔烈〕女

西宁府

西宁县

明

指挥舍人李瑢妻刘氏年十九而寡，其闻如霜。抚二孤成人，遂坚止楼居，目不及牖，四十余年有如一日。闾里肃然敬重之。卒年八十余。　太学生邹鲁继妻王氏适鲁一年，鲁殁。王年二十，翁姑谓若少，且与夫非结发而相从复浅，何苦为守。乃改聘于任氏，王拒之。姑有恶声，王遂赴井死。嘉靖二十六年九月初七日也。　生员李附凤妻钟氏嘉靖三十六年，夷大举入西川，钟与群妇为夷所驱。自知盛年有色，不免屈辱。行近大河，乘间奔死急流中。夷不及救，亦皆惊叹。　西宁卫指挥王诏妻白氏夫没，誓矢守节，媳陈氏亦以夫汝翼死于难，不再适。姑媳同贞，俱以子孙太子少保、总兵官王承恩贵，赠一品太夫人。至今南街犹有姑媳双贞之坊焉。　土官指挥使祁登妻赵氏年二十八，孀居守节，七十一卒。诏旌其门，即太子少保、总兵官秉忠之祖母也。　土官指挥使陈畏妻莫氏青年孀居，抚孤成立，封太淑人。生男三人，次子光先最著。详《人物传》。　土官指挥同知李天俞妻王氏妾匡氏崇正〔祯〕甲申年被闯贼伪将贺锦逼迫，守节投崖，骨碎而死。时人伤焉。　土官指挥同知李洪远妻祁氏出于望族。崇正〔祯〕十七年，洪远练兵守备，与流贼战败，同祁被执不屈而死。

皇　清

生员郭荣祖妻邹氏年二十七，荣祖赴长安乡试，病卒。氏出于贵族，立志孀居。抚两遗孤，俱成立。又抚诸孙，孙守邦为长子县令，茹蘖饮冰，形影相吊，五十余年而卒。　烈女贾玉玛贾红基女。年十八，许字本卫周琦，未婚琦死。讣至，女闻之，裂头上帕，欲往，父母不许。素衣号泣，水浆不入口者七日。父母劝慰，令弟妹家人环守，女乘隙即自缢死，与婿合窆。详佥事杨应琚传赞。　樊增谏妻吕氏年十六于归，十年而夫亡。氏誓死靡他，养亲教子，不遗余力。守节四十八载。　宋奇士妻任氏年十四归宋门，十二载而夫故。守节三十四年，而家贫无倚藉，教子成立，荼苦不可言。　赵裔振妻杨氏于归九年夫故。氏年二十七，遗子绪周甫三岁。氏上事孀姑，下育幼子，历三十四载，艰苦备尝。　生员赵裔锦妻谭氏夫早亡。亲老子幼，家计维艰。氏坚持节操，誓死无二。奉姑教子，历四十年如一日。　杜成时妻贾氏年二十二而夫故，家贫，亲老子幼。氏躬务女红，奉亲终年，抚孤婚娶，艰辛万状，三十七年。　田世爵妻王氏夫故，遗二子皆幼，环堵萧然。食贫茹苦，守志三十六载，抚孤成立。　张广均妻刘氏年十七于归，婉娩听从，克尽妇道。至年二十六夫故，遗子在襁褓，上有垂白之亲，氏甘贫守志，历三十八年。　李标妻阎氏年二十七，标疾，氏吁天愿以身代。标故，哀痛不欲生。时子尚未周岁，安贫守节，抚孤入泮。　田汾如妻郭氏夫早卒，遗孤起迹，始五岁。舅年已六十余。家故贫，务农，无婢仆助其劳，犍犊代其力，氏日勤田亩，戮力耕耘，以供舅菽水。夜则手自辟纑，课儿读书，俾名列胶庠。守节四十六载。氏性温厚，雅不欲忤人意，乡党宗族皆称其贤。　张进东妻程氏年二十七，夫亡。承颜堂上，以至送死。抚训孤儿，俾其成立。历守苦节三十五年。　马有智妻杨氏年甫十八，于归马门，克执妇道。嗣夫故，氏亲耕农圃，抚孤成立。食贫守节三十七年。　甄芝会妻马氏夫故，氏年二十六岁。上事翁姑，下抚遗子，四十四年，不愧衾影。嗣子善从戎阵亡，妻季氏年二十八，守节侍姑终养。人谓之姑媳双贞云。　蒲俊鼎妻杨氏年二十三，夫亡。氏心不图存，念老亲在堂，幼子在抱，矢志终养，抚孤成立，历三十一载。　李刚妻祁氏年二十四，夫亡。坚苦守节三十六年，以贞顺称。　沈养禄妻潘氏夫故，氏年二十九。以剪发自矢，守节三十四载。　牛呈胃妻张氏于归牛氏，尝慕前人节行。夫亡，守节四十二载，不愧列女。　卢继妻李氏夫故，氏躬勤家业，以养舅姑，下抚幼子，历四十年。　李彭妻张氏于归李氏，逾二载夫故，氏年仅十九。立志守节三十一载，防远嫌疑，白璧无瑕。　陆大爵妻赵氏年二十八，夫故，贞淑不贰。夫弟大位、大玉，历官守备、副总兵，氏独守，掘门不逾阈，人以为贤。　杨秀妻李氏含哀茹戚四十三载，家人未尝见其有笑容也。　王应福妻萧氏夫故，守节三十五年。终岁纺绩一室，不逾户限。内外姻亲，莫睹其面。　张荣妻刘氏年二十九岁而寡，务女红以勤十指，教育孤儿，荼苦守贞，凡三十四载。上已蒙旌表。

李舒妻张氏生男二：长曰福，次日禄，俱早死。明末时流贼肆掠，氏坠楼而死。福妻张氏，年二十四；禄妻张氏，即福妻妹，年十九，俱投眢井未亡。贼退，收姑骸。长妇守节四十一年，抚子亨嘉入泮。介妇守节四十五年，抚子亨泰成立。亨嘉子文彦，任米脂县训导。一门之内，称一烈两贞焉。　李芝玉妻何氏年二十三，生子昌甫晬，夫故。氏矢志守贞，抚子入泮。未几昌亡，又继侄孙荫桐，不数年而亦殇。茕苦五十余年，人不能堪。　贾多宁妻严氏年二十八，夫故，氏守孤忍死，有母风。三子皆成立。年七十三而终。　郝麟妻张氏夫早故，遗孤子饔飧不继，誓死不二，甘贫完贞，三十余年。　把总马云妻马氏夫故，毁容茹素，营葬殚心。守贞三十余年，训遗孤成立。　张天德妻李氏年二十四，夫故，守节三十年。子文魁妻张氏，年十八，文魁亦死，守节三十八年。姑媳相对，可谓两无愧焉。

晁云秀妻李氏夫故，年二十七，椎心自誓，抚孤完贞。亲族有劝改适者，必唾其面。孀居四十八载，言笑不苟。　贾涵珍妻崔氏夫故，氏昼夜号恸，绝粒求死，家人咸守之。延至七日，殡夫之夕，伺人睡熟，投井自尽。时年三十二。　薛进升妻程氏夫故，时年二十九。遗子玉标，茕茕孑立。守节历三十余载。　张体宽妻杨氏生子甫周岁而夫亡，誓不更适，抚育成立。独居三十四载。　生员张应运妻安氏夫故，年二十三，子仅二龄。家贫拮据，抚养成人。监司旌其门。　张盛德妻章氏夫故，遗孤重才年二岁，教育成人。守贞三十八载。　刘表妻马氏夫故，年二十五，遗孤仅周岁。朝齑暮盐，鞠其子成立。监司以额旌之。　张良宰妻汪氏土司指挥佥事汪基振之女也。于归张氏，甫及三载，夫故，汪年二十七，无子。家故贫，哭誓守贞，哀感行路。孝养舅姑，抚育幼女，克尽妇道。荼苦十数年而卒。乡人嗟叹焉。　谈国宪妻李氏夫故，遗一子士淑七龄。甘澹泊，躬组纴以自给。嫠居三十余载。监司表其门。　林养儒妻刘氏夫故，冰蘗自守，抚孤有成。历三十余载，监司旌其门曰“苦节”。杨汝梅妻毛氏年二十七，夫故，遗七男一女，室如悬磬。氏针纫不辍昼夜，抚幼俱成立。历数十年。监司高其行，旌之。　张体恭妻杨氏于归数载，夫故。所遗一子自连，家寒掬水为沐，采藿为餐。历三十五载，乡间共叹其苦节。　宋先明妻刘氏结缡数载，夫亡，遗一子学祥，方七岁。家贫无倚，缝纫自给，历三十余载，其志不移。宋国柄妻张氏年二十七，夫故。前遗二子，俱幼。氏矢志不渝，抚孤持家，历四十七载。监司旌门。　杨柏馨妻雷氏夫故，年二十九，号恸欲死。以诸子幼，宗祊攸系，守节抚孤，历四十八载。监司旌其门。　张喜福妻孟氏夫故，遗子大孝。抚孤保祚，勤苦备尝，历二十余载。其守节时，年仅二十三。监司嘉其节操，给额旌焉。　魏元运妻李氏年二十九而寡。遗子管兴，六岁。苦节四十一载，延魏氏一线。监司旌其庐。　郭壮用妻宋氏年二十三而寡。茕茕惴惴数十年，卒能训抚其孤，以至于成立。　生员赵裔贵妻汪氏年二十一，夫故。守节抚子二十九载，终始不渝其志。　张鸿儒妻殷氏年二十八而寡居，二子俱幼。氏誓不二天，抚孤有成。历三十一载。　赵裔潘妻井氏夫少年从戎，于康熙五十七年从冯将军入藏，遇准噶尔贼夷阵亡。氏年二十六，遗子臣周、奉周俱幼。氏哀毁过礼，鞠孤成立，历二十余载。夫尽忠而妇守节，人交颂之。　胡得良妻张氏年二十八，夫亡。遗三子正先、正兴、正邦，俱幼。氏力营窀穸，拮据家业，抚孤成立。育孙毓英入泮。历四十余年，心力俱瘁。　魏之儒妻王氏夫从征西藏殁于阵。遗三子朝建、朝科、朝举。氏弃脂粉，布衣操作，抚孤有成。长子朝建得河州镇把总。计氏年十六于归，二十七而寡。数十年之勤动，非偶然也。　李润妻张氏夫故，誓不嫁。上有舅姑，下存弱息，只身经理。冬日两手尽瘃，不自知。当守贞时，年二十一也。　熊腾龙妻魏氏夫故，遗子宗颜，方七龄。誓死不移，鞠孤有成。一门五世，监司曾旌其门。年九十四而终。其子暨孙皆得寿，闾里以为贞节之报云。　赵国梁妻刘氏夫从征准噶尔贼夷，殁于阵。氏年二十七，遗子海能，甫四龄。氏矢志抚孤，以继蒸尝。时舅姑俱存，生养死葬，备极艰苦。育子成立，健持门户，人以为男子不若焉。　熊应新妻莫氏夫早亡，生子如藺未周一岁，织纴育孤。孤长，督之学入泮。艰苦守节二十五年。　蔡平吉妻雷氏夫亡，年甫二十一。遗子鼎甫晬，家无依赖，一丝一粟，皆从十指中出。抚孤成立。历五十六年，未尝有怨言。　莫可尧妻郭氏夫故，年二十九。誓矢守贞，抚遗子比锐成立。今皤然老妇矣。　监生莫比熙妻蔡氏年十七，于归莫门。二十三，夫亡，誓不再适。苦节二十八载。当夫亡时，孤儿伯谦，年甫三龄云。　千总达万英妻张氏夫故，年二十六。遗子达才，甫五龄。外无应门之童，内无期功之亲，茕茕孑立，育孤长成。艰苦之状，闻者泣下。　王纳善妻张氏夫故，年二十二。王纳言妻严氏，夫故年二十一。妯娌相善，同志守贞。居北川临水堡。雍正元年，青海逆夷犯境，二氏相谋曰：贼至矣，昔既同志以守节，今当同死以完贞，毋贻羞于九原兄弟也。亟觅得一绳，遂相对而缢。仓卒中，堡人舁至陈家台祖茔同穴而葬。今路人指为双璧〔璧〕，闾里称为双贞云。　李瑗妻边氏年二十归李氏。夫瑗于康熙五十七年从戎，进乌斯藏，与准葛尔逆贼战，阵亡。遗子二人：一六龄，一二龄。嗣长子夭亡，氏昼营生计，夜勤针指，至今三十年。尝谓人曰：予不忍负马革裹尸人也。　许希贤妻陈氏年二十三寡居，矢志守节。上有垂白之亲，下有襁褓之子，氏艰辛备尝，卒礼葬舅姑，教子入泮。孀居三十年，白璧无瑕。按希贤以西宁镇标健卒于康熙五十七年随额将军征准噶尔，死于阵。忠于国事，宜其有妇如此也。　孙明秀妻张氏年二十四，夫故。遗一子浩哥，甫四龄。矢志抚孤，荼苦不可言。迄今三十余年如一日。　莫可俊妻解氏夫故时年二十四。遗子比栋未晬，誓矢守贞，抚孤成立。迄今三十年，未尝有愠色。　贺光基妻师氏守贞三十六年。夫亡时，年二十五。子国宝年七龄，两手瘃茧，历三十六年，为家立业，抚子成立，而得入国学。人以为须眉不若也。　钱国镇妻答氏夫故时年二十九。哭泣数日，勺水不入口。其母曰：汝夫虽夭，尚遗二孤，徒死何为。氏遂矢志守贞，备尝艰苦。今年八十有四，曾孙十一人，元〔玄〕孙三人，可谓贞且寿焉。氏次子大盛妻李氏，年十六于归钱门，谨守妇道。数载夫亦故，氏投缳者数次。其姑戒之曰：汝独不念孀姑、稚子乎？宜继姑志。李遂守节，今已二十余年。姑媳相对，两无愧矣。 鲍存德妻罗氏年二十九，夫故。遗子自成未晬。躬耕抚子，历四十五年，而自成又故，遗子尚幼。罗又抚其孙，天之报施善人其何如哉？然可谓苦节矣。 熊宗思妻朱氏结褵[1]时年十六，夫故时年二十三，遗子应瑞时三龄，家贫，栖止一椽。氏亲操井臼，抚孤成立。嗣应瑞从戎出征身故，媳亦相继而亡，遗孙依兰，甫七龄，又鞠育成人。一身两世，荼苦五十余年，熊氏一线未绝者，皆朱之力也。 贾逢旸妻赵氏年二十八，夫故，遗孤甫晬，家贫如洗。氏念禋祀为重，不以藿食为艰，躬耕田亩，夕肄女红。守节二十五载，抚子成立。 金登魁妻郭氏年十七于归，二十四夫亡。上有五旬之姑，下有数岁之子。氏断发守志，克敦妇道。姑殁，力营葬事，尽哀尽礼。抚子成立，勉以义方。年七十四而终。监司、厅、卫皆旌其门。先是，氏夫族兄逼令更适，以图聘金，氏初则正言以拒之。又有扶同以逼者，氏不得已，喊监司以息其端。此宁郡之恶风也，至今犹然。余承乏于兹，遇有类此者，必加痛惩，晓以大义，迩来此风渐息。故附书于此，告后来者留意焉。 薛友柽妻王氏十九夫故，抚遗腹子成立，历廿七年。

碾伯县

冷复泰妻许氏年二十三，夫亡，奉翁姑以孝闻，训遗孤有义方，苦节三十二年。 袁喻妻李氏年十五，归袁氏。二十四夫亡。性甘淡泊，事姑孝，有逼令再醮者，氏以死誓。教子成立，居室苟完，人以为难。 董期昌妻杨氏夫亡，事舅姑能以菽水承欢。未几，舅亦卸世，事姑更孝谨。守志五十五年。当夫亡时，年仅二十二岁云。 冉国祉妻王氏夫亡，年二十七。亲操井臼，孝事翁姑。抚二子成立,守贞三十七年。次子三韩,名列黉宫,孙亦入泮。　巩汝楫妻吴氏年二十六,夫亡。氏孝事翁姑,持身冰洁。教养遗子洪儒成立,邑人为之赋《柏舟》。　范必荣妻阿氏夫故时,年二十三,仅遗一子,旋亦夭亡。氏持家勒俭,奉事舅姑,以代子职,未尝失其欢心。上俱旌表。

吴成玺妻冉氏年二十四而夫亡,守节三十年,备尝艰苦。有司旌其门。　刘文德妻曾氏年十七,归刘氏,二十七,夫亡。白首完贞,监司旌门,乡党称诵。年七十而终。　生员吴宗璘妻朱氏夫亡,年二十七。守节三十三年,非大故跬步不逾户阈。文武官旌其门。　李栖凤妻牛氏年二十九,夫亡,苦节不渝。监司旌其门曰:"冰衔矢操。"年七十七而终,守贞四十六年云。　巩言德妻范氏守节三十一载。监司迟炘表其门。自夫亡后,每逢令节,瓦灯败帷、独守木主以泣。　张文省妻党氏守节至年七十一,犹言笑不苟,自称未亡人。闾里皆重之。　赵璠妻阿氏年三十而夫亡,持家抚孤,冬月两手龟坼。守节三十一载。县令徐志丙旌门。　白尔奇妻杨氏夫故年尚少,遗二子,抚孤守节,俾二子成立,娶妻生孙。监司杨应琚旌其门。白氏世居下川口,以耕稼鬻果为业,种树溉田,暴烈日下,面目黧黑,见者不知为妇人云。　霍幸宗妻白氏夫故,舅姑已老,孤子尚幼。氏守节三十三我,生事死葬,未亏于礼。娶妇立家,咸合乎义。下里妇人而能若此,缙绅以为难。监司杨应琚表其庐。　白建各妻霍氏年少,夫即故。守节二十六载。监司旌其门。当夫亡时,遗一子,双亲犹在堂。养生送死,抚孤成立,娶妻生孙。内外无间言。

生员张政妻巩氏年二十八,夫亡。立志苦守三十五载。里党群称其节。　生员王奠臣妻王氏年十六于归，二十二夫故。甘贫绩纺，篝灯课子，寒暑不倦，终始不渝。　生员张敬妻李氏夫故，忍死携孤，持家务农，守贞三十八载。　邓永亮妻逮氏夫亡家贫，守节三十九载。年逾古稀，勤慎不怠。噫！逯氏之节，节而苦者矣。　韩三忠妻张氏年二十八夫亡，勤励拮据，以持家抚子。历三十七载，之死靡他，能继《柏舟》之风矣。

贵德所　乾隆二十六年改设西宁县县丞

姜进臣妻马氏年二十四夫故，室如悬磬。拮据抚孤，迄今三十二年。贵德僻处境外，乡人不知举报，监司杨应琚旌其门。　杨涌妻毕氏守节三十一年。昔有人劝之改适，毕怒曰："节孝在于人心，岂以穷乡僻壤有间？"白首不渝。监司杨应琚表其庐。夫亡时年甫二十二岁云。

仙　　释

《仙释传》多无稽之言，观《汉书·东方朔传》可知。所谓好事者附著之耳。今采已列诸史暨旧志者，录于左。道听途说者概不载。

晋

昙　霍　秃发傉檀时，从河南来。持一锡杖令人跪，曰："此波若眼，奉之可得道。"或遗之衣服，受而投之河，后日以还其主，衣无所污。行步如风云，言人生死贵贱，无毫厘之差。或藏其杖，昙霍辄闭目须臾，起而取之。咸奇其神异，莫能测也。

法　护　月支人。年八岁出家，随师至西域诸国，遂晓外国语。其余三十六种，亦无不晓。晋武帝末，隐居深山，山有清泉，恒取澡漱。后有樵者秽其水侧，俄顷水涸。护徘徊叹曰："个人之无德，清泉流辍。水若永竭，无以自给，我当移去耳。"言讫，而清泉涌出满涧。

明

丁　僧　少释形大佛寺，长而参方，独来独往，超悟禅那。明万历四年返寺，于月食夕随众诵经护月毕，合掌谓众曰："吾将示寂。"随入伽蓝殿，书偈于壁，结跏趺坐而化。诸僧雏异之荼〔荼〕毗，（按：荼毗，梵语，谓火葬也。）异香异光，逾时不散。

方　伎

明

王　锐　西宁人也。年十一二即明《易》理，精于卜筮。闾巷之间，往往奇中非一。一日，于城外三里许为人家占病，方转式推案，大呼贼至，踉跄走。举坐皆瞠目，相讶其狂。然素知多验，有随之而出者。甫及城闉[2]，则贼已入病者之家矣。未走者悉歼焉。然后卫人乃服。明隆庆五年，年八十，寝疾。其婿亦善卜，锐令卜其终期。兆成，婿曰："酉日申时。”锐曰：“月时俱成酉日亭午。”前一日，婿往候之，锐呼笑曰：“勿错，明午来别。”至期果绝。锐貌丑而嗜酒，言笑不择人，管公明之风类也。（按：三国时管辂，字公明，精《周易》及风角占相之道，卜筮多奇验。）

选　举 西宁县、碾伯县、大通卫同载

荐　辟

元

刘容西宁人。以荐入东宫侍皇太子。历官秘书、广平路总管。

明

李柰西宁人。举人才。历官鸿胪寺卿。

皇　清

杨馥西宁人。由千总以将材荐入京为侍卫。历官大定协副总兵。

进　士

明　成化辛酉科

李玑碾伯土人。庚子科举人。尚宝司丞。

嘉靖丙辰科

张问仁西宁人。乙卯科举人。直隶昌平兵备道。

举　人

明　正统辛酉科

卢清西宁人。陈留县教谕。

天顺乙卯科

姚进西宁人。

嘉靖戊子科

李完碾伯土人。直隶衡水县知县。

武科进士

明　万历癸未科

李光先碾伯土人。锦衣卫使。

皇　清　康熙庚戌科

祁仲豸碾伯土人。乙酉科武举,金华协副将。

乾隆丙辰科

孟绍绪西宁人。壬子科武举,三等侍卫。

丁巳　恩科

孟绍绪西宁人。壬子科武举,候补守备。

武　举

明

马　健西宁人。历边将。

皇　清　康熙丁卯科

李天翮碾伯人。阶州营千总。

癸酉科

沙国瑛西宁人。兴汉镇白土路中军守备。

辛卯科

张文英西宁人。

癸巳　恩科

谈士昶西宁人。

丁酉科

何朝奉西宁人。

雍正己酉科

马洪绩灵州营把总。　马鹏程俱西宁人。

乾隆乙卯科

权大礼碾伯人。

戊午科

孙　英　马世贵俱西宁人。

辛酉科

马耀西宁人。　王洪祚大通卫人。

甲子科

马良骧　严大才俱西宁人。

贡　生

明

张文山西隰州吏目。　张经直隶固安县县丞。　郭腾蛟蜀府奉祀官。　谈沂山东登州司李。　贺来献北京南城兵马司副指挥。　张一骥直隶庆都县县丞。　郭光阻国学上社都讲。严尔范四川射洪县知县。

皇　清

郭聚英长洲县县丞。　谭萃德扬州推官。　纳以洪西安蒲城县教谕。　李愈棠广东盐课提举司。　吴之彦山丹卫教授。　郭守邦山西长子县知县。　李之琛阶州州同知。　李仲白河州训导。　李之煜兰州学正。　郭振邦肃州卫教授。　郭太经西安清涧县训导。　杨文炳巩昌陇西县教谕。　李文彦西安米脂县训导。　谈可法平凉镇原县训导。　饶光荣凤翔武功县训导。　黎维汉同州华阴县训导。　姚文思西安府府学训导。　马政静宁州训导。　赵文学西安蓝田县训导。　上系西宁县人。

徐行健山东棠邑县知县。　周嘉浩通州州判。　萧绍莆田县知县。　李滋灵台县教谕。　张兴环县训导。　巨亮德邠州训导。　吴遵文平番县训导。　靳尔诚西安长武县训导。上系碾伯县人。

荫　袭　边地尚武，科目寥寥。国家立贤无方，以任子从戎而有建勋得位者，亦选举中之分途也。故自守备、知县而上，皆列载焉。

皇　清

祁伯豸碾伯土人，銮仪使。　马鳌浙江处州府知府。　杨恒新江西抚标参将。　上系西宁人，见任。

戎　行

皇　清

包进忠西宁镇总兵官。　谈定邦潼关协副将。　马成伏西宁镇海营参将。 孟三友山西大同镇标游击。 沙琥四川川北镇标游击。 孙道林大通永安营游击。 韩雯鹏云南镇标游击。 马麟西安长武营游击。 田希成福建延平协标游击。 高体元山东寿张营游击。 李英肃州镇标游击。 庞朝正镇海营守备。 上俱原任。

温朝宰云南鹤丽镇总兵官。 陆大位浙江乐清协副将。 马忠孝安西靖逆协副将。 王世泰西安督标游击。 包永芳江西赣州都司。 何世荫岷州都司。 马洪勋广东佛山营都司。 马耀四川太平营都司。 石凤友安西踏实堡都司。 马化麟京城巡捕南营守备。 陆大玉山西大同镇标守备。 韩大炘庄浪营守备。 马进忠凉州后营守备。 孟培绪榆林永兴堡守备。 上俱见任。

松门杨氏曰:西宁一郡,界连羌戎,历代屡复屡失,故碑志零落,亦多不以文献为荣。余莅任之初,拣阅旧志,谒乡贤祠,人物寥寥。如汉隐士郭宪、元秘书刘容,亦不在其列。固风俗之野,亦有司之陋也。若而人者,即中华亦鲜,况边鄙乎哉!迨南北朝,破羌以亡国之俘,改氏分茅,为中朝元宰。其正色固推孝文帝嗣位一事,至今犹有生气。是以厥后克昌,绳绳相继,勋猷节概,炳炳朗朗,视汉之珥貂七叶,何少逊焉?所谓"五经之外,冠冕之表,复自有人",信夫!乃自唐迄宋,阒[3]其无人。明时土司祁氏、李氏、冶氏,咸以才勇开两国,位宫保,建忠节,代不乏人。宁产者若张问仁之家风,李千户之忠孝，卢广文之方雅，柴国柱、王承恩之勇略，可与上国争衡矣。至我朝人材聿兴，祁伯豸兄弟掇巍科致入座提督，马进良得谥“襄毅”，副总兵杨馥效死疆场；马云龙之五世同居，李愈棠之仕学兼美。他如选举中以戎行致位镇、协、参、游者亦夥。而列女中节烈尤盛于前朝。余苦心搜剔，咸列于篇。夫悬曜列宿，象纬昭矣；蕴玉藏珠，山泽润矣。湟中山高水深，宜英豪辈出，再能奋志经学，润以儒术，何难阐汉、魏之光，刷唐、宋之耻？余日望之！

注释：

[1]结褵(jié lí)：结婚。褵，同“缡”。古时女子出嫁时所系的佩巾。

[2]闉(yīn)：古代城门外的曲门，又叫瓮城。

[3]阒(qū)：寂静。

西宁府新志·卷三十

纲领志（上）

《书》曰："若纲〔网〕在纲，有条而不紊。"《诗》曰："有莺其领。"《荀子·劝学篇》云："若挈裘领。"盖志史例也。有纪传之体焉，有编年之法焉。事从乎类，各有其部，其不能附载者，非提纲挈领，分年编次，不能瞭如。故自周、秦而下，凡郡邑兴废，羌戎出没，暨武功宦迹关大事者，依编年法特书以提要，分注以备言，并附《载记》六篇，俾览者通贯晓析，如指诸掌，此余志也。若曰矜博，奚可哉？奚可哉！

西宁府

周

秦穆公得戎人由余，遂霸西戎，开地千里。

羌无戈〔弋〕爰剑亡入河、湟间。无弋爰剑者，不知何戎之别。秦厉公时，拘执为奴隶。后亡入三河间，诸羌推以为豪。河、湟间少五谷，爰剑教之田畜，遂见敬信。

羌卬去湟中，至赐支河。爰剑曾孙忍时，秦献公欲复穆公之迹。忍季父卬畏秦，南出赐支河，忍及弟舞独留湟中。多娶妻，忍生九子为九种，舞生十七子为十七种。

汉

高帝初年，小月氏来居，号湟中月氏胡月氏王为匈奴冒顿所杀，其羸弱者南入山阻，从羌居止。阚骃《十三州志》曰："西平之间，大月氏之别，小月氏之国。"

(武帝元狩)三年，遣骠骑将军霍去病击破匈奴右地，遂略湟中，筑令居塞。武帝诏曰："骠骑将军涉钧耆，济居延，遂臻小月氏。"又《西域传》曰："自周衰，戎狄错居泾、渭之北。及秦攘却戎狄，筑长城，界中国，然西不过临洮。汉兴，至于孝武，事征四夷，广威德，而骠骑将军击破匈奴右地，降浑邪、休屠王，遂空其地。始筑令居以西。"

置破羌县[1]。

小月氏来降。骠骑将军霍去病取河西地，开湟中，于是月氏来降，与汉人错居。被服、饮食、言语略与羌同。其大种有七，胜兵合九千余人，分在湟中及令居。按《汉书》武帝诏曰："赐校尉从至小月氏者，爵以庶长。"

(元鼎)五年秋，西羌反。

六年冬，遣将军李息、郎中(令)徐自为讨西羌平之。先零与封养、牢姐种解仇结盟，与匈奴通，合兵攻令居，帝遣李息、徐自为击平之。羌乃去湟中，依西海盐池左右。汉遂因山为塞，河西地空，徙人以实之。

置护羌校尉。

元鼎二年置令居县。

宣帝元康三年，复遣光禄大夫义渠安国行视诸羌。先零羌杨玉叛。宣帝时遣义渠安国视行诸羌，先零豪言，愿渡湟水，充国以为不可听。后羌人旁〔因〕缘前言，抵冒渡湟水，郡县不能禁。先零遂与诸羌种豪交质咀盟，将寇边，复遣安国将兵观之。安国召先零豪四十余人斩之，因击其种人。于是诸降羌及杨玉等怨，遂劫略小种犯塞。

安国备羌浩门。败绩，引还。杨玉等攻城邑，杀长吏。安国以骑都尉将骑三千屯备羌，至浩门，为虏所击，失亡车重兵器甚众。安国引还，至令居，以闻。

神爵元年，遣后将军赵充国击西羌，平之。先零羌杨玉首帅名王，将骑四千及煎巩骑五千，阻石山水，候便为寇。时充国年七十余，上遣焉。引兵至先零所在，虏久屯聚，懈弛，望见大军，弃车重欲渡湟水，道阨狭，充国驱之，赴水溺死者数百，降及斩首五百余人。

右曹中郎将赵卬将支兵至令居。充国子卬将期门、佽飞、羽林孤儿、胡〔胡〕越骑为支兵，至令居。虏并出绝转道，诏将八校尉与骁骑都尉，令迹捕山间虏，通转道津渡。

秋，帝遣破羌将军辛武贤副充国击先零。充国病，上赐书曰：“制诏后将军：闻苦脚胫寒泻，将军年老加疾，朕甚忧之。今诏破羌将军武贤为将军副，击先零羌。即疾剧，留屯毋行。”

充国疏屯田，许之。充国奏曰：羌虏易以计破，难用兵碎，计度临羌东至浩门，羌虏故田及公田，民所未垦可二千顷以上。愿罢骑兵，留屯要害，缮乡亭，浚沟渠，治湟峡以西道桥七十所，可令至鲜水左右。田事出，赋人二十亩。又条《留田便宜十二事》。

诏强弩将军许延寿、破羌将军辛武贤、中郎将赵卬出击西羌。上以破羌、强弩将军数言当击，又用充国屯田处离散，恐虏犯之，于是两从其计，诏两将军与中郎将出击羌。强弩将军出降四千余人，破羌将军斩首三千级，中郎将斩降亦二千余级，而充国所降，复得五千余人。

二年夏五月，充国振旅还。充国奏言："羌本可五万人，除斩降溺饥死，定计遗脱不过四千人。羌靡忘等自诡必得，请罢屯田。"奏可。充国乃还。

秋，羌斩杨玉以降，置金城属国处之。羌若零、离留、且种、儿库共斩先零大豪犹非、杨玉首及诸豪弟泽、阳雕，良（儿）、靡忘皆率煎巩、黄羝之属四千余人降。封若零、弟泽为帅，众王离留、且种暨阳雕为侯，儿库、良儿，靡忘为子。初置金城属国，以处降羌。（按：犹非，《宣帝纪》作酋非，羌豪名。）

元帝永光二年秋七月，西羌反。遣右将军冯奉世击之。八月，以太常任千秋为奋威将军，别将五尉并进。

三年春，西羌平，军罢。

平帝元始四年冬，置西海郡，徙天下犯禁者处之。时王莽秉政，欲耀威德，以服远方。讽羌献西海之地，置西海郡而筑五县焉，周海亭燧相望。莽篡政纷乱，郡亦废弃。

光武帝建武中元二年秋，遣谒者张鸿、陇西长史田飒击烧当羌，战没于唐谷。烧当至滇良，世居河北大允谷。滇良子滇吾与弟滇岸寇陇西塞，刘盱遣兵战于允街，为羌所败。于是守塞诸羌相率为寇,遣谒者张鸿领诸郡兵击之,战于允吾唐谷,鸿及飒皆没。按《汉书》注云:唐谷,今在鄯州湟水县西。

临羌长收系比铜钳,下诏谕遣之。烧何豪有妇人比铜钳者,年百余岁,多智算,为种人信向,从其计策。时为胡水卢水击。(按:《后汉书·西羌传》作"时为卢水胡所击",此误。)比铜钳乃将其众来依郡县,种人颇有犯法者,临羌长收系比铜钳,诛杀其种人六七百人。明帝怜之,乃下诏致医药。比铜钳种人欲归故地者,厚遣送之。

冬十一月,遣中郎将窦固监捕夷将军马武、中郎将王丰、右辅都尉陈䜣军讨烧当羌至浩门。

明帝永平元年秋七月,马武等大破羌于东西邯。西羌覆军杀将,朝廷患之,拜马武等将兵击之。到浩门,与羌战,斩首六百余,羌率众引出塞。武追击到东西邯大破之,斩首四千六百级,余皆降散。

以谒者窦林领护羌校尉。羌滇岸降,为归义侯。

羌滇吾降。

三年,省护羌校尉官。窦林下狱死。谒者郭襄代领校尉事,到陇西,闻羌盛,还诣阙抵罪。于是复省校尉官。

章帝建初元年,卑南种人杀安夷长宗延。安夷县吏略妻卑南羌妇,吏为其夫所杀。安夷长宗延追之出塞。种人恐见诛,遂共杀延。

复拜度辽将军吴棠领护羌校尉,居安夷。按郦道元《水经注》:"安夷县故城去西平亭东七十里。"

二年,以武威太守傅育为护羌校尉,移居临羌。

章和元年春，傅育追羌，战死，以陇西太守张纡为护羌校尉。羌迷吾退居河北归义城，育请合兵二万克期击之。令陇西兵拒河南，张掖、酒泉兵遮其西，并未及会，育军独进，穷追之。至建威南三兜谷，去夷数里，须旦击之。迷吾乃伏兵夜突育营，育下马手杀十余人而死。以纡代之。

秋，张纡诱诛迷吾。迷吾既杀傅育，狃忕边利，后与诸种七千人入金城塞，张纡遣从事司马防及金城兵会战于木乘谷，迷吾兵败走，因译使欲降，纡纳之，遂将众诣临羌县。纡设兵大会，施毒酒中，羌饮醉，纡因自击。伏兵起，诛杀豪酋八百余人。斩迷吾五人头，以祭育冢。

和帝永远元年，张纡坐徵免，以张掖太守邓训为护羌校尉。迷吾子迷唐北招属国诸胡会集，附落种众炽盛。张纡不能讨，坐徵免，以训代。

羌迷唐犯塞，胁月氏胡攻邓训，不克。邓训以月氏胡为义从羌。邓训掩击迷唐于雁谷。迷唐伯父号迷吾，乃将其母及种人八万户，自塞外来降，训因发湟中兵掩击迷唐于雁谷，斩首虏六百余人。

邓训令长史任尚击迷唐。迷唐众复欲归故地，训乃发湟中兵，令任尚将之，掩击逐北。会尚等夜为羌人所攻，于是义从胡并力破之，斩首前后一千八百余级，获生口三千人，一种殆尽。

四年，邓训病卒，以蜀郡太守聂尚为护羌校尉。尚见累征不克，欲以文德服之，乃遣迷唐还居大小榆谷。迷唐遣祖母诣尚，尚自送至塞下，为设祖道，令田汜等护送至庐落。迷唐因叛。

五年，聂尚坐征免，以贯友为护羌校尉。迷唐与诸羌共生屠裂汜等，复寇塞下。以友代尚。

贯友遣兵攻迷唐，走之。友以迷唐难用德怀，乃遣译使构离诸种，由是解散。乃遣兵出塞，攻迷唐，获首虏八百余人。遂夹逢留大河筑城造桥，欲渡河。迷唐乃率部落依赐支河曲。

八年，贯友病卒，史充为护羌校尉，击迷唐，兵败。史充至，遂发湟中羌胡出塞击迷唐，羌迎败充兵，杀数百人。

九年，史充坐征，以代郡太守吴祉为护羌校尉。

十二年，迷唐寇钞湟中。迷唐寇陇西，刘尚、赵代讨之，迷唐请降，入居金城。和帝令还吴祉等，乃多赐迷唐金帛，令籴谷市畜，促使出塞。种人更怀惊猜，遂复叛，乃胁湟中诸胡寇钞而去。

吴祉坐征，以酒泉太守周鲔为护羌校尉。

十三年秋，周鲔与金城太守侯霸击迷唐于允川。迷唐复将兵向塞，鲔与霸及诸郡兵、属国、湟中、月氏诸胡合三万人，出塞至允川，与迷唐战。侯霸陷陈〔阵〕，斩首四百余级，降者六千余口。

十四年，周鲔坐征，以侯霸为护羌校尉。复置西海郡。拜曹凤为西部都尉，屯龙支。时西海及大小榆谷无复羌寇，隃麋相曹凤上言：烧当诸种衰困，远依发羌。宜及此时建复西海郡县，规固二榆。因拜凤为西部都尉，将健士屯龙耆，即龙支也[2]。按章怀太子注云：今鄯州县。

置东、西邯屯田五部。金城长史上官鸿开置归依、建威屯田二十七部，侯霸复上请置东、西邯屯田五部，增逢留二部，帝皆从之。列屯夹河。

安帝永初二年，侯霸坐征，以西域都尉段禧为护羌校尉。侯霸坐众羌反叛征免，以禧代为校尉。

三年，当煎、勒姐种攻没破羌县。段禧病卒，复以侯霸代为护羌校尉，移居张掖。

元初元年，侯霸、马贤击号多羌。号多与零昌通谋，霸、贤将湟中吏人击之，斩首二百余级。

二年，侯霸病卒，以汉阳太守庞参为护羌校尉，还治令居。叛羌怀参恩信，明年，烧当羌种号多等奉众七千余人诣参降，遣诣阙，赐号多侯印绶遣之，参始还治令居。

庞参击先零羌，败绩。先零羌僭号北地，参将降羌及义从胡七千击之，为羌所败，抵罪。

以马贤领护羌校尉。

永宁元年当煎种饥五入寇，马贤追斩之。

建光元年，马贤召斩庐忽。八月，羌忍良结麻奴寇湟中，马贤追击不利。忍良结麻奴兄弟共胁诸种，寇湟中，贤赴击之。战于牧苑，兵败，死者四百余人。

延光元年春，马贤追击麻奴，破之。冬十一月，烧当羌豪降。羌犀苦击(按:“击”当“系”之误。)质令居。马贤坐征免，以右扶风韩皓为护羌校尉。湟中屯田转置两河间。明年，犀苦求归故地，皓不遣，因转湟中屯田，置两河间，以逼西羌。

韩皓坐征，以张掖太守马续为护羌校尉。移屯田还湟中两河间羌以屯田近之，恐必见图，乃解仇诅盟，各自儆备。续欲先示恩信，乃移屯田还湟中，羌意乃安。

顺帝阳嘉元年，增置屯田五部。以湟中地广，更增置屯田五部，并为十部。

三年冬十月，马续遣兵追击良封斩首数百级。

永和元年，马续迁度辽将军，复以马贤为护羌校尉。冬十月，马贤击烧当种，破之。烧当种那离等寇金城塞，贤赴击，斩首四百余级。

四年夏四月，马贤将兵击那离，斩之。

五年夏，且冻、傅难种羌等攻湟中。

汉安元年，以武威太守赵冲为护羌校尉。讨烧当羌，破之。罕种降。赵冲招怀叛羌，罕种乃率邑落五千产诣冲降。

二年，遣系囚诣临羌。顺帝令郡国中都官系囚殊死以下，出缣赎，不能赎者，遣诣临羌县居作。

建康元年春，护羌从事马元亡出塞。领护羌校尉卫琚〔瑶〕追讨叛羌，破之。马元为诸羌所诱，将羌众亡出塞。领护羌校尉卫琚〔瑶〕追击元等，斩首八百余级。

赵冲战殁鹯阴河。

冲帝永嘉元年，以汉阳太守张贡为护羌校尉。

桓帝建和二年，西羌及湟中戎叛。

元嘉二年，张贡卒。

永寿元年，以前南阳太守第五访为护羌校尉。第五访卒。

延熹二年，以中郎将段颎为护羌校尉。冬，烧当等八种羌叛，段颎追击于罗亭，破之。烧当、烧何、当煎、勒姐等八种羌寇金城塞，颎将兵及湟中义从胡万二千骑出湟谷，击破之。《东观汉记》曰："追到积石山。"注云："即与罗亭相近，今鄯州也。"

三年春，烧当羌叛，段颎追击于积石山，破之。烧当余羌复与烧何大豪寇张掖，杀属国吏民。又招同种千余落，并兵晨奔颎军，顷大战至日中，刀折矢尽，夷亦引退。颎追之，且斗且行，昼夜相攻，割肉餐雪，四十余日，遂至河首积石山，出塞二千余里，斩烧何大帅，首夷五千余人。

段颎遣兵击石城羌。烧当种来降。颎分兵击石城羌，斩溺死者千六百人。烧当九千余口诣颎降。

冬十一月，勒姐、零吾羌种围允街，段颎救之。

四年冬，湟中义从羌叛。段颎坐征下狱，输作左校。沈氐、牢姐、乌吾诸种羌共寇并、凉，颎将湟中义从羌讨之。凉州刺史胡闲〔闳〕贪共其功，稽颎军使不得进，义从羌役久恋旧乡，悉叛。闲〔闳〕归罪于颎，坐征得罪。

以济南相胡闳为护羌校尉。闳无威略，羌遂陆梁，覆没营坞。

胡闳疾免。冬，复以段颎为护羌校尉。

五年春，羌封僇、良多、滇那等率众诣颎降。

七年冬，段颎击当煎、勒姐种羌，破之。当煎、勒姐种屯结，颎将万余人击破之，斩其酋豪首夷四千余人。

八年春，段颎击勒姐种，破之。斩首四百余级，降者二千余人。

夏六月，段颎击当煎羌于湟中，大破之。进军击当煎，颎兵败，被围三日，用隐士樊志张策，大破之。

永康元年，当煎诸种反叛，段颎大破之，西羌悉平。颎破当煎等于鸾鸟，杀其渠帅。斩首三千余级，羌遂平。

灵帝建宁元年春，颎将兵及湟中义从胡击东羌先零，大破之。颎凡百八十战，斩三万八千六百余级。

以皇甫规为护羌校尉。迁规弘农太守，封寿城亭侯，邑三百户。规让封不受，再转为护羌校尉。熹平三年，以疾召还。

建宁三年，烧当羌奉使贡献。

中平元年，湟中义从胡北宫伯玉叛，杀护羌校尉伶〔泠〕徵。先零种因黄巾大乱，遂共弃湟中。义从胡北宫伯玉、李文侯为将军，杀护羌校尉，伯玉等乃劫致金城人边章、韩遂，使专任军政，攻烧州郡。

宋建自号平汉王，据湟河，曹操讨平之。

献帝建安十九年，韩遂败走西平。韩遂从金城入〔人〕氐王千万部，率羌戎万余骑与夏侯渊战，大破之，遂走西平。

夏侯渊遣张郃等平河关，渡河入小湟中。河西诸羌并降。

二十年，西平诸将麹演等斩韩遂。遂字文约，始与同郡边章俱著名西州。奉计诣京师，何进宿闻其名，特与相见。宋扬、北宫王〔伯玉〕等反，举遂为主，为扬等所劫，遂阻兵为乱。

遣阎行留后。阎行，金城人。后名艳，字彦明。韩遂强以少女妻行，会遂使领西平郡，行欲杀遂以降。夜攻遂不下，将家人诣魏公曹操，及夏侯渊还，使行留后。

西平麹演举郡反，自号将军。

二十五年，护羌校尉苏则讨麹演，平之。西平麹演，逐故太守举兵，苏则勒兵讨之。雍州刺史张既为声势，演恐，乞降。

西平麹光杀郡守叛，张既计获其首。初，西平麹光杀其郡守，诸将欲击之，既不许，曰："唯光等造反，郡人未必悉同，若便以军临之，吏民羌戎必谓国家不别是非，更使皆相持著，此为虎傅翼也。光等欲以羌戎为援，今先使羌戎钞击，重其赏，募所夷获者，皆以畀之。外沮其势，内离其交，必不战而定。"乃檄谕诸羌，为光等所诖误者原之，能斩贼帅送首者，当加封赏。于是光部党斩送光首，其余咸安堵如故。

魏

黄初三年，立西平郡。凭倚西平亭，增筑南、西，北三城，以为郡治。

齐王正始八年，西平羌饿何等叛。西平诸羌饿何、烧戈、伐同、蛾遮塞等叛，攻围城邑，凉州名胡治无戴复叛，应之。

前将军郭淮讨饿何、烧戈羌，降服者万余落。

九年，郭淮击羌(蛾)遮塞等，大破之。郭淮进军西海，与先(按："先"或"羌"之误。)治无戴战于龙夷北，破走之。郭淮还击令居石头山夷，破之。

晋

武帝太康元年秋七月，夷柯成宜寇西平、浩门。杀督将以下三百余人。

以马隆为西平太守。马隆进击南夷成溪,破之。

惠帝永宁元年春,以张轨为凉州刺史,领护羌校尉。以尚书侍郎曹祛为西平太守。命张轨诛曹祛,张实〔寔〕出浩门,击曹祛于破羌,斩之。张轨以子实〔寔〕为督护,率尹员宋配步骑三万讨祛,别遣从事田回、王丰率骑八百自姑臧西南出石驴,据长宁。祛遣麹晁距战于黄坂,实〔寔〕诡道出浩门,战于破羌,斩祛及牙门田嚣。

分西平郡界置晋兴郡。

愍帝建兴元年,除张实〔寔〕中郎将,领护羌校尉。

二年二月壬寅,封张轨为西平郡公。夏五月壬辰,西平公张轨薨,子实〔寔〕嗣。

元帝建武元年,西海太守张肃悲愤卒。肃,实〔寔〕叔父也。为西海太守。初闻长安危逼,请为先锋,实〔寔〕以其年老弗许。及闻愍帝出降,肃愤悲而死。

三年,盗杀张实〔寔〕,弟茂嗣领平西将军、护羌校尉事。

明帝大宁二年,张茂卒,实〔寔〕子骏嗣。赵主曜击凉州,茂表降,赵封为凉王。明年病,执骏手泣曰:"吾家世以孝友忠顺著称,晋室虽微,汝承奉之,不可失也。"且下令曰:"吾官非王命,死之日当以白袷入棺,勿以朝服敛。"

成帝咸和二年冬十月,赵攻陷令居,入据振武。诏除陈寓为西平相。张骏遣护羌参军陈寓、从事徐虓、华驭等至京师。征西大将军亮上言："寓等冒险远至，宜蒙铨叙。"诏除寓西平相，彪等为县令。

穆帝永和元年冬十二月，张骏自称凉王。

二年五月，凉王张骏卒，子重华嗣。六月，凉王重华以谢艾为中坚将军，出振武击赵将麻秋，大破之。秋以三万众距艾，艾乘轺车，冠白帢，鸣鼓而行。秋望而怒曰："艾年少书生，冠服如此，轻我也。"令黑矟龙骧三千人驰击之。艾左右大扰，左战士李伟劝艾乘马，艾不从。乃从容下车，踞胡床指麾处分。敌以为伏兵发也，惧不敢进。张瑁从左南缘河而截其后，秋军乃退。艾乘胜奔击，遂大败之，斩其二将，俘斩一万三千级。秋匹马奔。

永和三年夏四月，凉王重华以谢艾为使持节都督征讨诸军事，距赵将王擢，败之。诏遣侍御史俞归拜重华凉州刺史、西平公。

五年，张重华自称凉王。

九年夏五月，诏赐张重华凉州牧。冬十月，重华卒，子耀灵嗣，称凉州刺史、西平公。长宁侯张祚弑耀灵。

十年春正月，张祚自称凉王，改元和平。

十一年闰月，张琚弑张祚，立耀灵弟元靓为西平公。西平人卫綝据郡叛。

十二年，西平公元靓、卫将军张瓘遣弟琚征卫綝，败之。卫綝叛，西平人郭勋解天文，綝礼聘之。勋曰："张氏应衰，卫氏当兴，宜速伐瓘。"瓘遣弟琚令大众征綝，败之。

西平田旋要酒泉太守马基应綝，瓘遣司马张姚、王国败之。

升平五年，诏以张元靓为凉州刺史、西平公。

哀帝兴平〔宁〕元年秋七月，张天锡弑元靓，自称大将军、护羌校尉、西平公。

二年六月，秦拜张天锡为西平公。

海西公太和元年巳〔己〕丑，诏以张天锡为大将军、西平郡公。

孝武帝宁康元年冬十月，西平公张天锡贡方物于朝。

太元元年，秦王坚遣其将苟苌、毛当、梁熙、姚长〔苌〕攻凉，渡石城津。八月，秦败凉兵，凉将掌据死之。秦师济河，天锡遣据军于洪池，苟苌使姚苌前驱，凉将马建迎降。据兵败，就帐免胄，西向稽首，伏剑而死。

秦夷张天锡，尽有河北地。十月，吕光据姑臧，自领护羌校尉。

十四年二月，吕光自称三河王。吕光以宋燮为湟河太守。燮自湟河太守入为尚书郎，见秃发傉檀于广武曰："君必当克清世难。"以子托之。

南羌彭奚念攻白土，三河王光遣其将王宝夜渡湟河，攻克之。吕光徙西海郡人于诸郡，寻徙乐都。初，光徙西海郡人于诸郡，众有谣辞相扇动，复徙之乐都。

十九年正月，三河王光以秃发乌孤为河西都统。

秋七月，秦王登子崇立，奔湟中。姚兴击秦王苻登，杀之，故其子来奔。

二十年，秃发乌孤徙都廉川。廉川在湟中、河西界。

二十一年，三河王光自称凉天王。凉王光以沮渠罗仇为西平太守。罗仇，蒙逊叔父也。

安帝隆安元年春正月，秃发乌孤自称西平王。凉散骑常侍郭麐叛，推后将军杨轨为盟主，自称西平公。

二年夏，杨轨为凉吕纂所败，屯廉川。九月，西平王乌孤攻克金城，降乐都、湟河、浇河三郡。

三年正月，南凉王乌孤徙治乐都，伪署弟利鹿孤为骠骑大将军、西平公，镇安夷。傉檀为单骑大将军、广武公，镇西平。南凉王乌孤以利鹿孤为凉州牧，镇西平。八月，南凉王乌孤卒，弟利鹿孤嗣。徙居西平。凉王吕纂渡浩门河伐利鹿孤，为傉檀所败。乞伏乾归来奔西平。

四年，河右诸郡奉凉武昭王李元盛为凉公，以河湟太守索训为武远将军，西平太守赵开为骍马将军。

五年，南凉王利鹿孤僭称河西王。南凉置都督中外录尚书官。乞伏乾归送其子炽盘〔磐〕等于西平。三月，南凉击凉，徙其民二千户以归。七月，南凉入贡于秦。冬十一月，凉攻魏安，南凉王利鹿孤遣将军傉檀救之。

元兴元年，南凉王利鹿孤卒，弟傉檀嗣。乞伏炽盘〔磐〕自西平奔长安。南凉王傉檀伪游浇河，袭徙西平、湟河诸羌，伐北凉。蒙逊攻西郡，陷之。秦遣使授南凉官爵。南凉去年号、罢尚书官。傉檀袭番禾，徙三千余家于西平。北凉围乐都三旬不克，北凉侵西平，徙户掠牛马而还。

义熙二年，秦以秃发傉檀为凉州刺史。

三年，赫连勃勃大败南凉傉檀。勃勃求婚于南凉，傉檀不许。勃勃率骑击破之，名臣勇士，死者十六七，勃勃积尸而封之，号"骷髅台"。

四年夏五月，南凉傉檀御秦兵，大败之。秦王兴以傉檀内外多难，欲取之。使韦宗觇，以为不可图。兴不听，使其子广平公弼、将军敛成袭傉檀，傉檀出奇兵两击破之。

冬十一月，南凉傉檀复称王。

六年，南凉击北凉，败绩，遂迁于乐都。傉檀自将伐蒙逊，战于穷泉，傉檀大败。蒙逊乘胜进围姑臧，傉檀惧，纳质请和，蒙逊徙其众而去。傉檀畏逼，迁于乐都。

七年夏，北凉围南凉，不克。南凉攻北凉，大败而还。

秋七月，西秦王炽盘〔磐〕率步骑济河，败傉檀子虎台于南岭。

八年，蒙逊自称河西王。傉檀弟湟河太守文支、护军成宜侯降于蒙逊。蒙逊以其殿中将军王建为湟河太守。蒙逊攻克炽盘〔磐〕广武郡，度浩门。蒙逊遣其将运粮于湟河，自率众攻克广武，以运粮不继，自广武入湟中，度浩门。

蒙逊以沮渠汉平为折冲将军、湟河太守。

十年夏六月，西秦袭南凉乐都，灭之。傉檀西征乞〔乙〕弗，留子虎台守乐都。炽盘〔磐〕乘虚来袭，一旬而城溃，傉檀归降之。

南凉将尉贤政固守浩门不下。

十一年，西秦攻克北凉，湟河太守沮渠汉平以其右卫四达为湟河太守。夏，北凉攻西秦。乙弗鲜卑乌地延来降西秦。地延率户二万来降西秦，署为建义将军。地延寻死，弟他子立，以子柯兰质于西平。

他子率户五千人居西平。

十三年，北凉攻西秦于浩门。北凉自浩门还，败西秦李士业于都渎涧。

南北朝

宋武〔少〕帝景平元年，封吐谷浑阿豺为浇河王。

宋文帝元嘉元年，吐谷浑阿豺死，以弟慕璝立为浇河王。

五年夏五月，西秦王乞伏炽盘〔磐〕死，子慕末嗣。六月，北凉沮渠蒙逊攻西秦乐都。冬十一月，北凉复攻西秦乐都。

魏太武帝神䴥元年，封安颉为四平公。以擒赫连昌功。

宋元嘉六年，北凉及吐谷浑侵西秦乐都，西秦败之，获北凉世子兴国。

八年正月，夏人击西秦，慕末出降。

魏太延三年九月，封吐谷浑慕利延为西平王。

五年九月，沮渠牧犍降魏，其弟乐都太守安周奔吐谷浑。进西平侯源贺为西平公。

魏太平真君六年，诏晋王伏罗讨吐谷浑慕利延，破之。魏封乙瓌为西平公。瓌善骑射，手格猛兽，从驾南征，勇冠三军。赐爵西平公，后进爵为王。

魏置鄯州。

魏文成帝兴安元年，西平王慕利延卒，兄子拾寅嗣。

二年，进源贺为西平王。吐谷浑拾寅居伏罗川。

魏和平元年六月，诏征西大将军、阳平王新成等讨吐谷浑，拾寅军至西平。吐谷浑拾寅两受宋、魏爵命，出入拟于王者。定阳侯曹安表：拾寅击之可大获。议者咸以非所急，安曰："臣昔为浇河将，与之相近，明其意势，可一举而定。"诏新成及建安王穆六头等出南道，南郡公李惠、给事中公孙拔及安出北道讨之。七月，军至西平，拾寅走保南山，军遇瘴多病疫，乃引还。（按：《魏书·吐谷浑传》云："高宗时定阳侯曹安表：拾寅今保白兰，多有金银牛马，若击之可以大获。"此但云拾寅击之可大获。于义不通。）

魏献文帝（皇兴）四年，征西大将军、上党王长孙观等击吐谷浑拾寅于曼头山，大破之。

魏孝文帝延兴三年，诏平西将军皮怀喜为前锋，长孙观为大都督讨拾寅，降之。拾寅屡寇浇河郡，诏观等讨之，军入境，刍其秋稼。拾寅窘怖，遣子诣军，表求改过。乃下诏切责之，征其任子。

太和四年，吐谷浑拾寅卒，子度易侯嗣。拜吐谷浑伏连筹为西海郡公。

魏孝明帝正光二年，凉州刺史袁翻奏居婆罗门于西海。

三年,以高车国主覆罗伊匐为西海郡公。

魏(孝庄帝)永安三主〔年〕、(魏东海王)建明元年秋七月,讨万俟丑奴余党,灭之。凉鄯诸州平。尔朱天光既克万俟丑奴于高平,唯万俟道洛率众入山,据险自守,进击,擒之,坑其降卒万七十人。凉、鄯诸州皆降。

西魏文帝大统四年,以柳桧为都督,镇鄯州。桧在鄯州以忠勇显,西境肃清。

西魏废帝三年,左丞相安定公宇文泰改置州郡,以西平西都为乐都郡,广武为浇河郡,浩门为龙居、路仓二县。

西魏恭帝三年,凉州刺史史宁及突厥拔吐谷浑树敦、贺真二城。诏田洪讨西平羌。

后周孝愍帝元年,吐谷浑攻凉、鄯诸州。吐谷浑入寇,遣渭州刺史于翼赴援。翼曰:"攻取非夷俗所长,不过钞掠耳,掠而无获,势将自走。"数日,果如其言。

后周武帝建德五年,遣太子赟讨吐谷浑,夸吕遁逃。

置廓州。

隋

文帝开皇元年八月,遣乐安公元谐击吐谷浑,兵出鄯州,败之。

三年六月,行军总管梁远破吐谷浑于尔汗山,斩其名王。冬十一月,罢乐都郡。

十二年,以慕容三藏为廓州刺史。

十三年,吐谷浑入寇廓州。

十八年,改西平郡为湟水县。

仁寿元年,改浇河郡为化隆县。

炀帝大业三年,置西平、浇河二郡。

四年,左翊卫大将宇文述等破吐谷浑于曼头、赤水,部人杀泥洛周于西平。帝立吐谷浑伏允子顺为主,以其大宝王泥洛周为辅,至西平,其部下杀洛周,顺不果入而还。

五年,诏安德王观为浇河道总管。四月,炀帝巡河右,至西平,陈兵。五月,帝大猎于拔延山。按:《隋(书)·地理志》:广武,西魏置浇河郡。仁寿初,改为化隆县。有拔延山,湟水即其地也。

庚辰,帝入长宁谷。壬午,帝度星岭。甲午,帝晏〔宴〕群臣于金山上。丙戌,梁浩门。御马度而桥坏,斩朝散大夫黄亘及督役者九人。

帝分命内史元寿等围吐谷浑于覆袁川,伏允远遁。吐谷浑伏允率众保覆袁川,帝命元寿南屯金山,兵部尚书段文振北屯雪山,太仆卿杨义臣东屯琵琶峡。连营八十里,南接元寿,北连文振,将军张寿西屯泥岭,四面围之,伏允以数十骑遁去。

壬辰,命右屯卫大将军张定和击贼,死于车我真山。伏允既遁,遣其名王诈称伏允,保车我真山。张率师击之,与贼相遇,轻其众少,呼之令降。贼不肯下,定和不披甲,挺身登山,贼伏兵发矢,中之而毙。其亚将柳武建击破之,斩首数百级。

甲午，仙头王率众来降。六月，遣左光禄大夫梁默、右翊卫将军李琼追伏允，皆遇贼，死之。置西海、河源等郡。秋七月，置马牧于青海，求龙种。命卫尉卿刘权镇河源郡积石镇，大开屯田。薛举自称西秦王，攻下鄯、廓二州。

恭帝义宁元年秋七月，李轨自称凉王，攻下西平等州。

唐

高祖武德二年，遣安兴贵执凉王李轨杀之，西平等郡悉平。置鄯州。西平郡都督府为陇西节度治（按：即以西平郡都督府为陇西节度治所也。）癸未，曲赦鄯、廓诸州。

七年八月，吐谷浑寇鄯州，骠骑将军彭武杰死之。

太宗贞观二年，吐谷浑寇鄯州。

五年，以米川县置米州。

八年五月，以段志元〔玄〕为西海道、樊兴为赤水道，俱行军总管，伐吐谷浑，至鄯州。鄯州刺史李元〔玄〕运表，吐谷浑牧马青海，轻兵掩之，可尽致。乃命志元〔玄〕等击之。未至三十里，志元〔玄〕等不欲战，壁而留，夷知之驱牧马走。副将李君羡率精骑尾袭悬水上，得牛羊二万还。

九年，李靖为西海道行军大总管，率行军总管侯君集、任城王道宗、李道彦、李大亮、高既〔甑〕生等伐吐谷浑，大破之。封吐谷浑慕容顺为西平郡王。初，顺质隋为金紫光禄大夫，伏允立其弟为太子。顺归，常怏怏，欲自结于天子，乃斩天柱正〔王〕，举国降。伏允惧，遁碛中，穷而无聊，自经死。国人立顺为君，称臣内附。诏封西平郡王。

十年，废米州为米川县，属河州。吐谷浑诺曷钵走鄯城。诺曷钵入朝，以宗室女为洪〔弘〕化公主妻之。其相宣王跋扈，谋作乱，欲袭公主、劫诺曷钵，夺(按:“夺”字讹，《唐书》作“奔于”。)吐蕃。曷钵知之，引轻骑奔鄯城。

高宗永徽六年，以河州米川县属廓州。

龙朔三年，吐蕃攻吐谷浑，以郑仁泰为青海道行军大总管，救之。五月，诏郑仁泰及将军独孤卿云等分屯凉、鄯，备吐蕃。

乾封元年，吐谷浑慕容顺为青海国王。

咸亨元年八月，薛仁贵为逻娑道行军大总管，伐吐蕃，战于大非川，败绩。以仁贵为大总管，阿史那道真、郭待封副之。至大非川，留辎重栅于大非岭，帅轻锐西行，击吐蕃于河口，大破之。待封不肯受仁贵节度，将辎重徐进，遇吐蕃，大败，弃辎重走。仁贵退屯大非川，吐蕃就击之，唐兵大败。

二年，以靖边镇为积石军。

三年，徙吐谷浑诺曷钵于浩门水南。既以鄯州地狭，徙置灵州。

仪凤元年闰月，吐蕃寇鄯、廓二州，左监门卫中郎将令狐智通伐之。

三年，命李敬元〔玄〕为鄯州都督。李敬元〔玄〕与吐蕃战于青海，败绩。刘审礼死之，还屯鄯州。敬元〔玄〕将卒十八万与吐蕃战于青海，副总管刘审礼深入，败没，王孝杰被执，敬元〔玄〕

按兵不救，狼狈还走，顿承风岭。夷追击之，员外将军黑齿常之夜率死士，袭击夷营，夷乃遁去。敬元〔玄〕收余众还屯鄯州。

置鄯城县。

永隆元年七月，吐蕃寇河源，李敬元〔玄〕战于湟川，败绩。赞婆素和贵攻河源，屯良非川，敬元〔玄〕与战湟川，败绩。左武卫将军黑齿常之夜捣其营，赞婆惧，引去。

二年，吐蕃赞婆屯青海河源道，经略大使黑齿常之袭破之。

开耀元年五月，黑齿常之败吐蕃于良非川。

永淳元年正月，以娄师德为河源积石军及鄯、廓二州营田大使。

中宗景龙二年，拜杨矩为鄯州都督。

睿宗景云元年，改化隆县为化成。

元〔玄〕宗开元二年，以郭知运为节度大使，领鄯、廓等州，以薛讷为陇右防御使。

五年，陇右节度使郭知运大破吐蕃于九曲。

十二年，陇右节度使王君㚟破吐蕃，献俘。

十五年正月，王君㚟追击吐蕃至青海。吐蕃悉诺逻兵入大斗谷，君㚟勒兵避其锐。会大雪，吐蕃皲冻如积，乃逾积石以归。君㚟豫出塞，烧野草皆尽。悉诺逻顿大非川，无所牧马，死过半。率都督张景顺出青海，乘冰而渡，于时夷逾大非山，留辎重疲弱滨海，君㚟俘之以旋。

鄯州都督张志亮与吐蕃战于青海，破大莫门城，焚橐驼桥。

十七年，信安王祎拔石堡城，置振武军。许吐蕃互市，以赤岭为界，树碑表之。金吾将军李佺监树赤岭碑。

二十五年，河西节度使崔希逸袭吐蕃于青海，破之。希逸谓夷戍将乞力徐曰："两国约好，而守备不废，云何？请皆罢之。"傔史孙诲奏事，妄言(吐蕃)无备，可取。诏内竖赵惠琮共往按状，小人欲徼幸，因共矫诏，诏希逸发兵袭吐蕃，破之青海上，斩获不訾。

二十六年，吐蕃寇河西，崔希逸败之。鄯州都督杜希望拔吐蕃新城，更号威戎军。碎赤岭碑。杜希望发鄯州兵夺吐蕃河桥，筑盐泉城，号镇西军。

二十七年，吐蕃攻安人军，河西节度萧炅遣将追破之。吐蕃攻白草〔水〕、安人军，诏兵分援白水军，使高东于拒守，夷引去。炅遣将追，尾有云出军上，白兔舞，大破吐蕃。

二十八年，吐蕃攻安人军，浑崖烽〔峰〕骑将臧希液[3]追击破之。吐蕃请和，不许。夷乃悉众攻承风堡，抵河源军，西入长宁桥、安人军。希液以锐兵五千破之。

二十九年，吐蕃袭廓州，陷振武军。吐蕃袭廓州，败一县，屠吏人。攻振武军石城堡，盖嘉运不能守。

天宝元年，陇右节度使皇甫惟明与吐蕃大岭军战青海，破之。改浇河郡为宁塞郡，改化成县为广威。

二年八月，皇甫惟明与吐蕃战于石堡城，不克。副将诸诩死之。

三年，皇甫惟明破吐蕃，献俘。

五年，王忠嗣与吐蕃战于青海积石，大破之。

六年十月，将军董延光攻吐蕃石堡城，不克。上欲使忠嗣攻吐蕃石堡城，忠嗣上言："石堡险固，非杀数万人不能克，臣恐所得不偿所失。"延光请行，上命忠嗣分兵助之。忠嗣不得已奉诏，延光过期不克，言忠嗣阻桡〔挠〕军计。

七年十二月，哥舒翰筑神威军应神〔龙〕城。

八年，哥舒翰攻吐蕃石堡，拔之，置神武军。

十三年三月，哥舒翰败吐蕃，复河源、九曲。九曲，河西地名，属鄯州。初以金城公主嫁吐蕃，遂以其地为公主汤沐邑。吐蕃因就畜收。自是屡犯边境，故舒翰悉复其地。

置浇河郡于积石西。置宛秀军实河曲。置宁边、威胜、金天、武宁、耀武诸军。

十五年，吐蕃陷威戎等军。

肃宗至德元年，吐蕃入屯石堡城。

二年，吐蕃取廓州及河源莫门军。

上元元年，吐蕃陷廓州。

宝应三年，吐蕃取鄯州。

代宗广德元年，吐蕃陷河、鄯等州。

德宗兴元三年，吐蕃劫盟，执辛荣囚廓州，扶余准囚鄯州。

五年，以祠部郎中徐复使吐蕃，至鄯州。

穆宗长庆元年九月，以大理卿刘元鼎为盟会使，至龙支城元鼎就盟吐蕃，唐人见使者麾盖，夹道观。至龙支城，耆老千人拜且泣，问天子安否？（言）："今子孙未忍忘唐服，朝廷尚念之乎？兵何日来？"言已，皆呜咽。

元鼎过石堡城，至赤岭。元鼎使吐蕃，过其城，崖壁峭竖，道复回屈，夷曰"铁刃城"。右数十里土石皆赤，曰"赤岭"。信安王祎、张守珪所定封石皆仆，独夷所立石犹存。

元鼎逾湟水，至龙泉谷。西望杀胡川，哥舒翰故壁多在湟水。

元鼎出蒙谷，由洪济梁寻河源。元鼎出蒙谷，抵龙泉与河合。河之上流，由洪济梁西南行二千里，水益狭，春可涉，秋夏乃胜舟。其南三百里，三山中高而四下，曰紫山；真〔直〕大羊同国。所谓"昆仑"，夷曰"闷摩黎山"，河出其间。

二年，吐蕃赞普死，遣将作监李璟吊之。吐蕃落门川讨击使论恐热叛，攻吐蕃节度使尚婢婢于廓州。

三年，论恐热攻镇西军，尚婢婢遣将庞结心、莽罗薛吕，大败之。恐热击婢婢，婢婢拒之，恐热大败。婢婢传檄河湟曰："汝本唐人，吐蕃无主，则相欲〔与〕归唐，毋为恐热所猎如狐兔也。"

四年，恐热攻鄯州，婢婢拒走之。

宣宗大中三年，婢婢击恐热，兵败。恐热攻婢婢至白土岭，大掠鄯、廓等州。婢婢闻恐热谋度河，统锐兵拒桥，不胜，焚桥而还。恐热闻〔间〕出鸡顶岭关，凭峡为梁攻婢婢，至白土岭，败其将尚铎罗榻藏，进战犛牛峡。婢婢将烛卢巩力欲负峡自固以困之，大将磨离罴子不从，乃辞疾先归。罴子急击恐热，一战而死。婢婢粮尽，引众趋甘州西境，恐热大掠鄯、廓等州。

秋七月，克复河、湟。恐热麾下内怨，请唐兵共定其乱，求册为赞普。宣宗诏太仆卿陆耽持节慰劳，命振武等兵迎援。恐热既至，诏问所欲，恐热倨夸自大，且求河渭节度使，帝不许。还过咸阳桥，咄叹曰："我举大事，觊济此河，与唐分境。"遂复趋落门川，收散卒，将寇边。会久雨粮绝，还奔廓州，于是节度李玭等复三州七关。

五年，沙州刺史张义〔议〕潮略定鄯、廓等州。遣其兄义〔议〕泽奉图籍以献，于是尽有河湟之地。

懿宗咸通七年，北庭回鹘仆固俊收鄯州城，使张季颙与尚〔论〕恐热战，败之。吐蕃奴部号浑末，居甘、廓等州。中原多故，王命不及，归义诸城多浑末。夷法，出师必发豪室，皆以奴从，平居散处耕牧。及恐热乱，奴部无所归，共相啸合数千人，以浑末自号，居甘、廓等州间。

注释：

[1]据《汉书》卷28下《地理志》记载，破羌县置于宣帝神爵二年(公元前60年)，这里将此事系于武帝元狩三年(公元前120年)，显系笔误。

[2]龙支与龙耆不是一个地方。此处作龙耆为是，作龙支为非。龙耆在今海晏县三角城，龙支在今民和县古鄯北古城。详崔永红、王昱《龙支龙耆考》，载《青海民族学院学报》(社会科学版)1987年第1期。

[3]关于吐蕃攻唐安仁(一作人)军之事，《旧唐书》卷196《吐蕃传上》、《资治通鉴》卷214均系于开元二十九年(公元741年)六月，此处系于开元二十八年(公元740年)，恐误。另外，"浑崖峰骑将"的名字旧唐书作"盛希液"，而《通鉴》则作"臧希液"。兹存疑待考。

西宁府新志·卷三十一

纲领志（下）

载记附

西宁府

宋

太宗淳化五年,振武军都罗族大首领贡马。

真宗咸平六年三月，以洋逋族首领泥埋领鄯州防御使。潘罗支已授河西节制,上以泥埋实与罗支犄角捍贼,故加恩宠。

景德元年,西凉府率宗哥诸番族攻者龙六族。六谷都首领潘罗支乞会王师收复灵州,乃以罗支为朔方军节度。先是,李继迁粮〔种〕落迷般属及日逋吉罗丹二族亡于者龙族,而欲阴图罗支。会迁党攻者龙,而罗支率百骑急赴,将议合击,遂为二族所害。者龙凡十三族而六族附迷般属二族。西凉府闻罗支遇害,乃率龛谷、宗哥诸族攻者龙六族,六族悉窜山谷中。

三年,宗哥僧李立遵、邈川大酋温逋哥〔奇〕尊立唃厮啰,居宗哥城。宗哥城东至兰州三百里,南至河州四百十五里,东北至西凉府五百里,西南至青海四百里。

大中祥符八年，唃厮啰遣使入贡。遣使入贡，诏赐锦袍、金带、器币、供帐、什物、茶药有差。凡中金七千两，他物称是。

九年，唃厮啰、李立遵等献马。立遵为厮啰论逋。论逋者，相也。献马五百余，诏赐币总万二千计。立遵表求赞普，朝议不宜妄授，以为保顺军节度。

仁宗明道元年，唃厮啰徙邈川，求内属。李立遵为厮啰相，贪且喜杀，国人不附。举兵与沿途安抚使曹玮战三都谷，又袭西凉府，厮啰遂与立遵不协，更徙邈川，以温逋哥〔奇〕为相，求内属。授厮啰宁远大将军，逋哥〔奇〕归化将军。邈川在鄯州，后为湟州。

温逋哥〔奇〕为乱，唃厮啰杀之，徙青唐。青唐即鄯州，后改西宁州。

景祐元年，以唃厮啰为保顺军节度观察留后。

二年，夏王元昊遣共令公苏奴儿攻青唐，唃厮啰大败之。元昊率众侵河湟，唃厮啰破之。元昊始强，兵临河湟，侵略其界。厮啰壁鄯州不出，问得其虚实。元昊已渡河，插帜志其浅，厮啰潜使人移植深处。及大战，元昊溃而归，士视帜渡，溺死十八九。

宝元元年，加唃厮啰保顺军节度使，仍兼邈川大首领。后累加恩兼保顺、河西节度使，又加阶勋检校官，功臣、食邑。

遣左侍禁鲁经持诏使鄯州。唃厮啰奉诏出兵伐西凉。遣屯田员外郎刘涣使鄯州。涣至，厮啰迎导，供帐甚厚。介骑士为先驱，引至庭。延坐劳问，称“天子阿舅安否”？道旧事，则数十二辰属，曰兔年如此，马年如此。

嘉祐二年，唃厮啰子磨毡角载母奔宗哥城，抚有其众。

厮啰妻李氏，皆立遵女。生瞎毡及磨毡角。立遵死，李氏宠衰，斥为尼，置廓州，锢其子瞎毡。磨毡角结母党，窃载其母奔宗哥，厮啰不能制，因抚有其众。

三年，夏王谅祚入掠，唃厮啰战败之。搽罗部阿作等叛归谅祚，谅祚乘此引兵攻掠境上，厮啰与战，败之。获豪酋六人，囚降龙逋、立公、马波三大族。

英宗治平二年，夏王谅祚取邈川。羌邈奔及阿叔溪心以陇珠、阿诺二城叛谅祚，归厮啰。厮啰不礼，乃复归谅祚，请兵还取所献地。谅祚出万骑来取，不能克，但取邈川，归丁家五万余帐而还厮啰。

冬，唃厮啰死。子董毡嗣为保顺军节度。

神宗熙宁元年，加董毡为太保、太傅。

五年，秦凤经略王韶谕青唐番部俞龙珂，降之。

十年十一月，以邈川首领董毡改西平制度使，青宜结鬼章为廓州刺史。遣供奉官郭英赍诏书、器币使至鄯州。

元丰二年，董毡遣景青宜党令(支)入贡方物。诏赐董毡缗〔缗〕钱、银帛、对衣、金带。

三年，拜邈川城主温讷支郢成等官有差。郢成及叔溪心、弟阿令喜〔京〕等钦慕，以郢成为会州团练使，溪心内殿崇班，令京西头供奉官，余族人皆殿直奉职。

四年，董毡遣使入贡。八月，董毡遣首领洛施军笃乔阿公等会王师，伐夏人。九月，董毡遣使入贡。十二月，种谔降横河平人户于石堡城，斩获甚众。

五年二月，进封董毡为武威郡王，鬼章、阿骨里〔里骨〕、党令支为团练使，心牟钦毡、阿星、李叱腊钦为刺史。

八年，哲宗立，加董毡检校太尉。

哲宗元祐元年二月，董毡卒，养子阿里骨嗣河西节度使、邈川首领。阿里骨遣使修贡，进封宁塞郡公。

二年，邈川首领结药密入降。里骨颇峻刑，诏谕之，遂逼鬼章，使率众拒洮州。羌结药密使所部怯陵来告，里骨(执)怯陵，结药密惧，携妻子南归。

八月，岷州行营将种谊执鬼章、青宜结槛送京师。鬼章使其子结呃龊入寇，心牟钦毡、温溪心不从，诏以二人为团练使，鬼章就擒送京师。寻赦之，听招其子以自赎。

三年，阿里骨奉表谢罪，诏加紫金光禄大夫、检校太保。廓州主鲁尊谋入降，弗纳。鲁尊欲折河桥归汉土，以里骨既通贡，不可有纳叛之名，弗纳。

授阿里骨子邦彪篯为鄯州防御使。

绍圣元年四月，阿里骨以狮子入献。

三年九月，阿里骨卒。

四年正月，以阿里骨子瞎征嗣河西节度使、邈川首领、检校司空、宁塞郡公。瞎征即邦彪篯也。

瞎征杀季父苏南党征。瞎征性嗜杀，大酋心牟钦毡等有异志，忌党征雄勇多智，共诬其谋逆，瞎征不察而杀之。尽诛其党，独篯罗结奔溪巴温。

溪巴温据溪哥城，自称王子。溪巴温，董毡疏族。自阿里骨立，去依陇逋部，河南诸羌多归之。篯罗结奔巴温，奉其长子杓楞据溪哥城，瞎征讨杀之。罗结奔河州，巴温入溪哥城，自称王子。

元符二年七月，安抚使王瞻〔赡〕复邈川城。钱罗结说瞻取青唐之策，遣客诣张惇言状，下其事于孙路。路以为可取，瞻〔赡〕遂以高永年总番兵为前锋，引兵趣〔取〕邈川，夜半传发，平明入据府库。

邈川、宗哥酋舍钦脚永内附，王瞻〔赡〕遣裨将王泳率兵赴之。羌人攻湟、鄯，诏会州刺史姚雄援之。围溃，遂诏雄领鄯州。八月，瞎征自青唐来降。钦毡迎巴温入青唐，立木征子陇栘为主。九月，王瞻〔赡〕军至青唐，陇栘出降。始孙路乞先全邈川及河南北诸城，然后进师，瞻〔赡〕怨路，固言青唐不烦大兵可下。会暨宗回至，乃云："下人谋攻邈川，当为守备，青唐未可取。"宗回责其反覆，夜督出师，瞻〔赡〕急进攻，陇栘及心牟等皆出降。

诏以青唐为鄯州、陇右节度使，邈川为湟州，宗哥城为龙支城，廓州为宁塞城。进王厚东上阁门副使，知湟州。闰九月，南山羌叛，王瞻遣将破之。瞎征、陇栘虽其种人，本无归汉意。议者谓："今不修邈川以东城障，而遽取青唐，非计也。以今日观之，有不可守者四：自炳灵寺渡河至青唐四百里，道险地远，声援不相及，一也；羌若断桥塞隘，我虽有百万之师，仓卒不能进，二也；王瞻〔赡〕提孤军以入，四无援兵，必生他变，三也；设遣大军，而青唐、宗哥、邈川食皆止支一月，内地无粮可运，难以久处，四也。官军自会到(按：当作"州"。)还者，皆憔悴，器仗不全，视之有轻汉心，旦夕必叛。"钦毡等果与青唐城中人相结，谋夺城，山南诸羌先叛，瞻〔赡〕遣将李宾逾南山，入保敦谷讨荡，四山皆空。

籛罗结叛，围邈川。夏人来助之。总管工愍死战固守，苗履、姚雄来援，围始解。

巴温子溪赊罗撒据青唐城。青唐围解，而邈川益急，瞻〔赡〕弃青唐归，巴温与其子据之。（按：巴温原刻作“温巴”，今据《宋史》改。）

三年二月，徽宗立，以陇栘为河西军节度使，知鄯州，封武威郡公，充西番都护。朝议并请弃邈川，且谓董毡无后，陇栘乃木征之子，唃厮啰嫡曾孙，最为魏〔亲〕的。于是以陇栘为节度使等官，依州府折民〔氏〕，世世承袭，赐姓名赵怀德。

以邦辟勿丁呃为廓州团练使，同知湟州。即陇栘弟，赐姓名赵怀义。

加瞎征校尉、太傅、怀远军节度使。三月，河西节度使赵怀德入朝。怀德入见，赐冠服。上命辅臣呼与语，问，何以招致溪巴温？对曰：“譬如乳牛，系其子即母须来，系其母即子须来。候至岷州，当遣人往谕，使归汉。”

赵怀德奔河南。怀德与瞎征还湟州，溪赊罗撒谋袭杀怀德，怀德奔河南。瞎征不自安，求内徙。

徽宗建中靖国元年十一月，以溪赊罗撒为西平军节度使，邈川首领。

崇宁元年十二月，论弃湟中罪，贬安焘安置湟州。

二年六月，王厚与偏将军高永年分道攻拔湟州。怀德奔河南，种落更挟之以令诸部。朝廷患之。蔡京议复两州，遣内客省使童贯偕王厚往。多巴罗三子以数万人分据险,厚与永年进击,破杀之。唯多巴罗与少子阿蒙俱遁,遂拔湟州。

三年四月,王厚进击溪赊罗撒,大破之。鄯州降。下青唐城。廓州酋落施军令结以众降。改鄯州为西宁州,建陇右都护府。以赵隆知西宁州,充陇右都护。升陇右都护府为中都督府,加宾德军节度。

四年二月,曲赦兰湟等路。溪赊罗撒合夏人逼宣威城,高永年出御,死之。以防御使刘仲武为西宁都护。后知西宁州。

五年,罢中都督府宾德军节度。

大观三年正月,升湟州为飨德军节度。

政和五年,熙河经略刘法率兵出湟州,与夏人战于古骨龙城,大败之。古骨龙城在震武军。

以王渊总领湟州番兵将。

宣和元年正月,改湟州为乐州。夏人围震武军,刘仲武、何灌救之,解去。以何灌为廓州防御使。

高宗建炎二年,陇右都护张严与金人战于五里坡,败绩,死之。

绍兴元年,金人犯西宁州,守臣俱重迎降。

四年,以关师古为兰、廓等州安抚制置使。

金主贞祐四年九月秋,西宁州以甘谷、鸡川、治平三县隶之。

理宗宝庆三年三月,元破金西宁州。

元

世祖至元十二年,敕安西王忙兀剌、诸王只世帖木儿、驸马章吉分遣所部蒙古军,从西平王奥鲁赤征吐蕃。万执中、唐永坚、阿失罕等锐兵千人同往。

二十三年,立西宁州等处拘摧〔榷〕课程所。

二十四年,封驸马章吉为宁濮郡王,镇西宁。

成宗元贞元年,诏西宁王出伯领甘肃等地军站事。

泰定帝元年,西平王部卫士饥,振〔赈〕之。

文宗天历二年,封速来蛮为西宁王。

至顺三年,诏西宁王速来蛮置王傅官四人,铸印给之。

明

太祖洪武元年正月,甘肃省理问所官祁贡哥星吉归附。

二年四月,遣使持诏,以登极改元谕吐蕃。都督沐英略地昆仑,讨番部,平之。

三年五月,大将徐达分遣征西将军邓愈招谕吐蕃。

四年五月,元甘肃右丞朵尔只失结入贡归附,诏居西宁。元西宁州同知李南哥以州归附。

五年,始置西宁卫。六月,宋国公冯胜遣指挥朵尔只失结招抚叛亡朵只巴等。命礼部郎中许德允、中书舍人锁南安抚西宁诸处番民。

六年五月，命宣威将军朵尔只失结招安定王归附。

十月，封西番朵甘、乌思藏诸酋为王师官长。

七年，安定王(卜)烟帖木儿遣使入贡，鞑靼酋长撒力畏兀儿遣使入贡。七月，西番献葡萄酒，却之。上谓中书省臣曰："昔元时造葡萄酒，使者相继于途，劳民为甚，岂宜仿之？且朕不喜饮，况中国自有秫米供酿，何用劳民？"遂却之，使无复进。赐酋长文绮袭衣。

八月，遣多尔只失结招抚散处诸戎。

八年，立安定、阿端二卫。

十年四月，命征西将军邓愈、副将军沐英讨吐蕃，至昆仑山，大破之。先是，吐蕃所部川藏，邀杀乌思藏使者巩哥锁南，掠其辎重，故命愈讨之。

十一年，哈剌鬼诸土番劫贵德州，遣朵尔只失结至西海，捕获之。十月，西番屡寇边，命西平侯沐英率都督佥事蓝玉、王弼征之。

十二年正月，遣朵尔只失结招谕千户阿卜诸生番。

四月，朵尔只失结收捕西番亦林真奔诸头目。

十九年，命长兴侯耿秉文城西宁。增置马驿七，递运所五。每驿设驿丞一员，兼管所事。

二十年，遣指挥朵尔只失结招抚叛亡千户阿卜的，千户祁贡哥星吉收捕西番亦林真奔。

二十四年五月，遣祁贡哥星吉招抚祁者孙诸番酋。

二十五年，诏朵尔只失结征西番阿立答哈思。

三十年，罕东酋长锁南吉剌斯入贡。置罕东卫，以锁南吉剌斯为指挥佥事。

三十五年，亦林真奔叛，寇暖泉。千户祁贡哥星吉战死之。

成祖永乐元年十一月，诏给屯田军士官牛耕具。

三年，罕东卫贡马，以其头目塔力袭为指挥，奴奴为指挥佥事。

四年，置苑马寺于碾伯城。置曲先卫，以土人散西思为指挥同知。（按：散西思，《明史》作散即思，译者微异也。）

十一年，置镇守西宁将领官。

十二年，以史昭为都督佥事，镇守西宁。

仁宗洪熙元年，安定王叛，命会宁伯李英西征，至昆仑鸦零阔，平之。获人口驼马十万三千余，后又生擒安定王，招十三部，给金牌纳马易茶。

八月，遣礼部主事杨镛至西宁，宴劳平安定王将士。

宣宗宣德元年正月，敕指挥祁贤往罕东诸处，招抚叛亡。

密罗部端约尔坚昝诸酋入贡。

三年，都督史昭请建孔子庙，开学校。

四年，散西思叛，以指挥李文率土军击之。

五年，都督史昭遣安定王亦攀丹、指挥桑哥等讨曲先、阿端二卫，平之。

八年，改西宁卫为军民指挥使司，领左、右、中、前、后、中左六所，仍编户四里。

英宗正统二年，曲先卫头目黑麻乩遣使入贡。

六年，遣都指挥哈剌卜花抚谕罕东、安定诸卫。

七年，遣指挥祁贤往阿端、曲先诸卫，招抚指挥准者罕都立诸叛番。

十二年，敕祁贤捕获安定卫邀杀旗军(之)占麻力诸叛番。

十三年，遣祁贤捕获巴沙部瓦落诸叛番。

景泰四年，敕祁贤捕获牵咱部杀死总旗侯林男之诸叛番。

天顺元年，巴沙番部大掠站堡。

七年，宣城伯卫颖击番酋巴沙部于沙棠川，破之。

宪宗成化六年，都御史徐廷璋檄修学宫。

孝宗洪〔弘〕治元年，置整饬西宁兵备官。

三年，兵备副使柯忠修学宫。

五年，遣指挥哈林诣西宁，求安定王族孙陕巴袭封哈密忠顺王。哈密为土鲁番所破，遣大臣经略之。哈密无有支庶，因先安定王亦攀丹与先忠顺王脱脱同族，故遣使求为其后。

十三年，始置蕃厂。七月，命指挥祁赟往安定卫取忠顺王陕巴母却失吉、妹必力干、弟打思哈等赴甘州，送哈密。

武宗正德二年，罢兵备官。

四年，北夷头目阿尔秃斯、宰桑亦卜剌窜入西海，攻破西宁诸番。先是，北地小王子怒阿尔秃斯、亦卜剌，欲刺之，二酋惧，奔河套，拥部落至凉州，乞空闲地居牧。凉州将吏闭门不敢应，凡十余日，始大掠入西海，攻破西宁安定王等部，夺其印诰，诸番散亡，据有其地。

五年，复兵备官。

七年闰五月，海寇入犯北川，守备汪淮追至旱坪山，击败之。七月，指挥甘俊袭击海寇于红柳滩。

八年正月，海寇犯南川，守备金冕御之扁道岭，败绩。指挥陈治死之。

九年，命总制都御史彭泽、总兵徐谦西征海寇。北夷亦不剌复入西海。先是，总兵徐谦帅万人讨寇西海，寇闻，南渡河，大掠洮岷属番，未久复回。继为小王子所收。阿尔秃厮、亦卜剌二酋俱北徙。未几，亦卜剌闻小王子复有杀害意，仍窜入西海。

十四年十月，隆卜部乌思巴尔诸番酋叛，千户李淳战死之。十一月，革咂部番锁南温古六失加侵掠洪〔弘〕化寺，兵备副使高显、守备杨佑率兵袭至巴燕戎山，破之。

世宗嘉靖元年，叛番侵内地，都督郑乡讨之，不克。

五年，镇番卫经历张大玘，本卫人，奏鲁将辖西宁不便，请削之，报可。

八年，举人李完奏革庄浪参将带管西宁事，许之。北夷阿尔秃厮入西海，与亦不剌结姻。

九年，叛番掠碾伯。四月，指挥彭杲击叛番于土官沟，败之。

十年，海寇入犯西宁，守备彭杲败之。

十二年，兵备李经修学宫。

十三年，都御史赵载命兵备李经建忠节祠。

十五年正月，套夷入犯西宁，闲居总兵官鲁经、参将冶鸾败之。二月，守备崔骐伏兵思巴务峡，袭击海寇，败之。

十六年，总制都御史刘天和檄修巴、暖、三川城堡。二月，守备崔骐败海寇于铁佛寺。

二十年正月，套夷入犯下川口，都指挥祁凤御走之。按旧志云："旗夜陈忠等凭河堵截，射死夷众三十余骑。后贼众力屈，张四十等七人战死，因是亦不敢深入。"

兵备副使王昺修置城堡。吉囊犯西宁，总兵杨信、副将王辅等败之。斩首一百余级。

二十二年，昝咂部番酋却星吉出掠，守备许世爵追败之。俺答阿卜孩来牧，海寇回犯凉州。十一月，守备许世爵扑杀番酋。

二十三年五月，海寇犯南川，守备薛卿御之王狗尔峡。北夷由西海归套。

二十八年，甘肃巡抚杨博奏以临巩、河西学校改隶甘肃巡按御史提督之。考校始得岁周一次。诸生磨励。

二十九年，尔加定部番攻掠碾伯，守备唐勇捣巢，败绩。改置蕃厂。

三十年，昝咂部番攻掠红崖堡，百户刘清、总旗孙瑞先等死之。碾伯操守贺有年追击叛番，战死之。

兵备副使范瑟置定西门于冰沟南，控扼叛番。

三十一年，守备郑晓击夷于燕麦川。

三十二年，设加和尚尔加定聚昝咂诸番部，攻掠堡寨。兵备副使范瑟率兵讨破之。改西宁守备官为参将。（按：设加，或作舍加，尔加定或作写尔定，俱见卷十九《武备志》，属西宁府番人二十五族。）

三十三年，署事参将金鉴御海寇于沙棠川，败之。

三十六年，海寇犯南川，大掠五日而还。六月，碾伯操守彭汝为追击尔加定诸部叛番，死之。八月，昝咂部番出掠红崖沟。十月，叛番出掠水磨沟，复掠钟家庄。

三十七年五月，叛番出掠白石沟。七月，红帽儿番入掠瞿昙寺。十月，昝咂叛番入掠杨官沟。十二月，昝咂叛番入掠弩木只沟，碾伯操守严武击走之。叛番复掠西水磨沟。

三十八年正月，剌咂部番出掠上官儿沟，操守杨真御走之。参将张世俊击叛番于干沟，败之。二月，剌咂部番复掠黑松峡于家寨。九月〔日〕，海寇犯南川，庄浪参将周钦合御之。三月，海寇入犯西川，参将张世俊遣指挥罗松伏兵沙山尾，击败之。

四十年三月，叛番掠颜只沟，操守严威击破之。四月，革咂、占咂叛番从南山掠马哈剌沟。参将崔骐御海寇于巴燕戎山，击走之。

穆宗隆庆元年，都御史石茂华奏改监收州判官为府通判，添注巩昌府。监督西宁卫兵饷，出入悉属之。罢卫知事。

三年，思我思哥部番出掠，兵备副使侯东莱督参将陈恺掩击，获其贰酋。千户钱世盈与红帽儿贼战，死之。

六年，参将萧文奎帅奇兵掩击却尔加部叛番，斩其豪酋。

神宗万历三年，兵备副使董汝汉、参将萧文奎大修西宁城。

四年六月，顺义王俺答至西海，建仰华寺。

九年，哈咂部番入掠思打岔峡，百户郭承勋、刘世爵追出塞外，中伏死之。

十三年，兵备副使燕好爵帅兵捣哈咂部番，破之。

十四年，套夷庄秃赖入掠碾伯等处诸番部。

十五年九月，松夷入掠燕麦川番部，兵备佥事万世德御走之。松夷再犯北川，万世德御走之。

十六年九月，海寇瓦剌他卜囊入掠南川番部，副总兵李魁等御于王狗尔峡，死之。覆其军。时死事者：指挥李世显、刘诏、阿承印；千户陈治纲、赵应武；百户李友梅、叶承恩、张一珍等。又总小旗四十余名，军士八百余名。

十七年，哈咂部番入犯三川，防守百户刘存仁追战，死之。九月，套夷卜失兔入掠瞿昙寺等处。

十八年正月，昝咂部番入掠沙棠川，防守百户刘世臣追战，死之。五月，顺义王扯力良〔克〕送佛至西海，因掠洮、河二州。七月，诏遣兵部尚书郑洛经略西海。以兵部员外梁云龙、山东佥事万世德赞画其事。

松夷宰僧阿赤兔入掠隆卜部番。

十九年正月，经略尚书郑洛檄副使石槚、参将祁德招收诸生番部五万八千有奇。九月，总兵张臣、赞画万世德、参将鲁光祖等出塞，逐夷至西海，焚仰华寺。题复马户一千二百名。

二十一年，增置屯兵通判官添注巩昌府。屯田、水利、兵马、器械悉总之。游击达云修碾伯城。

二十二年，兵备副使余良枢、参将达云修西宁城。筑兴屯堡。

二十三年九月戊寅，海寇瓦剌他卜囊大寇南川，兵备副使刘敏宽、参将达云御于捏尔朵峡，歼之。馘害副总兵李魁夷帅把都尔恰，获馘六百八十级。兵备副使刘敏宽始置战车，并定各利器御夷。

十月辛酉，海寇瓦剌他卜囊聚纳剌诸夷入犯西川，都御史田乐、副使刘敏宽帅参将达云、游击张应学、余世威、邓荣祖等合御于康缠沟，大败之。击死满克王把汉他不囊、脱赖舍人等渠魁十,夷众七百余人。

壬戌,都御史田乐、监军龙膺亲督诸营兵追夷出塞,至白石崖,大败之。获馘六十级。

十一月,遣兵部主事陈楚产赍帑金宴劳西宁获功文武将士。

甘肃巡按乔廷栋题,查额外荒田九百六十八顷,招垦,永不起科。

按察使刘敏宽檄修各川城堡,增敌楼共若干。五月,火酋来海上,乞道东归,未许。置铁厂于北山,并开生铁矿于大山峡。同知龙膺、通判高第勘议大筑诸边。谕各迷等诸生番十九族共七千余名,给与旗票,听调剿夷。

九月,西宁营哨骑同刺卜尔部番御夷于西海之明沙。斩十五级,夺获夷马三十余匹。海寇永、瓦诸部遁居盐池脑,火酋渡河而南。监收同知龙膺兴复社学,设立师徒。

十二月,兵备刘敏宽、同知龙膺修《西宁卫志》成。今不特无刻版,即当年印行者,遍觅仅得宦迹及艺文数卷。使其尚存,必不似现行《西镇志》之陋劣舛错,而余纂修府志,亦少省心力也。惜哉!

二十四年,青海诸酋复掠番族,将窥内地。临洮总兵刘綎部将周国柱御之莽剌川,大破之。

怀〔思〕宗崇正〔祯〕十五年,西宁番族作乱,总兵官马爌督诸将五道进剿,斩首七百有奇,抚降三十八族而还。

冬，流寇李自成遣将陷甘州，独西宁不下，贼将辛恩忠攻破之。土官指挥同知李洪远同妻祁氏暨家丁百二十人死于难。遂进掠西海，诸酋多降附。

皇 清

世祖章皇帝顺治二年，总督孟乔芳遣土司李天俞、祁廷谏等安抚西宁暨河西各土司。

五年，逆回丁国栋等拥众大通河岸，冀以威胁湟中回民。兵备副使冯如京、副总兵张世耀击败之。

十二年，副使冯如京修碾伯泽宫。

十六年六月，移临巩总兵官驻西宁城。

圣祖仁皇帝康熙十三年，逆藩吴三桂反，兰州陷。总兵官王进宝率西宁汉、土官兵以皮囊渡黄河，恢复临洮诸州县。时逆贼据兰州，断河浮梁，守金城关。进宝由小径星驰于河会城，用皮囊暗渡黄河，即今张家河湾，距皋兰一百一十里。自新城柳沟入，较大路近二日。贼未预防，故迅速奏功。

三十二年，西宁土司指挥同知李洽奏请罢西海等处寺庙，与边外诸蒙古纳进，白塔等处边外番民应遣入边，各归本境。余详《艺文志》内将军郎谈孙思克奏疏。

四十一年，运西安仓米五万石贮宁以备用。西宁地不产米，军需则运自他处。

四十二年，青海蒙古内附。

诏封固始汗子孙罗卜藏丹津等为王、公、台吉。

四十六年，教授梁景岱倡诸生修西宁、碾伯泽宫。

五十二年，副使杨宗仁重葺西宁泽宫。

五十七年，招民垦荒，得地八顷三十九亩。

五十八年，总兵官王以谦奏增火器步兵二千名。

世宗宪皇帝雍正元年，青海蒙古亲王罗卜藏丹津等倡谋为逆，侵犯南、西、北各川。授方略，密付大将军年羹尧帅奋威将军岳钟琪、头等侍卫达鼐、西宁总兵官黄喜林等，分道深入，大破之。俘执渠魁，青海悉平。官军自二年二月八日出塞，至二十有二日，直至哈吗打坂汉。逆谋渠魁丹津红台吉等暨罗卜藏丹津之母悉就俘，夷获贼党累万，招降数十万众。所得牲畜不可胜计。三月朔凯旋。

三年，改西宁卫为西宁府，附郭为西宁县。碾伯所为碾伯县，隶府。筑大通、永安、白塔三城，设兵分守。置大通卫，隶府。大通，旧青海地，路达甘、凉，甚捷。且逼介西宁北川营，自设卫之后，宁、甘声息相通，防卫始密。署守备李亩设二十二堡，创义学。

四年，命散秩大臣达鼐，总兵官周开捷安置西、碾、大通、贵德暨河、洮各番族，或贡马，或输粮，归地方文武管辖。先是，各番族外属青海蒙古，内隶各寺剌麻，岁纳添巴与香粮。丹津之乱，剌麻番族与之勾连。今归我版图，断其肩臂，青海势弱，捍外卫内，始得其宜。

五年，散秩大臣达鼐、总兵官周开捷奏革各寺族剌麻、国师、禅师名目，收取前明所给敕印。宁属剌麻咸有印敕，以本家子弟为徒，公然世袭，役使诸番，供其衣食。奢华靡丽，称为官府，连络青海，欺凌贫民。数百年之弊，一旦革除，宁人快之。

六年，准噶尔贼夷侵犯噶斯斥堠，散秩大臣达鼐追击之，获遗贼盆素克而还。

九年六月，青海台吉诺尔布于滕格里谋叛，散秩大臣达鼐驰至，遂弃干潜遁，寻被获。

十一年，散秩大臣、署西宁总兵官范时捷奏修西宁郡城。

十二年，署临巩布政司杨应琚、西宁道副使高梦龙、知府杨汝楩、知县沈予绩、张登高创建贡院，申请文宗来郡考试。先是，府学暨西、碾二县学文武生童，皆就学院于临洮或凉州应考，既苦跋涉，又须路费。边地士寒，以致赴试者每岁渐少。自建贡院，宗师临郡，而后应试诸童岁有增益，人材渐兴。

十三年，罢噶斯防范准噶尔官兵。时大兵在额色尔津（崔按：额色尔津在今都兰县巴隆乡西北。）一带驻防，供支浩繁，于本年撤回。经总理青海德巡抚龄奏准，每年派西宁镇营千、把总四员，马兵一百，青海各王公、扎萨克派佐领、骁骑校各二员，蒙古兵二百名防范哨探，外备蒙古兵二千名，以候调遣，岁以为常。

今上皇帝乾隆二年，临巩布政司徐杞、西宁道佥事杨应琚详请题准新设大通卫每科岁考取文武生员三名，暂附府学。秋九月，诏免征西宁暨河西各州县马粮。

三年，佥事杨应琚、巴暖营游击杨普议请管川陕总督事大学士查郎阿，题准设黑古城、巴燕戎等九城堡，派官兵分守。自设城驻兵后，诸番皆畏怯不敢肆恶，居民行旅咸便之。

四年，西宁、碾伯饥。佥事杨应琚请拨河州、狄道州仓粮运宁振〔赈〕粜。请筑巴燕戎等九城堡，每夫日给银五分，口粮一升六合六勺，以工协振〔赈〕。

五年，佥事杨应琚、知府申梦玺、西宁令王镐、碾伯令徐志丙，行朱子《社仓法》。官捐倡始，劝民乐输，每岁敛散收息，今已积粮万三千六百六十余石。余详建置志社仓碑记。九月，大通卫守备孙捷，(贵)德千总李滋宏行《社仓法》。

六年，佥事杨应琚、知府申梦玺、知县王镐重建郡城泽宫。应琚复设贵德所种地不纳赋民兵一千二百九十四名，详请奏准设民千、把总十一员。

七年，碾伯县知县徐志丙重建县城泽宫。

十年，佥事杨应琚、知府刘洪绪、知县陈铦因社粮已多，创建西宁城乡各社仓。立各社学。

十一年，知县徐志丙、荆峻创建碾伯城乡各社仓。立新社学。大通卫守备孙捷立社学。贵德所千总彭韫设义学。

十二年夏，佥事杨应琚撰《西宁府新志》成，与知府刘洪绪、西宁县知县陈铦捐俸付梓。西宁旧有《西镇志》，仅二本，简陋遗错。且大通卫、贵德所一系新疆，一系境外，向俱无志。今不惮烦，遂采近搜，庶几详备。而削讹补阙，用心良苦。将来有大雅君子，其或以兹为嚆矢!

载记附

唐文皇称制，与房魏诸臣集撰《晋书》，以秦、凉诸霸不可不收，乃采崔鸿《十六国春秋》，立为《载记》。盖比前史特起一例也。其中五凉、二秦、一夏，具国河、湟。而湟之西宁，实得一凉、一秦二国，此但典午（按：午属马，晋姓司马，故称司马为典午。）一朝耳。于是上拓炎刘，下包唐、宋，乃得四种，并前二国，共为载记六篇。庶览者知其颠末云。

西羌无弋爰剑也〔者〕，秦厉公时，为秦人执为奴隶，后得亡归，与劓女遇合于野。女耻其状，被发覆面，羌人因以为俗，遂俱亡入三河间。三河：即黄河、析支河、湟中河也。（按：三河，应为黄河、湟河及大通河（浩门水），析支指黄河河曲，此误以为二河。）诸羌推以为豪。羌人谓奴为无弋，以爰剑尝为奴隶，故名。其后世世为豪，至曾孙忍，忍季父卬，避秦远徙，诸种任随所之。忍及弟舞独留湟中。及汉武帝征伐四夷，又西逐诸羌，渡河筑令居塞，初开河西、金城等五郡，以断匈奴右臂。时先零羌与他羌约结，共攻令居，将军李息讨平之。至宣帝时，诸羌又寇金城，帝遣后将军赵充国讨之。充国欲以屯田于临羌，东至浩门，解散夷谋。捐罕开而独诛先零，罢兵留屯。先零破降，置金城属国处之。爰剑种五世至研，最豪健，自后以研为种号。十三世至烧当，亦复豪健，其子孙更以烧当为种号。王莽末，烧当元孙滇良内侵。东汉初，复寇金城。自烧当至滇良，世居河北大允谷，后徙大、小榆中，(按：此以榆谷为榆中，误。)即金城、西平间也。由是始强。至于子滇吾、诸弟迷吾，数为寇暴，降叛靡定。和帝时，迷吾子迷唐复犯塞，金城守侯霸破之。羌大创，种人瓦解。迷吾遂孤弱，不满千人，远逾析支河，依发羌居。迷唐失众病死，有一子来降，户重数千。时诸降羌布在郡县，皆为豪右所徭役，积满愁怨。安帝永初九年，麻奴兄弟因此遂与种人俱西出塞，先零别种滇〔滇〕零钟羌入寇，败征西校尉任尚兵，皆称天子，招集诸杂种，众遂大盛。汉兵数挫。当煎、勒姐种攻没破羌县，水和中滇〔滇〕零死，子零昌立。宣帝延熹二年，烧当八种寇陇右，以段颎为校尉，将兵及湟中义从羌击破之。颎前后凡破西羌，斩首二万三千级，获生口四万，西羌于是弭定。自爰剑后，子孙支分，凡百五十种。其九种在于析支河首以西，及在蜀汉徼北。参狼、武都(按：应作"唯参狼在武都"。)其五十二种衰少，不能自立，分散为附落，或绝灭，或引远去。其八十九种，惟钟羌最强，更相钞盗，盛衰无常。余已见《武备志》内番族。

南凉秃发氏，鲜卑人也。其先与后魏同出。名匹孤者，率其部自塞北迁于河西。匹孤卒，子寿阗立。初寿阗在孕，母胡掖氏因寝而产于被中。鲜卑谓被为秃发，因而氏焉。寿阗传孙树机能，壮果，多谋略，尽有凉州之地。后为晋马隆破死。

四传而至乌孤，务农桑，修邻好，吕光遣使署为假节冠军大将军、河西鲜卑大都统、广武县侯，乌孤受之，都于廉川。颍破诸部[1]，光又遣使署乌孤征南大将军、益州牧、左贤王。乌孤对使大言，非斥吕王，留其鼓吹羽仪，谢其使而遣之。晋安帝隆安元年，自称大都督、大将军、大单于、西平王。年号太初。耀兵广武，攻克金城，降光乐都、湟河、浇河三郡，更称武威王。后三岁，徙于乐都。署弟利鹿孤为骠骑大将军、西平公，镇安夷。傉檀为车骑大将军、广武公，镇西平。乌孤从容谓其群下曰："乾归擅命河南，段业阻兵张掖，吕氏假息姑臧，吾藉父兄遗烈，思廓清西夏，兼弱攻昧，三者何先？"杨统对以宜先吕氏。乌孤然之，遂有吞并之志。段业为吕纂所侵，遣利鹿孤救之，纂惧而还。以利鹿孤为凉州牧，镇西平。追傉檀入录府国事。是岁，乌孤坠马伤胁死，遗命立弟。在位三年，伪谥"武王"，庙号"烈祖"。

弟利鹿孤立，在隆安二年也。又徙居于西平。逾年，改元建和。吕纂来伐，使傉檀距之。纂兵甚劲，进度三堆，三军扰惧。傉檀下马据戎床而坐，众心乃安。与纂战，败之，斩二千余级。纂西击段业，傉檀乘虚袭姑臧，夷八千余户而归。二年，龙见于长宁，麒麟游于绥戎，群臣称贺。以隆安五年僭称河西王。将军输勿崘请"署晋人于诸城，劝课农桑，以供军实。我则习战法，以诛未宾。"利鹿孤然其言，于是率流（按：当作"师"。）伐吕隆，大败之，获其右仆射杨桓，以为左司马。史暠请建学校，联师徒，选耆旧，教胄子。利鹿孤善之，乃以田元冲等为博士。鹿孤虽僭位，尚臣姚兴。杨桓兄经有佐命功，兴闻桓有德望，征之，利鹿孤强饯于城东，温言慰遣。桓泣而感谢，利鹿孤为之流涕。利鹿孤寝疾，遗令立弟，在位三年而死。葬于西平之东南，伪谥"康王"。弟傉檀立。

傉檀少机警，有才略，其父奇之。谓诸子曰："傉檀明识干艺，非汝等辈也。"是以诸兄不以传子，欲致位于傉檀。及利鹿孤即位，垂拱而已，军国大事，悉以委之。安帝元兴元年，僭号凉王，迁于乐都，改元曰洪〔弘〕昌。姚兴遣使拜傉檀车骑将军、广武公。傉檀大城乐都，率师伐沮渠蒙逊，芟其禾而还，大飨文武于谦光殿。傉檀虽受制于姚兴，然车服仪章，一如王者。伪游浇河，袭徙西平、湟河诸羌三万余，征集戎夏之兵五万余，大阅于方亭。遂伐沮渠蒙逊，为蒙逊所败。蒙逊攻西郡，陷之。其后又为赫连勃勃败于阳武。祭酒梁褒〔裒〕、司马边宪等谋反，傉檀悉诛之。姚兴以傉檀内乱外挫，遣其尚书郎韦宗来观衅。傉檀与宗论六国纵〔纵〕横之规，三家战争之略，远言天命兴废，近陈人事成败，机变无穷，辞致清辨。宗出而叹曰："命世大才经纶名教者，不必华宗夏士，拨烦理乱澄氛济世者，不必《八索》《九丘》[2]。《五经》之外，冠冕之表，复自有人。车骑神机秀发，信一代之伟人，由余、日磾[3]，岂足为多也。"宗还长安，言于兴曰："傉檀人杰，不可图也。"兴不从。遣其将姚弼、敛成等率步骑二万来伐，败还。傉檀僭即凉王位，改年为嘉平，置百官，立夫人折掘氏为皇后，世子虎台为太子。傉檀将亲率众伐蒙逊，太史令景保以天象谏不宜行，傉檀不从。既而大败，单骑而归。蒙逊进围姑臧，(迭)掘、麦田、车盖诸部，尽降于蒙逊。傉檀请和，蒙逊许之。傉檀乃迁于乐都。蒙逊复来伐，围乐都，三旬不克。傉檀以子安周为质，蒙逊引归。吐谷浑树洛干率众来伐，傉檀遣太子虎台拒之，为洛干所败。傉檀又欲伐蒙逊，邯州护军孟恺谏，不从。其军大败而还。蒙逊进围乐都，傉檀婴城固守，以子染干为质，蒙逊乃归。寻复侵西平，徙户掠千马而还。孟恺表镇南湟河太守文支荒酒愎谏，不恤政事，傉檀召而训之，文支顿首陈谢。蒙逊又攻乐都，二旬不克而还。文支以湟河降蒙逊，徙五千余户于姑臧。文支，傉檀犹子也。傉檀将图略地，留太子虎台守乐都，自率骑七千袭乙弗，大破之，获牛马羊四十余万。炽磐乘虚来袭，一旬而城陷。安西樊尼自西平奔告傉檀，傉檀曰："吾年老矣，所适不容，宁见妻子而死"，遂归炽磐。将士皆散，惟阴鹿孤随之。傉檀叹曰："岁寒不凋，惟卿一人。"初乐都之溃也，诸城皆降，傉檀将尉贤政固守浩门不下，炽磐乃令虎台手书谕之。贤政斥骂虎台。既而闻傉檀至左南，乃降。炽磐以傉檀为骠骑大将军、左南公。岁余，为炽磐鸩死。年五十一，在位十三年，伪谥景王。虎台后亦为炽磐所杀。傉檀少子破羌奔沮渠蒙逊，复以归魏，是为源贺。在《人物列传》。乌孤以安帝隆安元年僭立，以安帝义熙十年灭，至傉檀三世，凡十九年。

西秦乞伏氏，陇西鲜平〔卑〕人也。在昔佑邻者，部众颇盛。五传而至国仁，代其兄弟司繁勇士川，实受苻坚节制。寿春之役，征为前将军，领先锋骑。会周仁叔父步颓叛于陇西，坚遣国仁还讨之。步颓闻而大悦，迎国仁于路。国仁置酒高会，攘袂大言曰："苻氏妄窃名号，穷兵极武，违天怒人。夫物极则盈，祸盈必覆，以吾量之，是役也，难以免矣。当与诸君成一方之业。"及坚败归，乃招并诸部，众十余万。遂以孝武太元十年自称大都督、大将军、大单于，领秦、河二州牧。建元建义，以弟乾归为上将军，余拜授各有差。

明年，苻登遣使者署国仁使持节大都督、大将军、单于苑川。王太元十三年，国仁死。在位四年，伪谥宣烈王，庙号烈祖。弟乾归立。雄武英杰，沉毅有度量。国仁死，众推乾归为大都督、大将军、大单于、河南王，改元太初，立其妻边氏为王后，封拜有差。遂迁于金城。吐谷浑大人及鲜卑诸部皆贡方物，或率众来降，于是声振边服。苻登遣使署乾归假黄钺大都督、陇右河西诸军事、左丞相、大将军、河南王，领秦、梁、益、凉、河五州牧，加九锡。秃发乌孤来结和亲，使乞伏益州攻克支阳、鹯武、允吾三城。又遣翟瑥三将率骑伐吐谷浑视罴，至于度周州〔川〕大破之。姚兴将硕德率众来伐，入自南安峡，乾归自率兵击之。

嗣乾归死，炽磐立，缮甲整兵，以待四方之隙。闻秃发傉檀征乙弗，投剑而起曰：“可以行矣！”率步骑二万袭乐都。秃发虎台凭城据守，炽磐攻之，一旬而克，遂入乐都。遣平远健虔率骑五千追傉檀，徙虎台与其文武及百姓万余户于枹罕，傉檀遂降。炽磐既并傉檀，兵强地广，立其妻秃发氏为皇后。十一年，炽磐攻破北凉，湟河太守沮渠汉平以其左卫四达代之，因讨降乙弗窟乾而还。蒙逊来结和亲，遣昙达王松寿伐姚艾于上邽，大破。又遣安东木奕于讨吐谷浑树洛干于塞上，破其弟阿豺于尧捍川。洛干奔保白兰山而死。乙弗鲜卑乌地延率户二万来降，寻死。弟他子立，以子轲兰质于西平。他子从弟提孤等叛出塞，他子率户五千入居西平。恭帝元熙元年，（按：此段因截取《晋书·载记》失当，致文义含混。应在此句下加“立其弟二子慕末为太子，改元曰建弘。炽磐在位七年”数句。）而宋氏受禅，以宋文帝元嘉四年死。子慕末嗣伪位。

慕末，字安石跋。既立，改元永弘。政刑酷滥，在位三年，为赫连定所杀。国亡。始国仁以孝武太元十年僭位，至慕末四世，凡四十六年。

吐谷浑，本辽东鲜卑也。其嫡弟即慕容廆。庶长（按：吐谷浑为徒何涉归庶长子。）因马斗有言，廆（按：西行者为吐谷浑，非慕容廆，此误。）拥马西行，乃西附阴山。属永嘉之乱，始度河陇，据有其地。至孙叶延，遂以王父字为氏。因氏吐谷浑。数传至阿豺，遣使南通宋，少帝封为浇河公。传弟慕璝，部众转盛。上表归魏。寻讨擒赫连定，魏太武嘉之，遣使策拜为大将军、西秦王。慕璝传弟慕利延，改封西平王，以兄子叱利延寿之谮，太武遣晋王伏罗讨破之。慕利延死，兄子拾寅立，太武拜为镇西大将军、西平王。其后又攻破之。拾寅亦屡寇浇河。拾寅数传至夸吕，隋文帝开皇初侵洪（按：《隋书》作“弘州”，《北史》作“巩州”，应以“弘”为是。）州，遣上柱国元谐击破之。自曼头至树墩，甲骑不绝。俄而入寇廓州，又击走之。夸吕在位百年死。以后还以慕容为姓，其子伏允立。炀帝初，伏允遣子顺来朝。时铁勒犯塞，帝怒，遣将击之，且讽令讨吐谷浑以自效。铁勒即勒兵袭破吐谷浑，伏允东走，保西平境。帝复令观德王雄出浇河、宇文述出西平掩之，大破其众。伏允远遁于山谷间，其故地东西四千里，南北二千里，皆为隋有。于是留顺不之遣，伏允无以自资，率其徒数千骑，客于党项。帝立顺为主，送出塞，以泥洛周为辅。至西平，其部下杀洛周，顺不果入而还。大业末，天下乱，伏允复其故地。唐高祖武德初，李轨据凉州，帝乃约伏允和，令击轨自效，当护送顺。伏允喜，引兵与轨战库门，交绥止，即遣使请顺，帝遣之。顺至，号为太宁王。太宗时寇鄯州，乃命左骁卫大将军段志元〔玄〕讨之，得牛羊二万还。贞观九年，复命李靖、侯君集等分道并出，穷追伏允，破之。顺以归后怨不得为太子，举国降。伏乞〔允〕惧遁，失众无聊，自杀。国人立顺为君，称臣内附。诏封西平郡王，仍号趉胡曰（吕）乌甘足〔豆〕可汗。顺久质华国,人不附,卒为下所杀。立其子诺曷钵。请婚,诏以宗室女洪〔弘〕化公主妻之。高宗朝拜驸马都尉。自是衰弱而吐蕃强盛,相攻。上书言曲直,并来请师,两不许。吐蕃出兵捣虚,破其众黄河上,诺曷钵不支,与公主引数千帐走凉州。帝遣左武卫大将军苏定方为安集大使,平两国怨,吐蕃遂有其地。诺曷钵请内徙。乾封初,更封青海国王。咸亨元年,以右武卫大将军薛仁贵总兵讨吐蕃,且纳诺曷钵于故庭。王师败于大非川,举吐谷浑地皆陷,诺曷钵与亲近数千帐才免。三年,乃徙浩门水南。诺曷钵以吐蕃盛势不抗,而鄯州地狭,又徙灵州。帝为置安乐州,即拜刺史,欲其安且乐云。自晋永嘉时有国,至唐龙朔三年,灭于吐蕃,凡三百五十年。

吐蕃,本西羌属。西羌无弋爰剑百五十种,散处河、湟、江、岷间。其后迷吾衰弱,远依发羌,遂混为族。属有唐旄,令尚主,东赞执不可,雅有辞,帝异之。东赞又善训师,有节制,吐蕃之强,东赞力也。东赞死。有子五人,复专其国。长曰钦陵,复善用兵。咸亨中,将军薛仁贵率兵讨之,至大非川,为钦陵所败。因遂灭吐谷浑。上元中,寇鄯、廓等州。仪凤三年,命中书令李敬元〔玄〕为鄯州都督,率刘审礼击吐蕃青海上,审礼战没。将军黑齿常之率死士,夜斧其营,乃引去。四年,赞普死,子器弩悉弄立,钦陵复专政。五年,赞婆、素和贵攻河源,敬元〔玄〕与战湟川,又败绩。常之又以精骑三千夜捣其营，赞婆惧，引去。时吐蕃东与松、茂、隽〔嶲〕接，南极婆罗门，西取四镇，北抵突厥，幅员饶万里，汉、魏诸戎所无也。永隆元年，文成公主薨，来告丧，遣使者吊祭。武后如意元年，武威军总管王孝杰大破吐蕃，复取四镇。二年，孝杰又败之，吐蕃请和。后诏通泉尉郭元振往使，道与钦陵遇，元振让之。钦陵强辩有辞，主客相敌，且使使请所掠。元振固言不可许，后从之。钦陵专国久，常居中制事，诸弟皆领方面兵，而赞婆专东境几三十年，为边患。兄弟皆才略沈雄，众惮之。器弩悉弄既长，渐不平，乃计诛之，钦陵兵溃自杀。而左右殉死者亦百余人。独赞婆以所部款塞，擢特进辅国大将军、归德郡王。赞婆即领部兵戍河源。赞普死，诸子争立，国人立弃隶蹜赞，始七岁。中宗景龙三年入贡请婚，帝以雍王守礼女为金城公主降之。拜杨矩为鄯州都督。元〔玄〕宗开元二年，吐蕃入寇，杨矩自杀，诏薛纳、王暖〔晙〕讨之，斩首万七千级。又战长子，夷大败，相枕藉死。宰相建言："吐蕃本以河为境，以公主故乃桥河，今既负约，请毁桥，复守河如约。"诏可。吐蕃请和，然语悖傲。公主上书永听修好。自是岁朝贡，不犯边。陇右节度使王君臭请深入。十二年，大破吐蕃。后二年，君臭蹑吐蕃出青海，掠其辎重以旋。明年，夷大将悉末朗攻瓜州，左金吾将军张守珪击走之。鄯州都督张志亮又战青海西，破大莫门城，焚橐驼桥。吐蕃请和，以忠王友、皇甫惟明往约。二十六年，吐蕃以内竖赵惠琮谕盟，恚不朝。大入塞，鄯州都督杜希望拒之，又拔新城。二十八年，金城公主薨，吐蕃因请和，不许。夷乃悉众四十万入犯，袭廓州，败一县，攻振武军石堡城。天宝元年，陇右节度使皇甫惟明破夷青海，斩首三万级。十二载，置浇河郡于积石西。后二年，悉诺罗来降，封怀义王，赐姓李氏。安禄山乱，陇右节度使哥舒翰悉兵守潼关，故吐蕃得乘隙暴掠。代宗宝应三年，取兰、河、鄯，洮等州，于是陇右地尽亡。后屡入奉天长安。宪宗、穆宗朝交和修好。吐蕃别将尚恐热为落门川击讨使，姓木名农力热，犹中国号郎也。谲诡善幻，约三部得万骑，击鄯州节度使尚婢婢。又击杀宰相尚思与思罗，并苏毗众十余万。婢婢姓没卢，名赞死牙，羊同国人，宽厚略通书记。武宗会昌三年，国人以赞普非是，叛去。恐热自号宰相，以兵二十万击婢婢。婢婢厚币诒书约欢，恐热大喜，退营大夏川，婢婢遣将击破之。明年，恐热复攻婢婢鄯州，败还。宣宗大中三年，婢婢败于恐热，粮尽，引众趋甘州西境，恐热大掠鄯、廓等州。寻恐热因麾下内怨，请唐兵共定其乱，求册为赞普，帝不许。恐热奔还廓州，节度使李玭等悉复九州七关。七年，鄯城使张秀〔季〕颙与尚〔论〕恐热战，破之。北庭回鹘与吐蕃战，斩恐热首传京师。后中原多故，归义诸城多没吐蕃奴部浑没。然吐蕃自是衰弱分散，无复统一。诸州皆有之，各有首领，内属者谓之熟户，余谓之生户。五代迨宋，入贡内附，请帅助征，时时有之。族属不一,惟唃氏最著。

唃厮啰者,绪出赞普之后,生高昌国。既长,(与夏国)大战,元昊败归,误渡溺死十八九,自是数以奇计破,元昊遂不敢窥其境。降潘罗支旧部,又得回纥种人。厮啰居鄯州,西有临蕃城,通青海,高昌诸国商人皆趋鄯州贸易,以故富强。宝元元年,加保顺军节度使兼邈川大首领。时以元昊反,诏屯田员外郎刘涣谕厮啰,使击之。厮啰迎见,平揖不拜,延坐劳问,称"阿舅天子安否?"道旧事,则数十二辰属,曰兔年如此,马年如此。涣传诏已,而厮啰召酋豪大犒,约尽力无负,然终不能有大功。后累加恩,进阶赐物。英宗治平二年冬死,年六十九。三子:辖毡、磨毡角、董毡。厮啰以董毡嗣。董毡母曰乔氏,厮啰三妻,居历精城。所部可六十〔七〕万人,号令明,人惮服之。董毡自九岁,厮啰为请于朝,命为会州刺史,而乔氏封太原郡君。

董毡既立,最强,独有河北之地。初,厮啰死,嗣为保顺军节度使,检校司空。神宗即位,加太保、进太傅。神宗熙宁元年,封其母安康郡太君,以其子兰逋叱为锦州刺史。三年,夏人寇环、庆,董毡乘虚入其境,大克获,赐玺书袍带奖激之。十年,董毡入贡,有报赐改西平节度使。元丰四年,王师讨夏,会其兵。董毡集六部兵十二万,以八月分三路与官军会。帝以其协济军威,由常乐郡公进武威郡王。夏人欲与之通好,许割赂斫龙以西,董毡拒绝之。训整兵甲,以俟入讨。且遣使来告。帝召见其使,使归语董毡尽心守圉。帝亦知,邈川事力不足与夏人抗,但欲解散其谋,使不与结和而已。故终不能有大功。哲宗立,加检校太尉。哲宗元祐元年死。时兰逋叱巳〔已〕死,养子阿里骨嗣。

阿里骨本于阗人,少从其母给事董毡,故养为子。元丰兰州之战,最有功。既立,遣使修贡。元祐元年,授冠军大将军、检校司空,(为)河西军节度使,封宁塞郡公。里骨颇峻刑杀,其下皇皇,诏饬之。二年,遂逼鬼章为乱。八月,鬼章兵败就擒,槛送京师,寻赦之。明年,里骨奉表谢罪,诏熙河无复出兵,许贡奉如故。加紫金光禄大夫、检校太保。又封其妻为安化郡君,子邦彪篯为鄯州防御使。绍圣元年,献狮子,厚赐还之。三年死,年五十七。子辖征嗣。辖征即邦彪篯也。嗣受父官。性嗜杀,部曲睽贰,篯罗结逃于溪巴温。溪巴温者,董毡疏族也,自阿里骨之立,去依陇逋部,河南诸羌多归之。篯罗结奉溪巴温长子杓椤据溪哥城。辖征讨杀杓椤,篯罗结奔河州,说王瞻〔赡〕以取青唐之策。已而(溪巴)温入溪哥城,自称王子。元符二年七月,瞻〔赡〕取邈川。八月,辖征自青唐脱身来降。火酋钦毡迎溪巴温入青唐,立木征之子陇椤为主。九月,瞻〔赡〕军至青唐,陇椤出降,以邈川、湟河、青唐为鄯州。二酋虽降,然其种人本无归汉意。议者谓:“今不先修邈川以东城障,而遽取青唐,不知青唐不可保也。”闰九月,钦毡等果叛,(瞻)〔赡〕遣将破之,戮钦毡等九人。青唐围解，而邈川益急，夏人十万助之。总管王愍死战死守乃免。加辖征校尉、太傅、怀远军节度使。三年，还湟州，溪赊罗撒谋袭杀陇楞。陇楞袭〔奔〕河南，辖征不自安，求内徙。诏居邓州。徽宗崇宁元年卒。

辖毡，唃厮啰长子，磨毡角其次子也。其母二人，皆立遵女。立遵死，李氏宠衰，斥为尼，置廓州。锢其子辖毡。磨毡角结母党李巴全窃载其母奔宗哥，厮啰不能制，磨毡角因抚有其众。李氏以宝元二年恩赐紫衣，磨毡角亦屡奉贡，官思州团练使。卒，所部立其子辖撒欺丁。李氏惧孤弱不能守，乃献皮帛，入库廪文籍于厮啰，厮啰因受之。仁宗嘉祐三年，命欺丁为顺州刺史。辖毡居龛谷，屡通贡，授澄州团练使，先卒。子木征居河南。青唐族酋辖药鸡罗等迎之，欲立以复洮、岷诸羌。后徙安江城，董毡欲羁属之，不能有也。至和初，补本族副军主。嘉祐中，河州刺史王韶经略熙河，遣僧智圆往说之，啖以厚利，因随以兵，前后杀其老弱数千，焚族帐万数，得心腹酋领十余人。又禽其妻子，皆不杀。遂以熙宁七年四月，举洮、河二州来降，赐姓名曰赵思忠，拜荣州团练使，迁合州防御使。卒。子陇楞，元符二年为钦毡、溪巴温等所立。居青唐。王瞻〔赡〕军至，陇楞出降，瞻〔赡〕遂以青唐为鄯州。已而瞻〔赡〕弃青唐，巴温与其子溪赊陇楞〔罗撒〕据之。朝论请并弃邈川，且谓董毡无后，陇楞乃木征之子，辖毡之孙，厮啰嫡曾孙，最为亲的，宜立。于是以陇楞为河西冠军节度使，知鄯州，封武威郡公，充西番都护。世世承袭，赐姓名曰赵怀德。其弟邦辟勿丁呃曰怀义，为廓州团练使，同知湟州。三年三月，怀德及所降契丹、夏国、回鹘三公主入见，各赐冠服，退易之，于迩英阁前后立班谢，赐宴于横门。徽宗命辅臣呼与语，问何以招致溪巴温？对曰“譬如乳牛，系其子，即母须来；系其母，即子须来。候至岷州，当遣人往谕，使之归汉”。遂命与辖征同归湟州。崇宁三年，王厚复湟、鄯，怀德至京师，拜感德军节度使，封安化郡王。

松门杨氏曰：湟中本西羌地，逼介青海，屏藩五郡。而青海周回千七百里，水草丰美，宜牧畜，素号羌戎乐土。故自汉、魏立郡县以来，先零、秃发、吐浑、吐蕃叛服迭见，收弃承棋。干戈兴而学校废，礼义衰而人材稀，固其理也。今以载记纪其始末，编年著其事功，民亦劳止。然观所以失之之由，则知所以得之之术，在乎用人而已。汉用赵充国、邓训诸公，则内有亡费之利，外有守御之备，舍乘危之势，获坐胜之道。羌、戎闻训死，至以刀自割，尚何有侵犯之事乎？隋用慕容三藏、梁毗，则百姓爱悦，襁负日至，蛮夷感悟，遂不相攻。唐用黑齿常之、杜希望，则食衍士精，戍逻有备，吐蕃惮畏，不敢盗边。宋用王韶、赵隆、何灌，则湟、鄯复得良田数万顷。明用耿炳文、史昭辈，则宁境开拓，规模可观。后用人乖舛，羌、戎勾结，丧师辱国，民不聊生。万历时幸用经略郑洛，继用巡抚田乐、兵备刘敏宽、参将达云等，文武协心，三捷海寇，功为一时之最。嗣国政日非，官无善绩，西陲不复振矣。我朝圣祖、神宗，经文纬武，剿逆抚顺，隔绝羌戎，设立郡县，兴学校，育人材。今边境晏然，羊牛满野，弦歌之声，出于户外，岂非旷千载而一见哉！欧阳文忠公曰："材待匠而后成，臣待君而后用。"又曰："治国譬之于弈，知其用而置得其处者胜，不知其用而置非其处者败。败者临棋，注目终日而劳心；使善弈者视焉，为之易置其处，则胜矣。胜者所用，败者之棋也。"呜呼！岂惟宁郡哉？

注释：

[1]"颎破诸部"犹言大破诸部。颎，此处可能用如"坰"，指遥远的郊野。当时，秃发乌孤率部接连攻破鲜卑卢陵、契汗、意云等部，声威大振，故吕光封了他不少名号。

[2]《八索》《九丘》：相传为古代书名。《左传》昭公十二年记载楚灵王称赞左史倚相时说："是良史也，子善视之。是能读《三坟》《五典》《八索》《九丘》。"楚灵王所说的这些书是上古名著，但具体的内容与形式不详，后世学者各说不一，且皆无实据，迄无定论。

[3]由余、日磾：古代名臣。由余（公元前687？-前623年），秦穆公时人，其祖先是晋国人，后到西部戎地，戎王闻秦穆公有贤德之名，便让由余出使秦国观探。穆公通过交谈发现由余是治国奇才，便用计留住他，后戎王贪恋声色，冷落了由余。由余降秦，助秦伐戎，开地千里，秦国在西戎地区称霸。日磾即金日(mì)磾(dī)（公元前134-前86年），字翁叔，本是匈奴休屠王太子，武帝时归汉，官至侍中。他为人笃实忠诚，受武帝信任喜爱。后与霍光共同受武帝遗诏辅政，封秺侯。

西宁府新志·卷三十二

艺文志（一）

艺文首重王言，德音更关蠲恤。西垂〔陲〕兆民，被恩尤厚。至历朝碑诏，良臣硕书，文士述作，搜辑荟萃，以西宁用武之地，载诸简编，以备参考。即吟咏篇什，輶轩[1]采风，亦无非歌诵勤苦，表扬勋伐，鼓吹休明，宣布风土，而边地轻文，均不可阙云。

诏 谕

西宁府

世祖章皇帝

顺治九年，诏免西宁所属故绝抛荒，并水淹沙压地亩额征粮草。

圣祖仁皇帝

康熙四十一年，奉上谕："西宁乃紧要地方，产米甚少，于西安仓米内运送五万石收贮。"又户部覆准：西宁运西安粮石，借给本地穷民，于明年照数还仓。又题准：西宁卫碾伯所、上川口、巴、古等堡应征屯粮，于四十二年带征。又议准：西宁米价腾贵，运西安粮米，照时价十分减三粜卖，俟明秋照数还仓。

五十五年，奉上谕："蠲免西宁所属次年粮草，并将从前历年逋欠粮草亦悉予蠲除。"

五十七年，奉上谕："西宁节年旧欠粮草，尽行豁免。"

世宗宪皇帝

雍正元年，奉上谕："所有西宁康熙六十年以前实在未完豆、草，悉予蠲免。"

雍正六年，奉上谕："甘肃地方年来预备军需，虽事事取办于公帑，而百姓挽输效力，亦甚勤劳，朕心轸念维殷，屡加恩泽。前闻今岁兰州、平凉、西宁等府所属州县内，有雹雨虫伤之处，已谕该督抚留心赈恤，停止催科。嗣闻从前雨少之地，俱已沾被甘霖，秋成可望，朕心深慰。因念甘肃为军需总汇之区，百姓急公趋事，所当格外加恩，俾闾阎力量宽余，无催征之扰，以昭朕子惠元元，奖劳赏善之至意。著将河东、河西各属民户、屯户及番民等本年应征各项银粮草束，一概蠲免。若有已经完纳者，准作来年正赋。该督抚等务体朕心，督率有司敬谨奉行，俾秦民均沾实惠。倘有豪胥滑吏舞弊作奸，使泽不下究者，经朕访问，定将该管大小官员严加议处。特谕。"

又奉上谕:"年来用兵西藏,剿抚苗蛮,及目今办理军需,一切皆动支公库,而粮饷转输,不无资于民力,朕心深为轸念。是以降旨将甘肃、四川、云南、广西五省庚戌年地丁钱粮,全行豁免。查甘属之河西四府,如宁夏、西宁及甘、凉、肃以至嘉峪关外之靖逆、赤金、柳沟等卫所历来额征,俱系粮料草束,与各省额行折色无异。今当用兵之际,虽丝毫不派及民间,而黎民踊跃急公之意,大将军岳锺琪数次奏闻,甚属可嘉。应将额征本色,加恩豁免,以示惠爱边民之至意。著户部即行查明具奏。"

雍正八年,奉上谕:"甘肃地方,雍正八年地丁钱粮,前已降旨蠲免。其河西四府、州、县各卫所额征粮料草束,又经一体免征。朕念新归内地番民,向风慕义,愿附版图,其地亩额征本色粮草,与河西等处税赋相同,亦应一体蠲除。俾令同沾恩泽。著将雍正八年河东之河州厅应征番粮一千三十一石零;洮州卫应征番粮三百一十六石零;归德所应征番粮一百六十三石零;河西之西宁府属应征番粮一万五百四十二石零;凉州府属应征番粮二十七石零,草一百九十七束零,俱加恩蠲免。该督抚即率所属有司,敬谨奉行,俾番民均沾实惠。特谕。"

(崔按:此处原本还有一份雍正十年的上谕,内容与雍正六年的几乎完全一致,故略而不录。特予说明。)

今上皇帝

雍正十三年九月,恩诏免雍正十年以上民欠钱粮。又奉上谕:"将雍正十二年以前各省钱粮实欠在民者,一并宽免。"

乾隆元年,恩免额征五升社粮。又恩免河西、西宁额征五升马粮。

乾隆四年,奉上谕:"甘省之秦安、西宁等十五州、县,俱有被水被雹之处,朕已格外加恩,将该州县本年应征地丁、钱粮,降旨豁免。但甘省州、县,从前多系卫、所,其额征之项,本色多而折色少,亦有全征本色者。朕前因甘省州、县屯地征本色而无折色,每遇蠲免之年,不得不一体沾恩,曾降旨准免三分之一。此次秦安等十五州、县应征粮草,亦照屯户之例,蠲免三分之一,以示朕优恤边民之至意。该督抚即遵谕行。"

乾隆五年,奉上谕:"从来野无旷土,则民食益裕,即使地属畸零,亦物产所资。民间多辟尺寸之地,即多收升斗之储。乃往往任其闲旷,不肯致力者,或因报垦则必升科,或因承种易滋争讼,以致愚民退缩不前。前有臣工条奏及此者,部臣以国家惟正之供,无不赋之土,不得概免之科,未议准行。朕思则壤成赋,固有常经,但各省生齿日繁,地不加广,穷民资生无策,亦当筹画变通之计。向闻边省山多田少之区,其山头地角,闲土尚多,或宜禾稼,或宜杂植,即使科粮纳赋，亦属甚微，而民夷随所得之多寡，皆足以资口食。即内地各省，似此未耕之土，不成址段者，亦颇有之。皆听其闲弃，殊为可惜。用是特降谕旨，凡边省内地零星地土未开垦者，嗣后悉听该地民夷垦种，免其升科。并严禁豪强首告争夺，俾民有鼓舞之心，而野无荒芜之壤。其在何等以上，仍令照例升科，何等以下，永免升科之处，各省督抚悉心定议具奏。务令民沾实惠，吏鲜阻挠，以副朕子惠元元之至意。”

乾隆九年，奉上谕：“朕爱养黎元，旰食宵衣，惟恐薄海内外，有一夫不获其所，边徼冲疲之地，尤所廑念。不惜沛恩施于常格之外，固已屡降谕旨矣。顷思甘肃一省，地处西陲，民贫土瘠。前次频岁军兴，嗣复连遭亢旱，虽去年各属内有收成稍稔之州、县，而民间元气未能遽复，加意培养，正在此时。查自雍正六年起，至上年春夏止，各属民欠借粮积至一百一十四万余石，例应按数征收，以清公项。但思小民当积困之后，若将新旧粮石一时并征，恐因竭蹶输将，以致生计窘迫，非朕抚绥培养之本怀。著将雍正六年至十三年借欠之项，一概蠲免。其乾隆元年以后借欠之项，从壬戌年为始，分作六年带征。至凉州、西宁所属武威、平番、永昌、古浪、西宁、碾伯等六县，乃甘省最寒苦之处，上年又被旱灾，深可悯恻。昨已降旨将此六县民欠额征草束等项，分作三年带征。今既加恩通省，将雍正十三年以前旧欠悉行蠲免,此六县民欠,虽在雍正十三年以后,而彼地民力艰难,甚于他邑,著将此带征之项,一并蠲免,以昭朕加惠边氓之至意。”

乾隆十年,奉上谕:“向来蠲免钱粮定例,止系地丁,而粮草不在其内。朕降旨将乾隆丙寅年直省应征钱粮通行蠲免。惟是甘省地处边隅,所征地丁少而粮草多,其临边各属,丙寅年应征番粮一万二千六百余石,草五百余束,著格外加恩,一体蠲免。再河东、河西额征屯粮草束,亦著蠲免三分之一。该督抚善为办理,务使民番均沾实惠。该部即遵谕行。”西宁一郡,共免屯粮九千二百七十六石三斗八升四合,草二十六万一千五百四十一束七分,番粮一万一千二百四石九斗八升二勺九抄。

御　　制

世宗宪皇帝御制平定青海告成太学碑　雍正三年

我国家受天眷命,抚临八极,日月所照,罔不臣顺,遐迩乂安,兆人蒙福。乃有罗卜藏丹津者,其先世固始汗,自国初稽首归命,当时使臣建议畀以驻牧之地,其居杂番、羌,密近甘、凉。我皇考圣祖仁皇帝睿虑深远,每廑于怀。既亲御六师,平定朔漠,威灵所加,青海部落扎什巴图尔等震慑承命。圣祖仁皇帝因沛殊恩,封为亲王。兄弟八人,咸赐爵禄，羁縻包容，示以宽大。而狼心枭性，不可以德义化，三十年来，包藏异志。朕绍登宝位，优之锡赉，荣其封号，尚冀革心，辑宁部众。而罗卜藏丹津昏谬狂悖，同党吹拉克诺木齐、阿尔部坦温布藏、巴扎部等实为元恶。谓国家方洪浩荡之恩，不设严密之备，诞敢首造逆谋，迫胁番羌，侵犯边城。反状彰露，用不可释于天诛，遂命川陕总督太保公年羹尧为抚远大将军，声罪致讨。以雍正元年十月，师始出塞，自冬涉春，屡破其众。凡同叛之部落，戈鋋所指，应时摧败，招降数十万众。又降其贝勒、贝子、公、台吉等二十余人。朕犹悯其蠢愚，若悔祸思愆，束手来归，尚可全宥。而怙恶不悛，负险抗违，乃决翦灭之计。以方略密付大将军羹尧，调度军谋，简稽将士。用四川提督岳锺琪为奋威将军，于仲春初旬，祃牙徂征，分道深入，捣其窟穴，电扫风驱，搜剔岩阻，贼徒苍黄糜溃，穷蹙失据。罗卜藏丹津之母及逆谋渠魁悉就俘执，擒获贼众累万，牲畜军械不可数计。贼首逃遁，我师逾险穷追，获其辎重人口殆尽。罗卜藏丹津孑身易服，窜匿荒山，残喘待毙。自二月八日至二十有二日，仅旬有五日。军士无久役之劳，内地无转输之费，克奏朕功，永清西徼。三月之朔，奏凯旋旅，铙鼓喧轰，士众欣喜。四月十有二日，以倡逆之吹拉克诺木齐等三人献俘庙社。受俘之日，臣民称庆。

伏念圣祖仁皇帝威灵震于遐方，福庆流于奕叶，用克张皇六师，殄灭狂贼，行间将士，亦由感激湛恩厚泽，为朕踊跃用命。斯役也，芟夷凶悖，绥靖番羌，俾烽燧永息，中外人民胥享安阜，实成先志。以懋有丕绩，廷臣上言，稽古典礼，出征而受成于学，所以定兵谋也；献馘而释奠于学，所以告凯捷也。宜刊诸珉石，揭于太学，用昭示于无极。遂为之铭曰：

天有雷霆，圣作弧矢，辅仁而行，威远宁迩。维此青海，种类实繁，锡之茅土，列在藩垣。被我宠光，位崇禄富，负其阻遐，祸心潜构。恭惟圣祖，虑远智周。睠念荒服，绥抚怀柔。朔野既清，西陲攸震，爵号洊加，示之恩信。如何凶狡，造谋逆天，鼓动昏憨，寇侵于边。惟彼有罪，自于天罚，桓桓虎貔，爰张九伐。王师即路，冬雪初零，日耀组练，雷响鼙钲。蠢兹不顺，敢逆戎旅，奋张螳臂，以当齐斧。止如山岳，疾如雨风，我战则克，贼垒其空。彼昏终迷，曾不悔戾，当翦而灭，斯焉决计。厉兵简将，往捣其巢，逾历嵚[2]岖，坦若坰郊。贼弃其家，我挚而获。牛马谷量，器仗山积。蹇兔失窟，何所逋逃？枯鱼游釜，假息煎熬。师以顺动，神明所福，旬日凯归，不疾而速。殪彼逆谋，悬首藁街，献俘成礼，金鼓调谐。西域所瞻，此惟雄特，天讨既伸，群酋剔息。櫜戈偃革，告成辟雍，声教遐暨，万国来同。惟我圣祖，亲平大漠，巍功焕文，迈桓轶酌。流光悠久，视此铭辞，继志述事，念兹在兹。

敕赐佑宁寺碑文 雍正十年

西宁郭隆寺,地处通途,剌麻之自西藏来者,于兹取道,为边陲古刹。自罗卜藏丹津之叛,结连奸顽剌麻,煽惑番夷,一时蠢动。是以大兵进讨,烧焚寺宇,俾奸宄无所藏匿。凶徒既殄,边境敉宁,梵刹旧基,理宜修复。爰发帑鸠工,遣官往董其事。山开佛殿,规制秩然,僧舍经堂,一准旧式。限令延僧二百人,常住薰修,宣扬妙法。往来梵众,亦得栖息之所。役既告竣,以旧称不雅,敕定嘉名,赐额曰:"佑宁寺"。并纪文勒石,以昭久远。夫黄教之传,盛于西域,凡厥部众,尊崇信奉,远迩一心。其为道,盖佛氏之支流,开示迷途,因俗利导,于治化不为无助。《书》曰:"惠迪吉,从逆凶,惟影响。"览兹寺兴废之由,顺逆之理,昭然矣。我国家洪敷德泽,以振兴黄教,绥抚番夷。继自今恪守清规,虔修梵行,诸部落归依崇奉之愿,久且益坚。将见鸿慈普祐,永戴清宁。兹寺与西土山川,同其悠久可也。

敕赐广惠寺碑文 雍正十年。寺今在大通卫境内。

黄教之兴,盛于西土,其道根源天竺,演说因果,觉悟群生,使为善者知劝,作恶者思惩,与作善降祥,作不善降殃之理,默相符会。所以易俗移风,裨助于王化,为益洪〔弘〕矣。西宁旧有郭莽寺,地处通途,为边方古刹。从西藏进口之剌麻,皆于兹托足,即佛家所谓十方院也。自罗卜藏丹津悖义作逆,兹寺奸顽剌麻与相连接,煽动部落,遂使修行之区，转为藏奸之薮。是以大兵进讨，除其众而毁其寺，所以锄恶止乱，非得已也。迩来氛翳廓清，疆土宁谧，宜振兴黄教，以绥抚番夷。爰发帑金，遣官往为重建，佛殿、经堂、僧舍、山门，规模复旧，丹艧〔雘〕[3]一新。常住之僧以二百人为限，俾其宣传妙法，且使往来僧众有所栖憩。董役之臣，请易嘉名，赐额曰："广惠寺"。所望重建之后，遐迩番夷，一心信奉，敦崇善行，以延庆祐，永享我国家亿万载太平之乐。是朕锡福拯民，跻诸仁寿之意也。纪文勒石，用昭示于久远焉。

历朝诏敕碑文

汉武〔宣〕帝让赵充国敕曰："皇帝问：后将军甚苦暴露。将军计欲至正月乃击罕羌。羌人当获麦，已远其妻子，精兵万人，欲为酒泉、敦煌寇，边兵少，民守保不得田作。今张掖以东，粟石百余，刍槁束数十，转输并起，百姓烦扰。将军将万余之众，不早及秋共水草之利，争其畜食。欲至冬，夷皆当畜食，多藏匿山中，依险阻。将军士寒，手足皲瘃，宁有利哉？将军不念中国之费，欲以岁数而胜微，将军谁不乐此者？今诏破羌将军武贤将兵六千一百人，敦煌太守快将二千人，长水校尉富昌、酒泉侯奉世将婼、月氏兵四千人，亡虑万二千人。齐三十日食，以七月二十二日击罕羌，入鲜水北句廉上，去酒泉八百里，去将军可千二百里。将军其引兵便道西并进，虽不相及，使夷闻东方、北方兵并来，分散其心意，离其党与，虽不能殄灭，当有瓦解者。已诏中郎将卬将胡、越、佽飞、射士、步兵二校，（按：佽飞、射士、步兵校尉，俱汉武官。）益将军兵。今五星出东方，中国大利，蛮夷大败。太白出高，用兵深入，敢战者吉，弗敢战者凶。将军急装，因天时诛不义，万下必全，勿复有疑！”

武〔宣〕帝赐赵充国诏曰："制诏后将军：闻苦脚胫寒泄，将军年老加疾，一朝之变不可讳，朕甚忧之。今诏破羌将军诣屯所，为将军副，急因天时大利，吏士锐气，以十二月击先零羌。即疾剧，留屯毋行。"

东汉明帝诏曰："昔曰桓公伐戎而无仁惠，故《春秋》贬曰'齐人'。今国家无德，恩不及远，羸弱何辜，而当并命。夫长平之暴，非帝者之功，咎由太守长吏，妄加残戮。比铜钳尚生者，所在致医药养视，令招其种人。若欲归故地者，厚遣送之。其小种若束手自诣欲效功者，皆除其罪。若有逆谋，为吏所捕而狱状未断，悉以赐有功者。"时烧何豪有妇人比铜钳者，年百余岁，多智算，为种人所信向，皆从取计策。时为卢水胡所击，比铜钳乃将其众来依郡县，种人颇有犯法者。临羌长收击〔系〕比铜钳而诛杀其种六七百人。明帝怜之，乃下诏云。

窦太后临朝褒段颎诏曰："先零东羌，历载为患。颎前陈状，欲必扫灭，涉履霜，兼行晨夜，身当矢石，感厉吏士。

曾未浃日，凶丑奔破，连尸积俘，掠获无算。洗雪百年之逋负，以慰忠将之亡魂《东观记》曰：“太后诏云：此以慰种光、马贤等亡魂也，功用显著，朕甚嘉之，须东羌尽定，并录功勤。今且赐颎钱二十万，以家一人为郎中，敕中藏府，调金钱彩物，增助军费。”

魏文帝令问雍州刺史张既曰：“试守金城太守苏则，既有绥民平夷之功，闻又出车西定湟中，为河西作声势，吾甚嘉之！则之功效为可加爵邑未邪？封爵重事，故以问卿，密白意，且勿宣露也。”

明太祖敕曰：“朕君天下，凡四方慕义之士，皆待之以礼，授之以官，使之宣其力焉。尔朵尔只失结久居西土，闻我声教，委身来庭，朕用嘉之！今开设西宁卫，特命尔为之佐。尔尚思尽乃心，抚其部众，谨守法度，以安疆土，庶副朕委任之意。可宣武将军、佥西宁卫指挥使司。洪武六年正月敕。”

太宗《瞿昙寺金佛像碑》曰：“如来千百亿化身，慈悲万有，悯济三途，作大方便。善哉！善哉！总摄群生，咸登觉道，为苦海之舟梁，幽冥之日月。有能作福功德，普利一切，则三界人天皆所敬仰。香云弥布，法雨充周，大地山河，皆为佛国，含灵蠢动，普得济度。朕主宰天下，愍念苍生，洪〔弘〕体慈悲，发劝随喜，铸金为佛像，利益群品。初命工作，范久而不成。一日工匠退食，阒然无人，模忽自成，莫不惊异赞叹，以为希有。谓诸佛菩萨显应，示现神通，遂一铸而成。乃有异香馥郁，久而不散，非人间所有。瑞光圆满，毫相端严，具诸种好。是最妙吉祥，持以布施灌顶净觉洪〔弘〕济大国师板丹藏卜，归于西土，济利群生，作无量胜果，增长无量福德。俾时岁丰稔，家给人足，老小康宁，灾殃殄灭，吉祥如意，永蒙佛恩。于乎佛体如如，真常寂静，故无感不应。昔优昙王作旃檀佛像，妙感忉利天匠，殊胜特异，利益一切，靡有穷极。朕今用金铸而感应复若此，所以利益者亦复如是。用纪其瑞，勒之于石。永隆佛教，久远益盛。乃为赞曰：道德巍巍两足尊，超出三界甚希有，广与众生作方便，能以一善摄一切。有缘遇者即超悟，不动瞬息证圆融，我今作此胜妙像，毫相端严无比好。普利三途与六道，蠢蠕胎湿[4]悉蒙恩，永愿世间诸有情，不缠烦恼感快乐。五浊恶世悉清净，即求如来宝觉中，大慈大悲现法身，金刚坚固无有坏。不可思议大劫海，一切归命法中王。”

仁宗《瞿昙寺碑》曰："朕惟佛氏之道，广大崇深，圆融明净，至神至妙，不可测知。所谓先天地不见其始，后天地不见其终，德被万有，利兼显幽。以善感者无弗应，以诚求者无弗遂。故自其法入中国以来，历代崇仰，无间贵贱大小，皆持之为济涉之慈航，启迷之慧炬。而其功之大者，密运化权，阴翊皇度，有不可名言者也。所以有道之主，咸秉信向之诚。我国家自太祖高皇帝躬膺天命，抚有万邦，功高百代，道济天下，无有远迩，咸囿于春风化育之中矣。而圣人之心，不自满足，又崇奖佛教，设置官府于中外，专理教事，而官其徒之良者。又颁布教条，俾率其众于善，益〔盖〕欲广佛之惠利于生民者也。又念远迩郡县，靡不建置寺宇，以严崇奉。而西宁接攘天竺，乃佛所从入中国者也，而独寥寥希阔焉，岂称崇奖之意？于是命官相土，审位面势，简才饬工，肇作兰若，高闳壮丽，赐名“瞿昙”。自是中国之人，往使西域，及西域之人入朝中国者，自此而欲摅诚徼福[5]，有归依之地焉。我太宗文皇帝以大德嗣大位，推天地覆载之心，统育万类，凡日月所照，霜露所坠，其有生之众，靡不欣欣焉涵濡于德化之内。而圣人达孝，继志述事，尚日孜孜惟恐不及，于佛氏益勤崇奖之意。琼编宝册，颁布于海内外者，不可纪极。亦惟欲广佛之惠利于生民者也。乃于瞿昙寺重作奉佛之殿，崇高附丽于日星，五章辉灼于霞彩，瀞深闳伟，超出尘外，香云缭布，如现鹫峰。四达往来，瞻仰欢悦，起信起敬佛德，岂可涯涘[6]哉！朕祗承大统，君临亿兆，惟祖宗之至仁，佩服无斁[7]；惟祖宗之成宪，率履不忘。重惟兹寺，太祖皇帝肇之于前，太宗皇帝绍之于后，二圣功德，与佛不二。表而章之，其在于朕。嗟夫！山可磨也，而法界不堕；海可竭也，而真境长在。神龙法象，共护四维，亘万万年，永奠西极。”

宣宗《瞿昙寺后殿碑》曰：“昔我太祖高皇帝受天明命，

奄有天下，四方万国，悉顺悉臣，德化流行，无间远迩。举海宇之大，民物之众，皆已纳诸太和雍熙之域矣。重惟佛氏之教，清净为宗，慈悲为用，可以阴翊皇度，洪〔弘〕利众生，其功德至大，无以加也。而西方乃其教之所自，宜加崇事，宣导宗风。于是即西宁之境，肇建梵宇，赐名曰“瞿昙寺”，以居其徒。俾敷扬教法，徼福下民，大矣哉！高皇帝圣人之心也。皇祖太宗文皇帝圣神文武，功德崇高，茂阐皇猷，仁育天下，又即寺名重作佛殿，其间规制闳丽，用极崇奉，严敬信而广利济焉。皇祖圣心，即太沮皇帝之圣心也。皇考仁宗昭皇帝，道德光华，恩泽孚浃，覆载之内，熙然同春。而惓惓[8]爱民之志，益重能仁之教，皇考圣心，即祖宗之圣心也。朕恭承天序，嗣守天位，惟三圣之大经大法，钦奉而行之，以制礼兴教。若保合太和，阴祐民物，运灵化于沕穆[9]，盖有资于西方圣神者矣。兹于瞿昙寺继作后殿，用修先志。增益闳规，民悦工劝，不劳而成。既成之日，远迩趋赴，瞻望拜跪，万众一心，如仰兜率[10]。感应之妙，种种吉祥，天花法乐，溢于见闻；金相玉毫，仿佛来止。最胜希有，罔既名言，猗欤盛哉！若朕志所存，惟祖考在天之灵，用资福祐于无穷。惟国家宝祚之重，用隆本支于蕃盛；惟海宇生民之重，用保太平于悠久。此朕之志，亦惟体皇考之圣志也。嗟夫！如天地之大，如日月之明，惟佛暨我国家永永同寿。用勒贞石于千万年。

注释：

[1]輶(yóu)轩：古代帝王的使臣多乘一种轻便车采风，这样的车叫輶轩。后来便称使臣为“輶轩使。”

[2]嵚(qīn)岖：山高峻崎岖貌。

[3]臒(huò)：红色石脂颜料。这里“丹臒”泛指色彩。

[4]蠢蠕胎湿：这里泛指佛教所分的四种出生形式，即卵生、胎生、湿生、化生。其中湿生指蚊蛇等动物依湿气受形而生者；化生指无所依托，唯借业力而忽然出现者，如诸天、地狱等。

[5]摅(shū)诚徼(yāo)福：抒发、表达诚意以获取福祉。摅，发抒，舒展；徼，招臻，要求，这里与“邀”通。

[6]涯涘(yá sì):界限，边际。

[7]斁(yì)：厌弃。

[8]惓(quán)惓：如同“拳拳”，恳切的样子。

[9]沕(wù)穆：指道理深微，不可尽言，唐李白诗中有“淳风沕穆，鸿思滂洋”之句。

[10]兜率(dōu shuài)：梵文Tusita的音译，又作“兜率陀”“兜术”“都史多”等，佛教所说欲界六天中的第四天。意译为“知足”“喜足”“妙足”“上足”等，意思是受乐知足而生欢喜之心。《法华经·劝法品》：“若有人受持诵读，解其义趣，是人命终……即往兜率天上弥勒菩萨所。”

西宁府新志·卷三十三

艺文志（二）

奏　　议 （条议附）

西宁府

汉赵充国《击先零对》曰：羌人所以易制者，以其种自有豪，数相攻击，势不壹也。往三十余岁，西羌反时，亦先解仇合约，攻令居，与汉相距，五六年乃定。至征和元年，先零豪封煎等通使匈奴，匈奴使人至小月氏，传告诸羌曰："汉贰师将军众十余万人降匈奴。羌人为汉事苦。张掖、酒泉本我地，地肥美，可共击居之。"以此观匈奴欲与羌合，非一世也。间者，匈奴困于西方，闻乌桓来保塞，恐兵复从东方起，数使使尉黎、危须诸国，设以子女貂裘，欲沮解之，其计不合。疑匈奴更遣使至羌中，道从沙阴地，出盐泽，过长阬，入穷水塞，南抵属国，与先零相直。臣恐羌变未止此，且复结联他种，宜及未然为之备。

赵充国《驳辛武贤议》曰：武贤欲轻引万骑，分为两道出张掖，回远千里。以一马自佗负三十日食，为米二斛四斗，麦八斛，又有衣装兵器，难以追逐。勤劳而至，夷〔虏〕必商军进退，稍引去，逐水草，入山林。随而深入，夷〔虏〕即据前险，守后厄，以绝粮道，必有伤危之忧。为夷狄笑，千载不可复。而武贤以为可夺其畜产，夷〔虏〕其妻子，此殆空言，非至计也。又武威县、张掖日勒皆当北塞，有通谷水草。臣恐匈奴与羌有谋，且欲大入，幸能要杜张掖、酒泉，以绝西域，其郡兵尤不可发。先零首为畔逆，它种劫略。故臣愚册，欲捐罕、幵暗昧之过，隐而勿章，先行先零之诛以震动之，宜悔过反善，因赦其罪，选择良吏知其俗者，拊循和辑，此全师保胜安边之册。

赵充国《陈利害疏》曰：臣窃见骑都尉安国，前幸赐书，择羌人可使使罕，谕告以大军当至，汉不诛罕，以解其谋。恩泽甚厚，非臣下所能及。臣独私美陛下盛德至计亡已，故遣幵豪雕库宣天子至德，罕、幵之属，皆闻知明诏。今先零羌杨玉，此羌之首帅名王，将骑四千及煎巩骑五千，阻石山木，候便为寇，罕羌未有所犯。今置先零先击罕，释有罪，诛无辜，起一难，就两害，诚非陛下本计也。臣闻兵法‘攻不足者守有余’。又曰‘善战者致人，不致于人’。今罕羌欲为敦煌、酒泉寇，宜饬兵马，练战士，以须其至，坐得致敌之术。以逸击劳，取胜之道也。今恐二郡兵少，不足以守，而发之行攻，释致夷〔虏〕之术，而后为夷〔虏〕所致之道，臣愚以为不便。先零羌夷〔虏〕欲为背畔，故与罕、幵解仇结约。然其私心不能亡恐汉兵至而罕、幵背之也。臣愚以为其计常欲先赴罕幵之急，以坚其约。先击罕羌，先零必助之。今夷〔虏〕马肥，粮食方饶，击之恐不能伤害。适使先零得施德于罕羌，坚其约，合其党。夷〔虏〕交坚党合，精兵二万余人，迫胁诸小种附著者稍众，莫须之属不轻得离也。如是夷〔虏〕兵寖多，诛之用力数倍，臣恐国家忧累，繇十年数，不二三岁而已。臣得蒙天子厚恩，父子俱为显列。臣位至上卿，爵为列侯，犬马之齿七十六，为明诏填沟壑，死骨不朽，亡所顾念。独思惟兵利害，至熟悉也。于臣之计，先诛先零已，则罕、幵之属，不烦兵而服矣。先零已诛，而罕、幵不服，涉正月击之，得利之理，又其时也。以今进兵，诚不见其利，唯陛下裁察。”

赵充国《屯田疏》：“臣闻兵者，所以明德除害也，故举德于外，则福生于内，不可不慎。臣所将吏士、马牛食月〔所〕用粮谷十九万九千六百三十斛，盐千六百九十三斛，茭藁二十五万二百八十六石。难久不解，繇役不息，又恐它夷卒有不虞之变，相因并起，为明主忧，诚非素定庙胜之册。且羌夷〔虏〕易以计破，难用兵碎也，故臣愚以为击之不便。计度临羌东至浩门，羌夷〔虏〕故田及公田，民所未垦，可二千顷以上，其间邮亭多坏败者。臣前部士入山，伐材木大小六万余枚，皆在水次。愿罢骑兵，留弛刑应募，及淮阳、汝南步兵与吏士私从者合,凡万二百八十一人,用谷月二万七千三百六十三斛,盐三百八斛,分屯要害处,冰解漕下,缮乡亭,浚沟渠,治湟峡以西道桥七十所,令可至鲜水左右。田事出,赋人二十亩。至四月草生,发郡骑及属国胡骑伉健各千,倅马什二就草,为田者游兵。以充入金城郡,益积畜,省大费。今大司农所转谷至者,足支万人一岁食。谨上田处及器用簿,唯陛下裁许。”

赵充国《再上屯田状》曰:臣闻帝王之兵,以全取胜,是以贵谋而贱战。(百)战而百胜,非善之善者也。故先为不可胜,以待敌之可胜。蛮夷习俗,虽殊于礼义之国,然其欲避害就利,爱亲戚,畏死亡,一也。今夷〔虏〕亡其美地荐草,愁于寄托远遁,骨肉离心,人有畔志。而明主般师罢兵,万人留田,顺天时,因地利,以待可胜之夷〔虏〕。虽未即伏辜,兵决可期月而望。羌夷〔虏〕瓦解,前后降者万七百余人,及受言去者凡七十辈,此坐支解羌夷〔虏〕之具也。臣谨条不出兵留田便宜十二事。步兵九校,吏士万人留屯,以为武备,因田致谷,威德并行,一也。又因排折羌夷〔虏〕,令不得归肥饶之地,贫破其众,以成羌夷〔虏〕相畔之渐,二也。居民得并田作,不失农业,三也。军马一月之食,度支田士一岁,罢骑兵以省大费,四也。至春,省甲士(卒),循河、湟漕谷至临羌,以眎羌夷〔虏〕,扬威武,传世折冲之具,五也。以闲暇时下所伐材,缮治邮亭,充入金城,六也。兵出,乘危徼幸;

不出，令反畔之夷〔虏〕窜于风寒之地，离霜露、疾疫、瘃堕[1]之患，坐得必胜之道，七也。无〔亡〕经阻远追死伤之害，八也。内不损威武之重，外不令夷〔虏〕得乘闲之势，九也。又无惊动河南大幵、小幵，使生他变之忧，十也。治湟峡中道桥，令可至鲜水，以制西域，信威千里，从枕席上过师，十一也。大费既省，徭役豫息，以戒不虞，十二也。留屯田得十二便，出兵失十二利。臣充国材下，犬马齿衰，不失〔识〕长册，唯明诏博详公卿议臣采择。

赵充国《三上屯田便宜疏》曰：闻兵以计为本，故多算胜少算。先零羌精兵今余不过七八千人，失地远客，分散饥冻，罕、幵、莫须又颇暴略其羸弱畜产，畔还者不绝，皆闻天子明令相捕斩之赏。臣愚以为夷〔虏〕破坏可日月冀，远在来春，故曰兵决可期月而望。窃见北边自敦煌至辽东，万一千五百余里，乘塞列隧，有吏卒数千人。夷〔虏〕数大众攻之而不能害。今留步士万人屯田，地势平易，多高山远望之便。部曲相保，为堑垒木樵，校联不绝，便兵弩，饬斗具，烽火幸通，势及并力，以逸待劳，兵之利者也。臣愚以为屯田内有亡费之利，外有守御之备，骑兵虽罢，夷〔虏〕见万人留田，为必禽之具，其土崩贵〔归〕德，宜不久矣。从今尽三月，夷〔虏〕马羸瘦，必不敢捐其妻子于它种中，远涉河山而来为寇。又见屯田之士精兵万人，终不敢复将其累重还归故地。是臣之愚计，所以度夷〔虏〕且必瓦解其处，不战而自破之册也。至于夷〔虏〕小寇盗，时杀人民，其原未可卒禁。臣闻战不必胜，不苟接刃；攻不必取，不苟劳众。诚令兵出，虽不能灭先零，亶能令夷〔虏〕绝不为小寇，则出兵可也。即今同是而释坐胜之道，从乘危之势，往终不见利，空内自罢敝，贬重而自损，非所以视蛮夷也。又大兵一出，还不可复留，湟中亦未可空，如是，徭役复发也。且匈奴不可不备，乌桓不可不忧，今久转运烦费，倾我不虞之用以澹一隅，臣愚以为不便。校尉临众，幸得承威德，奉厚币，拊循众羌，谕以明诏，宜皆乡风。虽其前辞尝曰得亡效五年，宜亡它心，不足以故出兵。臣窃自惟念，奉诏出塞，引军远击，穷天子之精兵，散车甲于山野，虽无尺寸之功，偷得避嫌之便。而亡后咎余责，此人臣不忠之利，非明主社稷之福也。臣幸得奋精兵，讨不义，久留天诛，罪当万死。陛下宽仁，未忍加诛，令臣数得孰计。愚臣伏计孰甚，不敢避斧钺之诛，昧死陈愚，唯陛下省察。

酒泉太守辛武贤《请击罕幵疏》曰：郡兵皆屯备南山，北边空虚，势不可久。或曰至秋冬乃进兵，此夷〔虏〕在境外之册，今夷〔虏〕朝夕为寇，土地寒苦，汉马不能冬，屯兵在武威、张掖、酒泉万骑以上，皆多羸瘦。可益马食，以七月上旬赍三十日粮，分兵并出张掖、酒泉，合击罕、幵在鲜水上者。夷〔虏〕以畜产为命，今皆离散，兵即分出，虽不能尽诛，亶夷〔夺〕其畜产、夷〔虏〕其妻子，复引兵还，冬复击之。大兵仍出，夷〔虏〕必震坏。

东汉隃麋相曹凤疏曰：西戎为害，前世所患。臣不能纪古，且以近事言之。自建武以来，其犯法者，常从烧当种起。所以然者，以其居大、小榆谷，土地肥美；又近塞内诸种，易以为非，难以攻伐。南得钟存，以广其众，北阻大河，因以为固。又有西海鱼盐之利，缘山滨水，以广田畜，故能强大。常雄诸种，恃其权勇，招诱羌、胡。今者衰困，党援坏沮，亲属离叛，余胜兵者，不过数百，逃亡栖窜，远依发羌。臣愚以为宜及此时建复西海郡、县，规固二榆，设屯田，隔塞羌、胡交关之路，遏绝狂狡窥欲之源。又殖谷富边，省委输之役，国家可以无西方之忧。

段颎上书讨先零、东羌疏略曰：臣伏见先零东羌虽数叛逆，而降于皇甫规者已二万许落。善恶既分，馀寇无几。今张奂踌躇久不进者，当虑外离内合，兵往必惊。且自冬践春，屯结不散，人畜疲羸，自亡之势，徒更招降，坐制强敌耳。臣以为狼子野心，难以恩纳，势穷虽服，兵去复动。唯当长矛挟胁，白刃加颈耳。

魏雍州刺史张既复文帝奏曰：金城郡昔为韩遂所见屠剥，死丧流亡，或窜戎狄，或陷寇乱，户不满五百。则到官，内抚凋残，外鸠离散，今见户千馀。又梁烧杂种羌，昔与遂同恶，遂毙之。后越出障塞，则前后招怀归就郡者三千馀落，皆恤以威恩，为官效用。西平麹演等倡造邪谋，则寻出军临其项领。演卒归命送质，破绝贼粮。则既有恤民之效，又能和戎狄，尽忠孝节。遭遇圣明，有功必录。若则加爵邑，诚足以劝忠臣，厉风俗也。

唐右史崔融议曰：戎狄为中国患尚矣。五帝三王所不臣。汉以百万众困平城，其后武帝赫然发愤，甘心四夷。张骞始通西域，列四郡，掘两关，断匈奴右臂。稍稍度河、湟，筑令居，以绝南羌。于是障候亭燧，出长城数千里。倾府库，殚士马，行人使者，岁月不绝。至作皮币，算缗〔缗〕法，税舟车，榷酒酤，夫岂不怀？为长久计然也！匈奴于是孤特远窜，遂开西域，置使者领护。光武中兴，皆复内属。至于延光，三绝三通。太宗文皇帝践汉旧迹，并南山，抵葱岭，剖裂府镇，烟火相望，吐蕃不敢内侮。高宗时，有司无状，弃四镇不能有，而吐蕃遂张，入焉耆之西，长鼓右驱，逾高昌，历车师，钞常乐，绝莫贺延碛，以临敦煌。今孝杰一举而取四镇，还先帝旧封，若又弃之，是自毁成功而破完册也。夫四镇无守，胡兵必临西域，西域震则威憺南羌，南羌连冲，河西必危。且莫贺延碛袤二千里，无水草，若北接夷〔虏〕，唐兵不可度而北，则伊西、北廷〔庭〕、安西诸番悉亡。

魏元忠上《命将用兵击吐蕃封事》曰：天下之柄有二，文武而已。至制胜御人，其道一也。今言武者，先骑射不稽之权略；言文者，首篇章不取之经纶。臣观魏、晋、齐、梁，才固不乏，然何益治乱哉？养由基射能穿札，不止鄢陵之奔；陆机识能辨亡，无救河桥之败，断可见已。夫才生于世，世实须才。何世而不生才？何才而不资世？故物有不求，未有无物之岁；士有不用，未有无士之时也。志士则富贵与贫贱皆思立功名，以传于后。然知己难而所遇罕。士之怀琬琰就煨尘，抱栋干困沟壑者，悠悠之人直睹此士之贫贱，安知其方略哉？故汉拜韩信，举军惊笑；蜀用魏延，群臣觖望。此富贵者易为善，贫贱者难为功也。昔汉文帝不知魏尚贤而囚之，知李广才而不用，乃叹其生不逢时。夫以广之才，天下无双，时方岁事匈奴，而卒不任。故近不知尚、广之贤，而远想廉颇、李牧、冯唐，是以知其有而不能用也。此身为时主，所知不得尽其才也。晋羊祜谋举吴，贾充、荀勖沮之，祜叹曰：天下事不如意十常七八！以二人不同，终不大举，此据立功之地而不获展其志也。布衣之人，怀奇抱策而望朝奏夕召，岂易得哉？臣愿历访文武五品以上，得无有智如羊祜，武如李广而不得骋其才者乎？使各言其志，毋令久失职。又言人无常俗，政有治乱；军无常胜，将有能否。兵为王者大事，存亡系焉。将非其任，则殄人败国。齐段孝元〔玄〕有言："持大兵如擎盘水，一致蹉跌，求止可得哉？"周亚夫坚壁以挫吴、楚，司马懿闭营而困诸葛亮，此皆全军制胜，不战而却敌。是知大将临戎，以智为本。今之用人，类将家子或死事孤儿，进非干略，虽竭力尽诚，不免于倾败，若之何用之？且建功者，言其所济，不言所来；言其所能，不言所藉。若陈汤、吕蒙、马隆、孟观，悉出贫贱，而勋伐甚高，不闻其家世将帅也。故阴阳不和，擢士为相；蛮貊不庭，擢校为将。今以四海之广，亿兆之众，岂无卓越之士，臣恐未之思乎？又赏者，礼之基；罚者，刑之本。礼崇，则谋夫竭其能；赏厚，则义士轻其死。刑正，故君子勗其心；罚重，则小人惩其过。赏罚者，军国之纲纪，政教之药石。吐蕃本非强敌，而薛仁贵、郭待封至弃甲丧师，脱身以免，国家宽政，罪止削除，网漏吞舟，何以过此？虽陛下顾收后效，然朝廷所少，岂此一二人乎？夫赏不劝，谓之止善；罚不惩，谓之纵恶。臣诚疏贱，干非其事，岂欲间陛下君臣生薄厚哉？正以刑赏一亏，百年不复。故国无赏罚，虽尧、舜不能为。今罚既不行，赏复难信，故议者皆谓比日征行，虚立赏格，而无其实。盖忘大体之臣，恐赉勋庸竭府库，留意锥刀，以为益国。所谓惜毫厘失千里者也。且黔首虽微，不可以欺，安有寓不信之令，设应赏之格乎？自苏定方平辽东，李勣破平壤，赏既不行，勋亦淹废，岁月纷淆，真伪相错。臣以吏不奉法，慢自京师，伪勋所由，主司过也。其则不远，近在尚书省中。然未闻斩一台郎，戮一令史，使天下知之，陛下何照远而不照近哉！神州化首，文昌政本，治乱攸在，臣故冒死而言。夫明鉴所以照形，往事所以知今，臣请借近以为谕。贞观中，万年尉司马元〔玄〕景舞文饰智，以邀乾没，太宗弃之都市。后征高丽，总管张君乂不进击贼，斩之旗下。臣以为伪勋之罪，多于元〔玄〕景；

仁贵等败，重于君义，使早诛之，则诸将岂复有负哉？慈父多败子，严家无格夷〔虏〕，且人主病不广大，人臣病不节俭。臣恐陛下病之于不广大，过在于慈父，斯日月一蚀也。又今将吏贪暴，所务口马、财利，臣恐戎狄之平，未可旦夕望也。凡人识不经远，皆言吐蕃战，前队尽，后队方进，甲坚骑多，而山有氛瘴。官军远入，前无所获，不积谷数百万，无大举之资。臣以为吐蕃之望中国，犹孤星之对太阳，有自然之大小，不疑之明暗。夷狄虽禽兽，亦知爱其性命，岂肯前尽死而后进哉？由残迫其人，非下所愿也。必其战不顾死，则兵法许敌能斗，当以知算取之，何忧不克哉？向使将能杀敌，横尸蔽野，敛其头颅以为京观，则此夷〔虏〕闻官军钟鼓，望尘却走，何暇前队皆死哉？自仁贵等覆师丧气，故夷〔虏〕得跳梁山谷。又师行必藉马力，不数十万，不足与夷〔虏〕争。臣请天下自王公及齐民，挂籍之口，人税百钱。又弛天下马禁，使民得乘大马，不为数限，官籍其凡，勿使得隐。不三年，人间畜马可五十万，即诏州县以所税口钱市之，若王师大举，一朝可用。且夷〔虏〕以骑为强，若一切使人乘之，则市取其良，以益中国，使得渐耗夷〔虏〕兵之盛，国家之利也。

郭元振《觇夷〔虏〕情疏》曰：利或生害，害亦生利。国家所患，唯吐蕃与默啜耳。今皆和附，是将大利于中国也。若图之不审，害且随之。钦陵欲裂十姓地，解四镇兵，此动静之机，不可轻也。若直遏其意，恐边患必甚于前。宜以策缓之，使其和望勿绝，而恶不得萌，固当取舍审也。善为国者，先料内以敌外，不贪外以害内，然后安平可保。钦陵以四镇近已〔己〕，畏我侵掠，此吐蕃之要。然青海、吐浑，密迩兰、鄯，易为我患，亦国家之要。今宜报钦陵曰："四镇本扼诸番走集，以分其力，使不得并兵东侵。今委之，则番力益强，易以扰动。保后无东意，当以吐浑诸部青海故地归于我，则俟斤部落还吐蕃矣。"此足杜钦陵口，而和议未绝。且四镇久附，其倚国之心，岂与吐蕃等？今未知利害情实，而分裂之，恐伤诸国意，非制御之算。又言吐蕃倦徭戍久矣，咸愿解和，以钦陵欲裂四镇，专制其国，故未归款。陛下诚能岁发和亲使，而钦陵常不从，则其下必怨。设欲大举，固不能，斯离间之渐也。

宋王韶《平戎疏》略曰：欲取西夏，当先复河、湟，则夏人有腹背受敌之忧。夏人比年攻青唐不能克，万一克之，必并兵南向，大掠秦、渭之间，牧马于兰、会，断古渭境，尽服南山生羌。西筑武胜，遣兵时掠洮河，则陇属诸郡，当尽惊扰，辖征兄弟其能自保邪？今唃氏子孙，唯董毡粗能自立。辖征、欺巴温之徒，文法所及，各不过一二百里，其势岂能与西人抗哉？武威之南，至于洮、河、兰、鄯，皆故汉郡县。所谓湟中、浩门、大小榆、枹罕，土地肥美，宜五种者在焉。幸今诸羌瓜分，莫相统一，此正可并合而廉〔兼〕抚之时也。诸种既服，唃氏敢不归？唃氏归，则河西李氏在吾股掌中矣。且唃氏子孙，犗征差盛，为诸羌所畏。若招谕之，使居武胜或渭源城，使纠合宗党，制其部族，习用汉法。异时族类虽盛，不过一延州李士彬、环州慕恩耳。为汉有肘腋之助，直使夏人无所连结，策之上也。

苏轼《论西羌夏人事宜疏》曰：臣窃见近者熙河路奏，生擒鬼章，百官称贺，中外同庆。臣愚无知，窃谓安危之机，正在今日，若应之有道，处之有术，则安边息民，必自是始。不然，将骄卒惰，以胜为灾，亦不足怪。故臣区区，欲乞陈前后致寇之由，次论当今待敌之要，虽狂愚无取，亦臣子之常分。昔先帝用兵累年，虽中国靡弊，然夏人困折，亦几于亡。横山之地，沿边七八百里，不敢耕者至二百余里。岁赐既罢，和市亦绝，彼中匹帛至五十余千，其余老弱转徙，牛马堕坏，所失盖不可胜数。饥羸之余，乃始款塞。当时执政大臣谋之不深，因中国厌兵，遂纳其使。每一使赐予贸易，无虑得绢五万余匹，归鬻之其民，匹五六千，民大悦。一使所获，率不下二十万缗，使五六至，而累年所罢岁赐，可以坐复。既使彼因吾资以德其民，且饱而思奋，又使其窥我厌兵欲和之意。以为欲战欲和，权皆在我。以故轻犯边陲，利则进，否则复求和，无不可者。若当时大臣因彼之请，受其辞不纳其使，且诏边臣与之往返商议，所获新疆，取舍在我，俟其辞意屈服，约束坚明，然后纳之，则彼虽背恩反覆，亦不至如今日之速也。彼虽有易我意，然不得西蕃解仇结好，亦未敢动。夫阿里骨，董毡之贼臣也。挟制其公主，以弑其君之二妻。董毡死，匿丧不发，逾年众定，乃诈称嗣子，伪书鬼章、温溪心等名，以请于朝。当时执政，若且令边臣审问鬼章等“以阿里骨当立与否？若朝廷从汝请，遂授节钺，阿里骨真汝主矣。汝能臣之如董毡乎？”若此等无词，则是诸羌心服，既立之后，必能统一都部，吾又何求？若其不服，则衅自彼生，爵命未下，曲不在吾。彼既一国三公，则吾分其恩礼，各以一近土使额命之。鬼章等各得所欲，宜亦无患。当时执政不深虑此，专以省事为安国，因其妄请，便授节钺。阿里骨自知不当立，而忧鬼章之讨也，故欲借力于西夏以自重，于是始有解仇结好之谋。而鬼章亦不平朝廷之以贼臣君我也，故怒而盗边。夏人知诸羌之叛也，故起而和之。此臣所谓前后致寇之由，明主不可以不知者也。虽既往不咎，然可以为方来之鉴。元昊本怀大志，长于用兵。亮祚天付凶狂，轻用其众，故其为边患，皆历年而后克定。今梁氏专国，素与人多不协，方内自相图，其能以创残呻吟之余，久与中国敌乎？料其奸谋，益非元昊、亮祚之比矣。意为二圣在位，恭默守成，仁恕之心，著于远迩，必无用武之意，可肆无厌之求。兰、会诸城，鄜、延五寨，好请不获，势挟必从，猖狂之后，求无不获，计不过此耳。今者窃闻朝廷降诏诸路，敕励战守，明逆顺曲直之理。此固当今之急务，而诏书之中亦许夏人之自新。臣窃以为开之太易，纳之太速，曾未一战，而厌兵欲和之意，已见乎外，此复蹈前日之失矣，臣甚惜之！今若闻鬼章之捷，或渐有款塞之谋，必将为恭狠相半之词，而继之以无厌之请。若朝廷复纳其使，则是欲战欲和，权皆在彼，有求必获，不获必叛。虽偷一时之安，必起无穷之衅。故臣愿明主断之于中深，诏大臣密敕诸将：若夏人款塞，当受其词而却其使，然后明敕边臣，以夏人受恩不赀，无故犯顺，今虽款塞，反覆难保，若实心向化，当且与边臣商议，苟词意未甚屈服，约束未甚坚明，则且却之，以示吾虽不逆其善意，亦不汲汲求和也。彼若心服而来，吾虽未纳其使，必不于往返商议之间，遽复盗边；若非心服，则吾虽荡然开怀，待之如旧，能必其不叛乎？今岁泾原之入，岂吾待之不至耶？但使吾兵练士饱，斥堠精明，彼无大获，不过数年，必自折困。今虽小劳，后必坚定。此臣所谓当今待敌之要，亦明主不可以不知者也。今朝廷意在息民，不惮屈已，而臣献言，乃欲艰难其请，不急于和，似与圣意异者。然古之圣贤，欲行其意，必有以曲成之，未尝直情而径行也。将欲翕之，必固张之；将以取之，必固予之。夫直情而径行，未有获其意者也。若权其利害，究其所至，则臣之愚计，于安边息民，必久而固，与圣意初无少异。然臣窃度朝廷之间，似以畏事为无事者，臣切以为过矣。夫为国不可以生事，亦不可以畏事，畏事之弊，与生事均。譬如无病而服药，与有病而不服药，皆可以杀人。夫生事者，无病而服药也；畏事者，有病而不服药也。乃者阿里骨之请，人人知其不当予，而朝廷予之，以求无事。然事之起，乃至于此，不几于有病而不服药乎？今又欲遽纳夏人之使，则是病未除而药先止，其与几何？臣于侍从之中，受恩至深，其于委曲而保全，与众独异，故敢出位，先事而言。不胜恐悚待罪之至。

明总制杨一清《处置海夷〔虏〕疏》略曰：今二种残贼，将番族戕害已甚，不能生存，遂与纠合为寇。西宁最被害，洮、岷之番，近亦被胁为向导，番夷〔虏〕合势为我腹心患。套夷〔虏〕势虽猛烈，如风寒暑湿之病，来则急如风雨，治之不善，即能杀人。然得良医，一匕而愈。西海之寇，如痞结胸腹间，目前饮食起居虽若无恙，久而不疗，元气日渐耗，后将难图。且阿尔秃厮已遁，止亦卜刺一枝，大约精骑不过二三千人，余皆胁驱番人，势非得已。然地土被其夺占，骨肉被其杀戮，帐房被其烧毁，孳畜被其抢掳，欲报怨仇而复其故，岂无是心哉！此间谍之用，亦不可废也。

杨一清《请复茶马旧例疏》曰：臣于茶马事例，知圣祖、神宗睿谋英略，度越前代也。自唐世回纥入贡，以马易茶。至宋熙宁间，乃有以茶易番马之制，所谓以摘山之利，而易充厩之良。戎人得茶，不能为我害；中国得马，足以为我利。计之得者，无越于此。至我朝纳马，谓之“差发”，如田之有赋，身之有庸，必不可少。彼既纳而酬以茶斤，我体既尊，彼欲亦遂，较之前代曰互市，曰交易，得失轻重，较然可知。且金城之西，绵亘数千里，北有狄，南有番。狄终不敢越番而南，以番人为之世仇，恐议其后，此天所以限别区域，绝内外者也。国初散处降夷〔虏〕，各分部落，随所指拨地方安置住扎，授之官秩，联络相承，以马为科差，以茶为酬价。使知虽远外小夷〔虏〕，皆王官王民，志向中国，不敢背畔。且如一背中国，则不得茶，无茶则病且死，以是羁縻之，贤于数万甲兵矣。此制西番以制北边之上策，前代略之，而我朝独得之者也。顷自金牌制废，私贩盛行，虽有抚谕巡茶之官，莫之能禁，坐失茶马之利，垂百六十年。岂徒边方缺马，将意外之虑，或从此生。乞敕该衙门将金牌旧额查出，仍遣廷臣赍捧前来，会同臣等昭示番族，使知朝廷修复旧制，各当本等差发，不许违背。附近番族，调取原降金牌，前来纳马，给茶赏劳。有不受约束招调者，官兵诛剿，以警其余。庶几恩威并施，番人怀畏，永为藩篱之固。

刘天和《陈边计疏》曰：访得汉人历年被驱掠在夷〔虏〕中者，常数万人，每夷〔虏〕骑南牧近边，则脱身而归。然以守墩官军，残忍贪功，遇有到边，则伪举火炮，杀取首级，冒报功次，希图升赏，是以来归者尚少。查得旧例，遇有到边，镇巡官查取姓名、乡贯，差人伴送宁家。夫彼皆中土良民，我不能卫之保安，致彼被掠。彼不忘我，冒死逃归，我不加恤，又从而利其盗得之物，此何理也？切念先年曾因边方缺军，悬赏召募，每军一人给银五两，能召及百人者升一级。其所召者，多老弱逋囚之人。然走回人口，少小而去，强壮而归，夷〔虏〕之伎俩，知之稔矣。其耐寒署，习战斗，犹夫夷〔虏〕也，以此赴敌，所谓以夷〔虏〕御夷〔虏〕也。方纵之使归民伍，谓之何哉？近来各镇将官，亦有私蓄以备爪牙者，缘未著为令，故所收者不多。合无通行各该镇巡官晓谕守墩官军，但有夷〔虏〕中走回人口，随即收送镇巡官处，时刻不许迟留。除老弱妇女照旧伴送宁家，其精壮男子及十四五岁幼童，若系本镇附近军民，俱倍加抚恤，编入卫所，与正军一体食粮。无妻者官为娶妻，无屋者官为买屋，发游兵部下，名为先锋军。每遇出战，用以当先，使之踊跃呼噪，以倡士气，先登陷阵，以挫贼锋。夷〔虏〕中骑回马匹，有堪以出战者，官给时价收买；不堪者，听其自行变卖。收送墩军夜不收，仍给官银三两，以塞其贪功妄杀之心。其视用银五两，召募不堪之人，以耗边饷，似有间矣。若有贪功妄杀者，下手之人抵命，该管官知情者问发充军。仍行各该抚臣出给告示，发各墩悬挂晓谕。或别行召诱，庶风闻塞外，来归者日众，每镇各得千人以上，鼓噪于军中，则三军气胜，所向不法，而武功大振矣。

总制唐龙疏曰：海夷〔虏〕亦卜剌系小王子下部落，正德四年内逃来海上住牧。往往掳境外番夷，以至强盛，遂为河西害。正德九年，制臣都御史彭泽调集诸路兵马剿杀，贼觇知兵至，移营西宁，由河州渡黄河奔松潘、茂州，直抵乌思藏。大兵旋复，夷〔虏〕亦仍回海上。嘉靖二年，提督尚书金献民奏要差官谕夷〔虏〕以朝廷恩威，令其革心向化，许其通贡。奏下兵部覆行。总制尚书杨一清议，欲征剿以驱河西心腹害。该尚书王宪、王琼先后总制，以兵寡饷乏，未遑远讨。嘉靖十一年正月，都御史赵载等议得亦卜剌巢据海上二十余年，今卜儿孩一旦倾心向化，托帖木哥等属番求纳款贡，又与帖木哥结姻连亲，因其求而抚，是一机会。或俾之纳马酬直，或使首领入贡，或遣子弟入质，或袭授官爵，降给印信，建立卫所，羁縻不绝。如金献民议。后被夷〔虏〕酋吉襄袭破其营，收其部落大半，惟卜儿孩部得免。以夷〔虏〕攻夷〔虏〕，为中国利。随议罢贡款。今夷〔虏〕踪迹稍稀，我边声息亦减，夷〔虏〕举余众出寇松潘。夫夷〔虏〕众生息虽未遽广，剽掠固可渐繁。窃恐数年后，声势复炽，况属番帖木哥等或劫以积威，啖以厚利，与连亲合谋，甚至勾引套夷〔虏〕，同来住牧，构结回夷，为之后先。积薪厝火，其势必然；未雨彻桑，为力则易。乞敕兵部速为查议，即行甘肃镇巡等官厚积刍粮，精阅兵马。仍悬重赏，广募勇敢机警能为夷〔胡〕语之人，令其暗入海上，密探可以进兵道路，察彼虚实与住牧去处，及戒谕帖木哥等勿与通谋。且购为间谍，布为声援，兵食俱集，机宜已审，及熟觇彼夷〔虏〕委有可乘之隙，而我兵进无后艰，即呈总制官处急发各镇兵马，取路分进，约期并攻，殄厥丑类，则河西之患以除。务布方略，严斥堠，慎烽火，守要害，密哨探，俾夷〔虏〕默消侵犯之心。犯则本镇兵马合力截杀，乘势追剿，庶几缓急有备，战守无虞，是又防边御夷〔虏〕之常法也。

杨博《查处屯田计安地方疏》曰：臣以庸劣，误蒙圣明付以边抚重计，任事以来，其于地方利弊，靡不悉心讲求。大要河西事体重且大者，莫过于屯田一事。遂即案行守、巡、兵备四道，各将境内荒芜田地，通行查出。或上下水利不通，应该挑浚；或人力牛种不敷，应该处给；或从来抛荒未种，应该开垦，逐一议处明白。每处画一小图，贴说其上，陆续送阅。果有父子兄弟，相率力田者，即以姓名开呈，动支官钱，买办羊酒花红犒赏；惰农自安者，各举数人，量加惩治，以警其余去后。节据分巡西宁道副使钟鉴先将镇城迤南荒田开报到官，如黑水木龙坝则有荒田二十余顷，洞子渠则有荒田一十三顷，马子渠则有荒田一顷，大满渠则有荒田四顷。即镇城一面，荒芜之田，至于如此，其他十五卫所，可概知矣。臣即督同钟鉴前去各该地方，逐一踏勘，召人承种，不见有响应者。会集父老问之，咸以为往年兴复屯田，或种未入土，名已入册；或人已在逃，粮犹如故。不知夷〔虏〕至则不得耕牧，水淤则不能灌溉，其从来抛荒之地，虽节奉事例，永不起科，官司一概追征，更无分别。未受富饶之利，先罹剥肤之害，以故宁甘贫窭，不敢承认。臣惟甘肃地方,与延、绥事体大略相同。先年河东民运,皆系本色;后因输纳不便,改本为折,遂致二镇渐次萧索。延、绥守臣无岁不讨内帑者,以其计无所出,不得不仰给也。甘肃苟且支持,未尝率意陈乞者,非守臣之才过于延、绥,以其地土肥饶,犹可耕牧故也。臣自入境以来,见所至荒田不下万顷,遂极力经理,期于少效。乃今备咨舆情,始知其受病源委,全在于催科之不法。而法令废搁,实由于劝征之未至。若不急为处分,河西生计,日就穷蹙。臣恐万不得已,又将如延、绥之奏讨矣。以内帑有限之财,应诸镇无厌之请,非惟该部难以区画,亦非臣等边臣体国之忠也。昔汉赵充国、唐郭元振在河西,咸卓然著声。考其所为,充国则上屯田便益,以逸待劳;元振则修通河渠,尽水陆之利。今时虽云异,势不甚殊,效二臣之意,而不泥于其迹,固亦存乎其人焉耳。如蒙乞敕该部,将原奏各边抛荒地土,听其尽力开垦,永不起科。其旧曾起科,荒芜年久,仍要用力开耕,应纳子粒一体蠲免。事例再加申明,行臣遵守,仍听臣将在城、甘州左等五卫,并山丹卫、高台所,行分巡副使钟鉴,凉州、镇番、永昌、庄浪、古浪五卫所,行分守参政张玺;肃州卫、镇夷所,行兵备副使赵得佑,西宁卫行兵备副使王继芳,各会同副、参、游、守等官,督同卫所掌印管屯官员,及兹边警少缓之时,将一应荒田,查议停当,候明年春暖刻期举行。合用钱粮人工等项,并未尽事宜,臣当往来调度,次第整理。

各官果能加意区画，有益地方事宜，查上劳绩，该部一并录叙。怠惰误事者，具实论劾。其卫所官吏知数人等，若仍敢将荒田作弊，朦胧起科，严行拿问，从重治罪。中间如有应完子粒，亦许从实查免，不得徒事虚文。庶政有条理，人自乐从。臣犹恐议者必以为永不起科，大便小民为疑。不知损上益下，藏富于民，实自古经略之长策。若使民果富饶，臣欲盐粮，则盐粮有余；臣欲银粮，则银粮有余；臣欲清朴接年屯粮，则屯粮有余。所谓投之所向无不如意。不然，则民方糊口不给，遑恤其他？万一虏骑充斥，仓廪匮竭，河西不几于坐困乎？此臣之所以早夜图维，不能已于有言也。臣不任恳切凯〔恺〕望之至。

西宁举人李完《请革庄浪参将带管西宁疏》曰：西宁卫属陕西行都司，内隶六千户所，四里土民，外控巴哇等一十三族番夷。祖宗旧规，本卫设守备都指挥一员，续设兵备副使一员，军马城池，则责之守备；抚治番夷，则责之兵备。仍俱听甘肃镇巡等官节制。至正德年间，权珰[2]用事，贿赂公行，是以将官希图剥削，遂使分守庄浪参将带管西宁职衔，保障之功罔闻，诛求之惨已极。仰惟皇上登极之初，首革弊政，遍汰天下冗员，今照带管参将延今未革者，盖缘奸贪将官，假以西海未靖为名，虚张犄角之局，阴为渔猎之饵，徒乱旧章，靡臻实效。臣目击为地方害，不胜痛愤，是以不揣狂率，谨列其带管之不可者陈之。庄浪距西宁四百里，凡遇传报声息,往返经旬。设使西宁卒然有警,庄浪军将岂能应期赴敌?此其不可者一。海夷〔虏〕乘间窃发,虽为西宁患,若守备官诚能因险设备,先事预防,合境可保无虞。徒倚庄浪为援,恐缓不及事,此其不可者二。自设带管参将,凡三四易,且十五六年矣,于西宁曾未闻建尺寸之功。见今红城子、庄浪地方备御官军五百员,俱于西宁官军内摘发,是庄浪反有赖于西宁,而西宁何所藉于庄浪?此其不可者三。今本卫洊灾[3],民不聊生,正额赋役尚无以办,加以参将衙门占役甚众,践更应役,络绎于道。烦费与远戍等,军民生业,愈益凋敝,此其不可者四。国家设官分职,必因事而设,有事西宁者,分守参议以督饷,分巡佥事以理讼,兵备以饬戎,守备以防范,复有镇巡大臣以总督之,有巡按御史以纠核之,上下相维,事有成效。今带管参将之设,诚何所司?政出多门,靡所统一,法弊民疲,率由于此。乞亟赐厘革。

戴才《议处极边地方兵将疏》曰:臣惟甘肃一镇,最为孤悬,而防范机宜,尤当严密。所以然者何也?盖各边止知防秋,而甘肃四时皆防;各边止知防夷〔虏〕,而甘肃则又防番、防回。兵马奔驰,殆无虚日。凡可权宜裁处者,皆次第举行外,窃照西宁巴暖、三川,介于山溪之中,东接兰州,南抵河州,西连碾伯,尤为旷远。且土、汉杂居,番、虏环峙,中间膏腴相望,梨枣成林,少有不足,即肆剽掠。此时虽设防守官一员,摘拨西宁官军二百余员名,并彼处屯长土兵相兼防范,每遇有警,去西宁颇远。加以兰、河逃逋之民,附于其中,相诱为非,动倡悖逆,此实不容不处也。臣查巴暖、三川地方,系富饶要害之处,无事则弹压军民,有事则防御番夷〔虏〕,诚不可缺人也。酌量已久,故敢冒昧上陈,议于巴暖、三川地方,比照碾伯,添设操守一员。再于西宁游兵下班军内拨发二三百名,或召募一二百名,与前军士付之统领防守。臣等又思作事贵于谋始,选将尤在得人。查得甘肃坐营都司莫倦,宅心勤谨,生长西宁,彼中土俗民情,山水险易,素所稔知。若将本官改授巴暖、三川操守,添设之初,凡一应防御事宜,必能有济。如此庶兵将增重,番夷警服,军民既有所赖,地方可保无虞矣。

都御史石茂华《议肃州、西宁添设通判疏》曰:边事莫重于饷,经理要在得人。本镇如肃州卫,远处极边,西宁卫僻在一隅,二卫仓场钱粮,每岁出入不下数万,虽设有监收州判各一,顾分微率不自爱。而甘州、庄浪通判虽各有监督肃州、西宁之责,顾甘州去肃州五百余里,庄浪去西宁三百七十余里,无暇遍历,稽查难周,致各仓场奸弊纷如,日甚一日。且勘处重务,问理词讼,虽有各道任之,亦必委官分理。设非其人,欲事实不眩,能乎?又屯田乡兵,边方吃紧,政务必专官责成,方可垂久。查得甘肃止行都司统辖一十五卫所,别无郡邑有司可以委任图理,止有监收通判五员,欲议设官,未免增费。乞将甘州右、中二卫知事并甘、凉监收州判，一并裁革，所遗俸薪等项，于甘州、凉州各设府同知一员，专理屯兵。再乞将各监督通判改与府同知职衔，于才守优长者推升。如果整屯、炼兵各有成效，即优以边方监司，以酬其劳。

经略郑洛奏《收复番族疏》略曰：据西宁兵备道按察使石槚呈，会同赞画主事梁云龙、佥事万世德议照：西宁，古湟中地也，乃甘、肃、凉、庄之右臂，河州、洮、岷之前户，万山回合，二千余里，诸番罗列，奚啻数万。顾附近境内而岁纳茶马者，谓之曰“属番”；其散处山外，而易茶属番者，谓之曰“生番”。种类不一，远近攸分。要之，皆为中国之藩篱。向未款之先，松、套诸虏，远莫敢犯，间有海夷〔虏〕内寇，诸番兵力既足相抗，又畏汉兵之尾其后步，捣其巢穴，以故忽来忽去，未为大害。第自数年以来，夷〔虏〕借中国之款，不独海上，而延、宁、松、套诸夷〔虏〕，会盟蚁聚，长驱大进，始而抢山外之番矣。在该镇则曰此生番也，非吾族类，坐视荼毒，恬不为异。以故生番俯首归顺，岁纳添巴[4]，愿为部落，如红帽儿、姑六只等不知其几已。继而抢境内之番矣，在该镇则曰“此虽属番，非吾百姓也”，曲为隐忍，莫之一救。以故属番甘心顺从，亦岁纳添巴，而招中渐废，如俺官、阿落受等族，又不知其几已。诸番既顺，又因而抢土、汉之民矣。阴实劫夺，阳为误及。在将领亦曰番汉杂处，原无分别，互相容隐，量为些须罚服，粉饰塘报，以邀重赏绸梭等物，利不止于数倍。故土民无倚,亦仿效诸番添巴之例,而岁纳不缺。甚至有土官为土民而赏给有差者,亦添巴之别名也。年复一年,剥削日甚,以麦、豆、青稞,口食取之番也;褐匹、毛、布,轻暖取之番也;迨其抢掠,或令为向导,或驱为前锋,兵力亦取之番也;且往年该路将领,既不能保番,又能害众。如以鼠窃小事,辄率兵攻打堡帐,希图牛羊资财之利。其偷赶达子马匹,本为报复,则又代为追还,倍加罚服。内困于法,外困于夷〔虏〕,诸番蹙额之情,诚仰天而莫诉矣。然夷〔虏〕党日增,则夷〔虏〕谋叵测,渐生不轨之心。故一犯而西宁杀副总兵李魁等,再犯而洮州杀副将李联芳,又犯而河州杀游击李芳,长驱洮、渭,骚动三秦。掳掠之惨,道路痛心。今特命大臣经略,赞画、司道共念分猷,创夷〔虏〕招番,此诚中兴之盛事,旷世之希遘也。今招回生、属番人共一百六十族部落,该七万四千七百一十余名,倾心归顺,各无异词等因到臣。议照两河皆番,而河西为甚,河西四郡皆番,而西宁为甚。盖缘远连青海,近接河、湟,古先零罕幵遗种在焉。其于匈奴,种类既殊,住居各异。故甘肃一镇,北则匈奴,南则羌番,汉称河西五郡,断匈奴右臂者,以夷〔虏〕不能越此而南牧也。祖宗略地西陲,缘俗立教,加意诸羌,故大建梵宇,特赐专敕,番僧为众推服者,大者国师,小者禅师。其诸豪有力者,或指挥、千户、百户,各授有差。各寺崇奉敕书及原领金、玉印章在焉。又以诸番资茶为命，故许纳马中茶，以示羁縻。属番无异编民，生番虽不敢内向，而所资茶篦，则转资于属番。二百年来，分方往牧，内外相安。若时有跳梁，或抚或剿，旋即安定。其松、套诸夷〔虏〕，虽尝垂涎抢掠，然以甘镇斥堠连络，夷〔虏〕即溃墙而南，畏我乘之，旋即宵遁。且夷〔虏〕敢掠番，番亦杀夷〔虏〕，利害得失，亦略相当。故番人为我保疆，无敢异志，自款贡以来，夷〔虏〕王南牧，许之借途，因而收番。此后夷〔虏〕骑因仍，不为禁制，遂致夷〔虏〕纵蹂躏，番失凭藉，子女牛羊，皆夷〔虏〕所有，生死予夺，惟夷〔虏〕所制。日招月引，番安得不尽归之夷〔虏〕也。以故夷〔虏〕舍故巢，率趋西海，岂独水草丰美，实以诸番可利。初尚番之财物，继则利番为爪牙，久之，则利为心腹矣。盖夷〔虏〕驱番以掠汉，而其祸本胚胎，则汉为夷〔虏〕而驱番也。噫！难言也。臣细问积弛，皆谓番夷〔虏〕交通，大防已溃，西海四郡，何地非番，何地非夷〔虏〕，驱之不能，招之不可。盖驱番则明以予敌，招番又恐阴为夷〔虏〕应，即地方官员，亦谓此辈浸淫日久，必不可招。招则引贼入室，难与共居，将付之无可奈何而已。臣窃谓番夷〔虏〕之势不分，则心腹之患无已。故欲荡两川，须清西海，欲清西海；须鼓诸番；乃大修播告，广询群策，乘其极困，诱以真情，略其往愆，开之新路。乃各番远近传闻，风势感动。始而尔加七族自夷〔虏〕逃回，既而红帽一族宾妻送返。臣至西宁，凡番首投见者，皆进之台阶，抚之善语，慰其苦楚,赏以口食,各番无不感激泣下。愿归故巢,奋勇杀夷〔虏〕者,臣益加鼓舞。乃守备祁德遍历番巢,游击鲁光祖多方树帜,按察使石槚悉心区画,主事梁云龙、佥事万世德亟力经营。且条分缕析,部落有数,中马有额,安插有所,保护有方。不惟属番复归,即生番亦附;不惟番慕义而逃归,即夷〔虏〕亦畏威而送返。千里之藩篱,既撤而复附,数万之戎羌,既叛而复归。从此土宇如常,边疆无改,戎羌安堵,俺、囊(按:原刻作"胡虏",此以俺答、搭不囊代之。)不侵。张天朝之灵宠,擅国家之盛事。盖收此羌戎,有六利焉:番不附夷〔虏〕,夷〔虏〕必仇番,夷〔虏〕既仇番,番益叛夷〔虏〕,其约既解,其势即分。夷〔虏〕既难侵,番亦易制,利一也;夷〔虏〕越甘、凉,惟番是掠,今我保番,番气自壮,或偷赶马畜,或窃杀夷〔虏〕级,使夷〔虏〕不宁居,流寇自息,利二也;羌富畜牧,筋角皮革,可供军需,利三也;牛羊毡酪,绎络来市,边民则货日通,闾阎无匮,连年残坏,可以苏息,利四也;山林通道,樵牧往来,番汉无猜,小而薪爨,大而材木,源源资给,利五也;我既示恩,番必怀感,日与土人相亲相睦,不出五六十年,与西纳等族具可化为良番,利六也。而其安危吃紧,尤在与番夷〔虏〕势分,夷〔虏〕难深入者,此皆事理易见,土俗之人,俱能言之。然臣之所以皇皇为善后之虑,固不在今日安插之难,而特为后日纷更虑也。酌议所以安插戎心,使无反侧者,又有六〔五〕事焉:一谓诸番习玩既久,投夷〔虏〕生奸，在在有之。今改心易虑矣，宜明白请旨，既往之罪，尽与湔除。使各番安居巢穴，奸徒免生挟制。一、夷〔虏〕俗简便，难绳汉法，其土俗：人命强盗，不过陪〔赔〕偿，近年贪将动以小事，辄便加兵，往往激变。今一切番族有犯，惟听该道行令头目番僧，照俗偿罚相抵。其将领除各番为盗，当时追堵获级，及登时赶于番巢，擒获不计外，毋许擅自出兵，及专行文移，因而利番。违者参治。一、番俗奉经信佛，今该道议六国师以为联束矣，每国师仍举素有夷〔懿〕行，为族众敬服者一人，协同管理。如三年以上中马及期，别无生事者，督抚查实具题，量升僧官名号。一、远番不敢进城，及奸徒挟茶深入，造言恐吓，徒知利可多营，不计重番疑畏。今宜明谕新附生番，如牛羊毡毛之类，俱听属番引领至城，两平交易，不许市棍生端吓诈，庶心志愈安。一、甘镇各道番情土俗大较相同，而官司制驭，机宜各异。如西宁诸番，旧例中茶买卖，皆许进城。在凉州，诸番无进城之例。其他可以类推。惟在各道竭心殚虑，审酌事宜，合于土俗，便于番情，未可拘挛执方，使行有窒碍也。大抵事寡易从，法省易因，今日收番，唯宁以旧居，安之习俗，循疆圉荒服之故事，稽祖宗柔远之深仁，使之耳目如常在，心志不惑。若别立新法，是疑之太深，另议约束，是责之太难。是所谓招入笠之放豚，束在笼之飞鸟，以重其逸去高飏之思也。臣窃谓此一举也，只可无事处事，以夷治夷，而不必以多事扰之也。

甘肃巡抚田乐《议增设屯兵官员疏》略曰：官以事设，事以官举。查得臣属甘、凉、庄、西、肃州五道，路极邈远，事更丛脞。五镇各设监收通判，后因地方屯田、乡兵、水利之事无所寄，于甘州设同知一员兼管，肃州、凉州设同知一员兼管，庄浪、西宁法亦详备。顾甘、凉事体极烦，而屯田则查其荒熟完欠，乡兵则稽其强弱多寡，水利则督其开浚均分，以上数事，俱难坐运。此两官者，有终任而不能至兼辖之地，即有文移往来，亦属虚文。又况并其文移而无之，以致前项事务废坠，非各官之故为弃置，实势有所不暇。且各镇兵马之查核，钱粮之出纳，刑名之审谳，庶官之查委，一切大小事务之议处，惟责成于一监收，比之腹里府佐，大不相侔。若监收有缺，甘凉者尚有二员可以轮署；而庄、西、肃州者，不委之卫幕，则付之学博，安能有济？盖以地居绝塞，四无邻封，别难借委。且边地险远，人不乐就。铨升之官，有半载或一年不至者，有终焉不至而不知其为谁者。兼以补者俱系临巩之衔，不知其谁为河西之官，而催令上任，以致地方事体率多废搁。臣谓庄浪、西宁、肃州宜各添设一屯兵水利通判。且臣近题令将局造军火、盔甲、器仗，俱归并于此官管理。官备则令其专修本业，员缺则令其带署。至各柴马俸廪，不必分外添派。臣复查得甘州学生员不过六七十名，教官三员。高台、山丹、凉州、永昌、镇番、庄浪、西宁各卫所学，每学生员多者不过三四十名，少者二三十名。每学各教官二员。边地苦寒，无所事事，官生俱苦。且洮州卫学止教官一员，合无于甘州等八卫所每学裁去一员，遗下斋俸，可补前三官之用。即有不足，添补不多。裁无用而增有用，似为可行。前项之官设矣，若虑其险远不至，则莫如就行铨补。盖甘肃之僻在河西，与陕西之远在河东，不啻两省之隔，合无将将监收屯兵府官于陕西各州县之有声望者，就近升补。庶在臣既便于催促上任，在彼亦不能越境迟延。乞敕吏部酌议覆请，庶官备而事兴，地近而人亦乐就。其于极边地方，不无小补。

总督李汶、巡抚田乐《会叙南川战功疏》曰：西宁地方，中悬一隅，密迩西海。顷诸贼盘踞，与两川之贼，声势犄角，日时窥伺。自嘉、隆、万历以来，无论西宁近境，河西之甘、凉、庄、肃，河东之洮、河、临、兰，屡遭蹂践，不可胜计。甚至戕我将领，歼我士卒，收我属番，撤我藩篱，虔刘我人民，僇辱[5]我士女，罪恶种种，擢发难数。兹因历年要挟，市赏未遂，拥众入犯，仰仗威灵远播，庙堂成算预授，该道调度得策，将士奋勇血战，斩获贼首共计六百八十一颗。乃彼之溃败，即往年歼我官兵之故地。斩获头目之把都尔，恰即往年手刃李魁之元凶。天道固亦好还，亦各将士之阴灵有以摄之。臣与该道亲历战场，尸横遍野，京观可筑。及逐验各首级，俱壮大魁梧。自此一战，贼锋可挫，积愤可雪，国威少振，士气少张。番无贰贼之心，民有更生之愿。所据文武诸臣有关于疆场者，俱难泯没，并应叙列优处。乞敕兵部覆请定夺。

兵部尚书石星《议燕劳疏》曰：恭惟圣主鼓舞边臣，要在及时赏赉。若边地夙号孤危，兵力又当寡弱，而文武诸臣果能设谋取胜，克建奇勋，则边镇既有非常之功，朝廷自有非常之典。矧甘镇无地不冲，而西宁尤悬在天末。火酋之桀骜异常，永酋之部落最盛，互为羽翼，日肆侵陵，杀将残民，国耻未雪。臣等每与该镇督抚诸臣，往复密计，务图大创。后闻永、火构难，谓可行间收功，乃永酋方解外仇，遽尔内讧，意有出我不虞，逞彼狂焰，而不知谋已预设，计无所施。官军奋勇直前，强羌骈首就戮。据报临阵斩获六百七十余级。且士马无伤，刍饷不糜，无论为九边近日所罕闻，即自成祖三犁夷〔虏〕庭以来所仅见者。除宣捷事宜，俟督抚查叙至日另议题请外，臣等特为仰体圣心，冒昧上请，伏乞准发太仆寺草料银一万两，本部责差职官一员，前往慰劳文武，嘉此丕绩。即令赍解前银，将有功官军一体犒赏，并于内动支银一千两，赐设一宴，督、抚、巡、按、道、将而下，凡系与事人员，同沾燕劳，均享殊恩。如此则大赉洪〔弘〕敷，三锡之宠，既被于师中，而人心共奋。三酋之首，可致阙下，及查该镇番族，素为夷〔虏〕用，而鼓番制夷〔虏〕，向该督抚题议，本部累行申饬。今日之捷，番力居多。发去前银，尤当加意赏赉，以示激劝。事完之日，通将用过银两，造册奏缴青〔清〕册，送部查考。容本部移咨都察院，转行巡按御史速行勘报，大行升荫，以示激劝。统惟圣明裁定。

兵部尚书石星《议南川升赏疏》曰：西宁以蕞尔孤悬之地，当诸夷〔虏〕盘据之冲。自峡口之役，殂将丧师，则国耻已深，士愤未雪。司封疆者，所当切齿腐心而图之者也。蠢兹永、瓦，复肆凭陵，挟市未成，合谋入犯。盖冀以蹂躏之余气，获遂要求之故智，其声势真叵测，而捍御亦甚难矣。幸赖督抚平时鼓舞番族，得之侦报，已明道将临事，剖决机宜，防之门庭。尤预将士协力，番汉同心。始设伏以待其来，既横冲而分其势，首尾受敌，内外夹攻。我兵动地欢呼，夷〔虏〕众望风披靡。斩夷〔虏〕首数几七百，获畜器总逾数千。矧所斩强夷〔虏〕，即刃我副将之凶酋；所战峡口，即先次殒将之故地。且终岁之间，两奏奇捷，真足树壮猷于九塞，岂直筑京观于两河？较之先次捣巢之捷，事既堂堂，功尤烈烈。虽人谋之尽善，亦天道之好还也。所据有功人员，按臣查勘既明，委应破格叙录。如内阁大学士赵志皋、张位、陈于陛、沈一贯，同心谋国，每决胜于岩廊；一德调元，亶[6]计安平绝塞。甘誓与商霖（按《书·说命》："若岁大旱，用汝作霖雨"，殷高宗命傅说之辞。）并著，武功与文德兼隆。似应仍照前次捷功，特颁异数。户部尚书杨俊民，时盈时诎，操国计茂著风猷；足食足兵，饬边防尤资石画。巡抚御史乔廷栋，素抱凛凛之丰裁，用成桓桓之挞伐。至若臣星，滥握笂枢，实多旷素，一切边功恩赏，已经屡疏恳辞，更乞永赐免叙，以安臣分。惟是在事文武诸臣，如总督右都御史李汶，纬武经文，运机宜于掌上；饬兵简将，决胜算于胸中。扫运马之群，威名赫乎四镇；奋吞胡之志，勋业烱于千秋。功属无前，恩宜独厚。巡抚右副都御史，今加兵部左侍郎田乐，品高锁钥，胸富甲兵。自塞上有长城，而战无不克；允师中之长子，而功莫与齐。且不避艰危，亲冒矢石，建此非常之绩，宜加不次之恩。西宁兵备道副使刘敏宽，计图安攘，怀灭夷〔虏〕后食之思；身履戎行，奋扫穴空庭之勇。忠劳称最，叙报宜优。庄浪兵备道副使，今升关西道右参政朱朝聘、甘固管粮郎中颜宇坪，或借著协谋，沙漠笃同舟之谊；或裕刍转饷，卒伍无枵腹之虞。西宁监收通判龙膺、屯兵通判高第，或司出纳而会计惟明，或饬兵戎而介胄生色。各效勤劳，均应酌叙。内龙膺协谋克敌，仍破格优叙。西宁参将，今加副总兵管事达云，闻战则喜，遇敌不惊。奋臂一呼，三军为之鼓气；挥刀而往，万虏莫敢撄锋。且其部功，较之诸营独多；而其劳绩，视之诸将独茂。委应大破常格，特被殊恩。千总、千户，今加守备管事柴国柱，夙称勇敢，雅号枭雄，佐主将以成功，宜破格而叙用。标下游击，今加参将管事余德荣，镇海游击白泽、北川守备余世威、协守鲁光国、原任庄浪管参将事游击今革任张应学、古鄯守备邓荣祖、碾伯管游击事守备郑恕，各提一旅，共佐三军。虽布号齐众，由发纵之有人，而堵剿应援，系偏师之戮力。俱宜叙赉，以酬厥劳。指挥李愈茂、经历张荣、教授杨登科，或督饷稽功，共竭胼胝。督阵指挥等官孙秉乾、张云汉、陈三奇、滑熙皋、范廷谏、莫负时，或传宣整饬，各效勤劳。均属有功，宜并叙录。他如各营中军等官李可爱、夏孟明、刘津、安承化、祁秉忠，既各效有微劳，应行督抚奖赏。再照，甘镇收番御夷〔虏〕乃第一策，向缘款市，番众附夷〔虏〕，因循不讲，自撤藩篱。原任少保、兵部尚书郑洛奉命经略，首建此议。且督率赞画诸臣，收服番族一百有余，共计部落五万余众。番既乐有依归，我遂得番侦探。而一年数捷，皆番是资。在诸臣任事之苦，不啻焦头烂额，固宜厚酬；在郑洛首事之人，所谓曲突徙薪，可令终泯？况督抚特疏具题，已见公心；按臣并议及此，更符舆论。所宜一体优叙，以劝将来。至于原任赞画主事，今升庄浪兵备按察使梁云龙、佥事今升怀、隆兵备按察使万世德，从军赞画，茂著勤劳。今虽各任边方，俱系循资迁转，旧功当录，新秩宜崇。至于加番族以名号职衔，令其约束鼓舞，动支银两茶篦，赏犒获功各番，督抚会议明悉，俱应如议举行。合候命下，将李汶特加优异，田乐同加优异，仍各优赉。郑洛并加优异，遇缺起用。达云重加优异，仍加优赉。刘敏宽升职二级，仍加重赉。候有积劳，边方巡抚推用。朱朝聘、颜宇坪各升俸一级，同加重赏。梁云龙、万世德各升俸二级，仍各优用。龙膺、高第各加赏赉。龙膺仍纪录擢用。柴国柱量升署都指挥佥书职衔管事，仍与余德荣、白泽、佘世威、郭荣祖、郑恕、鲁光国、张应学同加赏赉。李愈茂、张荣、杨登科、孙秉乾、张云汉、陈三奇、滑熙皋、范廷谏、莫负时，并加赏赉。李可爱、夏孟明、刘津、安承化、祁秉忠俱行督抚分别奖赏。其报捷舍承李先华、周祐各照例升授职级。剌卜尔量加国师名号。本部仍移文甘肃督抚衙门，将番族中择其威信服众者，量加一二名以千百户名色，令其统束各番，坚心侦御。统乞圣裁。

总督李汶、巡抚田乐《会叙西川战功疏》曰：海蛮居我近境，虎据川海，并噬番族，销残内地，边氓时被荼毒，将士屡被戕杀。以致中马诸番畏彼之威，悖汉向夷〔虏〕，甚而沿边汉民，亦与交通，以博旦夕之安。为我河东、西之害者，盖亦有年，而湟中更为岌岌。向以索款不遂，欺我素弱，拥众千馀，凭陵直入，被我兵设伏，一鼓而歼其半。乃今重为愤恨，并兵集力，复纠顺义所遗及迎佛诸虏，倾巢而来，意图报复，以泄愤怒。初至边外，栖迟不进，臣窃疑之。盖鉴于前辙，不敢轻入，欲收属番剌卜以为用。而剌卜阳顺阴逆，及临边欲犯，遂被我兵大创，一战锋挫，再战授首。散贼之死伤者，不知其几，头目之死，知名者三，豕突狼奔，鱼惊鸟散。未得我秋毫之利，而丧败亦既多矣。先次之战，设伏用奇，彼犹欲以正胜我；今次之战，平原易地，两相角逐，犹然大败,贼气益挫,我气益振。兹战之后,不能保其不来,或亦有所惮,而不敢轻来矣。臣以一介书生,身婴多病,安能为役?悉仰仗天威震叠于异域,神武昭布于遐荒,故将士数战而数胜,骄番数犯而数北也。再照,诸官之录叙以首功,乃往时之常谈,而贼气之摧挫在血战,实今日之急务。论诸臣之获功,不足往者十分之一,而所叙诸臣多而且优者,一则当贼人之锋而战胜威伸;一则集诸路之甲而群力毕屈;若纵以割级,恐不在曩者数百之下。第一抢级而营阵乱,则贼乘乱而入,虽得而失者多,虽胜而败局立见,虽有功级,而士卒之丧亡不少。此出臣与诸将特约万不可出营割级,为彼所乘,贼故拖拉以去。虽我未得,而彼之失者至多也。且所烧之残骸见在,与诸番之口报甚真。臣谓今次之战,堂堂正正,挫败强寇,穷奔远遁。我之士马损伤极少,全在于不贪功。若以功论赏,则后之贪功偾事者基于此矣。此臣身所经历,目所备睹,比之隔远风闻,止凭塘报者不同,故特实录如此。

总督李汶、巡抚田乐会同题《为海夷〔虏〕被创远遁设法招收番族以孤敌势以保藩篱事》:据西宁兵备道按察使刘敏宽呈准西宁副总兵达云手本,自万历二十三年九月内,节蒙督抚部院明文,永、瓦诸酋近被大创,势穷远徙,其先年抢去我中原番族甚多,久陷夷〔虏〕地,向为夷〔虏〕用,若不设法招徕,久则尽化为贼〔虏〕,益彼贼〔虏〕势,撤我藩篱，大非中国之利也。今应置白旗数百竿，上写备细俗话，分投插于边外数百里各水头，令其各番乘便从西宁、甘州两路逃归，大加赏赉。其境外生番，一体招致，勿令狡贼残害。其归附者，筑堡保护，永为藩篱。依蒙遵依置旗安插招致外，至万历二十四年八月内，随准副总兵达云、镇海游击吴大臣各造报，共收过西番一十五起，大小头目、散番七千五百四名口。及审各番供称，因见海夷〔虏〕远徙，又见边外有安插招番白旗，陆续收归前来等因。又据带管分巡西宁道、行太仆寺按察使周一经呈称，卷查万历二十四年二月内，据甘肃坐营官王允中呈，据甘峻堡防守杨国勋报：共收过西番老小八百余名口，马牛羊无数。又准高台游击任应举手本，据红崖守备刘鸿业报，又据梨园堡守备梅万良报，共收过西番一十四起，头目、散番共四千九十一名口。及审各番供称，俱系红崖、梨园、甘峻一带纳马属夷，先年被海夷〔虏〕陆续抢去多年，近因各夷〔虏〕被创远去。又见边外安插招番白旗，陆续投归前来等因，各呈报到职。卷查先该职自万历二十三年九月大创海夷〔虏〕之后，知夷〔虏〕中先年被抢多番，久陷夷〔虏〕地，俱为夷〔虏〕用。因夷〔虏〕势穷迫远徙，正各番乘隙逃归之际，随会同督臣行令西宁、甘州道，将置发白旗数百竿，安插边外，谕令各从西、甘两路乘便投归，以及多方招致去后。今据前因，除西宁者行令西宁道，将调取头目，就近给赏缎匹、茶篦，散番给以米面零布，安插原住地方住牧。其甘州一带者，调各头目俱至镇城，职公同镇守总兵王赋业及该寺道按察使周一经亲诣教场，宣布朝廷恩威，将各番分别赏给缎梭、茶布、米面、酒肉，加意安插。其散番于各仓附余粮内，每帐给麦豆三五斗，资目前食用。仍给白旗，谕发红崖、暖泉等处一带原坐山场住牧外，该臣会同总督陕西尚书李汶，看得河西诸番俱祖宗朝领敕受羁纳马之属番也。大者创寺建刹，封以国师、禅师名号，小者授官给帖，加以宛卜头目等名。虽自相雄长，散处山谷，而部落约束，各有纲领。虽夷服夷言，大异中国，而不侵不畔，实为外臣。东起金城，西抵哈密，南番北夷〔虏〕，井井犁犁，隔绝不通，犹然汉武断匈奴右臂之故事也。正德初年，套夷〔酋〕亦卜剌获罪于主，降附中国，栖迟踯躅于甘、凉之间，日引领而望救活数千之命。当地方之官，外迫于畏夷〔虏〕之如虎，内惑于议论之分嚣，不救不纳，恣其跳踉。尚有欲以数千之众，委为鱼肉而媚夷〔虏〕。众见我之歉志于招纳，绝意于收获。又窥我有归还悉怛谋之意，而且深知我力技之无如彼何，遂挖我边垣，经我内地，占据青海，残破五卫。实以我之处置失策，以致夷〔虏〕之右臂复联。尽河、湟两川之地，混为夷〔虏〕巢；驱两河诸郡之番，靡所寄命。其所以甘心奴服于夷〔虏〕者，非利夷〔虏〕也，避其害也。其所以为夷〔虏〕之耳目向导，而戕虐于我者，非仇我也，实以我之不能保护于彼。更有以番为饵，博我片时之安，致其反害于我，亦势之必然也。顷以皇威大震，庙略洪〔弘〕张，挞夷〔虏〕远徙，击番内顾。然各番虽有内向欲还之意，尚自审其从夷〔虏〕之久，积愆之多，犹然趑趄观望，而不敢入。一得招番白旗，鼓发其内附之心，消释其疑畏之意，襁负缰属，携抱踵接，毳幕弥望于山谷，毡裘络绎于隘塞。不期年，而西宁之降附者，业逾七千。不数月而甘州之投归者，已四千余。各番所以脱虎穴而归故土，出涂炭而就衽席，盖以夷〔虏〕之自顾不暇，无力制番，故番得呼引朋类，从容以逃。向之从夷〔虏〕，是背夷〔虏〕也。我之虚实险易，彼无不知，为夷〔虏〕之向导前驱，而为河西之大患者，皆是物也。今之来归，始变夷〔虏〕为番也，我之隘塞复实，而耳目益明，所以为我之藩篱，而夷〔虏〕之不得遽蹂躏于我者，亦是物也。今当厚抚其既归之番，以忻动其夷〔虏〕中之未归者，则从夷〔虏〕之番，不久而尽附。继当鼓舞其向我之番，盗马杀级，反制其夙仇之夷〔虏〕，则川海之寇不久而尽徙。是役也，除强去暴之大机，静海清川之完计，所以断匈奴既联之臂，而萃诸羌久涣之群，还绝塞舆地之图，而复祖宗豫附之羌夷者，端不外此。第抚后雪仇，情有固然，杜渐防微，约宜豫布。诸番弃夷〔虏〕归汉，如放豚入笠，情事彷徨，当布宽恤保护之令以安之。各番在夷〔虏〕曾向导前驱，肆毒番汉。内地之番，类能言之，近亦有稍稍申理其事者，似当尽为宽假，一洗前愆；但有持前说而吓逃降番者重究之。各番原有住牧山场草地,向为在地之番占据,近俱一一清理查还,给以地界白旗,令其安心住牧;但有夺据其山场草地者重究之。各番故纳马之属番也,被夷〔虏〕咀蚀,牲畜亦少,只恐因其来而逼令中马,复动其走圹之心。彼亦以茶为命者,似当随其有无,有则增中,无则不可强迫。各番之来,窘约为甚,每每告讨买卖。所谓买卖者,不过毯毡、皮毛、牛羊之类,易我之米面以度日糊口,汉人反得其利,似亦不可厉禁。为之订期定物,各于就近城堡,令其易换资生,而非时与犯禁之物,俱当严禁。各番素服于夷〔虏〕,资其利咽,一旦归来,彼犹望其手信、添巴,一不得意,纵兵仇抢。不为保护,犹然外向而思去矣。凡有夷〔虏〕警,收其老小人畜于各近堡远墙之内,令其精兵在外御敌,汉人亦必发兵救援。彼欲筑堡安居者,为之择便筑堡,以为久住之计。此宽恤保护之令也。职等不能约之于久,必申明久约而后番可安。诸番新降,如圹兽野禽,野心犹在,当申羁縻之法以约束之。番夷〔虏〕久狎,今虽服从于我,不能保其不通夷〔虏〕,亦不能禁之必不与夷〔虏〕通,番夷〔虏〕通而夷〔虏〕杂入于番,为祸不细。又虞番之以我之茶篦、米面,暗以贸夷〔虏〕,得我之茶篦、米面,犹为资生,亦当颁布约法。夷重经咒,令其顶经发咒,杀夷〔虏〕者有厚赏,通夷〔虏〕者有厚惩。及有茶篦、米面通夷〔虏〕者,重则断其买卖,革其茶马。此约束羁縻之法也,职等可得而行之,职等不能约之于久，必申明久约而后番夷〔虏〕绝通，内地可保无虞矣。

条议附

明佥事万世德详称：青海多事，始自亦卜剌窜居破掠四卫，然彼犹敌国也。虽渐入侵陵，实不敢肆然吞并。自俺酋奉贡，比我外藩，遂请命而来，无复忌惮。乃其狡谋谲计，阴为子孙图不拔之基，遂建寺海上，名曰迎佛修善，其实树旗收番。年复一年，情形渐异。使中国之藩篱大溃，异类之狐兔成群，则青海为群夷〔虏〕不逞之巢，而佛寺实一方启疆之本。故欲驱海夷〔虏〕而不先毁寺，是医者之急标症而忘病根也。诚使海上无夷〔虏〕，佛寺犹存，则戎狄之媾未分，西牧之原尚在。是以本部抗疏决策，断在必行。我军两次荡平，蹴为荒漠，自是夷〔虏〕不以香火索诸番，番不以供献啖群夷〔虏〕，夷〔虏〕益无所钩，番益无所羁，恐孤雏零寇，久不能雄据海陬矣。先是，本部谕诸将歃血为盟，分布精严，激励慷慨，三军奋勇，期于横行。职遂与总兵张成统众出塞，四日夜乃至青海。分路远哨，千里无匹马之踪。诸将沿海周驰，竟不遇敌。淫祠既毁，振旅全归。又三日夜，诸军入境。是役也，我无一箠半镞之遗，彼无暮夜伏戎之警，夷〔虏〕势已溃，我可长驱。但深入穷荒，往返已逾千里，倏忽遇寇，马力必疲，穷兽难追，归途是虑。职亲在行间，与诸军连营并垒，眺望大漠，平川如扫，虽逆酋尚缓显戮，而海氛似已不扬矣。

兵备按察使石槚呈称：西宁古湟州地，孤悬绝塞，四围番族，岁纳茶马以树藩篱，夷〔虏〕患尚未之有也。惟正德七年，夷〔虏〕酋亦卜剌率众窜据海上。嘉靖间，俺答西来，遗子丙兔比附驻牧，均称海夷〔虏〕，犹未猖獗。自款贡以来，诸夷〔虏〕既不欲叛盟以犯顺，则乃合并以图番。勿论其小举及历年守信、岁时添巴，揭查节次题奏之案，试举甚者。如万历十一年十月内松夷〔虏〕著力兔纠合海夷〔虏〕永邵卜等八千余骑，从沙塘川进境，杀伤番夷男妇一千二百余名口，掳夫马驼牛羊四千余只；十四年七月内，火酋赤抄羌人一万余骑，亦从前川入境，杀伤属番五百余人，抢去牛羊四千余只；十五年六月内，火落赤纠同野番红帽儿等从思打坝峡入境，杀伤数少，掳去马骡牛羊四千余只；十六年九月内，瓦剌他卜囊纠夷〔虏〕五千余骑，从南川进境，掳去马骡牛驴一千四百余只，杀死副将、千、把总等官，阵亡军士七百余人，夺去官马七百余匹。十七年九月内，火落赤等五百余骑，从南川入抢〔境〕，合吉囊并宰僧(按：宰桑，蒙古官名。宰僧或即其异译也。)父东夷〔虏〕忙克素等四千余骑，前去瞿昙寺攻围七日，熏死居民，烧毁房屋。该寺送牛马数百，解围而去。又前如火落赤等酋，不三月而五犯内地，歹成宰僧，未数日而循环出没。此劫彼夷〔掳〕，岁无宁日。即其抢掳头畜，则不止数万，男妇又奚啻千百？号泣声彻，山谷皆动。一时将领诸臣，忠愤激烈，非不欲旗枭可汗，马蹀阏氏，以图报复。缘以兵寡力微，在昔止于防番，今日委难御夷〔虏〕，以故甘心隐忍，坐视屠戮，而付之无可奈何者，岂其心哉！秦、越相视，即不能为诸番之庇，而在诸番，亦各怀去就之心，大族强宗，犹能勉力相抗，而单弱番夷，如境内红帽儿、剌卜尔、姑六只等族，洪水、扁都、镇夷等边外生番，悉俯首归顺而愿为部落者，不知其几。以故年来永邵卜原夷〔虏〕仅千，今则万有余。已桑尔横台吉原夷〔虏〕止有八百，今则已过三千。克臭、纳剌、沙剌、阿邦、歹言等台吉，总夷〔虏〕不过四千，今则一万有零。其火落赤、阿赤兔、宰僧及不知名夷〔虏〕首，所收番人，又难数计。自此以往，犬羊比类，望风相从，盖不尽收诸番之部不已也。是中国之藩篱渐撤，诸酋之羽翼益众，断臂仍联，疆域日蹙，蚕食之祸，岂惟暴著于西宁门户之间，而洮、河堂奥之内，亦大受剥肤之灾矣。夷〔虏〕势至此，万分难支，此正燕雀处堂，卧薪尝胆之日也。查得西宁地方，广阔千里，原无边界，又多隘口，极难防御。其镇海、总寨二堡，逼近夷〔虏〕穴，均当西北之冲。而镇海堡原设防守一员，马步军兵三百名，官小兵微，不能弹压。应改游击一员，以重事权。再募兵一千七百，共足二千，以成一营之制。分管西川、石灰沟等地方。总寨原设守备一员，马步军兵止六百八十名，兵亦寡弱。应再募八百二十名，共足一千五百名，分管北川、沙塘川等地方。古鄯路通两歧，受敌则一守备，营兵止有八百七十六名，仍募六百二十四名，以足一千五百之数。其所增设游击及守备等官，乞选谋勇兼全，久惯战阵者，前来团练兵马，务期人人可用。顾绝塞生人，不比腹里，募军数千，一时难得，询之人情，咸云西宁土官指挥千百户祁德、李愈茂等族内敢战之士，堪以御敌。量其多寡，精选勇力过人，分布镇海、总寨、古鄯三营。其千、把总于本管户官委用。若无职官，或有职官而升任者，就于土舍内择谋勇出群，给以官带，统领各军，既不苦于招募之难，亦可免于逃旷之弊。行伍既充，军威自振，而穷边为可保矣。

副使刘敏宽呈称：照得西宁地方，孤悬天末，近境皆番，番外即夷〔虏〕。我借番以为藩篱，番仗我以为主宰，即辅车唇齿之譬，不是过矣。顷岁夷〔虏〕盟未寒，每以抢番为事，或假道于内地，或肆掠于近郊，番骈首而吞其声，我闭户而箝其口。中国幸一时之安，而不惜藩篱之渐掣；狡夷〔虏〕收无穷之利，而坐见党与之日蕃。各藩窥见中国之势不足恃，夷狄之害有足畏，由是阳为我顺，阴为夷〔虏〕用，而夷〔虏〕每得以乘我矣。万历十九年，蒙经略兵部尚书郑洛带同赞画主事梁云龙、佥事万世德奉命经略，见得保厘中夏，要在收番，特本题请以后不许假借夷〔虏〕道，纵其抢番。于时招抚被夷〔虏〕掠去并向未中马番一百二十五族部落，五万八千八百四十余名口，给赏筑堡，随便安插。自是番依中国，以为屏蔽；我藉番人，以为耳目。分拨隘口，哨探夷〔虏〕情，狡夷〔虏〕动定，每得预闻。近蒙军门续题，加意抚恤，又蒙本院屡次申饬。本道任事以来，奉行惟谨，多方慰劳，尽心体恤。有自敌中逃回者，坚执不与，预示传报敌情，得获夷〔虏〕级者，破格给赏。是以海夷〔虏〕南川初犯，西纳、剌卜尔各族，既预泄其逆谋，复夹攻其丑夷〔虏〕。西川大举，西纳预露其出犯日期，剌卜尔约为内应杀出。今调集大咎哑、申中各族，共愿出精兵三千人，与汉兵犄角剿夷〔虏〕。似此效顺，深为可嘉，若不破格奖赏，何以劝其向化？合无将西纳、剌卜尔、申中、大咎哑、隆奔、罕冬、瞿昙寺各大头目，大行奖赏，班撒尔、圆觉寺、思蛮哑、马其沙、北札尔的、下咎哑、亚思革、宝贝寺、会宁寺各小头目，量行奖赏，以励其效用之心。又据西纳族头目喷南列思巴、剌卜尔头目完卜、申中族头目领真藏卜、大咎哑族头目帕尼等投递番文："我们先年间被达子收著去，没人与我西番做主，后有经略郑那颜到了西宁，与我西番做主，把我们从达子里头招著出来，馈口粮，筑堡舍，教以后杀达子得了首级，照例赏银。我们一心要报朝廷恩典，郑那颜招我们的好处。近又蒙督抚各那颜厚加抚赏。今年瓦剌他卜囊达子出来，要抢番汉，我们与西宁兵参那颜说了，齐了四五百西番，跟著人马，把达子杀了二十余个首级，当时赏了我们众西番银物，皆感郑那颜并各那颜的厚恩。以后长远尽忠心，替朝廷守地方。"据此看得番人效顺，虽见于今，而番人招抚，则有其始。向非经略郑洛题请禁夷〔虏〕抢番，抚恤招集，则番族殆尽化而为夷〔虏〕，剥床之灾，不知其竟何似矣！即西纳各族所具番文，虽受今赏赍帡幪[7]之赐，尚不忘其招抚安插之功，孰谓番人无良心哉？西宁屡捷，与有番族之力，则招抚番族，亦难泯其经略之功。似应并行奏请优叙。

注释：

[1]瘃堕(zhuò duò)：冻伤、冻坏。瘃，冻疮；堕，通“隳”，毁坏。

[2]珰(dāng)：汉代武官的冠饰。东汉时，宦官权力很大，“假貂珰之饰，处常伯之任”，后代遂以珰作为宦官的代称。本文的“权珰”指明代以刘瑾为首的宦官。

[3]洊(jiàn)灾：再次受灾。洊，再次。

[4]添巴：据乾隆《甘肃新通志》卷97《人物传》“摆布哈”条解释，“添巴”即“添钵”的转音。明、清时青海等地藏族向蒙古贵族缴纳的赋税。

[5]僇(lù)辱：侮辱。

[6]亶(dàn)：但，仅；又诚然，信然。

[7]帡幪(píng méng)：帷幄，帐幕。

西宁府新志·卷三十四

艺文志（三）

奏　　议 (条议附)

西宁府

皇　清

为酌议俸饩以鼓励疏　孟乔芳　陕西总督

照得三秦暨沿边甘、凉、西宁，民穷多盗，皆由亲民官吏贪残所致。臣每言念及此，未尝不为之扼腕也。况今甫定之残区，安集劳来，需人孔急，地方岂可一日缺官乎？目今委任各官，有伪官投顺留用者，有故明举贡新委者。臣每饬僚属以廉以公，唯勤唯慎，惟恐有负我皇上委托之至意。既惕之以严刑，复鼓之以优典。其中甘为不肖者，亦或有之；而守法自爱者，诚为不少。但思从来诏禄之典，原以养廉，必使之无内顾之忧，而后可责以尽瘁之义。岂可使墨绶之吏，枵腹以莅政；金戈之将，量沙以诘戎者哉？厨传萧然，谋生不给，势不至鱼肉百姓不已也。臣看得所属官员，应给俸禄，吏役应给工食，其笔墨纸红诸费，亦应支给。略仿明时旧例，我皇上量为增减，酌而行之。或出自新征，或暂给见贮，庶厚养之。洪恩既及，然后振肃之法令可施矣。

为河西回民叛变微臣提兵往剿谨述情形疏 孟乔芳

案照河西凉州、大靖等处回民叛变，接据塘报情形，随经转报兵部讫。臣即提标下官兵兼程往剿，于闰四月初一日抵秦州，途次据报，兰州内变失守，各官弃城退至巩昌。闻临洮、金县、渭源、伏羌、宁远等处，各有回民据城。巩昌之回，亦叛变攻城。臣虑镇兵单弱，先发臣标中军马宁等领兵星驰救援，臣暂驻秦州。俟臣标下部兵一到，即亲督赴巩剿抚。闻临洮等处各官，有被回拘系者，亦有安然未动者，容臣查明之日，再行具奏。又闻河西等处，惟西宁未动，其凉州、大靖、庄浪、裴家营各营堡，杀官劫掠，业已见报。至甘州、肃州、永昌、镇番等处，因地势辽远，尚无确报。然据传闻，抚镇各官，俱经被伤，则其恣肆之状，已可概见。非大加征创，不足以定变而警后也。俟临巩一带安抚就绪，臣当即往河西，以图戡定。除调兵情形，另有清字咨移兵部外，谨先恭报上闻。

为亟陈地方情形疏 孟乔芳

照得本年闰四月二十八日，准兵部咨为紧急回情事。该甘肃巡按王世功题前事，奉旨兵部察议具奏，密封到部。该臣等看得叛回肆逆，亟当奋剿，除鲁典暂调海夷堵御外，应令固山额真库录客打喇罕阿赖、(按：库录客打喇罕是赐号，或作“库鲁克达尔汉”，蒙古正黄旗人。)刑部尚书吴达海、吏部侍郎哈哈木各统原带大兵，并西安傅夸蟾标下满洲官兵，再将前往汉中固山额真墨勒根辖李国翰兵拨一千，右路总兵南一魁马兵五百，督、抚二标马兵五百，俱命南一魁统领，听库录客打喇罕阿赖、吴达海等调度。俟回逆荡平，应否再往汉中，听另议行，恭候命下，遵奉施行等因。奉旨依议，密咨到臣。该臣查照凉、靖回贼叛变，臣得报之初，即虑及陕西处处俱有住回，恐其吠声群动，为害匪浅。故一面发牌招谕，一面与满兵提督傅夸蟾会议，发兵剿捕。盖稔知此辈为徒虽繁，然不过乌合之众，荡扫无难也。是以臣亲督标兵，分路驰剿，屡经大破于巩昌、临洮内官营、马韩山、二崖洞、岷州等处，贼之伎俩已见。又奉旨特发西安满兵协剿，而户部侍郎额色统兵星驰前来，与臣合兵进剿，复大破贼于兰州，恢复城池。今提督傅夸蟾业已统兵将次抵兰，臣见在料理浮桥，渡河而西，收复甘镇。地方回孽，计日可灭。乃今兵部议覆巡按王世功之疏，特发固山额真库录客等及总兵南一魁满汉大兵前来。但西安、凤、汉、临、巩一带，向以节次供应大兵，及挽运征川粮草，民力已竭，若大兵复临，诚为万分难支。至河西地方，率多沙碛不毛，数百里之间，仅有些小营堡，业被回贼残破，庐舍已空，有土无人，谁为供应？如各路大兵齐至，驰驱数千里，不独累民费帑，亦且劳师，臣不敢不据实上陈也。臣虽不才，仰仗皇上威灵，实足以歼此跳梁小丑。且西宁祁廷谏、李天俞并庄浪鲁典三家，各有寺院、番族，皆未肯与之相下。见今廷谏之子祁兴周赴臣军前，业已给谕帖，令其会合各族，就彼协捕。贼虽鸱张，而臣等之兵锐气正盛，宜乘破竹之势，鼓行而西，必能荡扫残孽，以靖地方。如候续发大兵进剿，势必延误时日，不惟见在之兵，坐糜粮刍，且使贼得收合余烬，从容自备。即祁廷谏等亦必志意阑散，未免有失机会。伏祈皇上圣裁，停其续发大兵，容臣会同额色、傅夸蟾星驰渡河，以图荡扫，自能奏效。臣非知见之真，万不敢冒渎，有误封疆，自干欺诳之罪。

为要地必资弹压仰祈改将增兵以重疆圉疏　孟乔芳

照得甘肃重镇，处在天末，幅员辽阔，营堡孤悬。全赖将领威严，兵力强盛，方足以镇远人安边境也。如西宁协属之镇海堡，逼邻海夷，兼番族杂处，凡进贡之马，毕由于此。又肃州协属之嘉峪关，为哈密通贡之途，逼近畏兀、黄毛等族，均属咽喉要地。经制各设守备一员，额兵单弱，不足威慑远方。应将镇海改设参将，增兵二百名；嘉峪关改设游击，增兵四百名。合经制原额，各足五百之数，庶足以重弹压而资防御也。至于西宁协守，距镇城一千一百余里，肃州协守距五百余里，俱属要地，经制之兵，亦各单薄。均应增足一千五百名，庶协镇缓急有臂指之用，而疆圉永保宁谧矣。

为目击秦民荒粮之累万不能支，恳祈圣恩速赐除豁以全孑遗琉 孟乔芳

窃照秦民向罹明季横敛，继遭闯贼残害，仅存遗黎，不啻皮尽毛存，筋枯髓竭。幸蒙我大清扫除寇患，厘革弊政，凡匹夫匹妇，糜〔靡〕不欣欣然有更生之望。然数年以来，凋耗日甚者，良以荒粮之遗累耳。盖秦中寇乱数十年，民化青磷，田鞠茂草，无处不有荒田，无户不有绝丁。自顺治五年十一月奉恩诏一款："各处无主荒地，该地方官察明呈报抚按，再加察勘，果无虚捏，即与题免钱粮，其地仍招民开垦。"煌煌天语，炳若日星，一切士民，无不欢呼瞻仰，切望荒粮之除豁，以为苏息之有期也。秦中入府荒地，久经陕西抚按查报，河西凉、庄、甘州、宁夏、西宁、肃州各道属荒地，亦经甘肃抚按查报，并经臣复查报部，未准部允，题覆在案。盖惟恐察勘未确，扶同虚捏，亏减正赋，诚为国筹饷之深意。然臣征剿所至，如临、巩、平、庆、汉中、河西等处，民间所种熟田，不过近城平衍之处，其余则荒芜弥望，久无耕耨之迹。既经抚按察勘，取有道、厅甘结，亦可谓详慎矣。且秦民积困之余，即熟粮苦不能全完，岂堪重以荒粮之累乎？况有司各官，凛于考成催科之严，刑比滥追，略无宽假。如一户十人，若逃亡者二三，其所赔荒粮，在见存七八人，犹苦支持；如逃亡者七八，则见存二三人，虽剜肉倾家，万不

能赔纳矣。不惟不能赔纳他人荒粮，即本身熟粮，亦不肯完纳，其故何也？诚恐有司将见纳之熟粮，抵作从前之荒数，以纳过之熟粮，作目下之欠征，人情穷迫，欲不逃亡，得乎？如秦地巨寇，屡经荡剿，已次第歼灭。今南、北山谷之内，土寇不时窃发，皆由逃亡之结聚也。且自察勘之后，河西逆回叛变，甘肃庄浪各道属暨临、兰、洮、岷等处士民之逃散者，并叛回之被戮者，又不知凡几，孰非纳粮种地之人哉？又如临巩、凤翔各属之民，以运川、汉之粮，颠连至极。再如延安，因王永强之变，士民死伤者甚众。旋经大兵征剿，围困府谷，民之供应转输，困苦弥甚。田之荒芜，应不止报过前数，倘不早为除豁，彼茕茕无告之民，非逃散四方，即辗转沟壑，则田之荒者愈多，丁之减者愈众，势所必至也。万一挺〔铤〕而走险，群聚山谷，出没劫掠，势必用兵，则地方之蹂躏，供应之烦费，益有不可知者。臣忝封疆之寄，知见既确，何敢隐忍不言，以误国家？伏乞皇上鉴臣愚忠，敕下户部，从长计议，将秦省荒粮，准赐除豁，则哀鸿渐集，荒芜开垦，而盗贼自消，国赋日充，皇仁被于无穷矣。

请禁西宁寺庙诸番给蒙古纳进疏 郎谈 将军

照得先经西宁土司指挥同知李洽奏请罢西海等处庙寺与边外诸蒙古纳白塔即今白塔卫等处边外诸民，应遣入边，各归本境。部议今总督、提督察议，皇上以总督佛伦去其地甚远，令臣与提督臣孙思克就近察议。臣等差官至西宁,同总兵官详查此事。自顺治十五年因侍郎西图同昂厄会同诸蒙古台吉,议将托巴等诸寺庙诸番给达赖等。诸蒙古纳进,明朝时未有此事。白塔等处居民,乃顺治六年因回番丁国栋等作乱,惧罪逃于白塔等处,开田立舍,招聚逃亡,累至万户。西图等为此事尝至西宁察议。臣等愚意,内境百姓,不宜使居边外,与蒙古纳进,有关国体,宜尽宥其罪,采移边内。不然,恐日久酿成边患。况当噶尔丹多事之秋,岂可置之度外?臣已差人潜访此处人民背向真情,俟噶尔丹事毕之日,臣等先遣人谕蒙古酋长,设若不从,臣请以兵从事,再请圣裁。

请禁约剌麻等不得任意出边并除异端疏　郎谈

窃查边内非蒙古所居之处,塞口非剌麻任意来往之所。番下愚民,无日不修庙寺,渐增至数千余所。西海境诸民,尽衣赭衣,鲜事生产者几万户。臣意欲严令诸隘口官吏,不得令剌麻任意出入,俾内地消息泄于边外蒙古。再,边内庄浪诸蒙古,易以民服,随民纳粮,以备兵饷。凡自古所有寺庙,应存留者,令焚修者居之,其余剌麻愚民任意盖造者,宜悉毁之。驱游惰之徒,归于田亩,国赋充而游民少。俟噶尔丹平定后,再以李洽所奏事行之,庶不致震动边陲也。

为敬陈刍荛等事疏　黄廷桂　甘肃巡抚

窃查已故西宁道副使、历升湖广总督少保杨宗仁,操凛四知，才周八面，初官楚省，已腾隽烈之声；历任湟中，更启清刚之誉。绝苞苴而苏边俗，尽削陋规；购漏泽以妥幽魂，广埋枯骨。发奸摘伏，番夷畏若神明；除暴安良，老幼戴如父母。自昔讴歌勿置，由德泽之日渐；于今怀想弥深，信公论之久定。虽丰功伟业，已列享于贤良，而善政嘉猷，合光崇乎名宦。为此合词具题。

条议附

请严禁囊琐藐法暴虐以安边民议 杨宗仁 西宁副使

照得朝廷设官，文官治民，武职治兵，各有攸司，毋相越也。如民有过犯，例应文官究处；兵有过犯，例应武职究处。是堂堂武官，尚不得越职治民，况蠢尔囊琐乎？自商南多尔吉剌麻管理夷情之后，而囊琐等遂夜郎自大。本道近访得多巴囊琐、沈林琐南擅将百姓杖责，称系伊佃种之民。查囊琐不过一黄衣僧耳，约束土番，是其职分，何得凌虐边民！既果系伊佃种之民，或有不法，应申有司究处，乃敢横行杖责，藐王章如弁髦[1]，视边民为鱼肉，似此行为，殊堪发指。除出示严禁外，合行详请移咨夷情衙门，嗣后务须约束各剌麻遵守法度，安抚番众，不许暴虐边民。倘敢仍前横行，本道一面径提该管家大法重处，一面详揭参处，庶边氓得安，豪强敛迹矣。

为逆夷侵犯兼用民兵以资防范议 赵世锡 西宁副使

窃查青海蒙古亲王罗卜藏丹津，受国家厚恩，不思屏翰之义,与同党阿〔吹〕拉克诺木齐、阿尔布坦温布等潜谋不轨,渐肆猖狂。雍正元年十月,丹津等迫胁各蒙古,勾通内外各寺剌麻番族,侵犯南、北、西三川,焚掳村堡,劫夺行商。见在大将军奉命征调官兵,声罪致讨,自必应时扑灭。但西宁口隘甚多,处处可以入内,而剌麻番人,路径又熟,导引联络,亟须防范。今大兵未至,人心皇皇,本道已晓谕乡民,选其壮健者,给以兵器,看守要隘,护送军糈,堵御番贼。然无统领之人,又恐有涣散之虑。是以本道择其晓事老成者,给以委牌,令其督率,如镇营外委、千把总之例,以示鼓励。并许其事竣之日,量功受赏。今将姓名开折申送,合亟详请预为咨部,以便将来议叙。本道为边事孔亟,防范地方起见,伏候速裁示覆。

为宁属近番要隘请设营汛以安边氓议 杨应琚 西宁佥事

窃查西宁一郡,僻在边隅,番夷杂处,最易藏奸。而西、碾二邑南山一带,周围七八百里,番民二十八族,其间向化者固不乏人,而顽梗桀骜者,亦复不少。往往恃众欺寡,倚强凌弱,雀角细故,构怨结仇,动辄纠约行凶,每致伤人。一经官司勾慑,或入山远遁,抗拒不前;或恃野逞刁,持械逐捕。更有一种番回,本系缠头,久随番俗,惯习盗贼,出入无常。西、碾二邑边民,以耕牧为业,羊牛在野,即肆剽掠。若不于各隘口安设重兵,恐渐滋事,难以弹压。

今查碾伯县所属之巴燕戎，离西宁县所属之扎什巴七十余里，离南川营约二百四十余里，离河州循化营约一百五十余里，离巴暖营约一百七十余里，为各营汛适中扼要之区，又系番回错杂之地，最关紧要。且地方宽阔，水草便宜，似应于此处建筑土城一座，设游击一员、千总一员、把总二员。其应设兵丁，应在巴暖营内抽调兵一百名，于原议之扎什巴安兵二百名内抽调兵一百名外，再添设兵二百名，共安马、步兵四百名，以资弹压。巴燕戎既设游击，则扎什巴相距匪遥，原议应设之游击，似应改设千总一员，带兵一百名，稽查巡防。其山前之乩思观林，乃至扎什巴必由之路，上下三十余里，山坡高险，林木丛生，易藏奸冗。间有不法回民，往来贸易，夹带硝黄，更不可疏纵。查山下有古城一处，四壁尚存，应修理完固，另设把总一员，带兵四十名，则稽察严密。其下郭密地方，通透青海，设汛防范，尤为紧要。设守备一员，马、步兵一百名。于下郭密适中之亦杂石庄地方驻扎，并可接连贵德营声息。其迤东之千户庄，相距亦杂石庄约计五十余里，系磨石沟之南口，贼番出没，另设把总一员，马、步兵四十名，游徼防守。再查西宁南川，路通贵德，其闉门外为行旅往来之地，小民畜牧之所。在磨石沟之北，路狭沟深，该管都司系在徐家寨驻扎，相距遥远。若仓猝有事，贼党易于兔脱。莫若将都司衙门移驻黑古城，则与磨石沟相近，庶得巡查堵御，实于内外地方更有裨益。

至巴暖营原设游击一员，亦应改设守备；原设千总一员，改设把总；原设兵三百名，除移驻巴燕戎一百名外，其余兵二百名，照旧安设，以资巡缉。

又阿哈旦、唐思刚以及列不加沟等处，俱系生番，素多不法，必得专员弹压。查碾伯县所属之甘都堂，地势宽平，下临黄河，似应请建筑土堡，设立千总一员，安马、步兵一百五十名。以上新设营汛并巴暖营，统归巴燕戎营兼辖，以专责成。又河州厅所属之阿哈旦、苏胡加、阿路等三庄，处在黄河以北，距河(州)三百余里，番回输纳粮石，既虑跋涉维艰，且恃在穹[2]远，呼应不灵。查与甘都堂地界相连，似应改归碾伯县就近管辖输粮，其汛地应归甘都堂千总巡防，似属妥便。其黄河以南之贵德所地方，向隶临洮府管辖。但相距千有余里，往返动需二十余日，且皆绕道西宁，以避野番。不特文移羁迟，而且控制莫及。查该所处在西宁之南，相距路仅二百二十里，似应就近改归西宁府统辖。其贵德营都司，向隶河州镇，亦应请就近改归西宁镇管辖。但向止设有守兵一百五十名，尚应添设马兵三十名，以连声势。其分隶之处，应以贵德之清水河为界，河北属贵德营，改隶西宁；河南属保安营，仍隶河州。庶地方易于稽查，不致有鞭长莫及之虑。又黄河之西南，地方辽阔，所辖番回，素多为盗，如贵德李家寨、康家寨、杨家寨三处，僻处东南，万山之中，尤为盗薮。该都司远在一隅，势难兼顾，是以贼番逾山越岭，结党成群，公然劫掠，扰害地方。亦应设千总一员，马步兵六十名驻扎康家寨，以黄河之北即系西宁县地方，此亦安戢两处番民之一策也。

又查西宁丹噶尔营以外之河拉库托地方，虽距丹噶尔营汛路止六十余里，但逼近日月山，过山即系青海地界，又通上、下郭密，路径冗杂，为番夷出入总汇之处。且丹噶尔为远近番戎市口，无业穷民，赖以资生者甚众。今此地番人惯行抢夺，以致贸易远番，裹足不前，市口生计萧索。必须专员稽察，庶于边隘有益。应添设守备一员，把总一员，带兵二百名，以司弹压，仍隶丹噶尔营参将兼辖。如此则营路相连，边界清晰，野处番回不致滋事，民间畜牧得以渐繁，虽筑堡设兵，有资帑廪，而狙犷消沮，藏富于民，亦可谓一劳永逸，此费而彼宁矣。

请免西碾二邑马粮议 杨应琚

窃查乾隆元年八月初五日，奉到札抄廷议内钦奉上谕，饬令将府属现在额征粮石，有无额外多征累民，并如何额定征收之处，一并查覆等因。遵即转饬确查妥议去后。兹催据各属查议，具覆前来。本道遵查府属西、碾二县，大通卫地方，每年额征有屯、科、秋、站及番贡等项粮石，除大通卫止有番贡粮外，其西、碾二县屯、科额田，并开垦首报地共六千四百四十八顷五十三亩零，每亩征正粮一斗及八升、七升、五升、四升、二升不等，共征粮一万四百五十九石一斗零。每正粮一石,随征马粮五升,共征马粮一千二十二石九斗五升零。碾邑屯地一千九十九顷九十一亩,每亩征粮五升四合,共征粮五千九百二十一石四斗七升零。每正粮一石,随征马粮五升,共征马粮二百九十六石七升零。西、碾二县征马粮共一千三百一十九石二升零。宁邑秋、站并垦地共一百三十八顷七十一亩零,每亩征粮四升,共征粮五百五十四石八斗七升零。碾邑科、秋、站共地五百一十一顷三十四亩零,每亩征粮五升六抄,共征粮一千五百六十一石零。至新归之番地,自雍正四年起科征收以来,只定有水地下子一仓石,征粮二仓斗五升;旱地下子一仓石,征粮一仓斗。地有别乎水、旱,田不计其顷亩,随下子之多寡为征粮之分数。三属画一,征收并无额外加征之处。自雍正六年奉文,凡屯、科、秋、站每征正粮一石,随征耗粮二斗,内扣社仓五升,其一斗五升照额征分数拨支公用及养廉之项。乾隆元年奉上谕,将应征地丁耗羡银两,裁减五分。所有耗羡粮石,亦遵照一例均以加一五征收,其社仓五升,亦经奉裁在案。皇恩浩荡,边塞穷黎,固已群沾圣泽矣。惟是额征屯、科、秋、站、番贡等粮,除番贡照下子石数征收,并无额外加征外,至屯、秋、站,虽地粮名色不同,而按亩征收,事属一例。今查秋、站二项耗羡之外,并不征收马粮。而宁邑之屯、科,碾邑之屯地,独有马粮款项,似觉偏重。且二邑逼近青海,土瘠民贫,岁仅一收。今五分社仓业经议革,茶马又已停中，所有马粮一项，亟应裁减，以纾民力，以广皇仁。为此移请转详具奏施行。

为边口亟请添驻县佐以资治理议 杨应琚

窃查设官所以治事，添减务在得宜。凡事属可已者，原不容于轻举；而实不宜缺者，又岂可以因循？查西宁闇门外之丹噶尔地方，即今准噶尔夷使贸易之东科尔，距府城九十里，路通西藏，逼近青海。自移多坝市口于此，为汉土回民并远近番人暨蒙古往来交易之所，最关要重。是以前将镇海营参将移驻丹噶尔，以资弹压。但今立市已久，商民杂处，良莠不一。且彼处并有应征番粮，近又于距丹噶尔西南六十里之河拉库托设有营汛，以日月山定内外之界，民人渐多，开垦日广。况汉、土、夷、番，交易不无争角，以及匪窃潜踪，边隘声息，均须稽查妥办。参将一员，固可以裨捍御，其于地方一切，未便越俎料理。伏思西宁一县，地本辽阔，崇山峻岭，抑且口外，非比腹里，实有鞭长莫及之势。本道目击情形，详细筹酌，边口既关重要，西宁县又止知县一员，耳目难周。窃以县有丞、有尉、有主簿，而一县之中有丞、尉兼设者，亦有止设典史者，原视地方之大小难易，以定专、兼。今丹噶尔远在口外，而西宁县止设典史一员，又有监狱重务，应请添设西宁县县丞一员，分驻佐理，与参将文武同城。倘恐格于部议，即于他邑主簿移驻一员，其于边地事务，实有裨益。且查宁属口外之大通、贵德均属界连青海，地方厄要，兼有番贡粮石，营汛驻扎，设有卫、所专员。丹噶尔更为青海要冲，西藏总隘，汉、土、夷番交易市所，并有应征番粮。且进藏差务，络绎不绝，实与大通、贵德相为犄角。此县丞、主簿一员之必不可缺也。至应需衙署，查丹噶尔现有守备空署一所，即可住居，无庸另建，以省繁费。本道因要地需员移驻起见，是否允宜，相应移请，迅赐转详具奏施行。

碾邑巴燕戎请设官开田议 杨应琚

窃思文武备则边塞宁，开垦多则积贮厚，而尤在随时调剂，因地制宜。查西宁一郡，为西海咽喉，极边要地，既番夷以杂处，复土瘠而民贫。是以前因西宁、碾伯两县壤接生番，山径丛杂，南山一带，周回七八百里，番民二十八族，其内有习为盗贼者，出没不时，劫夺财物。营汛县治，相距窎远，鞭长不及。本道于巴燕戎、甘都堂、扎什巴、千户庄等一带，详请奏准各设营汛，见在兴工，分防移驻，并请多给口粮，寓赈于工，以济穷黎。盖因宁属气寒土薄，岁仅一收，即风雨调匀，亦有冰雹之患，农无余粟，户鲜盖藏。且三面番夷，止于东通凉州，粮路不广，每遇歉岁，接济殊难。夫足兵必先足食，而设官乃以治民，然积储久在奉行，于属四川，已无不垦之土。查得巴燕戎，西距西宁郡城一百七十余里，北至碾伯县一百二十里，居中环番，地方宽广，土色亦肥。其间有可垦之地，合长四十余里，宽三、四、五里不等，如巴燕戎川东山沟以及阿加、胡拉、囊思多沟等处荒地，均可开垦。现在番民因建筑城垣，即有具呈愿垦者。且左近又有溪流一道，既立营汛，将来听其修庄立堡，兵民相卫，殊有裨益。虽摆羊戎(按：即巴燕戎，译名前后偶异)五沟内，向为西宁镇标马厂，但自生番变乱之后，五营马厂，有移至大通卫一带者，亦间有就牧此处者，然止须山坡以上牧放。目下平川俱可开垦，将来人多地少，亦可将马厂再移，此时尚无阻碍。商之署、镇，意见相同。应请因地之利，设官劝垦。惟是西宁一郡，旱地居多，而巴燕戎又在口外，虽有溪流，而巴燕戎山后甘都堂一带居民资其水泽，此处难分灌溉。其所开之地，俱作旱田。俟垦成之日，计下子若干，委查明白，照旱地十年之例，升科上仓，拨充兵粮。番地任其番民报垦。其马厂平坦之地，原系官地，招民垦种，番、汉相处，如宁、碾沿边村堡。现在情形，日久相化，俱为良民。但人情喜逸，非督率不能成功，而荒土渐开，则生聚于焉日盛。不特日后完粮上仓，距县窎远，即一切民事争持，更须专员就近分剖，加意劝垦，悉心化导，始为有益。从前此处远隔县治，阻于山险，各番惮于来城，一切事件，武弁约文员赴彼查审，多至羁迟。是武职虽资弹压，而抚治又在文员，两者有相须而不可偏废者。即西、碾两县现在征收之南山后番贡粮石，前因相距一二百里至三四百里不等，番民交纳上仓，往返辄需旬余。山径崎岖，负载艰难，本道已于乾隆三年请交附近之沙冲寺、药草台二处，就近交支两寺剌麻衣单，咨部在案。然终属权宜，是收粮劝垦，招民理番，亟需文员，应请再设西宁府抚番通判一员，驻扎巴燕戎城内，管辖西、碾二邑南山后附近各番一切命盗各案。其番贡粮石，就近征收，暨经理开垦事宜，监散营饷，则事权归一，责任既专，文武相资，互有考察。两县无鞭长之虑，番民有孔迩之欢，将见田土开而人民盛，教养备而边境宁，是设官劝垦，似于巴燕戎建城移汛之时，所当再举者。谨详悉备陈，伏候酌奏施行。

请将大通卫署移驻白塔城议　杨应琚

窃惟西宁一郡，逼近青海，通藏环番，极西要地。凡系有关地方民生，暨一切新疆防范，应行调剂之处，自应随时酌宜，详请宪裁。查所属之大通卫，在宁邑北川闇门以外，所隶多系番、回。黑林一口，通海要隘，自设卫迄今，十有余载，既有仓库钱粮，又有命盗重案，已非曩时之比。今本道巡查至卫，与该卫孙备查阅卫署于开疆设镇之始，原建于大通城内，系在大寒山之北所辖二十二堡，番民散处于山之南，相距自数十里以及一二百里不等。不但应征粮石不能挽运，即一切词讼，亦控诉维艰。且征纳之粮，惟支该地各寺剌麻口粮、衣单之需，不拨兵粮。故前卫守备在于山南之向阳堡，捐设卫署一所，仓廒数间。凡收粮理事，悉在于此。其各堡相离向阳道路，河东八堡，自一二里以至四五十里不等。河西八堡，近者五六里，远者五十里而止。东峡六堡，自五六里至四十余里，历来民间称便。但向阳一庄，既无城堡护卫，又无兵丁防守，于仓库监狱重地，似未谨慎周密。虽得权变之宜，尚非经久之道。若请建新城，又恐格于部议。查相近之白塔营城，所离各堡道路，亦不远于向阳。其河东八堡至白塔，自五六里至三十里不等；河西八堡，近者一二里，远者二十余里；东峡六堡，近则三十余里，其最远者滥泥沟、燕麦川二堡，亦不过六七十里，于百姓仍为近便，应请移驻。白塔城内，现有空闲守备衙署一所，孙备情愿捐俸增修，以为栖止。又有营中旧仓一进，再移乡仓九楹，另建新仓三楹，作为卫仓，足敷储积。仍于城中隙地，另盖小仓三间，还营备贮。所需木料，在于向阳、扬化、新庄三堡旧仓内拆移，此扬、新二堡旧仓，原系逆产，无人管业，各前卫守备用以堆贮粮石。今以之建造仓廒，颇省采买之费。至运价工匠，约共估需银二百二十余两。至于监狱，尚未建造，现已另案请项，今无庸更议。如此迁就调剂，于仓库、监狱、民番输纳，实大有裨益。且白塔现有都司一员，文武同城，仓狱固密，自属一切妥便。并咨询民人，商之镇协，悉以为可。理合详请咨部，议覆施行。

请复贵德所民兵设立民千把总议 *杨应琚*

窃惟古制昭垂，今时利用，隳废甚易，整理最难。如宁属贵德所地方，僻处境外，番夷逼杂。相传于明代特招河州民四十八户，处之临城，拨予地亩，令其树艺，免纳税粮。惟于农隙讲武，名曰“民兵”。诚以捍外卫内，寓兵于农，法良意美。我朝定鼎以来，规画疆宇，抚安内外，一仍其旧。于今民兵，现在虽云演习武艺，分别队伍，然伊辈究属务农为生，一年收获，仰事俯育，鲜有余资。农具所赖，勉力置备，至于军器，未免苟简从事。昨西宁申守赴贵德盘查，嘱令验看。见民兵荷戈负弩，夹道欢迎，尚不忘职业。惟其所执器械，或弓矢，或鸟枪、长枪，率皆残破锈钝，不堪遇〔御〕敌。查贵德地方各族西番，自雍正二年平定青海之后，归诚输赋，而狂悍之性，猝有难除。近今番夷自相劫杀，或邀截行商，岁不能免。该千总于报到差壮役，协同营兵查缉。此辈向依深山溪谷为巢，兵役数人，藐不介意。且贵德营兵额无多，雍正元年逆夷变乱之时，一切防守，甚赖民兵。本道与该守弁忝列斯土，时刻筹维，今贵德所既有此民兵，蠲其租赋，专事武艺，当此番族杂处之地，边隅无事之时，正宜整饬，复其旧制，俾弓矢斯张，以夹辅官兵，藩卫城池。随亲至该所，将兵制名数，逐一确查。其原招四十八户，于今生齿繁盛，计胜兵一千二百九十四名，内分左、右、小三哨。左哨现有民千总一名，民把总二名，又火器把总一名，领旗十名，管队十名，大旗十名，兵四百二十二名，分为十队；右哨现有民千总一名，民把总二名，领旗十一名，辖队十一名，大旗十一名，兵四百二十名，分为十一队；小哨现有民千总一名，民把总二名，总统一名，领旗十二名，管队十二名，大旗十二名，兵四百四十一名，分为十二队。以上通共民千总三名，民把总八名，兵一千二百八十三名。兵数不少，又各有统领，不致涣散。惟其所有器械，皆不堪应用，且无金鼓、旗帜。本道与申守复饬谕该守御千总李滋宏将民兵现在军器，逐加点验，民兵尚有弓箭八百九十一副，内堪用者止有三百副；鸟枪仅二百四十四杆，俱尚可用；长枪、矛子更属不堪。查边地唯火器最利，今应裁去弓箭五百九十一副，请增鸟枪三百五十六杆，共足六百杆之数。枪、矛既不堪用，应换并请酌增，共二百杆。其民兵所本无者片刀，亦应酌添。伏思旧制全废，犹望复兴；大略尚存，急宜培植。已面商西宁镇，据云各营现有旧存鸟枪、矛子在营，虽稍不合式，民用已足申威，请照本道等所查，应添换鸟枪、长枪各数，捡择好者发该千总领回，传集各民千、把总分给民兵。谕该千总于农隙之时，亲加训练。并令同城该营都司指示。彼民兵虽素执军器，无异耒耜耰锄。今见兹紫电青霜，宁不益加踊跃？先声后实，番、夷足以摄其心；有备无虞，民户可以安其业矣。再，本道与西宁申守细酌贵德民兵，授田免赋。武事虽其专责，但荒塞边民，不辞劳苦，督率宜加优奖。凡现充民千总、把总等名色，应令西宁府督同该所千总，复加拣选，照依营额，择其汉仗好、技艺优者，申送本道考验，发与委牌，准给顶带。其所有领旗、管队各项，亦照营制，按兵数之多寡分设。每设每队人数，皆令画一。本道与该守因公赴贵德时,顺便查验。一切所有金鼓、旗帜等项行军耳目,万不可缺。本道等情愿捐备,以壮观瞻。此事既不可废弛,徒有兵名;亦不宜琐屑,致误农业。如是则民兵争自濯磨,纪律严整,防边镇番,俱可应用。是否可采,伏候裁酌,奏请施行。

请开大通协城红山嘴东荒地议 杨应琚

窃本道奉檄巡查,凡有益民生之事,无不处处留心体查,以期稍尽厥职。今看得大通卫地方,自向阳堡北过打坂山,至大通城,即协营驻扎之所。东去城十里,地名红山嘴,上庄有民人居住,计一十二户。于此处已报垦仓石子种地四十石三斗,承额粮四石三升。又东去半里,至红山嘴中庄,又一里至下庄,共居民一十八户,已报垦仓石地一百一十石二升,承额粮一十一石二升,皆卫属附籍之民人也。其地系民随力开垦,现在熟少生多,以次成种,悉有渠水可灌。水从雪山石沟一道流出,接入大河。改挖沟渠,引灌田地。又自下庄东去三里许,地名皇田庄,此一带地方亦分上、中、下三处,均属平衍。即从前设镇之始,前镇冯奏明拨兵试种,以无成效停止之弃土也,故名皇田庄。亦有雪山流水,可以开渠引灌。今本道与该卫孙备捷细询,有卫民欲开此土者。盖因卫地始设在口外,当初辟之年,虽止山南向阳堡等一带三川地方,而户口无多,耕种有余。迨今生齿既繁,抑且因亲及友,自内地而前往者,亦复不少。故地方虽广，多系高山旱坡，而可耕之地渐狭。夫一夫不耕，或受之饥，况山北地气，汛防日久，亦觉随入转移，较前霜雹渐轻。红山嘴既可开种成熟，认粮有效，其皇田庄地土毗连，仅隔数里，而前后有年，今昔异宜，亦无不可渐次树艺，故卫民闻有此举，情愿分拨子弟前往。今本道与该卫孙备捷捐发子粒，其口粮屋宇，情愿自备，无仰于官。成则有裨穷黎，否亦无所关碍。且大通一协，孤悬塞外，地土开辟，人民日聚，兵民两资，于边塞防护，更觉有益。本道已劝谕卫民，趁此耕作之时，一面开垦试种，于上庄安插若干户，中庄安插若干户。上庄有水可灌地土，约下仓石子种七十余石；中庄有水可灌地土，约下仓石子种五十余石。又自中庄北去二里，至直沟台庄，安插若干户。此庄有水可灌地土，约下仓石子种八十余石。俟其成熟，酌量令其输赋，永为民业。事关地方民隐，相应备叙原委，伏祈裁示施行。

注释：

[1]弁髦(biàn máo)：喻指无用的、可以蔑弃的东西。弁，指用黑布做的帽子；髦，童子的垂发。古代贵族子弟行加冠之礼，先用缁布冠把垂发束好，三次加冠之后，就去掉黑布帽子，不再用。

[2]窎(diào)：深邃貌。窎远，遥远。

西宁府新志·卷三十五

艺文志（四）

赋

西宁府

黄河赋　晋　成公绥

览百川之洪壮兮,莫尚美于黄河。潜昆仑之峻极兮,出积石之嵯峨。登龙门而南游兮,拂华阴于曲阿。凌砥柱而激湍兮,逾洛汭而扬波。体委蛇于后土兮,配灵汉于苍穹。贯中夏之畿甸兮,经朔北之遐荒。历二周之北境兮,流三晋之南乡。秦自西而启壤兮,齐据东而画疆。殷徙涉而永固,卫迁济而遂疆。赵决流而却魏,嬴引沟而灭梁。思先哲之攸叹,何永德之难量。

昆仑山赋　明　黄谏

瞻彼西域,猗欤昆仑!臂地势以特起,指太清而高蹲。控玉门以设险,涌朝宗之河源。其方也,里八百而可考;其高也,数万仞而堪论。大鹏之翼,高举而莫及;都卢之足,善缘而难升。其阴则坚冰厚凝，镜见人形，风气凛冽，寒不可胜；其阳则瀑布飞流，声震雷霆，群猿下饮，接臂流肱。至若瑶池之水，粼粼㳽㳽[1]，有龟六足，有鳖三趾；游鱼吹波，超群鸥起。元〔玄〕圃之中，广轮莫拟。药阑花槛，布谷散绮，离娄之明，殆不能视，隶首之数，亦不可记。木则琪玕[2]参差，文玉森然，琅玕[3]子实，如玉且圆。豫章、松桧、枫梧、梗柟[4]、山柿、女桑、水犀、秋香、冬青、万年，蓊郁䕲荟[5]，亘地连天；草则朱英玉芝，幽兰芳蕙，枸杞根灵，薇菜可茹。丛卉灌芳，阜滋蕃庶；其禽则女床之鸾蹁跹，丹穴之凤翔翥，鵕鸃[6]变飞，鹔鷞[7]群舞，衔木精卫，能语鹦鹉，散则霞开，止则云聚，自相喧聒，各得其所；兽则狒狒见人而叹，猩猩披发而言，犛牛体重，騉駼〔駼〕[8]轻儇。元〔玄〕豹雾隐，文虎昼眠，貔貅狮兕，麋鹿麈麃，熊罴狻猊，狐貉豼豻[9]。其所孔有，不可殚焉。或遥涉乎蒸霞之水，或弄影于阆风之颠；或群或友，儦儦俟俟[10]于种玉之田。何奇不有？何异不储？乃上帝之下都，岂常人之所居？轩辕之宫，王母之室。碧瓦鳞比，青锁〔琐〕栉密，画栋飞虹，朱帘炫日，高阁千寻，长廊万丈，赭垩丹青，杂以金碧。适中乎文质，乃辉耀于今昔。是以仙乡留舄之辈，缑山吹笙之徒，崆峒之老，蓬莱之流，莫不驾云舆而是趋。于是王母开筵，侍以麻姑，宓妃鼓瑟，双成吹竽。琼浆玉液，盛馔佳蔬，蟠桃异果，苾芬[11]芳敷。延周穆于瑶席之上，邀汉武于回邱之隅。元冥涤器，溽收司壶，少皞行令，太白操觚。劝酬之礼既毕，羲和趋御而日色已晡。岂特产奇瑰之物，招游燕之娱而已哉？尔乃质凝重厚，气钟淳粹。静而有常，类仁者之寿(征)；动以致用，方君子之不器。云从而起，雨从而致，休征以时而若，于焉而发生乎万类也。恭惟圣明，一统区宇，极地际天，咸施恩惠，海渎岳镇，各有典制，视伯视公，皆以次第，咸秩无文，名山以祭。兹山也，同海岳面效灵，故其功臣而不细，是以笃生贤良，而非止于一才一艺。乃拜手稽首而作颂曰："大哉！圣人之御世也，旰亦未食，宵亦未寝也，治人礼神，各尽其义也。山岳效灵，而人才辈出；薄海内外，而皆享雍熙之盛治也。"

西平赋　明　李素　御史

雍州封域，鄯州分隶。仰观天文，井鬼之次。自昔乐都，九军回庇。汉以为郡，唐以为使，混于前元，盛于当世。环万山而中宅，重三峡而外峙。翼红崖，青海兮低昂；倚昆仑，黄河兮轩轾。张国家左掖，断匈奴右臂。乃用武之重地，河西之捍卫也。其山则白石磊砢，青崦崔嵬，磅礴蛇蟺[12]，穹窿崥崹[13]。或龙盘而虎踞，或兽蹲而凤徊。雪山望望若银屏，风洞殷殷如春雷。森若列戟，布若张帷。有大石小石之峡口，有南禅北禅之招提。威纡距甸兮，烽堠迤逦，巉[14]岩倚天兮，关隘周围。金山为之望兮，古山为之镇兮，碾伯、大通为之翊[15]兮。积石嵯峨，博望侯之所即兮；虎台突兀，南凉王之所筑兮。骷髅台兮鬼神泣，牛心堆兮风雨凄。苕藋[16]寂兮野猿怨，榆谷空兮山鸟啼。其水则冷泉汩汩，暖泉溶溶；湟水奔湟，宗水（按：湟水、宗水，实即一河，此以对文而云然。）朝宗；潴而为海，会而为淙，为沼、为沚[17]，为汉、为洚[18]。发源有本，汇泽无穷。生我百谷，慰我三农。石横截兮，营堡恃之为崄；水穴出兮，沟渠以之流通。奚命溪翁？沂流指壑，喷（按：此字为“喷”字之形误，“喷”谓雪有声也。）雪轰雷，可警可愕。有万籁之幽，无孤舟之泊。奠疆场兮利国家，为汤池兮壮城郭。或鲲鲸兮变幻，或珠玉兮错落。冰坚丈许兮秋疑〔凝〕，潦涨百川兮冬涸。三伏无暑兮人间广寒，四顾清凉兮边无尘漠。

其物则有鱼盐之饶，蓄产之美，山毓海涵，訁（按：此字似误，当作“亡”或“忘其”。“亡”之义犹“无”也。“訁”只为方音词，表示否认或不肯。）其有几。青稞疗饥，黄鼠荐醴，赤狐绥绥，鹿麋麌麌[19]。青黄之羊，黑白之鲤，野马腾骧，犛牛奔靡。龙种生骢，兽恶出兕，猞猁狲比豹尤贵，哈剌卜似獾而俣。木则柳生株万，松挺丈千，以舆以庐，为箭为盘。果则丹杏充贽，林檎实笾。天杞离离兮红珠贯，秋子累累兮赤弹悬。蔬则野韭凌霜而发，山葱遇雨而鲜。茄莲靛脆，圆根冰圆。药物之产亦数，其名防风、羌活、乌头、细辛，将军、通利，国老、和平，野人鬻之以疗饥，穷边资之以卫生。至于春发园葩，夏凉野竹，芳槿篱横，长杨堤拂。微风起而树香，晨露晞[20]而草馥。陵翠山以荫景，施悬萝兮被谷。

然俗犹崇释，士则业儒，人专孳牧，童习弯弧。衣被毳皮，饔飧湩酥。土代瓦兮遍遐僻，板为屋兮环郭郛。戍鼓惊心，狼烟触目。荷戈有常，挟纩无燠。警柝凄凉，胡笳断续，游兵逻巡，深骑驰逐。官不茧丝，民跻寿域。且自古用武之地，岂于今而始录？至若将帅观兵于鞠场，铁骑交驰而竞逐，貔貅奋威以争雄，剑戟森罗而眩瞩。弓矢斯张，旌旗照烛，赏罚惟公，号令齐肃。三军勇锐，众庶悦服，丑陋潜踪，番夷窜伏。抚字以有方，薰陶而畅沃。乃成君子之乡，抑绝鄙人之俗。芳誉洋洋，淳风穆穆。听舆人之诵言，乃家给而人足。聊采菲言之疏略，是亦湟中之大目也。

记

昆仑山记　晋　王嘉

昆仑山有昆陵之地，其高出日月之上，山有九层，每层相去万里。有云色，从下望之如城阙之象。四面有风，群仙常驾龙乘鹤游戏其间。四面风者，言东西南北，一时俱起也。又有祛尘之风，若衣服有尘污者，风至吹之，衣则净如洗濯。甘露濛濛似雾，著草木则滴沥如珠。亦有朱露，望之色如丹，著木石，赭然如朱雪洒焉，以瑶器承之如饴。

昆仑山者，西方曰须弥山，对七星之下，出碧海之中。上有九层，第六层有五色玉树，荫翳五百里，夜至水上，其光如烛。第三层有禾穟[21]一株满车，有瓜如桂，有柰冬生如碧色。以玉井水洗食之，骨轻柔，能腾虚也。第五层有神龟，长一尺九寸，有四翼，万岁则升木而居，亦能言。第九层山形渐小狭，下有芝田蕙圃，皆数百顷，群仙种耨焉。傍有瑶台十二，谷广千步，皆五色，玉为台基。最下层有流精，霄间直上四十丈，东有风云雨师，闻南有丹密云，望之如丹色，丹云四垂周密。西有螭潭，多龙螭，皆白色，千岁一蜕其五脏。此潭左侧有五色石，皆云是白螭肠化成。此石有琅玕璆琳[22]之玉，煎可以为脂。北有珍林别出，折枝相扣，音声和韵，九河分流。南有赤陂红波，千劫一竭，千劫水乃更生也。

使吐蕃经见纪略 唐 刘元鼎

元鼎逾成纪、武川，抵河广武梁，故时城郭未隳。兰州地皆粳稻，桃李榆柳岑蔚。户皆唐人，见使者麾盖，夹(道)观。至龙支城，耋老千人拜且泣。问天子安否？言："顷从军没于此，今子孙未忍忘唐服，朝廷尚念之乎？兵何日来？"言已，皆呜咽。密问之，丰州人也。过石堡城，崖壁峭坚〔竖〕道回屈，夷曰铁刀〔刃〕城。右行数十里，土石皆赤，夷曰赤岭。而信安王祎、张守珪所定封石皆仆，独夷所立石犹存。赤岭距长安三千里而羸，盖陇右故地也。曰闷恒〔怛〕卢川，直逻娑川之南百里，臧河所流也。河之西南，地如砥，原野秀沃，夹河多柽柳，山多柏。坡皆邱墓，旁作屋，赭涂之，绘白虎，皆夷贵人有战功者，生衣其皮，死以旌勇。殉死者瘗其旁。度悉结罗岭，凿石通车，逆金城公主道也。至麋谷，就馆。臧河之北川，赞普之夏牙也。周以枪累，率十步植百长槊，中剬[23]大帜为三门，相距皆百步。甲士持门，巫祝鸟冠虎带击鼓，凡入者搜索乃进。中有高台，环以宝楯。赞普坐帐中，以黄金饰蛟螭虎豹，身被素褐，结朝霞冒首，佩金镂剑。钵掣逋立于右，宰相列台下。唐使者始至，给事中论悉答热来议盟，大享于牙右。饭举酒行，与华制略等。乐奏《秦王破阵曲》，又奏《凉州》《胡渭》《录要》杂曲。百伎皆中国人。盟坛广十步，高二尺。使者与夷大臣十余对位，酋长百余坐坛下，上设巨榻。钵掣逋升告盟，一人自旁译授于下。已，歃血，钵掣逋不歃。盟毕，以浮屠重为誓，引郁金水以饮，与使者交庆，乃降。

元鼎还，夷元帅尚塔藏馆客大夏川，集东方节度诸将百余，置盟策台上，遍晓之，且戒各保境，毋相暴犯。策署彝泰七年。尚塔藏语元鼎曰："回鹘小国，我尝讨之，距城三日危破，会国有丧乃还，非我敌也。唐何所畏，乃厚之？"元鼎曰："回鹘有功，且如约，未尝妄以兵取尺寸地，是以厚之。"塔藏默然。元鼎逾湟水，至龙泉谷，西北望杀俺〔胡〕川，哥舒翰故壁多在。湟水至濛谷，抵龙泉与河合。河之上流，由洪济梁西南行二千里，水益狭，春可涉，秋夏乃胜舟。其南三百里三山，中高而四下，曰紫山，直大羊同国，古所谓昆仑者也。夷曰闷摩黎山。东距长安五千里，河源其间，流澄缓下，稍合众流，色赤，行益远，它水并注则浊。故世举谓西戎地曰河、湟。河源东北直莫贺延碛尾殆五百里，碛广五十里，北至沙州，西南入吐谷浑，寖狭，故号碛尾。隐测其地，盖剑南之西。元鼎所经见，大略如此。

河源记 元 潘昂霄

河源在吐蕃朵甘思西鄙，有泉百余泓，或潦水沮洳涣散，方可七八十里，且泥弱不胜人迹，近观弗克。傍立高山，下视灿若列星。以故名火墩脑儿，译言星宿海也。群流奔湍，近五七里，汇二巨泽，名阿剌脑儿。自西徂东，连属吞噬，广轮马行一日程。迤逦东骛成川，号赤宾河。二三日程，水西南来，名亦里出，合赤宾。三四日程，水南来，名忽阑。又水东南来，名也里术，合流入赤宾。其流寖大，始名黄河。然水清人可涉。又一二日，歧裂八九股，名也孙斡论，译言九渡。通广六七里，马亦可渡。又四五日程，水浑浊，土人抱革囊，乘马过之。民聚部落纠集木干象舟，傅毛革以济，仅容两人。继是两山歧束，广可一里、二里或半里，深莫测矣。朵甘思东北鄙有大雪山，名亦耳麻不莫剌，其山最高，译言腾乞里塔，即昆仑也。山腹至顶皆雪，冬夏不消。土人言远年成冰，六月见之。自八九股水至昆仑，行二十六日程。河行昆仑南半日程，既又四五日程，至地名阔即及阔提，二地相属。又三日，地名哈剌别里赤儿，四达之冲也。多寇盗，有官兵镇防。昆仑迤西人简少，多处山南。山皆不穹峻，水亦散漫。兽有犛牛、野马、狼、狍、羱羊之类。其东，山益高，地亦渐下,岸狭隘,有狐可一跃而越之处。行五六日程,有水西南来,名纳邻哈剌,译言细黄河也。又两日程,水南来,名乞儿马出。二水合流入河,河北行,转西至昆仑北。二日程,地水过之,北流少东,又北流入河。半月程,至归德州地,名必赤里,始有州治官府。州隶河州,置司吐蕃等处宣慰司所辖。又四五日程,至积石州,即《禹贡》积石云。

建广福观碑记 明 曾棨 翰林学士

太宗文皇帝入正统之初,以北极真武之神,尝有阴翊默相之功,命修建太岳、太和山诸宫观,以奉祠事。仍于京师立庙,俾士民之乞灵祈福者,咸有归焉。永乐壬寅秋八月,驾车(按:应作车驾)自沙漠还,次榆林,御武帐中,召今推诚宣力武臣,特赐荣禄大夫、柱国、会宁伯李公英,咨问西宁风土,公具对:“臣叨荷国恩,镇戍西陲,幸遇朝廷清明,边鄙无事,由是民皆丰富逸乐,克享太平之福,恩德至厚矣。”因请建真武庙,以为边人岁时祝寿祷祈之所。诏许之。公既还镇,卜日命匠治材,为正殿,周回廊庑,后殿东西两傍为众屋,凡若干楹,以为主司者之所栖止。逾数月而告成。宣德改元冬十二月,公始克以庙讫工奏之,赐观额曰“广福”,仍命所司选道士孙思忠等五人以主祠事。先是,公承命经营之际,一夕,梦人告云:“真武之神将出。”即肃衣冠以俟,有一人具素羞〔馐〕,将邀公食于其家。公以迓神之故,弗之许。其人携至公所,请食。未下箸,前告云:“神已至。”公随趋出迎，见神冕服执圭，朱鞍白马，导从甚众，仪物类王者。复有道士何诏宗者，博衣角巾，挟簿书以问公曰："神先至李王庙何如？"公曰："宜先至宁番寺。"遂转骑从徐行。时天日开朗，纤尘不惊，良久，前至一所，高垣峻宇，丹碧照耀，殆非常人所居者。既及寺门，公下马，矍然惊寤。实永乐癸卯七月之八日也。今年冬，公以事入觐，遂授封爵赏赉以归。既将行，具述营建始末与梦感之事，请余为纪。盖公在永乐中，屡从亲征漠北，累勋积劳，有宝刀名马之赐。洪熙改元，奉诏领兵剿除安定边寇，公克奋勇敢，身先士卒，深入寇垒，剪戮擒获无算，得其马驼牛羊十有三万而还。今皇上嘉其功能，遣礼部主事杨镛驰往宴劳，降敕褒美。则公之忠义激切，报效于国家者如此。至其所感通神明，以彰其灵应者，亦岂偶然者哉？故自建庙以来，雨旸[24]时顺，岁谷屡登，边人安居，寇盗屏迹。是维朝廷盛德所加，而公所以效忠竭力，神之所以护国福民者，可谓至矣。是以勒之于石，俾后人之得有所考焉。

重修西宁卫学政记　明　柯忠　兵备副使

凡事始于创治，中于嗣缉，而终于有成，乃通古今之攸论也。乃者，西宁卫学校一创时，则必营殿庑以崇庙貌，建斋堂以贮师训，植射圃以较德艺，备礼器以神春秋祀享，集坟典以立教学章程，固其始也。寻至岁迁物故，始之创制者，不无倾圮替敝，无复昔之完美可观。迩者成化终叶，建白者以此方实当边隅僻壤，虽有百司分职，监摄者巡督罕临，率多恣逸堕功，请建臬司统察，上乃可其请。握铃衡者谬擢予膺是秩，命下之日陛辞。亲捧玺书而来，总理甲兵钱谷，疏雪积案冤狱之暇日，及学政替弛，乃知当急，不敢怠安，而事修谤兴之嫌，在所不计。爰始抡材鸠工，聿新堂斋、号宇、射圃、棂星诸门。既而劝募富室，量出己资，增修簠簋，购求编秩。俾向之颓弊缺失者，俱绍复如前。始于洪〔弘〕治庚戊〔戌〕岁夏首，卒辛亥秋季。惟度殿庑资用颇繁，姑俟撙蓄财力，卜时再举，是则嗣缉于其中也。士类服此，第恐岁久易湮，靡从考证，佥谓宜勒金石，以俟后之君子。时缉而屡省之，或修举废坠，或恢拓隘陋，或增益其所未备。庶乎其人常存，其政易举，而终于有成之可待乎！

重修西宁兵备宪司记　明　胡经　兵备副使

陕西，三镇罗其外，八府处其内，延袤三千余里，视他省为最大。三镇之中，惟甘肃四围番夷〔虏〕，西通西域，横亘三千余里，视他镇为最大。甘肃一镇计十五卫、所，唯西宁卫六所。惟祖宗之意，盖以西宁控制近番申中等十三族，远番罕东等四卫，故多设一所以震压之，视他卫不同也。永乐以来，朝廷以西宁系西夷重地，特设都指挥一员守备其地。洪〔弘〕治改元，孝宗念西宁番汉杂处，承平日久，梗逆渐生，特命设宪臣一员，整饬兵备。洪〔弘〕治戊午，周中丞公建议请复以凉、镇、庄、古属西宁兵备所辖，亦各卫所边备渐弛，非得宪臣时修厘之不可也。洪〔弘〕治辛酉，西宁兵备副使宋公自南察院始移居此署，展拓增修，颇为宽厂〔敞〕。正德丙寅，予乃承乏。丁卯，逆瑾变乱旧章，天下兵备宪臣俱裁革，唯固原独留。予乃自西宁革去，复调固原。未几，即为逆瑾废黜。于时此署空闲，公使往来，于焉憩止。二三载间，墙宇倾颓，门牖损坏，视传舍不如矣。正德庚午，上因察知瑾逆状，服上刑。群贤废黜于野者，尽起在位，予乃复为西宁兵备副使。辛未三月，抵西宁境，见军民凋弊，番夷生拗，大不如前时。及入署，又见其颓敝不堪，乃叹曰："相离未久，何一变至此耶！"乃先厘弊政之太甚者，徐解其乱绳而分理之，旧规新政，次第修举。时兵食倥偬，政务旁午，应接不暇。五月，夷〔虏〕贼万余骑入寇，予先期遣兵于老鸦城、甜水沟，据险以待贼至。果不得进，徒手归。六月，巡行庄浪，督军饷事竣而旋，始至廨宇，中倾者扶之，颓者正之，损坏者易置之。既建大门三，复立抄案房六间，审供厦房四间，前堂后室，左厢右庑，旗帜牙纛，军装戎器，焕然一新。壬申四月，夷〔虏〕骑三千从西宁后山番境入寇，又被我军败去，擒斩数多，民物安堵。

予以自外供水，执事者出入不便，乃相地西南隅凿井，果得甘泉。又以时校阅军士，未可数下教场，乃于宪司之东，买段氏地一区，南北计一百步，东西计二丈五尺，以为射圃，中建射庭三楹。公暇即调一队教演，率以为常。规制渐备,廨宇苟完。凡禀命受令者,皆改观易听,而宪度亦用章矣。夫兵备之职,内统各卫,外抚诸番,军务夷情,厥责甚重。后之君子,廉明宽严之中,自有柔绥之道。兹予叨山西廉访之命且行,深念此署修建之由,良工心独苦矣。如不勒之坚珉,后将无所考,乃纪其始末如此。仍空其后,以为将来者题名云。

重修西宁卫学记 明 李经 兵备副使

天下国家之事,皆有关于士也。故古之明王,自王宫国都以及闾巷,莫不有学。其所学者,亦自有道。是以风俗大同,礼乐具举,人材彬彬以出,自足以供一代之用。我国家奄有西海,教先于政,文明之化,磅礴寰宇。惟此西宁卫学之建,多历年所。日阽于危,风雨罔蔽,神栖靡宁,士艰肆习,师艰爰居,行恻载涂,靡所于告。嘉靖癸巳岁,经奉命饬戎于兹,亟命卫长吏撤而新之。第公私匮竭,莫能举也。越明年五月,侍御史新野刘公良卿监督茶政至,入谒殿庑,退即讲堂,顾视既久,怛然疚怀。遂出公积,申饬卫吏以经始。秋八月,侍御沧州王公绅以观风至后,发粟量程,亟命卫吏以图终。于是陶瓦伐石,选材鸠工,先师殿瓦更以琉璃,两庑堂斋,亦以瓦覆之。即戟门前为棂星门,前复建坊,以示伟丽。以敬一亭移于明伦堂后,增广加饰。缘斋之掖为号舍五十余楹,为学宫舍二十楹,牲舍三楹,右为射圃厅五楹,缭以墙垣,益以丹碧。工兴于七月,讫于十月之终,轮奂孔饰，规度聿新，宫墙岩岩，廊庑翼翼，而边陲耳目炳然改观。卫吏以落成报，直指檄经为纪，勒石以永。夫兴学宣教，监司责也；崇志广业，诸生职也。今西宁为古月支、湟中之地，群山矗耸，众水萦纡。圜边有峡塞之固，地则要矣。尔诸生长于斯居焉，长缨〔缨〕[25]宽衣，人则士矣。至于崇志广业，门门于学者，夫岂皆然耶？边陲率习战斗，所自期者，止于发身已耳；抑岂知学贵大成，不贵小用，有文事必有武备耶？况二公慨然以兴起斯文为己任，尊崇孔氏，作人裨化，意亦洪〔弘〕矣。尔诸生际此千载一时，或率履愆度，其于监司兴学之心，国家储养之意何？夫靡者，安于凡近者也；卑者，随时以趋者也。学焉而不知其道者，口耳之末也；假借筌蹄，而姑以取紫青者，世俗之见也；剽窃糟粕，而炫焉以表著者，不为己也。有一于此，皆非也。尔诸生戒之哉！动存息养，所以崇德也；笃志力行，所以广业也。崇则日就于高明，广则日臻于富有，斯可以为士矣。即大者贤，至者圣，升堂入室，及之无难，又何惮而不为哉？斯固上之人兴学之意也，尔诸生勖[26]之哉！

新建西宁忠节祠记　明　马理　光禄卿

嘉靖间，中丞赵公节镇河西，下教诸道，俾修举祀事。教至西宁，兵备宪副李侯乃经营辟地一区，为垣门二，堂庑碑亭惟备。乃拟应祠贤报，公曰："某祠于张掖某地，某，法不应祀也。所拟汉后将军壮侯讳充国赵公、强弩将军乐成侯讳延寿许公、伏波将军忠成侯讳援马公、平寿敬侯讳训邓公、隋卫尉讳权刘公、唐平章事幽州都督讳师德娄公、宋秦凤经略事讳韶王公、河州团练使讳永年高公、陇右节度使讳厚王公、皇明长兴侯讳秉文耿公、世袭土官指挥讳南哥李公、会宁伯讳英李公,合序列正司。指挥陈治,千户李淳,百户毛泰、佛元〔玄〕、葛昶、丁显、葛镇,合序列两庑。祠依文庙式,为木主,春秋置祭。"宪副得报,遂以时禋祀[27],如公言。光禄寺卿马理闻而善之,曰:"湟中自汉武使去病开疆,至壮侯讨畔,用王师屯田,其间前后降羌至三万一千二百余人,卒全胜以还。及老,朝廷有四夷大议,常与咨谋。比卒,思其功德不置,图形未央。至成帝时,尤感事追美,召黄门扬雄即图颂焉。伏波建议不弃湟中,以除羌害。讨畔至矢贯其胫,桓桓自若,卒恩威远孚,诸羌咸服。又为置长吏,开导水田,劝以耕牧。敬侯用恩信结胡,得其死力,破犴迷唐,使诸羌内附,威信大行。比侯卒,羌临者日数千人,至欲捐生以殉。遂家立侯祠,恒祷祀焉。是皆功德著于华夷,垂于后世,真社稷础楹,大臣规模,何可訾也!乐成下,独娄公长者,无忝先烈,足为后矩。其次长兴诸贤,亦开疆展土,仗节死义,宜报祀者。然遗弃弗祀久矣,不有君子,何以劝忠?于戏!兹举,中丞公之教也,宪副之力也,有裨风教多矣。"中丞公名戴,字文载,山西垣曲人,正德辛未进士。宪副名经,字文极,河南真阳人。正德甲戌进士。其祠垣南北东四,袤广尺丈，堂庑门亭楹数，悉记于碑末云。

重修西宁兵备宪司记 明 李经 兵备副使

天有阴阳，圣王则之，而仁义之道用焉。我国家既以文治太平，以武戡祸乱，顷虞武无度，故增设宪臬以饬戎务。洪〔弘〕治改元，庙堂集议，以河西为用兵之地，而肃州、西宁两卫，番夷杂居，故复设兵备二员，用宪臣充之，分管十五卫所。一莅肃州，一莅西宁以抚治之。

先是，西宁草创，且其俗野，屋悉土覆，故虽公府，亦从简以随俗焉。惟宪司肇自洪〔弘〕治辛酉，副宪顺天宋公礼，自城南东隅卜迁。至正德辛未，副宪济南胡公经，尝修葺充广，迄今岁历逾二纪有余矣，日就圮。嘉靖癸巳，经奉命整戎于兹，甫临莅，深切疚怀，顾民未信，未可遽劳也。久之，洵〔询〕得境内多产材木，遂麾诸卒采之，小者负，巨者舆，而致流而浮之。并命匠氏陶甓于野，伐石于崖。既具，遂量工命日，以称畚筑，以程土物，以议远迩，以稽程式焉。堂之旧材，择坚者移于他署，兹复用新木良者，为堂五楹，两傍舍十楹，重门六楹，后堂三楹。至于吏胥舆隶，居有舍；文卷簿册，贮有处；钟鼓旗仗，储有所。等威已辨，防范已密，瞻视已式。美哉斯役，不徒劳也。

夫西宁为河西巨镇，昔以备番，今以御敌。宪司厅事，非特卫务旁午丛脞，而隆奔等十三族番夷，以公私事集于厅，号令赏罚，月无虚日。休上治下，宣德流化，瞻视所系，亦不为不重也。彼衣冠瞻视,君子常爱之,况居室之大,宁可苟焉而已耶?夫堂今委于帘,则卑亢愆度,上下杂糅,民之无瞻也。风雨寒暑之来弗蔽,公缘以辍,庶事之隳也。隳则民慢,民慢则政疲,政疲则纲纪罔有攸赖。恶乎宜乎!况宪司为贞度激扬之地,可姑从苟简,以启观者之玩矣乎?是役,盖〔益〕不容于少缓矣。矧匠氏选之于军余,财质取之于土产,力用于在公服役之人。五旬而举之,其诸庶民攻之,不日成之之意,亦庶几焉。是故君子于兹,亦可以从政矣。

是役也,凡栋梁榱桷之属,二千五百有奇;瓴甓鸱吻之属,五万有奇;钉金之属,五千有奇;础砺之属,九千有奇;徒役一百有奇,人各役三旬;工匠之属七千有奇,梓匠五旬,圬者二旬;绘事役旬有六,锻者役十有五日,砺者役二十日。

增修巴暖三川堡寨山城记　明　李复初　御史

谈兵御戎,术亦多矣。我皇明既定河朔,恢拓诸镇,列戍屯兵,战守并用,得上策矣。圣天子轸念三边重地,简命都御史松石刘公,以左司马督军务。公练兵畜士,除器缮城,兵威大震,夷〔虏〕众惊遁,烽火偃然。三边既靖,乃念西宁素号内地,而巴暖三川延袤二百余里,又内附河、兰,西距大小山,(按:此"山"字或"峡"之误。)北阻大通河。每岁雪消水澌,山润河流,任意耕牧。散处荒野,虽有堡寨十八所,山城六所,率寡邈颓坏,往年夷〔虏〕贼得深入肆掠,无备故也。遂檄兵备副使及公往修筑焉。及公悉心经理,遍历险要,形相画野,因水以山。以分水岭之北,厥水皆趋大通河,中径钮儿都沟、米剌沟、巴州沟、暖州沟;岭之东南,厥水径趋黄河,径美都沟、三川及支蹊小涧,计可聚落创居者,得二十余地。复择其平原旷野者,则筑堡焉;临壑附岩者,则筑寨焉;山巅垣平,四壁可削,则短以垣为之山城焉。其旧寨之颓坏者,则修补之;旧壕之壅填者,则挑浚之。高深缭绕,皆可守可居焉。工费之计,则巡抚都御史东梧牛公画也,工事之役,则土居番汉诸民力也。创筑者几十七所,修葺者十八所。始于丁酉春二月,终秋七月也。会余按部湟中,省方问俗,乃见川陵襟带,形胜据矣;垣堑高峻,保障崇矣;星布络绎,守望便矣;当时立览三叹,已复许之。兵法曰:"先为不可胜,以待敌之可胜。"故李牧修边,日飨上习射,匈奴入道,则急令收保,一战大破之,十余岁不敢近赵边。顾刘公之谋,牛公之力,及公之贤劳与得策于一时,有功于百世,不可泯也。余又闻松石公曰:"边民勇于守业,一可当百,更欲给之甲胄,则所向无前,戍守之利,愿次第允蹈之。边民实则藩篱固,藩篱固则盗贼远,而中原高枕无虞矣。"松石公讳天和,楚麻城人。东梧公讳天麟,齐聊城人。兵备公讳宧,燕交河人。佥谓役事孔艰,匪述罔鉴,后之君子,其永保无斁也哉!

重修西宁卫儒学记　明　康海　修撰

夫子之道在天下，犹饥者之食，寒者之衣，不可一日无者。明兴百六十年，文教大明于世，薄海内外，莫不各有学校之教，以淑人心，以崇教化，以教育贤俊。纲维治理，其意厚，其效长，成周之后，未之有也。而天下犹有不能尽如往昔之盛者，此则其有位者之责焉耳。然亦必有良监司以提挈于上，而旧者新，废者举，故士熙熙然以自尽于学，而天下之才，有不可胜用者。其法制之善，系于庙堂，兴行之美，由于其位，非一日也。

西宁，古湟中之地，河右重镇。国初执事者已请建学立师，垂若干年。为之上者，稍不加意，则弊坏相仍，学者罔赖。嘉靖二年四月，巡抚甘肃等处都御史陈公禹学按历是地，兵备副使陈君文相以白于公，心切悯焉。遂发公储，命指挥祁麟董之，谈璋督之。明年七月，巡按御史卢君用审至，复有所发，以益其工。比各落成，西宁军民，小大咸喜。士思学，俗思厚，彬彬郁郁。老稚诵于衢巷，农谣于野，商歌于涂〔途〕。乃奏生员孙铭、程璋来武功，求纪厥实，用传来裔。海不佞，敢以二三君子之意，告诸西宁之士大夫、小子。国家建学立师，以教育士大夫、小子，德意甚厚。然九重高远，士大夫、小子学与不学，上弗能知也。顾惟二三君子以执事莅降兹土，而兴行之，稍有弊坏，则加葺焉，恐士大夫小子无以居业求志也。乃士大夫、小子不自砥砺，以求诣厥成，夫岂九重、二三君子之意哉！学敝则思葺，业荒则不思所以为治，是惟士大夫、小子之自弃焉耳。于戏，勉哉！天下之才不相远，其伟奇超拔者，乃独多于辽寂幽僻之地，其自奋有由然也。学故有庙甚壮，今但加彩饰，而堂斋号舍视旧益增，规模益宏远矣。

碾邑会景楼记 明 陈仲录 进士

碾伯四城皆有楼，是楼当城之南，旧制窗牖皆北向，制亦隘陋。朗溪子以清刑至斯地，兵宪及公相拉始登楼，四顾皆山，而湟流亦环抱可爱。独异创是楼者，胡乃北其牖，而负此山川之秀乎？于是，及公改而南向，隘者启之，陋者文之，一举目可以挹四望二溪之概矣，因题曰“会景楼”。朗溪子曰：“天地四时，景象攸异，春雨夏云，秋花冬雪，皆景也。凡登是楼，随其时而可觞可咏，无异意焉。谓之‘会景楼’，宜也。夫唐虞、夏商周，为时之会；山川人物，为地之会；伊、傅、周、召，为人之会。是楼为碾伯景物之会，岂虚语也哉！矧是楼之作，初无期于今日之游，而景物之会，适有触于一时之兴。以今之胜，而思古人，王元之构一竹楼，其地赖以不朽；崔子题《黄鹤楼》诗、范文正作《岳阳楼记》，亦一时登眺所寓，至今闻者欣羡不已。自古山川，未尝不因人以为胜，又安知是楼他日不以今日之会为美谈乎？于是朗溪子走笔书此为《会景楼记》。

创建定西门记 明 范瑟 兵备副使

定西门者，盖冰沟之谷口，西宁之要害云。西宁卫设所有六，而右所别设在碾伯，冰沟乃右所属地，去老鸦城三十里。两山壁立，中通鸟道，泉水自山阴流出，春夏不枯，皆凝为冰，因号曰“冰沟”。其北曰改板坡，其南曰碾线沟，林木蓊郁，山岩巀嶪[28]，番人时潜伏之，以为寇资。故冰沟延袤百三十里，虽旧号通衢，而人踪断绝者五年矣。间有由之者，非丧其躯，则亡其资斧，岌岌乎其殆也！即冰沟驿递之土人，大半逃去，存者无几。庚戌岁，守备唐勇率其卒二千人合战于坡，夷〔虏〕中流矢而退。千总指挥陈龙、赵威死之，士卒亡者百余人。番夷肆毒，人益远避。其岭背有径路，名曰小冰沟，南通大山，可入古鄯地，贼亦由之掠巴州。巴州之人患之，无计，乃收人畜日困城中，因而自毙者又过半焉。辛亥岁，予至闻之。召父老而进曰：“我有不可犯之威严，边防是也。能严边防，则天下之险在我，可不战而戢人之兵矣。”父老咸跪泣曰：“善。”因相与步壑攀岩，历险览胜。至谷口，见诸路之总会焉。两山如门，长河如带，宛如天设。喜而叹曰：“伟乎奇哉！此西宁之险也，可以扼塞矣。”遂呈诸两台，曰：“可。”乃以九月兴工，逾岁告竣。工始于大通之河壖[29]，止于碾线沟之西墈百四十里。为墩台者四，为闉门者三，为夫役二千六百有奇。而定西门又视诸门峻且厚焉，墙五十三尺，阔三十尺，缭以女墙，砌以白石，中分为二门，门即疏水道也。门之上为戍楼，楼之南为墩，稍卑，视门不称，欲崇之而未果，增兵守之。兵取之于庄浪者三十人，西宁者三十人，诚所谓一人守隘，万夫莫向者矣。前史氏范瑟登而叹曰："壮哉！丽乎！万世之固也。可以为宝矣。"因题曰"定西门"，言西宁从此无羌戎之患也。呜呼！天时不如地利，地利不如人和，人和固尚矣。然而天子守在四夷，山川丘陵之险，可少乎哉？是役也，议者指挥为冶鸾氏、王堂氏、星镇氏；督工者操守为任堂氏、罗福氏；提兵者千总为赵芳氏、卢经氏、张承恩氏、谈天锡氏；输夫者，指挥为白昂氏，分工者，千、百户为俞宏氏、周宝氏、钱仁氏、赵莞氏、霍世爵氏、王廷相氏、张威氏。取农于暇日，不敢以病正业；分班以更役，不敢以重民劳。就食于近地，而人无饥色；伐木于邻边，而用自饶裕。欢声遍野，和乐兴工。盖不但得地利矣，喁喁然固上古之民也。美哉，其风欤！

重修西宁卫记　明　许宗鲁　都御史

西宁，古湟中地也。华夷杂处，自古羁縻之。至国朝始归附，于是开设军民指挥使司，镇抚其地。国初，长兴侯耿公秉文建卫治，雄伟壮丽，屹然巨镇。盖非徒事炫饰，正以慑伏远人尔。岁久就敝，至于覆压，不可以居。嗟夫！作者勤心，继者怠事，有识者慨焉！嘉靖戊戌，宪使澶西王公分巡其地，下车视政，顾卫之敝也，叹曰："兹土悬远中域，滨处羌戎，凡以发政施令，用华变夷，修武威远，皆于卫乎在。

乃兹颓废若是，是将何为者耶？”于是下令于官，计工程费，庀材鸠匠，治因其旧而悉新之。始于己亥八月，迄庚子十一月而毕工。于是堂寝荣序，门庑司属，焕然改观，有华于初矣。工成而命记于许子，许子曰：“凡事之颓废者，因循致之也。夫事始无不善，久无不敝，当其未敝，思作者之艰以节之，则事乃恒善；惟夫因循者当之，玩日愒月，目其初敝，则曰小小罅漏，不治可也。及其渐敝，则曰更张动作，为力艰矣。以是自存，故有坐视其大敝而不为之所者。呜呼！造始之人，固如是耶？凡事之敝，岂独于屋，纲纪法度，罔不皆然。得人以举，匪人以敝，古今无二也。《诗》曰：‘迨天之未阴雨，彻彼桑土，绸缪牖户。今此下民，敦敢侮予。’其斯之谓乎？”澶西公之巡西宁，不远其地，不夷其人，不因循其政，居之三年，宪度聿贞。于是西宁之人爱之如父母，畏之如神明。乃其卫治之修，则亦政之一端也。兹役也，董事者为掌印指挥使严威，兼理者为指挥同知韦勋，督工者左所正千户王堂云。

重修西宁卫城记 明 张问仁 郡人参议

万历四年秋九月戊戌，西宁卫城修理事竣。西宁，古湟中地，即汉充国屯田以困先零者。城始建于高皇帝十有八年，规画既巨，雉堞斯崇。开辟经略之始，盖有深意。二百年来，土垣渐圮，夷〔虏〕亦不时窃扰，驯至可忧。嘉靖庚戌以后，势益岌岌矣。今上以毡裘内附，士饱无事，诏令诸镇督抚及时相度边垣修饬,以寓桑土之计。先是,大中丞固始廖公、兵备副使新城平公始相料理,役方兴而廖公有南迁之命,平公亦以疾请。万历二年十一月,上命中丞东海侯公莱代。公遍历五郡,画度思惟。既乃下檄曰:“湟中右控青海,左引甘、凉,内屏河、兰,外限羌虏,辅车之势,所系匪轻。而城单敝至此,上不亟举,其何以御不虞?”于是复下檄,图形势,议工力,料物用,分职摄,约程限,申法令。会同制府益都石公以请以发,而兵备河东董公、监督别驾献陵潘公、分守左参将延安萧公、游击将军庄浪吴公及掌卫掾祁万户德等,各以职掌趋事。而侯公、董公则拊循鼓劝,指画调停,躬先劳悴,罔有昼夜。是以民乐输力,波涌云从,不驱而趋,不促而急,功之成若有神焉。城以圜计,则一千七百一十三丈有奇;以高计,则四丈六尺有奇;底之阔五丈,顶之阔三丈有奇。而关厢之役,其数仍不与存,薄者厚之,卑者高之,倾颓不可经久者,必易筑之。肤砖基石,深阔乎其池,备益乎其壮。楼櫓、铺舍、杆具,无一不精,炳如翼如,且固且丽。砖之费计一千二百四十万五千,灰之费计二万六百余石,石条合底之圜丈。其材木薪爨之属,则伐山浮河,便而取足,数不可得而计也。告成,左司马保定吴公阅视适至,登而惊曰:“壮哉,万年之固,可以纾圣天子西顾之忧,封疆之臣劳苦矣!”疏上其绩,于是董公设宴于西城之镇海楼,率其寮〔僚〕佐官属,高会落之,酾酒而言曰:“昔人谓笑谈樽俎,折冲千里，乃今岂不信哉！金汤一壮，雷霆万里，不阵而战胜，不言而化孚，攻心之善，伐谋之机，一举而尽收之，孰谓御戎无上策哉？”夫无虞之儆，惟圣天子惟能明见万里；其祇奉宸虑，克成威严，则督、抚二公之忠；趋事效职，惟诸执事者之劳；其发踪指示，使动无遗误，则督、抚二公之勤也。《春秋》凡城，圣经必书，弥年营始之善，左氏备而录之。非常之功，苟非有述，从后何考？予勒石以记焉。

西宁兵备侯公生祠记　张问仁

隆庆辛未夏五月，西宁兵备副使侯公生祠成，张子观焉。郡之黎庶，日相率趋谒，往来不绝于途。其有相竞者，则相牵而赴诉于像，如公之在上焉。卒伍过之，则肃然变色而趋；士大夫谒之，则忻忻然如被容接；官府遥望而趋。张子惊焉，问曰："侯公何以得此耶？”其官则曰："西宁，武卫也。世胄不谙律法，监司率绳以法，而不原其情，无知而触法网者，十尝六七。自公之来，盖有拔之而进者矣，而陷阱以亡身家者，未之有也。公之德不可忘也。”其诸生曰："遐陬之士，罔知向方，公之所以教我者，如教其子弟，成就者相望。公之德不可忘也。”其士大夫则曰："边方士习真而罔畏，直而不屈，盖天性然。当事者率以直戆鄙之，公遇之以礼而不忍凌焉，公之德不可忘也。”其卒伍则曰："驭兵岂不贵严？虐之而逃毙者往往矣。公则恤其苦而体其情，给放以时，调遣以事，均劳逸，纪功能，赏罚明信，若罪有所触，则杀之而不敢怨焉。公之德不可忘也。”张子叹曰:美哉!公之政也!虽然诸公之言,各以其私耳。公不修边隘乎?周环一境屹然,非公千百年之功耶?西海之夷〔虏〕,终岁垂涎,竟不敢加一矢于墙下,吾与诸公,各安尔居、获尔田者,谁之力欤?公不讨猾夷〔虏〕乎?思俄思哥之番,狡狯恃力,行旅绝于其途久矣。出奇计以擒首恶,使十二族落,各以其职来服,非公之功耶?吾与诸公安枕而卧,谁之力欤?公不扶善良,表节行,恤孤穷以培养民志乎?而礼教愈隆,风俗愈厚者,又谁之力欤?公又尝招抚红帽儿之番,欲以降致海夷〔虏〕,当时人皆难之。公既迁而事亦寝。今北夷〔虏〕效顺,竟如公虑,则公之才之谋,又有出于寻常万万。而我湟人阴受其福,而不及知者,盖又几也?众乃进而言曰:“考之祀典,有功于民,能御大患,公皆有之。民之祀公不为私,知公之深,宜莫如子,请记之。”余惟遗爱之著,独称龚、黄、卓、鲁,千百世颂之不衰。然四子职在守令,亲民最近,恩易施而民亦易感。监司去民既远,其责已不专,而况于封疆武卫之地,风土异宜,宽严异制,威武偏重,而欲以合同顺治,感服如一,盖圣人之所难者。侯公在湟仅期月,而其教大行,恩泽被人之深,遽至如是,其为人之才德,岂可数数见者哉!公名东莱,字儒宗,号掖川。嘉靖庚戌进士。东海掖县人。

经略少保郑公西征平夷〔虏〕记 张问仁

甘肃一镇,北夷〔虏〕南番,腹背受敌。昔我太祖命宋国公冯胜略地西陲，取汉武故郡武威、张掖、酒泉为重镇，以断匈奴右臂，则河西之间，番汉固帖然也。自正德间套夷〔虏〕亦卜剌窃据海上，破安定四卫，然未久而去。至嘉靖间，俺答、永邵卜西犯，而邵卜遂潜住不归，于是乎有海夷〔虏〕已。然番、汉犄角，尤未为大害也。惟万历款贡以来，夷〔虏〕王俺答迎佛假道，而甘、凉、河、湟之间，遂成戎马奔驰之所。仰华建寺，封殖巢穴，呼朋引类，阴图蚕食。而真相兄弟辈，遂渡河而南，牧于莽剌川，潜逼河、洮。然诸酋犹易与也。惟火落赤狡黠辩慧，力能鼓众，渐收番族，大张羽翼，亦南渡归德，驻牧于捏工川，始与永、真相为雄长，于是乎有窥伺关陇之渐矣。既十八年，扯力艮〔克〕送佛西来，火酋思曰："夷〔虏〕首且至，诸番又附，此正可逞时也。"即会兵入犯，一杀副将李联芳于洮州，一杀游击李芳于朱家山，一杀副将李魁于王沟尔峡，夷〔虏〕锋不可当矣。时西番自彼帐归者，称火酋始于(按：此疑当作"与"。)夷〔虏〕王谋："河西五郡虽近，然边城完厚，尤足固守。若留一套王卜失兔等于海底，以为声援，而潜渡精甲，直捣洮、河，破其临、巩，余皆不攻自下，五郡真吾东道主囊中物耳。"狂谋逆志，猖獗日甚。事闻，而圣天子赫然，特遣大司马郑公洛出为经略，以兵部武库司员外郎梁君云龙、山东按察司佥事万君世德赞画其事。悉严限兼程于十月抵皋兰。奉扬天威，首下假道之禁，以堵流夷〔虏〕。自南而归者听，自北而来者诛。时卜失兔为火酋所纠，犹欲闯边入海，屡谕之不从。公曰：“此非大创，不足以威群夷〔虏〕。”乃召总兵张臣，密授方略，大战于凉州之间，歼枭犷数百，夺其辎重万余，追之竟夕而返，亦百年创见者。公曰：“此酋既破，而西宁海道，正两河适中，松潘、威、茂，又三秦后户。”移咨四川巡抚李公尚思，檄西宁兵备按察使石君槚，督令参将鲁光祖、游击祁德各选练兵将，纠集诸番，期以必剿。时卜失兔新败，七镇之兵日集，各酋相顾仓皇，前谋尽灰。而夷〔虏〕王始归咎于火酋矣。数遣使谢罪，公诘之：“尔西来不能平事，反以生事。朝廷怒，革尔市赏，又欲革尔王号，别立贤者。尔能听我，以所掳人畜尽数归还，缚火酋来献，我为尔请宥；尤虑天威之不测耳。”夷〔虏〕便叩颈，愿如所谕。乃嘱夷〔虏〕王搜其人口，得三百一十有零，战马二百余匹，盔铠一百五十余副，叩关而进。有言其不当纳者，石宪使遣人报公：“甲马，我之故物；人口，我之赤子；屡拒之，是资寇兵，借盗粮计也。孰若收而抚之，以观其衅。”方是时，松夷〔虏〕宰僧阿赤兔督众三千骑，由西宁掠黄河番。守将曰：“二夷〔虏〕轻而深入，邀击之，可以尽覆。”石宪使遣报公：“二虏，卜酋之部落也。卜酋约与同仇，盖自恃未背盟，无隙。兹袭而击之，未必尽覆，而汉过且先。是又驱之与卜酋合也。三酋并力，则火酋必入其党，而夷〔虏〕王继之，大事去矣。愿无言击。”阿酋闻之亦感动，率所部归穴，为群夷〔虏〕倡。而套主卜酋、夷〔虏〕王扯力良

〔克〕方各携贰,不复合谋。火、真诸酋虽欲西据,直孤雏腐鼠耳,将无成擒乎?是年正月,公提师驻节西宁,传檄松、茂,悬布赏格,生擒火落赤赏万金,袭万户侯;瓦、真次之。谍谋并用,番、汉皆兵。乃二酋乘夜拔帐北遁于海脑之西。间有余孽,令总兵尤继先督军,追袭于绰逊河口。其已渡者半皆沈溺,未渡者胥屠戮。斩获首功一百五十余颗,牛马数十余匹。莽、捏二川,昔称河套者,今则一旦而廓清矣。时诸将有以功请者,公独曰:"此皇上之威灵,国家之泰运,吾等何力之有?然两川虽空,青海未靖,诸公之忧方大,遽敢言功乎?"维时军威大振,狐兔失群,夷〔虏〕时深以为恐,移牧于野牛河,遣使乞归。初请路扁都口,许之。缘公限二月,大促,马瘦难行,夷〔虏〕王遂改请川底,不许。脱延月日,以俟马壮。而言者蜂起已,谓夷〔虏〕必不归,必将入犯。公独持以镇定,坐观事机。益练我兵,益积我饷,为坚久不移之计。或扑其奸细,或遮其马匹,为挞伐必战之形。夷〔虏〕计已定,归志遂决。乃再乞路,不川底,不扁都口也,为计镇羌以西红陵诸口。公既历数其爽约之罪,又深原其不得已之情,卜酋与阿赤兔、宰僧等令由镇羌出;夷〔虏〕王与不他失礼、把漠妣吉等令由红陵口出。诸夷〔虏〕既归,火、真必欲作螳螂当〔挡〕辙状。公乃分布兵势,大举出塞。河东兵自两川而进,扼其南奔;甘、凉兵自扁都而进,防其北溃;骁将雄师数万众,公自统之,由西石峡出海上。五路并进,千里穷追,而火、真诸酋业当未事,远遁于乌思藏之间矣。纵火焚寺,扫穴而归。功收万全,兵不血刃,再造两河,屹然断匈奴右臂,以复我祖宗封疆之旧,此非千古一见哉?顾好事者犹欲求多经略,谓何不剿夷〔虏〕王以罢贡市?曷不擒火酋以报千古?嗟嗟,谈何易也!独不思去岁犯洮河时,传某日而至三秦,某日而至河、洛,远近绎骚,中外震动。非公操纵,安得有此景象?又思十万之夷〔虏〕,蔓延海陬,若不分别顺逆,概然而剿,则彼勾此引,兵连祸结,胜负难期。安攘之事,又不可以岁月记也。又不思亦卜剌一小丑耳,先后经略历七名卿不能歼,何也?海西大漠,去来任之。而顾可以火酋逋逃罪经略哉?百代殊绝,孰如韩、范?然徒闻心胆寒破耳,未闻其大得志于西戎者,一试之于好水川,且尔败北,兵可易言欤?问仁,湟中人也,岁苦海夷〔虏〕,颇悉颠末。其所耳而目于今日者最真,因僭叙之,深愧不文。姑述其概,以俟后之筹边者览焉。

湟中破夷〔虏〕碑记　张问仁

万历二十三年九月,大中丞田公大破海夷〔虏〕永酋于西宁之南川;十月,再破于西川之镇海。盖二百年无前之奇捷也。先是,永酋盘据青海,阳款阴凶,诱杀西宁之副将李魁,戕众二千余。遂诱顺义王扯力艮〔克〕犯顺,合党与数阑入内地,攻破河、兰兵,放骑大掠,弥月未已,杀〔掳〕人民万余。皇上震怒,命少保郑公经略讨之。郑公至皋兰,诸酋复返据青海秣马,将大战。郑公遣兵渡河,先截破套贼吉囊于凉州。力艮〔克〕归路既绝,穷蹙归命。皇上念将士久征,重元元之扰,赦顺义,令归穴,各酋解散,诏郑公班师还朝。而永酋率残夷〔虏〕劫掠番人,与其党仍潜居海上。大兵既还,则又以所掠李副将敝甲数十,牛羊百余头,虚词请罚,窥我虚实,计图复逞。直指以闻,皇上乃命田公自凉、永兵备巡抚甘肃,假便宜以制御之。酋矜凶恃狡,诱远番以张势,挟近羌以力和,志在必逞,以要封赏。田公多方密计,悬重赏鼓番潜侦动静以闻,选将治戎图必馘,而诸酋亦未之觉也。田公会诸将议方略,拟先定青酋,后治永酋。青酋者,青把都,猛而狡,诸将皆难之。田公曰:"青酋近窥甘泉,永酋逼穴湟中。我西则青酋东举,我东则永酋西发,首尾牵制,内顾不遑。酋盖以此为长计,以绊我兵,使我疲于奔命耳。青酋恃强无备,今出不意,势可必克。青酋既克,则得专力青海,而永酋可擒也。不入虎穴,焉得虎子?"乃潜师捣青酋,覆其众,青酋单骑走。详在破青语中。于是尽检甘、永、凉、庄骑卒,为三伏以待永酋。密与西宁兵备刘公会计,乃以方略谕参将达君。分布既定,诸番密报,永酋已聚众捉马矣。相与计曰:"田公适胜于东,必不暇虞我,我可得胜。大可要'顺义'之爵,次不失报青部之仇。且西宁之番,可以尽收,五郡可图也。"又曰:"九月九日,汉儿重阳,必不知设备。"乃率众突出,伏其千余骑于后,先以千余骑佯呼曰:"与我款乎？"盖犹欺我兵弱，恐不敢应，故先以其半诱我，欲其既合而夹乘之，而不知已在伏中也。达君率精甲，短兵直接；镇海游击，合诸番截其后；番兵剌卜尔击其左；隆卜、申中击其右。贼前后受敌，不相救应。死战数十合，遂披靡不支。官军前后斩首七百有奇，其为番兵伤者，不在其数焉。残兵逃窜，胆坠心惊，巢海余落，皆夜徙海西，羊、牛、家帐，多为诸番所获。诸番之被夷〔虏〕劫掠者，亦多相率而归。此其初捷，即九月重阳之日也。

田公屈指曰："夷〔虏〕多方误我，而为我所算。今永酋虽大创而火酋独完，真相、纳剌等全部犹盛，齿唇之虑，计所不免，众愤既同，众力必齐，此非诸将之所能辨也。"乃帅中坚，所过检其精健，晨夜赴西宁，而诸番谋报已纷至矣。各酋果聚众，永酋空穴而出，纳剌沙、剌卜囊在前，真相、火酋后继，精甲数千，号二万，连络数十里，先图剌卜尔寨。田公曰："贼以忿来，本欲致死于我，而先图孤番者，诱我也。"乃募番语剌卜曰："若力能守者，坚守十日，我必破贼；力不能，相机从违，勉图后绩。"围剌卜急，剌卜佯合于贼，诸将欢焉。田公曰："剌卜非心背我者也，我已密约，必左给贼。且天寒草枯，贼马力已竭。驱剌卜返走，此为上计。而气骄轻我，将必直前，我攻其外，剌卜应于内，破之必矣。"乃合诸营，令达君统之，诸将咸受度。营于康缠沟，下令曰："明日，破贼时也。"贼又围康缠沟堡以诱我，见我军，乃大哗曰:“今日必无汉儿矣!”挥众四面齐攻,矢下如雨。达君鼓众,分其枪炮弓弩,更番叠伐〔代〕以应之。从辰至申,百余合,夷〔虏〕人马死伤者环我垒堑,而犹未肯已也。忿甚,复骁悍重铠,奋长枪钩杆,单犯西宁兵。西宁兵厚集以待后,故终不能得入。贼于是气竭智穷矣。又见田公战鼓,大惧,乃收营奔回。田公曰:“夷〔虏〕创甚,无力再战,且惧我追,必夜走矣。”乃令镇海游击间道先伏于前,令通判龙君帅诸将方阵于后以迫之,田公与刘公自按中道。又谍密呼剌卜尔。剌卜尔收精壮,斩夷〔虏〕奔出。镇海兵失期不至,故贼竟得逸去。田公发前锋追奔数十里,斩首数十余级。然贼死亡伤重于阵,已不下千余。其沿途所弃焚首缺支〔肢〕者,不可数也。其再捷于西川,盖十月廿二日也。兵将出,田公令曰:“猾夷〔虏〕致死,官军不得离营垒争首功;夷〔虏〕遁不得追逐,但取夷〔虏〕不能胜我为奇。敢违者以军法议斩。”以故军阵整肃,敌如撼山,竟不能动。兵既交,田公披甲,帅牙下与刘公、龙君,去大军五里而阵,与诸将曰:“我在此,与诸君祸福同矣,用命不用命,我亲见之。”又以牛酒犒士,勉以义勇。是以众皆踊跃欢呼,无不一当十者。诸酋东西齐坏,永酋已零散不能成势。真相、火酋骁壮又多为我所歼,其号王子者三人,谋主五六人。而两阵所获甲首,往往夷〔虏〕百金之士,足以大快云。即今西陲晏然,士歌马腾。虽疆场之事,机变不一,即未能犁庭扫穴,以就永清;然前后三捷，杀伤数千，亦足以振国家之威，寒毡裘之胆，起诸边之积弱，雪三军之屡耻。骄夷〔虏〕从是不敢复轻肆而遽垂涎，则亦百世之一时矣。

北夷〔虏〕为患，历代迄今，讫无上策以制。我高皇帝迅扫腥膻之后，夷〔虏〕又以二百年生聚，遂至控弦数十万，合其骑众，不减冒顿之强。穆宗皇帝权宜许款羁縻，欲实内以徐图，而将吏奉行失旨，以致暮四朝三，黠夷〔虏〕反操之以愚我，至覆军杀将，寇门庭而无忌，此我皇上所以拒群议而授庙略，以西事专制田公。惟田公忠诚义烈，奇才天授，夫是以受重任而不辞，克成大勋于俄顷也。昔元昊小丑，韩、范举三秦之众以御，乃数为昊挫，仅能以支当，时军中犹侈有“西贼破胆”之谣，谈者伟焉。李牧日击牛飨士，坚壁数岁，不敢与匈奴遇。选车千三百乘，选骑万三千匹，百金之士五万余人，临敌犹先以数千人委之，而后得以大胜焉。以今视之，其声实难易轻重为何如者？是以万众欢呼，愿勒铭以纪。问仁才非班、马，岂足揄扬国家丰功伟烈？辄以陋辞，记其大都，以俟职国史者他日有所考征焉耳。

是役也，兼总文武，分忧定难，则大中丞田公乐；鼓兵布众，慷慨决机，则西宁兵备副宪刘公敏宽；忠愤勇略，使三军乐于用命，则西宁参将达君云；挺身共济，赞画多方，则监督兵饷都司马龙君膺。分总固殊，忠谋无异，故能量敌虑胜，而计得必成，功得必就也。贾勇挥戈，搴旗斩将，则柴国柱、王汝翼、刘衍祚；监兵则莫负时；督阵则田梦松、赵用贤；星夜赴敌，虎驰熊贲，则庄浪参将张君应学，标下游击余君德荣、碾伯郑君恕、古鄯守备邓君荣祖、庄浪协守鲁君光国；警柝巡垣，抚众安内，则监理屯兵郡司马高君第、指挥袁桂、周时相、史守宁、李愈茂、李希梅、祁秉忠、冶为鉴；效谋周旋，不辞劳剧，则经历张荣、教授杨登科；乃若居中制外，纲维远迩，则督府李公汶；身御松酋，悉兵西趋，冒艰险以济同舟，则庄浪兵备大参朱公朝聘；威严弹压，营垒安辑，俾田公得专意西征，则镇守甘肃总戎王公赋业；深机远计，伐谋招番，卒以得力收功，则前经略少保郑公洛、赞画兵部主事今陕西总宪梁公云龙、陕西佥宪今山西总宪万公世德；至于筑垣塞险，足练兵士，急固内以壮根本，密先图以俟时机，则先西宁兵备总宪石公槚、兵备总宪今中丞刘公光国、副宪调浙江佘公良枢。是以离任虽久，而讴歌不忘，有不可得而泯者，故并书焉。其辞曰：

于惟我明，列圣相承，薄海内外，罔不来庭。惟兹大孽，败亡余熄，乾坤泰大，卵育生息。二百余载，丑类实繁，跳踉叫噪，扰我边关。惟我穆皇，厌其烦狡，曰兹蠢尔，何足与校？譬彼蛇虺，恩以生存；譬彼鸱枭，怀以好音。抚之摩之，食之货主，厥恩浩荡，冥然罔思。朝而饱肉，暮而决藩，暑得其衣，冬又号寒。适赏于东，旋掠其西，纠凶聚丑，左顺右违。其欲既得，厥诈遂甚，大肆厥毒，边垣孔震。皇帝曰："吁！是岂可容！将军虎士，束手何庸？"乃下明诏，乃治边臣，克诘戎兵，三令五申。皇帝曰："吁！来汝卿乐！授汝斧钺，往治其虐。"公拜稽首，天子明圣，敢不对扬，帝之休命？聚米屈指，夷〔虏〕在目中，乃上方略，以达宸聪。皇帝曰："吁！惟尔从事，假尔便宜，我不中制。"田公稽首，先擒青酋，覆其巢穴，兵行不留。是岁之秋，永瓦乃猖，密合丑众，欲掩不防。阑入我腹，两战皆奔，我武惟扬，霆击雷喧。长戟短刀，截背穿胸，歼厥渠魁，遂及胁从。孰谓夷〔虏〕强？摧枯拉朽，弃甲曳兵，狐骇兔走。孰谓我怯？如熊如貔，投石挥戈，山摇海沸。捷书备具，既达九重，皇帝曰："吁！卿乐之功！功懋懋赏，加乃丕绩，峻秩崇阶，宠以三锡。"公拜固辞："天子圣神，公卿硕辅，庙算惟灵。疆场文武，奋策殄丑，臣适宣命，何力之有？"皇帝曰"吁！汝惟不矜，能谋而断，大勋斯成。昔我高皇，及我文祖，扫彼腥膻，奠厥中土。羁縻之术，暂不可常，惟圣知几，坚冰履霜。从今而往，毋为胶柱，驯可豚畜，狞即犬捕。"边氓舞蹈，获心乐意，皇帝聪明，天锡勇智。边氓舞蹈，青衿黄耇[30]，皇帝聪明，皇帝万寿。劈山磨崖，愿勒洪勋，闲住小臣，爰述斯文。

北山铁厂碑记 明 刘敏宽 兵备副使

往者主和议，边备久弛。塞上数苦，兵输率敝于道。田公镇抚五郡，峙储简锐，主客骑步，各程其材；盐筴屯田，靡废不举。介胄锋镝，炮石神器，战守之具也，而悉资坑冶。故事，陕西行省岁供甘州军需熟铁十万九百余斤，凤翔岁供西宁熟铁七千五百余斤。乏则复赍行李，鬻之关以东。稽程则数千里而遥，稽时则以月以岁，徒糜费，罢于征发转输已耳。且无能济缓急。公乃策诸监司，遍搜山泽，复征冶氏于秦晋，得冶氏来襄其事。余不佞，备兵湟中，始得矿下马圈北山之麓即今之五峰山。既得之大山峡，冶氏谓："北山矿广而坚，视大峡良便。"其山蛸崒[31]，涧中石粼粼积无算。逾数里，山木蕃殖，薪樵者报曰：可以冶铁。余躬诣相度，乃即北山下置官厅六楹，铁炉二座，营舍五十间。跨山为墩，上建墩栅四楹，周围墙堑，足备不测。合简西宁各营兵卒四百，供板筑之役，择指挥卢忠爰督厥成。仍选士习其艺，复令如《周官》所载，物其地图而授之。煅者采者，各择其人，为长久计。是役也，有五利焉：河西乃用武之地，朝冶而夕效，取之源源，一利也；无输运数千里之劳，民获休息，二利也；随取随给，无岁月之淹，三利也；工役则取诸坐食之步卒，炭石则采诸无禁之山林，下不扰闾阎，上不烦公帑，四利也；以五郡之材，资五郡之用，旁郡额供，止输折价，以备储器之需，五利也。况迩者彼数内畀[32]，数为我兵所衄，为之咋舌，称铁壁云。今复闻在在坑冶，宁复有不遑志？坚甲利刃，烈火迅机，行且凌昆仑，沸青海、建万世无穷之利，公可谓忠于国矣。

昔管子以策试齐，遂表东海。管子，策士耳，且富强之说不足述也。顾齐以管子霸，乃今用事岂少管子哉？即局促因循，而以纲纪经画为迂且扰，奈国事何？诚能度不费之利，兴不怨之劳，事半而倍于古人，务久远以裕国计，当保世世无疆场之忧。余惟前事者，后事师也。因伐北山之石而纪之若此。公名乐，戊辰进士，任邱人。

湟中三捷记 刘敏宽

自汉通西羌，置属县，开屯田，始有湟中。其后递失，则孤悬以也。明兴，收辑散亡，设卫治。幅员千余里，羌汉错居，而衅孽不作，彼一时也。武庙时，北夷〔虏〕亦卜剌窜牧青海，残我四卫。隆、万间，瓦剌他卜囊、永邵卜诸酋越右臂，而列〔别〕部火落赤继之，三面中夷〔虏〕，狡而且强，扯我肘腋。时而羁縻，时而蹂躏，此一时也。岁戌〔戊〕子，瓦酋内向，诱副将李魁死之，尽覆我众。天怒斯赫，下诏闭关罢贡，悬爵赏，以购酋首，为日远矣，曷容斯须缓斧钺之诛哉？夷〔虏〕众积强，骄謇愈肆，挟我市赏，轻中国甚。在事者姑示羁縻，许马年款。乙未六月，余承乏是土，甫至，夷〔虏〕使使挟曰："向约款年，逾马及羊，秋之弗决，汉羌无幸。"其辞之不戢，益又甚矣！余深惟国耻莫泄，节士愤惋，不于此时决策定虑，我受其制，羌畏其强，羌日彼附，我日孤，湟事去矣。则驯致前代之失也，乃上抚剿之宜于督府李公、开府田公。其略曰："西海之夷〔虏〕，瓦、永最张，剿则他夷〔虏〕愓于威，抚则他夷〔虏〕从之靡。顾抚之易，剿之难，图难就易，存乎其人。总之，母〔毋〕后时养祸也。要挟而失其欲，势必狡然，先发在彼，非计之得。"督府公报曰："抚剿之间大善。"开府公报曰："豺狼难狎，与抚宁剿。"盖以瓦、永二酋，久稽天诛，致廑圣虑，不一大创，奚谢国殇？余复旁询诸乡衮，谋亦佥同。遂鼓羌部，训士卒，饬亭障，缮甲兵，一意为自树计。

八月，得羌僧西纳锁南、列思巴、剌卜尔、完卜密告，永、瓦觖望，将甘心于我，曝糒晾骑，期在深秋。既又得羌人所遣侦报：永酋戒兵，阴谋入袭。伊迩塘报：督府、开府暨两御史台，悉下方略，申令戒严。余与今副总兵都督同知达云，咸受厥成。监督同知龙膺与赞机宜，同屯兵通判高第料简军实，亦既审矣。九月七日丙子，报夷〔虏〕五十余运趋揑尔朵峡。八日丁丑，遂传檄布伏：碾伯守备郑恕将兵一千，壁乞答真，中军李可爱翼之；古鄯守备邓荣祖将兵六百，壁阿峦堡；土兵把总祁秉忠将兵五百，中军百户夏孟明将兵二百五十，夹壁伏羌堡；西纳、剌卜尔、申中诸羌兵五百集境外，以邀奔佚；镇海游击白泽将兵二千为中应；达将云自将锐兵二千，壁于南川之闉门；北川守备余世威、镇海中军杨桂将兵九百，宵合云营。约束既定。九日戊寅日甫出，夷〔虏〕不虞我备，毁障塞从南川入。入强半，伏兵突起，前后邀击，飞丸疾矢，动荡山谷。夷〔虏〕惊中断，首尾罔属，合图夹剿。自辰至午，获夷〔虏〕级六百三十有九。达将手刃其魁，羌僧剌卜识其为把都尔，恰即往害李副将者。障以外者，羌兵伏发，嗽声一震，射击如雨。夷〔虏〕周章奔窜，追斩夷〔虏〕级一十有九。捷音既至，余度残孽且黠，窥我重兵在南，乘虚必及镇海。驰报白泽移兵守隘，并檄邻羌剌撒尔、舍舍尔协守截之。泽兵预壁思冬弯。十日乙卯，夷〔虏〕果以五百余骑走犯西川，由剌撒西林入，泽督镇海千总邓绍芳，统兵蹶起对敌，复馘壮夷〔虏〕二十有九。十二日辛巳，流虏七十余骑，径趋西石峡，冀掩不备，而得志于羌也。侦者郑万库传告泽兵伺之峡傍。夷〔虏〕蹑峡堧，泽出迅击，夷〔虏〕急还，追斩至黑沟口，馘壮夷〔虏〕三，羌人哈牙辈馘壮夷〔虏〕一。前后总计馘壮夷〔虏〕六百八十有一。捷闻开府公，公曰："湟士卒其劳乎！夷〔虏〕必借资诸部，以图大逞，其何以御之？"乃躬率标下游击余德荣及张应学、鲁光国、千总、把总将领十，健兵三千，亟来备之。二十一日庚寅，抵湟中，遂阅南川战垒，积尸交横，膏血俱殷。七尺之躯，莫匪专车者焉。马惊逸不服乘，公徒步周览，指而叹曰："京观可筑也。往戊子之变，李将军陨身，覆卒于王沟尔峡，距此相望，咫尺而近。是举也，足敌王忾，快群心而瞑诸将卒九原之目。"会西纳羌人侦自夷〔虏〕中，告瓦、永要结纳剌沙剌诸酋众，以报南川之役。公语诸将曰："湟境恃隘以居，扼夷

〔虏〕境外，则我壁其险，彼处其夷。夷〔虏〕苟入境，则险夷共之，曷冀全胜？”诸将咸以夷〔虏〕众，关隘多佹[33]，入莫测，外御为难。公曰：“不然，夷〔虏〕忿方张，望我而压，出境饵之，还壁拒之，夷〔虏〕可集也。以主待客，集而击之，策乃完善。”十月十三日壬子，侦夷〔虏〕前骑已薄牙桥，既候夷〔虏〕尘，约万五千余薄境外，将犯康缠沟。公问计，诸将咸曰：“夷〔虏〕锋未可撄，画地分防，拒使弗入。”公曰：“夷〔虏〕势迅急，譬犹狂澜，阻其下流，溃可立待。又分而防之，我力不集，彼无大衄，宁遽罢归？”更为善辞，以啖士卒，劝材官，激主将，并令歃血，务在一心。诸闻誓者，靡不感奋，愿效死力。公复躬陟山颠，督军为台，竟日风霾中，据胡床，进粗粝，检校战守之具，不啻备矣。夷〔虏〕征往失，趑趄境外，第重围剌卜羌堡。堡当山险，我兵不能长驱。剌卜势孤，且降之。夷〔虏〕欲结剌卜欢，藉为向导，为羽翼，不犯秋毫。公问〔闻〕之曰：“狡夷〔虏〕之情，不轻内蹂，复不肆掠，盖为持重，侵寻啮我也。合兵击之，此其时矣。”公授算既毕，且戒将士胜毋贪馘，进毋乱行，夷〔虏〕前毋却退，毋遽尾。要在饵兵，邀其来，潜师遮其后。始以火攻，继以合击，在歼其众，不在首功。众歼则夷〔虏〕气衰，气衰则不遑安处，遁归故穴。青海之澄，四卫之复，藉是举也。”诸将曰：“诺。”二十二日辛酉，陈兵数百尝之，夷〔虏〕利我寡，整众突入。是时，主将云已勒大营于康缠沟东杓尔湾，西宁营兵九百列其南，而西宁营中军柴国柱，千总王汝翼、刘衍祚，把总彭大系、刘一正、李荣先、王天泽、达世贤统之；赞理营兵八百，暨北川兵五百列其东，守备余世威、甘州标下中军张君恩，千总高科，把总刘承惠、周自新、滑熙皋、秦大川、李承系统之；庄浪营兵八百列其北，游击张应学，庄浪千总李希靖，把总孙尚、文光、李秉诚统之；协守营兵六百暨古鄯兵三百列其西，守备邓荣祖，庄浪中军何隆，千总鲁之由、安承化，把总乃天禄、毛林统之。夷〔虏〕环而急攻，将士毋敢后，齐勇若一，射击四出，丸无虚发，矢无妄舍。夷〔虏〕拉死扶伤，络绎如蚁。将士夙奉公命，毋敢离颜行，轻出以俘馘者。夷〔虏〕仇西宁兵甚，又四集而攻其南。自巳至申，旅进旅退，冲突数十合。云、应学桐然益严号令，身先士卒，兵气百倍，腾跃迎敌，不动如山。夷〔虏〕咋舌曰："西宁兵马，胡一旦若铁壁耶？"及夷〔虏〕酋有拥坐囊者，云亲提神炮击伤之，夷〔虏〕众始却。其焚胔积地，血肉狼藉者，益复无算。方两军相接，炮声如雷，响应四达，烟焰弥漫，林壑晦冥。独片云青红，斑驳若五色盖，高悬云营，逮夷〔虏〕却始散。将士莫不目击，众咸呼神助云。开府公谂夷〔虏〕独集西陲，犹虑将士不殊死战，慨然曰："不亲灭此虏，何暇寝食？"乃以总四川守应之事属之余，以巡警城垣之事属之高第。公擐甲跃马，命龙膺监余德荣、郑恕、鲁光国、李可爱兵一千二百，偕发赴镇海。余督卫指挥袁桂、中所百户许尚仁、左所百户始继祖，给以铳枪、火箭及诸烘炒火具八十余车，从公以行。公至徐家寨，夷〔虏〕望尘退，时天已暝，我兵亦解甲，于此左右叩寨，关不启。诸将谒公尘埃中，就憩荒祠。祠特圮陋，道径阻塞，供需失次。公藉地召诸将，手所挟酒脯相劳苦，尽其欢心。夜分，倦已，将寝祠中，诸将踧踖[34]相顾不自宁。公曰："我尚祠下，诸将安之？三军之士，又安在耶？"诸将感激泣下。即古名臣，与将士同甘苦者，何以加此？初，公计觅剌卜部羌剌住子，至是夜，令间入夷〔虏〕营，伪称"我师以剌卜遽降，屠其族属，我得脱来归附耳"。从中阴约剌卜为应，诸营且淹，以需其会，质明为二十三日壬戌。公令柴国柱将健兵左绕干沟，白泽右绕小康缠沟，间道潜出夷〔虏〕后。公协龙膺将大兵直逼夷〔虏〕营。夷〔虏〕望飞尘四合，大兵将压，亟发夷〔虏〕畜前奔，甲骑殿后。我兵全甲追之，夷〔虏〕踉跄不知所出。剌卜乘乱，溃其中坚，前应我兵，又转而合我兵，以逐奔夷〔虏〕至境外，远迫险厄而还。前驱之士，纷纷叩公马献馘。公愠曰："戒汝曹毋贪馘，所获几何？"而残夷〔虏〕游魂幸矣！我兵暨羌部共馘壮夷〔虏〕六十有一，计所馘不当死伤什一也。

是战也，询于剌卜，得夷〔虏〕中所睹，闻昨者之战，毙于达将神炮者满克王；毙于众兵者，把汉他卜囊、脱赖舍人，总巨酋十。夷〔虏〕料众而丧者八百有奇，牛马死者十六。今日所丧者亡论已。及视夷〔虏〕拉其死者，特燔其酋，不为我兵利，其遗骸累累，叠而成丘，谛而计之，与剌卜之言，版版不爽。军正指诸将士而进曰："乃者，四千之众，当万有五千之夷〔虏〕，徼皇灵，禀幕算，将士用命，忘躯力战，自朝及夕，九死为邻，幸获全胜。顾军制尚首功，微今日再捷，有什一之馘，岂不泯沕[35]乎？昨者，血战耶，首被烬矣，累累而叠者具在，安所从来？请明诏破曩制，酬苦战，奋士心，是在掌记也。"公曰："嘻噫，余岂不深念诸将士劳苦而功高哉？九塞之上报战胜，而拉死月有闻也。余弗敢遥臆其若何？苟越制以请，则后以台为口实，其萌滋蔓矣。夫南川之战，刷夙耻也；西川之再战，保前伐也。至令毋贪馘者，余冀弱夷〔虏〕而移其巢，抉河以西胸腹之疾也。乃今两有获矣，夷〔虏〕荐弱矣，图之而复其地，厥有绩矣。事成以酬国恩，以绥境土，诸将士千古之大业也，安用区区以首功为？不掩美，不掠虚，不越请。闻之天子，异数之及，则庙议在焉，诸将士其安而俟之，以图其大者。"余与在行间，习其始末，而将吏士卒之戮力，开府公肩事之果，料敌之神，与夫廓清西海之任，不可无纪，以俟史乘之采。遂备书而为之记。

西宁道署题名碑记　刘敏宽

西宁，故羌戎地，其性羯羠，刍豢在我，则驱而来，驱而往，惟所命之。否则为狙犷，为奔突，不可以驯。要以保乂辑和利用抚，折冲御侮利用威，古赵翁孙、邓平叔及慕容三藏诸君子之行事可考也。粤惟我明，夷服内向，弁椎结，译侏

�[36],因即故州置军卫焉,遥听治于守、巡分部,声教千里,势多拥格。久之,兼隶于允吾属诸羌豪,数背约束,侵扰边吏,盗掠畜产,廑庙堂西顾,于是特设兵备使者,称抚治云。继为逆珰[37]议罢,逾年复之。无何,夷〔虏〕牧海上矣。寖浔啮羌,羌悉役属夷〔虏〕,且导夷〔虏〕内啮。兴边者姑以隶縻夷〔虏〕,夷〔虏〕益骜然,挟羌豪种而渔肉我边氓。威重于使,且安所用惠文弹治也?边氓之事夷〔虏〕严于事使。我兵力甚弱,使亦莫如夷〔虏〕何。而其俗又杂,夷〔虏〕负力怙气,易隶以桀,难怀以柔,湟事危矣。天子不鄙夷其地,复专敕饬兵,令主爵筦枢之臣,遴夙以威略著者往其任,视畴昔益重。先事诸君子规事建议,权时施宜,不偷恃一时之安,而率务为永逸计。诸备具举,亦既犁然。夷〔虏〕党渐携,羌种日附。至余承乏,始得藉备而大创夷〔虏〕。夷〔虏〕创巨,幸遁逃窜伏,然忿骜无道,未尝一息忘西宁。今日之任,睎畴昔,又不啻什伯重已。爰稽名实,奚所称抚,又奚所称备哉?崇文教,惇礼让,课屯田,严保甲,省徭役,登[38]官邪,问疾苦,保乂辑和之具也,"抚"之谓也;修障隧,谨侦谍,丰储偫,厉长戟劲弩之械,崇陴浚池,据要扼险,按籍责伍,讲战阵,习技艺,折冲御侮之具也,"备"之谓也。《诗》不云乎:"惠此中国,以绥四方。""刚不吐,柔不茹,不侮鳏寡,不畏强圉。"其庶几乎!籍〔藉〕令务姑息以市人心,灾且剥肤,犹然却顾,幸须臾无及于其身,蛊极而庚则贻来者。抑或功利

是急，好为豪举，勤远略而忘内修，甚且虐使其民，甘荼如荠，恶在其为抚若备哉？余不佞，幸列名诸君子之后，治内攘外，惟日孳孳，务求无为前事者辱。乃若广布天子威德，澄瀚海之波，荡葱岭之垒，犁蒲昌之壁，艾渠黎之旃，拓卑禾之塞，俾戎骑不窥，羽檄不入，边城晏闭，牛马布野，父兄缓带，稚子咽哺，销而戈矛，累为耕具，有备无患，而得一意于抚，则不佞窃有志焉，并以俟后之君子。因历考姓氏，勒诸贞珉，而为之记。

南川大捷题名碑记 明　龙膺　监督同知

时万历乙未九月，西宁以戊子中夷〔虏〕蹶上将，覆重师，四塞震惊，九重隆怒，申令罢款，诘戎夷〔虏〕骜无道，潜畜祸心，聚谋内讧。大中丞田公授秘算于监司刘公，以暨达将，纂严备之。虞〔夷〕寻拥劲骑千余，阑入南川捏尔朵峡。侦至，达将率西宁营兵二千，往檄北川、镇海诸材官各率其伍，分伏要害。而令番兵密布峡外，绕出夷〔虏〕背。比夷〔虏〕入，达将挺身，壮语谯让，夷〔虏〕魁报词甚桀。我师伏突横截，夷〔虏〕衷前后罔属。我兵殊死战，达将手刃其魁，即曩时陨上将者。合围击杀，靡有孑遗，计馘六百八十有奇。峡外残夷〔虏〕，复为番兵所歼抑，夺马畜无算。夫戊子之后，夷〔虏〕有轻中国心，以强挟市，而我奉之。夷〔虏〕欲无厌，我供不给，是所谓割肉以啖饥狼，狼愈贪而我立毙，岂惟湟中危？夷〔虏〕日内哄，河以西无宁日矣。今兹奋起积衰，堕其孕重，一刷宿耻，大振国威，对扬王命。彼即报也，勍[39]于畴昔已耳。我当益肆张皇，誓不与夷〔虏〕两立，则夷〔虏〕亦人耳，犹前日之永、瓦耳，将奈我何？既不惜以其身塞大难之冲，夺彼骄謇之气，且永肩厥任，屹为秦陇捍关，非幸一胜而掉臂也。中丞公烈哉！

是役也，督府李公、直指乔公，毕群策，出万全，而监司刘公握其算，达将肩其劳，厥功伟矣。诸将吏与有勋伐者，悉登名碑阴。

西川大捷题名碑记 *龙膺*

时万历乙未十月，南川大捷，大中丞田公策夷〔虏〕必大举复来，亲提幕府一军，并檄庄浪诸路兵马毕集，严堠增障，峙粮饬械，不惮征缮，昼夜焦劳。夷〔虏〕果要结别部名王，空穴以出。十月，入犯西川大康缠沟，顾征〔惩〕南川之伏，踯躅境外，不轻内蹂，但重围剌卜番堡，日诱之降。时番势既单，阳为顺夷〔虏〕，以待我军。公命三百孱卒致师。夷〔虏〕利我寡，拥众突入，铁骑万余。我已列营铺敦〔墩〕，四面火器具举，夷〔虏〕众大熸[40]。西宁撄锋，更为肉薄。公志期尽夷〔虏〕，崛以身先。夷〔虏〕退，公藁宿蓐食，手持糒醪[41]饷诸将，复劳苦诸士卒。昧爽挟膺，提兵追剿，诸将力战，而番部溃其中坚，两军相为表里，夷〔虏〕不能支，枭克酋健，号啕震天，焚辎蔽野，夷〔虏〕穷奔，我军傅险而反。

夫将受成于公暨监司刘公，主坚壁，不主先登，主摧锋不主斩级。夷〔虏〕以铁骑排山而碫卵，我如虎三抟，气盈必衰。我骤撄之，旗靡辙乱，彼脱蹶生，我无幸矣。我受〔兵〕齐勇若一，屹如崇墉，牢不可撼。虏为跃铁，我为洪炉。孰坚孰瑕，孰劳孰逸？不尚首功之名，而收全胜之实。提衡而论，何减曩勋。且也，公亲临戎，诸将战益力。夷〔虏〕酋再败涂地，创巨痛深，驼[42]喙海陬，敢遑取当？而我师方旦夕摩厉以须，其出中丞公，烈哉！是役也，督府李公、直指乔公，布昭师武，震叠皇灵；而监司刘公捭阖兵机，达将纵横将略，厥功伟矣。诸将吏与有勋伐者，悉登名碑阴。

皇清修西宁城碑记 范时捷 散秩大臣

西域通自天汉，而两河东西，地方阔远，番夷杂猱〔糅〕，旷且难制。汉武所为置武威、张掖、酒泉、敦煌，以断匈奴右臂者也。西宁，古湟中地，汉属金城郡，旧为先零、罕幵诸羌所居。右接青海，背倚天山，与四郡相为犄角。西宁固则四郡得辅车之倚，匈奴不得旁胁诸羌，两河东西，乃无边鄙之警。是西宁实四郡之唇齿，而两河之藩篱也。尝考之志，西宁于汉始置县，历魏、晋、唐、宋，旋得旋失。自我朝定鼎以来，揆文奋武，耆定廓清，薄海内外，咸凛声教，远至雕题[43]、鞣鞨[44]、秃发、爪哇之属，罔不来享来王，固已化南，洽而威北，畅矣！惟古为国，守在四夷，斥堠亭障之设，初不可以既安废。惟兹郡城，创自有明，迄今年久，不无倾圮。臣范时捷于雍正壬子岁以散秩大臣恭膺简命，经理青海事务。

于其始至，宣上德意，以安攘内外。旃裘之君长，服教畏威，罔弗慕义向风，无敢或后。四年之间，士狎于伍，羌安其居。暇巡城堞，颇多颓缺，无以谨疆圉，严守御。爰请于朝，承命僝[45]工，峻其墉隍，益其垒培。池道有荡平之视，榨门无沮洳之虞，楼橹足以资凭陵，雉堞有以坚杆蔽。城周八里有奇，径长为丈者一千五百三十有六。内裒实土，外甃[46]用砖。东西南北为门，为楼者四，增修者二，加甃如之。四隅增瞭望楼四。为睥睨者一百九十有八，为炮台者三十有一，为驰道、为榨门者各四。土之功〔工〕三万四千二百二十有七，砖之工一万二千五百八十有六，木石之工二万六千三百一十有二。合用帑金一万四千一百两有奇，仓谷一千二百十三石有奇。始事于雍正十一年癸丑夏六月，迄十三年乙卯秋八月，凡三阅岁而告厥成功焉。《春秋》凡城必书，重国是也。兹城孤悬绝塞，外控番夷，中卫华夏，合四郡为声援，统两河而屏翰。于以横万里之折冲，重三秦之保障，则斯城之役，所系甚巨，不可以不志也。首其议董其役者，为散秩大臣臣范时捷。襄其事、藏〔蒇〕[47]其功者，为原任西宁道臣杨汇、署北川营游击臣晏嗣汉、原办署城守营都司臣冯寅、接办署城守营都司臣孙兰、西宁县知县臣沈予绩，应得附书。用勒诸石，以垂永久。

重建西宁府文庙碑记　杨应琚　西宁佥事

孔子之道，与天行相终始，与王政相遐迩。凡天行所覆之地，而不用孔子之道，皆异域也；王政所暨之境，而不行孔子之道，非善俗也。西宁，古西羌地，汉武帝令霍去病逐诸羌，渡河、湟，筑令居塞。宣帝神爵三年，命后将军赵充国伐先零诸羌，以其地置破羌县，属金城郡。晋时陷于吐谷浑。唐肃宗时，没于吐蕃。宋熙宁中，王韶复河、湟，建中靖国初，复为羌人罗撒所据。三年，命洮西安抚王厚等合兵击败之，改为西宁州。西宁之名自此始。元属亦集乃路。前明设西宁卫。西宁自汉武时已为内地，自后屡为羌戎所没，且迫近青海。修习武备，故饮食冠裳，习俗颇异，高上气力，轻视诗书。至我朝世宗宪皇帝奠定青海，销锋灌燧，以迄于今，始设为府、县，置吏施教，进用文治。十一年，以予之迂拙观察是郡，钦上承意，去其疾苦，整其颓废，劝农种树，兴举四礼。岁又连熟，郡以无事，乡党喁喁向风，有弦歌之声。然后知圣天子之政所被者远，孔子之道所垂者久，天之所覆，王化行，圣教尊，有和气之应也。惟是学宫庳陋，岁久隳剥不治，余日深惴惴。适太守申君梦玺、兹邑王令镐莅任，意以克合。于乾隆六年六月卜日之吉，祗会群吏洎诸生至于庙下，稽度既备，爰肇厥工。内惟明伦堂仍旧，凡殿阁门庑诸祠，不足改为，咸廓而新之，资繁力费，次第修举。嗣应令际盛、摄县张令渡、太守刘君夷〔弘〕绪、陈令铦继至，共襄功役，至乾隆十一年闰三月辛酉成。楹桷峻整，阶序耸严，庭木森列，粲然而威。

先是，宁郡祀典阙略，延浙儒周兆白至教弟子员，俎豆乐舞之仪，刊示广布，日习月熟，庙貌尊显，宿燎悬设。承祭之晨，琴瑟旗章，金鼓析羽，俯仰节奏。殿庭之上，士民跄跄翼翼，观礼识古于戟门、泮池之间，咸叹息前所未有。礼毕且起，进诸生军民而告曰："学校肇自四代，乃王政之大端。所以成人材、厚风化，皆本于此。余举事之初，或以边方文教艰于振兴，谓汝湟中百十年间，目不识《乡饮礼》之酒，耳未闻《鹿鸣》之歌。殊不知文武并用，为长久之术，而威武者，文德之辅助也。古人有言，文之所加者深，则武之所服者大。故有事出征，受成于学；执有罪反，释奠则以讯馘告。汝湟中自汉时设为郡县，厥后没于羌戎凡几，此皆监司守令不兴文教之过也。昔周文武伐崇戡黎，六师甫及而《青〔菁〕莪》[48]《棫朴》[49]，誉髦斯士。载戢干戈，即求懿德，以敷肆夏。而镐京辟雍，聿为首善。周官司徒、宗伯、乐正、司成之属，总六德、六行、六艺、十有二教之法，其比、闾、族、党，在在有官师子弟。是以兔罝之武夫，行修于隐；牛羊之牧人，爱及微物。我朝复改汝湟中为郡县者，此正先王之遗意。俾尔一方之民，皆由庠序，爱人易使，世世治安，保天王之锡命。"又告曰："学校之设，宾兴之典，非为汝科名利达计也。使为子者孝，为臣者忠，为师者严，为弟子者勤学，荷戈矛者有勇知方，寄干城者爱恤士卒，为农工商贾者各执业守法。归告而长而父而兄，谨身明理，永享清平，是惟重建学宫之意。”众皆拜谢曰：“敢不敬夙夜以从事。”于是盥手泚笔[50]，叙其颠末，刊之丽牲之碑。是役也，厥工甚巨，未请帑廪，未劳农民，守令、学官、佐杂、诸生皆与有力。惟太守申君梦玺费独多，尤可嘉焉。其爵里名氏，具列碑阴，俾后来者知所考云。

重建碾伯县文庙碑记 杨应琚

余尝读《王制》兴学之言，大都养而后教，教而后官，未尝不掩卷而叹曰：“此古先王制为典则，以为天下后世造就人才，爱养斯民，经世致治之大法也。”及历汉、唐以来，学术或明或晦，政事或治或乱，又未尝不掩卷而叹曰：“政事之不治，由学术之不明；学术之不明，由于止设学校之名，而无学校之实也。”今圣天子继祖宗之宏绪百有余年，自通邑大都，至于山陬海澨[51]，无鸡鸣犬吠之警，盖履极盛之时矣。余承乏湟中已十四载，殚精毕力，所属郡邑，虽不敢如《王制》所云“无游民，食节事时，民咸安其居”。然野无旷土，百姓渐知尊君亲上，亦可以兴学矣。爰首举西宁郡学，新其庙屋。每与守令论政于斯，取士于斯，讲射于斯。凡力之所能为者，无不法古以求实效。碾邑徐令志丙闻风奋兴，愿以己俸新其县学，以一人而肩斯任，尤为难也。已乃内外改作，诸生助之，人力以八千计，瓦甓材木以八万计。始于乾隆七年之仲春，成于十一年之孟春。学成而徐令迁，余巡历至碾邑，诸生具列本末，请纪其实。夫学校，王者之事也，司其土者，敬谨以行之；居斯土者，黾勉以尊之。在学习射，所谓致众而论士是也；在学论政，所谓善者吾行之，不善者吾改之是也；在学取士，所谓选士之秀者而升之，简不帅教者移之左、移之右、移之郊、移之遂是也。碾邑东通五郡，西蔽湟中，为西陲要地。百年休养，安居乐事，兴学宜及其时。诚能如《王制》所示，养而后教，教而后官，则民安其居，士服其教，官得其宜，政得其平，则四代之治，复见于今日矣。古人云："履极盛之势而动之以戒惧者，明之至，智之尽也。"吾官民当小心翼翼，共勉其实，毋徒慕其名，取墙壁具而已。或曰碾伯，即古乐都也。

湟中郡学约礼斋壁记　杨应琚

为治之道，因民而用，虽殊途同归，然亦必有所由兴也。《礼》云："君子如欲化民成俗，其必由学乎？"昌黎韩子曰："欲用德礼，未有不由学校师弟子者。"此郡学废日久，百十年间，《白驹》不闻，《鹿鸣》绝响，岂真无其人哉？恐网罗之术，或未善也。湟中亦一大郡，教学不兴，谓士庶何？谋诸守令，佥以为允。遂葺约礼斋舍，设几凳，延浙儒为之师，以督生徒。继出俸钱造屋，取息以供厨馔。余每摄衣登席，亲询经旨，诸生如墙而进，鸡鸣风雨，书声琅然，可谓盛矣。吁！文艺虽贵，要之以德业为本，诸生勉乎哉！

西宁小峡口河厉桥碑记　杨应琚

宁郡环山汇水，古湟中地也。山多不毛，有勒且、宜春诸水，独以湟中名者，诸水皆归宿于湟，而流绕于郡邑。自汉霍骠骑、赵营平、许强弩诸公渡河、湟，筑塞破羌，屯田致谷，左红崖而右青海，历代称形胜焉。南、北、西路，咸通羌戎，惟东面一径走内郡。廿里许有石峡口，双崖门立，诸水会合，云泄雷奔，崖趾才通马步，舍此行旅无他径。一桥达南北岸。北岸土广民众，输赋于官，道必经此，人负驴载，踣踵相接。丙辰岁，大雨如注，三日夜水与桥齐，石沈木浮，荡然无遗，居民病之。余率西宁沈令予绩施俸鸠工，取巨木于远山，伐坚石于近麓，民咸鹊踊，如墙而进。复请云："桥如前式，抑增高焉？今兹之水，吾侪小人仅一见耳。"余曰："不然，桥与水乌可齐也？又焉卜雨水之不复如是乎？"乃增高丈余，广尺五。时已沍寒[52]，亲见凿石者手足皲瘃，皮与石黏；而运木者挥汗如雨，牛喘蛇行，甫袖手则战栗焉。余甚悯之，功不可缓，而民力尤重辍工，于丁巳春始告成焉。是岁大雨如前，水几与桥争高，他舆梁无不坏，惟此桥岿然独存。民皆喜余言之不谬也，叩头乞辞。夫材物工役，纵横尺丈，起迄日时，则有司存，此不志。所志者独一桥耳，非慎诸始，审其势，则有复圮之患，将重劳吾民。然则工作所当慎，民力所宜恤，而湟中形胜之区，诸水环匝，民时相往来，桥梁又不可一日废也。书诸石，俾官斯土者，知并重焉。

筑黑古、巴燕戎等九城堡碑记 杨应琚

背郡城东南驰一日二日抵雪山下，为黑古城、千户庄、

亦杂石，乩思观、什扎巴、巴燕戎、甘都堂，折而西，百五十里为河拉库托，渡河而南为康家寨，皆故羌戎地，逼近诸番，岁为商旅边氓害，以贻官忧。今皇上即位之三年，前制府相国查公巡阅至郡，余与古鄯游击将军杨君普，条悉其事，谓非就险建城，设官增兵，不可以理。制府毅然以俞奏可。适四年宁郡饥，余任其责，巨细必躬亲，半岁未尝蓐寝。小民幸免于转死，而少壮者不可俾以坐食。爰请于大府，割工价六分之一，加粮升六合，以价自养，以粮养家。檄西宁靳令梦鳞、碾伯徐令志丙分督之。始于四年之孟夏，迄工于五年之仲秋，完城堡九，周回自一百二十丈至三百八十四丈，咸相其阴阳，依其岩阻，随其广袤而成。言言仡仡，实墉实壑。诸番悉缩项挢舌，屏气而伏。起视四境，羊牛满野，一童子牧之矣。帑以两计，凡九万四千九百七十；廪以石计，凡一万四千八百。增兵将，益俸饷，其为役亦大矣哉！然小民不以为劳，度支不以为多，皆仰荷圣主宽大之德也。呜呼！国家设一官而帑廪增一费，将以利民也；地官设一官而百姓增一累，以其有害也。何谓利？慎固封守，抚番恤下是也；何谓害？键闭不修，征私扰众是也。同一官耳，利害如反覆手，可不惧哉！昔人云："有其惠而图之无其具，有其具而守之非其人，皆足以致败。"故纪其俶末[53]，以告后之司险者知所儆云。

西宁府湟中河惠民桥碑记 *杨应琚*

西宁城郭，因崖为基，环以诸水，汇为湟中河，此古三河之一也。河发源郡西塞外，逶迤百折而来，至城西北刘家河湾与郡北苏木莲河会。又与郡南麒麟河合，演漾渟潏[54]，而乃东下。夏秋霖潦滂溢，遂莽莽成巨浸。当绾束处，旧有木桥，距北郛阛外[55]里许，为北川入郡孔道，腾篋担负者，趾踵交也。而岸阔水驶，底皆乱石，不可以柱。民架木覆版，以通往来。大雨时至，四川灌河，群版散堕，日欹月陷，水挟木去，宵小窃以为薪，岁岁庀饰疲费矣。余经营河工，不啻数十次，得其要领，与太守刘君洪〔弘〕绪、西宁陈令铦谋协，于旧址东，仿段国《沙州记》“河厉”之法委经历司王勋董其事。两岸甃石作基陛，一在土厓，一离立水中，大木纵横更镇压，节节相次，根缩杪伸，两边俱来，相去四丈，并大材以版横次之，外施钩栏。水岸外别为小河，上覆平桥，以薄水怒。桥以丈计，长三十八，高二丈二尺，阔十分其长之六。其始事，以乾隆十年九月十五日，其讫工，以十一年九月初三日。木以根计，二千三百二十有八，石、铁、灰、稍称是。久之，郡人黧老黄孺，琢石来署，叩头曰：“斯桥也，旧为民所修，输赋挽刍，皆径此。其木植，河东十六堡小民所出；其绹索夫工，朝、阳、图三堡小民所纳；胥役乡长以督促，又渔其利。一桥成，民费数百金矣。如水溢，梁则屡坏，人畜相对而吁。冯绝冲涛者，往往委鱼腹。霜降水缩，揭洗逗淖中，两足龟瘃不可忍。今公与太守邑宰未请国帑，未留民资，出己俸为之，岁省民数百金，其惠我小民深矣。请以‘惠民’名桥，并请公撰次其颠末，庶后来者踵而行焉。”余屡却不能辞，爰书其言暨河之源委，桥之长阔制度，始事竣工之年月以付之。是岁乾隆十二年也。

湟中五峰山寺壁记　杨应琚

山距湟中北八十里，五峰森立，形如举掌。萦青缭白，烟云生指甲间。山小而高曰岑，锐而高曰峤，小而众曰岿，有穴曰岫，此山咸备焉。胁右有泉悬出，左泉穴出，余泉若线，细者若酒器，微者不载焉。分流抵平地，汇而南走，两水中坻，厥草茂焉。广寻可造屋十数楹，鸦矢布满㕒㕒[56]𪘏𪙇[57]间山僧插椽而居。沿流多椵柽木，族生交阴，上有鹳[58]莺声。余性喜游，而湟中无山；非无山也，皆濯濯童阜耳。兹山高而锐，峰众而多，穴有泉流，以益其奇，烟云以助其势，草木禽鸟以致其幽，虽无层岩大壑，亦具体而微。旧寺已颓废，因易其浅陋，达其蔽塞。又于泉侧作精舍三楹，以为观游。所憩息，山无名，余以数名；寺无名，以山名，所谓目治也。濒行，谓山僧曰：“水坻高平，弃之与禽鸟，反悬崖置屋，促膝鞠躬。可以人而不如鸟乎？”山僧粲然皆笑。戊午六月六日记。

重建大通卫署碑记　杨应琚

国家之制，郡有守，州、县有牧令，沿边有卫所，以武科补用，因其有备边民事之责焉。又属于郡守，而以监司统治之。大通，故青海地也。雍正元年，世宗宪皇帝平定厥戎，以其逼近湟中，联络诸羌，割为内地，立卫设官。余承乏湟中，延师往教其俊秀者。后摄藩篆，请于上，岁取文武弟子员各一，科取文生一。休养生息，风俗移易，迄今二十余年矣。惟是厥初，未审其宜，卫署建于镇城，远隔高山，百姓苦于跋涉。前官催科听讼，就向阳堡民居，而寓外无寸垣，日谋于野。孙备捷莅任，以为忧。余巡历至此，闻其言而是之。第建新城，恐格于部议。堡南隔河，乃白塔营。城有已裁守备旧署，率往经营，绘图以闻大府，请于朝，制曰"可"，卫人便焉。然所请帑廪，仅可补苴罅漏，不足以壮观瞻。孙备又捐己俸，扩而新之，并增屋四十三楹。城中易营仓一区，移乡仓九楹，又建新仓三楹。自乾隆九年某月，卒某月，为日若干，成。四民皆如茨如梁，如跂如翚[59]，举欣欣然而(有)喜色。而不知费不出于国，劳不及于民，不以传舍为传舍，其贤于世吏远矣。有士起问曰："卫署成，卫名不可不示于后。公识古，并为吾侪志之。"余曰："《禹贡地理释略》云：'雍州之域，西据黑水，东距西河。'汉武分雍州置凉州，即今甘肃一省。黑水今俗名大通河，其源本出伊州，东南流至鄯州。又东南流入黄河。以余考之，伊州，今哈密；鄯州，今西宁。大通河源在青海界内，夷名乌兰木隆，径西、碾二邑与湟水会，而入于黄河。宋筑大通城于河上，而河因城而名，亦犹宋改鄯州为西宁州，遂呼湟水为西宁河。此即《水经注》所谓浩门水，非黑水也。镇城临河，故其卫名'大通'。"皆曰"然"。官民因请余记之。夫改前人之率慢以逸其民，劳一己之经营以安其众，因其城池则事举，实其仓廪则无虞，边备修而民事益，此良有司之善政，亦国家设卫之本意。夫遵制奖善，而辨其山川者，皆余之事也。故为之文，俾刻之石用以告后之为卫者云。

注释：

[1]猕(mí)：水深满的样子。

[2]琪玕(qī gān)：琪，玉名；玕，美石。

[3]琅玕(láng gān)：质次于玉的美石，似珠。

[4]枫梧、梗柟：多种树木名。枫，枫树；梧，梧桐树；梗(gěng)，有刺的树木；柟(nán)，同楠，楠木。

[5]翳荟(yī huì)：草木繁盛的样子。

[6]鷟鸑(zhuó yuè)：鸟名。1.凤凰的别名；2.水鸟，又名鸘鸰，似鸭而大，长颈，赤目，斑嘴。

[7]鹔鹴(sù shuāng)：水鸟，又作鹔鷞，雁的一种，长颈，其羽毛可以制裘。

[8]騉駼〔駼〕(kūn tù)：马名，蹄平而小趾岐出者，能登高历险。

[9]豵豜(zōng jiān)：不同龄猪的叫法。一岁猪叫豵，三岁猪为豜。

[10]儦(biāo)儦俟(sì)俟：众多野兽行走的样子。《诗·小雅·吉日》："儦儦俟俟，或群或友。"儦：众多貌。

[11]苾(bì)芬：芬芳。《诗·小雅·楚茨》："苾芬孝祀，神嗜饮食。"形容祭品香美。

[12]蛇蟺(shàn)：像蛇体一样屈曲盘旋的样子。

[13]崥崹(pítí)：山势渐趋于平缓之貌。

[14]巉(chán)：山势陡峻，如凿刻过一样。

[15]翊(yì)：辅翼保护。

[16]苕藋(tiáo diào)：草名。苕，又名陵苕、凌霄、紫葳，根、茎、叶可入药；藋，又称灰藋，状似藜。草莽荒秽处可称"藜藋"。

[17]沚(zhǐ):水中的小洲。

[18]洚(hōng):大水泛滥,即洪。

[19]麌(yǔ)麌:兽群聚集的样子。麌,雄鹿。

[20]晞(xī):干燥。湿的反面。又,天晓,天明。

[21]穟(suì):禾苗茂盛的样子。

[22]璆琳(qíu lín):玉名。璆,可以制磬的美玉,琳,玉名。

[23]剚(zì),又作"倳""事",刺入,插入。

[24]旸(yáng):晴,日出的旸。

[25]䌨(bǔ):古代深衣的下裳。其形制,自裳两旁衽以下斜裁削幅与上衣形成上宽下窄的形状。

[26]勖(xù):勉励。

[27]禋祀(yīn sì):古代祭天神的一种礼仪,先烧柴升烟,再加牲体与玉帛于柴上焚烧。也泛指祭祀。

[28]巀嶪(jié yè):山势高峻貌。巀,又作巀。

[29]壖(ruán):又作堧,空地,余地,河边地。

[30]耇(gǒu):或作耈,老年,高年人。《诗·小雅·南山》有台:"乐只君子,遐不黄耇。"《传》:"黄,黄发也,耇,老。"

[31]蝤崒(qiú zú):山长而高峻貌。蝤指蝤蛴,即蝎虫,色白身长。崒,高峻而危险。

[32]奰(bèi):愤怒。《诗·大雅·荡》:"内奰于中国"。《传》:"奰,怒也。不醉而怒曰奰。"

[33]佹(guǐ):诡异。

[34]踧踖(cù jí):恭敬、不安的样子。

[35]泯汈(mǐn wù):消失的意思。泯,尽,消灭;汈,潜藏貌。

[36]侏偽(zhū lí):又作"朱离",或"兜离",古代西部少数民族的音乐。《孝经纬·钩命决》:"西夷之乐曰侏离。

[37]珰(dāng):此处指以刘瑾为首的宦官。

[38]登(dēng):古代盛肉食的用器,也称祭祀时盛肉食的礼器。《尔雅·释器》:"瓦豆谓之登。"

[39]勍(qīng):强有力。

[40]熸(jiàn):火熄灭。喻指军队失败如同火灭。

[41]精醪(bèi láo)：食物饮品。精，干粮；醪，汁滓混合的酒酿，即浊酒。

[42]駾(tuì)：惊走奔窜的样子。

[43]雕题：用颜料在额头雕刻花纹，是古代部分少数民族的习俗。雕，用丹青雕刻；题，额头。后用雕题代指少数民族。

[44]靺鞨(mò hé)：古族名。源于肃慎。北魏时称勿吉，隋唐时称靺鞨，分布在松花江、牡丹江、流域及黑龙江中下游。五代时称女真。

[45]僝(zhuàn)工：建立事业、收到成效。

[46]甃(zhōu)：以砖砌物。本义是以砖垒井壁叫甃，后凡用砖垒砌都叫甃。

[47]蒇(chǎn)：解决。蒇事，事情已完成。

[48]菁莪(jīn gè)：《诗·小雅·菁菁者莪》的简称。

[49]棫(yù)朴：《诗·大雅》的篇名。棫，白桵；朴，枹木。棫朴丛生，喻人才众多，国家兴盛。

[50]泚(cǐ)笔：指用笔蘸墨。泚的本意是清澈、出汗。

[51]山陬(zōu)海澨(shì)：山的脚落，水的边缘。陬，隅，山脚；澨，小滨。

[52]沍寒(hù hǎn)：天气寒冷，积冻不开。

[53]俶(chù)末：始末。俶，开始。

[54]渟潏(tíng yù)：水聚积不流的样子。潏，人造的水域。

[55]北郛(fú)阛(huán)外：北外城的市垣外。郛，外城；阛，市垣，市场。

[56]厜㕒(zuī wēi)：山峰高峻之貌。

[57]龈齶(yín è)：牙床。齿根的肉叫龈，口腔上膛叫齶。

[58]鷣(yín)：即鹞，又叫负雀，固善捕雀，又名雀鹰。

[59]如跂(qí)如翚(huī)：如虫爬行，如鹰奋飞。跂，多出的脚趾，又，虫爬行的样子。凡有足而行者，称跂行；翚鼓翼疾飞。又，羽毛五彩的野鸡叫翚。

西宁府新志·卷三十六

艺文志（五）

序

西宁府

皇清湟中李公愈棠《治鹾[1]要略》序　沈逵　进士

儒者之道,文章与经济合。自铅椠家以浮华博进取,于理财硕画,概置弗讲。即呫哔伊唔[2],间取《食货》《平准》《盐铁》诸书杂读之。至躬亲吏事,施措率多乖方。矧鹾政关系军需,利病尤巨,欲以区区弗学,治古人糟粕者临之,勃乱卒瘏[3],又何暇挥毫拈韵,赠答寄远,以自抵于风雅之林乎?莞子曰:“海王之国,谨正盐荚。”汉初省赋,独盐铁之榷弗蠲,以均输佐国计,不无小补。刘晏为盐铁使,用资军兴,无乏绝。宋听州县给卖,岁课其羡,转运司总其成。明始置提举,以佐运司之不逮。

清兴,百度维新,设官特沿旧制。粤东古海国,北尽虔、吉,西暨宝、长,即至滇黔州县与西省壤接者,无不粤鹾是资。鼎定伊始，禁罔〔网〕阔疏，射利窝占之徒，凭社肆私鬻，莫之振救。湟中李公愈棠衔命来粤，慨然以釐剔为己任，利期必兴，害期必去。丁灶采煮之盈缩，行引通塞之机宜，讲求至当。辄建白，报可乃止，不必按《食货》《平准》《盐铁》诸成例，而于经国理财、观风察俗之术，盖已不啻烛炤[4]数计而龟卜也。治鹾之余，僚友庆集，祖饯怀思，赋为词章，皆足登唐人之坛，而夺词客之席。何文章政事，宏通淹贯有如此？今李公以蓴鲈[5]引兴，暂解符组，抚军重君之大有造于东粤也，疏入告，请还秩盐铁度支之寄，简畀将未有艾。虽欲取新诗配丝竹，以自乐三峡五泉间，其可得乎？于其行也，为之序。

湟中郭氏家谱序 田逢吉 浙江巡抚

周制宾兴，首以孝友姻睦任恤六行，裒然列于选举之科。盖将教天下以尊祖、敬宗、收族之至谊，且期非此不得预于士大夫之班。《周礼》：大宗伯以饮食之礼亲宗族兄弟。其属小史，则奠系世，辨昭穆。小宗伯则掌三族之籍，以别亲疏。当是时，民风朴厚，逊顺齿让，而天下大治。洎自宗法不明，遂凌竞成风，辄有简贱其宗支，等同气于弁髦者，此《角弓》之诗所由作也。君子殆将进而观其世矣。宗法之关于治道也，顾不重哉？金瓯郭君以湟中名阀，硕德巨望，来莅邻封之乐阳。恺悌性成，孝友因心，出其醇诚，以仰佐天子崇孝之雅化。月吉汲汲，以六谕董遒铎日，讨国人而诰诫之。盖志期协于六行，而民亦蒸蒸向治。又思报本崇先，必自贵近始。乃裒辑其家乘，问序于余。余受而读之，不禁喟然深服郭君之孝思不匮，而制治知所本矣。盖人之有亲，犹水之有泱[6]泉，木之有根荄[7]也。其宗支，则潢流枝叶也。然自太祖视之，一本九族，初固一人之身也。夫以一人之身，衍而为千百之身，究之千百之身，不能通于一身，则一人戚矣。以千百之身，而冀通于一身，究之一人之身，终不能联千百之身，则千百之人亦戚矣。君曰："家谱修则可以通二者之穷矣。"及阅其谱，尊大宗则自始祖以逮曾元〔玄〕、云、礽[8]，千百世，无不通之呼吸；别小宗则继别为祖，继祖为宗，继祢为小宗，无不秩之系序。详载纪则自旁支别派承绝继嗣，以及恩养，无不明之脉络。且有内传，自父祖以偕壶仪，下及诸姑伯姊，咸备著其懿孅[9]。有外传，戚里姻娅，甥舅亲串，亦偏致其悬款。乃知郭君之孝思，达之冥漠，对之行列，垂之后不可知之人，无不丝联缕缀，謦欬[10]音声，千百世可见可闻，如一日也。而君复歆然[11]亟扬扢[12]其前徽，如山之昆仑，河之星宿。《语》曰：前有美而不知，弗智；前有美而不传，弗敬。视君之孜孜汲汲，丕扬谟烈于无前，祖功宗德，弈弈简牒间为何如哉！且疚心大母之冰蘗，八十年之幽贞，表白如皎日曙星。为孙之愿毕，而生平之孝思，已缕缕尽矣。后人检其篇帙，究其宗派源渊，则尊祖、敬宗、收族之心，油然而生。行且返朴还淳，日重其一本九族之伦而不敢裦。执梧棬[13]而知口泽之所在，睹几杖而知手泽之所存，不将与葛藟[14]、瓜瓞[15]庇本衍脉于无穷欤？由此而推之乡国，达之天下，上及宰执卿相，下逮韦布，无不翕然尊之为章程，奉之为蓍蔡，宁家乘云乎哉？

谈氏家谱序 杜肯堂 西宁教谕

余读《周礼》，知小宗伯掌三族之籍，以别亲疏，故古人氏族之传不乱。迨魏晋而降，以门第官人，虽卑姓杂谱，皆藏于有司。迄李唐犹重其事。至五季，则荡然不复存矣。宋时欧阳氏、苏氏家谱最善，学者宗之。其法：使族人各为谱，而各详其宗。夫人各详其宗，则谱始大备焉。湟中玉伯谈子，虽借途吏法，实好学士也。一日以所订《家谱》求为之序。余展读间，见其序次世袭，则伤先泽之未延也；详纪生卒，则虑时日之无考也；母氏必录其宗，则不忘水木也；坟墓必志其处，则心依邱陇也。大宗始矣，小宗皎若列眉，使其族人由此而推之，可以至于大备，得欧、苏氏之遗意矣。所憾者，余以忧去兹土，东望岳莲，寸心如焚，不获与子更相商论耳。掩卷泫然，不禁三叹！敬书数行，以弁简端。吾知边垂〔陲〕族谱之盛，自玉伯始矣。

录

吐浑录 《五代史》

吐浑，本号吐谷浑。或曰乞伏乾归之苗裔。自后魏以来，名见中国，居于青海之上。当唐至德中，为吐蕃所攻，部族分散。其内附者，唐处之河西。其大姓：慕容、拓拔、赫连等族。懿宗时，首领赫连铎为阴山府都督，与讨庞勋，以功拜大同军节度使，为晋王所破，其部族益微，散处蔚州界中。庄宗时，有首领白承福者，依中山北石门为栅。庄宗时置宁朔、奉化两府，以承福为都督，赐其姓名李绍鲁。终唐时，常遣使朝贡中国。晋高祖立，割雁门以北入于契丹，于是吐浑为契丹役属，而苦其苛暴。是时，安重荣镇威德，有异志，阴遣人招吐浑入塞，承福等乃自五台山入处中国。契丹耶律德光大怒，遣使者责诮高祖。高祖恐惧，遣供奉官张澄率兵搜索并、镇、忻、代等州山谷中吐浑，驱出之。然晋亦苦契丹，思得吐浑为缓急之用，阴遣刘知远镇太原，抚慰之。终高祖时，承福数遣使者朝贡。后出帝与契丹绝盟，召承福入朝，拜大同军节度使，待之甚厚。契丹与晋相距于河，承福以其兵从出帝御夷〔虏〕。是岁大热，吐浑多病死。乃遣承福归太原，居之岚石之间，刘知远稍侵辱之。承福谋复亡出塞，知远以兵围其族，杀承福及其大姓赫连海龙，白可久、白铁匮等。其羊马资财巨万计，皆籍没之。其余众以其别部王义宗主之，吐浑遂微，不复见。初，唐以承福之族为熟吐浑，长兴中，又有生吐浑杜每儿来朝贡。每儿不知其国、地部族。至汉乾佑二年，又有吐浑何戞剌来朝，不知为生、熟浑。盖皆微，不足考录。

引

皇清郭氏家谱引　郭守邦　郡人

守邦，陇湟下士也。质类顽璞，工莫可施，年逾耳顺，乃甫邀简，命宰兹上党长子之岩邑。幸地僻事简，颇可藉手藏拙。每于退食之暇，披阅诸史，凡王公、巨卿、世家、大族，载诸简牒者，佥溯其命族赐氏远流近派，必曰某也，某为其所自出；某也，系某某几世孙。知古人之于世系，慎重而不敢苟者，盖期乎前有所考，后有所承，殆如木之有本，水之有源已尔。若夫世之言族谱者，尤必详其始祖，隶籍之省、郡、州、邑。或宦而侨羁，或戎而著伍，或商而流寓，或迁而占籍。起家谁氏，传世几何？畴也大宗，畴也支庶，暨继绝承宗，靡不星罗棋布，珠贯丝联者，班班乎咸列诸史矣。乃窃叹余家乘蹇遭闯变，兵燹之后，又值鼎革，遂令文献沦亡，宗祏[16]残缺，虽欲仰视榱桷[17]，俯集髦倪，以问我家世，胡可得欤？幸高祖将仕郎，府君域兆内，岿然有石碣存焉。盖即祖之及门，赵公所撰为文，以表于墓者。余家食时，每展墓必徘徊瞻仰于其侧，谛阅数四，不禁忾然泣叹，而有风木之悲。因仿佛得其梗概。其曰："汝相先生上世，盖燕之良乡人。"则知顺天府良乡县，乃余先人土著之故庐也。曰"高祖讳玉，明初从戎西宁"，则知玉即明初家西宁之始祖也。名郭六汗，或其戎籍之名，或其别号云。曰"锦衣起家"，则知为元时金吾官位也。曰"曾大父讳英"，知其出自始祖，为二世无疑矣。曰"大父讳仁"，知其继英而为三世。曰"讳锐者又其后仁"，而绳绳乎四世矣。又曰"粤及四世，醇德是承"，则吾家之书香，肇自四世后可知也。嗟乎！绎碣之言，则曩之忧乎无考者，竟得之五世以前墓门之片石，虽其字画年久不无剥落，而世系先后，确有可据，当作吾家传世不朽之文献。故于其字句之一二残缺者，想像而补缀之，并录梓于左，以垂久远。若自大父而下，年世日显，且无俟再考。斯时也，予未尝不自快。世系有定，宗谱可叙，得以溯其祖功宗德，为厚幸也。或曰"家有十门，阖宗不谱"，恐非所以溯源渊而萃一本也。然丁口繁夥，散处莫面，且牒谱久缺，予又一官匏系，山川修阻，势不能于数千里之外质询无遗，惟据父老递传，四世祖之世即分门别户之时也，伯仲雁行，十人俱分，金旁命名，所谓钦、鉴、链、钱、铭、钊、铉、铁及失名某与锐祖合而为十，究亦不得审其所自出之先人，与其长幼昆季行也。余叙十门宗谱之念，徒殷而不能编及，亦付之忾我瘖叹而已。然由此而推之，后或有将本门始末而来告者，余将缀缉缮修之不遑。谨先将余一门之源流，核叙详明。如人思传祖父之声容而不可得，或其一颧半发，万分之一而相似者，无不亟呼疾书，而谱之于卷轴。盖得其一体，即可以广通呼吸于先灵耳！余虽不敏，敢不力而图诸丰碑乎？因统汇其源，又缕晰其流。今而后，前有所考，后有所承，即世远年湮，亦不致本支莫辨，统系不明，而少紊其昭穆，暗于亲疏，爽其隆杀，忘其宗祧也。方且快史学之垂诫，石碣之启佑，其裨于后人也良深哉！昭兹来许，有志萃涣者，递衍递传，德徽弥广，俾后之有基勿坏。《诗》曰："子子孙孙，勿替引之。"余窃为阖宗之薵〔嚆〕矢[18]焉尔。是为引。

传

皇　清

贾烈女传　杨应琚　西宁佥事

贾烈女者，西宁人，贾洪基之女。年十八，受聘周英俊嗣子琦，琦暴疾死。讣至女家，女闻之，裂头上帕，刺刺有声，悲哀欲死之，父母不许。欲往哭琦，又不许。自是遂缟衣素履，号泣不辍声，水浆不入口者七日夕焉，见者皆为流涕。父母怜之，为好言劝解，皆不答。令弟、妹、家人环守焉。久之，有老妪自乡来者，不知隐讳，直于女前言婚事，女正色曰："马无双鞍，女无二夫，何婚之议？"即之后院，闻阖户声，缢死矣。家人随迹之，已不可救也。容色如初，口绝涎沫，视其项，莹然无痕。异哉！计后琦死适半月耳。先是，琦之死，其家已暂掩漏泽园中。女死，其父母因欲寄殡某寺，夜见梦父母曰："女既死，胡为而置两地也？"父母惊寤。晨起，闻棺中有声如裂木，轧轧不休。父焚香祝曰："已知儿意，即卜地令汝夫妇同穴，毋怖家人。"声乃止。遂出城觅地，遇有金姓者，问何之？告以故，愕然曰："有是哉！畴昔之夜，梦有举双棺至予地上者，今闻汝言，无乃欲予地乎？予有地一区，在东郊，欲则汝售。"遂立券营葬。至今，郊外五里，岿然高冢在焉。

赞曰：归震川云："女未嫁人而或为其夫死，又有终身不改适者，非礼也。"此言其常耳。人以廉耻为贵，众人既指为某妇矣，而又靦[19]然他适，是以节烈之女，每欲轻生。不谓边徼之区，有此女子，感慨自决，精通于鬼神，岂易得哉！岂易得哉！余初莅湟中，求问其所谓烈女墓，即在东郊道左。至今每过之，低回感叹，不能去云。

郭太君贞节传 霍㸌 山西长子教谕

郭太君者，出邹氏，湟中世族。年及笄，归蜀府，奉祀郭天池先生次子讳荣祖，号仁修，惟勤惟谨，克修妇道。相夫子中夜读书，縻[20]绩声与咿唔声相间。仁修先生幼岐嶷，聪颖绝伦，早食饩湟庠。年三十一，适当取士于乡，决策鏖战，冀捷一第为先绪光，而不料竟以是构疾弗起，卒于西安之旅舍。讣闻，太君几不欲生。已，复念曰："吾不惜一死以从夫地下，如此，两遗孤何？"遂绝意铅华，独抱幽贞，于时年方廿七。而家无主君，赋逋吏呼，日夕难支，真有烈丈夫所不堪者。太君抗节守贞，保孤济变。长赠公焕吾先生，初业儒，旋以家门中落，太君教之力田殖产，奉宗庙祭祀；次炳吾先生，俾一意制攻举业，后果以明经高第，由学博迁佐长洲邑政，卓卓有声。太君方怡然曰："吾今而后，可报先良人于九原矣！"而孰意焕吾先生又倏继仁修先生而亡也。遗孤三人：长即我金瓯先生，若仲、若季，并在髫龄。斯时也，画荻之勤，和熊之苦，太君独身任焉，不以齿高有倦色。及成童，命炳吾先生教以诗书，导以忠义。今冢孙种花，乐阳奏最，遇覃恩，得貤[21]封其父母如己官。将来报刘正自有日。仲金滕先生，季金墉先生，皆以德行文章为闾里重，孰非太君所抚养而成就之者哉？呜呼！太君于郭氏，以敬承夫，妻道也，有臣道焉；以燕翼子，母道也，有师道焉；以贻孙谋，祖道也，有父道焉；以节全身，坤道也，有乾道焉。功在三世，节炳千秋。先是称未亡人，与两孤形影相吊者垂三十余年，至六十五岁，明直指请旌，不果。嗣值我国家定鼎初年，特重节孝忠义之化，以开天下风气之先。太君年七十有九，巡方使者复表其事于朝，遂荷褒纶。当龙章宠颁之日，炳吾先生先已请养归，乃率诸孙督匠作，经营肯构，丹雘[22]辉煌。坊成而圣朝阐扬节孝之雅化，太君百折不磨之冰操，与其子若孙永类不匮之孝思，可并传不朽矣。太君寿跻八十有八，顺治十八年二月初十日，乃以疾终于内寝。呜呼至矣！是为传。

郭节妇传 周兆白　浙江人

郭节妇，上孙堡田玢如妇也。玢如少好读书，屡试艰于进取，郁郁不得志，年二十五早卒。节妇自十有七岁归田门，结缡方九载，夫丧，遗孤起迹始五岁。时郭舅年六十余，舅老子幼，绝无依倚，郭乃身任稼穑，日勤畎亩。家故贫，无婢仆佐其劳，犍犊代其力，水耕火耨之余，不避风雨，戮力耘锄，以供舅菽水。暇则事针黹，周给一家衣食。入夜，一灯晃晃，教儿读书，手自辟绩，虽雪夜风宵，未尝少懈。后起迹名列胶庠，节妇喜曰："而今可以报汝父于地下矣。"年五十，倦勤力作，犹督耕陇上，含饴弄孙，以娱晚景。平生性温厚，遇乡邻宗党，雅不欲忤人意，闾井皆称其贤。守节四十六载，年七十以寿终。乾隆元年，奉诏旌表其门。子一，孙一，曾孙三，皆醇谨有家法。

书

上兵部奏罢西宁剌麻寺之厮养军书 明 李淳　郡人千户

伏以庙堂之谋，诚非边鄙武臣之所得预，而所守之土之利弊不容默也。国家修饰寺院，尊崇剌麻，原借以羁縻羌戎，故西宁屯堡各出民夫，为剌麻寺族之厮养军，以备洒扫。然西宁四周皆山，而番僧寺族星罗棋布，内赖天朝为养，外恃强夷〔虏〕为援，边防严，士马强，则内附求安；边防疏，士马弱，则导夷〔虏〕内侵，同心携贰。是剌麻一种，边庭之蛊，非边庭之藩也。乃犹劳国家赤子为彼厮役，非计之得也。论者为示羁縻之意，以伺察番情，不知边将诚得人，则士歌马腾，戍逻严密，不必羁縻，而倾心内附，不敢通夷〔虏〕矣，何必以吾民为彼厮养，而始为羁縻，为伺察焉；如武备不修，声息壅蔽，则番将引夷〔虏〕内寇，乘机肆掠，退则冒功求赏，又岂厮役之所能羁縻伺察哉？祈转奏罢之便。

皇　清

答李观察论民兵书　杨应琚　西宁佥事

历代民兵之制，唐泽潞留后李抱真籍户丁男，三选其一，农隙则分曹角射，岁终都试以示赏罚。宋开宝间，发渭州平原、藩源二县民治城壕，因立为保毅军弓箭手，分镇戍寨，此其大略也。要之，民兵止可行之于有事之时，俾之自为藩卫，与官兵相犄角，以壮军势。如天下承平，既责之出赋税以养兵，岂可又使习干戈以劳众？余亲见有民兵之州县，令其迎送上官，修整帐房，以襮[22]其能。不知小民费日耗财，其苦不可胜言矣。惟西宁所属之贵德所可行此法，前明招募河州民四十八户，处之境内，拨与地亩，免其赋税，责以城守,寓兵于农,法良意美。自国初至今,覆露休息,生齿繁盛。昨亲至其地,三选其一,胜兵得一千二百九十四人。历年所官,多欲将田亩升科,裁去民兵。按贵德一所,僻在境外,元时始立贵德州,嗣仍没于羌戎。迨明洪武年,征西将军邓愈收复,设所千户,改名贵〔归〕德。其地环山带河,土肥饶,有东西两溪。余率守、令捐俸筑渠,教民引溉,今村落相连,树木交荫,气候较湟中温和。南由草地通西蜀松潘。惟是逼近青海,相距一堵土墙耳。又有十族番人,星居棋布,虽蒙国家德化,归诚输赋,而犷悍之性,剽劫之事,猝有难除。前人立法,最为近古,凡沿边卫所有可垦溉者,尚宜仿而行,岂可贪弹丸黑子之赋税,而毁数百年已效之章程?爰请督抚奏明,仍依旧制,以绝后官希冀。并请将民兵分为三哨,设民千总三员,把总八员,给与官带,以统领之。(其)缺,监司选补;其器械,拨镇营所余;旗帜,皆道府捐给。农隙,所官与营员公同训练,不得琐屑,致误其业。制曰:"可。"今民兵争自濯磨,步伐进止,宛若军容矣。所谓世同居,少同游,夜战声相闻,足以不乖;昼战目相视,足以相识。岂不胜于不耕之兵聚于内,而食四方之贡赋者哉?今两河有耕不税之田亩、农民乎?某故曰:惟贵德所可行此法也。

文

皇清

辞博学鸿词文　杨汝楩　西宁太守

伏思摛华掞藻[23]，为龙门记事之先资；取博用宏，实凤阁抡才之异典。我国家百年养士，《菁莪》《棫朴》，久在涵濡；皇上屡诏遴才，杞梓楩楠[24]，都归裁植。近以博学鸿词，四方荐举；越岁犹希再谕搜罗，九经并试。遂至访穷敕勒，选及边隅。求富室之储，参芝备旨；辟太清之宇，花木向阳。然而壮武多闻，听之忘倦；宣光博物，儒者所宗。入任氏之书岩，方窥艺圃；见杜家之武库，始讶词锋。大夫之才，登高作赋；小生之任，伸纸为歌。盖耀凤呈苞，必先施于五采；而食鸡积跖，每众至乎千群。故核实既真，而稽名乃称也。卑府少原失学，壮便除书，仅解蛙鸣，坐来井底；虚张蝉翼，声出树间。渡江而误食蟛蜞，未曾读雅；荡寇而饱餐粱肉，只可监厨。作外吏者十年，风尘鞅掌；值军需于八载，案牍劳形。譬彼荒庄，簸少箕中之谷；等诸贫绩，抽残机上之丝。潘岳齿衰，雪愁对镜；江淹才尽，花怅还人。鹄刻虫镌，口耳之间四寸；牛溲马渤，襟裾而外一丁。实非万选之青钱，小愁鹅眼；岂是三烧之红玉？美逊鸡冠。捧檄而银海光摇，闻命而玉楼粟起。伏乞宪台俯怜荒谬，别选瑰奇，矉[25]目见容，抚心藉慰。使之寻常按节，或可滥竽；倘必促迫征车，且将覆辙矣。

署藩司杨应琚批词附

该府才同绣虎，文若雕龙，合沓缣缃，该核流略。辞林擅美，争传邺下之诗；艺苑驰声，独妙孔门之赋。八郡群推经袖，两河共羡书仓。本署司学愧空疏，职司屏翰，欲襄盛典，博访鸿儒，核实既真，稽名又称。珊瑚架笔，伫看落纸千言；玳瑁装书，专望临门五马。无庸多让，切勿少延。

论

《后汉书·西羌传》论

羌戎之患，自三代尚矣。汉世方之匈奴，颇为衰寡，而中兴以后，边难渐大。朝规失绥御之和，戎帅骞然诺之信。其内属者，或倥偬于豪右之手，或屈折于奴仆之勤。塞候时清，则愤怒而思祸；桴革[26]暂动，则属鞬[27]以鸟惊。故永初之间，群种蜂起。遂解仇嫌，结盟诅，招引山豪，转相啸聚，揭木为兵，负柴为械。毂马扬埃，陆梁于王辅；建号称制，恣睢于北地。东犯赵、魏之郊，南入汉、蜀之鄙，塞湟中，断陇道，烧陵园，剽城市，伤败踵系，羽书日闻。并、凉之士，特冲残毙，壮悍则委身于兵场，女妇则徽纆〔缨〕[28]而为夷〔虏〕，发冢露胔[29]，死生涂炭。自西戎作逆，未有陵斥上国若斯其炽也。和熹以女君亲政，威不外接。朝议惮兵力之损，情存苟安。或以边州难援，宜见背弃；或惧疽食浸淫，莫知所限。谋夫回遑，猛士疑虑，遂徙河西〔西河〕四郡之人，杂寓关右之县。发屋伐树，塞其恋上〔土〕之心；燔破赀〔赀〕积，以防顾还之思。于是诸将邓骘、任尚、马贤、皇甫规、张奂之徒，争设雄规，更奉征讨之命，征兵会众，以图其隙。驰聘东西，奔救首尾，摇动数州之境，日耗千金之资。至于假人增赋，借奉侯王，引金钱缣彩之珍，征粮粟盐铁之积。所以赂遗购赏，转输劳来之费，前后数十巨万。或枭剋酋健，摧破附落，降俘载路，牛羊满山。军书未奏其利害，而离叛之状已见矣。故得不酬失，功不半劳。暴露师徒，连年而无所胜。官人屈竭，烈士愤丧。段颎受事，专掌军任，资山西之猛性，练戎俗之态情，穷武思尽飙锐以事之。被羽前登，身当百死之陈，蒙没冰雪，经履千折之道，始殄西种，卒定东寇。若乃陷击之所歼伤，追走之所崩籍，头颅断落于万丈之山，支革判解(于)重崖之上，不可较〔校〕计。其能窜草石，自脱于锋镞者，百不一二。而张奂盛称“戎狄一气所生，不宜诛尽，流血污野，伤和致妖”。是何言之迂乎！羌虽外患，实深内疾，若攻之不根，是养疾疴于心腹也。惜哉！寇敌略定矣，而汉祚亦衰焉。呜呼！昔先王疆理九土，判别畿荒，知夷貊殊性，惟以遣御，故斥远诸华，薄其贡职，唯与辞要而已。若二汉御戎之方，失其本矣。何则？先零侵境，赵充国迁之内地；当煎

〔煎当〕作寇，马文渊徙之三辅。贪其暂安之势，信其驯服之情，计日用之权宜，忘经世之远略，岂识微者之为乎？故微子垂泣于象箸，辛有浩叹于伊川[30]也。

《后汉书·西域传》论

西域风土之载，前古未闻也。汉世张骞怀致远之略，班超奋封侯之志，终能立功西遐，羁服外域。自兵威之所肃服，财赂之所怀诱，莫不献方奇，纳爱质，露顶肘行，东向而朝天子。故设戊巳〔己〕之官，分任其事；建都护之帅，总领其权。先驯则赏籝[31]金而赐龟绶，后服则系头颡而衅北阙。立屯田于膏腴之野，列邮置于要害之路。驰命走驿，不绝于时月；商戎贩客，日款于塞下。其后甘英乃抵条支，而历安息，临西海以望大秦，距玉门、阳关者，四万余里，靡不周尽焉。若其境俗性智之优薄，产载物类之区品，川河岭障之基源，气节凉暑之通隔，梯山栈谷、绳行沙度之道，身热首痛、风灾鬼难之域，莫不备写情形，审求根实。至于佛道神化，兴自身毒，而二汉方志，莫有称焉。张骞但著道多暑湿，乘象而战。班勇虽列其奉浮图，不杀伐，而精文善法、导达之功，靡所传达。余闻之后说也，其国则殷乎中土，玉烛和气。灵圣之所降集，贤懿之所挺生，神迹诡怪，则理绝人区，感验明显，则事出天外。而骞、超无闻者，岂其道闭往运，数开叔叶乎？不然，何诬异之甚也！汉自楚英始盛斋戒之祀，桓帝又修华盖之饰。将微义未译，而但神明之邪？详其清心释累之训，空有兼遣之宗，道书之流也。且好仁恶杀，蠲敝崇善，所以贤达君子多爱其法焉。然好大不经，奇谲无已，虽邹衍谈天之辩，庄周蜗角之论，尚未足以概其万一。又精灵起灭，因报相寻。若晓而昧者，故通人多惑焉。盖导俗无方，适物异会，取诸同归，措夫疑说，则大道通矣。

《晋书·秃发传》论

秃发累叶酋豪，擅强边服，控弦玉塞，跃马金山，候满月而窥兵，乘折胶而纵镝，礼容弗被，声教斯阻。乌孤纳苻浑之策，治兵以讨不宾；鹿孤从史暠之言，建学而延胄子。遂能开疆河右，抗衡强国，道由人洪〔弘〕，抑此之渭。傉檀承累捷之锐，藉二昆之资，摧吕氏算无遗策，取姑藏兵不血刃，武略雄图，比踪前烈。既而叨窃重位，盈满易期，穷兵以逞其心，纵慝自贻其弊。地夺于蒙逊，势衄于赫连，覆国丧身，犹为幸也。昔宋殇好战，致灾于华督；楚灵黩武，取杀于乾溪。异代同亡，其于傉檀见之矣。

《北史·源氏传》论

源贺堂堂，非徒武节。观其翼佐文成，廷抑禅让，殆乎社稷之臣。怀干略兼举，出纳驰誉，继迹贤孝，不堕先业。子邕功立夏方，身亡冀野。彪著名齐朝，师、雄官成隋代，美矣。

马政论　明　赵时春

天有天驷，天子有牧仆之职。自轩辕以来，坟典经史不绝书,逮周始详。穆王征西戎,责以不享,在今平凉之域,而八骏皆是物也。孝王命秦非养马,汧渭大蕃息。宣王中兴,比物闲则北至太原,南平荆蛮,大搜郑圃,皆以车马之盛为言。秦乌赢谷量牛马,即乌氏人。而汉文、景时,阡陌成群,六郡良家,驰射是利。马援之边郡,田牧数年,得畜产数万。唐人养马亦于泾渭,近及同、华,置八坊。其地止千二百三十顷,树苜蓿苘麦,用牧奚三千,官寮无几,衣食皮毛是资,不取诸官。盖合牧而散畜之,牧专其事,不杂以耕,而太仆张宜避(按:初刻作"万岁",此因避讳改。)、王毛仲,官职虽尊,身本帝圉,生长北方,贯历牧事。躬驰抚阅,无点集追呼之扰,科索之烦,顺天因地,马畜滋殖。宜避〔万岁〕至七十万六千,毛仲至六十万五千六百有奇。色别为群,号称云锦,地狭不容,增置河西。史赞其盛,图传至今。夫岂有它术哉?法简而专,诚而不二故也。元〔玄〕宗既以嫌诛毛仲,后遂以付安禄山。禄山统北方三道,又使兼掌京西牧马,地既隔越,而职守难专。重以匈胡叛逆覆用,蹂残唐室。其余存者,犹足以资肃宗之中兴。宪宗命张茂宗监牧,茂宗不能远略,乃籍汧、陇民田。人争言其不便,牧事遂废,唐亦丧乱。由此言之,人事得失,马政盛衰,益昭然矣。自宋以来,马藏民间,泾原为边重镇,日不暇给,然颇贸易蕃马,以给战士。金、元悉从民牧,兵兴,随宜取用,官以无事。

皇朝远稽周、唐,大振马政。自大将军得李思齐、李茂之骑，继破王保保，掳马驼杂畜数十万。御史大夫丁玉、凉公蓝玉，四征西番，部族悉服。乃制金牌合符，番人以马充差，朝廷以茶为赉，体统正而名义严，马日蕃庶。始置苑马寺，联以监苑，巡以御史。日久法弛，洪〔弘〕治末年，遣命都御史杨公一清董治之。公振肃纪纲，增置官属，搜括垦田，益市民马，一时观美。然三年二驹，其计利深矣，数年之后，所利不补所费，何哉？岂非官多牧扰，法烦弊生，缙绅衣锦，难御边塞之风霜，而肩舆驺从，点集追呼，非孕字重累之所能堪乎？且牧地十七万七千余顷，养马一万四千余匹，牧军才三千三百余人，田重牧轻；皮肉收银三两有奇，公用银三千余两，责之三千三百余人，物轻输重。每岁各各入贺，监督参谒不绝，迁代岁月繁促，南北习俗异宜，道路往来劳费，牧人之不支如此。州、县地不逾二万顷，为粮、站徭一十余万，轻重之相悬如彼。嘉靖三十七年，平凉通判嘉定陈应详，举籍平、固以北皆为牧地，民村落室庐，皆度为牧，代之养马偿驹，遂号二税。按制，先定州县田税，后以隙地为牧，本自相间，安得齐一？应详务虚名，而民重被病，牧既少获，种马日削，责民市马，吏缘为奸，民不堪命矣！世之君子，其思有以善后哉！今粗举其大端云。

注释：

[1]鹾(cuó)：盐。

[2]呫(chè)哔伊唔：喋喋不休。呫，絮絮叨叨；哔、伊、唔，均语气

词。

[3]瘏(tú)：因劳致病。《诗·周南·卷耳》："我马瘏矣。"孔颖达正义引孙炎曰："瘏，马疲不能进之病也。"

[4]炤(zhāo)：同照，又，同昭。

[5]蓴鲈(chún lú)：为故乡的美食而辞官归里之意，是"蓴羹鲈脍"的省略语。《晋书·张翰传》载，齐王司马冏升为大司马东曹掾，因思念家乡的蓴(水葵，可作羹)羹和鲈鱼脍，便命驾而归。后人常用为辞官归里的典故。

[6]汍(huán)：哭泣流泪的样子。

[7]荄(gāi)：草根。

[8]云、礽(réng)：第九、第八代孙。礽孙亦作"仍孙"。古代从本身下数第八代孙称礽孙(八世包括本身)，又称"耳孙"；礽孙之子为云孙。

[9]懿嫩(yì měi)：美好。懿，美，美德；嫩，使物美善。

[10]謦欬(qǐng kài)：咳嗽。咳声轻者叫謦，重者叫欬。

[11]欿(kǎn)然：愁苦的样子。

[12]扬扢(yāng gǔ)：弘扬。扬，传播、称颂，使其彰显；扢，摩，擦，奋起而舞。

[13]桮棬(bēi juàn)：器名。也作"杯棬"。先用枝条编成杯盘的形状，再涂以漆制成杯盘。

[14]葛藟(gé lěi)：蔓生植物名。葛是多年生的蔓草；藟即藤。一说葛藟即藟的别名，以似葛而得名，属野葡萄之类。

[15]瓜瓞(guā dié)：瓜一代接一代生长，比喻子孙繁盛。瓞，小瓜。

[16]祏(shí)：宗庙中藏神主的石盒。

[17]榱桷(cuī jué)：房屋的木椽。榱，屋椽屋桷的总称；桷，有的椽子。

[18]嚆(hāo)：响箭。发射时声先箭而到，所以用来比喻事物的开端，如言先声。

[19]靦(miǎn)然：惭愧貌。

[20]繴(bì)：一种用于捕鸟的车。

[21]貤(yī)：重复之义。又通“迤”，延展；也通“移”。

[22]襮(bó)：暴露，外表。

[23]摛(chī)华掞(shàn)藻：执笔为文，抒发辞藻。摛，传布，舒展；掞，发舒，铺张。

[24]楩(pián)楠：木名。楩，今黄楩木；楠，楠木。

[25]矉(pín)：同“颦”，皱眉头。《庄子·天运》：“故西施病心而矉其里。”

[26]桴(fú)革：战鼓槌战袍。桴，击鼓的槌；革，战服。

[27]属鞬(zhǔjiān)：佩带箭筒。属，佩带，附着；鞬，箭筒。

[28]徽纆(huímò)：纠绳，绳索。

[29]胔(zì)：肉还没有烂尽的骨殖。郑玄注《礼记·月令》：“骨枯曰骼，肉腐曰胔。”

[30]辛有浩叹于伊川：据《左传》记载，东周初年，大夫辛有来到伊川，见到戎人，发出浩叹说：“不及百年，此其戎乎！”后来秦果然迁来大批戎人。意指提心少数民族迁到内地有后患。

[31]籯(yíng)：竹笼。《汉书·韦贤传》：“遗子黄金满籯，不如一经。”

西宁府新志·卷三十七

艺文志（六）

议

西宁府

屯田议　明　张铼

自古英贤之君，奇智之士，当诸侯割据，华夏分争之代，以师行而粮从。馈运不继，相其临戎广野，使戍卒耕稼其间。耕而有获，以十一二输官，以十八九自赡，由来以为良法意者，屯田是也。赵充国以二羌反叛，广田金城，期年之间，使先零坐毙。曹操以征伐四方，屯田许下，垦荒积谷，无远运之劳。诸葛亮与魏将严拒，乃从容渭滨，分兵屯田，司马懿畏而敛避。邓艾与吴为邻，开河渠溉田，通于江、淮，大为伐吴之资。嗣是历世因之，其法寖备，其利寖溥。于今强敌陆梁，非兵无以御敌，非粮无以养兵。百计集兵，千方足食，而独不及屯田者，何也？我太祖体国经野，屯田遍天下，而西北边最多。开屯之例：军以十分为率，以七分守城，三分屯种。垦田之令：边方闲田，许军民开种，永不起科。限亩输租者，为额内之田；不起科者，为额外之田。然法久弊生，弊久法尽。瘠田荒芜不治，腴田为豪强兼并；为官校侵夺，为巧慧移邱易亩，汩没于田，混乱于籍。征输徒有其名，刍粟不为国用。至于招商开中，责令募兵垦田，保五屯聚，视功力给牒，予盐酬值。初时上下同利，今复为敝商蛊坏，泥而不行。然经界在田中，开列在纸上，非高远难行之事，无幽隐不可究之理。但求忧国敏事之臣，专任责成，待以不次之位，其规画措置，一切听其自为，直以期年为限，使田额如旧，课程如旧，无占种影射包赔如旧。随处有田，随处行师，刍粮如峙。内省帑运，外省民输。有卒徒将领以足兵，有沟洫陇畛以助险，有树艺园林以护耕。转盼之间，变荒碛为丰壤，易流莩而乐康。阜民足国，未有善于此者。昔唐德宗问李泌复府兵之策，以兵食多少，欲减京西戍兵。泌请发左藏积缯，因党项易牛，铸农器，籴麦种，分赐缘边军镇，夏秋耕荒田而种之。沃土久荒，收入必多，戍卒获利，则愿耕者众。既因田致富，则不思归。及戍期将满，下令有愿留者，即以所开田为永业；家人愿来者，本贯给食而遣之。是后收入既腆，耕者愿留，家人愿来，变关中之疲敝为富强。泌之一言，即日行之如彼其速，即年获效如彼其厚，矧在今日大修屯政，简付得人，今年举之，则明年报功，决食其利矣。其他筹边远略，十百千万，无如此事为急要也。

辨

昆仑积石二山辨　明　俞安期

按《后汉书·志·郡国》云："临羌有昆仑山。"班固《汉书·志·地理》其金城郡临羌县下疏云："西北(至塞外)有西王母石室、仙海、盐池，(……西)有弱水、昆仑山祠。"至唐而吐蕃自云昆仑山在其国中。长庆中，刘元鼎使吐蕃，称三山中高四下，曰紫山，古所谓昆仑，亦曰闷摩黎山。潘昂霄《黄河志》云：吐蕃朵甘思东北鄙有雪山，即昆仑。明洪武三年，西平侯沐英，九年，征西将军邓愈追羌人至此山，咸云昆仑。是昉于凉张骏时马岌傅会之言也。马岌为凉酒泉太守，上言酒泉南山即昆仑，周穆王见西王母，谓此山宜立西王母祠，以裨朝廷无疆之福。骏从之，西王母既祠。厥后范晔遂以昆仑载之临羌，而疏班固《地理志》者，亦约晔书张大之。酒泉之南山，非临洮之西北乎？然《禹本纪》云："河出昆仑。昆仑(其)高二千五百余里，日月(所)相避隐为光明也。其上有醴泉、华〔瑶〕池，去嵩高五万里，地之中也。"《龙鱼河图》云：昆仑山，天中柱也。《水经》云："昆仑墟在西北，去嵩高五万里。河水出其东北陬。"《淮南子》云：高万一千里有奇，上有木禾、珠树、沙棠，琅玕在其东，绛树在其南，碧树在其北。佛图《西域志》云：阿耨达大山，其上有大渊水，即昆仑山。康泰《扶南传》云：天竺恒水之源，乃极西北出昆仑山。《穆天子传》云：天子自昆仑山入于宗周，里西土之数，自宗周瀍水[1]以西，至于昆仑侧瑶池上，万有一千一百里。郦道元《水经注》按是数说，参以《山海经》，谓里至互殊，难以详究。盖考之《山海经》而不悟昆仑有海内、大荒之别也。《山海经》之《海内西经》云："海内昆仑之墟，在西北，帝之下都，(昆仑之墟，)方八百里，高万仞，(……)百神之所在。(……)河水出其东北隅，(……)入禹所导积石山。"郭璞注云："言(海内者，明)海外复有昆仑山。"又《山海经》之《大荒西经》云："西海之南，流沙之滨，赤水之后，黑水之前，有大山名曰昆仑之丘。(……)其下有弱水之渊环之，其外有炎火之山。(……)有人，戴胜、虎齿，有豹尾，穴处，名曰西王母。"是有二昆仑焉。盖穆天子所登，《山海经》所谓海内之昆仑。班固《西域传》所载，南北有大山，中央有河，东西六千余里，南北千里。东则接汉厄以玉门、阳关，西则限以葱岭。计其里至，度其所在，是介葱岭、于阗之间矣。葱岭以西为天竺国，又西有大昆仑，是为天柱，是为地中。《山海经》所谓大荒中之昆仑，《西域志》所谓阿耨达大山；《禹本纪》、《水经》所谓去嵩高五万里，《水经》所谓河水出其东北陬，屈从其东南，流入于阗，是其重源也。张骞寻河源至于阗、葱岭，以为河源。而司马迁遂有乌睹昆仑之论，不信夫《禹本纪》《山海经》之载，又言九州山川，《尚书》近之。独不睹《尚书》亦有织皮、昆仑、析支、渠搜之纪乎？又《水经》载：河水由葱岭径西域十三国而注泑泽。班固《西域传》云：河有葱岭、于阗两源，合而东注蒲昌海，一名盐泽，即泑泽也。去玉门、阳关三百余里，广袤三百里。其水冬夏不增减，潜行地下，南出积石山，为中国河。范晔云：西域内属诸国，自玉门、阳关西至葱岭六千余里。其纪河源同。夫汉自敦煌西至盐泽，列起亭障，戊己校尉屯于车师，都护之府置于乌垒，介西域之中，督察动静。是葱岭、于阗之流入于蒲昌，汉之官卒目所经见。班固记之，谅非绵邈计度之辞。《水经》所载十三国，郦道元亦引固书入证，往往吻合，是非诞妄。至云盐泽之水，洄湍电转为隐沦之脉，当其环流，飞禽上经无不坠之，是即河水所潜出于积石，亦岂臆造？由汉以来彰彰较著。嗣后唐咸亨元年，薛仁贵征吐蕃，败绩大非山〔川〕。二年，乃以河关静边镇置积石军。久之，遂讹河关两山夹峙河出其间者为《禹贡》所导之积石，矧又辅以马岌西王母之祠、范叶〔晔〕临羌之纪，昆仑既在河关之上，益为积石明证矣。《水经》云：河水南至积石山，下有石门，河水冒以西南流。郦道元谓之重源。东方朔《十洲记》云：昆仑南接昆仑圃，实昆仑之支辅。与《水经》南至积石山之文合。《山海经》云："积石之山，其下有石门，河水冒以西南流。(是山也，)万物无不有。"郭璞注云：山在金城河关县西南羌中。《后汉书》云：段颎为护羌校尉，追烧当羌"北〔且〕斗且行，(昼夜相攻,)割肉餐〔食〕雪,四十余日,遂至河首积石山,出塞二千余里。”隋置河源郡积石镇,命刘权镇之,统远化、赤水二县。在古赤水城。又在曼头城西,宇文述追破吐谷浑处,所谓“得地东西四千里,南北二千里,置郡县镇戍,徙天下轻罪居之”者也。注云:有积石山,河水所出。又有乌海。贞观中,诏李靖、侯君集等西征吐谷浑,军次乡州,始议所向。后战于曼都山,穷追出塞,登汉哭山,复战于乌海,破天柱部于赤海。君集、道宗行空荒之地二千里,乃次星宿川,达柏海上,望积石山,观河源。自是以上,曷尝言积石在河关也?唐置军而更名积石,借其嘉称,犹之征吐谷浑,近在青海,而以君集等为积石道、鄯善道、赤水道、且末道、盐泽道也,岂实隶其地耶?置河源军于鄯城县,又非河源郡之故地,盖可证也。逮至开元中,张守节作《史记正义》云:“河州有小积石山,(……然)河源(从西南下,)出大昆仑(东北隅),……入盐泽,(即)东南潜行入吐谷浑界大积石山,又东北流至小积石山。”指河源所出者为大昆仑,似以临羌山为小昆仑矣。又以河源关为小积石,吐谷浑界者为大积石,其名迹未尽混也。肃、代之季,吐蕃据有河湟,中外隔越,既易五朝历数十年,邈无经载。长庆中,刘元鼎使吐蕃,胡怪乎以关为积石、紫山为昆仑、以积石冒出之流星宿川为河源也。而杜佑之《通典》、欧阳元之《潢记》、马端临之《通考》,以至邓展、都实、潘昂霄辈,不悟置军名所由起,寖假相延,遂坚执元鼎之说，极诋《山海》、《水经》以及班固、郭璞、郦道元之俦。呜呼！曲士拘儒，经见不广，及于知识未逮者，辄为荒唐。诚谚所谓“少所见，多所怪”，妄鼓笔札，而令前人之(说)与古迹受诬千载，直如长夜。至于昂霄之志，一行奉为指南，而本朝按河关者，建立禹庙，祀在有司，积石之讹，益莫可辨。昆仑之墟，终古下移，深可慨惜矣！

客有难予者曰：《尚书》昆仑、析支差次叙之，所在相去似不应遥。《后汉书》称金城之西南，滨于析支，则临羌之有昆仑，独不可以理推之，而乃信不可知之载牒，以置辨乎？余曰：不然。《水经》云：河自朔方东转径渠搜北。盖渠搜在今榆林北。析支、渠搜亦差次叙之，相去大远。又析支即河曲羌所居，盖都实所称九渡水是已。又称：由九渡至昆仑，行二十六日程，河始行昆仑南。经叙昆仑在析支之上，又岂应山在析支下哉？蒲昌之水潜出积石，既有经证于汉，而昆仑流入葱岭，独无是理乎？矧《尚书》亦称道：沇水东流为济，……溢为荥，东出于陶邱。(北)沇水亦既潜而复见，《尚书》亦诡诞矣？余赋黄河，悉陈群籍，究其原委，会通其故，乃备列之，以发千百年之覆云。

对

极言无讳对 晋南凉 史暠

古之王者行师，以全军为上，破国次之。拯溺救焚，东征西怨。今不以绥宁为先，惟以徙户为务，安土重迁，故有离叛。所以斩将克城，土不加广。今取士拔才，必先弓马，文章学艺，为无用之条，非所以求远人，垂不朽也。孔子曰：“不学礼，无以立。”宜建学校，开庠序，选耆德硕儒，以训胄子。

考

皇　清

西宁府文庙乐舞源流考 杨应琚 西宁佥事

粤稽往昔，自古帝王未有不以礼乐化成天下者。尧命夔教胄子，有“诗言志，歌永言，声依永，律和声”之四言，遂为万世声乐之祖。《乐记》云：“诗言其志也，歌永其声，舞动其容也。”盖咏歌之不足，则不知手舞足蹈而动其容，故有声，斯有容焉。文王世子云：“凡教世子及学士必时，春夏教干戈，秋冬教羽籥，皆于东序。”《内则》云：“（凡生子）十有三年，学乐诵诗舞勺。成童舞象。”诚以声容之度，揖让之仪，动止之数，少而习之，长而弗怠，心安志固，从日迁善，而不自知。此先王礼乐教人之法也。汉唐(以)来，释奠始用登歌，舞用六佾[2]。汉初乐舞，卑者之子不得预，预者皆二千石之子，下则大夫之适子。取高五尺以上，年十三至二十，颜色和，身体修，治者为舞人。虽与周制少异，犹古用国子之意也。

明洪武初，择国子监肄业诸生之端谨者，与文职大臣子弟之在学校者，习乐舞，亦得古人遗意。国朝以学校诸生专志诗书，恐未兼习。则选凡民之俊秀者，充乐舞，于学院童子试，免州县试，从儒学申送院试，用昭鼓舞，诚圣朝之盛典也。惟是文庙乐舞，祀典最重。应选者皆读书子弟，收录练习，以供祀事。凡遇春秋祭期，于演乐前五日，各备公服，赴学练习。至所有声容度数，诚恐乐舞诸生一时未能深悉。余承乏西平监司，谨列十二则，刊示胶庠，庶源流端委，各知所遵守于无替云。

一、《大成乐》为宋方士魏汉津所制。明洪武六年，冷谦更定乐舞，乐章犹宋之旧，而乐音非宋之乐音矣。盖以律吕考之，谦所制者为太族之羽，中吕调也。汉津所制，为南吕之角，大吕变调也。大抵乐律、乐章，本为二道。宋自政和以降，乐章屡易，而乐律皆仍汉津之旧。至冷谦定乐，则乐章无改，而音律非宋、元之旧。我朝圣德日新，世宗宪皇帝更定咸平诸乐章，今上皇帝特立乐部，考订精详，裔裔皇皇，益昭圣代文明之治矣。

一、舞有六佾，歌生例用六人。其音节必得优柔平中之意，乃为善歌。按《乐记》云："上如抗，下如队，曲如折，止如槁木。倨中矩，句中钩，累累端如贯珠。"此歌法之至精也。抗，举也，如手举物，虽高而不离手，不至太高也。队，如物之堕，随其浅深而去，且无留滞也。曲者，转声也，如折枝然，必须转得轻款分明也。止，声之定也，欲如枯木嵯峨，不摇飏也。倨，歌之转折。中矩，欲其方也。句，歌声周转。中钩，欲其圆也。其永言，抑扬节奏如此。故善歌者，当使声中无字，字中有声，方尽永言之妙。若声无抑扬，谓之念曲；声无含蕴，谓之叫曲。皆不足以语此。

一、先王之乐，本以庄敬之心，出以自然之声，清而不哀，高而不激，飒飒乎其和也，泠泠乎其远也。使闻之者秽心涤而躁心平，肃然不敢溢于范，而旷然欲与天地神明游。是故在庙朝闻之君臣，莫不和敬；在闺门闻之，父子莫不和亲；在族党闻之，长幼莫不和顺。庄子曰："内以示情，外以示和。"旨哉！斯言，可为万世法矣！

一、古人有云："丝不如竹，竹不如肉。"盖丝声纤微，失之则细；竹声清越，失之则高。惟人秉中和之气，而有中和之德，八音律吕，自当以人声为度。故音有未谐，但当迁丝竹以就人声，不可屈人声以徇丝竹。

一、郑樵曰："乐以声为本，诗以声为用，八音六律为之羽翼耳。诗三百篇用以歌，非用以说义也。自训诂之说日胜，而声歌之乐日微。殊不知乐为声也，不为义也。有声斯有义，与其达义不达声，无宁达声不达义。

一、宫、商、角、征、羽谓之五音。五音也者，天地自然之声也。在天为五星之精，在地为五行之气，在人为五脏之声。凡出于脾，合口而吞之，谓之宫；出于肺，开口而吐之，谓之商；出于肝，而张口涌吻，谓之角；出于心，而齿合吻开谓之征；出于肾，而齿开吻聚谓之羽。此人生之宫、商、角、征、羽也。宋时张横渠先生又以喉、齿、牙、舌、唇，调宫、商、角、征、羽，谓转声而不变字为善歌。管子曰："凡听征，如负猪，豕觉而骇；凡听羽，如鸣马在野；凡听宫，如牛鸣窌[3]中；凡听商，如离群羊；凡听角，如雉登木，以鸣音疾以清。"此审音而知其为宫、商、角、征、羽也。持此说以审音，虽未能尽知其理，亦可以渐达乎五音矣。

一、舞者，所以节八音而行八风。故自八以降，天子用八，诸侯用六，大夫用四，士二。按刘宋太常博士傅崇议曰："杜预注《左传·佾舞》云：'诸侯六六三十六人。'窃以为非也。夫舞者，所以节八音者也。八音克谐，然后成乐。故乐必以八人为列。自天子至士，降杀以两两者是，减其二列耳。杜以为例减二人，至士止余四人，岂复成乐？按服虔注《左传》云："天子八八，诸侯六八，大夫四八，士二八。"其议甚允。《春秋》："郑伯纳晋悼公女，乐二人，晋以一人赐魏绛。”如议者曰，惟天子用八，当日郑伯应纳二六，晋应赐绛一六矣，则每列自宜以八人为准。故本朝乐舞定例：辟雍八八六十四人，頖宫六八四十八人。后虽更定三十六人，然《礼乐志》考据详明，今且存其说，以俟高明商订。

一、古人之舞，文以象德，武以象功。武舞用朱干玉戚，其容发扬蹈厉；文舞则夏翟苇籥，其容谦恭揖逊。文庙之祭，崇尚文德，故专用文舞。

一、文舞左手执籥，右手秉翟。籥本箫管之属，声音之本，寓于是，故用。籥声由阳来，故执籥在左。翟者，雉羽也。雉性耿介，而文彩外见，类于士德，故用翟。右手秉翟者，以容自阴作，故秉翟于右焉。

一、文庙舞图，考旧志，本宋哲宗元祐四年大乐正叶防所造，相沿至今已六百五十年。元、明以来未尝改易。本朝亦因之而不变。

一、舞列六六三十六人，分列东、西两阶。东、西阶舞容，其容各异。如东阶舞生面西，则西阶舞生面东；东阶舞生面东，则西阶舞生面西。又如东阶者左手左足舞蹈，则西阶都右手右足舞蹈。其背、向、疾、徐、俯、缀、兆亦皆成偶。但左执籥，右秉翟，此阴阳定位，不可改易。惟身之舞容，左右互异耳。按《阙里志》止载东阶一图，今会其意，按图练习可也。

一、《尔雅》曰：“和乐谓之节。”乐之声，有鼓以节之；舞之容,有节以节之。放舞时舞生之外,又有执节二人。舞者就列时,双节前引,合列缀兆,则执节者分列于东、西两阶舞生之前,以节其舞。舞时执持,舞止则植之于架。

铭

昆仑铜柱铭 晋 张华

昆仑铜柱,其大如天。员周如削,肤体美焉!

昆仑大鸟铭 张华

有鸟希有,绿赤煌煌,不鸣不食。东覆东王公,西覆西王母。王母欲东,登之自通。阴阳相须,唯会益工。

请封祁连山铭 明 刘敏宽 兵备副使

明王有道,不勤远略,守在四夷。蠢兹丑(蛮),整居荒落,易属羁縻。戎心叵测,左窥右盼,窃发西陲。长蛇封豕,凭陵上国,盱盱睢睢[4]。帝赫斯怒,乃申九伐,乃整六师。爰命西帅,畀兹日羽,歼此月支。桓桓田公,为苴而正,为单而奇。皇皇简书,授以节钺,假以便宜。恶稔青酋,亟须翦灭,而后朝食。兵不留行,出车六月,盛夏赫曦。丑蛮分摧,颠崖湮谷,如鲸如鲵。亦粤戊子,永酋遘逆,天讨久稽。公令元戎,敌王所忾,京观其尸。殄厥渠魁,并其群丑,靡有孑遗。公策二酋,难心不戢,毋令遽髯[5]。躬率一军,协连诸校,是肆三犁。火烈既扬,公亲逐北,介马而驰。若雷斯轰,若彗是扫,若电斯飞。腥延红崖,膏浑青海,血赭燕脂。伐鼓吹铙,释冰反旆,薄言旋归。露布献功,稽首再让,臣何敢居?惟帝曰咨,师武臣力,厉其庶而。何锡予之?彤弓旅[6]矢,麟趾犀毗。载命太常,其以勋伐,勒彼鼎彝。砺山带河,爰及苗裔,天禄永绥。微臣扬扢[7],丰碑高峙,亿万年斯。

皇　清

道署闲敞轩铭并序　杨应琚　西宁佥事

署西偏隙地轩爽,余引流种树,建屋三楹,以骋怀也。方伯徐公谓余曰:"唐处士孟浩然有'开轩卧闲敞'之句,此间近之。"因以颜额。公余偃仰,吏乎有处士之娱矣。叠为三铭曰:

忙则不闲,狭则不敞。笔摇花落,吏拥雪响。

山节藻棁[8],此何为者?小桥流水,身疑在野。

种树成林,山鸟乱啼。风雨如晦,七圣犹迷。

颂

赵充国颂　汉　扬雄

明灵惟宣,戎有先零,先零昌狂,侵汉西疆。汉命虎臣,惟后将军。整我六师,是讨是震。既临其域,谕以威德。有守矜功,谓之弗克。谓奋其旅,于罕之羌,天子命我,从之鲜阳。营平守节,屡奏封章,料敌致胜,威谋靡亢。遂克西戎,还师于京。鬼方宾服，罔有不庭。昔周之宣，有方有虎，诗人歌功，乃列于《雅》。在汉中兴，充国作武，赳赳桓桓，亦绍厥后。

赞

《晋书》秃发赞

秃发弟兄，擅雄群夷，开疆河外，清氛西土。傉檀杰出，腾驾时英，穷兵黩武，丧国颓声。

《(新)唐书》吐蕃赞

唐兴，四夷有弗率者，皆利兵移之。蹶其牙、犁其庭而后已。惟吐蕃、回鹘号强雄，为中国患最久。赞普遂尽盗河湟，薄王畿为东境，犯京师，掠近辅，残馘华人。谋天〔夫〕虓[9]帅，圜视共计，卒不得要领。晚节二姓自亡，而唐亦衰焉。夫外抚内宁，惟圣人不让。元〔玄〕宗有懿德，而拓地太大，务远功，忽近虞，逆贼一奋，中原分裂，讫二百年不得复完，而至陵夷。然则内先自治，释四夷为外惧，守成之良资也。

皇　清

稚松赞并序　杨应琚　西宁佥事

余再莅湟中，自东郊僧院移稚松一株，植于道署闲敞轩之前，今已十年矣。仅高三尺，培养之不遗余力。或曰："此松长成，君去官久矣。"余曰："种树而望成材，自获其

益,此后人之见也。余则不然。”乃为赞曰:

剑拔三尺,而有千寻之势。余爱其岁寒之心,非利其有栋梁之致。培而养之,将成国器。弃而置之,恐与蓬蒿无异。

学约

皇清

塞外大通卫三川书院学约 杨应琚 西宁佥事

古者党庠之设,所以教养人材,俾之德修学殖,以备国家器使。隶其地者,必各敦黾勉,共就甄陶,方能三年小成,七年大成,文行卓卓,著为人望。尔大通卫地居塞外,人杂番戎,自雍正三年始设义学,已历一十三载。迄今学不加进,业不加修,良由尔父兄狃于姑息,子弟乐于怠荒,故卒无成效。今于乾隆元年冬另建书院,敦延名师,俾昼夜维勤,寒暑无间,以仰副圣天子兴贤育才之至意。比岁以来,闻诸生读书,渐有进益,已详请制府兼中丞阳湖刘公题准,该卫每科岁考取文武生员三名,暂附府学,可谓千载一时。若作辍不常,去来无定,将何以应试?又将何以立身?自兹以往,不得不严立规条,稽考文行。尔诸生各宜尚志,以慰余望。

一、大通僻处荒徼,地瘠民贫,凡编氓子弟,自宜戮力耕耘,为俯仰之藉。然皆事田畴,不知礼义,逸居无教,愚野堪忧。今定一家三子，择俊秀者一人入学肄业。或止生一子，气秉孱弱，力不能任稼穑者，尤宜读书勤学，奋志青云。

一、子弟入书院肄业，及在义学读书者，须遵《朱子白鹿洞规》、《〔朱子〕论定程董学则》及《分年读书法》，今各录一册，揭之楣间，庶触目警心，感发兴起。

一、书院肄业诸童，欲知行文，宜谋篇法，单题首应专攻。次如上下、偏全、长短、理致、故典及全章大节各题式，不可枚举。总之，俱宜择先正传文，熟读数百篇，以为矩矱[10]。庶极情尽致，下笔时不至茫无畔岸。尤贵明理养性，为世通儒。

一、诸生须立志宏远，不可以读书为取利禄而已也。朱子曰：而今贪利禄而不贪道义，要作贵人而不要作好人，皆是志不立之病。又云：非是科举累人，人累科举。若高见远识之上，读圣贤之书，据吾所见，为文以应之，得失置之度外，虽日日应举，亦不累也。所言最为谆切。学者必勘破此关，读书乃有进步。

一、子弟五岁以上，即令向义学念书。《四书》本经须令与小注同读。经书读毕，仍讲明小学，然后送书院肄业。

一、大通卫新疆甫辟，文运初开，师儒秉铎，尚无专席。该卫抚治斯邦，父母师保，是其兼责。应于月终请院长各童所读何文，所讲何书，条列各童名下，每遇朔望日，赴该卫衙门，听令背诵宣讲。如讲诵无讹者，该卫赏给纸笔，以鼓勇往；不能讲诵者，责以示惩，不得姑恕。

一、凡在书院及在义学者，如家中果有大事，须父兄据实诉明，师长方准给假；倘托故逃学者，师长移送该卫，即征〔惩〕父兄以姑容之过。

一、师严道尊，子弟负笈从游，学业固资教诲，即饮食语言，皆为诸生之观法，令之朝夕薰染，渐归纯正。今将朱子《童蒙须知》抄发一册，以为矜式。先生既拥皋比，谅有婆心。顾名思义，尤所厚望。

一、每遇朔望，随师长礼拜先师毕，即首向师长行礼，次向学长行礼，然后各人相与对揖。严朔望之仪，谨晨昏之令。如此教以事父事兄，则长幼尊卑秩然有序，庶礼让之风可成。

学　示

皇　清

示宁郡诸生　杨应琚　西宁佥事

窃以会文讲学，固宜淬砺其英华；而养材育能，先当造就其器识。本道初莅、再任十有三年，开馆延师，难更仆数；殚心分俸，敢云培植士风。日就月将，惟望敦崇实学。乃屡举宾兴之典，究未闻《鹿鸣》之歌，窃有愧心。载申前志，凡宁属诸生，务模范圣贤之法则，毋破矩而削规；屏除世俗之轻浮，须履仁而由义。莫视公府为捷径，致贻笑于猴冠；毋借儒服为护符，使兴嗟于虎翼。须达诗书之精义，以明忠孝之大端。闭户潜修，同人砥砺。笃敬于君亲师友，大节无亏；著信于家族里闬[1]，闲言尽释。立身克己，先德行而后文章；志道穷源，黜浮词而探理窟。晨窗伏案，午夜篝灯，《四书》之精奥既明，《五经》之至理宜析。士子之明一经，犹民人之专一业；业专则技巧，经明则学醇。顾深于《易》者，洁静精微而不杂；深于《书》者，疏通知远而不诬；深于《诗》者，温柔敦厚而不愚；深于《礼》者，恭俭齐庄而不怠；深于《春秋》者，属辞比事而不乱。更欲法有准绳，宗濂、洛、关、闽之精义；论无枝叶，熟左、国、史、汉之雄文。蕴于心而发于言，存诸内而形诸外。品高者识卓，学富者理纯。立局自先审题，扼要在于取势。材由经史，讵比空疏；体本成洪〔弘〕，目无滋蔓。何必夸张流洒，矜风云月露之篇；切莫隐僻新奇，炫牛鬼蛇神之异。修词莫如尚意，求稳不须好高，固运用之无方，亦神明之独得。至于诗赋一途，淹雅不废；况馆阁命题，辄先声韵。平时不为研究居稽，他日何以对扬殿陛？夫诗歌创于汉魏，律体始自初唐。代有名家，清新俊逸，各擅所长。然诗以言志，惟心意和平，性情中正，亦各抒其所得而已。赋有古赋、律赋之别，今之应制，惟用律赋。起自六朝，盛行唐代。限以声韵而尚以骈俪，对宜精工而机宜流动。果使金声掷地，纸价争昂，固翰苑之先资，亦文人之乐事。总之修省于暗室屋漏之际，指示其严；切磋于一堂晤对之余，直谅无隐。日新时习，期去伪以存诚；身体力行，务先本而后末。见真儒于此日，卜硕辅于他年。匪独献替大廷，展理学为匡济；抑且表仪乡国，挽浇薄为淳良。况今府县广文，皆经明学博，立有月课，务宜遵行。诸生勉之！本道卧病搦管，一片苦心，毋付充耳。

题　　跋

皇　清

题东鲁许仲玉先生西平出塞图　杨应琚　西宁佥事

恬淡之士，志在林壑；慷慨之士，志在疆场。矫矫先生，须眉怒张，腰横一剑，秋水深藏，磨之十年，未试锋芒。岁在辛丑，西戎跳梁，家严从军，挽运刍粮。先生慷慨，仗剑匡襄。西峡关外，六月飞霜；大漠草枯，连山水竭；人马相依，重裘似铁。先生散人，夫何至此？历尽崎岖，以报知己。今几何时？六载于是。家严蒙恩，开府百粤。先生来游，揖为上客，追忆畴昔，爰绘此图。戴笠披毡，雨雪载途。鸿鹄之志，志在远举；瘴海层冰，不知其苦。

书孟忠毅公奏议后　杨应琚

余总角时，闻吾乡孟少保督三秦有大功。稍长，耳益熟。迨历任内外，于役两河，见公生祠遍山谷，始备闻李贼残虐，根株窜伏，随斩随蔓，而逆回因之扰害，犯我五州，晋中又复乱作。公于时勿亟勿迟,决败算成效于俄顷,以镇定走贺珍,以宽容平戎守龙之乱,以正兵复固原,以奇兵得龙安,以胜兵解蒲解。声生势长,然后积粟砺兵,出入耕守。用忠厚正直,得吏民心,以为规取全蜀之策,而公疾作矣。因思慨慕其人,宜得其著述。湟中宦家仅有奏议抄本,得之,留月余,朝夕讽咏。计公督秦凡十年,其章疏卓然可传者数十百事。要之,以得人材为主,以安反侧为先,以乘机应会为奇,以恤民节饷为本。奋厉感发,奏恳至再至三,忠诚之心流于楮墨,故其事上无疑行,其御下无烦言。使公天假以年,永绥秦土,则凡夫销萌杜衅,当必有先事而预计者,何至如向者,泾原、汉川之间,势成沸羹,历久而后定,诚如大学士徐公元文所云。然赖庙胜之略,群叛授首。尚有公麾下简拔之将,如张侯勇、赵将军良栋、王将军进宝诸公,国家复得其力于十数年之后。进贤如公,虽没犹未亡也。夫我朝定鼎之初,人材林立。当是时,战胜攻取,海内响平。肩封疆主任者,皆必有非常之材,相与弥纶于其间;而求其忠毅完名,受历朝褒誉如公者,未可一二数也。谨书数语于后,而归其书本人。雍正十二年七月四日。

敬书臣亡大父入西宁名宦祠疏后 杨应琚

黄帝时四监,唐虞四岳、十二牧,三代方伯连帅,是皆后世监司之任。汉、唐以来,官无常制。至明,分天下为十三省,设布政、参政、参议,后遣大臣以巡抚,遂为定制。我朝因之。然为监牧，而能踵父祖尝所居位，自昔衣冠以为盛事。唐李文饶《献替记》称：“开成二年，自浙西观察授淮西节度。国朝二百年，未尝有自润迁扬者，况两地皆是旧封，倍怀荣感。”盖其父亦并领扬、润故也。宋欧阳叔弼知蔡州，其父文忠之旧治也。其《谢宰执启》曰：“惟近辅之名邦，实先人之往迹。高城不改，自疑华表之归；老吏几希，尚守朱门之旧。追怀今曩，倍剧悲欢。”靖康中翟公选自翰苑出守，亦其父思之旧治也。其谢表曰：“惟昔先臣再临东粤，岂期暮齿，乃踵前修。朱邑世祠，犹有蒸尝之奉；石侯家法，自怜孝谨之衰。敢不慰问耆年，览观谣俗？”先中丞昔为东郡太守，为先曾祖旧任。相距三十年，先曾祖母尚得迎养于署。蒙圣祖仁皇帝有“祖孙一堂”之褒。嗣为大梁方伯，为先叔祖中丞公旧任。后迁粤东中丞，系先大父旧治，相距仅二载耳。而先大父犹为两湖总制，迨先大父及先中丞捐馆舍，士民共请入祠，蒙恩俞允。先君随臣亡大父同入名宦，是不特父子同位，臣亡父历任，乃系祖孙叔侄，后先辉映。且同为名宦，昭穆一堂，受民尸祝，尤为衣冠中所仅见者。余小子自河东调补湟中监司，又系先大父旧治。适逢题请入祠，而先大父神主又系余小子亲身捧入，观者如墙堵，老民至有泣下者，是又一奇也。然则余家甘棠可荫子孙矣！要之，此皆食先人之旧德，荷列圣之殊恩，当念遗爱之厚，无忘教忠之余，世世子孙，可不慎哉！可不慎哉！

注释：

[1]瀍(chán)水：即瀍河，出河南洛阳市西北谷城山，南流入于洛水。

[2]六佾(yì)：六行。佾，古代乐舞的行列。《左传·隐公六年》："天子用八，诸侯用六，大夫四，士二。"天子八佾，纵横都是八人，共六十四人。清制，各省、府、州、县在孔庙祭祀时用六佾，即由三十六名童生担任乐舞人员，共六行，每行六人，另有四名候补。

[3]窌(jiào)：地窖。

[4]盱(xū)盱睢(suī)睢：张目仰视。又作睢盱。盱，张目；睢，仰视貌。

[5]遽髵(jù ér)：遂其所欲。又作鬃(pī)髵(猛兽鬃毛竖起貌)。遽，急，窘急，遂；髵，本作"而"，颊毛。

[6]旅(lú)：黑色。

[7]扬扢(yán gxì)：称颂威武。扬，传播，称颂；扢，威武、喜悦的样子。

[8]藻棁(zǎo zhuǒ)：画有藻文的短柱。藻，文采，修饰；棁，梁上短柱。

[9]虓(xiāo)：通枭，勇猛的样子。

[10]矩矱(jǔ huò)：规矩、法度。矩，曲尺，法度；矱，又读yuē，尺度。

[11]里闬(hàn)：邻里。闬，巷行。

西宁府新志·卷三十八

艺文志（七）

杂　记

西宁府

秃发乌孤能用人

南凉乌孤称武威王，徙于乐都，以金石生、时连珍，四夷之诸豪隽；阴训、郭幸，西州之德望；杨统、杨贞、卫殷、麹丞明、郭黄、郭奋，史暠、鹿嵩，文武之秀杰；梁昶、韩匹、张昶、郭韶，中州之才令；金树、薛翘、赵振、王忠、赵晁、苏霸，秦、雍之世门，皆内居显位，外宰郡县，官方授才，咸得其所。

秃发麹梁明不辱命

南凉秃发利鹿（孤）嗣伪位，徙居于西平，使记室监麹梁明聘于段业。业曰："贵主先王创业启运，功高先世，宜为国之太祖，有子何以不立？"梁明曰："有子羌奴，先王之命也。"业曰："昔成王弱龄，周、召作宰；汉昭八岁，金、霍夹辅。虽嗣子冲幼，而二叔休明，左提右挈，不亦可乎？”明曰：“宋宣能以国让，《春秋》美之；孙伯符委事仲谋，终开有吴之业。且兄终弟及，殷汤之制也，亦圣人之格言，高代之通式，何必系〔胤〕己为是，绍兄为非？”业曰：“美哉！使乎之义也。”

西秦乞伏氏所自出

按《晋书》，在昔有如弗斯出连、叱、卢三部，自漠北南出大阴山，遇一巨虫于路，状若神龟，大如陵阜，乃杀马而祭之。祝曰：“若善神也，便开路；恶神也，遂塞不通。”俄而不见，乃有一小儿在焉。时又有乞伏部老父，欣然自以有所依凭，字之曰“纥于”。“纥于”者，夏言依倚也。年十岁，骁勇善骑射，弯弓五百斤。四部服其雄武，推为统主，号之曰乞伏可汗托铎莫何。“托铎”者，言非神非人之称也。其后有祐邻者，即国仁五世祖。袭乐都、降傉檀之炽磐，即国仁从子也。

厮啰计破元昊

厮啰集兵杀逋哥〔奇〕，徙居青唐。宋景祐中，以厮啰为保顺节度观察留后，岁以奉钱令秦州就赐。元昊侵掠其界，兵临河湟，厮啰知众寡不敌，壁鄯州不出。阴间元昊，颇得其虚实。元昊已渡河，插帜志其浅，厮啰潜使人移植深处，以误元昊。及大战，元昊溃而归，士视帜渡，溺死十八九，所卤获甚众。自是数以奇计破元昊，遂不敢窥其境。

唃厮啰风俗

怀恩惠,重财货,无正朔。市易用五谷、乳香、硇砂、罽[1]毯、马牛以代钱帛。贵虎豹皮,用缘饰衣裘。妇人衣锦服绯紫青绿。尊释氏,不知医药,疾病召巫觋视之,焚柴声谓之逐鬼。信咒诅,或以决事,讼有疑,使诅之。讼者上辞牍,籍之以帛,事重则以锦。亦有鞭笞、杻械诸狱具。人喜啖生物,无蔬、茹、醯[2]、酱,独知用盐为滋味,而嗜酒及茶。居板屋,富姓以毡为幕,多并水〔木〕为秋千戏。贡献谓之"般次"。自言不敢有贰,则曰心白向汉云。

元帝师八思巴

按《元史》,自其祖朵栗赤以其法佐国主,霸西海者十余世。八思巴生七岁,诵经数十万言,能约通其大义,国人号之"圣童",故名八思巴。少长,学富五明,故又称曰"班弥怛"。岁癸丑,年十有五,谒元世祖于潜邸。与语,大悦,日见亲礼。中统元年,世祖即位,尊为国师,授以玉印。命制蒙古新字。字成,上之。其字仅千余,其母凡四十有一,其相关纽而成字者,则有韵关之法;其以二合、三合、四合而成字者,则有语韵之法。而大要则以谐声为宗也。至元六年,诏行于天下。

喇嘛胆巴幻异

按《元史》:巴,西番突甘斯旦麻人。幼从西天竺古达麻失利传习梵秘,得其法要。中统间,帝师八思巴荐之。时怀孟大旱，世祖命祷之，立雨。又尝咒食投龙湫，顷之，奇花异果上尊，涌出波面，取以上进，世祖大悦。至元末，以不容于时相桑哥，力请西归。既复召还，谪之潮州。时枢密副使月的迷失镇潮而妻得疾，胆巴以所持数珠加其身，即愈。又尝为月的迷失言异梦，及己还朝，期后皆验。元贞间，海都犯西番界，成宗命祷于摩诃葛剌神，已而，捷书果至。又为成宗祷疾，遄愈，赐与甚厚，且诏分御前校尉十人为之导从。成宗北巡，命胆巴以象舆前导，过云州，语诸弟子曰："此地有灵怪，恐惊乘舆，当密持神咒以压之。"未几风雨大至，众咸震惧，惟幄殿无虞。复赐碧钿杯一。大德七年夏卒。皇庆间追号"大觉普惠广照无上帝师"。

义仆李未苟

明西宁千户李淳家丁有李未苟者，胆勇过人，才技尤绝。善长矛，掷索能于五十步外缚人马，故临戎能以少胜多，夷〔虏〕多望旗畏避。淳善相马，正德七年壬申闰五月丙午，夷〔虏〕犯西川。初五日，都指挥汪淮以五千兵御之。甫渡河，夷〔虏〕尽集出掠者，负旱坪山，结阵以拒。一黑面金环酋，骑白马，横长矛，呼吼驰骤，数逼官军，势甚武，一军色动。淳见之，谓家丁未苟曰："贼所乘良骥也，若持索俟近河灌木南。"淳挟一矢驰诱之，酋遂淳灌木，回射中酋喉，未苟掷索获其马。淳乘之，喜曰："报效之资也。"后淳剿番遇害，未苟亦从死焉。

祝囊台吉喜秀才

祝囊内兄麦力干,世牧青海。其少主憨顿避逃于坤都鲁,祝囊时时相过从。循长城,绕祁连。若路迂,间越边,过则掠,且杀戮。有一二诸生持羊酒劳之,喜曰:“所过不见有若此,此何如人?”左右曰:“读书秀才。”祝囊曰:“秀才知礼。天下者,天下之天下,非一人之天下。”诸生曰:“惟有德者居之。”曰:“何为有德者?”曰:“不杀,不焚,不掳掠。”祝囊捧腹大笑曰:“如是耶?”策马去,戒帐下曰:“不得更逾边犯一草木。”过憨顿曰:“学佛经不如学汉人书,近边有秀才可请为师傅。”憨顿从之。于是近边诸部,多厚币延老学究,讲四子、五经。

无素奈尔定合首气扶幼主

憨顿,西域人。嘎尔旦杀其父,其祖绰库兔吴把什走死。憨顿年幼,方骑羊射鸟,闻之仓皇,无所往。其祖部落曰无素奈尔定合首气奔还,抱之大哭曰:“故主骨肉尚在,足矣!”收散亡百十人,择善马,抱以东奔西宁。金山兵追之,背负矢如猬,易四马始脱。从者止五骑。至坤都鲁,遇祝囊,以少主托,乃驰而西,号召旧部,得数百人,牛、羊、马、骡、驴、驼称是。载妇人绕道抵坤都鲁。坤都鲁故沃野,乃劝部落勤牧射。憨顿既长,与绰力兔合首气女为婚,诸部始重憨顿,别部落日益归之云。无素奈尔定合首气内奉幼主,外整部落,数年众十倍于初时。年未老,发髯无一茎黑者。有子二：长曰滚卜插罕，次曰滚卜力〔刀〕尔吉。

海夷永邵卜暨卜儿孩遗孽

黑〔墨〕尔根黄台吉一手反挛，谓之乩手子，永邵卜之孙也。兄弟四人，长墨尔根，次绰库兔，次滚卜插汉，次劳藏墨尔根，部落三百余骑，由青海畜牧于祁连山阴，与甘州红崖相接攘。劳藏掠红崖，杀游击，欲进取高台，曰："吾欲乘势收河西地。"墨尔根持不可，曰："失人心，开边衅，为大丈夫所笑。"悉驱劳藏所部出塞去。

怀阿尔赖，乃达兰太之子也。世牧青海上。初卜儿孩称汗，既死，部落分稍弱，达兰太复盛。已而卜儿孩嫡孙盛，达兰太且死，怀阿尔赖与其弟滚卜、弟刀尔吉无分地，视卜儿孩子孙为最贫。及洪水开市，兄弟独色喜，驱马数千，移穹庐于大通之野马川，引弓之民，已满三千，乃分为三部，兄弟皆狡犷而相得无间。初，河西诸回回叛，及败，刀尔吉诱至致三百余人，皆善火器。怀阿尔赖曰："是善火器者，不可分为奴，使教部落，有大用。"大草滩者，横截甘、凉二州，草丰美，南北百里，东西三百里，中有焉支山，林木多，禽兽繁盛。然在祁连山北，甘、凉喉吭，三部入据之，嗣为青海蒙古游牧处。国朝雍正三年，始驱逐为内地云。

麦力干黄台吉，其祖卜儿孩，继亦不剌据青海，有众万人。麦力干与诸父、诸兄三分其军，皆为黄台吉。麦力干分地在青海北，与西宁、庄浪、凉州接壤。麦力干刚躁多嗜欲，而性狡狯，初闻中国有事，乃纠合各部谋大举。诸父达赖黄台吉闻之，怒曰："动即杀汝。"达赖雅为诸夷所信服，麦力干即不动。因开白塔儿地于北川口外，即今之大通卫也。中国之亡命，回回叛败者，尽招致而馆谷之，察其可用者分任之；或以自随，其不愿者听，强胜为青海祁连诸部最。常筑室于大通河源，辄行国，不一居。其从兄达尔加黄台吉，从弟怀阿尔赖辈，咸倚之为重。麦力干雅好结纳，以小利饵诸夷，故各部咸听命。既修贡于嘎尔旦，无外忧，益肆其力以招叛亡。性好酒，耳不绝声，目不绝色。达赖剌麻劝以少贬损，麦力干善其言，而不能自制。常冀达赖黄台吉死，以庶几一逞其忐。无何，病，入凉州之水磨川求医药，毳帐接于交衙，未几死。时国朝康熙二十三年也。子南力木，嗣为黄台吉。

达赖黄台吉好善

达赖黄台吉，卜儿孩之后，〔卜〕失兔之幼子也。生长青海上，日与黄衣僧讲经。父死，袭黄台吉。分部引弓之士甫三千。初，集庆死，其子内乱，达赖召之，数其罪欲斩之，其子于是弃部落去，不敢复见。达赖之分地，直接西宁边界，素不侵犯，市口交易皆持平。晚年，部落增至六七千，无贫乏者。诸从子见，欢然，无疾辞遽色，然皆严事之。西宁塔儿寺生菩提树，乃出黄白金，三裹之，汉、土、番、夷咸不敢窃取。初，中国有事，其从子达尔加攻河州，阅月，麦力干取凉州黄城儿，达赖力持不可。使者交驰于西南，乃各罢去。达赖年五十，发多白，屏绝妇人，一意学清静。及逾八十，发乃黑，颜如童稚，信佛好善。

五色云气

北凉沮渠蒙逊，率步骑三万伐秃发傉檀，次于西郡。大风从西北来，气有五色，俄而昼昏。至显美，徙数千户而还。

元〔玄〕石神图

蒙逊西祀金山，遣沮渠广宗率骑一万袭乌啼夷〔虏〕，大捷而还。蒙逊西至苕藋[3]，遣前将军沮渠成都将骑五千袭卑和夷〔虏〕，蒙逊率中军三万继之，卑和夷〔虏〕率众迎降。遂循海而西，至盐池，祀西王母于寺。中有元〔玄〕石神图，命其中书侍郎张穆赋焉，铭之于寺前，遂如金山而归。

青海凝冰

每岁长至[4]前数日，水无纤冰。一夕，闻轰轰大炮声作自海中，震天动地。诘朝视之，满海凝冰，如万顷琉璃。迨至立夏前数日，轰响如前，一宵冻解。水光澄碧，曾无点澌。其节气之验若此。

星宿海非黄河本源

青海直南，穿哈套峡，由碧流渡越灯楼泰岭，过牛葛渡，经热水泉，至木户尔千有余里，皆荒草淖泥，行者举武，即有倾陷之虞。过此则火敦脑儿，即星宿海也。其味甘洌，其色湛碧，周约四百余里。有黄流如线，入自坤地，出于巽方，一脉蜿蜒，界乎其中。虽大风鼓荡，不为少乱，乃黄河之本派。沿西岸折南，为赴藏通涂〔途〕。于此渡河，深不及马腹，阔仅数丈。至东南出海处，则浩浩漫漫，非舟楫莫可济者。以此考之，星宿海似非河源，所谓伏而复出者也。

星宿海奇观

形如葫芦，腹东口西，东南汇水汪洋，西北乱泉星列，合为一体，状如石榴迸子。每月既望之夕，天开云净，月上东山，光浮水面，就岸视之，大海洋洋，涌出一轮水镜，亿万千百明泉暗映，又似大珠小珠落玉盘也。少焉，风起波回，银丝散涣，素练分裂，眩目骇心。真塞外奇观也。

青海异兽

青海住牧蒙古，见海中有物，牛身豹首，白质黑文，毛杂赤、绿，跃浪腾波，迅如惊鹘。近岸见人，即潜入水中。不知其为何兽也？

青海龙驹

青海周回千余里，海内有小山。每冬冰合后，以良牝马置此山，至来春收之，马皆有孕。所生得驹，号为龙种，必多骏异。吐谷浑尝得波斯草马放入海，因生骏驹，能日行千里，世传青海骏〔骢〕者是也。

筝

筝，秦声也。按《礼》、《乐》记：筝，五弦，筑声。今河湟诸处筝，形如瑟，瞽者多能弹，不知谁所改易也。李斯《谏逐客书》云："夫击瓮叩缶，弹筝搏髀，而歌呼呜呜快耳者，正秦之声也。"杨恽书云："家本秦也，能为秦声。"魏文帝诗："秦筝发新声，长笛吹清气。"

琵　琶

一名胡琴，傅元〔玄〕《琵琶赋·序》云："世本不载作者，故老云，汉送乌孙公主嫁昆弥，念其行道思哀，使知音者裁筝、筑、箜篌之声，作马上之乐。以方语目之，故云琵琶，取易传于外国也。"《释名》："琵琶本出胡中，马上所鼓也。推手前曰琵，引手却曰琶。象其鼓时，因以为名。"杜挚云："琵琶兴于秦末，苦长城役，百姓弦鞉[5]鼓之。"唐明皇尝悦之，杨妃每奏于梨园，诸王贵主，并为琵琶弟子。文宗内库有琵琶二，号"大、小忽雷"。时有内弟子郑中丞，好弹小忽雷。既而中丞没，为梁师厚所得。遇良辰弹于花下，有黄门过而听之曰："此郑中丞琵琶声也。"闻于文帝，帝喜，遣中使召之，厚加赐赉。今青海蒙古多喜此声，拂拭悬诸毳帐焉。

大横吹、小横吹

并以竹为之，笛之类也。昔张博望入西域，传其法于西京，得摩诃、兜勒二曲。李延年因之，更造新声二十八解，以为武乐。后汉以给边将。晋、魏以来，二十八解不存，其所用者，惟"黄河""陇头水""出关""入关""出塞""入塞""折杨柳""黄覃子""赤之杨""望行人"十四曲。唐乐所载大横吹部有节鼓二十四曲，小横吹部有角、笛、箫、笳、觱篥[6]、桃皮、〈觱篥〉六种。曲名失传。今河、湟谓之直笛。

葱岭西曲

《唐礼乐志》:宣宗时,有葱岭西曲,士子蹋[7]歌为队。其词言葱岭之民乐河、湟故地归唐也。

昆仑觞

《酉阳杂俎》:"魏贾锵有苍头,善别水,常令乘小艇于黄河中流,以瓠匏接河源水,一日不过六七升,经宿色如绛。以酿酒,名昆仑觞,芳味世间所绝。"

藤　杯

《续博物志》:"藤杯出西域。藤大如臂,叶似葛,花如梧桐,质坚可为杯。以酌酒,有文章,映彻可爱。实大如指,味如豆蔻,能消宿酒。"

氍　毹〔毹〕[8]

《异物志》:"西域大秦国,野茧织成氍毹〔毹〕,以群兽五色毛杂之,为鸟兽人物,草木云气,千奇百怪。上有鹦鹉,远望轩轩若飞,其文赤、白、黑、绿、红、绛、金、缥、碧、黄十种色。《古乐府》谓"客上北堂,坐毡及氍毹〔毹〕。"《通俗文》"氍毹〔毹〕细者,谓之毾㲪[9]。"班超与弟固书:"月支毾㲪,大小相杂,但细好而已。"今湟中远商名克什迷儿者,状貌类西洋人。言伊国距此行二年,常贩西藏诸果暨红黄香为生。人见渠家有此物云。

月支香

《瑞应图》:“天汉二年,月支国贡神香凡三枚,状如燕卵,大如囊。时适大疫,使者请烧香一枚,以辟疫气。病者皆起。香闻百里,积月不歇。

灵　剑

《酉阳杂俎》云:“开元中,河西骑将宋青春每阵常运剑,大呼执馘而旋,未尝中锋镝。西戎惮之,一军始赖焉。后吐蕃入寇,获生口数千。军帅令译问衣大虫皮者曰:“尔何不能害青春?”答曰:“常见青龙突阵而来,兵刃所及,若叩铜铁,我以为神助将军也。”青春乃知剑之有灵。

古　剑

明千户李淳得古剑,磨有异光,出匣则铿然有声。淳慷慨吟曰:“昆山一片刚,磨作倚天剑。若得试一用,太平立可验。”

安石榴

《博物志》:“陆机与弟云书曰:张骞为汉使外国十八年,得涂林安石榴种。元稹诗:‘何年安石国,万里贡榴花?迢递河源道,回依汉使槎。’今西藏后阿里产榴,实极佳,或其地欤?”

昆仑玉李

《抱朴子》云:“五原蔡绖[10]入山而还,语其家人曰:‘到昆仑山,有玉李,形如世间者,但光明洞彻而坚。以玉井水洗之,便软而可食。'”

注释:

[1]罽(jì):一种毛织品。

[2]醯(xī):醋。《礼记·内侧》:“和用醯。”陆德明的解释是:“醯,酢(醋)也。”

[3]茖藋(tiáo dí):古地名。约在今甘肃山丹或民乐一带。

[4]长至:此处为冬至的别称。

[5]鞉(táo):摇鼓。

[6]觱篥(bì lì):也作“筚篥”“悲栗”,又名“笳管”,簧管乐器。以竹为管,上开八孔(前七后一),管口插有芦制的哨子。民间称“管子”。

[7]蹹(tà):即踏。《后汉书·东夷传》:“舞辄数十人相随,蹹地为节”。

[8]氍毹(qú shú,又读 yú):毛织的地毯。《广韵·十虞》“氍”下引《风俗通》:“织毛褥谓之氍毹。”

[9]毾㲪(tà dēng):毛毯。《后汉书·西域传》:“〔天竺国〕又有细布、好毾㲪。”

[10]綎(tīng,又读 tíng):丝带,绶带。

西宁府新志·卷三十九

艺文志（八）

诗

西宁府

西海郡谣　晋人

朔马心何悲？念旧中必劳。

燕雀何徘徊？意欲还故巢。按《晋书》：吕光徙西海郡人于诸郡，至是人谣云云。遂相扇动，复徙之乐都。

示从征群臣　隋炀帝

肃肃秋风起，悠悠行万里。

万里何所行？横漠筑长城。

岂台小子智，先圣之所营。

树兹万世策，安此亿兆生。

讵敢惮焦思，高枕于上京。

北河秉武节，千里卷戎旌。

山川互出没，原野穷超忽。

枞[1]金止行阵，鸣鼓兴士卒。

千乘万骑动，饮马长城窟。

秋昏塞外云，霞暗关山月。

缘岩驿马上，乘空烽火发。

借问长城候，单于入朝谒。

浊气静天山，晨光照高阙。

释兵仍振旅，要荒事方举。

饮至告言旋，功归清庙前。

石城山 史万岁

石城门峻谁开辟，更鼓误闻风落石。

界天白岭胜金汤，镇压西南天半壁。（按：此石城非指青海石堡城。）

渡北河 薛道衡

连旌映溆浦，迭鼓拂沙洲。

桃花长新浪，竹箭下奔流。

塞云临远舰，胡风入阵楼。

剑拔蛟将出，骖惊鼋欲浮。

雁书终立效，燕相果封侯。

勿恨关河远，且宽边地愁。

从　军 唐　虞世南

涂山烽候惊，弭节度龙城。

冀马楼兰将，燕犀上谷兵。

剑寒花不落，弓晓月逾明。
凛凛严霜节，冰壮黄河绝。
蔽日卷征蓬，浮天散飞雪。
全兵值月满，精骑乘胶折。
结发早驱驰，辛勤事旌麾。
马冻重关冷，轮摧九折危。
独有西山将，年年属数奇。

边　城　骆宾王

紫塞流沙北，黄图灞水东。
一朝辞俎豆，万里逐沙蓬。
候月恒持满，寻源屡凿空。
野昏边气合，烽迥戍烟通。
齐力风尘倦，疆场岁月穷。
河流控积石，山路远崆峒。
壮志凌苍兕，精诚贯白虹。
君恩如可报，龙剑有雌雄。

塞　垣　崔融

疾风卷溟海，万里扬沙砾。
仰望不见天，昏昏竟朝夕。
是时军两进，东拒复西敌。
蔽山张旂鼓，间道潜锋镝。
精骑突晓围，奇兵袭暗壁。

十月边塞寒，四山沍阴积。
雨雪雁南飞，风尘景西迫。
昔我事讨论，未尝怠经籍。
一朝弃笔砚，十年操矛戟。
岂要黄河誓，须勒燕山石。
可嗟牧羊臣，海外久为客。

西征军行遇风

北风卷尘沙，左右不相识。
飒飒吹万里，昏昏同一色。
马烦不敢进，人急未遑食。
草木春更悲，天景昼相匿。
夙龄慕忠勇，雅尚存孤直。
览史怀浸骄，读诗叹孔棘。
及兹戎旅地，忝从书记职。
兵气腾北荒，军声振西极。
坐觉威灵远，行看氛祲[2]息。
愚臣何以报？倚马申微力。

从　军

穹庐杂种乱金方，五将神兵下玉堂。
天子旌旂过细柳，匈奴运数尽枯杨。
关头落月横西岭，塞下凝云断北荒。
漠漠边尘飞众鸟，昏昏朔气聚群羊。

依稀蜀杖迷新竹，仿佛胡床识故桑。
临海旧来闻骠骑，寻河本自有中郎。
坐看战壁为平土，近待军营作破羌。

送和蕃使 杜审言

使出凤凰池，京师阳春晚。
圣朝尚边策，诏谕兵戈偃。
拜手明光殿，摇心上林苑。
种落逾青羌，关山度赤坂。
疆场及无事，雅歌而餐饭。
宁独息和戎，更当封定远。

塞外三首 郑愔

阳鸟南飞夜，阴山北地寒。
汉家征戍客，年岁在楼兰。
玉塞朔风起，金河秋月团。
边声入鼓吹，霜气下旌竿。
海外归书断，天涯旅鬓残。
子卿犹奉使，恒向节旄看。

塞外萧条望，征人此路赊。
边声乱朔马，秋色引胡笳。
遥嶂侵归日，长城带晚霞。
断蓬飞古戍，连雁聚寒沙。

海暗云无叶，山春雪作花。
丈夫期报主，万里独辞家。

荒垒三秋夕，穷郊万里平。
海阴凝独树，日气下连营。
戎旆霜旋重，边裘夜更轻。
将军犹转战，都尉不成名。
折柳悲春曲，吹笳断夜声。
明年汉使返，须筑受降城。

送大夫再使吐蕃　张说

犬戎废东献，汉使驰西极。
长策问酋渠，猜狙自夷殛。
容发徂边岁，旌裘蔽海色。
五年一见家，妻子不相识。
武库兵犹动，金方事未息。
远图待才智，苦节输筋力。
脱刀赠分手，书带加餐食。
知君万里侯，立功在异域。

奉和送金城公主入西蕃应制

青海和亲日，潢星出降时。
戎王子增礼，（按：“礼”一作“宠”。）汉国舅家慈。
春野开离宴，云天起别词。

空弹马上曲,讵减凤楼思?

又 刘宪

外馆逾河右,行营指路岐。

和亲悲远嫁,忍泪泣将离。

旌旆羌风引,轩车汉月随。

那〔哪〕堪马上曲,时向管中吹?

送金城公主和亲 赵彦昭

圣后经纶远,谋臣计画多。

受降追汉策,筑馆许戎和。

俗化乌孙垒,春生积石河。

六龙今出饯,双鹤愿为歌。

又 韦元旦

柔远安夷俗,和亲重汉年。

军容旌节送,国命锦车传。

琴曲悲千里,箫声恋九天。

唯应汉西月,来就掌珠圆。

送友人使河源 贾至

送君鲁郊外,下车上高丘。

萧条千里暮,日落黄云秋。

举酒有遗恨,论边无远谋。

河源望不见,旌旆去悠悠。

陇　右　长孙佐辅

阴云凝朔气，陇上正飞雪。

四月草不生，北风劲如割。

朝来羽书急，夜宿长城窟。

道隘行不前，相呼抱鞍歇。

人寒指欲堕，马冻蹄皆裂。

射雁旋充饥，斧冰还止渴。

宁辞解围斗，但恐乘疲没。

早晚边候空，归来养辛骨。

送人随大夫和蕃　储光羲

西方有六国，国国愿来宾。

圣主今无外，怀柔遣使臣。

大夫开幕府，才子作行人。

解剑遥相送，秦城二月春。

送张判官赴河西　王维

单车会出塞，报国敢邀勋？

见逐张征虏，今思霍冠军。

沙平连白雪，蓬卷入黄云。

慷慨倚长剑，高歌一送君。

送陈七赴西军　孟浩然

吾观非常者，碌碌在目前。

君负鸿鹄志，蹉跎书剑年。

一闻边烽动，万里忽争先。

余亦赴京国，何当献凯还？

送莫甥兼诸昆弟从韩司马入西军

念尔习诗礼，未曾违户庭。

平生早偏露，万里更飘零。

坐弃三冬业，行观八阵形。

饰装辞故里，谋策赴边庭。

壮志吞鸿鹄，遥心伴鹡鸰[3]。

所从文与武，不战自应宁。

从军二首　王昌龄

青海长云暗雪山，孤城遥望玉门关。

黄沙百战穿金甲，不破楼兰终不还。

大漠风尘日色昏，红旗半卷出辕门。

前军夜战洮河北，已报生擒吐谷浑。

同吕判官从哥舒大夫破洪济城回登积石军多福七级浮图　高适

塞口连浊河，辕门对山寺。

宁知鞍马上，独有登临事。

七级凌太清，千崖列苍翠。

飘飘方寓目，想像见深意。

高兴殊未平，凉风飒然至。

拔城阵云合，转旆胡星坠。

大将何英灵？官军动天地。

君怀生羽翼，本欲厚骐骥。

款段若不前，青冥信难致。

一歌阳春后，三叹终自愧。

部落曲

番军傍塞游，代马喷风秋。

老将垂金甲，阏支著锦裘。

琱戈[4]蒙豹尾，红旆插狼头。

日暮天山下，鸣笳汉使愁。

同李员外贺哥舒大夫破九曲

遥传副丞相，昨日破西番。

作气群山动，扬军大旆翻。

奇兵邀转战，连弩绝归奔。

泉喷诸戎血，风驱死虏魂。

头飞攒万戟，面缚聚辕门。

鬼哭黄埃暮，天愁白日昏。

石城与岩险，铁骑皆云屯。

长策一言决，高踪百代存。

威棱慑沙漠，忠义感乾坤。

老将黯无色，儒生安敢论？

解围凭庙算，止杀报君恩。

唯有河关渺，苍茫空树敦。

九　曲

铁骑横行铁岭头，西看逻逤取封侯。
青海只今将饮马，黄河不用更防秋。

胡　歌　岑参

黑姓番王貂鼠裘，葡萄宫锦醉缠头。
关西老将能苦战，七十行兵仍未休。

又胡笳歌送颜真卿使赴河陇

君不闻胡笳声最悲，紫髯碧眼胡人吹。
吹之一曲犹未了，愁杀楼兰征戍儿。
凉秋八月萧关道，北风吹断天山草。
昆仑山南月欲斜，胡人向月吹胡笳。
胡笳怨兮将送君，秦山遥望陇山云。
边城夜夜多愁梦，向月胡笳谁喜闻？

轮台歌奉送封大夫出师西征

轮台城头夜吹角，轮台城北旄头落。
羽书昨夜过渠黎，单于已在金山西。
戍楼西望烟尘黑，汉兵屯在轮台北。
上将拥旄西出征，平明吹笛大军行。
四边伐鼓雪海涌，三军大呼阴山动。
虏塞兵气连云屯，战场白骨缠草根。
剑河风急云片阔，沙口石冻马蹄脱。

亚相勤王甘苦辛,誓将报主静边尘。
古来青史谁不见,今见功名胜古人。

送李副使赴积石官军

火山六月应更热,赤亭道口行人绝。
知君惯度祁连城,岂能愁见轮台月?
解鞍暂入酒家垆,送君万里西击胡。
功名只向马上取,真是人间一丈夫。

送张都尉东归

白羽绿弓弦,年年只在边。
还家剑锋尽,出塞马蹄穿。
逐虏西逾海,平胡北到天。
封侯应不远,燕颔岂徒然?

送单于裴都护赴西河 崔颢

征马出翩翩,城秋月正圆。
单于莫进塞,都护欲临边。
汉驿通烟火,胡沙泛井泉。
功成须献捷,未必去经年。

送白利从金吾董将军西征 李白

西羌延国讨,白起佐军威。
剑决浮云气,弓弯明月辉。
马行边草绿,旗卷曙霜飞。
抗手凛相顾,寒风生铁衣。

塞下曲二首

五月天山雪，无花只有寒。
笛中闻折柳，春色未曾看。
晓战随金鼓，宵眠抱玉鞍。
愿将腰下剑，直为斩楼兰。

骏马似风飙，鸣鞭出渭桥。
弯弓辞汉月，插羽破天骄。
阵解星芒尽，营空海雾消。
功成画麟阁，独有霍嫖姚。

奉送郭中丞兼太仆卿充陇右节度使（按：唐陇右节度治在鄯州。） 杜甫

诏发西山将，秋屯陇右兵。凄凉余部曲，燀赫[5]旧家声。
雕鹗乘时去，骅骝顾主鸣。艰难须上策，容易即前程。
斜日当轩盖，高风卷旆旌。松悲天水冷，沙乱雪山清。
和虏犹怀惠，防边讵敢惊？古来于异域，镇静示专征。
燕蓟奔封豕，周秦触骇鲸。中原何黩黩[6]，余孽尚纵横。
箭入昭阳殿，笳吟细柳营。内人红袖泣，王子白衣行。
宸极妖星动，园陵杀气平。空余金碗出，无复繐帷[7]轻。
毁庙天飞雨，焚宫火彻明。罘罳朝共落，枪[8]桷夜同倾。
三月师逾整，群胡势就烹。疮痍亲接战，勇决冠垂成。
妙誉期元宰，殊恩且列卿。几时回节钺，戮力扫欃枪[9]。

圭窦三千士,云梯七十城。耻非齐说客,甘似鲁诸生。
通籍微班忝,周行独坐营。随肩趋漏刻,短发寄簪缨。
径欲依刘表,还疑厌祢衡。渐衰那此别,忍泪独含情。
废邑狐狸语,空村虎豹争。人频坠涂炭,公岂忘精诚?
元帅调新律,前军压旧京。安边仍扈从,莫作后功名。

送蔡希鲁都尉还陇右因寄高三十五书记

蔡子勇成癖,弯弓西射戎。
健儿宁斗死,壮士耻为儒。
官是先锋得,材缘挑战须。
身轻一鸟过,枪急万人呼。
云幕随开府,春城赴上都。
马头金匼匝,驼背锦模糊。
咫尺雪山路,归飞西海隅。
上公犹宠锡,突将且前驱。
汉使黄河远,凉州白麦枯。
因君问消息,好在阮元瑜。

送杨六判官使西蕃

送远秋风落,西征海气寒。
帝京氛祲满,人世别离难。
绝域遥怀怒,和亲愿结欢。
敕书怜赞普,兵甲望长安。
宣命前程急,惟良待士宽。

子云清白守，今日起为官。

垂泪方投笔，伤时即据鞍。

儒衣山鸟怪，汉节野童看。

边酒排金盏，夷歌捧玉盘。

草肥番马健，雪重拂庐乾。

慎尔参筹画，从兹正羽翰。

归来权可取，九万一朝抟。

投赠哥舒开府翰

今代麒麟阁，何人第一功？君王自神武，驾驭必英雄。

开府当朝杰，论兵迈古风。先锋百胜在，略地两隅空。

青海无传箭，天山早挂弓。廉颇仍走敌，魏绛已和戎。

每惜河湟弃，新兼节制通。智谋垂睿想，出入冠诸公。

日月低秦树，乾坤绕汉宫。戎人愁逐北，宛马又从东。

受命边沙远，归来御席同。轩墀曾宠鹤，畋猎旧非熊。

茅土加名数，河上誓始终。策行遗战伐，契合动昭融。

勋业青冥上，交亲气概中。未为珠履客，已见白头翁。

壮节初题柱，生涯独转蓬。几年春草歇，今日暮途穷。

军事留孙楚，行间识吕蒙。防身一长剑，将欲倚崆峒。

兵车行时元〔玄〕宗用兵吐蕃而作也

车辚辚，马萧萧，行人弓箭各在腰。爷娘妻子走相送，尘埃不见成阳桥。牵衣顿足拦遭哭，哭声直上干云霄。道傍过者问行人，行人但云点行频。或从十五北防河，便至四十西营田。去时里正与裹头，归来头白还戍边。边庭流血成海水，武皇开边意未已。君不闻汉家山东二百州，千村万落生荆杞。纵有健妇把锄犁，禾生陇亩无东西。况复秦兵耐苦战，被驱不异犬与鸡。长者虽有问，役夫敢伸恨？且如今年冬，未休关西卒。县官急索租，租税从何出？信知生男恶，反是生女好。生女犹得嫁比邻，生男埋没随百草。君不见青海头，古来白骨无人收。新鬼烦冤旧鬼哭，天阴雨湿声啾啾。

黄　河

黄河北岸海西军，椎鼓鸣钟天下闻。
铁马长鸣不知数，胡人高鼻动成群。

喜闻盗贼番寇总退口号四首

萧关陇水入官军，青海黄河卷塞云。
北极转愁龙虎气，西戎休纵犬羊群。

赞普多教使入秦，数通和好止烟尘。
朝廷勿用哥舒将，杀伐虚悲公主亲。

崆峒西极过昆仑，驼马由来拥国门。
逆气数年随路断，番人闻道渐星奔。

勃律天西采玉河，坚昆碧碗最来多。

旧随汉使千堆宝，少答胡王万匹罗。

送人使河源 张谓

故人行役向边州，匹马今朝不少留。

长路关山何日尽？满堂丝竹为君愁。

塞下曲 常建

玉帛朝回望帝乡，乌孙归去不称王。

天涯静处无征战，兵气销为日月光。

寄哥舒仆射 韩翃

万里长城家，一生唯报国。腰垂紫文绶，手控黄金勒。高视黑矟翁，遥吞白骑贼。先麾牙门将，转斗黄河北。帐下亲兵皆少年，锦衣承日绣行缠。辘轳宝剑初出鞘，宛转角弓新上弦。步人抽箭大如笛，前把两矛后双戟。左盘右射红尘中，鹘入鸦群有谁敌？杀将破军白日余，回旃舞旆北风初。群公楯鼻好磨墨，走马为君飞羽书。

送南特进赴行营 刘长卿

闻道军书至，扬鞭不问家。

朔云连白草，汉月对黄沙。

汗马河源饮，烧羌陇底〔坻〕遮。

翩翩新结束，去逐李轻车。

平　蕃

渺渺戍烟孤，茫茫塞草枯。

陇头那用闭，万里不防胡。

送和蕃使　皇甫曾

白简初分命，黄金已在腰。

恩华通外国，徒御发中朝。

雨雪从边起，旌旗上陇遥。

暮天沙漠漠，空碛马萧萧。

塞路随河水，关城见柳条。

和戎先罢战，知胜霍嫖姚。

塞　下　卢纶

野幕蔽琼筵，羌戎贺劳旋。

醉和金甲舞，雷鼓动山川。

送杨中丞和蕃　郎士元

锦车登陇日，边草正萋萋。

旧好随君长，新愁听鼓鼙。

河源飞鸟外，雪岭大荒西。

汉垒今犹在，遥知路不迷。

从太和公主和蕃　杨巨源

北路古来难，年光独认寒。

朔云侵鬓起，边月向眉残。

芦井寻沙到，花门度碛看。

薰风一万里，来处是长安。

凉州曲　柳中庸

关山万里远征人，一望关山泪满巾。

青海城头空有月，黄沙碛里本无春。

早度破纳沙　李益

破纳沙头雁正飞，鸊鹈[10]泉上战初归。

平明日出东南地，满碛寒光透铁衣。

孤　魂　陈陶

陇树三看塞草青，楼头新替护羌兵。

同来死者伤离别，一夜孤魂哭旧营。

奉送崔御史和番　耿沣

万里华戎隔，风沙道路秋。

新思明主启，旧好使臣修。

旌节随边草，关山见戍楼。

俗殊人左衽，地远水西流。

日暮冰先合，春深雪未休。

无论善长对，博望自封侯。

送工部张曹长大夫奉使西番　权德舆

殊邻覆露同，奉使小司空。

西候车徒出，南台节印雄。

吊祠将渥命，导译畅皇风。

故地山河在，新恩玉帛通。

塞云凝废垒，关月照惊蓬。

青史书归日，翻轻五利功。

送薛大夫和番　孙额〔頠〕

亚相独推贤，乘轺向远边。

一心倾汉日，万里望胡天。

忠信皇恩重，要荒圣德传。

戎人方屈膝，塞月复婵娟。

别思流莺晚，归朝候雁先。

当书外域传，回奏赤墀前。

邠州词献高尚书　李涉

单于都护再分疆，西引双旌出帝乡。

朝日诏书添战马，即闻千骑取河湟。

河湟诸郡次第归降　杜牧

捷书皆应睿谋期，十万曾无一镞遗。

汉武惭夸朔方地，宣王休道太原师。

威加塞外寒来早，恩入河源冻合迟。

听取满城歌舞曲，凉州声韵喜参差。

擒鬼章　宋　游师雄

王师一举捷于雷，顷刻俄闻破敌回。

且喜将门还出将，槛车生致鬼章来。

西域河中十咏录三首　元　耶律楚材

寂寞河中府，连甍及万家。

葡萄亲酿酒，橄榄看开花。

饱啖鸡舌肉，分餐马首瓜。土产瓜大如马首。

人生唯口腹，何碍过流沙？

寂寞河中府，西流绿水倾。

冲风磨旧麦，西人作磨，风动机轴以磨麦。悬碓杵新粳。西人皆悬杵以舂。

春月花浑谢，冬天草再生。

优游聊卒岁，更不望归程。

寂寞河中府，西来亦偶然。

每春忘旧闰，随月出新年。

强策浑心竹，难穿无眼钱。

异同无定据，俯仰且随缘。西人不计闰，以十二月为岁。有浑心竹。其金、铜等钱无孔、郭。

庚辰西域清明

清明时节过边城，远客临风几许情。

野鸟间关难解语，山花烂漫不知名。

葡萄酒熟愁肠乱，玛瑙杯寒醉眼明。

遥想故园今好在，梨花深院鹧鸪声。

阴　山

八月阴山雪满沙，清光凝目眩生花。

插天绝壁喷晴月，擎海层峦吸翠霞。

松桧丛中疏畎亩，藤萝深处有人家。

横空千里雄西域，江左名山不足夸。

赋西域鹦鹉螺杯　王恽

老月沦精射海波，珠绳分秀贯神螺。

鹇斑渍粉垂金薤，鹦喙嫌寒宿翠窠。

樽出瘿藤纹浪异，瓢成椰子腹空皤。

饮余疑与溪娘遇，一笑相看发浩歌。

黄河书事　马祖常

阴山铁骑角弓长，闲日原头射白狼。

青海无波春雁下，草生碛里见牛羊。

波斯老贾度流沙，夜听驼铃识路赊。

采玉河边青石子，收来东国易桑麻。

黄河行　贡师泰

黄河水，水阔无边深无底，其来不知几千里。或云昆仑之山出西纪〔极〕，元气融结自兹始。地维崩兮天柱折，于是横奔逆激日夜流不已。九功歌成四载止，黄熊化作苍龙尾。双祺[11]凿断海门开，两鄂崭崭尚中峙。盘涡荡激，回湍冲射，悬崖飞沙，断岸决石，瞬息而争靡。洪涛巨浪相豗[12]，怒声不住从天来。初如两军战方合，飞炮忽下坚壁摧。又如丰隆起行雨，鞭笞铁骑驱奔雷。半空澎湃落银屋，势连渤澥[13]吞淮渎。天吴九首兮，魑魋[14]独足。潜潭雨过老蛟吟，明月夜照鲛人哭。扁舟侧挂帆一幅,满耳萧萧鸟飞速。徐邳千里半日程,转盼青山小如粟。吁嗟雄哉!其水一石,其泥数斗,滔滔汩汩兮,同宇宙之悠久。泛中流以击楫兮,招群仙而挥手。好风兮东来,酹河伯兮杯酒。

注释:

[1]摐(chuāng):通“撞”,击。司马相如《子虚赋》:“摐金鼓,吹鸣籁。”

[2]祲(jīn,又读 jìn):阴阳相侵之气。《左传·昭公十五年》:“吾见赤黑之祲。”杜预注:“祲,妖氛也。”

[3]鹡鸰(jí líng):鸟名,《诗》作脊令,大如鷃雀,巢于沙上,常在水边觅食。

[4]琱(diāo)戈:经刻镂的戈。琱,雕饰、刻镂玉材。

[5]焯(chǎn)赫:声势盛大貌。焯,光烈。唐李白《李太白诗》之《古风》之三三:“凭凌随海运,焯赫因风起。”

[6]黪黩(cǎn dú):同“黲黩”,混浊不清的样子。

[7]繐(suì)帷:晃帐,柩前的灵幔。

[8]棆桷(lún jué):小樟木的方形椽子。棆,一种小樟木;桷,方椽。

[9]欃枪(chán chēng):慧星的别称。亦作“搀枪”。《尔雅·释天》:“慧星为欃枪。”

[10]䴙䴘(pì dì):鸟名,又写作鸊鷉、鷿鷉,即野鸭,体小,好没水中,其膏可用以涂刀剑以防锈。

[11]谼(hóng):大谷。苏轼《开先漱玉亭》诗:“余流滑无声,快写双石谼。”

[12]豗(huī):撞击,轰响。

[13]渤澥(bó xiè):古代称渤海的一部分为渤澥,即渤海。

[14]魌魋(qī tuí):古时打鬼驱疫时所戴似小熊的面具。魌头,面具;魋,兽名,似小熊。

诗

西宁府新志·卷四十 艺文志（九）

诗 （诗余附）

西宁府

入湟秋思讯孟兵宪贺参戎 明 孙昭 御史

七月乘槎晓渡河，秋声峡口两崖多。

乍惊沙柳有黄色，转见鱼梁生白波。

别垒风迟悲鼓角，远峰云湿暗山河。

湟中旧是屯田地，筹策诸君近若何？

西宁竣役还车河上忽见栉间白发二茎

函谷西来几度关，阿峦东望厌逢山。

回中烽火三营静，河上秋风一剑还。

壮岁忽惊愁鬓白，他乡空恋舞衣斑。

秦云渺渺瓯江远，欲寄双鱼那得间？

西宁道中 詹理 御史

湟中四境接穷荒，揽辔西游肃命将。

赤日不磨山积雪，清秋先到草惊霜。
行从问俗方停盖，坐未移时又束装。
自愧菲樗空倚剑，升平何以答明王？

行次西宁二首

岁华惊眼过，边境且眉燃。
路险频催马，人疲欲息肩。
重关倚石峡，万嶂宿风烟。
回首江天暮，乡情自俏然。

蕃卫多皮帐，民居亦土房。
不堪临寂寞，偏觉动悲伤。
触暑仍衣帛，供飧自裹粮。
微躯兼受病，调摄检良方。

登边楼　　邢尚简　御史

驱车过北值清明，一上高楼动客情。
万里洪涛连碛塞，千年险隘接金城。
黄沙漠漠村烟断，青嶂重重岸柳横。
回首齐山何处是？不堪来日又西征。

塞上三首　　范瑟　兵备副史

旄团赤日骥追风，将士如云虎豹雄。
只有壶中白羽箭，不须重问黑山戎。

金鼓旂门大将营，穹庐早徙北山清。
健儿骄马浑无事，射得黄羊带血行。

麒麟阁画将军像，鸿雁云排战阵图。
奋臂林间三力士，过河先击五单于。

雨赴崔参戎阅边　王本固　兵备副使

雨余山色映清流，落日残红半未收。
野麦经秋方吐穗，边人终岁独宜裘。
风连古戍苍茫远，云拥高旌上下浮。
堪羡将军能荡寇，威名遥过月氏〔氏〕头。

西巡即事　王好问　御史

箫鼓喧喧塞日晴，旌旗猎猎阵云横。
祁连已决将军策，蒲海仍移都护营。
天马南游兵气伏，王庭北遁漠尘清。
东山元为苍生起，谈笑羌戎一扫平。

边城感怀　路珠　兵备副使

性戆慵成癖，苦寒今始尝。
三春未放柳，六月已飞霜。
食为浮生进，欢因梦寐狂。
胡笳不断耳，何计静边疆？

过巴州　杨益美　御史

水面黑山分，澄然白如练。

虹光漾彩绳，月影摇金箭。
趋海舞暂停，临流有余羡。
云何征西客，不似秋空燕？

同孟参知张参戎宴集广福观

踏破苔痕入紫瀛，瑶坛随屦白云生。
劈鳞空羡麻姑脯，乘鹤谁吹子晋笙？
露席有杯延月色，烟窗无竹起秋声。
知章应老东湖曲，此地难忘聚首情。

西宁边行　张鹤鸣　兵部主事

山城微雨湿征衣，秋尽西行意已违。
粤海故人千里梦，秦关游子几时归？
谁家砧杵惊寒夜，何处云山接落晖？
最是旅魂销不得，愿随征雁向南飞。

九日西征答张以元使君　周国卿　兵备副使

西原秋欲暮，萝月此同明。
问俗驰周道，观兵引汉旌。
古寺斜通涧，晴山巧傍城。
重阳逢马上，惭负菊华荣。

书　怀　殷仁　分巡副使

黄河东去三千里，春草西连一片云。
把酒送君无限意，不堪榆雪落纷纷。

简张以元使君　张九一　分守参议

谁遣留侯辞汉京，且从帷幄罢谈兵。

壮游已倦山公启，佳句频传水部名。

溪上孤槎曾奉使，门前五柳旧屯营。

沧波红树堪乘兴，莫教秋风白发生。

冰沟山遇雪偶成　姜廷琺　兵备佥事

天山腊日雪霏霏，游子征途尚未归。

峭壁乍封猿啸急，同云不断雁行稀。

独羞上瑞呈丹阙，谁惜轻寒到彩衣。

旅邸孤灯萧索夜，梦魂儿向海东飞。

西归自积石渡河有感因怀都下相知　张问仁　郡人　参议

惊涛仍此涉，川上复迟延。

为激声偏怒，无情恨岂传。

蛟龙时一起，雷雨夜长悬。

凭寄相思泪，随波到日边。

观　猎

霜落兽初肥，将军自指挥。

羌儿识兔窟，胡马趁鹰飞。

云响鹏垂箭，尘喧鹿夺围。

平原日欲暮，长啸振缨归。

秋夜边城闻警

羽檄尚纷纷，忧怀乍欲焚。

秋笳寒泣月,戍鼓夜翻云。
急速天边火,深孤海上军。
飞书问都护,露布几时闻?

塞 上

惊沙如水逐风流,急鼓连铙接戍楼。
门闭孤城日未落,叶干六月树先秋。
周王薄伐威犹在,魏绛和戎事已休。
今日天朝咨上策,谁收干羽赞皇猷?

破夷〔虏〕曲七首并序

大中丞任邱田公,一岁与夷〔虏〕战于五郡之间三,大破,夷〔虏〕远遁。上喜,报宠有加。军中争为歌谣。余闻诸将所谈尤悉。于是,采其词意之雅切者,节为七言绝句,以比昔人凯歌,传之永永。其曰破夷〔虏〕曲,则军中之原号,故不复易,以存实云。

后先虚实巧堪怜,随著山川设伏圆。
狂夷〔虏〕不知十面计,弯弓犹自突中坚。

摧山火器列重关,罴虎桓桓技艺闲。
漫说骄戎能野战,只轮匹马几曾还?

贪狼困兽远抛群,断首分肢处处焚。
零落残魂归不得,阴风寒雨叫纷纷。

天昏日惨播军声，九塞风闻尽一惊。
环海已看无牧马，沿边不用理长城。

赤帜高标大将旗，残胡营帐尽潜移。
雪山更作屯田地，青海重为饮马池。

重关关下卧降羌，羌笛风飘入塞长。
烽岭无烟秋夜静，惟余寒月照沙场。

弦管军民日醉酣，一朝塞北又江南。
非常事业非常誉，海外而今转绎谈。

焚仰华寺三首 郑洛 经略

万里长征晓角催，天山青海净氛埃。
昨宵刚报单于遁，又是呼韩系颈来。

海国圆光普照时，瞿昙惟付祝融知。
了空空了原三昧，不是田单用火奇。

徒倚辕门候捷音，壶浆却寄见情深。
投醪欲鼓三军气，沐德应同万旅心。

塞上曲七首 梁云龙 赞画兵部主事

东风吹柳汉营青，上相临戎列将星。

变豹有文随建节，流莺无语杂飞翎。
胡马频年下青海，汉兵此日开营垒。
圣主无意启边疆，直荡妖氛殿千载。

黄石阴符白狐变，天山传定无三箭。
尚须射杀左贤王，露布飞闻未央殿。

西蚀旄头破贼年，关山月色照祁连。
秦筝唱彻胡笳绝，别是阳和一样天。

征夫弓箭插腰间，万马嘶听大号颁。
一曲南熏云外奏，吹残杀气满天山。

莫谓秦关腥未扫，漫言汉市图不早。
壮猷但得周方叔，边郊到处生芳草。

天河谁挽洗胡弓？麟阁争图第一功。
西极夜来瞻王气，乘槎直泛斗牛中。

塞下曲八首　万世德　赞画佥事

霓旌西指下高冥，貔虎千屯护百灵。
报道单于今绝幕，祁连膏雨草青青。

欃枪夜指金城垒，帝命元戎推上宰。
十万连营下北庭，军声直拟吞沧海。

骙骙[1]四牡动星枢，为道承恩西破胡。
三捷归来献天子，长城如扫一尘无。

元老临戎静北边，三千飞隼度居延。
自从逐得名王遁，铃阁常无金柝传。

谁谓骄胡属左贤，西来铁骑耀投鞭。
前旌一战旄头折，万里同归《禹贡》天。

龙旂春厌九关闲，稽首名王已汗颜。
奠唱焉支旧时曲，马棰直断合黎山。

天狼堕地胡尘扫，四方歌舞瞻元老。
归来奏凯入承明，月移清漏金门早。

酬庸敷奏乘央宫，万里安攘保障同。
勒鼎铭钟惊异数，谁知亲驭六钧弓。

河西二首

夷〔虏〕骑谁驱青海头？藩篱鼙鼓入新秋。

关东老将多筹策，一战能纾天子忧。
五月湟中气犹冽，天骄远遁长城窟。
汉家追骑到昆仑，健儿夜啮西山雪。

入塞曲五首并序

戊子秋，余治兵湟中，以保蕃创夷〔虏〕。夷〔虏〕既遁，当事谓起衅罢余。余言虏必凭陵，我实启之。为赋《入塞曲》以见意。

雪岭黄河不解春，征裘犹带旧风尘。
谁知戈戟年来事，赢得纶竿塞下身。

二月边头不见花，匆匆归骑拥清笳。
不知定远成何事？才到秦关即是家。

长风吹动大刀头，明月黄云满戍楼。
试看请缨关塞客，太平原不重封侯。

醉来马上看吴钩，曾识光芒射斗牛。
两岸青山千树竹，不妨开径置糟邱。

几人长剑倚崆峒？忽漫生涯似转蓬。
莫忆龙城射霜鹘，又来马上听春鸿。

塞上六首

莫讶韶花岁不来，春风远隔白云堆。

殷勤试问沙场草，万里长飙吹作灰。
关河迢递几离分，铁甲金枪属冠军。
独有当年征战地，高天莽莽郁愁云。

龙沙猛将夜衔杯，击鼓鸣铙四座催。
不是边头多乐事，辕门领得赐金回。

连钱错落照雕鞍，射猎阴山不觉寒。
野烧归来看铁骑，骅骝汗血不曾干。

汉家飞将又重来，坐见风云直北开。
莫虑羌人能转斗，名王稽首一时回。

祁连月出大荒西，雪重云间鸟不啼。
正是太平饶士马，晓天组练七旌齐。

塞下曲八首　*石槚　兵备按察使*

春色茏苁四望青，远山压雪玉为屏。
东风几度千崖静，绝岛羌声咏治平。

征西将令风行海，羯鼓春深促战铠。
靖夷伏羌追汉超，燕然勒处石生彩。

一夕边烽走马传，六花元〔玄〕索阵云连。
坐筹玉帐风雷变，飞捷封章上九天。

野寺钟声催晓箭，长安战士铁生面。
扬旌飞卷海尘空，坐笑边楼月生院。

风软芳郊淑媚天，杏红飞雨杂青烟。
枝头款款啼春鸟，似与征夫奏凯还。

龙旗摇曳凤凰山，汉将英风震百蛮。
腰下剑光流月影，海陬毡帐血成班〔斑〕。

风掀大纛中天挂，颇牧筹边司战杀。
挽转天河洗甲兵，江山锦绣清如画。

红山誓旅控雕弓，湟水投鞭壮士雄。
信有鹰杨〔扬〕消夷〔虏〕运，海南铜柱可标功。

湟中纪事九首　刘敏宽　兵备按察使

狂夷〔虏〕纷纷寇内疆，旄头一射黯无光。
天阴月黑多磷火，七百游魂哭战场。

亡夷〔虏〕魂销虎豹关，投戈尽命走天山。

羌人突起收残魄，星海宁教匹马还？
军前一旦落欃枪，氛祲闾阎忽已清。
鼙鼓南来河岳动，旋师满地凯歌声。

倾巢海寇伺康缠，猛士云屯奋欲前。
况复辕门亲遣将，争教生得左蠡[2]还？

西戎合势轶西郊，羌部佯降气使骄。
一自国恩行徽服，属夷终不负天朝。

连营飞炮散雷车，烈焰烧空走赤霞。
九死西戎锋镝裹，舆尸血遍雪山花。

亲提义旅虎台西，夜向荒祠藉草栖。
秉烛借筹劳待旦，雄心起舞陋闻鸡。

十道雄师西合围，雕戈指日驻斜晖。
欲知辛苦龙荒战，腥血模糊在铁衣。

除凶雪耻龙堆外，饮至旋师虎帐前。
片石勋名高自勒，祁连山上即燕然。

从戎劝戒 *龙膺 监屯同知*

勤王事戎，集此西土。怀绥则文，捍御则武。凡尔干城，赳赳若虎。务协厥恭，共固吾圉。劳也无尸，阙焉是补。毕力效谋，莫敢遑处。言折其冲，不越樽俎。如舟之楫，如车之辅，藩屏皇家，永作心膂。

咏赵充国

营平何赳赳，垂老事戎行。金城上方略，料敌如探囊。乘夜退三校，衔枚渡河湟。先零骜无道，狡焉侵西疆。引兵诛不义，穷寇走且降。斩卤十余万，战士不离伤。罕幵感威德，故地归靡忘。释甲固死守，瓦解夷〔虏〕与羌。弛兵留屯田，浚渠治津梁。乘塞饬斗具，列隧遥相望。便宜十二事，恺切陈未央。天子下群议，佥谓谋谟臧。用是克西戎，振旅承宠光。羌为酒泉守，矜功急鲜阳。玺书命出塞，诡辞谏中郎。起难固匪哲，保躯岂云良？阃外忌中制，贤者计久长。懿哉忠谠言，可以悟明王。功成乞骸骨，勋伐垂旂常。

与李君章司理勘阅战场

极目沙场外，苍茫欲问天。
可怜歼虏地，犹憾劫盟年。
拂剑阴山雪，扬旌古戍烟。
试操班掾笔，重为勒燕然。

塞下曲

元兔峰头秋草平，黄龙塞上秋风鸣。

护羌校尉新传檄，破羌将军尚募兵。
月暗铜焦喧古戍，天高笳管散荒城。
但看葱岭终空垒，莫遣松山更劫盟。

呈大中丞田公四首并序

海夷〔虏〕要约，万众内向湟中。中丞公亲征逐夷〔虏〕，夷〔虏〕势土崩，因而宵遁，大漠一空。天子嘉乃丕绩，遣使犒师，行且有三锡之命。濡毫恭纪，爰代铙歌。

翼绕全营夷〔虏〕骑骁，纵横自是倚天骄。
合围镞发黄云断，转战锋生赤电摇。
血刃名王枭突厥，指挥诸校属嫖姚。
长驱直逐阴山北，极日狼烟万里销。

云屯铁骑五千兵，残丑心寒草木惊。
开府临戎惟缓带，书生羁夷〔虏〕有长缨。
歌回铙吹羌夷舞，拜献壶浆父老迎。
从此勒铭青海上，论功不数赵营平。

拥旌出塞止鸣驺，剑拂霜花跃紫骝。
信有豹韬能破夷〔虏〕，况来燕颔定封侯。
犁庭右断匈奴臂，筑观新悬老上头。
忠略自勤明主眷，勋名应继汉千秋。

露布星驰入汉宫，沙场百战夷〔虏〕庭空。
风楼亲御宜三捷，麟阁高标第一功。
诏赉金钱酬介胄，使持玉节锡彤弓。
兼资将相谁堪比？单骑争传郭令公。

塞上杂咏四首

山际炎云似夏，林端骤雨俄秋。
居者惟毡与褐，羁人乍葛复裘。

湩酪饮如甘露，香粳粒比明珠。
亭堠星罗留墍[3]，里廛云集氍毹。

蕃寺椎牛佞佛，羌人屠马祭天。
五月阴峰尚雪，三春荒戍空烟。

元〔玄〕兔城南月出，黄羊川底草肥。
别垒狼烽忽举，远山猎骑初归。

西夷〔虏〕向化图六十韵有引

粤自有苗不格，舞干戚而九牧咸宾。猃狁匪茹，饬戎车而万邦为宪。来朝舍蒲萄之馆，导译通鸟兽之氓。惟我大司马田公，上禀庙谟，下宣阃略，握奇虎帐，奋武龙荒。旌羽纷其覆云，金光皓以夺目。火石风烈，钲鼓雷鸣。摧夷〔虏〕如焚，斩馘无算。倒戈以断葱岭，杖棰而定蒲昌。夸狄扶稜，抚黎播泽。慑威股战，企化心驰。遂使玉关之西、金城之北，涉沙轶漠，款塞入疆，稽颡[4]称王，输忱奉土。落联山谷，种杂羌胡，舞以白狼，贡维宛马。膏润汪洋于四夷，肤公燀赫于八纮[5]。护西域三十六国而武烈扬定远，功成慷慨；历中书二十四考而文德茂汾阳，身系安危。并以方公，庶可云喻膺。衔思国士，悔业竖儒，爹瞻姑衍之封，敬效燕然之勒。矢音为颂，不知所裁。

神谟昭武烈，英佐耀文昌。授钺秦关外，挥戈瀚海傍。
六师尊长子，十乘启戎行。氛祲犹昏柝，无威式肃将。
中权白羽扇，后劲绿沈枪。贝胄森摇电，犀渠凛拂霜。
指挥凭虎视，谈笑奋鹰扬。默授珠钤[6]秘，骁腾彀骑强。
铦[7]锋真破竹，偏裂[8]尽穿杨。北伐声先厉，西征势莫当。
搴旗枭突厥，衅鼓刃贤王。血射阴山紫，膏沦复峡黄。
弯弓县月窟[9]，流镝殪天狼。震撼鲸波荡，穷奔兔穴藏。
螟螽嗟屡衄，磷火泣胥亡。远牧儃佪[10]窘，深蒐出没妨。
游魂偷驳喙，残丑戒跳梁。擒纵惟樽俎，便宜自庙堂。
精诚徕蚁伏，忠义格鸱张。吹角胡沙断，鸣钲古戍荒。
叩边罗杂种，解辫集氐羌。靺鞈[11]蕃王锦，燕支羯女妆。
雕题人异类，髡首俗殊方。垒外乾坤辟，春余雨露芳。
扳援兼老稚，络绎引河湟。渉[12]泽洪私涤，条风广漠翔。
招呼轶葱岭，传译历乌苌。虎落繁新砦，龙堆拓旧疆。
肩摩骈舞抃[13]，踵接竞踉跄。驼马关奚禁，刍牛谷可量。
旃裘迎仗节，湩酪代壶浆。抚谕恒慈蔼，输忱倍激昂。

军容闲细柳，辙迹沛甘棠。薄狩齐周室，和亲陋汉皇。

赏崇司马法，供省度支章。自昔羞巾帼，于今献越裳。

空庭侔卫霍，止杀翊熊唐。况复驯堪狎，谁言饱则飏？

党携凋爪距，义附助钩铓[14]。侦谍资前导，驰驱贡上襄。

从教依荐草，行使课耕桑。按堵恬鸿雁，维垣借犬羊。

玉门宽宴闭，铁甲缓秋防。垂拱仁无外，怀柔信孔彰。

讴谣喧绝域，喜色动明光。阁有丹青绘，邮稀赤白囊。

安危须命世，密勿帮元良。数奏金城策，曾探渭水璜。

重纶保琬琰，三锡备珪璋。报主心全赤，封侯鬓未苍。

谋猷班定远，勋业郭汾阳。道济权舆泰，身扶社稷长。

昆邱凌穆骏，(元)〔玄〕扈览轩凰。纬切尚书履，禧延御史缃。

烟熅[15]调鼎铉，日月纪旂常。筦库惭微吏，沾襟似漫郎。

饵虚筹贾谊，制敢矫陈汤？忝入元戎幕，欣登壮士场。

衔恩躯尚在，颂德思如狂。更拟图王会，赓歌万国康。

湟中三捷凯歌七首 龙德浮 户部郎中

征兵五郡密相传，荧惑今逢入昴年。

越石登楼发清啸，月明诸将抱弓眠。

追奔直欲扫穹庐，蕃部从中更捣虚。

自是国恩深瀚海，金函开诏拜莎车。

节制辕门意态闲，回军坚垒屹如山。
擒生斩馘寻常事，持重无遗一镞还。
收兵秣马傍沙场，服匿羌携献酪浆。
万灶夜炊刁斗静，回看边月蚀西方。

动地欢声轰雷鼓，极天歌颂理朝衣。
单于愁杀邀归路，毳帐宵移过海西。

营遮蒲类成秦地，铭勒祁连作汉城。
从此近边生聚复，一犁春雨课农耕。

云旗再闪狼烟静，露布频飞驿骑嘶。
汉主威加青海曲，匈奴猎避黑山西。

同达总戎张参戎集总宪刘公西射堂　俞安期　江南人

林堂绮席对秋清，走马仍劳使者迎。
总为将军容揖客，遂过宪府坐谈兵。
饔庖隔厨催行炙，猎骑穿花报射生。
今日湟中称乐土，从戎王粲赋诗成。

南禅寺孔雀楼　夏瓒

传闻孔雀旧栖游，禅院新修孔雀楼。
夜月谈经音宛转，晴霞飞栋色飘浮。
青山白雪千崖晓，紫塞黄河万里秋。

最是西风动归思，乡关回首不胜愁。

元朔山谒太元宫 谢陛 新都人

振衣高叩碧琳宫，石磴盘云曲曲通。

仙仗绕庭临帝座，雄图控夷〔虏〕借神功。

天垂北斗悬旂上，云压西山挂殿中。

万里壮心思出塞，长驱青海欲临戎。

又 秦株 广陵人

绎殿穹窿冠岭开，晴秋高倚集灵台。

覆崖雪色山中满，入峡河声塞外来。

飞骑随人穿石往，抠衣谒帝拂云回。

挥毫遍损苍苔壁，深愧登高作赋才。

题湟中士人所藏画 段坚 南阳太守

山水近代多名家，挑描削斫纷浮华。

朅来[16]因看此山水，信笔写出真无瑕。

远山隐隐接天杳，近山矗矗出云表。

远水悠悠不听声，近水曲曲常萦绕。

一山一形拙复工，一水一态淡又浓。

长夏飞来水禽白，累岁不谢山花红。

老柏乔松倚晴旭，蛟龙偃蹇苔花碧。

严寒不受霜雪欺，耸壑昂霄千丈直。

咫尺之中千万树，方寸之间千万里。

胸中旋转一气仁，在在生生如有喜。

画史画中有佳趣，茆茨画在云深处。
八窗洞达招清风，四座相延尽高士。
焚香拂几日优游，携琴策杖时追求。
尘中未有山中乐，林下岂无天下忧？
不解扬雄反骚经，未许荆公识难字。
巍冠终日讲唐虞，謦咳自无尘俗气。
杜衡辟芷满幽谷，木兰宿莽交芬馥。
盆池辟蠹水芸香，朝搴夕槛纫佩服。
山深林密少逢迎，啼鸟一声清更清。
水远等闲人不渡，斜阳惟有孤舟横。
我昔曾成游览癖，胜水名山强半历。
更思同挽列仙人，服灏乘罡周八极。
而今窗下披图画，云軿[17]雾辂[18]蛟虬驾。
有如宣圣登泰山，胸中潇洒小天下。
此画传来谁氏笔？不见区区斤斧迹。
绳墨天然随手工，近代推尊为第一。

皇　清

吊贾烈女　冯如京　西宁副使

歌风叹息《柏舟》[19]篇，况是青闺未字年。
别母心悲素练下，望夫泪涌碧山前。
花魂冉冉飞云远，玉骨沈沈晚月鲜。
为读长沙伤鹏赋，孤忠奇节并堪传。

西宁使院中秋漫赋二首　金人望　庄浪同知

法王戮力镇三秦，不用金城次第陈。
一堵土墙分作界，千屯毳帐合为邻。
未闻肉食能谋国，每怪椎牛竞赛神。
飞盏仰天佯借问，麒麟阁上定何人？

披图天尽指河湟，手控严关在护羌。
白面谈边增错愕，青袍拥节减辉光。
风欺病骥沙中卧，霜压寒花叶底藏。
共道蟾蜍今夕满，相看犹是老刘郎。

湟中仲春大风　杨文乾　东昌太守

小斋独坐意凉凉，何事春风怒欲狂？
傍卷青峦云乱舞，上凌碧落日无光。
想应虎啸山林震，可但龙吟海势忙。
读罢汉高雄句后，壮怀直欲比中郎。

湟中东郊晚归即事

射罢归来意不灰，夕阳西照马头催。
落霞一片疑飞鹜，更欲弯弓射几回。

军前答选司宋公

静处寻真百事忘，捷书忽报返东昌。
未能免俗聊随俗，且把官场作道场。
慧性每从虚里现，闲心休向热中忙。

黄山有约终须践，寄与丹经仔细详。

谨按：先中丞于康熙己亥岁，因准噶尔贼夷侵犯西藏，由山东东昌府知府告赴西陲。自宁运饷出塞，直抵木鲁乌苏，得军功二级。后历任广东巡抚。今余小子应琚敬录《湟中》三诗，手泽犹在，不禁涕零。并以见余家三世，皆宣力西平云。

南楼远景 张恩 碾伯令

谁言荒僻是边陲？酷爱南城会景楼。

远岫孤标晴亦雪，长桥稳渡陆如舟。

浪浮燕麦川平面，烟簇蜗庐抑罩头。

一幅画图看不尽，雄文碑版吊千秋。

东溪春色

桥横独木渡东溪，竟日寻芳望眼迷。

激浪跳珠圆转磨，清风嫩玉曲分畦。

柳边小径飞鹦鹉，花里孤村系駃騠[20]。

一片翠烟芳草外，牧牛人背夕阳西。

四月八日东郊即事次松门杨观察原韵二首 德龄 湖北巡抚

浴佛佳辰忆北堂，出郊排闷发诗狂。

青山雨过云遮寺，碧野溪回树抱庄。

小酌赏心缘地胜，远游望眼共天长。

慈颜此日应多喜，放鸽登楼香雾飏。

公退清闲懒著书，登临心兴未全疏。
过桥树密妨调马，展簟花繁半曳裾。
回眼水云归去晚，比肩风雅得来初。
边城嫩夏残春日，啸咏还疑在石渠。

湟中送马司空入都　徐杞　右通政

司空望重贤劳著，八载驰驱宠秩蕃。
南国至今歌召父，西陲从此忆翁孙。
鸾书天锡宣趋阙，驿路星飞慰忆门。
最是春风披拂处，壶浆夹道竞攀援。

早春风前独酌有作二首　杨汝榧　西宁太守

月令考新春，惟秦为最早。
款睇河以西，白首天山老。
亦在嬴提封，胡为独枯槁？
湟中昔赵侯，遗泽遍行潦。
以此溉田禾，余波委荒草。
春意无可寻，陇头向谁好？
飒飘[21]风东来，尘沙忽狂扫。
即有探春花，摇落肯相保。
摊书拥浊醪，且复自倾倒。

生意天所同，地力有迟早。
三秦古雄区，或谓坤维老。

东南居下洼，吹嘘振科稿。
若乃黄河流，水坚结寒潦。
野火烧荒原，千里无寸草。
岂不爱花妍，但矜颜色好。
繁红落空阶，彼尔何人扫？
华滋有专功，麦庄乃长保。
雪消春水来，星源泻如倒。

西平试灯夕作

溶溶院落绝尘埃，位置良宵颇自猜。
火出阿奴原下策，灯围诸婢是粗才。
楼中列炬书成赤，海上明星斗柄回。
更羡元均在西蜀，手持蜡烛照天来。

湟中牛疫颇甚，早春大雪，其患当止，喜叠大风独酌原韵

冬来苦无雪，农事及春早。
牛病遍四乡，况复半羸老。
舐犊何鸣哀？死者相藉藁。
良由结塞多，终鲜降水潦。
五出忽翻飞，原田压茭草。
子母乘坤灵，湿湿双耳好。
岂独凡卉苏，祲氛为驱扫。
我车维我牛，其疾爰可保。

把盏谢飞琼，一杯为卿倒。

雪中寄怀钱野堂

春来一月七飞花，料峭余寒半臂加。
楼上远人山北望，云中归雁路三叉。
岂无落月封题懒，可有新诗对客夸。
贪把祁连照颜色，如何久住竟成家？

庭前玫瑰试蕊感赋长歌一首

昨日起风今日阴，酿花酿雨殊沈沈。
一春九十日过半，芳信杳然愁不禁。
红稀绿断雪犹白，偶然一声闻鸟音。
朝来巡檐看庭树，蓓蕾颗颗萌芽侵。
呼童浇水助滋长，向荣独此分天心。
我思家乡百卉发，两湖堤柳拖黄金。
其余桃李好颜色，出墙入院双鸣禽。
珠帘画舫荡游女，旗亭寺壁题佳吟。
我亦当年酒人是，醉中衫袖常漓淋。
如何梦断山水趣，一官猿鹤遭搒[22]擒。
竭来边塞剧戎马，祁连古翠空扑襟。
落花时节花始放，梨杏而外都萧森。
岂无草木橘成枳，如人不言寒且瘖。
今来湟中复如此，双柑斗酒何从斟？
马蹄蹀躞正骄怒，空群西去方骎骎。

踏泥渡水逐诸贼，血染征袍各浅深。
露布入关献奇捷，放牛牧马归桃林。
我当乞取故园暇，六桥三竺恣游寻。
风前羯鼓谱新调，花下坐茵眠作衾。
狂歌倒著白接䍦[23]，儿童拍手花满簪。

送林溢夫归闽中

相携何处不同游？西至祁连北鄯州。
雪外无梅人似鹤，云中有树客登楼。
可怜庾信思乡怨，忽动曾参啮臂愁。
我亦欲留留不得，此行非为故山谋。

甲寅春暮，傅斋王观察有皋兰之行，于其来别诗以送之

朅来还往最殷勤，止水胸怀彻底澄。
味已入甘将到蔗，人如出冻欲飞蝇。
工夫阅历坚冰雪，性命扶持仗友朋。
郊外可怜芳草绿，马蹄东去一层层。

因公至碾伯行馆，馆甚精洁，几上胆瓶插紫牡丹二枝，红苞半折，四月将开，国色天香，不意逢之绝塞，喜成二律即柬张令

清和时节雨膏新，逆旅惊逢故国春。
学士班中金马客，越公床后紫衣人。
何从得此氤氲力，我见犹怜现在身。

折取一枝和露插，魏家亭馆是东邻。

十年不见真奇获，裂鼻浓香底费寻。
出塞明妃家万里，归曹蔡女值千金。
来分绮谷繁华夜，不惹红尘富贵心。
寄语灵和张令尹，洛阳珍重到如今。

峡口道中

雨后平戎驿，山田接鄯州。
草肥坡岸没，石乱马蹄愁。
峡口西衔日，河腰远带流。
及旬归已晚，重过不登楼。

湟中至日同人小饮，以少陵“江上形容吾独老，天涯风俗自相亲”句为韵，得“涯”字

至日官闲早放衙，终年人住已成家。
半千一醉绿头蚁，四十五日蓝尾蛇。乙卯正月十二日始春。
鬓上有丝随线长，灯前和帽倚风斜。
乡音且喜闻吴越，谁遣羁人到海涯？

五十初度自嘲二律

十年官职剧风尘，今日丝垂两鬓新。
技止此耶空噬虎，臣之壮也不如人。
鳏鱼入夜虎张目，老树经霜渐作鳞。
坐上请君为转语，欢娱毕竟逊清贫。

一家塞上几经年，款睇乡关事杳然。
负郭我无田二顷，当途人是柳三眠。
誉儿膝上王怀祖，梦弟春前谢惠连。
骨肉与谁相痛饮？举杯犹藉故人贤。

西平元旦雪中，朝散高观察邀同徐少银台家侄藜照官斋小集

去腊久不雪，除夜何纷飞？
两日积一尺，况乃山四围。
立仗大官马，披氅神仙衣。
额手举相庆，以为农人祈。
民物无夭疠，所喜愿勿违。
观察开岁宴，攀及银台巍。
阿买亦能饮，不系糠核肥。
清歌正袅袅，蜡炬旋辉辉。
公子应严命，趋出春风闱。
车骑都挥去，谈笑皆忘机。
我思白太傅，千古嗣音希。
黄堂醉中客，绿树风前旂。
留船寺门宿，拥火湖堤归。
此乐不可再，不然当见讥。
我闻如是法，合掌先皈依。
未必古人是，止觉去日非。

所以知几者，三绝《周易》韦。

闻松门方伯公余之暇，辄复坐小楼，朗诵《南华》，夜分不辍，而是谏宾主追欢。日与皋兰山相对，题其轩曰"接翠"。寂寞老怀能无竗[24]乎？自西平率寄二首

山色当门近，新题接翠轩。
南华净秋水，北牖暖金萱。
注此并忘瓦，寂然无有幡。
知君半日坐，已彻五千言。
不饮饮同趣，醇醪在座中。
要将公瑾去，不与子云同。
宾客春前散，樽罍[25]夜半空。
尚能归小阮，款睇大桥东谓侄藜照将归。

晨约杨太守西斋小饮分韵 高梦龙 西宁副使

投辖当年记永昌，诗名早已识王扬。
酒泉有兴方鲸饮，湟水多情比雁行。
雪瘦正添游子恨，风轻无赖老来狂。
即今尊罍谈心处，悔不教成费长房。

致仕寄杨松门观察二绝句 郭朝祚 甘肃驿传副使

天教生入玉门关，湟水金城意兴阑。
此日乞骸归故土，纵鱼大壑鸟还山。
检点行囊有赐书，萧然襆被[26]载轻车。
名场五十余年客，不谓今朝得遂初。

湟中观察杨松门于五峰山新筑亭舍落成因题四韵寄之 张廷枚 甘肃驿传副使

五峰佳境傍边城，别有逍遥物外情。
亭枕清溪堪洗耳，宅依深树好潜名。
淡浓山色窗前画，远近泉声座里笙。
何日趋陪同眺赏，青鞋布袜杖藜行？

湟中春日登北禅寺楼寓目 杨应琚 西宁佥事

路为沿坡曲，楼因峭壁悬。
春流争浴马，薄雾竞耕田。
乍静心如濯，居高势欲仙。
只愁归去后，尘事尚依然。

宿川口越圣寺梨花草堂晓起作

一夕山风衣倍加，晓来板屋乱鸣鸦。
开门惊道满庭雪，细看方知是落花。

乐都山村

巨石斜横碧水涯，石边松下有人家。
春风不早来空谷，四月深山见杏花。

孟秋西园散步

花事凋零户半开，四山暮色入园来。
雨余把卷池头立，一片残云作晚雷。

自金城返湟中

昨宵酒浅心先醉，今日云深马不前。

笑举一鞭山径远，疏林残雪早寒天。

郊　原

郊原按辔树阴凉，父老欢呼夹道傍。

溪外一群沙鸟白，麦中几片菜花黄。

十年抚字颠毛短，百岁升平化宇长。

但愿吾民勤且俭，何妨湟水作桐乡。

赠别喀部曹出塞会盟

垂鞭拥骑度平沙，毳帐高张感岁华。

客舍三年僧作伴，边城五月柳飞花。

西风冷后归途远，落照圆时去路赊。

星宿海头休怅望，关门咫尺即天涯。

次新城望元朔山

端岩双水曲，斜景数峰晴。

过客停骁马，秋风满石城。

沙头起雁语，天际落钟声。

白道如丝细，层层草木清。

湟中咏牡丹花

洛阳红向西陲发，粉印知从一捻来。

天上有香真可到，世间无地不宜栽。

才矜晓艳春风飏，又泣残阳暮雨催。

惟是边人希珍重，年年辜负此花开。

毡庐听雨

空山连日喜晴明，顷刻烟云石隙生。
最是毡庐堪听雨，一宵荷叶打珠声。

夏日游湟水北岸柴园

偶出东郭门，漠漠皆良田。
缅想汉营平，千载称其贤。
下马度危桥，北岸多林泉。
园门逐水设，主人方晏然。
密萝下开径，疏松上窥天。
登轩望平野，灼灼群芳妍。
白鸟翔高峰，紫骝饮前川。
六月无暑气，四壁生云烟。
公余寡酬酢，山水常周旋。
宁与木石依，不爱罗绮鲜。
罗绮曜五色，易敝安能坚？

湟中咏牡丹花次观察松门杨公原韵 申梦玺　西宁太守

镇愁春日荒荒过，却喜奇香款款来。
黄紫尽夸梁苑种，清芬谁遣塞垣栽？
檀心月姊相邀醉，碧蕊蜂媒取次催。
我纵无怀希富贵，答君幽意满园开。

郡堂东隅建天乙阁成

木天自古兆文明，杰阁经营不日成。

洞辟四门揆吏治，宏开八面纳舆情。
龙螭春涨银湟阔，雕鹗秋高雪岭横。
每到公余一登览，寸心深愧寄专城。

雨后西平途中喜作

郁郁复葱葱，山川爽气通。
麦针全破雨，柳线半穿风。
急濑驯鸥鹭，停云掩蝃蝀[27]。
客游何太数，此景不多逢。

四月晦湟中闲眺

好雨初收爱好风，奚童洗盏试新丰。
曲栏苔藓夜侵绿，高阁帘栊日射红。
千里日穷秦塞北，一溪水泻浩门东。
勾留又过清和节，剩有闲情似放翁。

归德简阅民兵

汃洳[28]山势压黄流，斗大荒城控上游。
在昔雕题争苜蓿，于今黔首耀兜鍪。
已谙步武皆成列，更熟韬钤尚伐谋。
充国遗规欣再见，耰锄从此奠西陬。

步观察松门杨公登川口云林阁看梨花原韵 徐志丙

碨伯令

河水洋洋逝不休，寻芳何必在芳洲？
东风一夜无人见，春满梨花枝上头。

观察杨公惠民桥成率纪一律 吴四古 钱塘人

湟水三分绕郡城，北流霖潦夏秋盈。

奔涛湍激舟难设，乱石高低桥易倾。

縻费频年农事拙，经营百日宦囊轻。

鼍梁从此安行旅，民乐康庄咏太平。

和观察松门杨公六月游宿五峰山寺原韵四截

城隅直北世人间，别有幽栖可趁闲。

风景清妍松桧老，软红飞不到空山。

秀削芙蓉晓起看，峰峰如掌列云端。

此中清景堪游赏，盛夏犹嫌积雪寒。

返照深林树杪红，老僧趺坐听松风。

是非那得来方外？应笑劳劳尘数中。

水冲断涧石无声，駉马经过路不平。

我未相从陪杖履，飘零空博酒徒名。

又 张本涵 海盐人

胜地宁悭边塞间，自来化导有忙闲。

我公敷政优化甚，行部还寻旧识山。

烟岩月壑恣探看，奇秀须软绘笔端。

想见低徊千仞冈，振衣长啸晚风寒。

安石风流只妓从，何如弄月与吟风？
公惟笔砚溪山对，纸落云烟倚马中。

携柑久负听鹂声，游岳心期追向平。
可惜五峰好山水，无缘登览一留名。

诗余附

皇　清

浪淘沙赠田贞妇恭膺旌表　朱澍　金明拔贡

四十载孤灯，岂徒完贞？亲老家贫百计穷。书香子幼愁难继，滴泪和熊。彩云拱婺星，光映彤庭，凤诏遥颁紫气横。可知青史流芳远，奕祀[29]增荣。

望海潮自湟中寄皋兰五泉寺僧　杨应琚　西宁佥事

百二秦关，三河古湟中地五郡，金城历代岩疆。一时都会，往来冠盖，游观此地为常。五代散花场，剩危楼杰阁，金碧雕戕。长岭犹龙，黄河如带，抱城厢。

斜阳极目苍茫。有飞泉五道，千树青杨。南阡西陌，桃红梨白，春来士女如狂。一径马蹄忙。曾记当元夕，来宿山房。城市万家烟火，独对月光凉。

松门杨氏曰：自汉班氏采刘歆《七略》，作《艺文志》，广立篇名，以存示书体，诸史因之。郡乘，史例也，亦皆叙次。

《传》曰："不歌而诵谓之赋。登高能赋，可以为大夫。"古者卿大夫交接揖让之时，必诗以谕其志，盖以别贤不肖而观盛衰，故诗赋得附列焉。惟是古人文武一途，诗称文武吉甫篇载："横槊赋诗，何尝以驰驱戎马之间而废翰墨哉？"是以汉营平诸公，其壮武不待言，而上屯田陈便宜诸疏，虽班、马何以远过？如崔融、李白、杜甫、高适辈，各有从戎赠人佳作，又岂徒以五七言名世而已哉？迨宋、元以降，所录诸作，虽渐逊先民，而各体取备，以宁人嗜古者寡，将以模楷为也。第明以前，多颂扬威伐，纪述武功。至我朝著作，始稽考典章，商榷风雅。汉人立乐府而采歌谣，览斯志者，亦可以悉风俗，知哀乐云。

注释：

[1]骙(kuí)骙：马强壮的样子。《诗·小雅·采薇》："驾彼四牡，四牡骙骙。"《传》："骙骙，强也。"

[2]左蠡(zuǒ lǐ)：古城名，一作"左里城。"因在彭蠡泽(古鄱阳湖)之左得名。故址在今江西北左蠡山下。东晋义熙六年(公元410年)卢循率军在此抗志刘裕的进攻。

[3]塈(xì，又读 jì)：涂屋顶。《汉书·谷永传》："凶年不塈涂。"

[4]稽颡(qǐ sǎng)：古时一种跪拜礼。屈膝下拜，以额触地，表示极度悲痛或感谢。或于请罪、投降时行之，表示极度惶恐。

[5]八纮(hóng)：天的八条维绳。纮，纽带，维系。

[6]钤(qián)：锁；盖印；低级官吏所用的印叫钤记。

[7]铦(xiàn)：锋利。

[8]裻(dū)：衣服背后的缝。

[9]竁(cuì)：洞窟。

[10]儃佪(chán huí)：徘徊的样子。

[11]靺韐(mò gé)：古代祭服上蒙盖膝盖的部分，用皮革制成，再用茅蒐草染成赤黄色。

[12]涉(wèi)：通秽。《淮南子·齐俗训》："故明欲明，浮云盖之；河水欲请，沙石涉之。"

[13]抃(biàn)：鼓掌，表示欢欣。

[14]钩铓(gōu máng)：古代剑类兵器的刃端。

[15]烟熅(yān yūn)：阴阳二气和合的样子。熅，此处为云气之意。

[16]朅来(qiè lái)：盍来，何不来。朅，离去；勇武；通曷、何。乐雷发《乌乌歌》："朅来相就饮斗酒，听我仰天歌乌乌。"

[17]軿(píng)：古代贵族妇女所乘有帷幕的车。

[18]辂(lù)：古代木车名。又，绑在车辕以上各人牵挽的横木。

[19]《柏舟》：《诗·鄘风》中有《柏舟》篇。小序说卫国世子共伯早死，父母想迫其妻共姜改女家。共姜便作诗表达誓死不嫁之志。后世称丧夫之妇为"柏舟之痛"，夫死不嫁为"柏舟之节"。

[20]駃騠(jué tí)：公马母马杂交所生的驴骡。

[21]飒飁(sà xí)：大风。杜甫《赠崔十三诗事公辅》："飒飁定山桂，低徊风雨枝。

[22]搒(péng，又读 pàng)：笞打。

[23]接篱(jiē tí)：古代的一种头巾。《晋书·山简传》记，山简喜出游，往往喝醉，儿童唱歌笑他"日夕倒裁归，酩酊无所知，时时能骑马，倒著白接篱。"

[24]妎(xiè)：妒忌，又烦苛。

[25]罍(kěi)：古代器物名。有青铜的，也有陶质的。圆形或方形，用以盛酒或水。

[26]襆(fú)被：用包袱包扎衣被，意为整理行装。襆，包袱，也指包扎。

[27]螮蝀(dì dōng)：彩虹的别称。唐李白《李太白诗》二《古风》之二："螮蝀入紫微，大明夷朝晖。"

[28]汃洳(bīn jiā)：波涛相激的河水声。洳，山东境内有东洳、西洳二河。

[29]奕(yì)祀：一代接一代祭祀。

西宁府新志跋

志乘记载，为一方之实录，以备輶轩采纳，以寓彰瘅劝惩。其大要在于考订精详，纲目并举，综核体要，补辑缺遗，俾历代之沿革，山川之形势，名胜之流传，人物之贤否，以及疆域、风土、户口、物产之异宜，一览靡遗也。然必宗史迁之编纪，温公之资治，朱子之纲目，庶纪载详明，抑扬尽善，其志也而史矣。

西宁地处边陲，界连西藏，远接外夷，幅员辽阔。旧志所载，率多简略。自观察杨公莅宁一十余年，兴利除弊，善政嘉猷，不可胜举。而一切民风土俗，官方戎政，四至版图，方书断简，悉罗胸中。乃于公余之暇，将旧志详加考订，略者详之，缺者补之，讹者正之，应续者增之，纂成新志。其详细美备，直追前史。是志一郡二县及卫所之纲目，按籍而稽，炳若日星，昭垂不朽。余备员宁邑，既沐仁风之煦拂，而更睹金匮之鸿文矣。

时乾隆十二年丁卯冬十一月，知西宁县事海昌陈铦谨跋。

后　记

《西宁府新志》是青海旧方志中十分著名的良志。该志1990年代曾出版过简体字点校本，点校者是青海著名文史学家李文实先生。去年青海人民出版社决定重新点校出版该志，并约请我承担点校重任。对出版社的信任我很感激，但同时也有学疏才浅难以胜任的担心，然而既然应承下来了，就得迎难而上。

按照出版社的要求，必须以原线装版本为依据，逐字逐句对90年代版本重新进行点校，并视需要适当加注释。《西宁府新志》是青海旧方志中最为古奥难懂的一部志书，我在点校过程中，较多地参考了王昱主编、由我参与编纂的《青海方志资料类编》，因为当年我们在点校旧志过程中取得了不少值得吸纳的成果。李先生是我素所尊敬的学术长辈，他在青海文史学界具有崇高名望，我们之间还有师生之谊。先生点校《西宁府新志》取得了很大的成功。但学海无涯，即使博雅如先生，在检索手段落后的年代，偶有失检，产生个别失误也是难免的。我在充分尊重并继承前辈师长劳动成果的基础上，尽最大可能消灭失误，力求把点校工作做得更精一些。我经核对原文，纠正了90年代版本的某些失误。如将杭世骏序中的“凉州三将”纠正为“凉州三明”，并加注指明了“凉州三明”是哪三个人。将卷三“《书》曰：‘帝光天之下至于海隅’，苍生于今伏睹其盛矣”，纠正为“《书》曰：‘帝光天之下，至于海隅苍生’，于今伏睹其盛矣”。将卷十七“宋置榷茶务官，自为场置吏总之”纠正为“宋置榷茶务，官自为场，置吏总之”；“凡中茶有引，由出茶地方有税”纠正为“凡中茶有引、由，出茶地方有税”。将卷三十七“《朱子白鹿洞规论定程》、《董学则》”纠正为“《朱子白鹿洞规》、《〔朱子〕论定程董学则》”等。前版书在繁简字体转换，异体、通体认定中存在不少失误，如将“欃枪”(读chan　cheng，慧星的别称)的“欃”误简为“梚”等，这次依据《辞源》《辞海》等工具书做了矫正。还将擅改为“归德”的“贵德”、改为“刘弘绪”的“刘洪绪”依原版志书做了回归。此外，原志中带有污蔑性的用字，如回族的“回”写成“狪”，径直改过，废而不用；原志中的字词明显有讹误的，以〔〕标出正确字词予以矫正，如夷〔虏〕、元敬〔敬玄〕；原志中有缺字的，以()中标注补入的内容，如“又(东)径西平城北”；原志中极个别衍文，如同一行中列举乐器时“觱篥”出现两次，后一次为衍文，但为保持志书原貌，仍予录入，只是加了<>予以标举，凡此等等，不一而足。我列举这些，是表明这次点校并非仅仅因袭前贤，而是或有发覆之得，愿为献芹，以为该志补苴于万一。

至于书中释义略可说明者有二：一是，书中()内的按语全是李先生原来所加(明显有误的此次做了删减处理)；有的属于不同见解，例如对某个历史地名于今地的考订有不同看法，则保留李先生的按语，另将己意附丽其后，并加“崔按”二字以示区别，供读者参考。二是，为使阅读方便，并增加该志的使用价值，经与出版社同志沟通，今次我重点将过于生僻难读的字词、新获得的古地名的考订以及我认为很有必要解释的文史知识等等以文后注的方式一一注出。

以上工作正是出版社的预期，如果李先生地下有知的话，我想也是很赞成这样做的。

尽管自己尽了最大努力，但限于学力，失误之处仍在所难免，敬请广大读者批评指正。

崔永红

2015年8月15日